新中国经济思想研究

丛书主编：程霖

“十三五”国家重点出版物出版规划项目

国家哲学社会科学基金一般项目
上海市哲学社会科学学术话语体系建设办公室、上海市哲学社会科学规划办公室“新中国成立70周年”研究项目
理论经济学上海Ⅱ类高峰学科建设计划项目
中央高校建设世界一流大学学科和特色发展引导专项资金和中央高校基本科研业务费资助项目

新中国经济增长思想研究（1949～2019）

程　霖　陈国权◎等著

中国财经出版传媒集团

经济科学出版社
Economic Science Press

图书在版编目（CIP）数据

新中国经济增长思想研究：1949－2019/程霖等著．
—北京：经济科学出版社，2019．8
（复兴之路．新中国经济思想研究）
ISBN 978－7－5218－0882－7

Ⅰ．①新…　Ⅱ．①程…　Ⅲ．①经济增长－经济思想史－研究－中国－1949－2019　Ⅳ．①F124．1

中国版本图书馆 CIP 数据核字（2019）第 202477 号

责任编辑：孙丽丽　胡蔚婷
责任校对：刘　昕
版式设计：陈宇琰
责任印制：李　鹏

新中国经济增长思想研究（1949～2019）
程　霖　陈国权　等著
经济科学出版社出版、发行　新华书店经销
社址：北京市海淀区阜成路甲 28 号　邮编：100142
总编部电话：010－88191217　发行部电话：010－88191522
网址：www．esp．com．cn
电子邮件：esp@ esp．com．cn
天猫网店：经济科学出版社旗舰店
网址：http：//jjkxcbs．tmall．com
北京季蜂印刷有限公司印装
710×1000　16 开　33．75 印张　520000 字
2019 年 9 月第 1 版　2019 年 9 月第 1 次印刷
ISBN 978－7－5218－0882－7　定价：108．00 元
（图书出现印装问题，本社负责调换。电话：010－88191510）

总 序

新中国成立70年来，中国经济建设取得了举世瞩目的辉煌成就，尤其是改革开放之后，中国经济体制出现了重大转变，经济实现持续高速增长，跃居全球第二大经济体和第一大贸易国，在世界政治经济格局中的地位与角色日益凸显，步入了实现中华民族伟大复兴的良性发展轨道。与中国经济体制转变同步，中国经济思想在理论范式和学术进路上也经历了比较大的调整。从计划经济时代形成的以马克思主义政治经济学和苏联社会主义政治经济学为主要内容和理论体系，逐渐过渡到以马克思主义为指导，政治经济学、西方经济学和中国传统经济思想多元并进的局面，这为中国特色社会主义市场经济理论和体制的形成与发展创造了良好的条件。

在此过程中，中国经济思想的发展演变与中国经济的伟大实践也是紧密相关的。尤其是在改革开放以后，中国经济在"摸着石头过河"的过程中涌现出了大量前所未有的、在其他国家也较为鲜见的经济创新实践，这就对源于西方成熟市场经济国家的经济学理论的解释力和预测力提出了挑战，蕴育了经济理论创新的空间。可以说，中国经济实践探索呼唤并推动了中国经济思想创新，而中国经济思想创新又进一步引领了中国经济实践探索。新中国70年的复兴之路在很大程度上是中国人民奋力开创的、为自己量身打造的发展模式，离不开国人在诸多经济问题与理论上的理解、决断与创造，这些也构成了新中国成立以来各领域所形成的丰富经济思想的结晶。

站在新中国成立70周年的重要历史时点上，中国正处于速度换挡、结构优化、动力转化以实现高质量发展的关键当口，有必要系统回顾总结新中国经济思想，较为全面地展示新中国成立70年以来中国经济思想在若干重要领域上的研究成果。这将为新时代构建有中国特色的社会主义政治经济学学科体系、学术体系和话语体系提供可靠立足点，同时基于对当代中国经济发展建设与民族复兴内在规律与经验的总结凝练，也将有助于指导并预测中国经济未来发展方向，明确新时期进一步加快实现民族复兴的道路选择，并为世界的经济发展提供具有可借鉴性和可推广性的“中国方案”。

目前，以整体视角全面梳理新中国经济思想的研究成果主要是一些通史性著作，以谈敏主编的《新中国经济思想史纲要（1949～1989）》“新中国经济思想史丛书”等为代表。这类著作通常以理论经济学和应用经济学一级学科为基础构建总的研究框架，然后再以其各自的二级学科为单位，逐一展开研究。这类研究的优点是有利于严格遵循经济学的学科体系，涵盖范围较广，学术系统性较强。但是其更加侧重经济思想学术层面的探讨，对经济思想的实践层面探讨不多。而且，一些具有丰富经济思想内容但没有作为独立二级学科存在的领域，未能被这类研究纳入其中。

与此同时，还有一类研究以张卓元主编的《新中国经济学史纲（1949～2011）》为代表，既包括以时间线索划分的通史性考察，也包含有专题式的研究（如社会主义市场经济理论、所有制理论、企业制度理论、农业经济理论、产业结构与产业组织理论、价格改革理论、宏观经济管理改革理论、财政理论、金融理论、居民收入理论、社会保障理论、对外开放理论等），更好地将经济理论研究与中国重大发展改革问题联系起来。这类研究的优点在于更贴近中国本土的经济问题，不拘泥于经济学科的科目划分。但由于涉及内容广泛但又多以单部著作的形式呈现，篇幅有限，所以对于所考察的经济思想常常难以做到史料丰富详实、分析细致深入。

因此，如何拓宽研究视角、创新研究体系和方法，进而对新中国经济思想的理论变迁与实践探索展开更为全面且系统深入的研究，是“复兴之路：新中国经济思想研究”丛书（以下简称丛书）拟做的探索。

对于中国经济思想的探索与创新研究，需要正确处理好学科导向和问题导向的关系。不能局限于学科导向而忽视中国经济现实问题，应该在确保学科基质的基础上以问题导向开展相关研究。同时，也要认识到，中国经济现实问题中蕴含着学科发展的内在要求、学科延伸的广阔空间、学科机理的不断改变。据此，丛书尝试突破学科界限，构建以重大问题导向为划分依据的研究框架。紧密围绕中国经济建设的目标与诉求、挑战与困境，针对新中国经济发展过程中重大问题的理论探索设计若干子项目，分别以独立专著形式展开研究。这种研究框架，能够更加紧密地融合理论与实践，更加具有问题意识，有助于将中国经济改革与发展中形成的重要经济思想充分吸纳并作系统深入的研究，可视为对上述两种研究体系的一种补充和拓展。

在研究体例和方法上，丛书所含专著将致力于在详尽搜集各领域相关经济思想史料的基础上，一方面对该思想的产生背景、发展演变、阶段特征、突出成果、理论得失、未来趋势等方面进行系统梳理与考察，另一方面则围绕思想中所体现的重大理论与现实问题，在提出问题、捕捉矛盾、厘清思路、建立制度、投入实践乃至构建理论等方面做出提炼与判断。同时将尽可能把握以下几点：

第一，把握各子项目研究的核心问题和主旨线索。因为丛书是以重大理论与现实问题导向为切入口，那么所探讨的经济思想就要能触及中国社会主义经济理论与市场经济建设的关键实质，聚焦问题的主要矛盾，进而更有针对性地串联起相关的经济思想。例如，在“新中国经济增长思想研究”中，著者认为经济增长方式（主要分为外延式和内涵式）的明确、选择与转换，是中国经济增长研究的主旨线索；在“新中国产业发展思想研究”中，著者认为根据不同时期的结构性条件变化，选择发挥外生比较优势的产业发展路径还是塑造内生竞争优势的产业发展路径是经济思想探讨的关键；在“新中国民营经济思想研究”中，不同时期以来我国各界对于民营经济的态度、定位及其在社会主义建设中的角色则是一个重要问题，等等。只有把握住核心问题与主旨线索，才能使得经济思想史的研究更有聚焦，在理论贡献挖掘与现实启迪方面更有贡献。

第二，明确各子项目研究的历史分期。由于各子项目均将以独立专著形式出现，考虑到篇幅及内容的系统性，丛书选择以纵向时间作为基本体例。在历史分期的问题上，丛书主张结合中国宏观经济体制、经济学术及诸多背景环境因素的阶段性变化，但更为根本的是应探索各子项目核心问题的内在发展逻辑，以此作为历史分期的主要依据。所以不同子项目可能会以不同的历史分期作为时间框架。

第三，综合运用多种方法，对各子项目所包含的经济思想进行全面且系统的解读。在运用史料学、历史分析等经济史学传统研究方法的基础上，注重采用现代经济学、经济社会学等相关理论和历史比较制度分析、历史计量分析、经济思想史与经济史交叉融合的研究方法，进而以研究方法的创新来推动观点与结论的立体化与新颖化。

本丛书的策划缘起于我所主持的2017年上海哲学社会科学规划“新中国70周年研究系列”项目——复兴之路：新中国经济思想研究，后有幸被增补为“十三五”国家重点出版物出版规划项目。当然，相关书稿的写作许多在2017年之前就已经开始，有些还是获得国家社科基金资助的著作。最初设计时选取了20个经济思想主题，规划出版20本著作，涵盖了新中国经济思想的许多重要方面，具体包括：新中国经济增长思想研究、新中国经济转型思想研究、新中国对外开放思想研究、新中国经济体制改革思想研究、新中国国企改革思想研究、新中国民营经济思想研究、新中国金融体制改革思想研究、新中国农村土地制度改革思想研究、新中国经济特区建设思想研究、新中国产业发展路径选择的经济思想研究、新中国旅游产业发展与经济思想研究、新中国国防财政思想与政策研究、新中国财税体制改革思想研究、新中国反贫困思想与政策研究、新中国劳动力流动经济思想研究、新中国城镇化道路发展与经济思想研究、新中国区域发展思想研究、新中国城市土地管理制度变迁与经济思想研究、新中国城乡经济关系思想研究、新中国经济理论创新等。后来由于各种原因，至丛书首次出版时完成了其中的13本著作，对应上列20个主题的前13个，其他著作以后再陆续出版。

丛书依托于上海财经大学经济学院。上海财经大学经济学院是中国经济思想史与经济史研究的重要基地和学术中心之一。半个多世纪以来，在以胡寄窗先生为代表的先辈学者的耕耘下，在以谈敏、杜恂诚、赵晓雷教授为代表的学者的努力下，上海财经大学经济思想史、经济史学科的发展对我国经济史学学科的教育科研做出了重要贡献。在学科设置上，经济学院拥有国家重点学科——经济思想史，并设有国内首家经济史学系和上海财经大学首批创新团队“中国经济转型的历史与思想研究”，致力于促进经济思想史和经济史学科的交叉融合，并实行中外联席系主任制、海外特聘教授制等，多渠道、多方式引入海内外优质教育资源，极大地促进了中国经济史学研究的国际化和现代化。

近年来，上海财经大学经济史学系建立起梯队完善、素质较高的人才队伍，聚焦于新中国经济思想史研究，已形成了一批具有影响力的学术成果，为本项目的顺利开展奠定了基础。丛书的写作团队即以上海财经大学经济学院经济史学系的师生、校友为主，其中部分校友任职于复旦大学、深圳大学、上海社会科学院、中国浦东干部学院等高校和科研机构，已成为相关单位的学术骨干。同时，部分书目也邀请了经济学院政治经济学系的几位学者撰写。在整体上，形成了老中青结合、跨学科互补的团队优势与研究特色。当然，由于作者的学科背景有别、年龄层次差异、开始着手研究撰写的时间和前期积累状况不同，以及研究对象的复杂性和整体计划完成的时间有限等原因，丛书中各著作的写作风格并不完全一致，还存在诸多不足，也未能完全达到预期目标，敬请读者批评指正！丛书创作团队将以此批研究成果为基础进一步深化对新中国经济思想的研究。

丛书的出版得到了经济科学出版社的大力支持。此外，丛书也得到了理论经济学上海Ⅱ类高峰学科建设计划项目、上海财经大学中央高校建设世界一流大学学科和特色发展引导专项资金及中央高校基本科研业务费资助项目等的资助。在此一并致谢！

程 霖

2019年7月

目　录

CONTENTS

◇◇◇◇◇◇◇◇◇◇◇ 第一章 ◇◇◇◇◇◇◇◇◇◇◇

导论

◇◇◇◇◇◇◇◇◇◇◇ 第二章 ◇◇◇◇◇◇◇◇◇◇◇

新中国经济增长思想的分期逻辑

◇◇◇◇◇◇◇◇◇◇◇ 第三章 ◇◇◇◇◇◇◇◇◇◇◇

新中国外延与内涵经济增长思想探索时期（1949～1978）

第四章

外延向内涵经济增长思想转型时期（1978～2001）

◇◇◇◇◇◇◇◇◇◇◇ 第五章 ◇◇◇◇◇◇◇◇◇◇◇

可持续增长思想确立时期（2001～2012）

◇◇◇◇◇◇◇◇◇◇◇ 第六章 ◇◇◇◇◇◇◇◇◇◇◇

新发展理念下的经济增长思想创新探索时期（2012～2019）

◇◇◇◇◇◇◇◇◇◇◇ 第七章 ◇◇◇◇◇◇◇◇◇◇◇

新中国经济增长思想发展变迁总体评价

第一章

导　论

新中国成立70年来，中国人民为实现国家富强和民族复兴做出了长期不懈的努力和奋斗，取得了举世瞩目的经济增长成就，与之相伴的是，中国在经济增长思想方面也进行了深入持久的探讨并取得了丰硕的成果。经济思想具有一定的历史依赖性和较强的外部性，对现实经济的运行起着重要的导向作用。以内生经济增长理论研究著称的经济学家保罗·罗默（Paul M. Romer）曾有过一段著名论述："思想应该是我们关注的中心，思想是极为重要的经济产品，它比大部分经济模型强调的目标要重要得多。在一个物质有限的世界里，正是大思想及大量小思想的发现，使经济的持续增长成为可能。思想指令，它使我们把有限的物质资源融入更有价值的安排之中。"[①] 那么，新中国成立以来中国经济增长思想经历了怎样的演化变迁？衍生出了怎样的内容？这些思想又是如何产生、丰富的？有着怎样的特点？同时这些思想与中国的现实经济增长实践之间具有怎样的联系？与中国传统经济思想有无承继关系？在世界经济增长思想史上占据怎样的位置？对于新时期中国经济学理论体系、学术体系和话语体系的构建有何价值？等等。这些问题都值得进行深入探索与系统考察。

第一节　选题背景与研究意义

一、中国经济增长的历史奇迹[②]

新中国经济增长思想研究的学术魅力得益于新中国经济增长的巨大成就。1949年10月中华人民共和国的成立，不仅建立了一个新的人民政权，也确立了一个新的经济增长体系。从1952年至1978年，在计划经济体制

① Paul Romer.（1993）"Idea Gaps and Object Gaps in Economic Development." *Journal of Monetary Economics*, 32（3）: 543－573.

② 当然，学术界对于中国经济增长能否称之为"奇迹"也是有争议的。如钱颖一就认为，从历史的和国际的视角看，中国的经济增长并不特殊。参见钱颖一：《理解中国经济增长》，载于《21世纪经济报道》2010年10月16日。

与重工业优先发展战略下，中国的国内生产总值（gross domestic production，以下简称 GDP）迅速增长，从 679 亿元（现价，下同）增加 5 倍至 3679 亿元，人均 GDP 也从 119 元左右翻了一番多至 381 元。改革开放尤其是 2001 年加入世界贸易组织（以下简称 WTO）后，中国的经济增长在市场化、国际化的进程中进一步加速。到 2019 年，中国的现价 GDP 已超过 90 万亿元，人均 GDP 超过 6 万元，分别约为 1978 年的 240 倍和 160 倍。同时，外汇储备也从 1950 年的 1.57 亿美元和 1978 年的 1.67 亿美元，增长至 3 万亿美元以上（见表 1－1）。国家综合实力与人民生活水平随之大幅提高，中国在世界舞台上和国际事务中的地位也有了显著提升。这一系列的巨大成就，包括高速的经济增长及其带来的广泛的政治经济社会影响，在 1949 年前无法想象，但在新中国仅用了 70 年的时间便付诸现实。

表 1－1　　GDP、外贸总额与外汇储备规模（1953～2018 年）

年份	GDP（十亿元）	外贸总额（亿美元）	外汇储备（亿美元）	年份	GDP（十亿元）	外贸总额（亿美元）	外汇储备（亿美元）
1953	82.44	23.70	0.90	1967	179.42	41.60	2.15
1954	85.98	24.40	0.88	1968	174.41	40.50	2.46
1955	91.16	31.40	1.80	1969	196.22	40.30	4.83
1956	103.07	32.10	1.17	1970	227.97	45.90	0.88
1957	107.14	31.00	1.23	1971	245.69	48.40	0.37
1958	131.23	38.70	0.70	1972	255.24	63.00	2.36
1959	144.75	43.80	1.05	1973	275.62	109.80	－0.81
1960	147.01	38.10	0.46	1974	282.77	145.70	0.00
1961	123.23	29.40	0.89	1975	303.95	147.50	1.83
1962	116.22	26.60	0.81	1976	298.86	134.30	5.81
1963	124.83	29.20	1.19	1977	325.00	148.00	9.52
1964	146.99	34.70	1.66	1978	367.87	206.40	1.67
1965	173.40	42.50	1.05	1979	410.05	293.30	8.40
1966	188.87	46.20	2.11	1980	458.76	381.40	－12.96

续表

年份	GDP（十亿元）	外贸总额（亿美元）	外汇储备（亿美元）	年份	GDP（十亿元）	外贸总额（亿美元）	外汇储备（亿美元）
1981	493.58	440.30	27.08	2000	10028.01	4742.90	1655.74
1982	537.34	416.10	69.86	2001	11086.31	5096.50	2121.65
1983	602.09	436.20	89.01	2002	12171.74	6207.70	2864.07
1984	727.85	535.50	82.20	2003	13742.20	8509.88	4032.51
1985	909.89	696.00	26.44	2004	16184.02	11545.50	6099.32
1986	1037.62	738.50	20.72	2005	18731.89	14219.10	8188.72
1987	1217.46	826.50	29.23	2006	21943.85	17604.00	10663.44
1988	1518.04	1027.90	33.72	2007	27023.23	21737.26	15282.49
1989	1717.97	1116.80	55.50	2008	31951.55	25632.55	19460.30
1990	1887.29	1154.40	110.93	2009	34908.14	22075.35	23991.52
1991	2200.56	1357.00	217.12	2010	41303.03	29739.98	28473.38
1992	2719.45	1655.30	194.43	2011	48930.06	36418.60	31811.48
1993	3567.32	1957.00	211.99	2012	54036.74	38671.19	33115.89
1994	4863.75	2366.20	516.20	2013	59524.44	41589.93	38213.15
1995	6133.99	2808.60	735.97	2014	64397.40	43015.27	38430.18
1996	7181.36	2898.80	1050.49	2015	68905.21	39530.33	33303.62
1997	7971.50	3251.60	1398.90	2016	74358.55	36855.57	30105.17
1998	8519.55	3239.50	1449.59	2017	82712.17	41071.64	31399.49
1999	9056.44	3606.30	1546.75	2018	90300.95	46229.50	30901.80

资料来源：根据国家统计局、海关总署、中国人民银行相关数据整理。

如果将新中国的经济增长成就放在一个更长的时间跨度以及更为广阔的世界经济发展图景下来审视，则更具有震撼力（见表1－2、表1－3）。就中国长时段的经济增长来看，麦迪森（Maddison，A.）所提供的数据虽然引发了争议[①]，但其仍具有一定的影响力和很高的引用率[②]。按照麦迪森的估计，在1820年至新中国成立初期的一百多年中，中国GDP年均增长率仅为0.22%，人均GDP增长率则为负值，经济长期停滞、倒退，处于发展的较低水平。而若按照刘逖[③]估计的晚清GDP数字推算，那么前述GDP增速也不会超过0.7%，人均GDP增速则约为1%，经济增速仍非常缓慢，远低于同期全世界经济增长的平均水平（为1.64%）。而与此同时，美国GDP年均增长率已高达3.76%，超过全世界经济增长平均水平的两倍，逐渐成为世界头号经济大国。到1952年，美国的GDP总量已达中国的5倍。由此可见，在19世纪初至20世纪中叶的阶段，中国的经济增长起点低、进展慢，长期处于国际经济增长的落后区间，与经济发展较快的国家拉开了巨大差距。而自1949年中华人民共和国成立后，中国经济开始高速发展，1952～1978年中国GDP增长速度达到4.39%，1978～2003年更是高达7.85%，不仅从纵向来看，中国GDP年增长率同近代相比，有了30余倍的增加（相较于1820～1952年间的0.22%），且从横向来看，中国也大大地超过同期世界其他国家的经济增长平均水平（见表1－2）。另外，从我国与世界经济的关系来看，我国GDP占全世界的比重已从1952年的5.2%扩大3倍而达到2003年的15.1%（见表1－4）。从经济增长总量的排名来看，我国在2010年已超过日本跃居世界第二，并完成了从经济落后国家到中上等收入国家的迅速转换。[④] 因此无论从时间上还是空间上，中国经济增长所取得的成就都值得肯定。

---

① 例如，该研究仅用支出法而无生产法、对手工业和服务业仅用推测而缺乏严谨估计数据等。国内不少学者对此进行了质疑和重估，认为麦迪森在数据运用和统计方法上存在一些问题，对鸦片战争前中国的经济实力过于高估。其中，刘逖的工作较具代表性，该文的GDP估计值仅有麦迪森估计值的2/3，认为鸦片战争前中国的国内生产总值约占全世界的1/5。参见刘逖：《1600～1840中国国内生产总值的估算》，载于《经济研究》2009年第10期。

② Maddison，A.，1998，Chinese Economic Performance in the Long Run：960－2030 AD，Development Centre of the Ogranisation for Economic Co-operation and Development，available at www.oecd.org/dev；安格斯·麦迪森：《中国经济的长期表现（公元960～2030）》（中译本），上海人民出版社2008年版。

③ 刘逖：《1600～1840中国国内生产总值的估算》，载于《经济研究》2009年第10期。

④ 根据世界银行的数据，按购买力平价法计算的2014年中国GDP（183597亿国际元）已经超过美国（178921亿国际元），成为世界第一。但鉴于学界对购买力平价法所得结论常持谨慎态度，正文未做介绍。

表1－2　　全世界GDP增长率，1700～2003年　　单位：%

区域	1700～1820	1820～1952	1952～1978	1978～2003
中国	0.85	0.22	4.39	7.85
印度	0.17	0.56	3.85	5.28
日本	0.25	1.74	7.86	2.53
欧洲	0.58	1.71	4.37	2.00
美国	2.72	3.76	3.61	2.94
全世界	0.52	1.64	4.59	3.12

资料来源：［英］安格斯·麦迪森：《中国经济的长期表现（公元960～2030年）》（中译本），上海人民出版社2008年版，第37页。

表1－3　　全世界人均GDP增长率，1700～2003年　　单位：%

区域	1700～1820年	1820～1952年	1952～1978年	1978～2003年
中国	0.00	－0.10	2.33	6.57
印度	－0.03	0.13	1.66	3.27
日本	0.13	0.95	6.69	2.11
欧洲	0.14	1.05	3.63	1.79
美国	0.72	1.61	2.24	1.85
全世界	0.07	0.93	2.62	1.55

资料来源：［英］安格斯·麦迪森：《中国经济的长期表现（公元960～2030年）》（中译本），上海人民出版社2008年版，第37页。

表1－4　　世界GDP分布，1952～2003年　　单位：%

区域	1952年	1978年	2003年
中国	5.2	4.9	15.1
印度	4.0	3.3	5.5
日本	3.4	7.6	6.6

续表

区域	1952 年	1978 年	2003 年
欧洲	29.3	27.8	21.1
美国	27.5	21.6	20.6

资料来源：［英］安格斯·麦迪森：《中国经济的长期表现（公元 960 ~ 2030 年）》（中译本），上海人民出版社 2008 年版，第 36 页。

改革开放以来，中国经济增长的成就不仅在于其高速度，更在于高速增长期的持久性。首先，中国经济经历了从高度集中的计划经济体制到分散决策的市场经济体制的转换，完成了资源配置方式的重大变革，全要素生产率得到极大提升。其次，中国经济经历了从封闭独立自主的经济体系到对外开放兼容的经济体系的转换，逐步实现了与世界经济的接轨。再次，在 1998 年亚洲金融危机、2008 年全球金融危机中，中国经济也并未受到深刻波及。在以上诸多的重大经济事件和历史转折点中，中国经济均经受住了考验，持续显示出较强的经济增长活力。因此，改革开放以来中国的经济增长，完全可称作是一个举世瞩目的发展奇迹和颇具学术挖掘价值的经典案例。

当然，回望新中国成立以来中国的经济增长，不难发现其也存在着波动性大（尤其是改革开放前）、可持续性差、包容性不足等问题。有学者认为，从 1953 年到 2009 年中国经济已经历了十个周期，分别是 1953 ~ 1957 年、1958 ~ 1962 年、1964 ~ 1968 年、1970 ~ 1972 年、1973 ~ 1976 年、1977 ~ 1983 年、1984 ~ 1986 年、1987 ~ 1990 年、1991 ~ 1999 年以及 2000 ~ 2009 年，可见，在进入 20 世纪 90 年代以前，中国经济增长波动非常频繁，特别是在 50 年代至 70 年代，还存在增长率的大起大落。① 另有学者通过对中国经济的波动事实计算分析指出，1952 ~ 2009 年间中国经济波动的绝对幅度相当大，是 1978 ~ 2009 年间产出波动标准的 2.5 倍，是

① 刘树成：《新中国经济增长 60 年曲线的回顾与展望——兼论新一轮经济周期》，载于《经济学动态》2009 年第 10 期。

阿根廷等10个新兴市场国家产出波动标准差平均值的2.7倍。[①] 即便在90年代后特别是21世纪以来中国经济表现出持续的高速增长，但其背后的问题依然严峻：包括外向经济推动下对海外市场的高度依赖，对投资和生产要素投入的高度依赖，环境和能源的持续消耗，收入分配、社会福利发展与经济增长的不协调等等，特别在21世纪后，中国经济还将直面一系列的风险挑战，包括经济增长的转型、经济结构的调整升级、经济发展进入新常态以及信贷、房地产泡沫和产能过剩等，因此，中国经济增长在实现了成果斐然的探索同时，也积累了一系列的负面问题。

但总而言之，无论是中国经济增长在历史变迁中的高速与持久，还是其当前面临的一系列转型及发展挑战，都很难看作是一个经济完全自发的表现和完全自然的演进，而应有很大的人为努力伴随其中。正如新中国成立初期的“多快好省”、改革初期的“又快又好”、进入新世纪后的“又好又快”、党的十九大以来的“高质量发展”等经济理念和政策，事实上都与国人对于中国经济增长的分析、判断、决策和构筑具有密切关联一样。因此，中国经济增长思想应是再现并诠释中国经济增长的一个不可或缺的主要视角，只有通过经济思想史的维度，有关中国经济增长的研究才能实现解释力和创造力的突破。

二、理论与现实的双重价值

基于上述背景，详细梳理并研究自新中国成立以来的经济增长思想，应是一个颇具理论与实践双重价值的课题。

首先，从学术理论研究的层面来看，目前国内学界对于新中国经济增长模式及其绩效的历史与实证性研究已有很多，但是从经济思想史的角度来探讨新中国经济增长的成果较为薄弱，尤其是系统梳理研究新中国成立以来的经济增长思想变迁的成果，更是尚付阙如。这在后文会予以系统论述。实际上，中国的经济增长思想在过去70年间几经起伏变迁，不仅蕴

① 刘方：《中国经济波动特征（1978～2009）与政策研究基于实际经济周期理论》，郑州大学出版社2012年版，第104页。

藏着非常丰富的、值得深入研究挖掘的内容，而且这些内容丰富的经济增长思想随着历史推进，也产生了具有一定框架性、规律性的发展演变轨迹，有必要进行梳理、厘清、提炼与升华。由于中国从传统计划经济体制向现代市场经济体制的转轨背景，又使得同时期中国经济增长与西方成熟市场经济国家的经济增长相比具有一定的差异性，这种差异性也在经济增长相关研究中得到体现。因此，进行贯通且系统的新中国经济增长思想史专题研究，将有助于充分挖掘中国各界人士在经济增长方面的智慧积累、思想传承，也将有助于利用这一领域的史料，丰富中国现代经济思想史的内涵，为世界经济思想史注入中国元素。

其次，从现实经济研究的层面来看，正如前文所言，仅从实证层面解读中国经济增长的表现，不能完全揭示其呈现出当前状态的深层次原因。只有辅以对新中国经济增长思想变迁过程的系统梳理，才能深入理解新中国经济增长的历史进路，进而也能为新时期处于“新常态”之下的中国经济增长提供一些历史启迪。新中国成立初期，中国经济在探索中成长，以薄弱的基础为起点，为改革开放奠定了必要的物质基础。经过改革开放以来的持续高速增长，中国经济的体量已今非昔比，自进入新常态以来，中国经济增长开始从高速转为中高速，进入到一个趋势性、不可逆、相对稳定的发展状态。从全球视野出发，美国次贷危机以来，世界经济复苏乏力、局部冲突和动荡频发、全球性问题加剧，传统发达经济体的深层次问题随之凸显，而中美之间的经贸摩擦更是给世界经济平稳发展带来了巨大的不确定性。但对中国而言，这在短期是挑战，长期则是大的机遇，通过全面深化改革、扩大开放和加快转变经济增长方式，中国很可能在这轮波动周期后，综合国力与国际地位迈上新的台阶。

当前中国经济正处于从要素驱动向效率驱动乃至创新驱动转变的关键时期，而总结以往从事经济增长理论研究和实践推动者的意识形态与思想认识上的演变和得失，可为这一转变提供重要的理论指导，可以以一种辩证的、动态的、长期的视角来对中国经济增长现状及其走势进行把脉，并基于此形成若干政策启示。与此同时，正如弗里德曼（Milton Friedman）曾言“谁能解释中国经济的改革和发展，谁就能得诺贝尔经济学奖”，中国的持续高速经济增长实践有其独特性，也有其一般性，其中蕴藏着经济理论创新的空间。通过系统梳理新中国成立70年来经济增长思想的发展变迁，有助于我们更好地辨识中国经济增长的内在本质，为构建具有中国特色和世界意义的经济增长理论，促进中国经济学理论体系、学术体系和话语体系的形成，提供思想基础。

第二节　研究对象与研究视角

一、新中国经济增长思想的发展演变

新中国经济增长思想的发展演变，包括发展阶段、变迁路径、变迁规律、主要特征、影响因素、成就与不足等等。对此，有必要从时间、内涵以及具体史料上进行逐层说明，从而明确限定本书所将探讨的具体内容：

首先，从研究的时间概念上，本书将“新中国”的时段界定在1949～2019年间。1949年新中国的成立，标志着一个新时代的开始，不仅建立了新的政治体制、新的经济制度，也实现了较快的经济增长，取得了举世瞩目的伟大经济成就。2019年则是新中国成立70周年，将其作为研究时段的下限，可对过去70年的经济增长思想有一个通盘的完整认知。在过去70年的时间内，中国经过了前30年计划经济导向的建设时期和后40年市场经济导向的改革时期，政治经济体制均发生了深刻的变化，尤其是改革开放之于中国经济增长的数量与质量都起到了提升和改善作用，其背后是经济增长方式的转变。

其次，从“经济增长思想”这一内容上看，所谓经济增长，是关于一国国民经济在总量、速度、质量以及经济与社会协调等方面的发展，而经济增长思想，则是人们进行的与经济增长内容相关的认识、分析、判断和在促进经济增长方面的决策建议。任何国家的经济增长方式都不是一成不变的，都会经历一个转变的过程，这个过程可能有快有慢，其中蕴含着经济增长方式转变的思想与实践之间的互动张力。思想常常能够对实践起到

引领作用，但也会受到实践的制约，探讨二者之间的关系，也将是本书的重要内容之一。

再次，具体落实到史料上，本书对于“新中国经济增长思想”主要是撷取 1949～2019 年间，中国国内产生的关于中国经济增长的社会思想、学术讨论与政府政策中的思想成分，不仅包括学术名家和政府官员，也包括普通经济学研究者关于经济增长问题的论述，尤其是关于经济增长方式方面的论述。这样的范围选取，有助于兼顾政界思想与广泛的学界思想、理论思想与实践思想等等不同层面，并对不同层面思想之间的互动关系进行考察，从而保证各相关领域的思想要素能够被更加充分地纳入。

此外，70 年的中国经济增长思想是一个较长的历史动态过程，如若只是平面地罗列各种思想，则可能有损考察的整体视野。特别是，在研究时段内的不同时期，中国经济的增长速度、经济波动和增长方式等都呈现出不尽相同的特点，中国经济增长思想由此也经历了一个演进变迁的过程。因此，只有从一个变迁的角度出发，系统梳理并展示新中国经济增长思想的发展演变，提炼演变的阶段、特点，并分析演变的动因和绩效，才能充分搭建起新中国经济增长思想史的整体框架，进而也才能对以后的思想发展与理论研究提供一些有益借鉴。

综上所述，本书所考察的“新中国经济增长思想”，是指 1949～2019 年间，中国国内产生的有关中国经济增长问题的学术成果、思潮和政策思想中的主要内容，及其变迁轨迹、特征、动因与绩效等。同时，在上述所有经济增长思想的串联主线上，是选取了经济增长方式及其转变这样一个线索，后面会详细阐述作此处理的考虑。

二、基于经济增长方式的考察

对新中国经济增长思想史的考察是一个庞大而广博的研究工程，如从不同的视角切入，可有不同的分类和解读。为了更好地为研究目的和研究对象服务，本书选择以“经济增长方式”为主要的切入视角，在此基础上，进一步辅以“外延式经济增长”和“内涵式经济增长”这一对具体而相关的经济增长方式，作为考察新中国经济增长思想变迁过程的判别参照。同时，围绕着思想和实践层面对“外延式经济增长”与“内涵式经济增长”的不同抉择，也是本书的一个考察主线和核心问题。采用这样的研究视角主要基于以下考虑：

（一）以经济增长方式为首要的切入视角

从现实角度来看，经济增长方式是新中国经济增长实践领域的核心议题，诸多经济增长政策的出台其背后均蕴含着不同的经济增长方式取向，这也构成了绝大多数经济增长思想研究立足的根本。从理论角度来看，关于经济增长方式的研究也是现代经济增长理论体系的重要组成部分，在世界经济增长研究中占有举足轻重的地位。因此，以经济增长方式为重点进行考察，有助于把握住新中国经济增长思想发展演变的主要脉络。具体而言：

第一，新中国经济增长的学术思想与政策思想均脱离不开对经济增长方式的倾向抉择，以经济增长方式为切入点能更清晰地揭示新中国经济增长思想发展演变的轨迹和脉络。

回顾新中国经济增长思想史，可以发现过去70年来关于经济增长的讨论中绝大多数都是关乎经济增长方式，学者们或直接就经济增长方式问题进行阐述、分析，或间接在经济增长研究中表达对不同经济增长方式的偏好、态度与评价，很少有研究能够完全避开经济增长方式去讨论经济增长问题。本书统计了1949年以来论及经济增长方式的期刊文章占所有与经济增长相关的期刊文献的比重，全部期刊口径下大约95%以上的经济增长期刊论文都会论及经济增长方式，而在CSSCI期刊口径下这一比例也约有75%（见图1－1）。这既与新中国取得经济增长成就的过程与方式有关，也与经济增长理论乃至经济学的历史发展路径有关。因此，新中国的经济增长思想史在很大程度上就是关于经济增长方式讨论抉择的历史。

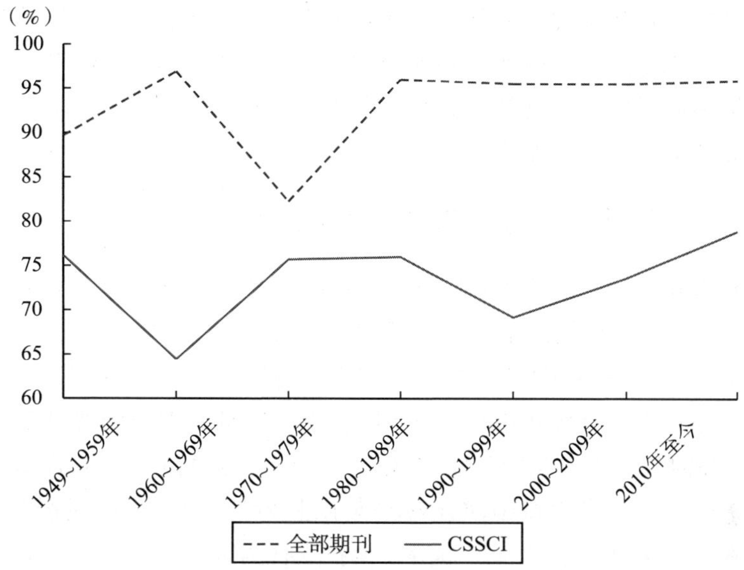

图1-1 经济增长期刊文献中论及经济增长方式的比重

资料来源：中国知网数据库（CNKI）。

从政策经济思想层面来看也是如此，尤其是邓小平关于经济增长方式也多有论述，为改革开放以来中国的经济增长政策奠定了基调，尽管其并没有直接以转变经济增长方式称之。比如，邓小平在很多场合反复强调经济增长要讲质量、效益，指出“不要把基本建设的摊子铺大了，一定要首先抓好管理和质量，讲求经济效益和社会效益，这样的速度才过得硬”①。又如，他非常强调科技在经济发展中的作用，指出“要以世界先进的科学技术成果作为我们发展的起点”②。邓小平的上述这些论述，也促成了1995年中共十四届五中全会和中央经济工作会议对于转变经济增长方式的强调，以及随后20多年里中国在推进经济增长方式和经济发展方式转变上的不懈探索。

第二，从世界经济思想发展史来考察，无论主流抑或非主流的经济增长思想或理论总是关注经济增长方式的判别与偏重，以经济增长方式为切

① 邓小平：《邓小平文选》第3卷，人民出版社1993年版，第143页。
② 邓小平：《邓小平文选》第3卷，人民出版社1993年版，第129页。

入点能更有力地捕捉经济增长理论体系的重要问题。

现代经济学最早缘起于古希腊、古罗马时代的家政管理学[①]。或许是因为南欧地区多山、土地较为割裂，早期思想家如色诺芬、柏拉图、亚里士多德和老加图等多是在强调微观生产管理与社会分工的基础上讨论总产出问题，较少关注在生产中扩张人口与土地等要素投入规模的意义。以今人的标准来看，他们关注的更多是由全要素生产率水平提高所主导的内涵经济增长方式。这种理论渊源，奠定了西方经济思想重视内涵的经济增长方式的主流。

英国、法国等拥有平原、高原的西欧国家在发展资本主义时一方面继承了古希腊、古罗马文化中的生产管理与分工思想，另一方面也根据自身的地理禀赋特点开始强调要素投入对于产出增长的意义，所以配第、斯密等学者的贡献不仅在于对劳动分工、技术进步和生产管理等因素的深入讨论，也在于将劳动、土地和资本等要素投入视为财富的源泉，因此在经济增长方式上采取了内涵与外延并重的态度。随后的李嘉图继承并发扬了斯密的经济思想，他除强调资本积累对产出扩张的作用外，也强调技术革新和促进自由贸易对保证经济持续增长的意义。

晚于英国古典学派诞生的德国历史学派也体现出了内涵与外延并重的经济增长方式观念，他们一方面强调地大、物博、人多是一国生产发展和政权巩固的基本条件，另一方面认为国家的制度、法律、宗教等精神因素是生产力的重要源泉。不过，该学派对内涵式经济增长思想的主要贡献不限于对法制、文化等因素的强调，还在于强调了产业升级这一内涵因素对经济增长的作用——以李斯特为代表，他们提出著名的“经济发展阶段论”认为，根据一国国民经济中哪些部门占主导地位，可分为原始未开化时期、畜牧时期、农业时期、农工业时期和农工商业时期等五个经济发展阶段，继而在不同的发展阶段应采取与之相适应的政策。

19 世纪中叶的马克思主义经济学在理论框架上同时考虑内涵与外延因素在产出增长（扩大再生产）中的作用，但本研究认为，马克思对内涵式经济增长思想的最值得关注的贡献不在于其对生产技术和劳动生产率的

① 叶坦：《“中国经济学”寻根》，载于《中国社会科学》1998 年第 4 期。

强调，而在于其对资本技术构成和资本有机构成的深入分析。资本技术构成是指由生产技术水平和劳动生产率所决定的资本中生产资料和劳动力的构成比例。随着生产技术水平和劳动生产率的提高，每个工人在单位时间内所使用的生产资料数量就越多，资本技术构成随之也就越高，这就决定和提高了资本的有机构成，即价值意义上的 C：V——换言之，资本总额的提高可能伴随着技术进步。经济生产中的这一特点虽在理论上不构成分析的障碍，但却是现实国民经济核算与经济增长方式判别中的一大困难。20 世纪中叶，以经济增长研究著称的经济学家索洛（Robert Merton Solow）就指出，技术进步包含体现型技术进步和非体现型技术进步两种①。投资当中蕴涵着体现型的技术进步，因为新科技设备的投入价格中包含的不仅仅是对资本的支付，也包含了对技术的支付，但非体现型技术进步在国民经济核算中是无法体现的。换言之，现有的经济增长核算中对全要素生产率的核定排除了资本有机构成带来的技术进步，而将其掩盖于资本要素规模扩张的形式之中。

19 世纪后半叶瓦尔拉斯（Léon Walras）、门格尔（Carl Menger）和杰文斯（William Stanley Jevons）等人推动的边际革命，20 世纪初马歇尔（Alfred Marshall）创立的新古典经济学，以及随后凯恩斯（John Maynard Keynes）发动的宏观经济学革命，都对发展（与古典经济学迥然不同的）现代经济学说体系做出了巨大贡献，在分析方法、视角和内容上也都为后来的经济增长分析奠定了基础。这一时期，主流经济学的讨论更偏重于资本积累等外延的经济增长方式，主要从要素市场角度来考察生产过程。此时期的一个例外是德国社会学家马克斯·韦伯（Max Weber）的理论，他提出的关于新教伦理与资本主义精神对经济发展的作用，属于内涵式经济增长思想。另一个例外是美籍奥地利裔经济学家熊彼特（Joseph Alois Schumpeter）独立提出的企业家精神与创新等内在因素在发展经济生产中的作用，主张新技术、新工艺、新组织方法乃至新制度引入经济活动中以提高生产率，从而成为经济增长与经济发展的主要动因。这些内涵式经济

---

① Solow, Robert M. (1956) “A Contribution to the Theory of Economic Growth.” *Quarterly Journal of Economics*, 70: 65 – 94; Solow, Robert M. (1957) “Technical Change and the Aggregate Production Function.” *Review of Economics and Statistics*, 39: 312 – 320.

增长思想在今日的宏观经济增长分析中仍有影响力。

而远离当时经济学术中心欧洲的美国经济学者们在本时期内对内涵式经济增长思想也做出了重要贡献，主要体现在三个方面：第一是边际生产力论及以此为基础的经济革新论，不仅像欧洲学者那样关注消费和分配领域的“效用”，他们还特别重视生产领域的“产出”，进而在强调要素投入的边际产出下降的基础上，提出经济动态发展的关键是企业家率先利用新技术（或采取其他新措施）以进行经济革新这一内涵式经济增长思想；第二是建立了（旧）制度经济学派，系统讨论了制度这一内涵因素在技术与生产发展中的作用。这一学派出现于19世纪末20世纪初，强调制度和结构分析，并将制度解释为外部环境与人类本能交互影响下形成的支配人们思想和行动的习惯；第三是科学管理思想。以泰勒（Frederick Winslow Taylor）为代表的科学管理学者主张应用科学方法和生产计划来代替惯例和经验以取得较高的生产率。泰勒在他的名著《科学管理原理》中开篇就明确指出“财富最大化只能是生产率最大化的结果”，并将在企业中普及科学管理方法的重要性上升到“提高全国性效率”的高度，① 是非常明显的内涵式经济增长思想。

20世纪中叶以来，宏观经济学家和发展经济学家的讨论日益偏向于经济增长中的内涵因素。如前所述，索洛②从理论和经验研究上都指出了技术进步对经济增长的决定性意义，他建立了含有技术进步因素的新古典经济增长模型，摒弃了哈罗德—多马模型中技术不变的假定，③ 并通过对1909～1949年美国经济增长数据的分析发现，这40年中美国的人均产出增长了一倍，但其中只有12.5%可归因于资本集约程度（人均资本量）的增长，其余都应归因于技术进步。随后的卡尔多、拉姆齐、卡斯和库普曼斯等新古典经济增长学者虽在分析方法上有很大的进步，但从内涵式经

① ［美］弗雷德里克·泰勒：《科学管理原理》（中译本），机械工业出版社2007年版，前言至第3页。

② Solow, Robert M. (1956) “A Contribution to the Theory of Economic Growth.” *Quarterly Journal of Economics* 70: 65－94; Solow, Robert M. (1957) “Technical Change and the Aggregate Production Function.” *Review of Economics and Statistics* 39: 312－320.

③ 这一假定使得哈罗德—多马模型中的经济增长率决定于人口自然增长率，只能用于描绘单纯的外延式经济增长。在这种情况下，均衡的经济增长是不稳定的，必须遵循“刀锋路径”。

济增长角度来看，此类模型均单纯假定外生的技术进步，这意味着内涵因素只能随机地推动经济增长。

20 世纪 80 年代中期以来出现的新增长理论不同于新古典增长理论，他们建立的内生技术进步的理论框架认为，经济增长主要是经济体系内部知识外溢、收益递增、R&D 投资、教育培训等人力资本投资、劳动分工和专业化等内部力量作用的结果。例如，阿罗（Kenneth J. Arrow）① 提出了“干中学”理论，认为学习的过程是在实践活动中试图去解决问题并获得知识，通过知识的积累来提高下一代资本品所含的技术水平，并提高劳动力和固定资产的最终产品生产率（即“知识的溢出效应”）②。另一种思路是以舒尔茨（Theodore W. Schultz）、贝克尔（Gary Stanley Becker）等的人力资本理论为基础，在经济增长理论中引入人力资本要素，技术进步取决于对非生产性的研究与开发（以下简称 R&D）部门的资源投入③。此外，分工和专业化也是经济增长内生化的一种重要思路，杨小凯等人④以及贝克尔（Gary S. Becker）和墨菲（Kevin M. Murphy）⑤ 即是从专业化和劳动分工的演进出发研究经济增长。

不过，与过去常常忽视结构分析的宏观经济学的增长研究相比，发展经济学的经济增长研究一贯都非常重视经济结构。例如，张培刚⑥和刘易

---

① Arrow, Kenneth J. (1962) “The Economic Implications of Learning by Doing.” *Review of Economic Studies* 29: 155 – 173.

② 后续的研究还有 Romer (1986, 1987)、Barro (1991) 等，但这类模型的问题在于忽略了现实中教科研部门的知识生产。参见 Romer, Paul M. (1986) “Increasing Returns and Long – Run Growth.” *Journal of Political Economy*, 94 (5): 1002 – 1037; Romer, Paul M. (1987) “Growth Based on Increasing Returns Due to Specialization.” *American Economic Review*, 77 (2): 56 – 62; Barro, Robert J. (1991) “Economic Growth in a Cross Section of Countries.” *Quarterly Journal of Economics*, 106 (2): 407 – 443.

③ 主要代表有 Lucas (1988), Romer (1990) 和 Jones (1995) 等。参见 Lucas, Robert E. (1988) “On the Mechanics of Economic Development.” *Journal of Monetary Economics* 22: 3 – 42; Romer, Paul M. (1990) “Endogenous Technological Change.” *Journal of Political Economy* 98 (part I): S71 – S102; Jones, Charles I. (1995) “R&D – Based Models of Economic Growth.” *Journal of Political Economics* 103: 759 – 784.

④ Xiaokai Yang and Jeff Borland. (1991) “A Microeconomic Mechanism for Economic Growth,” *Journal of Political Economy*, 99 (3): 460 – 482.

⑤ Gary S. Becker and Kevin M. Murphy. (1992) “The Division of Labor, Coordination Costs, and Knowledge,” *Quarterly Journal of Economics*, Vol. CVII, November.

⑥ 张培刚：《农业与工业化（上卷）：农业国工业化问题初探》，华中科技大学出版社 2002 年版，第 2 页。

斯（William Arthur Lewis）[①] 都将经济分为传统农业部门与现代工业部门，认为农业国必须要参与全球化的过程以从外部获得实现工业化所需的资金、技术等支持，二者都对科技进步、社会结构、政经制度、宗教文化、历史传统、民族精神或心理等内涵因素之于经济增长的作用做了深入的讨论。

罗斯托（Walt Whitman Rostow）[②] 的经济起飞理论进一步将结构主义的发展经济学和产业升级型内涵式经济增长思想上升到一个新的高度。他将社会经济发展分为传统社会、起飞准备、起飞、走向成熟、大众消费和超越大众消费等六个阶段，认为采用先进技术、有高生产率并具有联系效应和扩散效应的主导产业/部门轮替决定了发展阶段的变化。主导部门一般有 5 种：（1）食品、饮料、烟草、水泥等工业部门，是为经济起飞准备阶段的主导部门；（2）轻工、纺织等制成消费品的工业部门，是起飞阶段的主导部门；（3）重工业和制造业，是走向成熟阶段的主导部门；（4）汽车工业，是大众消费阶段的主导部门；（5）服务业、城市建筑业等，是超越大众消费阶段的主导部门。

除结构主义以外，诺斯（Douglass C. North）、托马斯（Robert Thomas）及其以降的新制度经济学也对经济增长提出了许多新的看法。他们认为，技术进步就是经济增长本身而非其原因，以之来解释经济增长是倒果为因，经济增长的根本原因是对经济生产有巨大推动作用的制度，只有那些能够给予人们恰当激励的制度才能在长期中保证较好的经济增长[③]。但本书认为，严格来说制度本身同样属于非体现型的技术，反映在全要素生产率当中。况且，他们还认为，制度的变革源自资本存量的变化，后者又源自人口变化，这最终还是用经济增长来解释经济增长。当然，他们关于制度变革型的内涵式经济增长思想是值得高度肯定的，也触发和衍生出了更多的关于制度变迁与经济增长关系的研究。

---

① ［英］阿瑟·刘易斯：《经济增长理论》，商务印书馆 2005 年版，第 176 ~ 194、347 ~ 355 页。

② ［美］罗斯托：《经济增长的阶段》，中国社会科学出版社 2001 年版，第 4 ~ 16 页。

③ ［美］道格拉斯·诺斯、［美］罗伯特·托马斯：《西方世界的兴起》（中译本），华夏出版社 1989 年版；［美］道格拉斯·诺斯：《经济史中的结构与变迁》（中译本），上海人民出版社 1994 年版。

由此可见，经济增长方式是中外经济增长思想共同关注的核心议题，以之作为研究分析新中国经济增长思想发展演变的切入口，并落脚于内涵式还是外延式这两大经济增长方式的判别和转换上，具有较强的合理性和可行性。

（二）以外延与内涵二分法为辅助的切入视角

在选择了经济增长方式为考察基础后，进一步以内涵式、外延式的经济增长方式分类方法作为参照系和主线索，将更有利于展示新中国经济增长思想的演变。这主要是由于：

既然提及经济增长方式，肯定不可避免地会对经济增长方式产生评价或偏好，且有必要具体指出中国选择了怎样的经济增长方式，在不同经济增长方式中产生了怎样的辨析、取舍以及不同方式间的此消彼长。这些都是经济增长思想研究将具体落实的内容。而在经济增长方式的分类中，已有提法很多，且多以一对相互矛盾的对立方式出现，如粗放型与集约型、数量型与质量型、速度型与效益型，等等，但其本质皆可以用外延式与内涵式进行归纳，即一个强调以要素投入规模的增加作为经济增长主要动力，一个强调以要素组合效率的提升作为经济增长主要动力，这构成了两种典型的经济增长方式。

而且，有的研究即便未能直接提出外延与内涵的经济增长分类方式，其论述也往往会展示出对某种方式的偏重。例如，许多研究之所以推崇（或反对）以第二产业或第三产业（或二者中的某一细分领域）推动经济增长，论据常常是其对应的要素投入符合（或不符合）中国的要素禀赋，或该产业生产率潜力较高（或较低）。再如，对于许多研究而言，是否反对以投资、净出口或某种制度改革拉动经济增长，关键在于是否认为其中要素贡献的边际回报已经显著递减，或是否认为这些因素将无法带来制度、技术或人力资本等方面的生产率进步。因此，虽然有些文章缺乏对经济增长方式归属于外延或内涵的明显区分，但也为寻求生产之扩大而讨论过经济增长的源泉，这些讨论就包含了对要素投入和效率因素作用的分析，也包含了对二者的评判与偏好，其中相当多的主张可以（从今天的角度）被明确归为外延式或内涵式经济增长思想。

当然有必要指出，外延和内涵的经济增长方式并非是互斥而无任何交叉关联。正如马克思扩大再生产理论认为，在社会再生产过程中，不存在纯粹的外延扩大再生产或内涵扩大再生产，两者是相互联系、相互作用的，只是在经济发展的不同阶段所占比重有所不同。从而，在经济核算中判别实际经济增长方式属于内涵还是属于外延存在一定难度。例如，新科技设备的投入价格中同时包含对资本对价和技术对价，此二者是无法在核算中区分的。本书也认同，许多情况下这两类经济增长思想是伴生的。例如，在对发展重工业的倡导与讨论中，有的学者可能是从资本积累的角度出发，属于外延式经济增长思想；有的学者可能是从产业升级的角度出发，属于内涵式经济增长思想；但更多的学者可能是两方面兼顾的。有时，一些经济增长思想的边界也许不是那么清晰，需要细加辨析。如，贸易自由化推动经济增长中的内涵成分就与一般直觉相反。当代的许多贸易经济学理论属于市场扩张型的外延式经济增长思想或理论，但古典贸易理论提出的扩大国际分工、发展自由贸易则不是，这些是考虑到分工的程度受到市场规模的限制，因此扩大市场规模的根本目的在于加强分工与专业化以提高生产率（而非增加要素投入）进而促进经济增长。事实上，从现代经济学的角度来看，由于与贸易相伴的技术溢出效应，贸易自由化对经济增长的作用在一定情况下可以等价于生产技术进步，成为了一种对内涵的经济增长方式的追求。

但是，这种情况并不影响采用外延和内涵的二分法对经济增长思想的主要特征和意图进行提炼。从思想史的纬度，学者对于以往的经济增长进行反思和评判时，总要对过去占主导地位的经济增长方式进行识别，这等同于对过去经济增长的方法论进行归纳；而当一位学者或思想家讨论新科技设备对经济增长的促进作用时，总要提及他关注的是要素投入、资本积累还是技术进步，这就可以成为我们界定其经济增长思想属于内涵式还是外延式的依据，即那些主张依靠增加劳动要素投入、积累资本要素投入的思想往往是外延式特征突出的经济增长思想，而主张依靠提高劳动生产效率、提升创新能力来促进可持续经济增长的思想则往往是内涵式特征突出的经济增长。另外，中国的代表性经济增长战略，如“多快好省”“又快又好”“又好又快”“高质量发展”等等，都是考虑效率、成本、投入等的问题，也与外延和内涵的二分法密切关联。

因此，本书将具体采用经济增长方式以及经济增长方式中的内涵与外延这一对关系，作为一条主线来串联新中国经济增长思想发展演变的历史。

第三节 主要概念界定

在理清了研究对象与研究视角后，应对涉及的一系列概念进行一个严格的界定与说明。这主要包括“经济增长”“经济增长方式”以及“内涵式”“外延式”，与经济增长类似的“经济发展”及其他相关概念。具体而言：

一、“经济增长”

对于经济增长（economic growth）这一概念，尽管学术界历来有不同说法，但是自亚当·斯密以来一个具有极大共识的解释是一个国家（或地区）国民财富的增加，其归根结底又是商品和劳务产出的增长。严格来说，经济增长包含总产出增长与人均产出增长两个方面。在经济统计与国民经济核算中，一个经济体的经济总产出通常是用国内生产总值（gross domestic product，GDP）指标来衡量的。继而，通常用 GDP 增长率来度量一个经济体的经济增长速度。设 Y_t 为当年实现的 GDP 产出，Y_{t-1} 为上年所实现的 GDP 产出，ΔY_t 为本年度国内生产总值的增量，则 GDP 增长率 g 就可以用下面公式来表示：

$g=\Delta Y_t/Y_{t-1}$，通常用式 $g\approx \ln Y_t-\ln Y_{t-1}$ 来代为计算。

计算 GDP 一般有两种方式，一类是用现价计算，主要用于反映一个经济体的经济发展规模，另一类是用不变价格计算，主要用于计算一个经济体的经济增长速度。但是，正如比约克（Bjork G. C）所指出的那样，在西方经济学的理论分析中，“经济增长”通常是指人均产出意义上的增长①。虽然一般而言，这与总产出的增长是几乎同质的，但主流的宏观经济学和发展经济学研究都强调其分析的是人均产出而非总产量的增长，而人口增长带来的产出增长则不在关注的范围之内②。在这方面，西方经济增长理论与马克思主义扩大再生产理论的思路是一致的。马克思主义经济学不太强调对人均产出增长和总产出增长的区分，但马克思本人提出扩大再生产理论的本意是侧重于人均产出而非总产出。他在《资本论》第二卷第八章中把扩大再生产分为外延和内含两种类型，并认为前者是源自固定资产的更新和资本的积累，后者源自生产资料的效率提高。

在西方经济学中，基于柯布—道格拉斯生产函数 $Y_t = A_t K_t^{\alpha} L_t^{\beta}$，则国内生产总值年增长率 $g = \frac{\Delta Y_t}{Y_{t-1}} = \frac{\Delta A_t}{A_{t-1}} + \alpha \frac{\Delta K_t}{K_{t-1}} + \beta \frac{\Delta L_t}{L_{t-1}}$，其中$\frac{\Delta A_t}{A_{t-1}}$称为索洛余项，也称为 TFP（全要素生产率，total factor productivity）。因此，经济增长的源泉有三：生产率水平的提高、资本的积累、劳动投入的增加。它们对经济增长的贡献分别为：

$$\delta_A = \frac{\frac{\Delta A_t}{A_{t-1}}}{\frac{\Delta Y_t}{Y_{t-1}}},\ \delta_K = \frac{\alpha \frac{\Delta K_t}{K_{t-1}}}{\frac{\Delta Y_t}{Y_{t-1}}},\ \delta_L = \frac{\beta \frac{\Delta L_t}{L_{t-1}}}{\frac{\Delta Y_t}{Y_{t-1}}},\ 1 = \delta_A + \delta_K + \delta_L。$$

主张通过提高 δ_A 而实现经济增长的思想，被称为 TFP 增进型经济增长思想，归类为内涵式经济增长思想。类似的，资本推动型、劳动推动型经济增长思想，则归类为外延式经济增长思想。

二、“经济增长方式”及其两分法

所谓的经济增长方式（mode of growth）是指经济增长过程中关于生产

① Bjork, G. C., 1999, The Way It Worked and Why It Won't, London: Praeger.

② 如索洛（1956）、钱纳里等（1989）和刘易斯（2005）等均持此观点。参见 Solow, Robert M. (1956) “A Contribution to the Theory of Economic Growth.” *Quarterly Journal of Economics* 70: 65–94；钱纳里、鲁宾逊、塞尔奎因：《工业化和经济增长的比较研究》，三联书店 1989 年版；阿瑟·刘易斯：《经济增长理论》，商务印书馆 2005 年版。

要素投入与生产效率提高的构成方式，其具体体现是生产要素的规模、组合及其利用形式。这一概念是苏联经济学家根据马克思在《资本论》第二卷中关于扩大再生产的两种形式的论述提出的。因此，马克思主义经济学理论界一般将经济增长的实现划分为两种来源：一种经济增长是主要依靠增加生产要素的投入而实现，这在马克思《资本论》第二卷中称之为外延扩大再生产，现在一般称之为“外延式增长”；另一种经济增长则是通过提高生产过程中生产要素的使用效率而实现，这在马克思《资本论》第二卷中称之为内含扩大再生产，现在一般称之为“内涵式增长”。[①]

不难发现，西方经济学与马克思主义经济学在对不同类型经济增长及经济增长方式的区分上具有共通性。以社会主义经济研究著称、曾多次获诺贝尔经济学奖提名的匈牙利经济学家、哈佛大学荣休教授雅诺什·科尔奈就曾指出，西方学者中流行“要素投入增加”与“综合要素生产率提高”的术语，社会主义各国学者则较多采用“粗放（或外延）”方式与“集约（或内涵）”方式的概念，但这两对用语在语义上是相同的[②]。本书之所以采用“内涵”与“外延”这种相对更为中性的称呼，而非“集约”与“粗放”这种更为流行、却不够客观的定义，是希望避免“粗放”二字中所隐含的些许贬义。

“内涵”与“外延”两分法不仅可用于经济增长实践领域，同样可应用于经济增长思想领域，且足以涵盖经济增长思想中的绝大多数领域。现实中对于经济增长的讨论涉及许多维度，例如经济增长发生的领域（第一产业、第二产业和第三产业），经济增长的最终产品流向（消费、投资、政府购买和净出口），经济增长中的报酬分配（劳动者报酬、生产税净额、固定资产折旧和营业盈余），经济增长与非经济因素的关系（社会稳定、政治制度和自然环境因素等），但这些研究通常或多或少地都要涉及对不同经济增长方式的评价或偏好。

但是需要指出的是，有些思想虽为同一主体，但在不同时期因其不同主张会产生在内涵和外延之间的侧重变化。以对外开放经济思想为例，如

① 转引自田春生、李涛：《经济增长方式研究》，江苏人民出版社2002年版，第6页。

② ［匈］雅诺什·科尔奈：《社会主义体制：共产主义的政治经济学》，中央编译出版社2007年版，第172页。

若该思想更加强调一国在海外市场上之于要素的获取，特别是数量上的扩大，这就带有相对突出的外延式经济思想特征；如若更加强调对于海外技术、知识、管理等方面的引进和吸收，则带有相对突出的内涵式经济思想特征。本书在涉及某一类思想时，都会根据其在特定时期所处的背景、内容和特点及其实施效果等进行具体分类，进而展示出同种思想在不同时期的不同属性，这也是对于客观历史的尊重。

三、"经济发展"及其他

在对一些观点与学术研究的梳理中，与"经济增长"含义近似或重叠、交叉的词汇有很多，比如"经济发展""扩大再生产"和"发展生产力"等等，虽然这些词汇有其本身的含义，而且也基于不同的理论范式，但在某个具体语境之中，它所阐述的更多是经济增长问题，因此本书的考察显然要涉及这些概念中的经济增长成分。新中国成立后，国内主要使用马克思主义经济学的术语"扩大再生产"（此时"经济增长"一词多见于介绍外国经济理论的文章），并对外延的扩大再生产方式和内涵的扩大再生产方式进行了丰富的讨论和深入的比较。改革开放以后，国人从效率、效益等角度反思此前经济增长中的教训，对于内涵式（或集约式、全要素生产率推动型）经济增长的讨论迅速升温，其中相当一部分研究是以"转变经济增长方式"为主题的，主张中国经济应当从外延、粗放的生产扩张方式转向内涵、集约的方式。

进入21世纪后，基于对环境治理、生态保护、社会和谐等内涵因素的要求，国人又常以"转变经济发展方式"为主题展开讨论，提倡可持续的内涵式经济增长/发展，这里的"经济发展"除了产出增长、产业结构升级和福利改善等含义外，又增加了环境与社会方面的可持续发展约束。这样，经济发展所涉及的内容就远远超出了单纯的经济增长，比经济增长来得更为广泛，它还包含有社会经济结构的信息，更注重可持续发展，也更关注社会公平正义，强调经济增长应带来社会整体生活水平的提升。不过，也有少数学者反思，认为内涵的经济增长或发展方式并不总是优于外延的经济增长或发展方式。[①] 此外，随着中国经济进入新常态，从高速增长阶段向高质量发展阶段的转变，也成为经济政策层面和学术层面讨论较多的议题。

第四节　研究回顾与新的尝试

目前，国内外学术界对新中国经济增长思想的系统性、贯通性、专门性学术研究还比较薄弱，[②] 相关成果主要散见于中国经济理论史、中国经济思想史，以及领导人经济思想研究中，而且大都是只言片语。本书仍试图努力梳理挖掘具备一定相关性的已有研究成果，以丰富对这一问题的认识基础，下面将分别予以介绍。[③]

一、现代经济思想史研究中的经济增长问题

自 20 世纪 80 年代末以来，中国现代经济思想史日益成为中国经济思想史学科新的研究领域[④]，其中也蕴藏着一些关于经济增长思想和经济增长理论问题的探讨。陈东琪[⑤]在《1900 ~ 2000 年中国经济学史纲》中介绍了 1978 年以前中国学术界关于扩大再生产问题的研究，指出，当时的研究基于马克思社会再生产理论，探讨的主要内容是中国经济的发展战略与

① 如林毅夫、任若恩：《东亚经济增长模式相关争论的再探讨》，载于《经济研究》2007 年第 8 期；等。

② 相应的是，周呈奇教授 2007 年曾出版著作系统地论述战后台湾经济发展进程中所涌现的经济增长思想。参见周呈奇：《战后台湾经济增长思想研究》，九州出版社 2007 年版。

③ 本项目研究持续 10 多年，在程霖教授的指导下先后形成了 3 篇学位论文，分别为陈国权的《新中国经济增长思想研究（1949 ~ 2009）》（上海财经大学博士论文，2010），岳翔宇的《中国内涵式经济增长思想研究（1840 ~ 2013）》（上海财经大学博士论文，2014），李亚婧的《外延式增长与内涵式增长路径的抉择：新中国经济增长思想研究（1949 ~ 1978）》（上海财经大学博士论文，2018）。他们作为本书合著者在一个新的框架下对相关内容进行了整合、更新、补充和进一步完善。

④ 参见程霖、张申、何业嘉：《中国现代经济思想史研究：1949 ~ 2014》，载于《中国经济史研究》2015 年第 3 期。

⑤ 陈东琪：《1900 ~ 2000 中国经济学史纲》，中国青年出版社 2004 年版。

发展模式，核心则是中国经济发展中的速度与比例问题，这可视为新中国早期经济增长思想的主要形态。不过在具体分析方面，该书未作详细展开。另外，该书在介绍中国宏观经济学时，重点介绍了中国学术界关于通货膨胀、通货紧缩以及经济周期三个问题的研究成果，不过未专门对“经济增长理论”的成果进行介绍，而只是在中国宏观经济学的一般分析体系中提到郑超愚对当时中国经济增长研究的批评，指出当时中国经济增长研究在理论联系实际上是不彻底的，缺乏一个一般性的分析框架①。

赵晓雷在《新中国经济理论史》②《中国现代经济理论（1949～2000）》③及《中华人民共和国经济思想史纲》④三部著作中，都对中国经济增长研究的成果进行了分析与探讨，但其重点是在对转变经济增长方式的研究成果梳理上，主要从三个方面进行概括：经济增长方式转变的研究综述、经济增长方式转变的途径以及转变经济增长方式的实证研究。有趣的是，在其2001年的著作中，在经济增长理论研究一节中还介绍了“泡沫经济”理论体系，这也是学术界第一次将“泡沫经济”的理论研究放到经济增长的框架下。

张卓元于2008年和2009年先后主编出版《中国经济学30年（1978～2008）》⑤和《中国经济学60年（1949～2009）》⑥。其中，前者系统阐述了改革开放30年来中国经济理论研究的进展与创新，在总论部分介绍了学术界关于中国经济增长奇迹的研究成果，并在第十三章对转变经济增长和发展方式的理论与政策探讨进行了学术史的总结，认为要更多从中国转变经济增长方式与转变发展方式的实践中提炼理论智慧，为未来的发展提供有益的指导和参考。后者的导论第五部分则将理论经济学的第五大进展归结为“经济增长与发展理论越来越受重视”。作者认为，改革开放以后，中国经济学界对于经济增长问题的讨论进入到一个崭新阶段。特别是1992年邓小平提出“发展才是硬道理”的战略思想后，经济增长和发展问题的

① 郑超愚：《中国宏观经济分析的理论构架》，中国人民大学出版社1998年版。
② 赵晓雷：《新中国经济理论史》，上海财经大学出版社1999年版。
③ 赵晓雷：《中国现代经济理论（1949～2000）》，上海人民出版社2001年版。
④ 赵晓雷：《中华人民共和国经济思想史纲》，首都经济贸易大学出版社2009年版。
⑤ 张卓元主编：《中国经济学30年（1978～2008）》，中国社会科学出版社2008年版。
⑥ 张卓元主编：《中国经济学60年（1949～2009）》，中国社会科学出版社2009年版。

研讨更是逐步发展成为经济学界的第一研讨热点。作者从经济发展战略问题、如何走新型工业化道路问题、转变经济增长方式问题、现代经济增长问题、城市化问题、经济增长与经济稳定的关系问题等方面，对经济学界相关领域内的讨论进行了介绍。

2012 年，张卓元又主编出版了《新中国经济学史纲 1949 ~ 2011》一书并于次年修订再版。该书辟有章节专门介绍“中国经济增长理论研究的主要脉络”，但是由于篇幅所限，作者并未做详细深入的论述，主要只针对中国经济赶超模式与增长理论范式的转变进行了“把脉”，分析了不同增长模式下的理论渊源、研究热潮、范式转换，并对中国经济增长前景和理论探索的方向做了讨论。其中，关于转变经济增长方式问题也被作者列为经济学界广泛和积极研究的课题之一，并认为“只有大力转变经济增长和发展方式并取得实效，中国经济才有可能持续实现较快增长。这点已得到经济学界广泛的认同。”①

柳欣、刘刚②在其主编的《中国经济学三十年》一书中，以“三十年中国经济增长：经济奇迹的解释与展望”一章论述中国经济增长问题，该章基于对改革开放 30 年以来国内外学者关于中国经济增长问题的研究成果的梳理、回顾与吸收，在历史视角下对中国经济增长进行了国际比较，并从经济发展战略、要素投入与技术进步等方面论述了中国经济快速增长的原因，进而对中国经济增长奇迹能否持续与经济增长中的结构性问题进行了比较深入的分析。随后，柳欣、秦海英③又在其主编的《新中国经济学 60 年》一书中，专辟“中国经济增长 60 年：发展战略、制度变迁与增长绩效”一章，论述中国经济增长 60 年中经济理论发展与经济增长的实践问题，作者首先对经济增长所依据的理论框架做了简要介绍，再以 1978 年为分界点，将新中国成立以来的 60 年分为两个时期，按照有关经济增长理论对这两个时期的经济增长进行了总体性分析。但是由于篇幅所限，该书中有关经济增长的内容仅是从总体上按照不同时期对 60 年来中国的经济增长提出一些尝试性的解释，这样的总体性解释显然难以穷尽经济增

---

① 张卓元主编：《新中国经济学史纲 1949 ~ 2011》，中国社会科学出版社 2013 年版，第 35 页。
② 柳欣、刘刚主编：《中国经济学三十年》，中国财政经济出版社 2008 年版。
③ 柳欣、秦海英主编：《新中国经济学 60 年》，中国财政经济出版社 2010 年版。

长的各个方面和各种因素，只能称之为是勾勒出一个有关中国经济增长理论与实践的粗线条框架来说明与经济增长有关的经济思想的发展轨迹。

严清华[①]在《中国经济发展模式理论创新研究》一书中，从梳理与归纳党和国家领导人的经济认知与理论创新的视角，简要勾勒出了中国经济高速增长模式选择理论与经济增长方式转变理论产生与发展的线索。并指出，中国经济高速增长思想主要是在新中国成立后才产生的，而改革开放后经济增长方式转变理论的提出，则是对我国传统的高速度增长思想的一大理论创新。

白永秀、任保平在主编的《新中国经济学60年（1949～2009）》中梳理了1979～2009年间的“转变经济增长方式和发展方式研究”，并将该经济思想的发展历史分为三个阶段：第一阶段为1979～1980年，主要探讨经济增长方式的转变与发展战略转变及经济体制改革之间的相互关系；第二阶段为1979～2003年，主要探讨如何能真正实现我国的经济增长方式转变；第三阶段则是2003年下半年至2009年，主要是在科学发展观指导下，通过深化改革开放和现代化建设实践，促进经济增长方式转变。[②]

此外，在经济发展思想这一与经济增长思想较为相关的领域中，较具代表性且涉及现代部分的著述当属韦苇的两部著作：《走向富强的千年追求——中国经济发展思想的理论体系与历史演进》[③] 和《中国经济思想与当代经济发展》[④]。尽管内容广泛，但其中相关经济思想中大部分都不能归于经济增长思想。因为在该书中，“经济发展”是一个远较“经济增长”定义广泛的概念，作者自己也承认其书对于经济发展思想的定义较为宽泛，认为思想家们“关于发展经济、增强国力、富国足民、追求社会进步和祖国繁荣昌盛的各种思想言论，政策主张，理论建树，改革措施，均

① 严清华：《中国经济发展模式理论创新研究》，南方出版社2001年版。

② 白永秀、任保平主编：《新中国经济学60年（1949～2009）》，高等教育出版社2009年版。

③ 韦苇：《走向富强的千年追求——中国经济发展思想的理论体系与历史演进》，西北大学出版社1997年版。

④ 韦苇：《中国经济思想与当代经济发展》，社会科学文献出版社2011年版。

应列为中国经济发展思想的研究对象。”[①] 因此与本书的研究对象有很大的不同。另外，很多经济发展方面的讨论也不一定是与经济（产出）增长相联系的，例如工业化在经济实践中虽然肯定与经济增长密切相关，但关于发展工业的讨论可能有许多都是就产业论产业，而未与经济增长紧密联系起来，因此本书不作专门回顾。

就上述现代经济思想史领域的文献而言，已有研究更多的是在其著作、论文中设置一章或一节来评述相关中国经济增长理论及思想，但因篇幅所限，已有成果几乎皆未展开详实而深入的研究。因此，截至本书开题写作至今，学界中专门论述探讨新中国经济增长思想的系统性、贯通性研究尚付阙如。

二、人物经济思想研究中的经济增长问题

在人物经济增长思想研究中，重要决策者是主要的研究对象，而邓小平的相关研究数量居首。著作方面，已有成果大多介绍了邓小平关于增长速度与效益问题、科学技术是第一生产力以及发展生产力的思想（尽管其中很多名义上并不称为经济增长思想，而被称为“发展思想”等），如顾海良、张雷声主编的《邓小平的经济思想》[②]、涂文涛主编的《邓小平经济思想研究》[③]、李治国的《邓小平经济思想原旨与概貌研究》[④]、徐信华的《邓小平发展生产力思想初探》[⑤]、樊纪宪主编的《邓小平经济理论研究》[⑥]、冯世新和陆卫明著的《邓小平经济发展思想研究》[⑦] 等等。

论文方面，有一些是对邓小平经济增长思想的专门研究，比如姚挺[⑧]、

---

① 韦苇：《走向富强的千年追求——中国经济发展思想的理论体系与历史演进》，西北大学出版社1997年版，第10页。

② 顾海良、张雷声主编：《邓小平的经济思想》，中国经济出版社1996年版。

③ 涂文涛主编：《邓小平经济思想研究》，西南财经大学出版社2002年版。

④ 李治国：《邓小平经济思想原旨与概貌研究》，人民出版社2003年版。

⑤ 徐信华：《邓小平发展生产力思想初探》，中国广播电视出版社1997年版。

⑥ 樊纪宪主编：《邓小平经济理论研究》，河南人民出版社1997年版。

⑦ 冯世新、陆卫明著：《邓小平经济发展思想研究》，经济科学出版社1996年版。

⑧ 姚挺：《邓小平经济增长思想探要》，载于《中共福建省委党校学报》1996年第5期。

金开好[①]、宋延军[②]、罗莹和李阳生[③]等。这些研究认为，邓小平指出了我国经济增长的本质，是在市场经济条件下社会主义解放和发展生产力本质的要求；经济增长的战略步骤是按“三步走”稳步推进经济的增长；转变传统经济增长方式的主要原因是发展社会生产力；经济增长的实现途径依赖于经济体制改革、经济增长方式转变和产业结构调整；邓小平经济增长思想符合经济增长内容上持续性、调控性、非均衡性及融合性的特点；其经济增长思想在我国改革开放进程中发挥了重要作用。另外，周显信[④]、唐顺奇[⑤]和徐虎[⑥]着重阐述了邓小平关于增长速度的适度性原则，他们认为邓小平关于经济增长速度的思想事实上是一种科学的经济建设方法论，即要求制定经济增长速度立足于实事求是，在效益优先基础上兼顾速度效益相统一，以是否提高了人民生活水平为检验增长速度的标准。宋晓敏则指出，邓小平为我国经济增长设想了两个动力体系，分别是以“责任制”为基本内容和以中心城市辐射力、国营大中型企业活力、市场机制作用力共同构成[⑦]。也有些对邓小平经济增长思想的研究表述为经济发展思想，但其实质还是讨论经济增长问题，比如韩保江[⑧]、华道增[⑨]、王维敏[⑩]、刘毅[⑪]以及廖洪和高友才[⑫]等，其指出，邓小平经济发展思想是一个系统整

---

① 金开好：《邓小平的经济增长观》，载于《安徽师大学报（哲学社会科学版）》1996年第1期。

② 宋延军：《试论邓小平人力资源与经济增长思想》，载于《宜宾学院学报》2004年第5期。

③ 罗莹、李阳生：《论邓小平的经济增长思想》，载于《北京党史》2004年第1期；罗莹：《试论邓小平经济增长思想的特点》，载于《山东行政学院山东省经济管理干部学院学报》2007年第S1期。

④ 周显信：《社会主义经济建设方法论的成功探索——邓小平经济增长速度思想研究》，载于《徐州师范大学学报》2004年第2期。

⑤ 唐顺奇：《邓小平对经济增长速度适度原则的论述》，载于《贵州社会科学》2005年第4期。

⑥ 徐虎：《论邓小平对我国经济增长速度问题的独特认识》，载于《经济经纬》2006年第3期。

⑦ 宋小敏：《邓小平的经济增长动力体系理论及其新发展》，载于《社会主义研究》2001年第2期。

⑧ 韩保江：《论邓小平的经济发展观》，载于《毛泽东思想研究》1993年第2期。

⑨ 华道增：《论邓小平经济发展战略观》，载于《南开经济研究》1997年第2期。

⑩ 王维敏：《论邓小平经济发展思想的指导意义》，载于《西南民族学院学报（哲学社会科学版）》1999年第4期。

⑪ 刘毅：《论邓小平经济发展思想与中国经济可持续发展》，载于《经济评论》1999年第2期。

⑫ 廖洪、高有才：《论邓小平的经济发展观》，载于《中州学刊》2001年第6期。

体，立足于国情是其经济发展思想的基点；农村包围城市，城市辐射农村，最终实现国际化，是发展的道路选择；分三步走是发展的战略步骤；科学技术是发展的动力基础[①]。

关于毛泽东的经济增长思想也有不少文章论及，如寿思华[②]、王唤青[③]、赵蜀蓉和罗开平[④]在分析毛泽东的经济发展战略思想时指出，毛泽东的经济增长思想主要包括为实现经济发展而提出的走工业化道路战略思想、赶超战略思想和备战战略思想等，但同时指出，毛泽东经济增长思想没有选择一个较高且持续稳定的经济增长速度。

陈云的经济增长思想受到颇多研究者的关注。原因在于，陈云曾长期主持经济工作，他根据我国经济的实际情况，主张以农业为基础，通过保持部门内部及各部门之间的综合平衡，以及人口、环境、资源之间的相互协调等等实现经济发展和产出增长，包含了丰富的经济增长思想内容。邱霞对以往学者有关陈云在经济发展思想方面的研究成果进行了较为系统的梳理与回顾，指出我国学者在该领域的研究主要经历了三个阶段：20 世纪 80 年代初到 90 年代初、20 世纪 90 年代中期到 21 世纪头两年、2003 年至今。邱霞对以往的学术观点也进行了一定的总结，认为主要集中在以下五个方面：陈云经济发展思想的定义与主要内容；经济发展的“国情论”思想研究；经济发展的“国力论”研究；经济法则与经济体制关系思想的研究；经济法则与对外经济关系思想的研究。在以上总结的基础上，邱霞不仅对以往观点进行了提炼，而且还指出这些研究普遍存在着概念界定不清、体系构建不足、历史与现实联系不够的缺点[⑤]。这篇研究综述的统计

---

① 亦可参见周茹英：《略论邓小平的经济发展战略思想》，载于《现代财经：天津财经学院学报》1994 年第 4 期；廖丹清：《邓小平经济发展战略思想探讨》，载于《江汉论坛》1994 年第 3 期；张天学、舒畅：《邓小平经济发展战略思想及其现实指导意义》，载于《学海》2004 年第 5 期；代礼忠、张华：《论邓小平“台阶式”经济发展思想》，载于《兰州大学学报》1999 年第 1 期；张继业：《邓小平的经济发展上台阶论与经济增长方式的转换》，载于《吉林大学社会科学学报》1997 年第 3 期。

② 寿思华：《毛泽东经济发展战略思想探究》，载于《改革与战略》2012 年第 1 期。

③ 王唤青：《毛泽东经济高速增长论初探》，载于《毛泽东思想研究》1992 年第 2 期。

④ 赵蜀蓉、罗开平：《毛泽东经济发展战略思想述评》，载于《毛泽东思想研究》2006 年第 4 期。

⑤ 邱霞：《陈云经济发展思想研究综述》，载于《党史研究与教学》2012 年第 2 期。

截止到2011年，但随后也出现了不少研究，如姜长青[①]即对陈云有关经济稳定的思想和实践进行了分析，等等。

关于江泽民经济增长思想的研究，主要集中在可持续发展思想、科教兴国思想以及关于转变经济增长方式的思想上。该类研究的代表有钱胜的《江泽民经济思想研究》[②]、顾龙生等编的《江泽民经济思想研究》[③] 等。

从以上的文献梳理不难发现，现有研究在重要决策者的经济增长思想领域已经取得了较为丰硕的成果，无论是史料分析还是观点归纳上都为本书提供了良好基础。但该领域的不足也非常突出，即对于重要决策者以外的人物，如经济学者的经济增长思想挖掘非常有限。这显然不能全面反映新中国成立以来国人对于经济增长研究的理论和思想贡献。

三、经济研究综述中的经济增长问题

经济研究综述是对近一段时间内有关某一主题或领域的研究成果所做的概述，虽然时间较短，但对于已有研究的梳理、分类和评析，使其具备了一定的经济思想史的研究特色，成为了值得回顾的文献对象。在这一领域，“转变经济增长方式”类的文献综述，有数十篇之多[④]，主题也很明晰。比较有代表性的，是张立英[⑤]、杨利群[⑥]、牛福增[⑦]、田玉梅[⑧]的综述，这些综述对理论界关于转变经济增长方式问题的讨论情况做了整体性的回顾，内容涉及对转变增长方式问题讨论的历史回顾，传统粗

① 姜长青：《建国后陈云经济稳定思想和实践探析》，载于《经济问题》2012年第9期。

② 钱胜：《江泽民经济思想研究》，安徽人民出版社2005年版。

③ 顾龙生等主编：《江泽民经济思想研究》，山西经济出版社2004年版。

④ 以“经济增长”和“综述”为关键字，在中国知网进行搜索，即可反映该类研究数量情况。

⑤ 张立英：《关于我国经济增长方式转变问题的讨论综述》，载于《财经研究》1996年第10期。

⑥ 杨利群：《我国经济增长方式转变问题研究综述》，载于《高校社会科学研究和理论教学》1996年第6期。

⑦ 牛福增：《转变经济增长方式研讨观点综述》，载于《经济学动态》1996年第10期。

⑧ 田玉梅：《转变经济增长方式问题研讨会综述》，载于《经济学动态》1996年第1期。

放型经济增长方式存在的问题，转变经济增长方式的必要性、条件及困难，转变经济增长方式的具体内涵、特征，转变经济增长方式的途径及对策等等[①]。

在经济增长研究的框架内，罗长远[②]、邹卫星和房林[③]通过对已有研究的梳理，对我国经济增长的理论进行了一定的解读，解读的层面包括中国经济增长的动力源泉、形成机理、表现特征、可持续性、潜在增长率估算及未来预测等。武汉大学经济学院“经济发展与经济增长”课题组曾展开了一个系列研究，对于20世纪90年代以前一段时间内我国学者关于经济发展和经济增长的研究成果，进行了一个较为系统的梳理，因此涉及的内容较为广博。该研究主要分为四个主题：经济波动的周期问题，产业结构的合理化问题，经济结构、经济增长、经济效益、经济发展之间相互关系，以及经济地带划分与地区经济发展的战略问题[④]。可见，该研究对于经济增长问题的理解，较为广义。

另外，我国学界还举办过一些围绕经济增长问题的高水平学术会议，期间形成的会议综述，在一定程度上反映出特定年份的研究进展与成果。如由中国社会科学院经济研究所、首都经济贸易大学以及香港经济导报社等单位联合主办的“中国经济增长与周期国际高峰论坛”及会后形成的综述就比较有代表性。该论坛自2007年起每年举办一次，每次讨论围绕中国经济增长与周期问题涉及不同的具体内容。2007年以“金融发展、宏观稳定与经济增长”为主题，对中国经济增长周期波动

① 这一类研究还可参见佚名：《我国经济增长方式转变问题综述》，载于《改革》1995年第6期；郭晓明、管英：《关于我国经济增长方式转变问题的讨论综述》，载于《当代经济科学》1996年第2期；林幼平：《关于我国转变经济增长方式研究的综述》，载于《经济评论》1996年第4期；刘助仁：《转变经济增长方式研究综述》，载于《中国特色社会主义研究》1996年第1期；刘纪兴：《近期转变经济增长方式研究综述》，载于《社会科学动态》1996年第8期；任守增：《关于转变经济增长方式研究综述》，载于《学术交流》1997年第1期。

② 罗长远：《中国经济增长的源泉、机理及前景分析：一个理论综述》，载于《经济学动态》2003年第10期。

③ 邹卫星、房林：《中国经济增长的特征、可持续性与潜在增长率估算：一个综述》，载于《经济学家》2007年第4期。

④ 武汉大学经济学院《经济发展与经济增长》课题组：《近年来我国经济学界关于中国经济发展与经济增长若干理论问题的论点综述》，载于《经济评论》1991年第3期；武汉大学经济学院《经济发展与经济增长》课题组：《近年来我国经济学界关于中国经济发展与经济增长若干理论问题的论点综述（续）》，载于《经济评论》1991年第4期。

的新特点、中国经济增长的趋势、长期增长路径的选择等问题进行了探讨；2008 年以“中国经济周期与物价稳定”为主题，就当前的宏观经济形势和长期增长趋势进行了讨论，对 2008 年中国经济增长速度趋缓问题达成了共识，但对据此是否能够判断中国经济出现拐点存有分歧；2009 年以“世界经济动荡与中国可持续发展的政策选择”为主题，对当前宏观经济走势和经济增长周期的形成进行了热烈讨论，对宏观经济政策给中、长期经济发展产生的影响做了分析，并对未来政策取向提出了新的建议；2010 年以“中国经济增长的路径转换与政策选择”为主题，就我国成功应对国际金融危机冲击后出现的宏观经济热点问题展开讨论，包括短期分析及中、长期战略构想，调整经济结构、转变经济发展方式及应对经济平稳较快发展，此外也对如何创造适宜经济增长的制度环境提出了建议；2011 年以“经济周期与中国经济增长转型发展”为主题，对中国经济增长的转型研究等主要议题进行了深入研讨，进一步分析了我国经济增长转型中的现实问题和理论基础；2012 年以“稳定宏观经济、推进结构性改革”为主题，对宏观经济增长前景及经济结构调整路径等问题进行了讨论；2013 年以“中国经济发展转型与宏观政策选择”为主题，针对宏观经济增速趋缓及未来增长潜力等问题进行了探讨；2014 年以“经济增速换挡与经济发展转型”为主题，针对经济增速换挡期、结构调整阵痛期、前期刺激政策消化期“三期叠加”阶段的特点，研究了宏观经济政策选择、战略性调整、经济发展转型和深化经济体制改革路径等重大问题；2015 年围绕新常态下的经济转型这一主题，探讨未来的中国经济发展；2016 年针对中国开始步入以城市化和经济结构服务化为主要特征的二次经济转型，讨论如何使中国在经济增速持续放缓的背景下减少外部冲击，顺利实现二次转型并再次进入稳定发展的轨道；2017 年的讨论主线是如何更好地选择中国经济增长转型路径，防范金融风险，顺利推进经济新常态发展与供给侧结构性改革；2018 年的主题是面对复杂多变的国际经济形势和经济深度调整的现实，如何更好地从高速增长向高质量发展转变，实现国家治理的现代化[①]。每次论坛结束后都形成了会议综述，对论坛中的各种观点进行了总结归纳。从历年论坛主题可以看出，经济增长问题中的经济转型、经济稳定、经济周期等是历年来学术会议探讨的重点，同时每年的学术会议也多紧密结合当时经济增长相关的重大问题，如 2009 年前后较为关心世界金融危机，而 2010 年以来较为关心中国经济增长的未来动力和可持续性，2017 年主题配合当时正在推进的金融强监管，2018 年则关注中美贸易摩擦的外部冲击等等。总而言之，以上会议综述虽然未能提供长时段、整体性的有关经济增长思想研究的系统考察，但可以对当年的研究热点、学术发展趋势、主要学术观点等形成细致的反馈。

四、现代经济增长理论的传播研究

经济思想传播史也是经济思想史文献回顾的一个重要切入口，而西方经济增长理论的传播的确对中国本土经济增长思想的产生与发展起到了至关重要的作用。从已有研究来看，目前学界内并未见专门研究经济增长理论传播的论著，此类研究多以期刊文献为主，并零星散见于其他相关著作

---

① 参见汪新波、颜双波：《金融发展、宏观稳定与经济增长——中国经济增长与周期高峰论坛（2007）会议综述》，载于《经济与管理研究》2007 年第 7 期；张连城、周明生：《宏观形势谨慎乐观、潜在风险不容忽视——中国经济增长与周期高峰论坛 2008 年会综述》，载于《经济研究》2008 年第 9 期；张连城、周明生：《内外失衡背景下中国宏观经济政策选择——2009 年中国经济增长与周期高峰论坛年会综述》，载于《经济研究》2009 年第 8 期；张连城、周明生：《短期经济存下滑风险、长期增长稳定可持续——中国经济增长与周期（2010）国际高峰论坛综述》，载于《经济研究》2010 年第 8 期；陈昆亭、李浩等：《推动周期与增长理论发展攻坚现实经济难题——“经济周期与中国经济增长转型发展 2011 高峰论坛”综述》，载于《经济研究》2011 年第 11 期；郎丽华、周明生：《结构性改革与宏观经济稳定——中国经济增长与周期（2012）国际高峰论坛综述》，载于《经济研究》2012 年第 8 期；李靖：《制度改革促进经济转型，释放经济增长潜力——中国经济增长与周期国际高峰论坛（2013）综述》，载于《经济与管理研究》2013 年第 9 期；郎丽华、周明生：《经济增速换档期的体制改革与发展转型——第八届中国经济增长与周期论坛综述》，载于《经济研究》2014 年第 10 期；周明生、郎丽华：《新常态下的经济转型与“十三五”时期经济展望——中国经济增长与周期国际高峰论坛（2015）综述》，载于《经济研究》2015 年第 8 期；郎丽华、赵家章：《中国经济二次转型与防范外部冲击——中国经济增长与周期（2016）高峰论坛综述》，载于《经济研究》2016 年第 10 期；郎丽华、周明生、赵家章：《加速中国经济增长转型与防范金融风险——中国经济增长与周期高峰论坛（2017）综述》，载于《经济研究》2017 年第 8 期；郎丽华、周明生：《迈向高质量发展与国家治理现代化——第十二届中国经济增长与周期高峰论坛综述》，载于《经济研究》2018 年第 9 期。

之中。

首先，文献方面，以概述西方经济增长理论发展，从而发掘其对中国经济发展现实借鉴意义的论著为最多。此类研究如郑士贵①、王彦林、彭文民和姚和霞②，主要介绍了西方经济增长理论从古典到新古典再到新经济增长理论的演进过程，进而从经济增长方式、要素投入等方面给予中国经济增长以具体的政策建议，但这一类研究并未深入梳理及呈现西方经济增长理论在中国的传播过程、内容等。

其次，是研究具体的某一类理论及其传播。内生经济增长理论是学者关注的一个重点，如李泳明与潘朝辉③，其研究从罗默“知识驱动”模型出发，分析了技术进步对我国经济增长的重要性，并给出了面向未来的政策建议。类似研究还有高长春与李淑霞④、曾世宏与郑江淮⑤等。区域经济增长理论方面，多数文章就解决中国区域经济发展不平衡、不可持续等问题，通过借鉴西方的区域经济增长理论而进行了深入的分析与探讨。如昝德银和陈华，其根据西方区域经济理论中典型的三种模式，对中国区域经济增长方式进行了分析，论证了经济社会可持续发展模式与我国经济发展现阶段最为适应。⑥

另外，学界还对具体西方经济学家的经济增长思想与中国经济增长之间的关系进行了论述。如张继梅探讨了亚当·斯密的经济增长理论及其启示⑦，而柴寒芬则关注了罗斯托的经济增长理论⑧。

---

① 郑士贵：《西方经济增长理论对中国经济增长的启示》，载于《管理科学文摘》1998 年第 5 期。

② 王彦林、彭文民、姚和霞：《经济增长理论与拉动中国经济增长的因素分析》，载于《现代经济》2007 年第 2 期。

③ 李泳明、潘朝辉：《新经济增长理论对我国技术进步的启示》，载于《特区经济》2006 年第 1 期。

④ 高长春、李淑霞：《经济增长：内生增长理论与中国人力资本投资》，载于《学习与探索》2001 年第 2 期。

⑤ 曾世宏、郑江淮：《产业赶超发展战略理论演进及其对中国产业发展的启示》，载于《改革与战略》2009 年第 8 期。

⑥ 昝德银、陈华：《区域经济增长理论与中国非均衡协调发展模式》，载于《金融教学与研究》2006 年第 2 期。

⑦ 张继梅：《亚当·斯密的经济增长理论及其启示》，载于《佳木斯大学社会科学学报》2006 年第 5 期。

⑧ 柴寒芬：《罗斯托的经济增长理论与我们的抉择》，载于《舟山师专学报》1995 年第 2 期。

除此之外，有些研究在论及西方经济理论在中国传播的总体情况时，也顺带介绍了经济增长理论在中国传播的情况。如赵晓雷的《西方经济学对现代中国经济学发展的影响》①。

在马克思经济增长理论的传播研究方面，唐国华和许成安根据马克思主义经济学中有关经济增长的理论，指出均衡增长的必要条件在于工资增长率与国民收入增长率保持不变，而当前中国资本深化较为突出，资本收入占比上升同时劳动收入占比下降，制约中国未来经济均衡稳定发展，而解决这一问题的关键在于纠偏资本偏向型技术进步，加大人力资源方面投资。②

著作方面，一些研究在部分章节中涉及了经济增长理论传播的内容。胡寄窗、谈敏主编的《新中国经济思想史纲要（1949～1989）》在介绍西方经济学在中国的传播时，简要介绍了20世纪80年代后期中国引进西方经济增长理论的情况，并介绍了当时翻译出版的几本代表性著作，认为"西方经济增长理论在我国的流行，有其方法论上的原因。"③ 赵晓雷对于传播的考察更为系统，其专著《新中国经济理论史》④《中国现代经济理论（1949～2000）》⑤《中华人民共和国经济思想史纲》⑥ 等，均涉及了对不同时期西方经济理论在中国的传播的考察，并着重提及了经济增长理论的情况。例如其统计列举了1980～1991年中国翻译出版的经济增长理论书籍，且对舒尔茨的人力资本理论与经济增长理论在中国的传播情况和具体内容进行了介绍。另外，朱保华在《新经济增长理论》的总序中，简要考察了新中国成立前西方经济增长理论在中国传播的大致情况，虽然不是本书意图考察的时段，但也丰富了本研究关于该问题的历史背景的认识。⑦ 不过总体而言，著作中对西方经济增长理论传播的探讨也是相

---

① 赵晓雷：《西方经济学对现代中国经济学发展的影响》，载于《经济学家》1997年第4期。

② 唐国华、许成安：《马克思经济增长理论与中国经济发展方式的转变》，载于《当代经济研究》2011年第7期。

③ 胡寄窗、谈敏主编：《新中国经济思想史纲要（1949～1989）》，上海财经大学出版社1997年版，第95页。

④ 赵晓雷：《新中国经济理论史》，上海财经大学出版社1999年版。

⑤ 赵晓雷：《中国现代经济理论》，上海人民出版社2001年版。

⑥ 赵晓雷：《中华人民共和国经济思想史纲》，首都经济贸易大学出版社2009年版。

⑦ 朱保华：《新经济增长理论》，上海财经大学出版社1999年版。

对零散。

以上是本书搜集的已有的关于西方经济增长理论的传播思想史研究，更严格来说，就目前所见，这一类研究多为西方经济增长理论的发展演变对中国经济增长的具体借鉴，并未系统地对西方经济增长理论在中国传播的历史过程进行呈现，但其也为本书提供了一定的参考。

五、经济增长研究代表作的相关书评

之所以将关于研究中国经济增长的著作的书评作为本书文献回顾的内容，因为这些著作的书评中不仅体现了作者的经济增长思想，也反映了该时期人们对于经济增长思想研究的关注和思考，具有一定的经济思想史研究特征。这类书评比较多，下面列举一些代表性的做一介绍。针对厉以宁等主编的《中国经济增长与波动》[①]，晓萍[②]撰文指出，该书以经济增长、经济波动和经济周期三个方面，对新中国各个历史时期的经济发展状况进行了分析和研究，该研究的重要结论是，中国经济长期处于非均衡状态，因此关于投资、内债、外国直接投资、农业等与经济发展的关系，必须要放到非均衡状态下进行探讨才更为准确。

林毅夫等著《中国的奇迹：发展战略与经济改革》[③] 是一部颇受关注的经济学著作，立勤[④]、陈宗胜和赵晓[⑤]、王则柯[⑥]、孟耀[⑦]都对其给予了高度评价，认为该书的贡献在于，以“赶超战略”为逻辑起点，对改革开放以前中国经济波动的原因提出了包括扭曲的宏观政策环境、计划的资源

① 厉以宁等主编：《中国经济增长与波动》，中国计划出版社 1993 年版。

② 晓萍：《一部研究中国重大经济问题的典范性专著——〈中国经济增长与波动〉评介》，载于《中国图书评论》1994 年第 4 期。

③ 林毅夫、蔡昉、李周：《中国的奇迹：发展战略与经济改革》，上海人民出版社、上海三联出版社 1994 年版。

④ 立勤：《推荐一本好书——中国下一世纪能否成为世界上最具增长潜力的国家？——读〈中国的奇迹：发展战略与经济改革〉》，载于《经贸世界》1994 年第 12 期。

⑤ 陈宗胜、赵晓：《一个崭新的理论框架——读〈中国的奇迹：发展战略与经济改革〉》，载于《改革》1995 年第 5 期。

⑥ 王则柯：《比较优势与转型经济学——读〈中国的奇迹：发展战略与经济改革〉》，载于《开放时代》1998 年第 1 期。

⑦ 孟耀：《中国发展战略的转变与中国经济奇迹——评〈中国的奇迹：发展战略与经济改革〉》，载于《财经问题研究》2006 年第 7 期。

配置制度以及缺乏激励的微观经营机制这样一个“三位一体”的解释框架，并对中国改革的困难以苏联、东欧、亚洲“四小龙”等国家和地区的经济表现进行了分析，进而最终指出，加快向比较优势战略的转变是深化改革并取得未来发展的关键。也有一些书评对于该书的不足进行了详细阐述，如胡欣欣[①]认为该书关于“经济改革的核心是战略转轨”的观点值得商榷，并以战后日本的经济复苏为例，进一步强调“在社会、经济的历史性转变过程中，需要人们付出代价和牺牲，并不会因为‘发展战略’的‘转轨’而迎刃而解”。再如黎娟娟[②]运用企业动态能力的理论对该书“比较优势战略”的观点提出三点质疑：一是从理论的逻辑起点上该观点忽视企业自身能力的内生性；二是在理论论证过程中该观点对于资源禀赋与产业结构和技术结构之间缺乏必要的逻辑承载链条；三是在理论的政策涵义上该观点对于中国未来产业发展有着发展劳动密集型产业的误导。

孙家魁[③]认为，王小鲁、樊纲主编的《中国经济增长的可持续性——跨世纪的回顾与展望》[④]一书吸收了很多知名经济学家和学者的讨论和意见，从要素投入、制度变革、增长动力与阻力、结构变动、宏观环境等方面，对改革开放以来中国经济高速增长的原因进行了解释。该书最终指出，今后20年由要素带动的经济增长率会非常有限，因此中国经济增长率的高低将主要取决于全要素生产率的水平。

顾松年[⑤]针对刘国光、李京文主编的《中国经济大转变》[⑥]一书，撰写了两篇书评，认为该书从理论与实证相结合的角度，以转变经济增长方

① 胡欣欣：《“赶超战略”及“转轨”问题小议——对〈中国的奇迹：发展战略与经济改革〉的若干疑问》，载于《日本学刊》1997年第2期。

② 黎娟娟：《对林毅夫比较优势战略的再思考——重读林毅夫〈中国的奇迹：发展战略与经济改革〉》，载于《改革与战略》2010年第1期。

③ 孙家魁：《高速增长仍可持续〈中国经济增长的可持续性——跨世纪的回顾与展望〉内容综述》，载于《中国改革》2000年第7期。

④ 王小鲁、樊纲主编：《中国经济增长的可持续性——跨世纪的回顾与展望》，经济科学出版社2000年版。

⑤ 顾松年：《〈中国经济大转变〉评价》，载于《中国工业经济》2001年第9期；顾松年：《转变经济增长方式研究的纵深开拓——读刘国光、李京文主编的〈中国经济大转变〉》，载于《现代经济探讨》2001年第8期。

⑥ 刘国光、李京文主编：《中国经济大转变——经济增长方式转变的综合研究（上）》，广东人民出版社2001年版；李京文、刘国光主编：《中国经济大转变——经济增长方式转变的综合研究（下）》，广东人民出版社2001年版。

式贯穿中国经济大转变的历史进程并给予了系统解释，得到的结论是，在解决好新旧体制摩擦的基础上，未来我国应注重解决好资源优化配置和有效激励机制这两个问题。

陈一林[①]、明华[②]对吴敬琏的《中国增长模式抉择》[③] 一书指出，该书的主要贡献在于对经济增长的不同模式进行了系统比较，反思了外延式经济增长的不可持续性，提出了以建立健全的内涵增长制度基础作为改革的核心。

龚刚在评价林毅夫等的《以共享式增长促进社会和谐》[④] 一书时，既肯定了该书中的分析和建议对解决中国的收入分配问题，促进经济发展和社会和谐具有极大的参考价值，又否定该书关于中国仍应大力发展劳动密集型产业以创造更多就业的观点。他认为，“所谓改变经济增长方式并不是要求回到过去曾追求过的资本密集型经济或重工业化经济。我们所要赶超的是技术、知识和人口素质”[⑤]。

林毅夫同时期出版的另一本书《新结构经济学》[⑥] 引发了更多的讨论，韦森[⑦]、余永定[⑧]、张曙光[⑨]、黄少安[⑩]、张军[⑪]均在《经济学（季刊）》上发表书评，林毅夫[⑫]本人也在同期期刊上，从新古典经济学与新结构经济学的关系、现代经济增长的本质、政府在经济发展中的作用以及

---

① 陈一林：《吴敬琏：〈中国增长模式抉择〉》，载于《公共管理评论》2006 年第 2 期。

② 明华：《中国增长模式抉择》，载于《决策》2006 年第 5 期。

③ 吴敬琏：《中国增长模式抉择》，上海远东出版社 2008 年版。

④ 林毅夫、庄巨惠、汤敏、林暾编：《以共享式增长促进社会和谐》，中国计划出版社 2008 年版。

⑤ 龚刚：《和谐社会与共享式增长——评林毅夫、庄巨忠等所编〈以共享式增长促进社会和谐〉》，载于《经济学（季刊）》2009 年第 1 期。

⑥ 林毅夫：《新结构经济学：反思经济发展与政策的理论框架》，北京大学出版社 2012 年版。

⑦ 韦森：《探寻人类社会经济增长的内在机理与未来道路——评林毅夫教授的新结构经济学理论框架》，载于《经济学（季刊）》2013 年第 3 期。

⑧ 余永定：《发展经济学的重构——评林毅夫〈新结构经济学〉》，载于《经济学（季刊）》2013 年第 3 期。

⑨ 张曙光：《市场主导与政府诱导——评林毅夫的〈新结构经济学〉》，载于《经济学（季刊）》2013 年第 3 期。

⑩ 黄少安：《〈新结构经济学〉侧评》，载于《经济学（季刊）》2013 年第 3 期。

⑪ 张军：《“比较优势说”的拓展与局限——读林毅夫新著〈新结构经济学〉》，载于《经济学（季刊）》2013 年第 3 期。

⑫ 林毅夫：《〈新结构经济学〉评论回应》，载于《经济学（季刊）》2013 年第 3 期。

政府的行为假设四个方面，对其他学者提出的疑问给予了回应。另外，顾昕[①]以三篇文章，从政府主导型经济增长、政府对于经济的积极干预以及产业政策这三个新结构经济学中较为敏感的领域进行了理论的回顾与探讨，可算作对该书内容的拓展研究。另外，胡少华[②]、彭松建[③]等肯定该书将作者一以贯之的以“要素禀赋”“比较优势”和“自生能力”等概念及其逻辑联系为核心的经济发展思想进一步系统化，创立了一个完整的经济发展理论框架。

总体而言，以上文章从书评的角度对我国当代一些具有代表性的经济增长研究著作进行了思想性的挖掘与梳理，不仅有利于更为深入地了解学术著作本身，也反映出不同时期我国学者研究的热点、成果和主要贡献，因此为本书提供了诸多信息。

六、中国现代经济增长史的相关研究

中国现代经济增长史研究与经济增长思想史研究关系密切，该领域的研究主要侧重于梳理和分析新中国经济增长的发展阶段和演变特征，如董志凯基于不同时期我国对于生产要素形成和配置方式的差异，将 1949～2004 年的经济增长历史分为国民经济体系的初步形成阶段（新中国成立至 20 世纪 80 年代前期）、经济资源的优化配置阶段（20 世纪 80 年代前期～20 世纪末、21 世纪初）以及知识和技术创新的阶段（20 世纪末、21 世纪初以来）。[④] 刘树成概述了新中国成立 60 年以来经济增长率波动曲线的深刻变化，分析指出改革开放 30 年以来中国经济增长与波动呈现出一

① 顾昕：《政府主导型发展的是是非非——林毅夫“新结构经济学”评论之一》，载于《读书》2013 年第 10 期；顾昕：《政府积极干预主义的是是非非——林毅夫“新结构经济学”评论之二》，载于《读书》2013 年第 11 期；顾昕：《产业政策的是是非非——林毅夫“新结构经济学”评论之三》，载于《读书》2013 年第 12 期。

② 胡少华：《产业升级与政府的作用——兼评林毅夫教授新著〈新结构经济学〉》，载于《经济界》2014 年第 3 期。

③ 彭松建：《宏观经济学的历史使命远未完成——评林毅夫教授的〈新结构经济学〉》，载于《经济学动态》2014 年第 4 期。

④ 董志凯：《关于新中国经济增长与发展阶段（1949～2004）的探索》，载于《中国经济史研究》2004 年第 4 期。

种“高位平稳型”的新态势，并剖析了此新态势背后的经济结构新变化。[①] 赵德馨、乔吉燕认为，中国经济发展经历了一个“之”字形的曲折路径，在1949～1957年收获胜利，在1957～1978年连续遭遇挫折，而后在1979年至今经济持续高速发展。[②] 林民书以1978年改革开放为界，基于对前后两段时期中国经济增长方式进行了历史回顾指出，在改革开放前30年，我国在严格的计划经济体制条件下实施的是优先发展重工业的赶超战略，由此形成了以追求速度为核心的发展思路。而改革开放是中国经济发展思路出现历史性转变最关键的时期，并将改革开放后中国经济增长概括为三大阶段：第一个阶段（1970年代末～1990年代初）“双轨制”体制下摸着石头过河；第二个阶段（1992～2001年）全面开放下高速增长；第三个阶段（2002～2009年）经济全球化下加工贸易快速发展。[③]

以上研究成果大多基于现代经济学理论的分析框架，对新中国的经济增长实践与演变过程进行了回顾与评价。虽然很多研究对于新中国经济增长的历史分期各执不同观点，但这皆因分析角度与所采依据的差异，所以各有其合理性。总体而言，从经济史角度回顾新中国的经济增长与本书并非直接相关，但关系密切，对于本书具有重要的参考价值。

七、国外对中国经济增长问题的研究

随着中国经济的持续快速发展，中国经济增长问题也得到了国际学术界的广泛关注，在这方面形成了丰富的研究成果。当然，考察目前的英文文献，还尚未看到系统梳理新中国经济增长思想发展变迁的论文或著作。

关于中国经济增长问题，论文方面的成果有许多是从某个特定的视角出发来分析中国经济增长背后的原因，关注点非常具体，因而相对零散。例如，萨克斯（JD Sachs）和胡永泰（WT Woo）指出，国外学界对于中国

① 刘树成：《新中国经济增长60年曲线的回顾与展望——兼论新一轮经济周期》，载于《经济学动态》2009年第10期。

② 赵德馨、乔吉燕：《中国经济发展的路径、成就与经验》，载于《贵州财经学院学报》2009年第5期。

③ 林民书：《新中国60年经济增长方式的历史演变及其展望》，载于《河南社会科学》2009年第7期。

经济增长的原因分析主要分为经验主义派和趋同派，经验主义派认为中国经济持续高增长来源于演化的、实践的以及增量性质的改革，包括农业改革、乡镇企业改革、国有企业改革等，进而形成了一些非资本主义性质的制度，而趋同派则认为中国经济增长的成功来源于对非社会主义市场的整合，但萨克斯和胡永泰认为，理解中国经济政策选择的实质在于考察其侧重进行的，是与标准市场经济的制度调和还是独特的制度创新，目前来看，中国政策更注重调和，这反映了中国政府对于动态市场经济的要素已经有了很好的解和接受。① 王艳（Yan Wang）和姚余栋（Yao Yudong）构建了一套对人力资本存量的计算方法，将 1952 ~ 1999 年的数据计算应用于经济增长分析，得出结论为，中国人力资本的累积对经济增长和社会福利做出了重要贡献，而在考虑了人力资本后，全要素生产率的增加在改革开放后也做出了正面贡献。② 刘遵义（Lawrence J. Lau）等认为，中国的双轨制改革在计划轨相关利益不受损的前提下引入市场轨，通过帕累托改进来逐步提高经济效率，是中国经济实现高速增长的重要原因。③ 宋铮（Zheng Song）等构建了一个与中国经济转型期特点（较高的产出增长，稳定的资产回报，制造业部门内部的再配置，以及较大的贸易盈余）相一致的模型，试图深化对于中国经济增长谜题的理解，即中国是怎样既能够以如此显著的速度增长，同时又在积累着不断提高的对外顺差呢?④ 朱晓冬（Zhu Xiao dong）重点对 1978 年以来中国经济增长进行了分析，认为其快速增长是由生产率增长驱动而非资本投资，而渐进持续的制度变革和政策改革，消除了经济发展中的扭曲成分，提升了经济主体的激励，则是生产率增长的主要原因。⑤ 墨尔本大学校长特聘研究员和经济学教授郜若素（Ross Garnaut）认为，中国

① Sachs, J. D. , & Woo, W. T. (2001). "Understanding China's economic performance." *The Journal of Policy Reform*, 4 (1): 1 - 50.

② Yan, W. , &Yudong, Y. (2003). "Sources of China's economic growth 1952 - 1999: incorporating human capital accumulation." *China Economic Review*, 14 (1): 32 - 52.

③ Lawrence J. Lau, Yingyi Qian and Gerard Roland (2002). "Reform without Losers: An Interpretation of China's Dual - Track Approach to Transition". *Journal of Political Economy*, Vol. 108, No. 1, pp. 120 - 143.

④ Zheng Song, KjetilStoresletten, and Fabrizio Zilibotti (2011). "Growing Like China". *American Economic Review* 101 (February): 196 - 233.

⑤ Zhu, Xiaodong (2012). "Understanding China's Growth: Past, Present, and Future." *Journal of Economic Perspectives*, 26 (4): 103 - 24.

之所以获得高速的经济增长并推行了经济改革，主要原因在于思维理念的革新，包括大胆地对外开放、引进西方学说、培养人才，以及对非人格化市场的重要角色的认同。在思维转变所带来的持续动力下，中国改革的前二十年在国外看来更像非市场、非计划、非社会主义、非资本主义的“四不像”混合体，但随后十年中国的意识形态、观念、知识、政策、体制、法律和经验的转型逐渐融为一体，使中国发展出了巨大的市场经济。①

著作方面的成果相较更为丰富，本书更有针对性地选取了长时段、系统考察中国经济增长来龙去脉的相关研究。而且就所掌握资料来看，外国学者更关注1978年以来中国经济增长的绩效评估与原因分析。如，日本学者南亮进在《中国的经济发展与日本的比较》指出，中国的经济增长十分值得研究，不仅是因为其在改革开放后有强势的经济增长，更因其同日本一样，都经历了从马克思主义经济学占主导，到广泛吸收西方经济学说的学术变迁。在运用计量分析方法和国际比较方法的基础上，南亮进探讨了中国截至20世纪80年代末期的经济发展过程、经济机制、经济基础要素、农业、工业国际贸易、资本积累、人口等，认为中国相较于日本而存在的问题，主要表现在非现代化部门庞大、基础设施和教育不足，并建议中国要注意抑制经济过热，同时继续深化经济改革②。

澳大利亚昆士兰大学经济学教授克莱蒙特（Clement Tisdell）在《中国的经济发展》中，探讨了中国自改革开放以来的发展战略、体制变革和经济政策，以及有关技术进步、国际技术转让、直接投资、地区发展、城市化、人口政策、环境保护等因素与经济发展之间的关系，并预测伴随着经济增长，中国将在亚太乃至世界地区占据越来越重要的地位③。美国加州大学圣迭戈分校中国经济问题教授巴里·诺顿先后著有《计划外增长：中国经济改革（1978～1993）》（英文版1995年出版）、《中国经济：转型与增长》（英文版2007年出版）等，在现代经济学的理论框架下对中国经

① Ross Garnaut：《中国30年改革与经济发展经验》，引自王新颖主编：《奇迹的构建海外学者论中国模式》，中央编译出版社2011年版。

② ［日］南亮进著，景文学等译：《中国的经济发展与日本的比较》，经济管理出版社1991年版。

③ ［德］Clement Tisdell著，杨瑞龙等译：《中国的经济发展》（中译文），中国发展出版社1995年版。

济改革、转型及其增长进行了全面的介绍和系统的分析。

英国著名经济史学家安格斯·麦迪森教授运用比较分析的方法，试图去回答为什么过去1000年里中国在世界经济中的地位发生了戏剧性的变化。其中，作者也采用OECD国家的经济核算技术，对1952年以来中国的经济增长表现进行了重新评价，并以1978年为界对中国经济增长做了阶段划分①。

詹姆斯·里德尔（James Riedel）、金菁、高坚的研究指出，投资是中国经济增长的重要引擎，同时也对中国的技术进步和结构调整做出了重要贡献，而维持中国未来经济增长的关键还要靠一定的投资水平和投资效率，而中国投资环境中有一些问题不容忽视，包括：脆弱的银行体系、资本市场发展水平尚待提高，以及由于金融体系不健全而加剧了中国短期经济周期的波动，因此其最终为保持经济协调发展给出的建议是，建立健康高效的金融体系②。

多伦多大学经济学教授勃兰特（Brandt Loren）和匹兹堡大学经济学教授罗斯基（Thomas G. Rawski）认为，中国经济自20世纪70年代末在激励、流通、价格、竞争和开放等领域所进行的渐进式改革，是使其获得经济高速增长的最为重要的原因，虽然渐进式改革也造成了一定的问题，如制度改革的滞后、区域发展不协调、计划时代的路径依赖和改革过程中的寻租等等，但却构成了一个重要的、有别于西方国家经济增长的样本。由此，其编辑了《伟大的中国经济转型》一书，集合了来自宾夕法尼亚大学、布朗大学、布兰代斯大学、马里兰大学、加州大学圣地亚哥分校、哈佛大学的多位非华裔国际知名学者，运用发展经济学、制度经济学、政治经济学等多种视角，系统考察了以中国转型为背景的人口因素、劳动力市场、教育、环境、科学技术、民营经济、财政体系、金融体系、经济结构、收入分配、工业发展等等，内容颇为丰富③。

---

① ［英］安格斯·麦迪森著，伍晓鹰、马德斌译：《中国经济的长期表现：公元960～2030年》，上海人民出版社2008年版。

② ［美］詹姆斯·里德尔、金菁、高坚：《中国经济增长新论：投资、融资与改革》，北京大学出版社2007年版。

③ Brandt, Loren, and Thomas G. Rawski, eds. *China's Great Economic Transformation*. Cambridge University Press, 2008.

郜若素教授和蔡昉、宋立刚将中国改革开放以来的经济增长分为三个阶段：1978～1984 年，农业快速发展，农民收入大幅度提高；1985～2011 年，无节制的投资扩张的阶段；2012 年以后，启动现代经济转型的阶段。基于此其收集了一系列论文，探讨了中国经济发展与转型过程中的社会经济制度问题、新常态问题、人口红利问题、工业化发展与路径依赖问题、储蓄问题、财政问题、绿色发展问题、民营企业问题等等，收录于《中国经济增长与发展新模式》一书中①。

总体而言，外国关于中国经济增长的研究较为零散，特别是其学术关注点的不同，难以在有关经济增长方式的历史演进乃至相关经济思想方面给予本书以直接启迪，但这些研究对于中国经济增长表现的判断、相关因素的分析等可称为本书开展的参照。

八、已有研究的不足及本书的贡献

上文提及的几类成果为本书提供了一定基础，但其不足之处亦十分明显：

第一，缺乏专门针对新中国经济增长思想的系统研究。专门性研究始终是确保某一专题的经济思想能得到充分挖掘与体现的载体，而当前研究虽然或提供了一定的框架，或就经济增长思想的一些时段、一些重要内容、一些具体人物及方面形成一定探讨，但该领域专门史的匮乏，必然导致研究内容不够充分、涵盖史料不够丰富、考察时段不够完全等等，进而难以全面展现 1949 年以来中国经济增长思想发展的风貌。

第二，对经济增长思想相关内容缺乏考察与剖判。已有研究谈及经济增长思想，多仅介绍解读思想本身，而对于思想产生的背景、发生的演变、发展的特点、理论的得失，特别是与现实经济相互的关系、实践的绩效等等，皆缺乏相应的归纳、分析、铺陈和评价。仅就思想而论思想必然难以对考察对象的变迁历程、理论贡献等实现深刻认识，特别是中国的经

---

① ［澳］Ross Garnaut、蔡昉、宋立刚：《中国经济增长与发展新模式》，社会科学文献出版社 2014 年版。

济增长思想在 1949 年以来经历了不同时段的复杂变化，且与现实经济紧密关联。

第三，对经济增长思想的分析缺乏理论框架。经济增长思想内容较为丰富，仅对其进行一般性的论述而不运用理论的方法对其变迁本质进行挖掘，就容易对该思想的内在逻辑变化缺乏把握。特别是，很多研究未能充分吸收马克思主义经济学和现代经济增长理论中关于外延与内涵这两种从本质上讲极为不同的经济增长方式的区分，进而难以在不同时期的思想变化表象下，把握思想变迁的内在规律性因素，也难以对国人在新中国成立以来这一长时段历史过程中是否以及为何发生对经济增长方式偏好的变化，形成考察。

以往研究存在的不足正是本书希望有所发展和突破的关键点。本书希望通过一个贯通式、系统性、专门性的研究梳理，充分利用各类史料，来展示新中国经济增长思想的发展演变过程。在随后的章节中，本书将通过横向与纵向两个维度的比较，结合西方经济理论及经济增长理论的发展史，着力从经济增长方式入手来解释新中国经济增长思想与理论研究的发展脉络，以外延式和内涵式经济增长思想的导向、抉择为依据，来揭示新中国经济增长思想演变的阶段性特点，并评述经济增长与经济增长思想之间的双向互动作用，进而对 1949 年以来我国有关经济增长思想的变迁轨迹、研究内容、代表人物及观点、主要特点、理论得失与现实绩效等形成系统探讨。

第五节　研究思路与体系框架

一、研究思路

本书是以马克思主义经济学理论、现代经济增长理论和经济史学理论为依托，并运用量化统计分析技术方法，来系统梳理研究新中国经济增长思想的发展演变。具体到研究思路方面：首先，既然主要探讨思想内容及其历史变迁，那么就要分时段对不同阶段的过程进行梳理，因而应有一个关于时段划分的说明，作为研究的展开前提铺垫。其次，在每一阶段中，我们都会大致先介绍、梳理该时段的理论背景、现实背景（政策背景以及经济发展背景），作为对该时期经济增长思想产生背景的一个再现。在此基础上，对每一阶段思想的特征进行提炼，而提炼的维度，也主要是围绕着对不同经济增长方式（即外延式与内涵式）的选择、权衡和改进展开。

基于此，我们梳理形成了“外延与内涵经济增长思想探索时期”“外延向内涵经济增长思想转型时期”“可持续经济增长思想确立时期”和“新发展理念下的经济增长思想创新探索时期”四个阶段。在这样的框架把握下，本书将在每一阶段内，形成经济增长思想的专题探讨（亦主要参照外延式与内涵式的二分法，虽然可能根据史实发展而产生不同的提法），其下再开展或副专题、或人物、或时间线索的考察，其目的也是为了更好地为研究服务。本书在每一阶段结尾，都会对经济增长思想的理论逻辑与现实绩效进行考察，点评经济增长思想之于经济增长实践的影响效应。而在四阶段考察均完成后，本书将基于对全部变迁历史的把握，对思想演进与变迁的路径、规律及其特征进行分析，并分析制度转型、理论传播、全球化等诸多因素在这一过程中的影响，最终进行总结和归纳，对导论提出的问题进行回答。

研究思路参见如下技术路线图（见图1－2）：

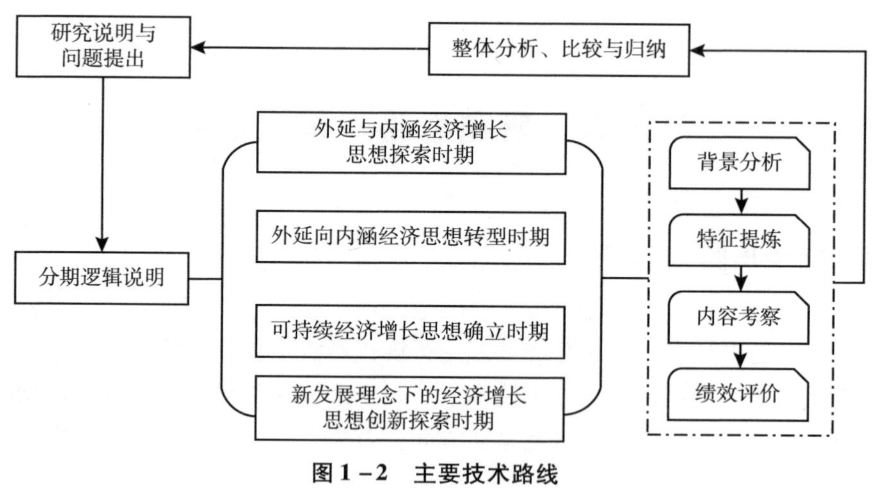

图1－2　主要技术路线

二、体系框架

本书的主要框架为：

第一章导论，重点介绍本书的研究目的、研究意义、研究对象、分析视角、文献综述、研究思路、分析框架、研究方法及创新之处。

第二章根据 1949～2019 年的经济增长实践、现实表现及经济增长学术探讨的主题和论文文献统计的结果，阐述新中国经济增长思想的分期逻辑。该章从经济增长的稳定性、投资率与经济增速的同步关系及生产率变化等特点入手，首先探讨了新中国经济增长现实表现所呈现出的阶段性。而经济增速的水平与稳定性很大程度上决定了学术事业整体的发展速度、质量、趋势和研究焦点等，因此在确定经济表现分期的基础上，本书将新中国经济增长思想的发展演变划分为 1949～1978 年、1979～2001 年、2002～2012 年、2013～2019 年四个阶段，这也是特别考虑了改革开放和加入 WTO 对于中国经济增长乃至经济增长思想的重要冲击与影响。关于思想阶段划分的具体原因及每阶段思想的主要特点，也将在第二章详细探讨。

第三章为外延与内涵经济增长思想探索时期（1949～1977）。基于对该时期经济增长思想的理论和现实背景介绍，该章将重点考察新中国经济增长思想在本阶段的演变和总体特征。实际上，经济增长思想不是一成不变的，在外延式与内涵式经济增长思想之间，经历了“两者并重—外延主导内涵衰退—两者论争—外延式微内涵受批判—两者复苏”的演变过程。继而，以“要素投入与市场扩大”和“效率提高与综合平衡”为关键词，该章对该时期的外延式经济增长思想和内涵式经济增长思想分别进行了系统梳理和分析评价，并分析了两类思想相互关联，但外延式经济增长思想在此时期在实践中占据主导的原因所在。

第四章为外延向内涵经济增长思想转型时期（1978～2001）。此时期中国经济增长思想的演变路径可归纳为市场化改革下的外延式增长思想向内涵式增长思想转变，而实践上外延式增长思想与内涵式增长思想并存。“转型”，是本阶段经济增长思想发展的主题，其核心是要求转变经济增长方式，即要求从外延式经济增长方式向内涵式经济增长方式转变。从而，该章将基于对经济体制改革现实背景的探讨，考察转变经济增长方式的提出，以及外延式、内涵式经济增长在转型背景下的新发展与新变化，最后一节则将对这一时期经济增长思想所取得的经济绩效，并对这一时期的经济增长思想进行了简要的评述。

第五章为可持续经济增长思想确立时期（2001～2012），该章主要阐述这一时期从经济增长到经济发展的思想过渡背景，以及占据主导地位的可持续经济增长思想，并对思想绩效进行了评述。整体上，此时期对中国经济可持续增长的探讨不再是单纯经济产出层面的增长，而是包含在可持续发展、科学发展以及和谐发展框架内的、具有丰富内涵的经济增长，因此由“经济增长”向“经济发展”过渡是该时期思想演变的总体特征，并且经济高速增长向高质量发展的定位逐渐明晰，尤其是“自主创新”将是中国未来经济持续增长和高质量发展的基本动力，也是该时期思想讨论的一个重点。

第六章为新发展理念下的经济增长思想创新探索时期（2012～2019），该章主要探讨自2012年党的十八大以来中央形成“创新、协调、绿色、开放、共享”新发展理念之后，中国经济增长思想发展演变所表现出的主要特点以及所形成的新时代经济增长思想的基本内容。研究发现，由于经济政策能够比较有效地加快落实经济结构调整、产业升级、绿色发展等一系列经济增长方式转型任务，因此，经济增长思想也可以更有效地聚焦于如何消除资本依赖、结构扭曲，提升制度效率与创新动能等较为深入的细节问题，经济增长思想理念与政策之间的共振与协调日趋明显。

第七章为总论部分，该章主要对本书进行了必要的总结，讨论了新中国经济增长思想的变迁路径、规律和特征，以及影响经济增长思想变迁的主要因素，包括制度转型、理论传播和全球化的影响，并着重探讨了经济增长思想与实际经济增长之间的互动关系。最后，该章简要阐述了新中国经济增长思想的主要成就、不足之处和几点启示，指出包容性增长应该成为下一个阶段中国经济增长思想关注的重点方向，同时新中国经济增长理论上的创新发展将为中国经济学理论体系、学术体系和话语体系的构建提供重要支撑。

第六节 研究方法与创新之处

一、研究与分析方法

（一）历史重建与理性重建相结合的分析方法

马克·布劳格认为，经济思想史的分析方法可分为两类：一是理性重建（rational reconstruction），重在利用现代经济学的分析框架和研究方法、工具去分析前人的经济思想及其思维动机；二是历史重建（historical reconstructions），重在回到前人当时所处的生活环境，阐释前人在特定历史情境下所希望表达的经济观点与经济思想①。如何合理运用这两类方法是做好经济思想史研究的一大关键。本书以历史时间的推移为纵轴，以经济增长思想的内在变迁逻辑为横轴，把不同历史时期经济增长思想与特定的历史条件结合起来，深入探讨不同历史时期经济增长思想的内容和特点，并从经济理论的高度对各种思想进行系统分析。

（二）理论分析和经验分析相结合的方法

经济增长问题作为宏观经济的中心问题，也是宏观经济研究的一个重要分支，也是作为研究发展中国家的经济问题的发展经济学的核心，具有很强的理论色彩。本书在吸收和借鉴国内外理论研究成果的基础上，从经济理论的角度对我国经济增长思想做系统的梳理和研究。同时，经济增长也是一个重大的实践问题，新中国成立 70 年来的经济增长为我们的研究

---

① 布劳格本人更赞成历史重建的方法，但理性重建的方法客观存在并不乏经典研究成果，而且他多是以用数学模型表达经济思想史作为反对的例证。本书则更多是用现代经济理论去理解经济思想，特别是本书考察对象为当代，因此很大程度上避免了布劳格所认为的理性重建将成为对现代分析工具的迁就性应用。Blaug，Mark（2001）．“No History of Ideas，Please，We're Economists”，*Journal of Economic Perspectives*，15：145 - 164.

提供了宝贵的实践经验。在经验分析过程中，本书主要采用了比较分析的研究方法，既包括纵向的历史比较分析，也包括横向的国别比较分析，并且在比较分析中注重定量与定性相结合。

（三）实证分析和规范分析相结合的方法

作为经济研究的基本方法之一，实证分析主要是基于对经济事实的客观描述来回答所观察到的经济现象“是什么”的问题。同时，经济分析又是一个研究者将其主观价值规范应用于剖析经济现象的过程，这也就是所谓的规范分析。因此，经济研究必须坚持实证分析和规范分析相结合的研究方法。在研究的过程中，一方面，本书运用统计实证方法客观地描述我国经济增长的特点与经济增长思想的发展演变；另一方面，运用规范分析对我国经济增长思想的演变过程进行相关的价值判断，从而把实证分析和规范分析结合起来。

二、创新之处与不足

（一）本书的创新之处

本书的创新之处有三个方面：

其一是通过横向与纵向比较，结合西方经济增长理论的发展史，从经济增长方式入手，系统研究新中国经济增长思想的发展演变过程，揭示经济体制从计划向市场转型情境下中国所特有的经济增长思想及其基本特点，并评述经济增长与经济增长思想之间的双向互动关系，揭示世界经济增长理论发展图景下的中国经济增长思想变迁路径，这是经济思想史领域一次新的尝试。

其二是方法创新。除了采用传统的历史归纳法（历史重建）与经济理论分析法（理性重建）外，本书还利用统计学、计量经济学等定量方法分析了新中国经济增长思想的变迁轨迹，探究经济增长思想与经济增长实践之间的互动关系。尤其是对一直以来被忽视的 1978 年以前直接以我国经济增长为研究对象的文献也做了大量的梳理，从而部分还原了历史上的思想图景。

其三是观点创新。本书提出了一些具有创新性的观点，例如：

（1）新中国经济增长思想的发展变迁既有连续性又有阶段性，1978年、2001年和2012年是中国改革开放和体制转型的三个关键节点，以此为界结合中国实际经济增长和中国经济增长研究文献变化趋势，可将新中国成立70年的中国经济增长思想分为四个演进阶段，即1949～1978年的外延与内涵经济增长思想探索时期、1978～2001年的外延向内涵经济增长思想转型时期、2001～2012年的可持续经济增长思想确立时期、2012～2019年的新发展理念下的经济增长思想创新探索时期。

（2）新中国经济增长思想的发展变迁是一个系统、协同的演化过程，其与中国经济体制转型的大背景相伴随，与体制目标与政策导向的转变相适应，推动了经济增长思想的变迁，经济增长思想的变迁又对政策的调整产生了影响，而政策与思想的双重变迁在现实经济运行中也常常会表现于经济增长方式与经济增长动力的切换。

（3）新中国经济增长思想的发展变迁呈现出理论范式更加多元、内涵层次更加立体、研究内容更加具体的特点。不过，在整体上也始终保持着明显的问题导向性特征，过于关注经济全局而不够重视微观层面的效率改进和产出增长，这不利于内涵式经济增长思想的进一步发展，同时在原创性经济增长理论建构方面也还需要加强。

（4）中国政府关于科学发展观、和谐社会、新发展理念等一系列施政理念的提出，使得进入新世纪以后中国经济增长思想中的包容性成分越来越多，而中国传统经济思想中的生态思想、均富思想等元素也日益受到重视。站在新的历史起点上，面对从中上等收入国家向高收入国家跨越的时间窗口，中国还需要进一步探索实施具有包容性的制度安排，方能跨越“中等收入陷阱”，实现平衡充分的高质量发展。这也是中国经济增长思想下一步演进的一个重点方向。

（二）本书的不足之处

在史料处理方面，改革开放后，研究中国经济增长的文献非常之多，仅论文就超过10万篇，内容十分芜杂，质量良莠不齐。由于时间关系，本书收集了一些相对来说被引用较多的论文，以及一些比较有影响的学者的论文，当然也包括一些有较大学术影响的著作。即便如此，可能仍存在一些遗珠之憾，但面对浩如烟海的文献，由于时间与精力的有限，只能暂作此处理。

在理论分析方面，经济增长本身是一个偏宏观的问题，国内学者在研究这个问题时，经常会涉及体制变革、技术进步、企业改革以及政府改革等诸多议题，有较多的因素被纳入其中，而且新中国 70 年的经济增长思想研究也是一个十分宏大的课题，但由于精力与学识的限制，本书在一些问题上未作过多的展开与探讨，可能存在广度与深度有待加强的问题。当然，这也为后续再研究提供了理论挖掘的空间。

第二章

新中国经济增长思想的分期逻辑

确立历史分期是开展新中国经济增长思想研究的重要立足点。中国社会科学院经济研究所“经济增长前沿课题组”对发达国家经济发展史的理论分析与总结表明，一国长期的经济增长会出现不同阶段，产出增长有快有慢，对不同的阶段应该用不同的产出理论来解释。① 对中国而言，其增长涉及的层面较为丰富，不仅有不同阶段经济总量以及增长表现的复杂变化，同时还经历了经济发展的结构转型，这构成了划分经济增长思想的重要背景。因此，本章将基于“经济基础决定上层建筑”的历史唯物主义视角，详细探讨新中国经济增长分阶段的特点，以此为基础，结合期刊统计所反映出的各阶段经济增长思想的不同表现与侧重点，描绘出新中国经济增长思想的分期逻辑。

第一节　经济增长表现的分阶段特点

在导论部分已经简单勾画了新中国成立 70 年所取得的伟大经济增长成就，本节则从经济增长的稳定性、投资率与经济增速的同步关系和生产率变化的特点三个角度入手，将新中国经济增长的过程分为 1949～1978 年、1978～2001 年、2001～2012 年和 2012～2019 年共 4 个阶段，并讨论其分阶段的特点。

一、经济增长的稳定性不断加强

新中国成立以来的经济增长堪称伟大的成就，但建设与探索的过程属于“摸着石头过河”，因此经济运行中存在着状态转换与波动，各阶段经济增长在这一方面的表现也有所不同。

第一阶段是 1949～1978 年。这一阶段的中国虽然在长期政策取向上

① 经济增长前沿课题组：《经济增长、结构调整的累积效应与资本形成——当前经济增长态势分析》，载于《经济研究》2003 年第 8 期；经济增长前沿课题组：《开放中的经济增长与政策选择——当前经济增长态势分析》，载于《经济研究》2004 年第 6 期。

选择了"赶超战略"，但短期政策常发生频繁的变化。这决定了本阶段中国经济增长的特点是平稳性极差（标准差系数高达1.54，见图2-1），负增长时有出现。其具体表现为经济运行大起大落，最高实际增速达到21.3%（1958年），最低仅为-27.3%（1961年），差值达到48.6%（根据国家统计局数据计算，见图2-1）。

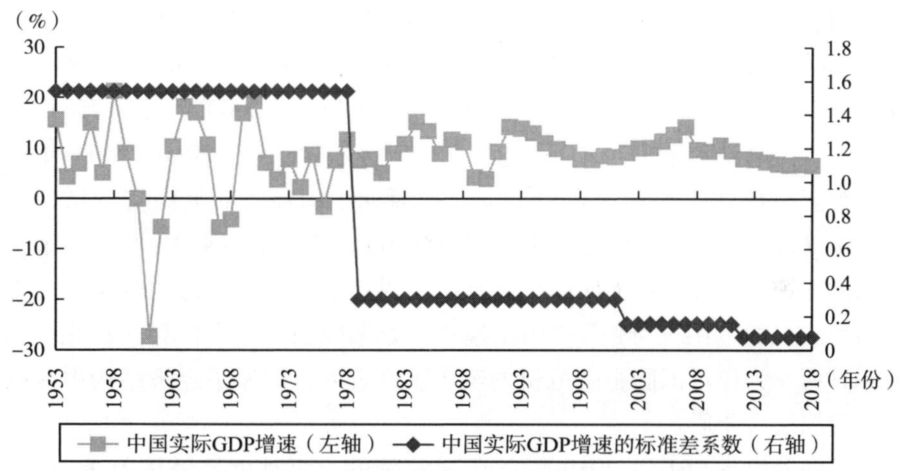

图2-1　新中国经济增长中的波动与起伏：1953~2018年

资料来源：根据国家统计局数据计算，来自 www. stats. gov. cn，下同。

第二阶段是1978~2001年。在这一阶段，中国逐步推行改革开放战略，经济活力得到释放，中国经济一直保持着快速发展，年均增长速度超过9%，为世界所瞩目。但是，由于此时段中国经济的市场化程度还不高，居民、企业乃至政府对市场经济的理解还不全面和深入，而经济对外开放程度也仍处于探索提升过程中、市场需求不够稳定，因此本时期多次发生经济过热的情况。本阶段中国经济增长的特点是平稳性明显提高但仍有波动（标准差系数为0.3，根据国家统计局数据计算，见图2-1），与前一阶段的明显区别在于不再出现负增长，经济增速的波动幅度也有限，最高实际增速为15.2%（1984年），最低为3.8%（1990年），差值为11.4%，约为上一时期的1/4。

第三阶段是2001～2012年。在这一阶段，中国加入了世界贸易组织，经济进一步对外开放、市场化水平显著提高，经济保持快速发展的同时也更加平稳，尽管遭遇全球金融危机，但中国在本阶段的年均实际经济增长速度超过10%，同时经济增速的标准差系数也下降至0.15，为世界所瞩目。此阶段中国经济增长的特点之一是平稳性明显提高，其二是与前两阶段相比，本阶段的经济起伏与外源冲击，以及为应对外部冲击所采取的内需刺激有关：由美国次贷危机引发的全球金融冲击导致，中国实际经济增速从2007年的14.2%下降至2008年的9.7%和2009年的9.4%，名义增速则从2007年的23.1%下降至2008年的18.2%和2009年的9.2%；此后，在经济刺激政策的带动下，实际、名义经济增速于2010～2011年分别反弹至最高10.5%和最高18.4%。此时期中国经济的最高实际增速为14.2%（2007年），最低为9.4%（2009年），差值仅为4.8%，约为上一时期的2/5（根据国家统计局数据计算，见图2－1）。在这一时期，一方面高速成长的“中国奇迹”“中国模式”逐渐吸引了整个世界的目光。但另一方面，为应对国际金融危机的经济刺激政策，加深了经济结构中业已存在的深层次矛盾。

第四阶段是2012～2019年。在这一阶段，面对世界经济复苏乏力、局部冲突和动荡频发、全球性问题加剧的外部环境，面对我国经济发展进入新常态等一系列深刻变化，党和国家政府坚持稳中求进，不再对经济实施强力刺激，坚决“端正发展观念、转变发展方式”。[①] 本阶段中国的年均实际经济增长速度超过7%，同时经济增速的标准差系数也下降至0.08，经济增长平稳性进一步提高、达到新中国成立以来的历史最优水平。此时期中国经济的最高实际增速为7.9%（2012年），最低为6.6%（2018年），差值仅为1.3%，约为上一时期1/4（根据国家统计局数据计算，见图2－1）。到2019年，中国的现价GDP规模将超过2018年的90万亿元、继续稳居世界第二。

① 习近平：《决胜全面建成小康社会夺取新时代中国特色社会主义伟大胜利》，载于《人民日报》2017年10月28日第1版。

二、投资率与经济增速的同步关系日益复杂化

在1949~1978年的第一阶段，中国在“赶超战略”指导下，主要通过投资、扩建厂房、加大设备与基础设施投资等措施来拉动经济增长。以往的研究总是将计划经济时代的高速增长与生产混乱，归为投资导向的外延式经济增长思想/政策主导和落实的结果。

但理论上讲，投资率高并不必然导致效率降低，毕竟投资驱动本身并不一定意味着外延的经济增长方式。如果单纯以投资的情况来判定经济增长是否属于外延式，那么对于新中国成立之初的30年投资率（即资本积累率或资本形成率）水平（平均为29%）低于改革开放以后（平均为40%，以上均根据国家统计局数据计算，见图2-2）这一事实就需要被解读为改革开放后外延属性更强——显然与实际情况以及通常的看法相悖。其实，正如索洛所指出的那样：投资当中往往蕴涵着（体现在生产资料中的）技术进步。[①] 新中国成立之初30年中投资在我国的经济增长过程中对产业升级（尤其是农业国的工业化）和技术进步的推动作用不可完全抹杀，尽管这种技术进步较多的是对国外的仿制和学习，或仿制、学习与自主创新的结合，完全自主创新很少。

就该时期的经验来看，投资质量差可能才是关键。由于不合理的计划经济体制的制约，高投资也不一定会带来高增长，相反投资率变动还常常滞后于经济增速变动，即前者体现为后者的（格兰杰因果意义上的）结果。如果将中国的投资与经济增速做一个简单的比较，会发现投资加速并不总是带来经济加速，而可能也会导致经济放缓（见图2-2）。其中最典型的例子就是“大跃进”时期（1958~1961年）平均达38%的惊人积累率换来的却是年均-1.6%的经济衰退。

① Solow, Robert M, 1956, “A Contribution to the Theory of Economic Growth.” *Quarterly Journal of Economics* 70: 65-94. Solow, Robert, 1957, “Technical Change and the Aggregate Production Function.” *Review of Economics and Statistics* 39: 312-320.

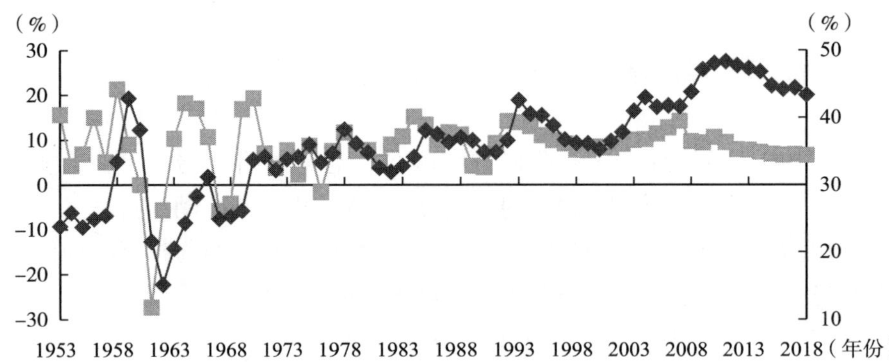

图 2－2　新中国经济增速与投资率变化：1953～2018 年

资料来源：国家统计局。2017 以后（不含）的年度投资率数据统计局尚未公布，图 2－2 中系根据国家统计局每季度公布的资本形成总额的 GDP 累计同比贡献率估算。

表面上看，这与马克思主义经济学和西方宏观经济学关于投资或资本积累拉动产出增长的一般理论完全背道而驰。实际上，这是因为一般意义上的外延式经济增长要求资本积累必须有效地转化为机器、厂房等生产资料，只有这样才能带来随后的经济加速（例如，2008 年国际金融危机后中国推出的“四万亿”经济投资计划就带来了显著的产出扩张）。而在该时期，投资整体上带来了明显的技术进步，但某些冒进时期也存在着严重的生产无计划、资本要素浪费、使用效率低和产品质量差等问题，导致压低消费形成的资本积累未能比较有效地转化为生产资料和生产力。

尽管一般经济学理论认为投资增速的拐点领先于经济增速的拐点，但从图 2－2 来看，中国在改革开放前的经济增速拐点多次领先于投资率的拐点，这意味着在改革开放以前，中国曾出现经济增长的高速度造成了乐观主义的思想和投资冒进的倾向的奇特现象——显然，如果是投资冒进造成了高速经济增长，那么投资率的拐点应当领先于经济增速拐点。高经济增速下的投资冒进思想，导致追求加速扩张的外延式经济增长思想倾向加剧。在这种情况下制定的经济计划必然会造成次年的高积累政策，但不幸的是这种生产中的高积累很可能并不会带来次年的经济增长加速。换言之，该时期国内较为流行的、加速投资扩张的外延式经济增长思想主张，一定程度上源自因对经济规律认识不足而产生的乐观冒进与简单化（关于这一时期经济思想与政策的更详细讨论参见本书第三章）。

在1978～2001年的第二阶段，中国经济增长中投资的比例进一步提高，约为36.4%左右。但这并不意味着外延式经济增长方式在加强——理论上，由于经济的持续增长和国民财富的不断积累，社会上的存量资本日益充裕，投资在量上的扩张随着时间推移而难以下降。而且，从图2－2可知，投资与经济本身的波动更加同步，换言之投资对经济增长的带动作用更加明显，这意味着投资效率的提升。

由于投资逐渐成为各地政府加快经济增长的首选（尤其是1994年分税制改革之后），因此该时期个别情况下也出现过投资波动滞后于经济增长波动的情况，这与地方政府在政绩方面急于求成有一定的关系，但与前一时期相比波动幅度已经明显减小，不再出现投资低于30%甚至20%的极端情况。而且，该时期的投资率波动与经济增速波动有所背离，主要体现在经济过热时的投资过度扩张惯性，而非经济过冷时的投资萎缩滞后。

在2001～2012年的第三阶段，中国的投资率进一步提高到43.8%的水平，但投资率波动与经济增速波动间的关系更加复杂化，并不能简单归为外延式经济增长发展或强化的结果。在该时期，投资率与经济增速同时存在以下四种方向不同、领先关系不同的互动关联：

第一，中国加入世界贸易组织后，国内潜在生产能力与广阔的国际外部市场需求的结合促进了生产性投资的发展（如生产设备、工业厂房）等生产资料的数量扩张。在这种情况下，投资率与经济增长速度是同向变动的，投资率上升往往先于经济增长加速。

第二，中国经济高速增长所带来的财富效应提高了生活性投资（如房地产等）的水平。在这种情况下，投资率与经济增长速度是同向变动的，投资率上升往往晚于经济增长加速。

第三，国际经济竞争所导致的产业升级，迫使国人更加重视和加强技术性的投资（如先进技术与设备的引进等）。在这种情况下，投资率与经济增长速度是同向变动的，投资率上升往往先于经济增长加速。

第四，全球经济危机冲击后中央及地方政府为对冲经济放缓实施了许多基础性投资（如铁路、公路和水电燃气等基础设施建设）。在这种情况下投资率与经济增长速度是反向变动的，投资率上升往往晚于经济增长减速。

综上，由于投资与经济增长的关系更加复杂，该时期的投资率波动与经济增速波动有所背离。

但总体来看，本时期投资率呈现出在波动中不断上升的趋势，并于2011年达到48.3%，这是本时期投资率的峰值，也是新中国成立以来投资率的最高值。

在2012～2019年的第四阶段，中国的投资率平均为44.7%。尽管均值较上一时期更高，但自2012年开始（投资率47.4%），已经开始步入下行通道。本时期中国的经济增速与投资率变动方向接近完全同步：2012～2016年中国经济增速分别为7.9%、7.8%、7.3%、6.9%和6.7%，每年的经济增速都在下降，而这五年的投资率分别为47.7%、47.3%、46.8%、44.7%和44.2%，同样是逐年下降；2017年中国经济增速轻微反弹1个百分点至6.8%，投资率也轻微反弹2个百分点至44.4%①（见图2－2）。2018年的经济增速回落至6.6%，投资率（估算值）也回落至43.3%；2019年的经济增速预计为6.5%左右②，投资率预计将回落至42.1%左右③。

从投资率下行，以及本节第三部分将提到的生产率提高估算来看，本时期中国经济增长最大的特点是正在逐步减轻对粗放投资的依赖。

三、生产率的提高与波动

在传统的经济增长理论中，如果假设总生产函数为西方经济学常用的柯布－道格拉斯生产函数 $Y_t = A_t K_t^{\alpha} L_t^{\beta}$，则国内生产总值年增长率

$$g = \frac{\Delta Y_t}{Y_{t-1}} = \frac{\Delta A_t}{A_{t-1}} + \alpha \frac{\Delta K_t}{K_{t-1}} + \beta \frac{\Delta L_t}{L_{t-1}}$$

① 资料来源：根据国家统计局数据计算。

② 资料来源：2019年两会期间的政府工作报告估计数据。

③ 2017以后（不含）的年度投资率数据统计局尚未公布，此处系根据国家统计局每季度公布的资本形成总额的GDP累计同比贡献率估算。

其中，$\frac{\Delta A_t}{A_{t-1}}$称为索洛余项，也称为TFP（全要素生产率），一般被认为代表了经济增长中的技术进步因素——这里的技术进步是指广义的技术进步，包括科学技术、管理技术、制度技术和其他技术的进步。

不过，现实中的经济核算很难提取出纯粹的TFP，原因在于常用的资本数据中包含了对技术进步的对价（如先进设备等），因此从经济增长中剔除劳动与“资本”影响后所得的仅仅是“伪”全要素生产率。因此，也有文献选择计算$\frac{\Delta A_t}{A_{t-1}} + \alpha \frac{\Delta K_t}{K_{t-1}}$，即劳动生产率。本书利用索洛余值法，在假定劳动与资本均为常弹性（α＝0.3，β＝0.7）的情况下，简单计算了新中国成立以来的（伪）全要素生产率和劳动生产率的贡献（见图2－3）。

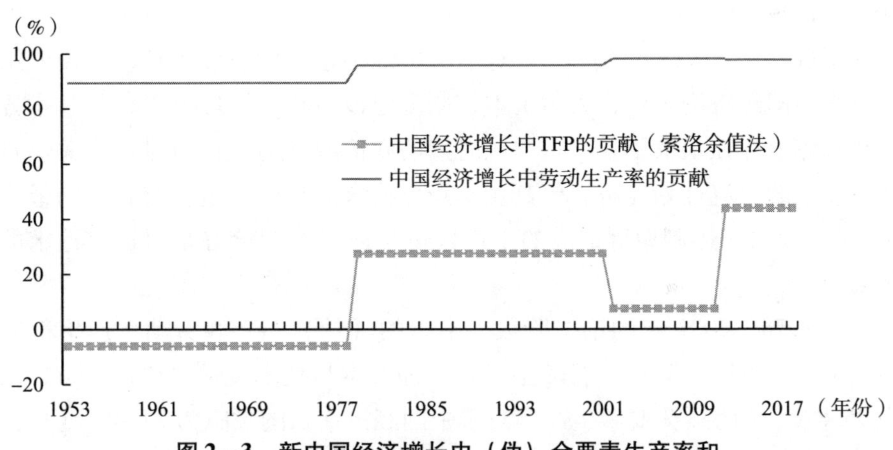

图2－3　新中国经济增长中（伪）全要素生产率和劳动生产率的贡献：1953～2018年

资料来源：根据国家统计局数据计算。

在1949～1978年的第一阶段，（伪）全要素生产率对于中国经济增长的贡献为负，朱晓冬（Zhu Xiaodong）的估计结果也类似。① 但这并不表

① Zhu，Xiaodong，2012，“Understanding China's Growth：Past，Present，and Future.” *Journal of Economic Perspectives*，26（4）：103－24.

明该时期中国缺乏技术进步，仅表明中国在该时期的技术进步主要是体现型的，特别缺乏非体现型的技术进步。

事实上，该时期中国的经济发展策略是重工业优先，而重工业的特点就是较高的固定资产投资比重，即技术进步主要是体现在资本中，具体表现在大量较国内原有技术水平更先进的、甚或填补国内技术空白的设备尤其是生产性设备被引入国内。有些学者如舒元、徐现祥等认为，改革开放前中国的经济增长成绩与技术进步无关，[①] 但其证据仅仅是研发支出与经济增长的协整关系不成立，这其实并不能支持其结论，因为中国在改革开放前的技术进步有明显的模仿与学习成分，性质上与以自主研发为主的、处于技术前沿的欧美诸发达国家完全不同，研发支出的变化并不能代表中国的技术进步情况。如果从马克思主义经济学的角度出发，考察劳动生产率的水平，那么很容易看到，该时期资本与技术对中国经济增长的贡献之和水平也达 89.5%。

不过，（伪）全要素生产率对于中国经济增长的贡献为负，也说明第一阶段中国经济增长中，人力资本、制度建设、科学管理等“软”技术方面在总体上存在很大不足，这与该时期的政治波动与生产冒进也有关。自列宁以来的主流计划经济思想其实本身也追求的是生产过程与管理的最优化[②]，然而由于体制原因造成的生产冒进与缺乏组织恰好是对这一追求的背离。

在 1978～2001 年的第二阶段，中国的（伪）TFP 和劳动生产率都明显高于前一阶段。其中，劳动生产率（即资本与技术贡献之和）的贡献则为 95.8%，（伪）全要素生产率对于中国经济增长的贡献为 27.4%（根据国家统计局数据和常弹性索洛余值法计算，见图 2－3）。本书的 TFP 核算结果与郑京海等学者的中国经济增长核算结果相差不大，而国内这些代表性经济增长核算文献往往就此认为中国的经济增长依然是“粗放式”的，主要是靠增加投入获得的，TFP 贡献比例较低，说明我国的经济还是“粗

① 舒元、徐现祥：《中国经济增长模型的设定：1952～1998》，载于《经济研究》2002 年第 11 期。

② 列宁：《苏维埃政权的当前任务》，载于《真理报》1918 年 4 月 28 日，载列宁：《列宁全集》（中译本）第三十四卷，人民出版社 1992 年版，第 150～188 页。

放”成份居多。[①] 不过需承认的是，该时期中国的资本投入中也内含了一定的体现在先进科技与设备的引进和仿制方面的技术进步。

在2001～2012年的第三阶段，劳动生产率在经济增长中的贡献进一步提升，但（伪）TFP则下降至7.4%，本书认为这有三方面的原因。第一，加入世界贸易组织后中国的资本回报水平有所回升，外资过快涌入，由此导致的资本扩张增速快于非体现型的技术进步（如组织管理、产业升级等）。第二，加入WTO使得一些低劳动力成本、效率不高的劳动密集型经济部门发挥出比较优势，在经济中明显扩张。关于前述这两方面经济逻辑的相关讨论可参见本书的第五章；从数据结果上来看，首先，加入WTO前4年（2001～2004年）全要素生产率对于中国经济增长的贡献分别为－4%、－3%、－36%和－9%；而非体现型技术进步与融入全球化带来的效率提升在2005～2007年才显示出影响，这三年全要素生产率对于中国经济增长的贡献分别为51%、25%和30%。其次，2008年的金融危机及此后政府通过资本支出扩张来对冲经济下滑的措施，也导致了全要素生产率贡献的下降。全要素生产率对于中国经济增长的贡献，在2008年次贷危机爆发时大幅下滑至－13%，刺激政策启动的2009年进一步下滑至－35%，此后2010年及2011年分别回升至15%和24%（根据国家统计局数据和常弹性索洛余值法计算，见图2－3）。

在2012年至今的第四阶段，随着供给侧结构性改革深入推进，经济结构不断优化，TFP大幅提升至43.9%，达到新中国成立以来的历史最高水平。2012～2018年间，全要素生产率对中国经济增长的历年贡献分别为39%、37%、39%、76%、40%、23%和55%（根据国家统计局数据和常弹性索洛余值法计算，见图2－3），不仅平均水平明显超过前三个阶段，波动性也大幅下降。本时期全要素生产率贡献的提升与稳定化，与前文提及投资率下降、经济增长稳定性的加强是一致的。

---

① 郑京海、胡鞍钢、Arne Bigsten：《中国的经济增长能否持续？——一个生产率视角》，载于《经济学（季刊）》2008年第3期。

第二节 经济增长思想的分期逻辑与特点

一、历史分期的逻辑

按国内学界通行的、以马克思主义唯物史观为指导的研究习惯，一般社会经济史研究（包括许多思想史研究）都以生产方式为划分历史时期的根据，但在生产方式相同或连续的一段时期内以何标准来划分历史阶段，则并无统一标准。基于“经济基础决定上层建筑”的历史唯物主义视角，考虑到经济增长的阶段性特点也影响了 70 年来新中国经济增长思想演进与变迁的阶段性特点，本书根据前述的经济增长阶段划分，以及下文将要介绍的中国经济增长思想的变迁与发展特点，将新中国成立 70 年的中国经济增长思想分为四个演进阶段，即 1949～1978 年的外延与内涵经济增长思想探索时期；1978～2001 年的外延向内涵经济增长思想转型时期；2001～2012 年的可持续经济增长思想确立时期；2012～2019 年的新发展理念下的经济增长思想创新探索时期。

从期刊统计来看，这四个阶段的经济增长思想变迁特征也颇为不同（期刊论文与学术专著相比统计性质更佳，具有样本大、时间连续性更强以及对现实经济产出冲击的响应周期更短等特点）。以下对各时期经济增长思想的特点（如关注的主要话题等）差异及其与经济增长阶段特征的关系进行介绍。

1949～1978 年被划分为外延与内涵经济增长思想探索时期。我国主要实行计划经济体制以及重工业优先发展的工业化道路，在这个时期“经济增长”的提法并不多见，而基于马克思的再生产理论的“扩大再生产”可以类似于“经济增长”的概念，因此这一时期的经济增长思想主要来源于“扩大再生产”的思想。这一时期外延扩大再生产和内含扩大再生产思想都得到探索，但是在实践中外延扩大再生产思想起到了更多的作用。

1978～2001 年被划分为外延向内涵经济增长思想转型时期。1978 年底召开的中国共产党十一届三中全会成为改革开放的一个重要标志，由此中国逐步建立了社会主义市场经济体制。伴随着经济体制的转型，另一个重要的转型是经济增长方式开始从“粗放式”向“集约型”的转型。因此这一时期，在经济增长思想上也体现出从“外延式经济增长思想”向“内涵式经济增长思想”的转型，而贯穿其中的是转变经济增长方式的思想，在这一时期，经济增长思想逐渐从强调“要素”推动向“效率”推动转型。

2001～2012 年被划分为可持续经济增长思想确立时期，其主要逻辑在于以下三点：(1) 2001 年底中国正式加入 WTO 成为中国全面融入世界经济的一个重要标志，此后中国经济的外向型特征得到加强，体现为外贸成为拉动经济快速增长的一个重要动力。(2) 从中国学者这一时期的研究可以看出，2001 年之前，大多数研究还是强调“效率”的作用，而进入 21 世纪以后，更多的研究则基于内生增长理论（及其衍生理论），强调“创新”对经济可持续增长的重要作用。(3) 2002 年底中国共产党十六届全国代表大会召开之后，中共中央提出了科学发展观，强调“可持续”与“经济与社会和谐发展”。这一阶段也发展出更多的体现“可持续”与“和谐”的长期增长思想。

2012～2019 年被划分为新发展理念形成时期。从经济增长实践的角度来看，2012 年中国开始进入经济增速换挡期、结构调整阵痛期、前期刺激政策消化期的“三期叠加”，投资率逐渐下行、全要素生产率稳步提高。从经济政策与发展理念角度来看，这一时期开始经济步入“新常态”，对经济绝对增速的强调开始减少，政策上更多的是吸收和真正落实前期内涵式经济增长思想、可持续经济增长思想等各类研究成果。党的十七大报告时还在强调的“实现速度和结构质量效益相统一”，① 在党的十八届三中全会时已变为“纠正单纯以经济增长速度评定政绩的偏向”。②

2013 年 11 月 15 日公布的党的十八届三中全会对全面深化改革的若干

---

① 胡锦涛：《高举中国特色社会主义伟大旗帜，为夺取全面建设小康社会新胜利而奋斗》，载于《人民日报》2007 年 10 月 16 日第 1 版。

② 中国共产党第十八届中央委员会第三次全体会议决议通过《中共中央关于全面深化改革若干重大问题的决定》。参见 http：//www. gov. cn/jrzg/2013 - 11/15/content_2528179. htm。

重大问题作出的研究决定，提出“紧紧围绕使市场在资源配置中起决定性作用深化经济体制改革，坚持和完善基本经济制度，加快完善现代市场体系、宏观调控体系、开放型经济体系，加快转变经济发展方式，加快建设创新型国家，推动经济更有效率、更加公平、更可持续发展”，提出兼顾创新、效率、公平与可持续发展。[①] 党的十九大报告则进一步提出了经济高质量发展的目标定位。

基于上述考虑，本书将新中国成立来的经济增长思想发展划分为四个阶段，并分别对各个阶段的经济增长思想进行论述，其阶段性特点将在下文作一简要论述。

二、新中国经济增长思想第一阶段及其特点（1949～1978）

第一阶段是外延与内涵经济增长思想探索时期（1949～1978 年），我国主要实行计划经济体制以及重工业优先发展的工业化道路。在这个时期“经济增长”的提法并不多见，而基于马克思的再生产理论的“扩大再生产”可以类似于“经济增长”的概念。这一时期的经济增长思想主要来源于“扩大再生产”的思想，特点也比较突出，独立划分为一个单独的阶段不会有较大争议。

图 2－4 反映了全部期刊文献中的经济增长相关文章数量变化趋势，从中可看出在新中国成立之初至改革开放期间（第一阶段）内呈现出先增长、后下降、最后又有所恢复的“N”型曲线的形态。根据本书的检索来看，这一阶段经济增长类文章数量最高时为 1959 年的 82 篇，而“文革”时期则多年为个位数，仅在“文革”结束、“拨乱反正”后略有恢复。相比之下，改革开放后经济增长类文章数量却呈现出明显的线性增长态势，数量级明显提高。[②]

① 中国共产党第十八届中央委员会第三次全体会议决议通过《中共中央关于全面深化改革若干重大问题的决定》。参见 http：//www. gov. cn/jrzg/2013－11/15/content_2528179. htm。

② 这里需要说明的是，图 2－4 中两条曲线所对应的数据相同，主要差异在于纵坐标轴一为指数、另一为线性。这是考虑到指数坐标轴无法反映经济增长文章数量在改革开放后的明显线性增长态势，线性坐标轴无法反映经济增长文章数量在改革开放前的波动情况，为方便说明才同时采用两种坐标轴。

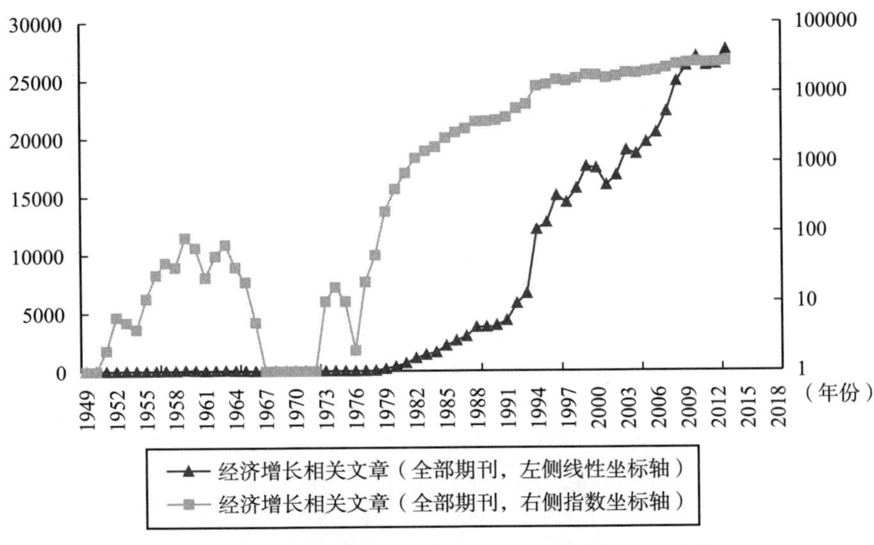

图 2－4 全部期刊文献中的经济增长相关文章数量

资料来源：根据 CNKI 数据库检索统计。

从经济增长相关文章的比重来看（见图 2－5），其在经济类文章中的占比也同样在新中国成立之初至改革开放期间内呈现出先增长、后下降、最后又有所恢复的“N”型曲线的形态（其中“文革”前的 1963 年为第一阶段的最高点，其时经济增长相关文章占整个经济类文章的比重为 5.2%），与改革开放后的第二阶段中不断上升的趋势差异明显。因此，改革开放前的第一阶段特点比较突出，经济增长类文章数量与比重均先升后降，反映了经济增长思想随着社会主义生产建设的发展而不断繁荣，而后又因政治因素的干扰而大幅萎缩，到“文革”结束后才略有恢复的变化过程。

新中国成立之初，政府实行了没收官僚资本、建立社会主义的国营经济、土地改革和扶持民族资本等新民主主义经济政策，但这只是社会主义建设前的过渡阶段。20 世纪 50 年代中期开始，农村合作化变土地私有为集体所有，随之进行的社会主义改造实质上消灭了私人资本，整个社会的所有制关系发生了根本性的变化。到 1956 年，社会主义的经济制度已经基本建立起来了，与此同时计划经济制度也基本确立。由于社会主义改造

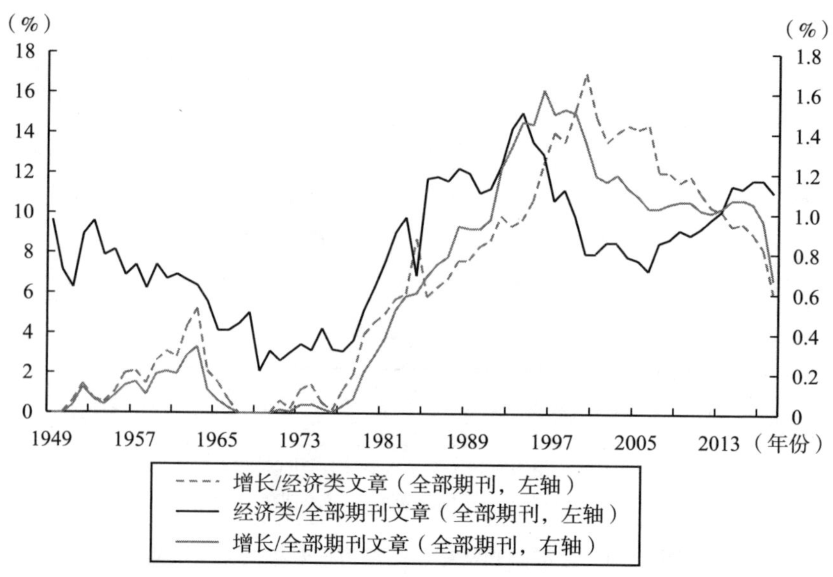

图 2－5　全部期刊文献中的经济类文章与经济增长相关文章占比

资料来源：根据 CNKI 数据库检索统计。

的顺利完成，“一五”计划的提前完成，使整个社会洋溢着十分乐观的气氛。广大人民群众要求改变贫穷落后面貌的愿望极为迫切，这些强化了决策者们通过群众运动方式加快社会主义建设的决心。“大跃进”、人民公社运动充分表现出人民群众建设社会主义的极大热情。但是，在中国如何建设社会主义，是一个十分艰难而曲折的探索过程。实践中的做法存在问题，经济也多次发生调整。其具体的表现包括：（1）GDP 增速不平稳，经济运行大起大落（见图 2－2）；（2）投资质量差，某些年份由于经济增长取得高速度的成就而造成了乐观主义的思想和投资冒进的倾向，但扩大投资后未能在第二年转化成为经济增长的进一步加速，使得经济增速拐点领先于投资率的拐点（见图 2－3）。

另外，强调资本积累、重工业优先发展的工业化道路意味着技术进步主要是隐含在资本设备中的，人力资本、制度建设、科学管理等“软”技术方面的进步总体相对不足。

1966 年“文化大革命”开始后，政治运动、阶级斗争成为一切社会活动的中心，经济活动在政治斗争的支配下艰难地进行着。在加强无产阶级专政、打击资本主义的思路下，商品货币关系被严厉地批判和限制，市场因素处于几近灭绝的地步。“文化大革命”进行了最为剧烈的经济体制的变动和最大规模的机构精简，其中包括向地方政府下放计划权力，但是由于采取行政命令配置资源的计划经济体制总的意识形态和资源配置框架无法从根本上进行变革，这样的权力下放并没有带来预期的成效，连同“文化大革命”之前的多次“体制下放”，最终还是以经济运行的不平稳和权力的重新集中而告终，一度陷入“一放就乱”“一收就死”的循环。

因此，这一时期的基本特点是：

第一，中华人民共和国的建立和新民主主义制度的实现，扭转了百余年来旧中国贫穷落后、受人欺凌的局面；

第二，以重工业为中心进行大规模的经济建设与社会主义改造，基本上消灭了生产资料的私有制；

第三，计划经济体制在组织结构、管理程序和方式方法上基本建立起来，但由于政治上在相当长时间里是以“阶级斗争为纲”，政治运动不断。而计划经济所需要的生产与决策集中化体制与政治波动的结合又加剧了生产的波动，国内生产总值增长速度最快和下降幅度最大的年份都发生在这一个时期。

结合重工业优先发展的工业化道路和生产与决策集中化的体制，外延式增长思想成为这一阶段经济增长的主导思想，强调经济增长通过资源投入量的增长来实现扩张。虽有不少学者提出要注重改善微观的经济管理与加强技术水平的进步提高，不能片面追求数量、产值和速度，不能忽视增长的质量和效益，但政治与意识形态纷争对社会生产活动的影响使得经济运行存在很多干扰因素，很难实现纯粹经济生产意义上的最优化。

在观点上，本时期的外延式扩大再生产思想与内涵式扩大再生产思想之间发生了很多碰撞，政治运动与乐观主义等多重因素（而不是单纯的计划经济体制）导致了前者最终在实践中占据主导地位。

三、新中国经济增长思想第二阶段及其特点（1978～2001）

第二阶段是“外延向内涵经济增长思想转型时期”（1978～2001 年），始于 1978 年底召开的中国共产党十一届三中全会，这次全会也是改革开放的重要标志，经济建设成为中心任务。1978 年 9 月 5 日在北京召开的全国计划工作会议，讨论了 1979 年、1980 年的计划工作，会议强调要把注意力转到生产计划和技术革命上来，强调按经济规律办事，积极引进外国先进技术，利用外国资金，大胆地进入国际市场。把加快经济发展建立在大规模引进国外先进技术与资金的基础上，强调经济效益的重要性以及技术革命，这是一次重要的转变。

1978～2001 年是我国经济在全方位融入世界经济与贸易体系之前从计划经济体制向社会主义市场经济体制转型的时期。伴随着经济体制的转型，过于粗放的传统经济增长方式也一定程度上得到了集约化，无论是“伪”全要素生产率还是劳动生产率都有明显提高——本章第一节第三部分的分析已经论证了这一点。许多经济增长核算类文献也都认为，党的十一届三中全会以来的一系列经济制度改革极大地提高了中国的生产率。①

20 世纪 80 年代初开始的农村家庭联产承包责任制改革，以燎原之势在全国推广开来，并取得了极大的成功。农村改革取得的巨大成功，坚定了对改革进行推广和深化的信心。随后，1984 年企业改革等一系列改革开始在城市进行，经济体制改革进入了全面推进阶段，构建市场主体和培育发展市场体系的市场化改革成为改革的核心，极大地激发了全社会的生产积极性。

从经济生产的角度来看，本时期的核心特点包括：（1）经济增长平稳性明显提高但仍有波动，多次发生经济过热的情况（国家统计局数据，见图 2－2 及本章第一节相关讨论），这是探索建立社会主义市场经济必然经

---

① 如舒元、徐现祥：《中国经济增长模型的设定：1952～1998》，载于《经济研究》2002 年第 11 期；郑京海、胡鞍钢、Arne Bigsten：《中国的经济增长能否持续？——一个生产率视角》，载于《经济学（季刊）》2008 年第 3 期；Zhu，Xiaodong，2012，“Understanding China's Growth：Past，Present，and Future.”，*Journal of Economic Perspectives*，26（4）：103－24.

历的曲折之路；（2）经济增长中投资的比例进一步提高，而且投资与经济本身的波动更加同步，换言之投资对经济增长的带动作用更加明显，这意味着投资效率的提升（国家统计局数据，见图2－3）；（3）全要素生产率明显提升（国家统计局数据，见图2－4）。

相比之下，此前持续30年的由外延式增长思想主导的经济增长实践探索遇到效率低下、浪费严重、不可持续等问题，因而向以提升生产效率为核心特点的内涵式经济增长思想转型，成为了经济增长的必然选择。这一时期，在经济增长思想上也体现出从外延向内涵的转型，而贯穿其中的是转变经济增长方式的思想，在这一时期，经济增长思想逐渐从强调“要素”推动向“效率”推动转型，而且对内涵式增长思想的讨论的比重在明显增加。因此，可以把这一时期（1978～2001年）看作是经济增长思想的转型时期。

从期刊统计的角度来看，这一阶段的总体特征也十分明显，理论界对经济增长的研究日益繁荣，其研究成果呈爆炸式增长，经济增长讨论类文章的数量与比重都不断上升，体现了经济增长思想在这一时期的迅速恢复与发展。特别是1992年后呈现出数量、质量同步提高的现象，表现为学术期刊发表的论文年均超过1600篇（见图2－4）；到20世纪末、21世纪初增速开始放缓时每年已近17000篇，与改革之初相比增幅巨大，这与波动频繁的第一阶段和增速相对缓慢的第三阶段均有明显不同。以经济增长为主题、在知名期刊的论文刊发数也大幅增加，其中有相当数量的研究以西方经济增长理论为理论框架。这一阶段作为经济增长思想的转型时期，增长思想呈现出多元化的特点。这一时期，经济增长相关文章在经济类文章中的占比也不断提高（见图2－5），最高曾攀升至17.0%（2000年），与波动频繁的第一阶段和比重下降的第三阶段也明显不同。

在这个时期，由于经济思想具有路径依赖的特征，外延式经济增长思想依然长时期与内涵式经济增长思想并存。但在改革开放的背景下，国人一方面发展出充分利用我国比较优势（如低成本劳动力等）的、具有新特点的外延式经济增长思想，使得中国在新一轮世界产业转移中成为最大赢家，很快成为举世瞩目的“世界工厂”；另一方面也针对经济运行效率低下、效益较差等长期制约我国经济持续发展的问题提出了一些有代表性的内涵式经济增长思想，如强调通过技术进步提升劳动生产率与资本利用效率、通过改进管理提升经济运行效率与资本的组织效率、通过教育投入提升劳动者素质、通过引进外资与引进先进技术来提升我国的技术水平与生产效率等一系列具有针对性的思想。内涵式经济增长思想核心就是如何提高劳动生产率以及经济运行效率，在经济体制改革的背景下，提出的一系列内涵式经济增长思想，比如，强调通过技术进步、通过教育提高劳动者素质、改善企业管理效能、引进外资、经济体制改革来促使经济运行效率的提升，主要目的就是促使经济运行在生产可能性的边界上，使得经济有效运行。在这类思想的主导下，经济增长体现了“效率推动”的特点，“效率”对经济增长的贡献逐步上升。

转变经济增长方式是这个时期我国经济运行中的热点问题，转变经济增长方式的思想也是这个时期思想转型的一个重要内容。尤其是在中共十四届五中全会将“转变经济增长方式”作为经济工作的重要任务后，关于转变经济增长方式的理论研究成果呈现出爆发性增长，其主要研究焦点在于如何实现我国经济增长方式的转变。总体来看，从“粗放型”向“集约型”的经济增长方式转变中，经济效益、质量的提升是关键，这皆有赖于资源配置、经济运行与生产效率的提升。因此，我国的转变经济增长方式的思想主要从这几个方面的效率提升着手，提出了大量有针对性的建议与观点。但对于经济增长方式的理论研究尚显不足，大多是关于类似于政策建议的规范研究，而缺乏充分的实证研究与深入的理论研究。“效率”是这段时期经济增长思想中优先强调的中心议题，也是这一阶段经济增长思想的特点。

四、新中国经济增长思想第三阶段及其特点（2001~2012）

第三阶段是可持续经济增长思想确立时期（2001~2012年）。2001年末中国加入WTO，以此为标志中国加速融入世界经济和全球贸易体系，因此从2002年开始，中国经济进入了一个新的快速增长周期，但经济增长中粗放型特点依然存在，新世纪的中国经济呈现出增长持续高速、大规模要素积累与技术进步均在经济增长中保持重要地位、自主创新与人力资本建设投资开始得到加强、企业开始加大 R&D 投入并逐渐成为自主创新的主力等特点。

进入 21 世纪后，长期依赖高储蓄、高投资的中国经济增长面临的资源供给“瓶颈”愈益突出，成为经济发展的重要障碍，而这种高消耗、高污染的发展模式导致生态环境恶化，同时低工资也使得人民生活水平提高较慢，这些发展不平衡不充分的问题成为这一段时间经济研究者关注的焦点，促进了关于经济如何实现高质量发展的理论和政策探讨。

这一时期的中国经济增长思想有以下几个特点：

第一，本时期经济增长思想的发展，是在全球化浪潮全面推进与我国加入 WTO 后迅速与世界经济接轨的背景下展开的，但经济增长中长期呈现出的“粗放”特征一直困扰着决策者与理论研究者。而西方经济增长理论，特别是内生增长理论迅速在我国传播，以内生增长理论为理论框架的研究中国经济增长的论文迅速增多，且作为内生增长理论的内核“创新”迅速成为中国理论研究的中心议题。从而，围绕着自主创新等关乎我国经济长期快速增长的战略、研究与思想快速发展。

第二，这个时期的理论研究与经济增长思想讨论主要聚焦在对中国经济可持续增长的探讨上。本时期的经济增长思想以强调可持续增长为主，从经济增长方式来看属于内涵式经济增长思想。从长期来看，外延式经济增长会遇到要素边际回报递减的限制，因而也缺乏可持续性，必须向内涵式经济增长转型。2002 年底召开的中国共产党十六届代表大会诞生了以胡锦涛为总书记的中国共产党第四代领导集体，随后中共中央提出了“坚持以人为本，树立全面、协调、可持续的发展观，促进经济社会和人的全面发展”的“科学发展观”，强调“可持续”与“经济与社会和谐发展”。这一阶段也发展出更多的体现“可持续”与“和谐”的长期增长思想。

第三，从大量学者对中国经济增长机制、增长路径、增长动力等几个方面的深入研究来看，这一时期的经济增长研究包含了更多的理论成分，充分运用了现代经济增长理论的最新研究成果，与世界经济理论研究接轨。对“创新”的重视是这一时期经济增长思想的突出特点：2001 年之前，大多数研究还是强调“效率”的作用，而进入 21 世纪以后，更多的研究则基于内生增长理论（及其衍生理论），强调“创新”对经济可持续增长的重要作用。由于思想的延续性特点，效率依然有所强调，但更突出"创新"，进一步拓展了我国经济增长思想的发展空间。

第四，2002年以后，从对中国经济增长的理论研究的梳理中，可以发现中国的研究已能与国外的研究接轨，国外经济增长理论研究的最新成果都能及时引入到中国的经济研究之中，中国学者在引进、学习和运用国外经济增长理论的过程中，也努力结合中国国情进行变通和创新。

五、新中国经济增长思想第四阶段及其特点（2012～2019）

第四阶段是新发展理念下的经济增长思想创新探索时期（2012年至今）。次贷危机后，中国实施了强力的刺激政策以提振经济，对全球复苏做出了贡献。因此从2009年开始，中国经济进入了一个快速的经济增速反弹周期，经济增长的粗放型特点与结构性问题有所强化。到2012年时，经济增速回落至8%以下。由此，2012年以来的绝大多数中国经济增长研究，不得不面对三个无法回避的问题：第一，如何消化前期刺激政策，消除扭曲与资本依赖？第二，中国经济已经开始从高速增长切换到中高速增长的新时代，如何适应经济增速的换挡、需要有哪些理念和政策上的转变？第三，在新常态下，如何进一步加快经济发展方式转变、主动调整经济结构？

这三个主题中，只有第三个主题是以前曾经被多次讨论过的，而前两个问题都是本时期所独有的。即便是第三个主题本身，具体涉及的一些问题也与此前颇为不同。例如，前三个阶段虽然不同程度地涉及消除或抑制过剩产能的问题，但由于经济此前一直处于高速增长阶段，某些过剩产能可能是乐观预期下超前投产的结果，此时并不必然要选择去产能，也可以选择在快速经济增长中逐渐消化，对消除过剩产能以调整结构、实现高质量增长的需求并不强烈；而当经济增速换挡、步入经济增速换挡阶段后，很多行业的过剩产能不大可能有机会在未来的经济增长中消化，针对如何有效去产能、增强经济增长质量的相关讨论就明显有所增加。又如，随着科技的发展，如何高效利用互联网时代的新金融以服务实体经济创新、实现创新增长，是以往所未曾涉及的问题。再如，前一阶段中国融入WTO后享受了因对外开放而实现的效率提高，以及诸多全球化制度红利，在本时期应如何进一步扩大对外开放、通过探索和扩大贸易试验等方式创造新的制度红利、促进高质量可持续增长，这方面的讨论也是不同于以往的。

如果说前几个时期的经济学术文献比较侧重于一般性、普适性的经济增长理论（如劳动、资本、创新等因素对经济增长的作用），那么本时期的中国经济增长思想就更具针对性，更有效地聚焦于如何消除资本依赖、结构扭曲，提升制度效率与创新动能等问题，更具有中国特色，从而更具有原创性和启发性。

也正因为如此，本时期的经济政策更有效地提升了全要素增长率。尽管前三个时期学界对于外延式经济增长的不可持续性颇有共识，但由于所处经济发展阶段等因素的限制，经济政策与前述认识之间始终存在着非常明显的背离。但这一时期，经济增长思想理念与政策之间的共振与协调日趋明显，这同样是这一时期经济增长思想的一个突出特点。

从期刊文献统计的角度来说，经济增长相关文章的数量在第三阶段继续增长但增速放缓，进入第四阶段后数量开始下降（见图2－4）。与此同时，经济类文章的整体数量基本稳定，因此经济增长类文章的比重也是下降的（见图2－5）。这两个阶段之所以出现经济增长类文章增速放缓转负，以及比重下降的现象，主要有以下三方面的原因：

第一，随着中国的研究与全球研究接轨，国外经济理论研究的最新成果都能及时引入到中国的经济研究之中，使得经济研究的类型日益丰富，非经济增长领域的经济类文章占比上升。

第二，这两个时期中国经济增长思想的研究主题发生了从效率转向创新的变化，从而减少了经济研究者的讨论空间。就效率而言，无论其自身（微观层面）还是其产生环境或制度基础（宏观层面），都在很大程度上可以是一个人为讨论、设计的经济优化问题，但创新则从本质上是不可被人为设计的，人力所能及的仅仅是设计有利于创新产生的环境。从这个角度讲，经济增长讨论主题从效率转向创新，意味着留给经济研究者讨论的空间减小了。

第三，不可忽视的一点是在中国所有社会科学中经济学在教育与研究的国际化、现代化和规范化方面是走在最前沿的，与此同时国际社会对于中国经济增长的奇迹也抱持极大的兴趣，希望了解其背后的经济逻辑，因而有相当一部分以经济增长为研究对象的学术成果并非以中文形式刊登在国内的学术刊物上，而是进入世界学术舞台在国际重要权威期刊上去发表，形成了一种挤出效应。

当前，中国的经济增长事实上正处于理论上的“无人区”：主流宏观经济学对于成熟市场经济体的增长及运行有丰富的刻画经验，但中国的经济尚未发展到那个水平；发展经济学对于落后国家如何工业化给出了有益的指导，但中国的经济发展已经越过了那个阶段，不再需要那方面的经验。事实上，对于中国这种发展较快的发展中国家如何做好结构变革、向发达经济体迈进，全世界都没有成熟的理论体系。反倒是进军失败的国家很多，在学界形成了一个“中等收入陷阱”的研究主题。行百里者半九十，此刻中国经济学界必须做好准备，需要付出更为艰巨、更为艰苦的努力，进行下一阶段的创新探索、突破探索，奋力走好新时代的“长征路”。

总体而言，由于经济思想具有很强的延续性，人为地将其分割成若干阶段肯定存在一些不足之处。但为了更好地分析经济增长思想的演进及经济增长方式讨论的变化，对这一段历史进行研究、分类以及探讨其变迁规律，本书将新中国成立以来的 70 年划分为四个阶段，并对各个阶段的经济增长思想分别进行梳理与评述，结合经济增长的阶段性演进特点，勾绘出新中国经济增长思想的演进路径，为中国的经济增长研究提供了参考。

第三章

新中国外延与内涵经济增长思想探索时期（1949~1978）

新中国成立后，特别是随着社会主义改造的完成和“一五”计划的实施，为了实现经济的高速增长，我国逐步提出和明确了赶超战略，继而在赶超战略的指导下，逐步确立优先发展重工业的工业化道路，并探索建立了高度集中的计划经济管理体制，结合我国经济发展实践经验，进而提出了实现“四个现代化”的思想，这一时期我国的经济建设尽管有对苏联的参考借鉴，但整体上仍处于摸索阶段，对于采取怎样的经济建设和经济增长方式认识不是非常成熟，同时由于长年战争也使得中国的经济基础遭受严重破坏，需要依赖各类生产要素的大规模投入来尽快实现国民经济的恢复和发展，从而表现在经济增长思想上的总体特征是外延式经济增长思想在理论和实践中占据主导地位。当然，内涵式经济增长思想在这个时期也曾不时地出现，但受制于计划经济的体制桎梏和赶超战略的政策束缚，在实践中并未能得到很好的贯彻实施。整体上，由于计划经济建设的理论准备和经验不足以及新中国百废待兴情况下经济建设的复杂性，此时期的外延式经济增长思想和内涵式经济增长思想均处于探索时期。

本章主要分为以下几个部分：第一节“本时期中国经济增长思想的理论与现实背景”，主要追溯该时期我国经济增长思想的理论源泉，重点介绍这一时期以赶超战略为核心的政策导向，分析在赶超战略指导下我国现代化建设道路的选择以及对我国经济增长思想的影响，进而探索本时期我国经济增长思想演变的缘由。第二节“本时期中国经济增长思想的演变和总体特征”，主要是对该时期外延式和内涵式经济增长思想演变的梳理，通过分析两种思想之间的互动，总结出本时期我国经济增长思想的演变趋势和总体特征。第三节“要素投入与市场扩大：外延式经济增长思想”和第四节“效率提高与综合平衡：内涵式经济增长思想”，主要是对该时期外延式和内涵式经济增长思想内容分别论述，重点考察本时期在理论界和政治界不同代表人物有关经济增长的观点、意见和思想以及相关的政策和经济实践，并进一步论证我国经济增长思想存在理论政策与实践相背离的轨迹以及经济增长思想演变趋势。第五节“本时期中国经济增长思想的绩效分析与理论评价”，即是研究的引申，通过考察该时期经济增长的绩效，分析实践中经济增长外延式主导的历史必然性，总结本时期经济增长的成就及存在的不足，进而分析评述本时期外延式经济增长思想的优点和局限性，以及内涵式经济增长思想难以在实践中贯彻始终的主要原因。

第一节 本时期中国经济增长思想的理论与现实背景：以赶超战略为核心

一定时期的经济思想根植于当时的历史背景与经济现实，特别是与国计民生、社会发展等密切相关的经济增长思想，在很大程度上由一国特定的经济、政治、文化与意识形态等决定。因此，在分析 1949～1978 年间我国经济增长思想的具体内容之前，有必要对当时中国的历史背景与经济现实进行回顾。从经济学说和经济发展思想的视角来考察，这一时期的背景特点主要表现在以下几个方面：

其一，从 1949 年新中国成立以后，马克思主义经济学说在我国经济思想领域逐渐占据了支配地位。不同于马克思主义经济学说的广泛传播，西方经济学说在中国的传播趋向停滞，除作为马克思主义经济学来源的古典政治经济学外，其余的经济学说均遭受不同程度的批判，遑论成为我国经济建设的指导思想。由此，国内绝大部分的经济研究均系围绕马克思主义经济学说的理论体系、分析框架和内容而展开。

其二，在实践方面，以中央集中计划经济体制为根本特征的苏联模式，成为当时中国开展经济建设的主要学习和借鉴对象，而中国当时“一边倒”的外交战略和西方国家的外交封锁，也使得中国无法从非社会主义阵营国家得到经济建设经验和实际的资金、技术方面的支持。这样，指导苏联国家经济建设的理论、学说、思想，自然也就成为了中国在推进国家经济建设过程中着力模仿和实践建构的范例。

以上两点背景决定了当时中国的经济增长思想在分析范式上对马克思主义经济学说的绝对倾斜，一改自近代以来中国广泛向各发达国家、各学术流派学习取经的开放状态。

其三，中国自 20 世纪 50 年代中后期开始实施“赶超战略”，谋求迅速发展成为现代化强国以赶超英美发达国家。这种意识主张在 1978 年前具有极强的辐射力，进而提出全方位的战略布局，形成了具有中国特色的经济建设道路。如高度集中的计划经济体制、“四个现代化”的发展目标等，均直接对当时的经济增长思想形成了约束和导引。正是由于这种约束和导引，使得我国的经济增长思想在经历了蓬勃发展的同时，也在某些主张上形成了一定程度的倾斜、侧重，以符合赶超战略的需求。

以下将对本时期中国经济增长思想的理论与现实背景，以及在此影响下所形成的思想发展总体特征进行论述。

一、本时期中国经济增长思想的理论背景

（一）马克思主义经济增长理论及苏联模式的引进

自19世纪末期，马克思主义经济学说开始传入中国①，“五四”运动以降，马克思主义经济学在中国又得到更持续广泛的传播。新中国成立到改革开放前的这30年间，马克思主义经济学说在我国的传播更是进入到了一个空前的发展阶段，理论界关于马克思主义经济学说的学习和研究一直占据着主流位置。这一时期，一大批经济学家和知名学者积极学习研究马克思主义政治经济学的基本原理。相比之下，西方经济学在国内的学习和研究就显得非常薄弱，当时一些高等院校甚至取缔了西方经济学课程，只允许讲授马克思主义政治经济学的相关理论，而且只能用马克思的《资本论》或苏联经济学家编写的政治经济学教材。因此，自近代以来中国历经百余年的“向西方学习”的经济思想发展趋势从百花齐放开始转变为一枝独秀，我国经济学的研究范式、教育体系被全面改造为马克思主义经济学。

这一时期，我国对马克思主义经济理论有了更广泛深入的研究和发展，特别是有关马克思的再生产理论。马克思在《资本论》第2卷第3篇中创立了再生产理论和模型，通过分析社会总资本的再生产过程，把社会

① 参见谈敏：《回溯历史：马克思主义经济学在中国的传播前史》，上海财经大学出版社2008年版。

总生产分成生产资料生产和消费资料生产两大部类，并且把再生产过程分成简单再生产和扩大再生产。马克思建立了扩大再生产理论模型，重点分析了扩大再生产过程中两大部类之间以及两大部类内部的比例关系问题以及资本积累的作用。而事实上，马克思再生产理论就是经济增长理论，其核心就是经济增长的实现问题。美国经济学家多马（E. D. Domar）亦曾表示，“增长模型……可以追溯到马克思”[①]。因此，我国学术界通过对马克思再生产基本原理的认识和理解，并结合中国经济建设的实际情况所进行的解读，构成了当时中国经济增长思想的一个重要组成部分，这也是第一阶段中国经济增长思想产生的基础和前提。

1917年俄国“十月革命”胜利之后，世界上第一个社会主义国家苏联得以成立。在20世纪20年代中期至50年代初期，苏联不仅取得了举世瞩目的成就，而且积累了30多年社会主义经济建设的成功经验。苏联模式创造了经济高速增长的奇迹，实现了国家的工业化，显示了社会主义的优越性。而这对于第二次世界大战后出现的一系列社会主义国家，包括新中国，产生了巨大的示范带动作用。新中国成立初期，我国工业基础极其薄弱，国民经济亟待恢复和发展，但新中国缺少社会主义经济建设的经验，加上西方资本主义国家的封锁，我国开始学习和借鉴苏联模式。1952年，斯大林发表《苏联社会主义经济问题》。1954年，苏联科学院根据斯大林的有关理论和体系，编写出版了《政治经济学教科书》，形成了苏联的社会主义政治经济学，并很快传播到中国，对我国经济学教育及其实践应用产生了深远的影响。[②]

20世纪50年代，中国各大院校所采用的教材基本上都是苏联的《政治经济学教科书》，该书重点介绍了苏联的社会主义政治经济学。关于苏联的社会主义政治经济学理论主要包括：生产资料公有制；优先发展重工

---

① Domar, E. D. 1952, “The Theoretical Analysis of Economic Growth”, *American Economic Review*, 42. pp. 479 – 495.（中译本：［美］E·多马：《经济增长理论》，商务印书馆1983年版，第20页。）

② 赵晓雷：《中华人民共和国经济思想史纲（1949～2009）》，首都经济贸易大学出版社2009年版，第42页。

业的社会主义工业化；高度集中的计划经济管理体制等等。[①] 当时国内大部分经济学者学习和接受了这些理论，并在这一理论的认识基础上进一步解读苏联模式。之后，我国学习借鉴苏联社会主义建设的经验和模式。从1953 年开始，全党和全国人民怀着对社会主义的美好憧憬，抱着极大的热情展开了一系列的社会主义改造和大规模的经济建设工作。随着“三大改造”的完成，中国逐渐走上了学习苏联模式的优先发展重工业的工业化道路。1956 年以后，新中国开始探索具有中国特色的社会主义经济建设道路，但这种探索并未从根本上突破苏联模式，实际仍然是在苏联模式的总体框架下进行的。

但是，理论来源的苏联化不单纯是因为意识形态上向社会主义阵营的“一边倒”，也与当时中国所面临的经济发展、工业建设与国防任务等现实需要有密切的关系。作为传统的农业大国，中国的工业化程度还非常低，有相关的建设任务，此时期的目的在于工业化，其附带结果是高速的经济增长。而且，在当时的国际局势下，中国的工业布局和经济生产不得不优先考虑战备军事物资的供给与国防建设的需求，这就更加坚定了我国高速经济增长的赶超战略的实施。

（二）西方经济学说引进的停滞与批判

新中国成立后到改革开放前的 30 年间，马克思主义经济学说在中国一直占据主流，西方经济学说的引进和研究十分有限，并未系统、完整、及时、准确地翻译和介绍西方经济学理论包括其最新发展。据统计，1949～1977 年，从西方国家翻译的经济学论著一共只有 68 部。[②] 数量的低下是当时传播不发展的一个体现，内容的相对匮乏则是另一个体现，当时编写的西方经济学教材比较有影响力的主要有两本：一本是鲁友章、李宗正主编的《经济学说史》[③]；另一本是罗志如、巫宝三、高鸿业主编的《当代

① 苏联科学院经济研究所：《政治经济学教科书》，人民出版社 1955 年版。当然，毛泽东对该教科书也曾有过批评，认为其对问题不是从分析入手，总是从规律、原则、定义出发，这是马克思主义从来反对的方法。参见吴易风：《毛泽东论经济学家的世界观和方法论——纪念毛泽东同志诞辰 110 周年》，载于《哲学研究》2003 年第 10 期。

② 赵晓雷：《中国现代经济理论（1949～2000）》，人民出版社 2001 年版，第 552 页。

③ 鲁友章、李宗正主编：《经济学说史》（上册），人民出版社 1964 年版。

资产阶级经济学主要流派》[①]。前者主要介绍了从古希腊、罗马的经济思想到凯恩斯的经济理论；后者则主要介绍了凯恩斯主义、福利经济学、垄断经济学以及计量经济学等理论。

这一时期翻译和出版的一些西方经济学著作、论述，往往将西方经济学冠以资产阶级古典政治经济学和庸俗政治经济学。如，王亚南（1965）主编的《资产阶级古典政治经济学选辑》，主要介绍了英国、法国等古典政治经济学主要代表人物的经济思想及著作。而在当时各界对引进的这些西方经济学理论基本上仍持全面批判、否定的态度。特别是在“文化大革命”时期，我国对西方经济学的态度更是趋于极端化。当时基本是以马克思在其政治经济学著述中的标准，对西方经济学和经济学家进行历史的区分。如，肯定配第、斯密、李嘉图、魁奈等古典政治经济学家的科学贡献，而批判萨伊、马尔萨斯、穆勒以及后来发展的边际效用价值论和凯恩斯的经济理论等，并认为其理论只注重经济表象的浅薄研究，是伪科学或反科学甚至是反动的，且越接近现代越“庸俗”、越“反动”，从而需要全盘否定，彻底批判。[②]

具体而言，在经济增长理论方面，国内一些学者批判了在西方经济学界较有影响力的哈罗德的“经济增长理论”，认为这一理论是关于资本主义经济长期发展趋势及其原因的谬论，通过完全避开帝国主义阶段资本主义经济的实际发展趋势，特别是关于长期停滞趋势产生的根源问题，抽象地列举出经济发展的种种可能性，似乎在帝国主义时期经济还可能有长期繁荣和稳定增长的趋势，充分暴露了为垄断辩护的反动面目。此类带有浓厚意识形态色彩的批判偏离了学术批评的正确方向。实质上，哈罗德经济增长理论是基于凯恩斯的有效需求不足的理论，分析了一国国民收入持续增长和经济稳定均衡所需的条件，并强调经济增长需要正确处理消费与储蓄之间的关系，为经济增长发展提供了积极的建议，但这都被认为是资产阶级庸俗经济学加以批判和否定。

---

① 罗志如、巫宝三、高鸿业主编：《当代资产阶级经济学主要流派》（1～5册），商务印书馆，陆续于1962～1965年出版。

② 张卓元主编：《中国经济学60年（1949～2009）》，中国社会科学出版社2009年版，第628页。

这一时期，国内对西方经济学说的态度也并非一成不变的。在20世纪60年代初，由于“大跃进”运动的失败和遭遇三年经济困难时期，使得中国社会主义经济建设遭到破坏。加上苏联终止了对华各方面的援助，这导致之前单纯模仿、借鉴的苏联模式和苏联政治经济学理论在中国已不合适，中国需要探索出具有中国特色的社会主义经济建设道路，从而把学习和借鉴的对象适度转向苏联以外的西方资本主义国家。在这一背景下，中宣部和教育部开始组织学者编写现代西方经济学及其各种经济学流派理论的教材，并提出，“对待西方经济学既要批判也要了解和借鉴，而且介绍要客观、要系统，使人们能了解西方经济学理论的原貌。”[①] 在同一时期，《现代外国哲学社会科学文摘》杂志也翻译介绍了一批以西方经济增长理论为主要内容的论文和书评。例如，多马收录于其1957年出版的《经济增长论文集》的论文《经济增长的理论分析》；希克斯（J. R. Hicks）发表于英国《经济学杂志》1962年6月号的对米德（J. E. Meade）著《新古典派经济增长论》的书评；瓦尔克（G. D. N. Worswick）发表于英国《经济学杂志》1963年6月号的对琼·罗宾逊夫人《经济增长学说论文集》的书评。这是新中国成立后对西方经济学一直采取全盘否定批判态度的首次转变。

尽管该时期国内对于西方经济学理论的引介取得了一定的进展，但是对西方经济学的态度转变是短暂和微弱的。总体而言，改革开放前的30年，马克思主义的政治经济学理论在我国占据了主流地位，苏联范式成为中国经济发展的主要学习对象，而西方经济学说则明显式微，这直接决定了我国经济增长思想的主要理论来源、学术范式甚至价值取向。

二、本时期中国经济增长思想的现实背景

在学习和借鉴苏联模式的基础上，完成社会主义改造之后，我国即开始实施赶超战略。关于赶超战略的提出，国内理论界、学术界已有许多的

① 张卓元主编：《中国经济学60年（1949～2009）》，中国社会科学出版社2009年版，第636页。

讨论。赶超战略的提出，是由当时我国特定的历史条件和时代背景所决定的，有其内在的理论和实践基础。下文详细论述赶超战略提出的时代背景以及关于赶超战略对我国现代化建设和经济增长思想发展的影响。

（一）赶超战略的提出

新中国成立后，中国迅速完成了恢复发展国民经济的历史任务。1953年，中共中央提出了以“一化三改造”为主要内容的过渡时期总路线，即“要在一个相当长的时期内基本上实现国家工业化和对农业、手工业、资本主义工商业的社会主义改造”。[①] 于是，我国随即掀起了社会主义改造的高潮，很快就完成了所设定的社会主义改造目标任务。在国际方面，第二次世界大战结束后世界出现了“冷战”局面，以苏联为首的社会主义阵营和以美国为首的资本主义阵营处于严重对立状态。当时新兴的社会主义国家，经济基础普遍都比较薄弱，在“冷战”的局势下，他们迫切期望加快自身经济增长的速度，从而提高与西方资本主义国家竞争的实力。为此，这些国家先后采取了实现经济高速增长的赶超战略。苏联作为实施赶超战略的典范，在短短的30年内，就从一个经济较为落后的国家逐渐发展壮大成为世界政治经济大国。在苏联的影响和推动下，20世纪50年代中后期，其他一些社会主义国家纷纷效仿苏联，从而掀起了一股赶超热潮，这股赶超热潮随即也蔓延至中国。

1955年3月，毛泽东在中共全国代表会议上提出，“要在大约几十年内追上或赶上世界上最强大的资本主义国家。”[②] 这是毛泽东第一次较明确地提出了“赶超”这一概念。同年的一次座谈会上，毛泽东进一步阐述了赶超的具体目标和时间，提出“我们的目标是要赶上美国，并且要超过美国……究竟要几十年，看大家努力，至少要五十年吧，也许七十五年。”[③] 在推进中国现代化经济建设的实践过程中，毛泽东不断深化关于经济增长速度的认识，这也是赶超战略在中国逐渐形成和发展的过程。有学者指出，赶超战略酝酿于“一五”计划期间，1957年底，“超英赶美”

① 《毛泽东文集》（第6卷），人民出版社1999年版，第120页。
② 《毛泽东文集》（第6卷），人民出版社1999年版，第392页。
③ 《毛泽东文集》（第6卷），人民出版社1999年版，第500页。

成为一个完整的口号，基本形成真正意义上的赶超战略，1958 年，“大跃进”运动使赶超战略进入实施阶段，而“大跃进”的失败则意味着赶超战略实践的终结。[①] 总之，由于迫切需要改变落后的经济状况，以及国际赶超热潮蔓延，我国也提出了赶超战略，而这一战略的实施对我国现代化经济建设有着重大的指导意义。

（二）赶超战略指导下中国现代化建设道路的选择

赶超战略的提出，对我国改革开放前的经济建设有着重大的指导意义。作为后发国家，我国在现代化进程中的一系列制度安排和政策制定都是围绕着赶超战略展开的，在这一战略指导下，我国提出了全方位的战略布局，形成了具有中国特色的现代化经济建设道路。通过确立以优先发展重工业的工业化道路，逐渐建立了高度集中的计划经济管理体制，结合我国经济发展实践经验，进而提出了实现“四个现代化”的思想，而这些因素在很大程度上决定了我国这一时期经济增长思想的演变和特征。

1. 赶超战略的实施路径：优先发展重工业的工业化道路

“工业化”是世界各国实现经济从落后到富裕的重要途径和手段，而工业化道路的选择必然影响到一国经济增长思想的导向。新中国成立以后，我国也迅速提出了实现中国社会主义的工业化。“一五”时期，我国学习苏联模式，选择了优先发展重工业的工业化道路，初步奠定了我国工业化的基础。然而，很快在实际工作中出现了一些问题，针对过分强调工业，尤其是重工业而忽视轻工业和农业的弊端，1956 年，毛泽东提出，“在处理重工业、农业和轻工业的关系上，要适当地调整三者之间的投资比例，更多地投资于农业和轻工业，以更好地满足人民的需要，更快地增加重工业的资金积累。”[②] 1957 年，毛泽东专门论述了我国社会主义工业化道路的问题，认为“工业化道路问题，主要指重工业、轻工业和农业的发展关系问题，”[③] 我国社会主义经济建设的核心是重工业，这就要求优

① 李安增：《毛泽东的赶超战略论析》，载于《毛泽东思想研究》1995 年第 2 期。

② 毛泽东：《论十大关系》，载于《毛泽东选集》（第五卷），人民出版社 1977 年版，第 267 页。

③ 毛泽东：《关于正确处理人民内部矛盾的问题》，载于《人民日报》1957 年 6 月 19 日。

先发展生产资料的生产，但同时需要处理好重工业同轻工业、农业的关系。毛泽东关于工业化道路问题的阐述，表明我国已经初步探索出一条具有中国特色的工业化道路。

工业化道路决定了社会的总生产函数，而经济增长的动力来源于生产函数中各生产要素的投入以及他们的组合方式，因而工业化道路的选择也是经济增长方式的一个决定因素。我国社会主义工业化道路，即“优先发展重工业”的工业化道路，必然影响我国经济增长思想在经济实践中的应用取向。

2. 赶超战略的实施机制：高度集中的计划经济体制

在赶超战略的指导下，中国社会主义经济建设以苏联模式为学习和借鉴对象经历了“一五”计划，确立了一条优先发展重工业①的工业化道路，大规模地开展了以重工业为中心的经济建设，从而为我国工业体系的建立奠定了初步基础。在此基础之上，我国逐步建立了高度集中的计划经济管理体制，这种体制本身作为赶超战略和重工业优先发展的产物，反过来又进一步强化了赶超战略指导下重工业的优先发展。对于它们之间的关系，林毅夫曾作了较为详细的论述，他明确地指出，“新中国在50年代采取的优先发展重工业的赶超战略导致了计划经济体制的形成。”②

新中国成立初期中国还是一个资本短缺的农业国，要优先发展重工业，就必须通过制定经济政策人为地降低资本、外汇、资源、劳动力等生产要素的价格，而这需要在体制上形成高度集中的计划资源配置机制，所以，“一经选择了以优先发展重工业为目标的赶超战略，扭曲的宏观政策环境、高度集中的资源配置制度和没有自主性的微观经营机制便相继形成，这种三位一体的传统经济体制是内生的，是相互依存，互为条件

① 苏联经济学家认为，优先发展重工业“不仅是工业发展比较落后的国家”，而且是“包括发达社会主义在内的整个社会主义时期工业发展的规律”。由此，包括中国在内的其他社会主义国家大多沿着这条道路进行工业化。参见章良猷：《苏联六十年来社会主义政治经济学若干问题的争论》，引自《经济研究》编《中国社会主义经济理论问题争鸣（1949～1985）》（下），中国财政经济出版社1985年版，第596、599页。

② 林毅夫、蔡昉、李周：《中国的奇迹：发展战略与经济改革》，上海人民出版社2002年版，第96页。

的。”[①] 这是对赶超战略下重工业优先发展工业化道路与计划经济体制的关系的一个诠释，林毅夫的论断引发了学界对这一问题深入的思考。

高度集中的计划经济体制有利于实现赶超战略背后的发展目标，但这种经济体制在当时特定的历史条件下，很难有效发挥其对生产资料和资源实现优化配置的作用，从而束缚了经济发展的空间，阻碍了我国实现现代化的进程。在赶超战略指导下，我国选择了重工业优先发展的工业化道路，并结合高度集中的计划经济体制，导致我国经济逐渐形成一种高积累、低效率的外延式增长模式，在实践中外延式的经济增长方式逐渐在我国占据了主导地位。

3. 赶超战略的实施目标：四个现代化

随着对赶超战略认识的不断深化，我国提出了实现“四个现代化”的目标。1954 年，周恩来在全国人大一次会议上提出，“经济建设，就是要建设起现代化的工业、现代化的农业、现代化的交通运输业和现代化的国防”。[②] 这是我国提出实现社会主义建设的“四个现代化”的最早表述。1957 年 3 月，毛泽东提出，“我们要建设一个具有现代工业、现代农业、现代科学文化的社会主义国家”。[③] 这是实现“三个现代化”的目标。1959 年底，毛泽东进一步提出，“建设社会主义，原来要求是工业现代化，农业现代化，科学文化现代化，现在要加上国防现代化。”[④] 这就基本形成了较为完整明确的“四个现代化”思想。之后，中共中央正式采用了“四个现代化”概念，提出“把我国建设为具有现代工业、现代农业、现代国防和现代科学文化的社会主义国家。”[⑤] 此后，中共领导人和党的文件多次提到或使用过“四个现代化”这一表述，但是对“四个现代化”思想未作进一步的深入阐释，也没有真正明确地提出把实现“四个现代化”作为国家奋斗的目标，因此“四个现代化”思想此时还没有真正被

① 林毅夫、蔡昉、李周：《中国的奇迹：发展战略与经济改革》，上海人民出版社 2002 年版，第 97 页。

② 《周恩来经济文选》，中央文献出版社 1993 年版，第 176 页。

③ 《毛泽东文集》（第 7 卷），人民出版社 1999 年版，第 268 页。

④ 《毛泽东文集》（第 8 卷），人民出版社 1999 年版，第 70 页。

⑤ 中共中央文献研究室编：《建国以来重要文献选编》（第 4 册），中央文献出版社 1993 年版，第 613 页。

广泛地传播和接受。

1964 年，国民经济调整工作取得显著的成绩后，周恩来在全国人大三届一次会议上重新指出，“国民经济的主要任务，就是要在不太长的历史时期内，把我国建设成为一个具有现代农业、现代工业、现代国防和现代科学技术的社会主义强国，赶上和超过世界先进水平”。[①] 这是我国第一次把“四个现代化”的目标清晰地展现在全国人民面前。同时，为了实现这个目标，周恩来还进一步提出，“我国的国民经济发展，可以按两步来考虑：第一步，建立一个独立的比较完整的工业体系和国民经济体系；第二步，全面实现农业、工业、国防和科学技术的现代化，使我国经济走在世界的前列。”[②]

“四个现代化”的思想，是我国实现社会主义建设过程中形成的重要指导思想，明确了我国实施赶超战略的奋斗目标，它符合我国历史发展的要求和广大人民群众的愿望，体现了社会主义现代化的中国特色。从工业化到“四个现代化”，反映了我国领导人在经济建设出现严重困难时，对社会主义建设问题的重新思考，以及对现代化建设经验和教训的吸取。“四个现代化”不仅是对社会经济发展的全面要求，还是对我国经济增长思想的具体贯彻和落实，从重工业优先发展的工业化到“四个现代化”的转变，决定了我国这一时期经济增长思想的演变规律，也影响了我国经济增长思想的总体特征。

（三）赶超战略对经济增长思想的影响

赶超战略的提出，实际上是为我国经济发展的路径导向乃至经济思想的研究思路规划了一个大致的框架。一方面提供了我国经济增长的机制设计，即形成了与此相配套的高度集中的计划经济管理体制，同时通过优先发展重工业的工业化道路来实现经济增长，另一方面则明确了我国经济发展的主要目标，即在短时期内通过“四个现代化”的实现从而达到经济的腾飞。因此，哪种经济增长思想更适应赶超战略的配套机制设计，同时更有利于迅速实现赶超战略的目标，哪种经济增长思想就会得到较高呼声，

---

①② 《周恩来经济文选》，中央文献出版社 1993 年版，第 563 页。

也将成为经济政策及经济建设实践的理论支撑。例如，外延式经济增长思想主张，可以通过大量生产要素的投入短期内提高经济增长速度，实现赶超战略，因而在经济实践中逐渐占据主导。因此，理解赶超战略，有利于更好地理解这一时期经济增长思想的演变趋势和总体特征及根源。

三、总结与评论

随着马克思主义经济学说的引进和传播，马克思主义经济增长理论为这一时期我国经济增长思想提供了重要的理论依据。根据我国经济增长的实践经验，我国学术界进一步深化了对马克思经济增长理论的认识和理解，对马克思经济增长理论有了更全面的解读，这也成为当时中国经济增长思想的一个重要组成部分。同时，在学习和借鉴苏联模式的基础上，我国提出并实施赶超战略，在这一战略指导下，我国设计了全方位的战略布局，形成了具有中国特色的现代化经济建设道路。通过确立以优先发展重工业的工业化道路，逐渐建立高度集中的计划经济管理体制，结合我国经济发展实践经验，进而努力实现“四个现代化”的目标，这些都是影响我国经济增长思想发展的理论和现实因素，而理论界和政界之间关于经济增长问题的互动也在很大程度上决定了我国这一时期经济增长思想的演变和特征。

第二节　本时期中国经济增长思想的演变和总体特征

如前文所言，1949～1978 年间我国经济增长思想的理论与现实背景决定了其总体演变趋势，而更确切地说，这一时期我国经济增长思想的演变趋势主要表现为经济增长方式的选择与变动，即外延式经济增长思想与内涵式经济增长思想之间的关系互动，而这一对关系的互动，在 1949～1978 年间发生了曲折复杂的变化。本节主要通过分析这一时期外延式与内涵式经济增长思想的演变，从而归纳总结出这一时期我国经济增长思想的总体特征。

一、本时期中国经济增长思想的演变

随着经济发展的程度、不同时期暴露的问题以及讨论的演进，国内各界关于外延与内涵经济增长的观点并非一成不变。按照讨论的内容、趋向等，本书将其划分为五个阶段来梳理：1949～1957年外延与内涵并重时期；1958～1959年外延主导、内涵衰退时期；1959～1965年外延与内涵论争时期（1959年同时具有上一阶段的余韵和此一阶段的滥觞）；1966～1971年外延式微、内涵受批判时期；1972～1978年外延发展、内涵复苏时期。

（一）外延与内涵并重时期（1949～1957）

1949～1957年这段时期主要是我国国民经济恢复和“一五”计划时期，在国民经济恢复与发展时期（1949～1952），我国实行新民主主义经济体制，并提出了恢复和发展国民经济的具体方针措施。在“一五”计划时期（1953～1957），我国逐渐确立了计划经济体制和优先发展重工业的工业化道路。我国理论界和实务界认真学习马克思再生产理论，正确认识到外延式扩大再生产与内涵式扩大再生产的关系，对外延式经济增长思想与内涵式经济增长思想强调两者并重。在经济建设实践中，强调大量生产要素投入的外延式经济增长同时，并没有忽视内涵式经济增长，提出要实现国民经济的高速度与按比例增长，重视生产要素的效率和经济增长的质量。只是在经济实践中，由于中国当时所处的经济发展阶段，短期内大量要素投入的外延式经济增长见效快，外延式经济增长思想才逐渐引导了经济增长。

1. 经济增长的“高速度”与“按比例”提出

“高速度”与“按比例”是当时中国理论界学习马克思主义经济学说，同时结合经济实践，形成的关于经济增长的一个重要讨论，但实质上，关于这对关系的讨论暗含的是关于选择外延式经济增长还是内涵式经济增长的讨论。具体而言：所谓高速度，就是要求经济快速发展，而外延式经济增长思想主张增加生产要素投入，对实现经济快速增长具有直接有力的作用，容易见效，因此得到主张“高速度”发展的人士的支持；而“按比例”则是注重经济的平衡发展，强调的是不同生产要素与比例关系协调发展以实现经济增长，具有内涵式经济增长思想的特征。

1949 年，毛泽东在中共七届二中全会上，从工业化角度讨论了有关经济增长速度的问题，他指出“中国经济建设的速度将不是很慢而可能是相当快的”,① 并进一步提出了“三年准备，十年建设”的想法。这是对我国经济增长速度的初步设想，尽管还比较粗略。1953 年，在过渡时期总路线中，“预计需要 15 年或者更长的时间才能实现国家的工业化以及对农业、手工业和资本主义工商业的社会主义改造。”② 应该来说，这在当时还是一个比较客观的估计。很快，我国开始了有计划、大规模的经济建设，实施了第一个五年计划。

在编制“一五”计划时，陈云提出必须处理好国民经济发展的有关重大比例。1954 年，陈云提出了在五年计划执行过程中国民经济必须按比例发展的问题，并进一步明确地指出了要保持农业与工业、轻工业与重工业、重工业各部门之间、工业发展与铁路运输之间的四大比例。③ 但在“一五”计划实施不久后我国即出现了“冒进”现象，周恩来、陈云及时对这种盲目冒进倾向做了批评，指出要重点建设，稳步前进。1955 年，我国掀起社会主义改造高潮，毛泽东在《中国农村的社会主义高潮》中指出，“要在工业和手工业的生产，工业和交通运输的基本建设的规模和速度等方面，不断地批判那些右倾保守思想。”④ 我国在对待经济增长速度这一问题上不断强调高速度。1956 年，我国社会主义改造完成，《人民日报》社论指出，“一五”计划可以提早超额完成，并提出“又多、又快、又好、又省”的要求，加快经济发展的速度。这些方针促使我国在经济建设实践中急于求成，片面强调高速度经济增长，给经济建设带来一些问题。这一年，我国国民经济建设就出现了基本建设规模过大、职工人数增

① 《毛泽东选集》（第 4 卷），人民出版社 1968 年版，第 28 页。
② 《毛泽东文集》（第 6 卷），人民出版社 1999 年版，第 120 页。
③ 《陈云文选》（第 2 卷），人民出版社 1995 年版，第 83 页。
④ 毛泽东：《中国农村的社会主义高潮》，人民出版社 1956 年版，第 5～8 页。

加过多、信贷突破预算、财政出现赤字、农业生产急于求成等偏差，从而造成国民经济紧张的局面。对于经济建设存在的这些问题，周恩来、陈云等党和国家领导人提出了既反保守也反冒进的政策主张。

1956 年 2 月，周恩来在国务院第 24 次全体会议上提出一个重要原则——经济工作要实事求是。他指出，“不要光看到热火朝天的一面，热火朝天很好，但应小心谨慎，要多和快，还要好和省，要有利于提高劳动效率”①“各部专业会议提出的计划数字都很大，请大家注意实事求是。”②这是在强调经济增长高速度之后，对经济增长速度问题的一次可贵反思，是值得肯定的。1956 年 9 月，周恩来在《关于发展国民经济第二个五年计划的建议》中再一次强调了反冒进问题，总结了“一五”计划实践过程中的经验和教训，指出“第一，应该根据需要和可能，合理地规定国民经济的发展速度，把计划放在既积极又稳妥可靠的基础上，以保证国民经济比较均衡地发展。第二，应该使重点建设和全面安排相结合，以便使国民经济各部门能够按比例地发展。”③ 这就明确地指出经济要有计划按比例和平衡发展。

1957 年 1 月，陈云提出“建设规模要和国力相适应”④，他认为，建设规模的大小是否与国家的财力和物力相适应，决定了经济能否稳定发展，如果建设的规模超过了国家财力物力，就容易出现经济混乱，如果两者合适，经济发展就稳定。如果保守了，又会妨碍经济发展的速度。因此，一定要保证经济建设规模与国力的相适应。这是在准确认识当时中国国情的基础上对我国经济增长速度问题的正确判断，是对我国内涵式经济增长的有益探索。经过及时调整和多方努力，1957 年我国“一五”计划顺利完成，财政和信贷收支基本平衡，物价也趋于稳定。但这种内涵式经济增长的思想不久又遭到否定，随后的一系列会议都激烈地批判反冒进，这对当时的思想界带来了不良后果，从而为片面强调高速度的经济增长在思想上创造了舆论基础。

在学界，许涤新探讨了在过渡时期我国国民经济有计划（按比例）发

①② 《周恩来选集》（下卷），人民出版社 1984 年版，第 190～191 页。
③ 《周恩来选集》（下卷），人民出版社 1984 年版，第 218 页。
④ 《陈云文选》（第 3 卷），人民出版社 1995 年版，第 52 页。

展的经济规律，认为国民经济有计划发展的规律“要求国家必须用计划来领导国民经济，要求各个生产部门必须有计划地结成一个统一的整体，要求在国民经济各部门之间，在生产资料生产与消费资料生产之间，在工业与农业之间，在生产与流通之间，在积累与消费之间，保持着一定的比例关系，同时还要求在全国各个经济地区之间，合理地分布生产力。这就是说，要求国家的人力、物力、财力必须得到最合理最有效的利用。”① 这是学界关于有计划按比例思想的正确认识，强调经济增长过程中的结构问题，亦是一种内涵式经济增长的思想。王亚南对国民经济有计划按比例发展规律也有分析研究，他认为，“国民经济计划的重大意义，并不在于它们各部分各方面单纯地维持着综合的平衡，而在于它依靠着这种综合的平衡，来保证社会生产的发展和社会生产力提高的最大可能的速度。”② 他还进一步指出了在优先发展重工业的原则下，要注重重工业与轻工业、投资与技术、积累与消费、经济建设与国防建设之间的比例关系。学术界在这一时期，关于经济增长速度和按比例发展的关系，更多地是在追求经济高速度增长的同时，要保证国民经济的各比例关系。

不难发现，新中国成立以后，我国在经济增长的高速度与按比例问题上基本形成了以下思想：即一方面追求经济增长的高速度，以尽快实现我国的工业化；另一方面是在保证经济增长高速度的同时，强调经济增长有计划按比例的平衡发展，经济规模要与国力相适应，以求经济的协调、稳定发展，即外延式经济增长与内涵式经济增长并重。

2. 计划经济与价值规律相结合的思想

这一阶段，我国在整体上都比较强调通过计划的手段来促进经济增长，同时主张利用价值规律来实现调节，实际上这是主张外延式经济增长与内涵式经济增长思想相结合。即既强调外延式增长的要素投入、配置与规模扩张，同时也包含了提高劳动生产率的内涵因素，通过利用价值规律，结合商品经济发展，更好地实现生产要素的合理优化配置，提高生产

---

① 许涤新：《论国民经济有计划发展规律在我国过渡时期的作用》，载于《经济研究》1955年第4期。

② 王亚南：《我国发展国民经济的第一个五年计划与过渡时期的经济规律》，载于《经济研究》1956年第1期。

经济效率。

1956 年 10 月 28 日，薛暮桥在《人民日报》发表的《计划经济与价值规律》中阐述了价值规律在社会主义经济中的作用，指出由于实行统购包销和派货制度，价值规律难以发挥调节作用，导致工业产品的质量降低，农产品手工业品因收购价格偏低而减产，从而提出要利用价值规律来调节工农业产品的生产和流通。① 这就掀起了学界对价值规律问题讨论的序幕，围绕着社会主义制度下价值规律在生产领域中和流通领域中的作用问题，主要有以下代表性观点：

一种观点认为，价值规律在社会主义一切生产领域中都不起调节作用，认为价值规律的调节作用和影响作用是不同的两个术语，是对价值规律作用程度的表述，调节作用比影响作用更深。而在社会主义制度下，社会主义基本经济规律和国民经济有计划按比例发展规律对生产起主导作用，因此，价值规律受到很大的限制，在生产中只有影响作用，而达不到调节的程度。② 另一种观点认为，价值规律在农业生产、国营企业的轻工业生产中起调节作用。在工业生产方面，由于重工业生产不是商品生产，因而不在价值规律发生作用的范围之内；而农业生产和轻工业生产都是商品生产，因而在一定程度上受到价值规律的调节。③ 还有一种观点认为，价值规律在社会主义一切生产领域都起调节作用。这一观点得到较多学者的认同，但基于不同的解释。例如，南冰、索真认为，在社会主义制度下，生产资料是具有价值的商品，价值规律对生产资料的生产和分配就一定发生作用。④ 孙冶方也认为价值规律在社会主义一切生产领域都起调节作用，他在《把计划与统计放在价值规律的基础上》中详细阐述了商品经济与价值规律在社会主义经济的地位和作用，认为价值规律的基本内容和主要作用："通过社会平均必要劳动量的认识和计算来推进社会主义社会生产力的发展"和"调节社会劳动在各个不同生产部门之间的分配比例，

① 薛暮桥：《计划经济与价值规律》，载于《人民日报》1956 年 10 月 28 日。

② 骆耕漠：《社会主义制度下的商品和价值问题》，科学出版社 1957 年版，第 18～20 页。

③ 王旭庄：《价值规律在我国社会主义的统一市场中的作用》，载于《财经研究》1956 年第 2 期。

④ 南冰、索真：《论社会主义制度下生产资料的价值和价值规律的作用》，载于《经济研究》1957 年第 1 期。

即按比例分配社会劳动”。[①] 他还进一步拓展价值规律的含义，即以最少的劳动消耗取得最多的社会产品的规律，这都是提高劳动生产率的有效手段，在计划和统计工作中，学会利用价值规律，注重价值指标，从而大大提高生产的经济效益。因此，他强调“国民经济的有计划按比例发展必须是建立在价值规律的基础上，才能使计划成为现实的计划，才能充分发挥计划的效能”。[②]

这一阶段关于社会主义计划经济与价值规律的讨论中，顾准作出了重要的理论贡献。1957 年 3 月，顾准深刻阐述了市场机制的问题，认为社会主义经济是计划经济与经济核算的矛盾统一体，要由经济核算来补充经济计划，价值规律通过经济核算制度调节生产，“使劳动者的物质报酬与企业盈亏发生程度极为紧密的联系，使价格成为调节生产的主要工具。一方面，计划建立在经济核算制的基础上，经济核算为制定计划提供成本、价格、利润等数据，并据此调节生产，提高经济效果；另一方面，价格在不同程度上调节生产流通，经济核算价值规律的作用效果，取决于价格、成本、劳动者报酬以及基本建设投资之间的联系紧密程度。因为企业会自发地追求价格有利的生产，价格也会发生自发的涨落，这种涨落就实际上在调节着生产。同时全社会还有一个统一的经济计划，不过这个计划是‘某些预见，不是个别计划的综合’，因此它更富于弹性，更偏向于规定一些重要的经济指标，更减少它对于企业经济活动的具体规定。”[③] 这就主张充分利用价值规律来调节社会主义经济，也是外延式经济增长与内涵式经济增长相结合的体现。

3. 强调生产要素投入与生产效率提高的思想

外延式经济增长主要通过增加生产要素的投入，即依靠增加劳动、资金、原料、基建来实现经济增长，而内涵式经济增长最主要表现为生产效率的提高。新中国成立初期，无论是政界还是学界，既有呼吁通过生产要素的投入实现经济增长，同时也重视生产效率的提高。

1955 年，毛泽东指出，“任何社会主义的经济事业，必须注意尽可能

①② 孙冶方：《把计划与统计放在价值规律的基础上》，载于《经济研究》1956 年第 6 期。
③ 顾准：《试论社会主义制度下的商品生产和价值规律》，载于《经济研究》1957 年第 3 期。

充分地利用人力和设备，尽可能改善劳动组织、改善经营管理和提高劳动生产率，节约一切可能节约的人力和物力，实现劳动竞赛和经济核算，借以逐年降低成本，增加个人收入和增加积累。”① 他既强调人力和物力的充分利用，即生产要素的投入，同时也注重劳动生产率的提高，并提出通过改进生产组织和管理以提高劳动生产率，这一观点正体现了当时他对外延式经济增长和内涵式经济增长的并重。同年，李富春也指出，既要最合理最有效的充分利用人力、物力和财力，按照客观实际条件决定我国基本建设规模，同时要保证工程的质量，培育新种类产品，提高企业的管理水平，以及培养建设干部，以提高劳动生产率。② 在强调劳动力、资源、资金等要素投入的基础上，也提出利用新技术，改进企业管理以及发展人力资本等要素效率提高的思想。

从学界看，杨培新提出，在社会主义制度下国民收入的增加主要有两种方法：一是增加生产者人数，二是提高社会劳动生产率。并进一步提出提高社会劳动生产率的方法，一方面通过采用新的技术，改进劳动组织和生产组织，提高生产者的熟练程度，展开劳动竞赛，增加社会总产品的数量；另一方面，合理地节约和使用人力、物力，尤其节约生产资料，从而增加国民收入。经济的快速增长是依靠外延式和内涵式两种方法的共同促进实现。③ 吴海若在分析再生产原理的一般性和特殊性时也指出，生产扩大有两个因素：一是扩大生产规模；二是提高劳动生产率。社会主义就是依靠扩大生产规模和缩短劳动日来吸收因技术发展而不断产生的多余劳动力和因人口增值而不断增加的劳动力。④ 可以看出，这一时期，无论是政界还是学界，对外延式经济增长和内涵式经济增长是持两者并重的态度。

（二）外延主导、内涵衰退时期（1958～1959）

1958 年始，我国提出社会主义建设的总路线，并发动了“大跃进”

① 《毛泽东文集》（第 6 卷），人民出版社 1999 年版，第 461～462 页。

② 李富春：《关于发展国民经济的第一个五年计划的报告》，载于《经济研究》1955 年第 3 期。

③ 杨培新：《第一个五年计划的资金积累问题》，载于《经济研究》1955 年第 4 期。

④ 吴海若：《再生产原理的一般性和特殊性》，载于《经济研究》1957 年第 1 期。

运动，很快掀起了“大跃进”的高潮，此后一个时期我国不断强调高速度和高指标，大力发动大炼钢铁的群众运动，缩减居民消费，提高资本积累，扩大基本建设，通过扭曲的价格将大量的资源投入到重工业的生产中，以实现经济的赶超。这一时期我国外延式经济增长思想逐渐占据主导，而内涵式经济增长思想出现衰退。

1. “高速度”经济增长思想的极端化

1955～1957 年间，我国在社会主义建设的道路上不断探索，并取得了一定的成绩。但随着“反右”斗争扩大化，“左倾”思想逐渐占据主流。在这种形势下，1958 年 5 月，中共八大二次会议提出了“鼓足干劲，力争上游，多快好省地建设社会主义”的总路线。① 刘少奇在会议工作报告中对总路线给出了具体阐释，“总路线的基本点是：调动一切积极因素，正确处理人民内部矛盾；巩固和发展社会主义的全民所有制和集体所有制，巩固无产阶级专政和无产阶级的国际团结；在继续完成经济战线、政治战线和思想战线上的社会主义革命的同时，逐步实现技术革命和文化革命；在重工业优先发展的条件下，工业和农业同时并举；在集体领导、全面规划、分工协作的条件下，中央工业和地方工业同时并举，大型企业和中小型企业同时并举；通过这些，尽快地把我国建设成为一个具有现代工业、现代农业和现代科学文化的伟大的社会主义国家。”② 此外，刘少奇专门谈到速度的问题，反驳了当时出现的不赞成“多快好省”建设方针的观点，再次强调了经济建设的高速度。总路线的核心精神就是力争高速度。正如毛泽东所说，“我们实行洋土并举、大中小并举，不只是由于技术落后，人口众多，要求增加就业，主要是为了高速度。”③ 1958 年 6 月 21 日，《人民日报》社论指出，“速度是总路线的灵魂”“速度问题是建设路线问题，是我国社会主义事业的根本方针问题”“快，这是多快好省的中心环节”，④ 这一以速度为灵魂、以快为中心的论断，真实反映了当时

①② 刘少奇：《中国共产党中央委员会向第八届全国代表大会第二次会议的工作报告》，载于《人民日报》1958 年 5 月 5 日。

③ 《毛泽东读苏联〈政治经济学（教科书）〉谈话纪录选载》，载于《党的文献》1993 年第 4 期。

④ 《力争高速度》，载于《人民日报》1958 年 6 月 21 日。

大多数共产党人对总路线精神的理解，这也是导致“大跃进”运动的重要根源。

中共八大二次会议后，理论界大力宣扬社会主义建设总路线精神，普遍认同高速度是社会主义的经济规律，提倡社会主义的“高速度”。例如，于光远就认为，“社会主义制度的优越性，首先表现在生产以前所未有的高速度的发展上。”[①] 马金和撰写文章宣扬了红旗农业合作社的生产“大跃进”，甚至对于学术研究，也有人提出要“努力实现劳动经济科学研究工作的‘大跃进’”[②]，如陶继侃即提出今后经济科学必然将以更快的步伐向前实践；何畏以“展翅飞跃、迎头赶上”这类煽动性的标题，介绍了我国10年来经济科学研究工作和经济科学研究队伍取得的高速发展成绩。在经济建设中，关注增长速度问题本无可厚非，但只是一味强调速度，而不注重质量和效益，把高速度当作社会主义经济规律，反映了当时对经济发展规律缺乏科学的认识。总路线为新中国成立以来形成并发展的高速度经济增长思想注入了理论的内容和路线的形式，对总路线阐释和理解往往片面地强调高速度，鼓吹快、多，对好、省重视不够，并忽视国民经济要求“有计划按比例”“综合平衡”“协调发展”的客观经济规律，之前对经济要有计划按比例增长的有益探索未能在实践中深入贯彻下去，而在经济建设过程中，这些错误理解未能得到及时纠正，反而得到进一步的发展，这标志着“高速度”经济增长思想的极端化，而“大跃进”运动是对高速度经济增长思想极端化的实践表现。

1958年8月，中共中央在北戴河召开政治局扩大会议，会议过高地估计了农业生产形势，认为党的工作重心应该由农业转移到工业方面来，而工业生产首先要保证钢铁生产，并决定1958年钢产量要比1957年翻一番，达到1070万吨；1959年达到2700万～3000万吨。[③] 全国迅速掀起了群众性“以钢为纲”的“大跃进”和人民公社化运动，在工业、农业、

---

① 《北京经济学界纪念毛主席“关于正确处理人民内部矛盾的问题”发表一周年》，载于《经济研究》1958年第7期。

② 武元晋：《努力实现劳动经济科学研究工作的大跃进》，载于《经济研究》1958年第8期。

③ 姜华宣、张尉萍、肖甡主编：《中国共产党重要会议纪事（1921～2006）》，中央文献出版社2006年版，第289页。

交通运输业以及文教卫生方面只关注高指标、高速度，各行各业的跃进以钢铁翻番为中心，即所谓“一马当先，万马奔腾，以钢为纲，全面跃进”。1958 年 10 月，明今在《论我国钢铁工业飞跃发展的新形势》中，甚至预测我国会不断出现“大跃进”的新高潮，再苦战一年可以实现钢产量超越英国。①

“大跃进”时期，毛泽东提出积极平衡理论，指出“不平衡是普遍规律，不平衡是绝对的无条件的普遍的永久的，平衡是相对的有条件的不普遍的暂时的”。② 1958 年 2 月 28 日，《人民日报》阐释了毛泽东的“平衡观”，并提出了积极平衡和消极平衡的概念，指出“任何事物经过‘平衡—不平衡—新的平衡’这种螺旋式的反复，也就是不断地得到发展”“不断地提高落后的指标和定额，使它适用于先进的指标，向先进的定额看齐，这是积极的平衡”“总是企图压低先进的指标和定额，使它迁就落后的指标，向落后的定额看齐，这是消极的平衡。”③ 积极平衡论是为“大跃进”服务的，是支撑“大跃进”不断推进的理论支撑，为经济增长盲目提高速度，提高指标提供了理论依据。高速度经济增长思想的极端化，使我国国民经济遭受了巨大的损失，给国家和国民经济生活造成了极大的混乱。

2. 单纯强调劳动和资本的投入

这段时期，我国不断强调劳动和资本要素的投入，大力发动群众运动，发动人民群众投入到基本建设项目中。1958 年 5 月，中共陕西省委第一书记张德生发表文章指出，“贯彻执行建设社会主义总路线的一个根本问题，就是依靠群众，充分发动群众，大搞群众运动。只有大搞群众运动，才能多快好省。”④ 他不断强调要实现社会的再生产，完成经济建设的任务，必须靠群众运动。1958 年 9 月 24 日《人民日报》社论指出“依靠群众，发动群众，大搞特搞群众运动，是我们一切建设事业高速度发展

---

① 明今：《论我国钢铁工业飞跃发展的新形势》，载于《经济研究》1958 年第 10 期。

② 中共中央文献研究室编：《建国以来毛泽东文稿》（第 7 册），中央文献出版社 1992 年版，第 109 页。

③ 《打破旧的平衡，建立新的平衡》，载于《人民日报》1958 年 2 月 28 日。

④ 张德生：《大搞群众运动才能多快好省》，载于《人民日报》1958 年 5 月 15 日。

的基础，是我们党领导各项工作的根本路线。”① 社论还进一步提出，群众运动在炼钢铁的革命方法，不能迷信“大、洋、专”，要大搞“小、土、群”，即不能依靠专业技术人员办大的洋高炉，而应依靠群众建小的土高炉。同年，薄一波在全国工业、交通运输、基本建设、财贸方面社会主义建设先进集体和先进生产者代表大会上发表了关于“大搞群众运动，使生产高潮滚滚向前”的讲话。② 在大会上，他主要分析如何通过大搞群众运动，从而不断推进增产节约新高潮的问题。在经济建设方面，各级政府充分动员一切可以利用的力量投入到经济建设之中，使得工人队伍迅速壮大，一定程度促进了经济增长。例如，1959 年中财委的报告中就指出，“鼓足干劲，掀起更大跃进的高潮。在工业战线上大搞群众运动，是去年工业大跃进的一项宝贵的经验。”③ 大搞群众运动作为“大跃进”的成功经验，并被向全国推广。这些都是不断强调劳动生产要素投入的社论。1959 年 2 月 28 日，《人民日报》社论提出，“基本建设全面‘大跃进’的目标，就是要尽快地完成数量众多、质量优良、成本低廉的工程，在基本建设工作中，任何时候都要根据需要和可能，力求尽快地完成更多的工程项目。”④ 这就导致我国基本建设方面的投资逐年增加，投资增长的速度相当惊人。

在学界，杨英杰指出，要从六亿人口出发，充分利用我国六亿人口的劳动力资源，他认为“从六亿人口出发的做法，就是充分鼓舞和发挥六亿人民的积极性和创造性，在高速度发展全部国民经济中，更加迅速地发展少数民族地区经济和增加少数民族人口。”⑤ 于光远也认为，“应该把劳动群众在经济建设中的作用能够充分发挥提到重要的地位，把这

---

① 《关键在于大搞群众运动》，载于《人民日报》1958 年 9 月 24 日。

② 《大搞群众运动，使生产高潮滚滚向前——薄一波副总理在全国群英会上讲话》，载于《铸造》1959 年第 12 期。

③ 中共中央文献研究室编：《建国以来重要文献选编》（第 12 册），中央文献出版社 1996 年版，第 53～65 页。

④ 《基本建设要全面贯彻多快好省的方针》，载于《建国以来重要文献选编（第三册）》，中央文献出版社 1996 年版，第 607 页。

⑤ 杨英杰：《论从六亿人口出发》，载于《经济研究》1958 年第 6 期。

一点概括在社会主义生产迅速高涨的基本因素”。[①] 劳动力资源一直都是我国经济发展的优势，而这一点已被充分认识和实践。杨波在分析农业社积累问题时提出，积累比重大，增长速度快，对进一步扩大再生产、巩固合作社、提高生活水平都是百利而无一害的。对于农民的积累潜力估计不足，担心积累比重过大，增产速度太快的观点，都是没有依据的。[②] 此外，在北京经济学界讨论毛泽东《关于正确处理人民内部矛盾的问题》发表一周年的座谈会上，有学者提到，当前我国农业社扩大积累的潜力很大，问题在于能否把可以积累的资金迅速积累起来，不要担心积累比重大。[③]这些都反映了这一时期，无论在政界还是学界，都倾向于通过劳动和资本生产要素的大量投入在短时期内实现经济的高速增长。

（三）外延与内涵论争时期（1959～1965）

1959 年虽然具有 1958 年以来外延主导、内涵衰退的余韵，但此时重新思考两种经济增长方式的争论也开始兴起。自此，无论是政界还是理论界都对经济增长思想进行了反思，我国经济学界进入了百家争鸣的空前活跃蓬勃阶段。这一时期的探讨主要集中于社会主义扩大再生产、高速度与按比例发展以及积累与消费比例等问题。

1. 社会主义扩大再生产理论的探讨

这一时期理论界关于马克思再生产理论有过激烈争论，主要集中在简单再生产与扩大再生产的内涵和关系以及扩大再生产的方式、来源等方面。这是我国学界在马克思再生产理论下关于扩大再生产内涵、方式、来源的最直接的讨论。

关于扩大再生产两种方式，即外延式与内涵式的划分及其内涵，学者存在不同的看法，一种观点认为积累是外延与内涵划分的标准，认为外延

---

①③ 《北京经济学界纪念毛主席“关于正确处理人民内部矛盾的问题”发表一周年》，载于《经济研究》1958 年第 7 期。

② 杨波：《正确处理农业社收入分配中积累和消费的关系》，载于《经济研究》1958 年第 8 期。

式扩大再生产是由积累而导致生产规模的扩大，内涵式扩大再生产是没有积累引发的生产规模的扩大。[①] 另一种观点则认为技术进步是两者的根本区别，区分外延的扩大再生产和内涵的扩大再生产主要就在于生产技术是否进步，外延式是生产技术不变的生产扩大，内涵式就是生产技术进步的生产扩大。[②] 还有学者认为，生产规模的扩大如果是生产资金的增加引起的，则是外延的扩大；而如果是单位生产资金平均产品产量的增加引起的，则是内涵的扩大。[③] 这些观点都有些片面狭隘，并没有真正全面认识外延与内涵扩大再生产。刘国光给出了一个比较全面而准确的标准，他指出，“扩大再生产是外延式还是内涵式，主要在于生产规模的扩大是由于社会投入生产的劳动量的增加，还是由于社会劳动生产率的提高，两者根本的区别，在于有无生产方法的改进和技术进步，而社会劳动生产率是否提高，则是外延式扩大再生产和内涵式扩大再生产的基本标志。”[④] 这一观点被许多学者接受，之后一些学者在此基础之上，进一步深化了对外延式扩大再生产与内涵式扩大再生产的理解。例如，刘诗白、柴詠在讨论社会主义农业扩大再生产的形式时，指出，“外延的扩大再生产是以生产资料和劳动力的量的绝对增加为特征，它意味着生产规模向外在的广度的方向扩展”“生产资料和劳动力质的改善是属于内涵的扩大再生产，它意味着生产规模向内在的深度方向扩展”。[⑤] 粟联从农业扩大再生产形式角度指出，“由投入生产的劳动量增加而引起产品数量增加的扩大再生产叫外延扩大再生产，由于劳动生产率提高而引起产品数量增加的扩大再生产叫内涵扩大再生产。”[⑥] 这些都是我国学者对外延式与内涵式经济增长的概

---

① 介凡：《关于社会主义农业扩大再生产问题的讨论情况简介》，载于《江淮学刊》1962年第2期。

② 杨晴峰：《对农业扩大再生产几个问题的认识》，载于《江淮学刊》1962年第2期。

③ 刘诗白：《关于简单再生产和扩大再生产的几个问题的探讨》，载于《经济研究》1962年第4期。

④ 刘国光：《略论外延的扩大再生产和内涵的扩大再生产的关系》，载于《光明日报》1962年7月2日。

⑤ 刘诗白、柴詠：《试论社会主义农业扩大再生产的形式》，载于《经济研究》1963年第8期。

⑥ 粟联：《关于农业扩大再生产的标志和形式问题》，载于《经济研究》1963年第11期。

念和内涵的正确认识。本书也参照了这一标准定义了外延式经济增长和内涵式经济增长这一对概念。

在讨论外延与内涵扩大再生产的关系孰重孰轻，以及两者在社会历史发展中的作用时，学界存在两种分歧意见：一种认为社会主义生产规模主要以内涵的扩大再生产为特征①；而另一种则认为在社会主义扩大再生产形式中，新建和扩建基本建设的外延式最能体现社会主义扩大再生产的特点，从而是最重要的形式②。而无论持哪种观点，在讨论如何处理两者的关系时，学界基本达成共识：在社会主义经济发展中，内涵扩大再生产与外延扩大再生产是相互并存、相互结合的，不能单纯强调某一种忽视其他的形式③。例如，刘国光明确指出，"社会主义经济发展中的内涵的扩大再生产，总是同外延的扩大再生产互相并行、互相结合着的"，因此，经济的发展，"既要注意利用外延式的扩大再生产的因素，更要注意利用内涵的扩大再生产的因素，并且要正确处理这两者间的关系"④。董辅礽也认为，"提高劳动生产率是扩大社会生产的重要途径，而且是更为先进的途径。当社会主义建设达到一定阶段后，它还会成为扩大再生产的最主要途径""增加劳动人数从而增加投入生产的活劳动量，是扩大社会生产的另一个重要途径。"并进一步提出，"在实际生活中，通过这两种途径来扩大生产，是结合进行的"⑤。粟联则从不同的社会形态分析外延式扩大再生产与内涵式扩大再生产所起的作用和地位，他认为在原始社会、奴隶社会和封建社会，由于生产力低下，技术落后，农业扩大再生产主要依靠外延扩大再生产，内涵扩大再生产则居于次要地位；在资本主义社会初期，外延扩大再生产依然占据主要地位，只有到了资本主义高度发展时期，随着技术的进步和劳动生产率的迅速提高，内涵扩大再生产逐渐占据主导地位；而在社会主义社会，随着农业集体化的实现，农业劳动生产率的不断

①④ 刘国光：《略论外延的扩大再生产和内涵的扩大再生产的关系》，载于《光明日报》1962年7月2日。

② 漆琪生：《论社会主义的简单再生产和扩大再生产的辩证关系》，载于《大公报》1962年8月13日。

③ 仁韦：《关于简单再生产和扩大再生产问题的讨论》，载于《经济研究》1964年第1期。

⑤ 董辅礽：《关于不同扩大再生产途径下的社会主义再生产比例关系问题——马克思再生产公式具体化问题的再探索》，载于《经济研究》1963年第11期。

提高，内涵扩大再生产的地位和作用越来越重要。① 他进一步指出，从长远看，社会主义农业扩大再生产主要采取内涵扩大再生产形式，但在特定的时期和历史条件下，农业外延扩大再生产也具有不可或缺的地位和作用。② 可见，这一时期，学界对外延式和内涵式经济增长有了更全面的阐释和理解，也是对我国经济增长思想的有益探索。

2. “高速度”与“按比例”经济增长思想的重新认识

1958 年各行各业全面“大跃进”，违背了经济发展的客观规律，破坏了国民经济的比例关系，使国民经济处于十分困难的处境。这主要表现为：工农业比例失调，农业生产大幅降低，出现粮食危机；基本建设规模过大，工业比例严重失衡；企业组织混乱，经济效益低下，浪费损失严重；财政赤字，物价上涨，出现通货膨胀，人民生活水平下降。1958 年底，中共中央政治局扩大会议和八届六中全会认识到“大跃进”给国民经济造成的损失，提出要“压缩空气”，把根据不足的高指标压下来，纠正浮夸风，并进一步指出，1958 年“大跃进”的教训有两条：一是国民经济发展速度必须建立在客观的可能性的基础上；二是国民经济必须有计划按比例的发展。这是在把高速度经济增长推向极端化之后，首次对这一思想进行反思，并重新认识高速度与按比例这对经济增长思想。

1960 年 6 月 14 日，《人民日报》发表社论《大跃进的高速度和有计划的按比例是辩证的统一》，指出高速度与按比例是矛盾的主要方面，社会主义经济建设的重大任务，就是以实现高速度作为指导思想，在国民经济中保证高速度发展的正确比例。③ “高速度”与“按比例”并不是对立的，在追求高速度的同时，也要兼顾经济增长的比例才行。毛泽东在同月召开的中共中央扩大会议上指出，过去过于强调数量，今后要注重质量、规格、品种，要把质量放在首位。制订国民经济计划时，应留有余地，要实事求是，宁可少一些，让实际超过，打得太满就会被动。④ 从单纯强调生产的数量到注重生产的质量，这也是对高速度与按比例经济增长思想转

①② 粟联：《关于农业扩大再生产的标志和形式问题》，载于《经济研究》1963 年第 11 期。
③ 《大跃进的高速度和有计划的按比例是辩证的统一》，载于《人民日报》1960 年 6 月 14 日。
④ 柳随年、吴群敢主编：《“大跃进”和调整时期的国民经济》，黑龙江人民出版社 1984 年版，第 83 页。

变的表现。同年 7 ~ 8 月，中共中央在北戴河召开中央工作会议，提出要缩减工农业生产指标，控制基本建设规模，并初步提出对国民经济的调整。会上，李富春建议，国民经济应实行“整顿、巩固、提高”的方针。之后，中共中央报告中第一次正式提出了“调整、巩固、充实、提高”的八字方针。八字方针实质上是对高速度经济增长思想的一次重大调整，以综合平衡取代经济平衡，适当的放慢速度，提高质量和劳动生产率。1961 年 1 月，中共八届九中全会正式确立了“调整、巩固、充实、提高”的八字方针，提出要以农业为基础，适当缩小基本建设规模，调整发展速度，在已有的胜利的基础上，争取巩固、充实和提高。① 在这之后，国家对过去高速度和按比例的经济增长思想发生了质的转变，“高速度”和“按比例”的经济增长思想得到了重新的认识。

这一时期，高速度经济增长思想的调整，理论界主要表现为对“高速度”和“按比例”问题的讨论。1958 年，高速度思想得到重视，不断强调“大跃进”，而忽视了按比例和综合平衡。针对 1958 年的经济增长表现，学术界出现了分歧和争论，1959 年，薛暮桥在《人民日报》发表文章指出：“必须保持国民经济各部门的基本的比例关系，这样才能保证国民经济各部门的高速度发展”“如果平衡破坏，也就会影响国民经济前进的速度，甚至根本不能前进”。② 这篇文章发表后，引发了我国学界的激烈讨论。③ 经过一番讨论，理论界对这一问题有了重新的认识，关于“高速度”和“按比例”的关系，主要有以下三种比较有代表性的观点。

第一种观点认为，高速度是经济发展的客观规律，有计划按比例规律要服从高速度经济发展规律的客观要求。这一观点代表人物有田尔、陆奴章，尹世杰，汪旭庄、姜川桂。④ 这在当时是具有倾向性且在实践中起支配作用的观点，认为有计划按比例必须以高速度为前提，高速度是社会主

---

① 《中共八届九中全会公报》，载于《人民日报》1961 年 1 月 14 日。

② 薛暮桥：《社会主义经济的高速度和按比例发展》，载于《人民日报》1959 年 1 月 7 日。

③ 石涛：《按比例才能高速度——评述我国三十年来关于速度和比例关系问题的讨论》，载于《学术月刊》1979 年第 11 期。

④ 田尔、陆奴章：《对高速度和按比例关系的一些看法》，载于《学术月刊》1959 年第 8 期；尹世杰：《国民经济高速度与按比例发展的关系》，载于《理论战线》1959 年第 6 期；汪旭庄、姜川桂：《论社会主义经济的高速度发展及其规律性》，载于《学术月刊》1959 年第 8 期。

义经济发展不可改变的基本规律。速度与比例的关系，就是社会主义基本经济规律和国民经济有计划按比例发展规律之间的关系。一方面，高速度反映了社会主义基本经济规律的要求，是有计划按比例发展的目的；另一方面，按比例反映了国民经济有计划按比例发展规律的要求，是高速度发展的手段。因此，高速度是有计划按比例的出发点，在实现高速度的前提下有计划地衡量和安排各种比例。

第二种观点认为，有计划按比例发展规律是经济发展的客观规律，高速度要服从按比例。高速度必须符合社会主义基本经济规律和国民经济有计划按比例发展规律才能实现，只有在按比例的前提下，国民经济才能得到高速度的发展。因此，按比例是高速度的前提和基础，只有按比例，才能真正实现高速度。① 这一观点也得到许多学者的认同，如杨英杰、李光宇、薛暮桥、杨韶华和杨坚白等反对一味地"高速度"论点，认为高速度的经济增长必须服从不同产业部门间的比例协调，高速度经济增长必须符合社会主义基本经济规律和国民经济有计划按比例发展规律。②

第三种观点则认为，速度与比例是相互联系、相互制约的矛盾统一关系。高速度的经济发展受到按比例的制约，按比例的实现也受到高速度的制约。张谦、边洁、李公然、祁华和黄逸峰等学者指出，要正确理解速度和比例的关系，认识到速度并不是单纯意义的速度，比例也不仅仅是孤立的比例，两者是相互联系，并且可以相互转化。一方面，在整个国民经济的发展过程中，速度的变化可能导致比例的变化，比例的变化也反过来影响速度的变化。另一方面，速度是经济发展在时间上的运动，可以看作是一种纵向的比例；比例是经济发展在空间上的运动，可以看作是各种横向的速度，才构成了国民经济发展的整体。所以，速度与比例两者互相依

---

①② 杨英杰：《论国民经济中的比例、重点和速度问题》，载于《经济研究》1959 年第 5 期；李光宇：《对国民经济有计划按比例发展规律的看法》，载于《经济研究》1959 年第 7 期；杨坚白：《略论综合平衡》，载于《大公报》1962 年 3 月 26 日；薛暮桥：《社会主义经济的高速度和按比例发展》，载于《人民日报》1959 年 1 月 7 日；杨韶华：《学习掌握和运用国民经济有计划按比例发展的规律》，载于《前线》1959 年第 8 期。

存，彼此有着极密切的联系。① 这一观点是当时对高速度经济增长思想较为独特的见解，但只限于学术的讨论，未能得到更多的呼应，特别在经济发展的实践中，这一思想很快被遗忘。

3. 计划经济与价值规律的争鸣

这一阶段，我国理论界关于社会主义的计划经济与价值规律关系问题的讨论达到高潮，据不完全统计，发表有关商品生产和价值规律的论文就达300多篇，同时，各个地区经济学会都相继开展了以商品生产和价值规律为主题的经济理论讨论会，主要讨论的问题有：社会主义经济下商品生产的必然性；社会主义制度下价值规律与计划经济的关系以及价值规律的作用问题。

关于社会主义经济下商品生产的必然性，有以下比较代表性的观点：一种观点认为，社会主义公有制（全民所有制和集体所有制）并存是社会主义商品生产存在的原因。② 这一观点主要沿袭了斯大林在《苏联社会主义经济问题》中的看法，因而得到较普遍的认同；另一种观点认为，社会主义制度下商品生产是由社会分工、按劳分配原则所决定的，而不是由两种公有制度形式决定的，因为在两种所有制差别消失以后商品生产仍然存在，而商品生产在很大程度上是和按劳分配联系在一起③；还一种观点则从两种公有制、按劳分配关系和经济核算关系三个因素共同论证社会主义制度下商品经济的必然性。④ 在社会主义制度下，在两种制度共存下的企业和生产工作者之间，采取“各尽所能，按劳取酬”的原则和办法，而经济核算是这一原则在企业、经济部门间的扩大利用。

关于计划经济与价值规律作用问题的讨论，主要介绍当时一些代表人

① 张谦：《高速度和按比例的含义及其相互关系》，载于《学术月刊》1959年第8期；边洁：《速度与比例的关系是矛盾的统一》，载于《学术月刊》1959年第9期；上海社会科学院经济研究所学术组整理：《关于高速度与按比例发展问题的主要论点》，载于《学术月刊》1959年第8期；祁华：《速度和比例不是对立的统一吗?》，载于《经济研究》1959年第2期；黄逸峰：《试论国民经济高速度和按比例发展问题》，载于《学术月刊》1959年第9期；李公然：《对国民经济高速度和按比例发展问题的几点初步认识》，载于《经济研究》1959年第6期。

② 刘诗白：《试论农村人民公社化后的商品生产和价值规律》，载于《财经科学》1959年第1期；谷书堂：《谈谈商品生产和价值规律》，载于《经济研究》1959年第2期。

③ 樊弘：《论社会主义制度下的商品生产和价值规律》，载于《经济研究》1959年第2期。

④ 骆耕漠：《论商品和价值》，载于《经济研究》1959年第10期；曾勇、方今：《我国讨论商品生产和价值规律问题的述评》，载于《财经研究》1959年第2期。

物的观点：例如，孙冶方在《论价值——并试论“价值”在社会主义以至于共产主义政治经济学体系中的地位》中，讨论了价值和价值规律的实质，指出价值规律是价值的存在和运动的全部过程的规律，价值决定的是规律的基础和起点，社会主义经济中存在着生产价格范畴，并论述了价值转化为生产价格的客观必然性。同时还总结了社会主义经济价值规律的核心问题是研究经济效果，包括投资效果、劳动生产率的计算。[①] 王亚南从发展社会生产力的角度来论述社会主义阶段商品生产与价值规律的作用问题，他指出在我国国民计划经济中商品生产与交换关系的存在，导致运用价值规律提高社会劳动生产率的可能。在社会主义计划经济中，计划经济限制了价值规律的破坏作用，而计划经济是否合理、行之有效，很大程度上取决于在依据社会主义基本经济规律和国民经济有计划按比例发展规律来执行计划时，是否运用了价值规律，发挥了价值规律的作用和效果。[②] 王亚南在《人民日报》发表《充分发挥价值规律在我国社会主义经济中的积极作用》中，提出价值规律的真正作用，是在它提高劳动生产率，促进生产的积极作用，“价值规律和计划经济并不是势不两立的。它是社会主义基本经济规律和国民经济有计划按比例发展规律的一个好助手；它是从属于前者来发生作用的。制定计划、执行计划，都不能不认真考虑价值规律的作用。”[③] 蒋学模也专门探讨了价值规律对社会主义生产的“影响”作用和“调节”作用，而关于价值规律的影响和调节这两个专门术语，最早是由斯大林在《苏联社会主义经济问题》中提出的，而关于两者的讨论观点：一种观点是认为，这两个术语含义不明确，因此不主张讨论两者的界限问题。另一种观点则认为，调节作用是指内在的作用，影响作用是指外来的作用，而不是事物本身所固有的作用。还有一种观点则认为，调节与影响作用是指作用的程度或者深度不同，调节作用的程度更大，影响的作用程度则较小。蒋学模不同意这些观点，认为价值规律对生产的调节和

---

① 孙冶方：《论价值——并试论“价值”在社会主义以至于共产主义政治经济学体系中的地位》，载于《经济研究》1959 年第 9 期。

② 王亚南：《从发展社会生产力的角度来申论我国社会主义现阶段商品生产与价值规律作用问题》，载于《中国经济问题》1959 年第 4 期。

③ 王亚南：《充分发挥价值规律在我国社会主义经济中的积极作用》，载于《人民日报》1959 年 5 月 15 日。

影响作用，是两个专门术语，有着严格区别的含义，因此需要弄清楚两者的根本含义。两者是由商品生产中的不同矛盾产生的。[①] 通过学界的一番争鸣，这一时期学者对计划经济和价值规律的认识又达到了一个新的高度。

4. 积累与消费比例的论争

在探讨社会主义扩大再生产理论时，其中讨论最为激烈的是关于扩大再生产的源泉即积累问题，以及积累与消费的比例关系问题，具体涉及处理积累与消费比例的标准原则、确定消费与积累最优比例的途径方法、最高最低界限等方面。

关于积累与消费比例的重要性，学者有比较充分的认识。例如，早在上一时期，蒋学模就曾提出，国民收入中的积累，主要是扩大再生产基金，是社会主义扩大再生产的源泉，反映了国家的集体利益和长远利益，国民收入中的消费，主要是劳动者个人物质文化的需要，代表劳动者个人利益和当前利益，积累与消费的比例关系，反映了社会主义制度下国家、集体与个人之间的关系，反映了集体利益与个人利益、长远利益与当前利益之间的关系。[②] 因此，“积累与消费的比例关系问题是社会主义经济生活的一个根本问题，也是我国社会主义工业化进程中的一个头等重要的问题。”[③] 董辅礽认为，正确安排积累和消费的比例，对于正确处理人民内部矛盾问题和保证国民经济有计划按比例地发展有很大的意义，要保证社会再生产的正常进行，保证国民经济高速度按比例发展，必须要保持积累与消费的平衡。[④]

关于如何正确处理积累与消费比例问题，蒋学模提出三点原则：“第一，积累与消费应该兼顾而不能偏顾，在生产发展和劳动生产率提高的基础上，积累部分和消费部分的绝对量应同时增长，国家资金积累的增长，不能以消费的降低为代价；第二，消费水平的增长应以生产发展和劳动生产率增长为基础，积累增长的速度应超过消费增长的速度；第三，社会劳

① 蒋学模：《关于价值规律对社会主义生产的“影响”作用和“调节”作用》，载于《经济研究》1959 年第 1 期。

②③ 蒋学模：《试论处理国民收入中积累与消费的比例关系的几个原则》，载于《学术月刊》1957 年第 3 期。

④ 董辅礽：《确定积累和消费比例的若干方法论问题的探讨》，载于《经济研究》1959 年第 11 期。

动生产率增长的速度应超过社会平均消费水平增长的速度。”① 这就为积累和消费的增长给出了明确的标准。刘锦禄也认为，积累和消费的比例是否适当，最根本的标准是：既能保证社会主义扩大再生产不断地高速度地进行，又能保证人民生活水平逐步的改善。从积累来看，在一定时期内，积累的增加额必须小于国民收入的增加额；从消费来看，消费基金至少保证人均消费水平不低于前期，而且消费基金的增加最多不能影响扩大再生产所需的基金。②

关于如何确定消费与积累最优比例的途径方法，学者们认为关键是先要确定两者的最高最低界限。杨坚白指出，“消费基金的最低限，是使人均消费额不得低于前期，积累基金的最低限，应按照生产性积累和非生产性积累确定，确定了两者的最低限，两者的最高限也就分别确定了。”③ 孙冶方对“大跃进”出现的高达40%的积累率，提出了相应的建议，他指出，“不能笼统地说40%的积累率就一定太高而不正常，25%的积累率就一定正常而不算多。问题在于：第一，生产增加多少，特别是收入（即国民收入或净产值）增加多少；第二，在增加收入的条件下，人民的消费水平能否有所提高。”④ 这些观点都是学界对积累和消费问题的有益探索，为正确处理积累和消费问题提供了实质性的建议。

通过梳理这些著名经济学家和学者对积累和消费比例关系问题的观点，可以发现，当时大多数学者对积累和消费两者的关系有较为客观正确的认识。

（四）外延式微、内涵受批判时期（1966～1971）

经过多年的艰苦调整，“大跃进”运动造成的国民经济比例关系严重失调状况得到缓解，我国经济增长开始步入相对稳定、协调发展的轨道。但是，1966年5月，“文化大革命”全面爆发，“以阶级斗争为纲”成为

① 蒋学模：《试论处理国民收入中积累与消费的比例关系的几个原则》，载于《学术月刊》1957年第3期。

② 刘锦禄：《关于积累与消费的比例关系》，载于《大公报》1962年1月10日。

③ 杨坚白：《试论农业、轻工业、重工业比例和消费、积累比例之间的内在关系》，载于《经济研究》1962年第1期。

④ 孙冶方：《社会主义经济的若干理论问题（续集）》，人民出版社1983年版，第291页。

当时一切工作的根本。1966年，《人民日报》《红旗》等报刊发表社论和文章，指出“政治工作同经济工作相比，政治工作占第一位”“政治要统帅经济，而不是经济统帅政治”。[①] 强调突出政治，坚持政治统帅，把革命摆在首位，认为只有抓革命，才能促生产。这一时期，抓革命一直是贯穿始终，生产则是在不妨碍革命下进行，坚持独立自主、自力更生、艰苦奋斗，批判“洋奴哲学”“崇洋媚外”等思想。因此，利用外资、对外贸易和技术设备引进工作几乎处于停顿状态；科学技术的作用被否定，知识分子遭受迫害，《经济研究》《学术月刊》等专业学术刊物停刊。而之前国家制定的经济政策和制度，如企业管理制度、科技发展制度等都被批判为“修正主义”而被荒废，因此这一阶段，外延式经济增长思想日渐式微，而内涵式经济增长思想遭到批判压制。

这一时期，高等院校“停课闹革命”，许多高等院校和中等专科学校停办或解散，中小学无法恢复正常的教学秩序，导致我国劳动人民群众的素质大幅下降，文盲的数量大量增加。同时，各类科研机构和学术期刊被撤销、解散和停止工作，大量科研人员、高等院校老师被下放到农村接受劳动锻炼。据统计，这一期间高等院校大约少培养了100万大学生，中等专科学校少培养了200万中专生，教育科研经费占投资总额的比重在“三五”期间下降为2.8%，“四五”期间也仅为3.1%。[②] 经济学教育更是难以为继，许多著名的经济学家、教授也遭到严重的批判，被戴上“反动学术权威”的帽子，要求学习和讨论《人民日报》《解放军报》和《红旗》这两报一刊的社论和重要文章，还常常举行各种批判会。

例如，孙冶方被扣上“中国经济学界最大的修正主义者”的帽子，被撤职并下放到农村进行劳动改造，他被作为“经济学界反党反社会主义反毛泽东思想黑线的统帅人物”在全国范围内进行批判。[③] 对孙冶方的批判主要集中在他早期发表的《把计划和统计放在价值规律的基础上》《从总产值谈起》《要懂得经济学必须学点哲学》《论价值》《社会主义计划经济管理体制的利润指标》等一系列的文章和研究，认为孙冶方主张的价值规

① 《政治是统帅，是灵魂》，载于《红旗》1966年第1期。

② 顾龙生：《中国共产党经济思想史（1921～2011）》，山西经济出版社2014年版，第524页。

③ 张卓元：《新中国经济学史纲（1929～2011）》，中国社会科学出版社2012年版，第83页。

律是“破坏计划经济”，“孙冶方挖空心思找出的所谓‘共同性的东西’，就是价值和价值规律，在这个基础上，建立了他的以‘利润挂帅’为核心的‘政治经济学体系’”。[①] 孙冶方关于经济增长和发展的思想与观点均遭到严厉批判。

此外，由邓小平主持起草、制定的《国营工业企业工作条例（草案）》（俗称《工业七十条》）也受到了批判，认为该条例是“反对突出无产阶级政治”“从根本上否定党对企业的领导”“扼杀轰轰烈烈的群众运动”“贩卖利润挂帅、钞票挂帅的黑货”，[②] 甚至宣称要“砸烂《工业七十条》”[③]，这些都是对强调先进经营管理、提高劳动生产率的内涵增长思想的批判。

当然，在这一时期的实际经济建设中，仍然表现为投入大量劳动力、资金，不断追求高指标、高速度、高积累的典型的外延式经济增长，这主要是因为在实践中，外延式经济增长更容易也更迅速地达到备战状态。第三个五年计划规定，到1970年，工农业总产值要达到2440亿～2610亿元，平均每年增长8.1%～9.5%。第四个五年计划规定，“四五”期间工业增长速度年均递增12.8%，1975年钢产量要达到3500万～4000万吨，比1970年增长106%～135%。[④] 在以高指标为特征的规划牵引下，我国大量投入生产要素，生产基本建设规模急剧扩大，生产产量过高，给经济的可持续发展带来许多困难。1976年10月，随着“四人帮”集团被粉碎，“文化大革命”宣告结束，但我国一直延续着高速度、高积累、高投入的经济增长模式，出现两年经济徘徊时期，这一时期也被称为“洋跃进”。

（五）外延发展、内涵复苏时期（1972～1978）

20世纪70年代世界政治经济形势发生了重大变化，西方资本主义国

---

① 吉林省革命委员会写作小组：《社会主义建设与经济学领域中的阶级斗争——批判孙冶方的修正主义经济理论》，载于《红旗》1970年第2期。

② 《办社会主义企业，还是办资本主义企业?》，载于《文汇报》1967年6月15日。

③ 《奋起千钧棒，砸烂〈工业七十条〉》，载于《文汇报》1967年6月15日。

④ 《新中国国民经济计划史纲要（初稿）》（专辑二）第六章，《发展国民经济的第三个五年计划（1966～1970年）》，载于《计划经济研究》1984年第11期。

家出现经济危机，原有的社会主义和资本主义阵营两大经济体系逐渐趋于解体，许多西方发达国家纷纷与中国建交，中国也重返国际舞台，这都为我国对外经济发展提供了前所未有的机遇。[①] 1972年，随着美国尼克松总统访问中国，中美关系开始走向正常化，这标志着我国开始改变长期以来的封闭状态，不断扩大对外经济交流。同时，中央政府重提“四个现代化”的建设目标，并制定了一系列恢复国民经济的政策和措施。这一时期，我国强调对外贸易的发展，引进外资，扩大市场，外延式经济增长思想得到发展；而内涵式经济增长思想也逐渐复苏，主要表现为重视科学技术和经济管理，大量引进先进技术和设备。

1972年1月16日，国家计委在一份报告中指出，“为了充分利用中国石油和天然气资源，迅速发展化学纤维和化肥原料，拟向国外进口成套化纤、化肥装备和部分有关的关键设备。”[②] 这份报告很快得到毛泽东、周恩来以及其他有关中央领导的批准实施。1973年，国家计委提交了《关于增加设备进口、扩大经济交流的请示报告》指出，“资本主义世界经济危机进一步加深，急于找产品市场，找资金出路，积极利用这一大好时机，扩大对外经济交流，不仅有利于配合国际政治斗争，而且有利于加速国内经济建设”“拟在今后三五年内，集中进口一批成套设备和单机设备，争取在‘五五’计划期间充分发挥作用。目的是，引进新技术，支援农业，加强基础工业和轻工业，加速我国社会主义建设步伐。初步提出进口43亿美元的方案”[③]，即“四三方案”。报告还明确提出了我国进口设备的原则：“要坚持独立自主、自力更生的方针；学习与独创相结合；有进有出，进出平衡；新旧结合，节约外汇；当前与长远兼顾；进口设备大部分放在沿海，小部分放在内地。”[④]“四三方案”很快带动了我国的对外经济交流，我国积极从国外引进项目，如从美国引进彩色显像管成套生产技术项目；利用外汇贷款购买新旧船舶，组建远洋船队；购买英国三叉戟飞

---

① 陈东林：《七十年代前期的中国第二次对外引进高潮》，载于《中共党史研究》1996年第3期。

② 国家计委档案：《国家计划革命委员会关于进口成套化纤、化肥技术设备的报告》，1972年1月16日。

③④ 国家计委档案：《关于增加设备进口、扩大经济交流的请示报告》，1973年1月5日。

机，发展民航运输。[①] 这是继“一五”计划时期引进苏联“156 项工程”后我国对外引进技术，发展经济贸易的第二次高潮，打破了“文革”时期我国对外贸易停滞的局面，为国民经济的恢复起了积极作用。

除了积极恢复发展对外贸易，国家也十分注重加强经济管理，恢复企业管理工作。1972 年，我国召开全国计划会议，针对当时企业生产管理混乱的现状，提出了若干整顿企业管理的措施，“规定恢复和健全岗位责任制、考勤制度、技术操作规程、质量检验制度、设备管理和维修制度、安全生产制度、经济核算制等七项制度”，同时还提出“企业要抓产量、品种、质量、原材料燃料动力消耗、劳动生产率、成本、利润等指标”。[②] 这就从规章制度、企业经济效益方面来加强对企业的管理。1973 年，国家计委起草了《关于坚持统一计划，加强经济管理的规定》，强调要“坚持经济的统一计划，搞好综合平衡，不许乱上基本建设项目”。[③] 1977 年 2 月，我国召开了全国铁路会议，会议上重申铁路运输要迅速恢复和建立有效规章制定，同年 4 月，我国召开冶金工作会议，要求钢铁企业认真贯彻“鞍钢宪法”，建立岗位责任制度等各项制度，促进企业各项经济技术指标达标。

1973 年 10 月 10 日，陈云在向国务院的报告中指出，“国际市场上的交易所是投机商活动场所，但也是一种大宗商品的成交场所”“对于商品交易所，我们应该研究它，利用它，而不能只是消极回避”。[④] 他主张利用资本主义国家的商品交易所和期货市场，积极参与国外交易市场活动。在这一思想指导下，1973 年 4 月，中国粮油食品进出口总公司布置所属香港的派出机构五丰行购买年内到货的原糖 47 万吨，五丰行委托香港商人出面，利用国际市场上的期货交易，不仅完成了购买现货任务，并从中赚得 240 万英镑。[⑤] 这就为我国筹集了大量外汇资金。

---

① 陈东林：《七十年代前期的中国第二次对外引进高潮》，载于《中共党史研究》1996 年第 3 期。

② 顾龙生主编：《中国共产党经济思想史（1921～2001）》（下册），山西经济出版社 2014 年版，第 539 页。

③ 房维中主编：《中华人民共和国经济大事记（1949～1980）》，中国社会科学出版社 1984 年版，第 508 页。

④ 《陈云文选》（第 3 卷），人民出版社 1995 年版，第 222 页。

⑤ 《陈云文选》（第 3 卷），人民出版社 1995 年版，第 221～222 页。

这一时期，我国对外经济贸易取得了突破发展，1973 年，我国对外贸易总额达到 109.76 亿美元，是 1970 年 45.8 亿美元的 2.4 倍；1974 年达到 145.7 亿美元，是 1970 年的 3.18 倍；1975 年达到 147.51 美元，是 1970 年的 3.22 倍。[①] 通过引进先进技术和大量成套设备，为我国工业恢复发展提供了重要的物质来源，也为我国改革开放后经济发展的腾飞奠定了基础。可以说，这一阶段我国无论是外延式经济增长思想，还是内涵式经济增长思想都出现复苏和发展。

二、本时期中国经济增长思想的总体特征

在赶超战略的指导下，我国逐渐形成高度集中的计划经济体制，并经历了从优先发展重工业的工业化道路继而到实现“四个现代化”的社会主义建设道路的演变过程，围绕外延式与内涵式对中国经济增长方式进行了积极的尝试和探索。这一时期，我国经济增长思想的演变主要表现为经济增长方式，即外延式经济增长思想与内涵式经济增长思想的演变。

在理论研究中，当时学者实际上对两类经济增长思想皆有一定程度的兼顾而并未发生决然的二者对立，从学术研究本身及两种思想研究的水平而言，并不能断然以谁主导而一语概之。但如前文所论述的一样，符合赶超战略的经济增长思想总是能在实践中被更为推崇，内涵式经济增长思想总是在当时实践占主导的外延式经济增长中湮灭。而这正反映了这一时期我国经济增长思想存在思想与实践相背离的轨迹，理论界对我国经济增长方面做出许多有益的探索和贡献，但在具体的经济实践方面，并没有得到相应的贯彻和实施，从而导致我国经济增长思想常常是随着我国政治局势和政策方针的调整而变化，这也决定了我国这一时期经济增长思想的总体特征是外延式经济增长思想在实践中占据主导地位。

从另一条线索看，这一时期我国经济增长思想在一定程度上也体现了政界与学界的互动疏离。在理论界从事经济学术研究者中，尽管大多数人

---

① 陈东林：《七十年代前期的中国第二次对外引进高潮》，载于《中共党史研究》1996 年第 3 期。

能充分深刻地认识和理解外延扩大再生产和内涵扩大再生产两者之间的关系，但这种探索研究往往以学术争论的某个派别观点出现，仅局限于学术讨论的范围，尚未能影响政府的决策和经济实践，并且很快这种声音就在当时在实践中占主导地位的外延式经济增长呼声中湮灭，而外延式经济增长思想逐渐成为这一时期我国现代化经济建设实践的主导。本书认为，此时期学术界经济增长思想的讨论之所以未能很好地影响经济实践，有一个很重要的原因是此时期尤其是中后期很多学术讨论恐既称不上学术，也离现实较远，存在意识形态大过科学探索的问题。如前文提到的，很多严肃的经济学期刊在这个时期都迫于形势而停刊。当然，一些学者型官员关于内涵式经济增长方式的探讨，在此阶段的不同时期也曾对经济实践发挥过不同程度的作用。

三、总结与评论

从这一时期我国经济增长思想的演变来看，1949～1957 年国民经济恢复和“一五”计划时期，我国对外延式与内涵式经济增长思想两者并重的态度，强调大量生产要素投入，同时也提出要实现国民经济的高速度与按比例增长，重视生产效率的提高；1958～1959 年“大跃进”时期，我国高速度经济增长思想极端化，单纯强调劳动和资本要素的投入，外延式经济增长思想主导、内涵式经济增长思想衰退；1959～1965 年“大跃进”后期与国民经济调整时期，我国学界出现了百家争鸣，外延式与内涵式经济增长思想论争，主要是关于社会主义扩大再生产理论的探讨、关于高速度与按比例发展的重新认识以及积累与消费比例的论争；1966～1971 年“文化大革命”上半时期，我国利用外资，发展对外贸易的外延式经济增长思想日渐式微，科学技术的作用被否定，企业管理制度被荒废，知识分子遭受迫害，内涵式经济增长思想遭到批判，而在经济实践中仍延续着高速度、高积累、高投入的外延式经济增长；1972～1978 年我国外延式经济增长思想发展、内涵式经济增长思想复苏时期，强调发展对外贸易，引进外资，扩大市场，同时，重视科学技术和经济管理，大量引进技术和设备。

总之，这一时期我国外延式经济增长思想与内涵式经济增长思想经历了“两者并重—外延主导、内涵衰退—两者论争—外延式微、内涵受批判—外延发展、内涵复苏”的演变过程。从整体来看，外延式与内涵式经济增长思想是“同进同退”，只是在程度上有所差异，很难说外延式与内涵式经济增长思想在思想层面谁占绝对主导，但不能否认，这一时期在经济建设实践过程中，我国的经济增长体现出鲜明的高投入、高积累、低效率的外延式特征。同时，需要指出的是，在新中国一穷二白、百废待兴的时代背景下，依靠要素大量投入的要素驱动发展模式具有其阶段合理性，并且客观上补齐了中国工业体系的大量短板。因此，在实践中这一时期我国经济增长思想的总体特征是外延式经济增长思想占据主导地位。

第三节 要素投入与市场扩大：外延式经济增长思想

上一节主要介绍了本时期中国经济增长思想形成、发展、演变的轨迹和特征。下文将详细的论述这一时期外延式经济增长思想，主要表现为增加劳动要素投入的思想、扩大资本要素投入的思想以及发展对外贸易扩大市场的思想。

一、增加劳动要素投入的思想

劳动力作为重要的生产要素之一，是促进经济增长的重要因素。一国的劳动力资源是指其全部人口所拥有的劳动能力的总和，它既包含了数量方面，也包含了质量方面。因此，一国的经济增长，既需要劳动力在数量上的增加，同时也需要其在质量上的提高。在劳动生产率不变的基础上，通过不断增加劳动力数量的投入以扩大社会再生产规模，这表现了一种典型的外延式经济增长。由于我国人口资源丰富，通过增加劳动力数量的投入自然成为我国短期内实现经济快速增长的重要途径之一。

（一）大炼钢式群众运动

在我国现代化经济建设的实践中，增加劳动力数量投入主要表现为具有中国特色的群众运动。通过充分动员一切力量，发动群众，提高劳动者的生产积极性，增加劳动者的劳动参与，鼓励他们直接投入到生产建设中去，这在一定程度上促进了我国经济的快速增长。群众运动是新中国成立初期实现经济迅速恢复的主要法宝，在社会主义经济全面建设中，中央不断强调群众运动，发挥群众的革命性和创造性，投入大量劳动力到生产中，依靠人民群众的大规模生产，以实现经济的快速发展。

鉴于革命时期群众运动的传统经验，毛泽东十分重视群众运动，新中国成立后，关于如何解决新中国的经济增长和建设问题，他常常想到发动群众运动。1957 年，毛泽东指出，“我们作计划、办事、想问题，都要从我国有六亿人口这一点出发”，“调动一切积极因素，团结一切可能团结的人，并且尽可能地将消极因素转变为积极因素，为建设社会主义社会这个伟大的事业服务”。① 1958 年，毛泽东在《红旗》发表文章《介绍一个合作社》中又指出，“除了党的领导之外，六亿人口是一个决定的因素，人多议论多，热气高，干劲大。”② 同年，他在《掀起更大的农田水利高潮》中明确提出，“什么工作都要搞群众运动，没有群众运动是不行的。”③ 之后，他再次指出，“社会主义革命和社会主义建设，必须坚持群众路线，放手发动群众，大搞群众运动”。④ 毛泽东充分认识并利用我国人口多的优势，积极倡导发动群众运动建设社会主义，很快各地方积极响应中央领导的号召，积极发动群众运动，投入生产建设。1958 年 8 月，我国召开中共中央政治局北戴河会议，这次会议提出要由各级党委第一书记挂帅，在全国各地发动大炼钢群众运动，动员人民群众找矿挖煤炼钢，实现当年钢产量比上年翻番的任务。1959 年 2 月 12 日《人民日报》发表《为一千八

---

① 《毛泽东文集》（第 7 卷），人民出版社 1999 年版，第 206 页。

② 毛泽东：《介绍一个合作社》，载于《红旗》1958 年第 1 期。

③ 毛泽东：《掀起更大的农田水利高潮》，载于《人民日报》1958 年 10 月 14 日。

④ 毛泽东：《关于赫鲁晓夫的假共产主义及其在世界历史上的教训》，载于《人民日报》1964 年 7 月 14 日。

百万吨钢而奋斗》社论，不断强调将人民群众的革命干劲发挥到经济建设之中，“继续发挥人民群众的革命干劲，就一定会促进钢铁工业继续高速度的发展。”① 在党中央和各地方的不断推动下，工业农业各个战线都发动群众运动，并把群众运动作为“大跃进”的成功经验，向全国推广。

“大跃进”期间，学术界充斥着大量与群众运动相关的口号性文献，例如，“大搞群众运动，跃进再跃进”，“大搞群众运动，为实现生产翻番而奋斗”“坚持政治挂帅，大搞群众运动”等这类文章遍布各行各业的杂志期刊。

除了这类带有政治性的文章，学界也有少数学者认真探讨了劳动力对我国经济增长的重要性，以及如何利用劳动资源促进生产的问题。例如，于光远在纪念毛泽东《关于正确处理人民内部矛盾的问题》发表一周年座谈会上讲到，生产潜力是客观存在的增产可能性，潜力要由人来挖，要由群众来挖掘，人的潜力的发挥是最根本的问题。② 薛暮桥认为，“一切社会产品，归根到底都是由社会劳动所创造的。所以，要高速发展生产，首先就要充分动员一切可能利用的劳动力，并鼓足劳动者的干劲，来加速社会主义建设。”③ 这就意识到劳动力对经济增长的积极作用，在社会主义建设初期，应充分利用我国丰富的劳动力，促进经济的发展。刘国光也指出，在社会主义社会中，劳动人口资源的增长和社会劳动时间的充分利用，是扩大生产的一个不能忽视的重要源泉。④ 董辅礽在分析社会再生产比例问题时提出，生产资料优先增长，可以通过第一部类劳动者数量的增加来实现，或者通过第一部类劳动生产率的提高来实现，或者同时通过这两个途径来实现。

群众路线是中国共产党革命胜利的一大法宝，在经济建设中，中央和各级政府通过群众路线，充分调动工人阶级的劳动积极性与生产效率，动员一切可以利用的力量投入到经济建设之中，使得经济建设队伍迅速壮

① 《为一千八百万吨钢而奋斗》，载于《人民日报》1959 年 2 月 12 日。

② 《北京经济学界纪念毛主席“关于正确处理人民内部矛盾的问题”发表一周年》，载于《经济研究》1958 年第 7 期。

③ 薛暮桥：《社会主义经济的高速度和按比例发展》，载于《人民日报》1959 年 1 月 7 日。

④ 刘国光：《关于社会主义再生产比例和速度的数量关系的初步探讨》，载于《经济研究》1962 年第 4 期。

大，也取得了一定的效果。“一五”期间，随着生产的发展，不仅旧社会遗留下来的失业人员基本上得到安排，而且就业人数大大增加。1957 年全国职工人数达 2450.7 万人，比 1949 年（800.4 万人）增加了 206.2%，比 1952 年（1580.4 万人）增加了 55.1%。[①] 群众运动，很大地解决了当时的失业问题，但并没有从根本上给经济增长带来持续推动力，随着职工人数增加过多，也产生了一系列的问题。中共中央在《关于一九五七年开展增产节约运动的指示》中就发现职工人数的过快增长，已经成为经济不可承受之重。1956 年原计划增加职工 84 万人，但是由于中央放松了控制，根据 1956 年 9 月底的统计，实际增加人数比原计划多了 120 多万人。[②] 劳动人员数量的过度增加，不仅造成企业的工资支出和国家的财政支出大幅增长，而且导致劳动生产率的大幅下降，社会购买力的增长大大超过了物资供给的增长，从而造成消费品市场供应紧张的局面。

在经济建设方面，各级政府充分动员，动员一切可以利用的力量投入到经济建设之中，使得经济建设队伍迅速壮大，一定程度促进了经济增长。而大炼钢铁实际上就是一场全民参与的群众运动，当时全国近九千万人直接参与了大炼钢铁运动。1958 年 9 月，毛泽东在视察安徽、江苏、上海的一些钢铁企业时提出，“发展钢铁工业一定要搞群众运动，没有群众运动是不行的”。[③] 这就掀起了我国全民大炼钢铁群众运动的高潮。1958 年 7 月，全国投入钢铁生产的劳动人数仅几十万人，8 月底增至几百万人，9 月达到 5000 多万，到 10 月底竟达到 9000 万，加上其他战线直接间接支援的人数，大约有 1 亿人左右。[④] 全民大炼钢的群众运动，在短时期内，实现了我国钢铁产量的突飞猛增，但却给国民经济造成了巨大的损失，严重地浪费了大量的人力、物力和财力。据统计，1958 年的土法炼钢、炼铁的亏损，至少高达 50 亿元。[⑤] 为了大炼钢，烧毁许多树木，造成森林资源的破坏，毁掉许多铁锅、铁器，而炼出来的钢、铁质量极差，没有实际的

---

① 董辅礽主编：《中华人民共和国经济史（上卷）》，经济科学出版社 1999 年版，第 281 页。

② 《中共中央关于一九五七年开展增产节约运动的指示》，中央文献研究室编：《建国以来重要文献选编（第十册）》，中央文献出版社 1996 版，第 26～42 页。

③ 《建国以来毛泽东文稿》（第 7 册），中央文献出版社 1992 年版，第 433 页。

④ 胡惠强：《大炼钢铁运动简况》，载于《党史研究资料》1982 年第 3 期。

⑤ 谢春涛：《大跃进狂澜》，河南人民出版社 1990 年版，第 94 页。

生产力，并严重影响了农业生产，导致国民经济比例严重失调。实践证明，这一时期我国把革命战争时期的群众运动的传统方法照搬运用到经济建设上来是行不通的。

（二）人民公社劳动积累

这一时期，我国理论界提出劳动积累的概念，这一概念最初从人民公社的实践中提出，而主要源于马克思在《资本论》中对劳动积累问题的论述，当时许多学者对劳动积累这一问题展开了激烈的讨论，主要从劳动积累的含义、表现形式、规模速度以及意义等方面进行论述。

关于劳动积累的含义，当时参与讨论的人基本都认为，劳动积累是人民公社集体经济投入在农田水利等基本建设中的那部分活劳动直接形成的积累。[①] 滕兴祥对劳动积累给出了一个较为通俗的定义。他认为，劳动积累就是在积极搞好当年农业生产的前提下，挤出尽可能多的劳动力和劳动时间，用于农田基本建设，改变生产条件，为扩大再生产创造可靠的、长时间起作用的物质条件，通过这种劳动创造的扩大再生产的物质条件，是一笔巨大的物质财富，这笔物质财富就是劳动积累。[②] 在具体哪些情况投入农田基本建设的活劳动才能直接形成劳动积累的问题上，学者之间存在分歧。有学者认为在农田水利等基本建设中投入大量的活劳动都直接形成劳动积累。[③] 也有学者认为，只有以下两种情况才能直接形成劳动积累，“一是在当年收益的工程中，除去已转移到当年的农副业产品的活劳动外，其余在收益年内继续发挥效益的活劳动，直接形成社员为集体经济创造的劳动积累”，“另一种是在当年不能收益的工程中投入的活劳动，全部形成劳动积累”[④]。还有学者指出，劳动积累是指人民公社集体经济投入农田

---

① 鲁经文：《劳动积累是自力更生发展农业生产的最好途径》，载于《文史哲》1965 年第 5 期；毛麟章、童淑丽：《人民公社集体经济的劳动积累问题》，载于《学术月刊》1965 年第 3 期；周振华：《关于人民公社农田基本建设劳动积累的几个问题》，载于《经济研究》1966 年第 2 期。《1965 年若干学术问题讨论综述（下）》，载于《学术月刊》1966 年第 2 期。

② 滕兴祥：《试论劳动积累》，载于《经济研究》1966 年第 2 期。

③ 鲁经文：《劳动积累是自力更生发展农业生产的最好途径》，载于《文史哲》1965 年第 5 期；张永甲：《人民公社集体经济劳动积累的初步探讨》，载于《经济研究》1965 年第 11 期。

④ 周振华：《关于人民公社农田基本建设劳动积累的几个问题》，载于《经济研究》1966 年第 2 期。

水利基本建设的用工，这种用工之所以能积累，是因为它创造的价值并不是当年都取得补偿的，而这部分当年不能取得补偿的价值，即为劳动积累。①

关于劳动积累的表现形式，有学者认为有以下几种方式：（1）投入到农田水利基本建设的劳动时间；（2）货币价值形式；（3）用劳动所创造的实物单位，如修水库多少座、挖渠多少米、平整土地多少亩等等；（4）各项指标同时表现。②

关于劳动积累规模速度方面，当时学界也有不同的意见。一种观点认为，劳动积累的规模速度取决于当时的主客观条件，主观条件是满足所需生产用工后的剩余劳动数量，客观条件就是一个社、队的生产条件，决定劳动积累规模、速度的关键是生产用工与基建用工的比例。③ 另一种观点认为，最初所需劳动积累的量决定之后劳动积累的需要量。④

大多数学者都积极肯定了劳动积累对农业再生产的积极作用，认为其是扩大社会主义农业生产的重要方法。周振华指出，“农业生产所以能够持续增长，重要原因之一是投入了大量的活劳动进行农田基本建设，直接形成了大量的劳动积累，从而保证了农业生产的不断扩大。”⑤ 鲁经文认为，劳动积累是发展农业生产的最好途径，“充分发挥人民公社集体经济的优越性，依靠广大社员群众的革命干劲，在现有物质技术条件下，改造自然，改变生产条件，建设旱涝保收、稳产高产农田，发展农业生产的一个可靠途径”，“它是进一步巩固和壮大人民公社集体经济，扩大农业再生产的一个极其重要的因素。”⑥

在具体经济实践中，当时的大寨大队或先进社队，纷纷投入大量的劳动力，修建农田水利基本建设工程，在一定程度有利于扩大农业再生产，发展农业集体经济，从而实现农业的现代化。重视劳动积累，充分发挥人

① 毛麟章、童淑丽：《人民公社集体经济的劳动积累问题》，载于《学术月刊》1965年第3期。

②③④ 杨天民：《武汉大学经济系讨论集体经济中的劳动积累问题》，载于《经济研究》1966年第1期。

⑤ 周振华：《关于人民公社农田基本建设劳动积累的几个问题》，载于《经济研究》1966年第2期。

⑥ 鲁经文：《劳动积累是自力更生发展农业生产的最好途径》，载于《文史哲》1965年第5期。

民公社的劳动潜力，进一步扩大再生产的深度和广度，从而创造更多的社会财富。通过大搞劳动积累，农田基本建设达到高潮，但单纯靠增加劳动力资源，不顾经济效益和科学技术，在一些地区造成了大量的人力、物力、财力的浪费。此外，由于盲目投入，不顾各地的实际情况，开展“移山造田”“填湖填海造田”“经济作物上山”等大规模活动破坏了当地的生态平衡，给农业生产带来了严重的损失。

单纯增加劳动力数量的投入，虽然可以在短期内实现社会再生产的扩大和经济的增长，但从长远来看，在国家的现代化经济建设中，如果忽视劳动力资源的质量，缺乏对劳动力的教育、文化、健康、在职培训、就业流动等投资，会给经济增长带来许多问题。基于中国的实际看，主要问题有：第一，由于大量的劳动力来自农村，从未接受过系统的培训，文化教育程度较低，人力资本投入不足，劳动力的整体素质不高，导致劳动生产效率低下；第二，由于盲目投入大量劳动力，而不顾当地的生产实际情况，开展一系列违背自然规律和经济规律的生产活动，造成了许多严重的环境问题，影响经济的可持续发展；第三，由于大量的农村剩余劳动力涌入到工业生产中，劳动力的供给大大超过需求，而城市生活资料供应有限，给城市经济的发展造成了巨大的压力。因此，这种单纯依靠大量劳动力投入的外延式经济增长对经济产生的作用十分有限，而应该更加注重提高劳动生产率，转变为人力资本以促进经济的长期增长。

二、提高资本要素投入的思想

资本是生产函数的基本要素之一，资本要素的投入，对经济增长起着关键性作用。在技术条件不变的情况下，主张通过依靠大量资金、资本要素的不断投入以实现经济增长，则体现了一种外延式的经济增长思想。马克思认为，“资本积累是扩大再生产的重要源泉”，“生产的扩大，要取决于剩余价值到追加资本的转化，也就是要取决于作为生产基础的资本的扩大。”① 这一时期，我国十分重视资本要素的投入，主要表现为资本积累

① 马克思：《资本论》（第二卷），人民出版社 1975 年版，第 65 页。

的扩大、基本建设的投资以及外资的引进。

（一）资本积累的扩大

在中共中央的领导下，我国一直重视资本积累，并且也注重积累与消费的比例关系。1957 年，毛泽东在《关于正确处理人民内部矛盾的问题》中提到要正确处理国家税收、合作社积累、农民收入这三方面的关系，国家要积累，合作社也要积累，但也要增加生产中逐年增加个人收入。[①] 这不仅重视积累的扩大，同时也要求适当地提高个人收入以提高个人消费。周恩来从国家经济建设角度分析了积累的问题，认为“国家建设规模的大小，主要决定于我们可能积累多少资金和如何分配资金。我们的资金积累较多，分配得当，社会扩大再生产的速度就会较快，国民经济各部门就能够按比例地发展。因此，合理地解决资金积累和资金分配的问题是很重要的。”[②] 当时国家领导人都十分重视积累问题，强调扩大资本积累，同时也注意处理积累与消费的关系。

这一时期，许多学者也认识到积累对扩大再生产的重要作用。例如，杨波在讨论我国国民收入的分配问题时，分析到国民收入由各个物质生产部门生产出来以后，要经过在全社会范围内进行一系列的分配和再分配过程，最后一部分使用于扩大社会再生产的积累和国家储备，即积累基金，并进一步提出生产性积累是保证社会扩大再生产的物质基础，而生产性固定资产的积累，对扩大社会生产更具有决定性的意义，积累是国民收入的一部分，因此国民收入分配时，应适当扩大积累，保证经济的增长。[③] 董辅礽也认为，“随着人口的不断增加，有劳动能力的居民也是不断增加的，为了装备这部分新增加的有劳动能力的居民，需要增加一部分生产性的固定资产积累；同时为了使计划期中劳动生产率不致降低，用于增加生产性固定资产的这部分积累。要保证国民经济高速度地发展，没有一定的积累

① 毛泽东：《关于正确处理人民内部矛盾的问题》，载于《人民日报》1957 年 6 月 19 日。
② 周恩来：《周恩来经济文选》，中央文献出版社 1993 年版，第 292～293 页。
③ 杨波：《试论我国国民收入的分配问题》，载于《经济研究》1957 年第 6 期。

是不行的。”[①] 董辅礽又指出，积累问题是国民收入问题的重要组成部分，也是社会再生产问题的一个重要组成部分之一，积累是扩大再生产的源泉，不仅是生产力扩大再生产的物质基础，也是生产关系扩大再生产的物质基础。积累在生产再生产中的作用，主要表现为两个方面，一方面是积累对社会扩大再生产的规模和速度的影响；另一方面是积累对社会扩大再生产按比例发展的影响。[②] 这就透彻地分析了积累对我国扩大再生产的重要性。

关于积累是我国扩大再生产源泉问题，学界也有不少讨论。童源轼指出，当前关于积累在扩大再生产中的地位和作用存在两种片面的认识，一是对积累是扩大再生产源泉的原理认识不足，没有充分认识到积累对扩大再生产的规模和速度的制约作用；二是把积累对扩大再生产的制约绝对化，无条件地把积累当作扩大再生产的“唯一”源泉，从而一提到扩大再生产，就强调增加投资，强调进行大规模的基本建设。[③] 孙兆录、熊性美则对积累是扩大再生产的唯一源泉论提出质疑，指出积累是扩大再生产的主要源泉，而不是唯一的源泉。[④] 这些都对社会主义扩大再生产的源泉问题特别是积累有深入的认识。总之，学界有不少学者都强调积累是扩大再生产的源泉，但并不是唯一的源泉。

还有一些学者深入讨论了社会主义积累的途径问题，杨培新最早讨论了第一个五年计划的资金积累问题，分析了资金积累问题的重要意义，以及资金积累的两条道路，即资本主义工业化的资金积累道路和社会主义工业化资金积累道路，并进一步提出，增产节约是我国社会主义工业化资金积累的主要方法。[⑤] 这为社会主义资金积累提供了很好的方法。文业经则专门讨论了增加社会主义积累的意义和途径，指出我国社会主义建设的资金，主要是依靠自力更生，通过内部积累来解决，因此，勤俭节约对于增

---

① 董辅礽：《确定积累和消费比例的若干方法论问题的探讨》，载于《经济研究》1959 年第 11 期。

② 董辅礽：《关于社会主义社会的积累基金及其使用的一些问题》，载于《经济研究》1961 年第 2 期。

③ 童源轼：《关于扩大再生产源泉的一个问题的探讨》，载于《经济研究》1962 年第 12 期。

④ 孙兆录、熊性美：《社会主义再生产的两个问题》，载于《学术月刊》1962 年第 9 期。

⑤ 杨培新：《第一个五年计划的资金积累问题》，载于《经济研究》1955 年第 4 期。

加社会主义积累具有特殊重要的意义。[①] 这些都是学界对我国社会主义资本积累的有益探索。

尽管学界有不少学者对积累与扩大再生产的关系有比较正确的认识，但当时仍有许多人片面理解了马克思的这一论断，把资本积累误解为是扩大再生产的唯一源泉，认为没有积累，就没有扩大再生产，因此积累越高，经济增长速度就越快。在经济建设实践过程中，我国也逐渐形成了“高积累、低消费”的经济增长路径，对积累基金增长速度的规定大大超过消费基金增长速度，从而提高积累在我国国民收入中的比重。从1958年起，我国为了追求经济增长的高速度，不断增加积累，积累率由1957年的24.9%（第一个五年计划时期平均为24.2%），猛然提高到1958年的33.9%和1959年的43.8%。[②]

在我国现代化经济建设实践过程中，常常形成一种思维定式，即一提到扩大再生产，首先想到的就是扩大积累、增加投资、新建企业、铺新摊子，大搞基建，有的甚至把扩大再生产和扩大积累等同起来。在这一片面认识下的经济建设的实践中，我国不断扩大生产资本积累，增加基本建设投资，导致积累率长期保持高增长，基建规模大大超过国力，而没有重视资本积累投资效率的提高。资本积累投资效率会随着资本积累比重的升降而变动，在其他条件不变的前提下，资本积累的比重增加，会降低资本投资的效率。因此在这种情况下，盲目扩大生产积累会吸引大量低效的生产资源，增加高耗费的投资，从而导致投资战线扩大，资金分散，降低消费基金比重，减弱对经济增长的物质刺激作用，这就非但没有如预期地提高经济增长的速度，反而阻碍了国民经济的增长。由于积累大大超过了国民经济能力，大量的生产资料被投入到基本建设中，使得工业的生产资料供应出现短缺，阻碍了许多正常生产建设工程项目的实施，也影响了经济的发展。

---

① 文业经：《关于增加社会主义积累的意义和途径》，载于《财政》1964年第2期。

② 董辅礽：《中国经济发展中积累和消费的关系问题》，引自中国社会科学院科研局编：《中国社会科学院学者文选：董辅礽集》，中国社会科学出版社2006年版，第130～131页。

（二）基本建设的投资

在国民收入分配中用于积累的部分主要体现在基本建设投资上，积累也主要通过基本建设实现。新中国成立后，我国一直重视基本建设的投资，高积累率也主要是通过不断扩大基本建设投资所促成的。基本建设的投资，通过不断新建、扩建工程，能在短时期内实现生产能力的扩大，成为我国经济增长过程中的重要途径之一。

1952 年 11 月 9 日，《中财委党组关于迅速准备基本建设的指示》中明确指出，“工业生产的增长来自二方面：一方面是原有企业中工业设备生产能力的充分利用和劳动生产率的提高。另一方面是大规模新建企业陆续投入生产和部分原有企业经过扩充、改建而提高生产。后者的比重日益增大，因而是保证今后工业生产不断增长的主要方面，这就需要我们进行规模空前的基本建设工作。”① 国家从政策上积极鼓励基本建设的投资以促进经济的增长。1952 年 11 月 18 日，《人民日报》发表《把基本建设放在首位》的社论指出，“为了使我国的工业生产能够以较快的速度不断增长起来，这就要求我们进行规模巨大的基本建设工作。”② 在此指导思想下，基本建设方面的投资逐年增加，比如 1953 年又将比 1952 年增加 75%，其中工业投资将增加 150%。③ 投资以相当惊人的速度不断增长。1955 年，李富春在《关于发展国民经济的第一个五年计划的报告》中，指出了我国第一个五年计划的若干问题，第一个就是关于工业和运输业的基本建设问题，其中探讨了基本建设规模的大小问题以及基本建设的标准问题，并得出关于基本建设规模大小问题的结论就是反对“右”的保守主义，也反对“左”的冒险主义，同时还要保证基本建设工程的质量。④ 1959 年 2 月 28 日，《人民日报》社论强调：“基本建设全面大跃进的目

① 《中财委党组关于迅速准备基本建设的指示》，中央文献研究室编：《建国以来重要文献选编（第三册）》，中央文献出版社 1992 年版，第 400 页。

② 《把基本建设放在首位》，中央文献研究室编：《建国以来重要文献选编（第三册）》，中央文献出版社 1996 年版，第 428 页。

③ 《中财委党组关于迅速准备基本建设的指示》，中央文献研究室编：《建国以来重要文献选编（第三册）》，中央文献出版社 1992 年版，第 401 页。

④ 李富春：《关于发展国民经济的第一个五年计划的报告（中）》，载于《经济研究》1955 年第 3 期。

标，就是要尽快地完成数量众多、质量优良、成本低廉的工程。在基本建设工作中，任何时候都要根据需要和可能，力求尽快地完成更多的工程项目。"①

在学界，当时学者主要讨论了基本建设的规模速度问题、效果以及加快基本建设的方法和原则。关于我国基本建设的规模速度问题，项镜泉对于确定基本建设规模和发展速度问题进行了深入的研究，他通过分析基本建设与农业、轻工业、重工业等不同生产部门之间的相互促进、相互制约关系后认为，要确定基本建设的规模和速度，必须把需要与可能结合起来，一方面要根据国民经济各部门对基本建设的需要，另一方面又要根据当前我国经济发展水平所能提供的可能性。② 董辅礽指出积累的使用效果主要表现在基本建设投资的效果上，并认为要合理安排新建、扩建、改建之间的投资分配比例，以及在新建、扩建、改建的大型企业与中小型企业之间的合理投资、分配。在基本建设方面必须贯彻"集中力量，保证重点，分批突击，打歼灭战"的方针，即要针对生产中的薄弱环节，保证产品的成龙配套，从而更有效地促进生产的高速度按比例发展。③ 这为我国基本建设投资提供了正确的方针。黄德鸿则详细地阐述了社会主义工业基本建设投资经济效果的特点，他认为，社会主义工业基本建设就是社会主义工业固定资产有计划的更新和扩大再生产；工业基本建设的目的在于扩大社会主义工业的生产能力，因此，社会主义工业基本建设投资的经济效果就是，用尽可能少的社会劳动获得尽可能多的工业固定资产和工业生产能力以满足社会主义扩大再生产的需要。④

在基本建设投资实践过程中，我国基本建设方面的投资逐年增加，投资增长的速度相当惊人。1958～1960 年，我国基本建设投资增长 1.71 倍，

---

① 《基本建设要全面贯彻多快好省的方针》，中央文献研究室编：《建国以来重要文献选编（第三册）》，中央文献出版社 1996 年版，第 607 页。

② 项镜泉：《关于确定基本建设规模和发展速度问题的研究》，载于《经济研究》1961 年第 12 期。

③ 董辅礽：《关于社会主义社会的积累基金及其使用的一些问题》，载于《经济研究》1961 年第 2 期。

④ 黄德鸿：《社会主义基本建设投资经济效果的主要特点》，载于《学术研究》1963 年第 6 期。

平均每年递增43%，导致我国财政连续三年赤字169.4亿元。① “大跃进”时期，由于追求高指标、盲目扩大基本建设投资，扩大生产能力，导致投资总规模急剧膨胀，大大超过国力，基本建设战线过长，国家资金短缺，生产资料供应紧张，财政收支困难，甚至造成国民经济比例严重失调，经济效益极低。

（三）外资的引进

资本是推动经济增长的一个重要要素，对于资本相对匮乏的发展中国家而言，在经济建设初期，外资是获取资本的重要来源。一国可以通过外资的引进，利用国外资本为本国经济建设的发展服务，而引进外资既可以是资金，也可以是机器设备、知识产权等非货币资本。有必要说明的是，外资不仅带来要素扩张从而推动经济增长，也对技术进步效率的提高产生促进作用，而改革开放前，我国的外资利用规模较小、来源渠道单一，主要集中于20世纪50年代向苏联贷款、与苏联和东欧国家开办合资企业，以及利用侨资等，其资本的利用效率水平较低，实践中资本效率的推动力几乎没有。因此，这一时期的外资利用，更多地表现为要素扩张的外延式经济增长。

新中国成立初期，毛泽东积极主张利用外资促进经济增长，并积极争取苏联的贷款和经济援助，投资于我国各类基本建设项目和工业化建设之中。新中国成立后，为恢复和发展国民经济，以及抗美援朝战争的国防安全供给，中国开始向苏联贷款。1950年，中国向苏联的协议贷款共13笔，总计68.713亿旧卢布，实际使用66.163亿旧卢布，其中主要用于购买军备物质，其他则用于经济建设。②

1950年，毛泽东指出，“为了利用外国资本主义以促进中国的工业化，某些事业和外资合营及成立这种股份公司甚为必要，不独和苏联，和各新民主主义国家，甚至和资本主义国家还可能在适当的条件下订立这种

① 董志凯：《20世纪50年代基本建设投资的前提和结构》，载于《当代中国史研究》2005年第6期。

② 沈志华主编：《中苏关系史纲（1917～1991）》，新华出版社2007年版，第137页。

合营合同甚至租让合同。”① 这就为我国发展外资合营公司提供了契机。1950 年 3 月 27 日，中苏签订了《关于在新疆创办中苏石油股份公司协定》《关于在新疆创办中苏有色及稀有金属股份有限公司协定》和《关于新疆创办中苏民用航空股份公司协定》三项协议，决定共同组建中苏石油股份公司、中苏有色金属股份公司和中苏民用航空股份公司。②1950 年 4 月 5 日，《人民日报》发表社论表示，中苏签订的三项协议在我国目前困难时期的经济建设事业中是一个令人鼓舞的好消息，阐明我国在完全平等互利的原则下利用外资来发展中国工业以及和外国资本合作开办合股公司的必要性，而这种合作有利于我国经济的发展。社论指出，在适当的条件下，应该允许利用外国资本发展中国工业，和外国资本合作开办合股公司。③ 特别是在我国资金严重缺乏的情况下，“有条件地吸引外资参加经营企业（而不仅是简单的借款和聘用外国经济技术人员），以便使其‘发挥积极作用’，不但不是什么可怕的事情，而且是有利和必要的事情。”④ 这就反映了当时中央在政策和思想认识上是积极支持利用外资以促进经济发展的，这也为我国引进外商直接投资奠定了舆论基础。之后，我国又分别与苏联、波兰、捷克斯洛伐克三国共建轮船修理建造股份公司、轮船股份公司和国际海运股份公司。⑤1950 年中苏就创建航运公司进行会商，1951 年 1 月，中国与波兰签署《关于组织中波轮船股份公司协定》，1951 年 6 月 15 日，中波轮船股份公司成立。7 月又与苏联合资在大连创办了中苏轮船修理建造股份公司。⑥这些都成为新中国历史上的第一批中外合资企业，为新中国经济建设发展发挥了重要的作用。

侨资是我国在遭受西方各国封锁的情况下引进外资的重要来源，主要包括吸收侨汇和鼓励华侨在华投资。新中国成立初期，中央政府就提出要“以侨汇为主要手段支持中国的经济发展，动员华侨协助祖国建设”。⑦

① 《中共中央关于中苏合股公司协定公布后消除群众波动的指示》，载于《人民日报》1950 年 3 月 10 日。

②⑤⑥ 孙泽学：《对 1950 年代中国利用外资外智的历史考察》，载于《中国经济史研究》2011 年第 3 期。

③④ 《欢迎有利于中国经济建设的中苏经济合作》，载于《人民日报》1950 年 4 月 1 日。

⑦ 庄国土：《华人华侨与中国的关系》，广东高等教育出版社 2001 年版，第 246 页。

1950年，中国人民银行和中国银行成立了华侨服务部；1955年2月23日国务院发布了“关于贯彻保护侨汇的政策”的命令，对归侨、侨眷实行“一视同仁，适当照顾”的方针；[①] 1956年12月，毛泽东指出，对“华侨投资20年100年不要没收，可以开投资公司，还本付息。”[②] 按照这一指示，我国制定了《华侨投资兴办学校办法》《华侨投资于国营华侨公司的优待办法》等政策[③]，这些政策旨在吸引大批华侨回国投资，增加大量华侨汇款。

20世纪50年代末，我国在外交上不断强调自力更生，到60年代初，随着中苏关系紧张，党和国家领导人对引进外资的态度发生转变，决定不依赖外援，华侨投资也大幅度减少。60年代初至70年代后期，我国主要依靠中国银行在港澳吸收外汇存款和延期付款，同时还从西方国家引进部分急需的物资、技术和设备等。

新中国成立后，通过引进外资，对我国经济发展起到了不可替代的积极作用，引进外资，增强我国资本积累，推动我国的工业化发展进程，扩大我国生产规模。但新中国成立初期的外资引进，仅仅是一种较为低端和粗放的引进模式，并没有实现外资效率的提高和技术水平的独立和创新，随着苏联撕毁合同，撤走专家，使我国许多工程项目半途而废，造成大量资源的浪费。

三、发展对外贸易扩大市场的思想

对外开放具有多层次的丰富内涵，既包括对外贸易、引进外资，也包括从中获取先进技术、知识、经验、制度等，这里主要强调对外贸易，利用国际资源，扩大市场，体现生产要素投入的外延式经济增长。一个国家的经济贸易对经济增长有着重要影响，通过发展对外贸易，充分利用国内和国际两种资源、两个市场，参与市场竞争、分工和交换。发展对外贸易扩大市场以促进经济增长主要表现以下几个方面：第一，通过进出口商品

①③ 孙泽学：《对1950年代中国利用外资外智的历史考察》，载于《中国经济史研究》2011年第3期。

② 胡绳：《中国共产党七十年》，中央党校出版社1991年版，第350页。

对外贸易，利用国外丰富的资源和资金，扩大商品市场的规模，使得生产可能性边界不断向外延伸，促进经济增长。第二，从贸易平衡角度来看，对外贸易有利于社会总需求的平衡。在开放的市场中，外需可以在一定程度上抵消内部市场造成的内需波动，并通过国际市场传导，从而保证社会总需求的平衡，维持经济的稳定增长。因此，扩大市场的对外贸易是一种通过生产要素投入以促进经济增长的方式，表现为一种外延式经济增长要素的思想。

党和国家领导人较早认识到开展对外贸易对新中国经济恢复和经济建设的重要性，十分重视对外贸易工作，并制定了一系列具体的贸易方针政策，关于对外贸易的积极作用，毛泽东曾有很好地认识。新中国成立前后，毛泽东在思考今后社会主义建设道路时，多次提到关于如何利用国际市场，加快本国经济发展的对外贸易思想。1949 年 3 月 5 日，毛泽东指出，“我们必须尽可能地首先同社会主义国家和人民民主国家做生意，而且也要同资本主义国家做生意。”① 这就表明毛泽东鼓励对外通商，做生意，发展对外贸易。

周恩来也积极倡导发展对外贸易，他认为，“世界上所有国家的经济都是紧密联系的，国际经济交流是各国经济增长和发展的重要途径，任何一个国家在经济建设中需要各国互通有无，首先就是贸易的来往。”② 通过对外贸易以取得所需的资源、市场，以加速国民经济的发展。周恩来强调对外贸易对国家经济增长的作用，“我们要多想办法，采取积极措施，努力发展对外贸易”，从而“以利达到发展生产繁荣经济的目的。”③ 他还进一步制定了发展对外贸易需要遵循的一些理论原则和方法。比如，独立自主原则、平等互利原则、国际惯例原则以及经济效益原则等等，他认为“正确处理自力更生同国际合作的关系，自力更生是革命和建设事业的基本立脚点。社会主义国家只有从本国的具体情况出发，依靠本国人民的辛勤劳动，充分利用本国的资源来进行建设，才能比较迅速地发展本国的经济。”④ 同时，中国在发展对外经贸关系中，必须遵守国际惯例，遵守共

① 《毛泽东选集》（第 4 卷），人民出版社 1991 年版，第 1435 页。
②③ 《周恩来选集》（下卷），人民出版社 1984 年版，第 226 页。
④ 《周恩来经济文选》，中央文献出版社 1993 年版，第 564 页。

同的规则、规定和按照国际市场价格，还主张进出口商品的种类、数量、价格，以及引进的资金、设备、技术等等都必须精打细算，权衡利弊。作为我国对外贸易工作的奠基人，周恩来提出的这一系列理论原则对我国对外贸易开放发展起到了一定的指导作用，对于改革开放后我国现代化经济建设也具有重要的借鉴价值。

关于我国对外贸易问题，刘少奇也有比较深入的认识。1949 年 2 月，刘少奇在为中共中央起草的关于对外贸易的指示中指出，“我们为了迅速恢复和发展新中国的国民经济，应该立即开始进行新中国的对外贸易。”① 这就较为明确认识到对外贸易对恢复和发展国民经济的促进作用。同年 4 月，刘少奇在天津视察时，再一次详细地论述了他的对外贸易思想，即“内外交流”思想，指出“必须不断提高对对外贸易重要性的认识，对内对外贸易对于国计民生影响很大，甚至还起决定影响，它的任务是‘发展生产，周转经济’，‘贸易工作好比血管，对经济的影响甚为重要，天津是对内外贸易的集散地，搞不好对整个经济的影响都会很大。’这是至关重要的工作，是人民的最大利益之一。”② 关于内外交流问题，刘少奇提出，“必须切实地组织好对外贸易，这是至关重要的工作，是人民的最大利益之一。要争取出口，应出口的尽可能出口，不应出口的要限制出口，为了发展生产必需进口的，应尽可能进口，凡不必需的东西，尽量不进口。”③ 可以看出，刘少奇关于对外贸易的思想已比较成熟，他是新中国成立后对外贸易的呼吁者，他的对外贸易思想为之后的改革开放奠定了重要的思想基础。

此外，朱德也十分重视发展对外贸易，常常就对外贸易问题向中央提出建议，1957 年 4 月 18 日，朱德在写给毛泽东《外出视察的报告》中提出，“我国的对外贸易工作，必须大大地加强和发展。必须大出大进，必须手头上有一大批东西。”④ 1961 年，朱德还提出“以进养出”，“以出带进”的对外贸易主张，争取多出口，多进口，逐步做到大进大出。

① 《刘少奇论新中国经济建设》，中央文献出版社 1993 年版，第 64 页。
② 《刘少奇论新中国经济建设》，中央文献出版社 1993 年版，第 178 页。
③ 《刘少奇论新中国经济建设》，中央文献出版社 1993 年版，第 51 页。
④ 朱德：《朱德选集》，人民出版社 1983 年版，第 352 页。

“以进养出”，主张用进口培养出口，先进后出，通过进口国内缺乏的原材料和中间产品，利用我国丰富的劳动力，加工成附加值高的制成品，再出口到国际市场中，从而推动经济的增长。“以出带进”，则主张以出口带动进口，利用出口获取的外汇，在国际市场上购买急需紧缺的产品和资源。[①] 通过利用国际资源和市场以促进经济发展，表现为外延式经济增长思想。

在理论学术界，这一时期有关对外贸易的理论问题很少被讨论，国际贸易理论的研究几乎处于停滞状态，一些关于对外贸易问题的研究也主要基于国家领导人的有关见解和政策的分析。也有个别学者在论述有关经济问题时提及对外贸易，例如，董辅礽在论述改变国民收入物质构成的主要途径时，提出通过发展对外贸易，以我所有易我所无，从而改变国民收入的物质构成，并进而实现对我国经济的调整。[②] 总体而言，学界关于对外贸易理论问题的研究十分薄弱。

在外贸实践中，1949 年 10 月，中央成立了中央贸易机构——中央贸易部，并内设国外贸易司以负责我国对外贸易事务，统一管理全国的对外贸易工作。1952 年又专门成立了对外贸易部，在中央贸易部和对外贸易部的领导下，组建了地方对外贸易管理机构，从而实现国家对外贸易的统制。此外，我国继续颁布了一些统制对外贸易的政策和法规，制定了一系列国家对外贸易统制的具体措施和办法。从 1950 年起，国家还先后成立了一批国营专业外贸公司，负责对外的国际贸易事宜，到 1977 年底，包括内地省、市外贸分支公司在内，全国外贸专业公司只有 130 多家。[③] 随着我国向社会主义过渡，加上西方国家的经济封锁，我国经济发展不可避免地要实行“进口替代”。1957 年以后，由于中国过度强调自力更生，并追求纯粹的社会主义生产关系，从而不允许外资在中国境内投资建厂，也不需要任何外援，不借外债。在“文化大革命”中，把这种强调自力更生的思想推向了极端，不但反对引进外资，而且反对学习资本主义国家的先

① 鲁杰：《元帅痴情强国梦：朱德与新中国》，广西人民出版社 1999 年版，第 150 页。
② 董辅礽：《确定积累和消费比例的若干方法论问题的探讨》，载于《经济研究》1959 年第 11 期。
③ 徐凤阁：《对外经济贸易概论》，东北财经大学出版社 1989 年版，第 98 页。

进技术和生产管理方法，中国实行了封闭的对外贸易政策。1953～1977年，我国的出口额在世界出口总额的比重从1.23%跌至0.75%，在世界出口总额的排名由第17位退到第32位。①

新中国成立初期提出的对外贸易思想，一方面受到国际环境的制约，随着党提出过渡时期总路线和“大跃进”运动的发动而中断。另一方面，这一时期虽然政界有不少关于发展对外贸易，扩大市场以促进经济发展的认识，但在实践中，我国实行的国家统制的对外贸易体制和进口替代政策，从而也错失了利用外需拉动经济增长的机遇。

四、总结与评论

回顾这一时期我国外延式经济增长思想：大量增加劳动要素投入，利用我国丰富的劳动资源禀赋，发动群众运动积极投入社会大生产以促进经济增长；提高资本要素投入，强调资本积累是扩大再生产的源泉，不断扩大积累，增加基本建设的投资，并积极引进外资以实现经济增长；积极发展对外贸易，扩大市场规模，利用国际资源。由于新中国成立后，百废待兴，经济发展亟须大量要素投入，这些外延式经济增长思想在这一时期我国实践中占据了主导地位，对我国经济增长产生了深远的影响，在一定时期内有效地促进了我国国民经济的快速增长，但是从长远来看，仅仅依靠劳动、资本、市场等各种生产要素的投入实现生产规模的扩大，在总量上常常受到自然约束，从而出现边际产出递减的问题，不注重劳动生产效率、资本积累投资效率，忽视对外贸易的质量和结构，将难以保证经济增长的持续性。

① 王红续：《新中国对外贸易的历史演变》，载于《党史天地》1999年第1期。

第四节　效率提高与综合平衡：内涵式经济增长思想

这一时期，我国内涵式经济增长思想也十分丰富，尽管在实践中，内涵式经济增长思想并没有得到很好的贯彻和实施，但学界和政界都有不少人对内涵式的经济增长有深入的理解和认识，特别是在我国经济发展遭遇严重困难时，党和国家领导人都会有内涵式经济增长的呼声。本节将梳理总结这一时期的内涵式经济增长思想，主要有提高劳动生产效率的思想、追求综合平衡的增长思想。

一、提高劳动生产效率的思想

劳动生产率的提高与否，常常被认为是区分外延式经济增长和内涵式经济增长的标志之一，劳动生产率的提高是内涵式经济增长的重要表现。劳动生产率实质就是劳动的生产效率，它体现了在社会生产过程中劳动力数量与生产产品数量之间的关系。提高劳动生产率，是促进经济增长的重要途径，因此这一思想明显地表现为内涵式经济增长思想。有必要指明的是，这一时期，马克思经济学中“劳动生产率”的概念与西方经济学中“生产效率”的范畴有所不同，前者的范围更广，而本节只讨论两者的交叉部分，即劳动者素质、技术进步以及组织管理等思想。

新中国成立初期，我国中央领导人对劳动生产率的重要性有很深刻的认识。1950 年，刘少奇在《国家工业化和人民生活水平提高》中指出，“劳动生产率的提高，乃是全体人民一切物质福利和精神福利的基础”，“用一切办法在现有基础和现有水平上来提高每一个劳动者的劳动生产率。”①

① 刘少奇，《国家的工业化和人民生活水平的提高》，引自《刘少奇论新中国经济建设》，中央文献出版社 1993 年版，第 171～172 页。

1955 年，毛泽东也指出，“任何社会主义的经济事业，必须注意尽可能充分地利用人力和设备，尽可能改善劳动组织、改善经营管理和提高劳动生产率，节约一切可能节约的人力和物力，实现劳动竞赛和经济核算，借以逐年降低成本，增加个人收入和增加积累。”① 并进一步阐明了提高劳动生产率的方法和途径，“提高劳动生产率，一靠物质技术，二靠文化教育，三靠政治思想工作。”② 他从人力与物力的节约和成本的降低角度来谈实现劳动生产率的提高，这一观点是比较有见地的。同年，李富春也指出，“在实现五年计划的斗争中，全国工人阶级发挥积极性和创造性，不断地提高劳动生产率和降低成本，具有首要的意义”。③ 这都表明当时中央领导人对提高劳动生产率的重视。

1952 年 11 月 18 日，《人民日报》社论指出，要“使我国的工业生产不但能够在原有企业中，提高设备利用率，并依靠工人群众技术熟练程度的提高、先进经验的推广和劳动组织的改善，大大提高劳动的生产率”，并指出生产改革是实现企业最经济、最合理的生产，“生产改革的基本要求是要在企业中实现经济核算，也就是说，要以最经济、最合理的方法去使用劳动、设备、资金及原材料，达到尽可能地提高产量，改善质量和降低成本的目的。”④ 并提出，如果实现生产改革的目的，就必须包括组织、技术和财务三个方面的改革。

这一时期，我国理论界许多学者对劳动生产率问题进行过深入系统的研究，主要强调了劳动生产率提高的重要性，劳动生产率指标、计算以及途径和方法。关于劳动生产率的重要性及意义，当时多数学者认识到劳动生产率的提高对社会主义扩大再生产和人民生活水平的重要作用。例如，张绪生分析了我国国民经济恢复和发展时期的劳动生产率问题，他认为，“劳动生产率的不断提高是社会主义社会增加产量、降低成本、积累资金

① 《毛泽东文集》（第 6 卷），人民出版社 1999 年版，第 461～462 页。

② 《毛泽东文集》（第 8 卷），人民出版社 1999 年版，第 124～125 页。

③ 李富春：《关于发展国民经济的第一个五年计划的报告》，载于《经济研究》1955 年第 3 期。

④ 《把基本建设放在首要地位》，中共中央文献研究室编：《建国以来重要文献选编（第三册）》，中央文献出版社 1992 年版，第 428～433 页、第 433 页。

和提高人民生活水平的基本方法。”① 并进一步指出，劳动生产率的提高是社会主义社会生产增长的基本方法和重要因素。何国坚在探讨劳动生产率的意义时，认为劳动生产率的提高是丰富社会产品，增加国民收入的主要源泉之一，是社会主义扩大再生产，提高人民生活水平的重要条件。② 刘国光认为，社会主义扩大再生产的源泉，在充分利用劳动力资源后，不能仅仅依靠劳动数量的增加，而主要依靠劳动生产率的提高。劳动生产率的提高是决定社会主义扩大再生产速度的关键因素，从根本上，社会主义目的的实现，即劳动人民的物质文化生活水平的不断提高，只有在生产技术不断进步的基础上，依靠社会劳动生产率的不断提高才能达到。③ 段锦明从社会主义商业企业的角度详细阐述了提高劳动生产率的必要性，他分析到，提高商业企业劳动效率，首先，可以在商品流通规模扩大的基础上，使更多的劳动资源到物质生产部门，从而创造更多的物质财富；其次，可以加速商品流通，加快整个社会再生产进程，从而加速社会主义经济增长；最后，可以扩大商品流通，相对地降低流通费用，从而增加社会主义积累，促进经济增长。④ 这些都表明学界对劳动生产率的重要性的充分认识和重视。

关于劳动生产率指标和计算问题，学界提出了不同的指标，如“工人劳动生产率”“工业生产人员劳动生产率”“全员劳动生产率”等指标，并对这些指标的科学性、如何计算等问题展开了激烈的探讨。有学者认为，全员劳动生产率指标具有科学性，并提出按全国人口来计算煤、电、生铁、钢等产品的生产量来计量一国的生产和消费水平，从而计算出全员劳动生产率⑤；也有学者指出，劳动生产率应该理解为从事物质生产活动的工作人员每人在单位时间内所生产的产品数量，而不是对一切工作人员的劳动成果而言，因此，对于从事非生产活动的工作人员，是不能计算劳

---

① 张绪生：《我国社会主义工业中提高劳动生产率的途径》，中国财政经济出版社 1956 年版，第 10 页。

② 何国坚：《劳动生产率的意义及其计算》，载于《财经科学》1959 年第 5 期。

③ 刘国光：《略论外延的扩大再生产和内含的扩大再生产的关系》，载于《光明日报》1962 年 4 月 2 日。

④ 段锦明：《不断提高商业企业的劳动效率》，载于《经济研究》1962 年第 4 期。

⑤ 王乃浦：《我们对计算全员劳动生产率的看法》，载于《统计工作通讯》1956 年第 18 期。

动生产率的，从而认为应按照工业生产人员计算劳动生产率①；还有学者认为，仅计算工人劳动生产率、工业生产人员劳动生产率或全员劳动生产率都太片面，应结合两者计算，如同时按工人和工业生产人员计算，或者同时按工人和全员计算等②。还有个别学者认为，在工业企业中，劳动生产率既不能计算全员的也不能计算工业人员的③。

关于如何提高劳动生产率的途径和方法，学界同样展开了积极的讨论。孙冶方对劳动生产率有较透彻的认识，孙冶方提出，“发展生产的秘诀在于如何降低社会平均必要劳动量，在于如何用改进技术，改善管理的办法。”④ 改进技术，改善管理，降低社会平均必要劳动量，根本也在于提高劳动生产率，这体现了对劳动生产率的深刻认识和理解。杨培新在分析社会劳动生产率的提高是社会主义国家国民收入快速增长的原因时，指出社会劳动生产率的提高是通过采用新的技术，改善劳动组织，提高劳动者的文化技术水平实现的。⑤ 关梦觉从社会主义制度下商品生产和价值规律角度探讨了这一问题，他提出价值规律是经济核算的工具，价值规律最重要的作用是等价交换，以保证生产中所消耗的活劳动和物化劳动能够通过流通过程得到补偿，从而保证再生产的顺利进行，而根据这一规律可以促进企业采用新技术，改进生产方法，提高劳动生产率，节约劳动消耗，降低商品的成本，增加产品，提高质量。⑥ 他还进一步指出，企业通过商品的等价交换，可以促进各个企业运用经济核算方法来提高劳动生产率，当前主要是推动企业开展以技术革新和技术革命为中心的增产节约运动，同时，通过商品交换可以使各个企业相互依存，保证社会主义再生产的不

---

① 刘铮：《工业劳动生产率分析方法中两个问题的商榷》，载于《统计工作通讯》1956 年第 11 期；佟哲晖：《对“全员劳动生产率”指标的看法》，载于《统计工作通讯》1956 年第 21 期；朱德禄：《我对劳动生产率指标计算方法的意见》，载于《统计工作通讯》1956 年第 21 期。

② 许刚：《对如何计算劳动生产率的几点意见》，载于《统计工作》1957 年第 2 期；周世伟：《工业劳动生产率的计算方法应该不只是一个》，载于《统计工作》1957 年第 9 期。

③ 黄振兰：《我也谈谈对计算“全员劳动生产率”的看法》，载于《统计工作通讯录》1956 年第 22 期。

④ 孙冶方：《把计划和统计放在价值规律的基础上》，载于《经济研究》1956 年第 6 期。

⑤ 杨培新：《第一个五年计划的资金积累问题》，载于《经济研究》1955 年第 4 期。

⑥ 关梦觉：《关于当前的商品生产和价值规律的若干问题》，载于《经济研究》1959 年第 2 期。

断进行。[①] 冯治国则从农业生产角度分析，提出实现农业生产的扩大，归根结底是劳动生产率的提高，具体方法有三个方面：第一是通过工具革命，把劳动生产率提高到一个新的水平；第二是加强劳动管理、改善劳动组织；第三是加强政治工作、安排好劳动力、训练好人员、提高工作质量。[②] 刘国光也提出提高劳动生产率的三种主要方法：劳动生产技术设备的提高、劳动者的技巧和熟练程度的提高以及生产组织的改进。[③] 管大同在谈论劳动节约时提出，节约劳动必须不断地提高劳动生产率，而劳动生产率的提高取决于两方面的因素：一方面是决定于生产力的发展水平，因此必须大力开展技术革新、技术革命运动；另一方面还取决于生产关系的合理调整，随着生产力的发展不断调整生产组织和劳动组织，改进领导方法和作风，改善经营管理制度。[④] 苏星指出，在很多情况下，即使不增加基本建设，只要认真挖掘现有企业的生产潜力，也可以使生产进一步扩大。挖掘现有企业的生产潜力，方法有很多，例如，提高劳动者的觉悟水平和技术水平；改善劳动组织；加强生产、财务、技术管理工作；提高现有设备的利用率；进行有效的技术革新等等。[⑤] 总之，这时期的学者们提出了不少提高劳动生产率的方法，总结下来主要有三个方面，即科学技术的进步，劳动者素质和技能的提升，以及生产组织经营管理的改进。这些都为我国经济的增长和发展指明了清晰的道路。

但是，在实际经济运行中，我国常常出现生产低效率的现象。孙冶方最早指出我国计划经济中存在的高浪费、低效率问题，并深刻剖析了经济增长方式的弊端和改善方法。[⑥] 他指出，“对资本家来说，生产不计财务成本，简直是不可想象的。但是在我们，‘不惜工本’似乎是社会主义建

---

① 关梦觉：《关于社会主义制度下商品生产的几个争论问题》，载于《经济研究》1959年第8期。

② 冯治国：《如何解决今年农业生产战线上劳动力不足问题》，载于《经济研究》1959年第3期。

③ 刘国光：《关于社会主义再生产发展速度的决定因素的初步探讨》，载于《经济研究》1961年第3期。

④ 管大同：《论劳动的节约》，载于《经济研究》1961年第1期。

⑤ 苏星：《社会主义扩大再生产的几个问题》，载于《红旗》1962年第7期。

⑥ 吴敬琏：《怎样才能实现增长方式的转变——为〈经济研究〉创刊40周年而作》，载于《经济研究》1995年第11期。

设应有的气魄”，“那些无视价值规律，光凭主观意图行事的经济政策和经济计划，到头来就是打乱了一切比例关系，妨碍了国民经济的迅速发展”。[①] 在指出粗放增长方式的诟病之后，他认为，社会主义经济建设也应该追求经济效益与提高经济效率，并进一步提出了提高劳动生产率的方法，即“把计划和统计放在价值规律的基础上”，用以“推动社会劳动生产率的提高”，“我们的计划统计指标着重于表现物量，而忽视了价值。着重于表现生产的成果，而不着重于分析这成果的内容如何，更不着重于分析如何提高劳动生产率，以达到增加物质财富的最后目的。”[②] 这也明确提出了要转变我国经济增长方式，应该更加注重内涵式经济增长。

上述是从整体上对劳动生产率问题的考察，但关于劳动生产率思想的内涵较广，仅从宏观上分析稍显不够，下面本书将从科学技术的进步、劳动者素质的提升、生产组织管理的改进三个方面来进一步论述提高劳动生产率这一思想，主要分析相关代表人物的观点、意见。

（一）科学技术的进步

从科学技术的角度看，人类社会的发展过程其实就是科学技术的发展过程，经济增长的同时也就是科学技术的进步，随着历史的发展进程，科技在经济增长中发挥的作用越来越大。科学技术的进步，有助于提高劳动生产效率，进而促进经济的增长。

马克思认为，“生产力里面包括科学在内”[③]，他进一步论述了科学技术进步对生产力发展的推动作用，认为“劳动生产力是随着科学和技术的不断进步而不断发展”，“生产力的这种发展，归根到底总是来源于发挥着作用的劳动的社会性质，来源于社会内部的分工，来源于智力劳动，特别是自然科学的发展”。[④] 我国学习并继承了马克思主义这一观点，虽然当时并没有直接提出科学技术是生产力的观点，但党和国家领导人都非常重视科学技术的进步，提出技术革新和技术革命思想。

1953 年 12 月，毛泽东在《党的过渡时期总路线宣传与学习提纲》中

①② 孙冶方：《把计划和统计放在价值规律的基础上》，载于《经济研究》1956 年第 6 期。
③ 《马克思恩格斯选集》（第 23 卷），人民出版社 1972 年版，第 664 页。
④ 马克思：《资本论》（第 3 卷），人民出版社 1975 年版，第 97 页。

提出“在技术上起一个革命，把在我国绝大部分社会经济中使用简单的落后的生产工具去工作的情况，改变为使用各类机器直至最先进的机器去工作的情况，借以达到大规模地出产各种工业和农业产品。”① 这就倡导我国工农业生产中不断改进工具，从而促进工农业生产的扩大。而早在1952年，鞍山钢铁公司就开展了以技术革新为内容的劳动竞赛，鼓励员工提出合理化建议，并涌现出王崇伦、黄德茂等一批全国劳动模范。1954年4月，鞍钢技术革新的全国劳动模范向全国工人阶级提出了开展技术革新运动的倡议，4月21日，中华全国总工会通过一项决定指出，“技术革新运动必然成为日益发展的客观趋势”，“在劳动竞赛中认真开展技术革新运动”，“把技术革新运动作为提高当前劳动竞赛的主要内容，充分发挥职工群众的才能与智慧”。② 新中国成立初期的劳动竞赛运动进一步推动了技术革新运动的发展。

1956年1月，毛泽东在关于知识分子问题会议上正式提出“技术革命”的概念，指出“我国要进行技术革命、文化革命，革技术落后的命，革没有文化、愚昧无知的命”，并号召全党“努力学习科学知识，与知识分子团结一致，为迅速赶上世界科学先进水平而奋斗。”③ 周恩来也在会上强调，“在社会主义时代，更加需要充分地提高生产技术，更加需要充分地发展科学和利用科学知识，”④ 并代表党中央正式提出了“向科学进军”的口号。1956年9月，刘少奇在中共八大会议上指出，“一切技术水平不高和设备落后的企业必须采取有效措施，争取在短期内熟练地掌握有关的技术，并且逐步地改善设备落后的状况。”⑤ 在党中央的号召和领导下，我国现代科学事业很快进入蓬勃发展阶段。

1958年初，毛泽东提出，“要把党的工作的着重点放到技术革命上去”。⑥ 这就提出了党的工作着重点转移的任务，毛泽东高度重视技术革

---

① 《毛泽东文集》（第6卷），人民出版社1999年版，第316页。

② 《中华全国总工会举行主席团会议通过开展技术革新运动的决定》，载于《人民日报》1954年5月27日。

③ 薄一波：《若干重大决策与事件的回顾》（上卷），中共中央党校出版社1991年版，第507页。

④ 周恩来：《周恩来选集》（下卷），人民出版社1984年版，第181页。

⑤ 刘少奇：《刘少奇选集》（下卷），人民出版社1985年版，第231页。

⑥ 《毛泽东文集》（第7卷），人民出版社1999年版，第350～351页。

命运动，认为它是改进我国经济技术，提高劳动生产率，促进经济增长，赶超西方国家的重要途径。1958 年 5 月，刘少奇指出，“在全国各地农村，正在广泛地开展改良工具的群众运动，农民改良创造各种各样的半机械化农具、提水工具、运输工具、农产品加工工具，从而大大地提高了农业的劳动生产率，同时，各地农民还因地制宜地改进耕作制度和耕作方法，成为我国农村中技术革命的萌芽。”① 他进一步阐明了技术革命的主要任务：“把包括农业和手工业在内的全国经济有计划有步骤地转移到新的技术基础上，转到现代化大生产的技术基础上，使一切能够使用机器的劳动都使用机器，实现全国城市和农村的电气化。在尽可能地采用世界上最新的技术成就的同时，在全国的城市和农村中广泛地开展改良工具和革新技术的群众运动，使机械操作、半机械操作和必要的手工劳动适当地结合起来。”② 我国农村很快就掀起一次较大规模的技术革新和技术革命运动。

1958 年 6 月 3 日，《人民日报》社论认为技术革命的任务是“充满革命精神的纲领”、“机械化的纲领”、“电气化的纲领”③，并提出中国已进入技术革命和文化革命为中心的社会主义建设的新时期；6 月 24 日，《人民日报》社论又提出“只要鼓足干劲、力争上游，普通的工人和小知识分子也能创造新的技术，促进生产的巨大发展”。④ 1958 年 8 月，聂荣臻在《全党抓科学技术工作，实现技术革命》中从动力、工作机械、资源和原料利用和军事上深入分析了技术革命，指出我国的主要任务是：“要采取各种各样的办法，在一些重要的工业部门利用最新的科学技术装备，以实现我国的机械化和电气化。”⑤

之后，“技术革命”运动也逐渐蔓延至工业领域，在全国范围内，我国开始了机械化、半机械化、自动化、半自动化的“四化”运动，“技术

---

①② 中共中央文献研究室编：《建国以来重要文献选编》（第 11 册），中央文献出版社 1995 年版，第 304 页。

③ 《向技术革命进军》，载于《人民日报》1958 年 6 月 3 日。

④ 《搞技术革命一定要发动群众》，载于《人民日报》1958 年 6 月 24 日。

⑤ 中共中央文献研究室编：《建国以来重要文献选编》（第 11 册），中央文献出版社 1995 年版，第 373 页。

革命”运动不断推向高潮。[①] 1960年1月26日，《人民日报》发表社论《沿着技术革新和技术革命的道路继续跃进》，[②] 2月4日，《人民日报》又发表社论《现代化企业也必须革新技术》，[③] 大力宣扬和推动技术革命。

在党中央的倡导下，我国掀起的这次技术革新和技术革命运动，遍及工业、农业、国防、文化教育等各个领域，1964年，我国又发动了一场“设计革命运动”，提出了对克服设计工作中科研与生产脱节、激励机制不足而造成的低效率的一些可行的办法，只是这次革命由于“文革”的爆发中断了，也没能取得明显的效果。直到1977年全国科学大会上，邓小平重申了马克思主义的重要观点：科学技术是生产力，同时也是一种推动历史前进的伟大革命力量。

不过这一时期，我国中央政府主持制定了一些促进科技进步的相关政策。如1956年我国制定了《1956～1967年科学技术发展远景规划纲要》，该规划提出我国重要科学技术研究任务、基础科学的发展方向、科学研究工作的体制、科学研究机构的设置、科学技术干部的使用和培养以及国际合作等方面，规划的制定和实施对我国科学技术的发展起了重要的推动作用，加强了科学研究与生产实践之间的联系。1962年，在原有科学规划的基础上，我国又制定了《十年科学规划》，提出了具体的发展目标：为农业增产提供各方面的科技成果，系统地解决实现农业现代化的科技问题；重点掌握60年代工业科技，建立一个比较完善的现代化工业体系，为我国现代化建设提供科技成果。在这两个科学技术发展规划的指导下，我国的科学技术事业得到了突飞猛进的发展，很快在很多重要科技领域取得了一系列举世瞩目的成果，极大地提升了我国的国际影响力和地位。比如，1958年，我国第一台电子计算机研制成功；第一枚探空火箭发射成功；1960年，我国第一枚导弹发射成功；1964年，我国第一颗原子弹爆炸成功；1967年，我国第一颗氢弹爆炸成功；1970年，我国第一颗人造卫星发射成功；1975年，我国掌握了人造卫星安全回收的科学技术，等等。

---

① 茅坚鑫：《“大跃进”运动中的工业“技术革命”》，载于《江苏大学学报（社会科学版）》2013年第4期。

② 《沿着技术革新和技术革命的道路继续跃进》，载于《人民日报》1960年1月26日。

③ 《现代化企业也必须革新技术》，载于《人民日报》1960年2月4日。

此外，我国还通过对外开放来引进先进的技术和设备，优化资源配置，提高本国产品的竞争力，促进经济结构的调整，从而拉动国内经济增长。周恩来认为，“任何一个国家在建设中，任何一个国家在这个世界上，不可能完全闭关自给，总是要互相需求，首先就是贸易的来往，技术的合作。”[①] 应该吸收外国的东西，将“外国一切好的经验、好的技术，都要吸收过来，为我所用”。[②] 新中国刚刚成立时，还是一个经济文化各方面比较落后的国家，只有在对外开放中，通过吸取才能获取世界各国的先进技术经验，从而促进国民经济的增长。陈云提出了全方位对外开放的思想，指出既要引进、利用资本主义国家的先进技术，同时也要借鉴、利用资本主义国家的管理经验和手段，以实现经济的效益提升。[③] 陈云关于引进先进技术和设备的观点，对我国当时引进国外先进技术工作起了积极的指导作用。这些都是我国在发展对外开放中不断引进新技术的表现，也是对科学技术进步重视的体现。

学界关于科学技术的讨论，主要强调其对提高劳动生产率的作用。劳动经济学学者张绪生提出，“提高技术水平是劳动生产率增长的因素”。[④] 他深入分析了技术进步在社会主义制度下与在资本主义制度下的区别，继而指出社会主义国家，技术进步的基本方法主要有国民经济电气化、生产机械化、生产自动化、生产化学化以及和平利用原子能五种方法，并进一步阐述了技术进步的五种基本方法对提高劳动生产率的作用。刘国光在论述技术进步时指出，技术进步是一个相对的概念，是一个由低到高不断发展的过程，当生产建设中还广泛存在笨重体力劳动时，应采取由土到洋、由低到高的技术措施，节约社会劳动，逐步提高社会范围的劳动生产率，这也是技术进步的重要组成部分。[⑤] 孙冶方较有先见地指出，我国在引进国外新技术的基础上，要加强吸收和创新，认为从国外不可能引进最新的

---

① 《周恩来经济文选》，中央文献出版社 1993 年版，第 244 页。

② 《周恩来选集》（下卷），人民出版社 1984 年版，第 441 页。

③ 陈云：《陈云文选》（第 3 卷），人民出版社 1995 年版，第 216～224 页。

④ 张绪生：《第五讲　提高技术水平是劳动生产率增长的因素》，载于《中国劳动》1956 年第 6 期。

⑤ 刘国光：《关于社会主义再生产发展速度的决定因素的初步探讨》，载于《经济研究》1961 年第 3 期。

技术，同时，外国国家也不会把最关键的新技术出售，因此，必须依靠自己的力量进行技术创新，这是对我国自主创新较早的呼吁。此外，孙冶方关于企业进行技术改造和更新对发展生产的作用也有详细的论述，他明确指出“现代工业企业劳动生产率之所以高，是因为技术装备水平高”①，认为企业通过不断改进技术，降低生产产品的劳动消耗，从而降低企业生产产品的个别价值，从而实现扩大再生产，取得盈利。李平心在论述生产力的性质时，也指出科学技术对生产力发展的巨大推动作用，认为生产力的各个要素都与科学技术有着紧密的联系，认为科技的发展推动了社会和历史的变化，突破和超越劳动力数量的限制，并创造了许多为自然界没有的物质。② 可以看出，这是当时学界对科学技术进步的正确认识和理解。

随着我国技术革新和技术革命的兴起，学界也纷纷展开对技术革新和技术革命的讨论，主要分析和探讨了技术革新和技术革命的意义、内容、重点以及特点等问题。宋涛从农业生产技术方面肯定了其对农业生产力的作用，通过积极改良农业生产技术，有计划地改良旧农具和采用新型的农业生产工具，逐步实现农业机械化，实现农业生产的多种经营，提高农业生产合作社的劳动生产率，促进农业生产合作社之间的劳动分工，进一步发展农业生产力，为现代化提供物质技术基础，是从生产上和经济上进一步巩固农业生产合作社的极为重要的途径之一。③ 乔荣章则探讨了工业的技术革新和技术革命，提出我国工业技术革新、技术革命有重大的经济意义：第一，加速国民经济各部门的技术改造和技术现代化速度；第二，减轻劳动强度，改善劳动条件，从而大幅度地提高劳动生产率；第三，提高企业自主创新能力，节省生产成本，从而扩大生产；第四，创造并掌握新工艺、新方法、新工具、新设备，可以提高工业产品质量，增加产品种类；第五，节约劳动，大幅度降低单位产品成本；第六，丰富和发展科学技术理论。④ 关于技术革命和技术革新的重点，主要是通过改良工具，改

① 孙冶方：《社会主义经济的若干理论问题》，人民出版社 1983 年版，第 238 页。

② 李平心：《论生产力的性质》，载于《学术月刊》1959 年第 6 期。

③ 宋涛：《积极改良农业生产技术对于进一步巩固农业合作社的作用》，载于《经济研究》1958 年第 2 期。

④ 乔荣章：《略论当前我国工业的技术革新和技术革命》，载于《经济研究》1965 年第 5 期。

进设备，提高设备利用率。即走半机械化、机械化，半自动化、自动化的道路，用机械代替人力、革新陈旧的设备，提高机械化自动化的程度，从而大大提高劳动效率①。关于技术革新和技术革命运动的主要特点，有学者指出，它是一次全民性的，包括整个国民经济在内的、全面深刻的技术改造运动，是以机械化半机械化、自动化半自动化为中心的技术改造运动，运动的发展做到了紧密地结合生产，在生产中发挥直接效果，又积极地向高级、精密、尖端技术进军。这场技术革新和技术革命运动，促进了工农业生产的高速度发展，保证了国民经济不断的增长②。

之后，学界关于技术革命的讨论深入延伸到关于我国农业技术改革和农业现代化问题的讨论，在实现农业社会主义改造的基础上，加快农业的技术改造是加快农业发展的根本途径，农业技术改造的实质就是实现农业的机械化、水利化、电气化，即农业的现代化。③ 当时学者主要探讨了农业技术改革的中心、步骤和重点以及判断标准问题。关于确定农业技术改革的中心重点有两种意见：一种观点认为，确定农业技术改革的步骤和重点，应该重点考虑最大限度的经济效果④；另一种观点则认为，确定农业技术改革的重点，必须因时因地制宜，综合考虑政治、经济、技术以及自然等多方面的因素⑤。而关于哪一方面是农业技术改革的中心，学者之间存在分歧。梁秀峰认为，机械化和电气化才是农业技术改革的中心，水利化是保证农业稳定增产的根本措施，并把水利化作为我国农业技术改革的重点。⑥ 王光伟提出，我国农业的根本路线是在农业集体化的基础上实现农业机械化和电气化，农业机械化和电气化是农业技术改革的主要内容。主要原因是生产发展水平的根本标志是生产工具的发展水平，机械化农具和电气化农具是最先进的农业生产工具，因此，机械化和电气化的逐步实现，标志着我国农业生产力发展到一个新的阶段。同时，农业机械化和电

---

① 陆天虹：《关于提高工业劳动生产率的问题》，载于《汉江论坛》1959 年第 5 期。

② 宫经集：《略论我国当前的技术革新和技术革命运动》，载于《经济研究》1960 年第 4 期。

③ 沈立人：《论加快农业的技术改造问题》，载于《经济研究》1960 年第 3 期。

④ 刘日新：《关于我国实现农业现代化的几个问题的探讨》，载于《人民日报》1963 年 6 月 20 日。

⑤⑥ 梁秀峰：《关于我国农业技术改革的中心、步骤和重点问题的初步探讨》，载于《经济研究》1963 年第 9 期。

气化包含水利化和化学化。[①]

通过对技术革新和技术革命运动的理论讨论与实践，我国当时对于技术重要性的认识达到了空前的高度。这场技术革新和技术革命运动对劳动人民的科技意识、科技水平和科技素质起到了积极作用，在工农业生产第一线涌现出了一大批科技专家和劳动模范，结合生产实践发明和创造了一些先进技术和设备，推动了我国科技事业的发展和现代化进程，初步改变了我国科学技术落后的状况。但随着“大跃进”和人民公社化运动，我国技术发展自身的规律被忽视。因此，这场技术革新、技术革命运动对我国科学技术进步的作用十分有限。

（二）劳动者素质的提升

提升劳动者素质，发展人力资本，是提高劳动生产率的一个重要方法。从长期来看，培育人力资本的主要途径是发展教育，增加教育投资，提高教育水平。新中国成立后，随着经济建设的不断推进，在现有的工人、管理人员、科技人员已远远不能适应经济增长的需要的情况下，党和国家领导人提出了要通过加强培训和教育工作，提高劳动者的素质，从而增加社会的人力资本，提高劳动生产率的思想。

新中国成立后，我国劳动者素质普遍较低下，为了改变这一状况，我国提出要增强劳动者的体质和健康，提高劳动者的思想道德水平和科学文化水平。毛泽东十分重视培养人力资本，积极发展教育和在职培训以提高劳动者素质。1957 年，毛泽东提出，“我们的教育方针，应该使受教育者在德育、智育、体育几方面都得到发展，成为有社会主义觉悟的有文化的劳动者。”[②] 这成为此后一个时期我国人才培养和教育发展的方向，也表明了我国发展教育事业的基本构想。

这一时期，党和国家领导人高度重视干部、人才特别是科学技术人才的作用。例如，1949 年，陈云就认识到技术人员的重要性，认为“技术人员和管理人员是我们的‘国宝’，是实现国家工业化不可缺少的力量，

① 王光伟：《积极地稳妥地进行农业技术改革》，载于《经济研究》1963 年第 3 期。
② 《毛泽东著作选读》（下册），人民出版社 1986 年版，第 780~781 页。

要很好地使用他们。”① 1951 年，李先念在《积极发展党组织，大量选拔新干部》中也指出，“把落后的农业国变成先进的工业国，建设社会主义就需要吸收大量的先进分子到党内来，需要选拔大量懂得以至精通经济、政治、文化各项业务的干部。”② 周恩来也指出我国人才、技术干部严重缺乏的问题，认为“经济建设和文化建设，好像一辆车子的两个轮子，相辅而行。我国要建设，干部、人才就成为一个决定性的因素。其他条件都具备，缺乏干部、人才也是不行的。”③ 1953 年 9 月，周恩来在《过渡时期的总路线》中指出“培养技术人才是我们国家建设的关键，我们的技术人才还很不够，培养人才是一个重大的任务，要从各方面培养人才。”④ 他要求不断加强教育工作，培养更多的合格建设人才，特别是工业技术人才和科学研究人才，同时培养人才要理论与实践相结合。

1955 年，李富春指出，科学技术人才的缺乏，是我国发展前进的一个巨大困难，因此“在第一个五年计划和第二个五年计划中的重大任务之一，就是培养大量的忠实于祖国、忠实于社会主义事业的具有现代科学知识的工程技术人员，培养熟练工人，以及各方面的专门人才。”⑤ 并进一步提出，要从两方面进行培养建设干部的工作，“一方面是调整、新建高等学校和中等专业学校，另一方面是利用企业和机关的有利条件，开办各种业余学校和培训班。”⑥ 同年，薄一波提出我国要大力培养技术人才，认为我国技术人才缺乏，需要合理正确地分配和利用现有的管理干部、技术人员和技术工人，并在实际工作中有计划地训练管理干部、技术人员和技术工人，使大批新的技术人员从高等或中等专门学校就培养和提高他们的业务、技术。⑦

1958 年 5 月，刘少奇指出，“我国必须进行文化革命，发展为经济建

---

① 陈云：《技术人员是实现国家工业化不可缺少的力量》，引自《陈云文选》第二卷，人民出版社 1995 年版，第 46 页。

② 李先念：《李先念文选》，人民出版社 1989 年版，第 147 页。

③ 《周恩来教育文选》，教育科学出版社 1984 年版，第 71 页。

④ 《周恩来选集》（下卷），人民出版社 1984 年版，第 110 页。

⑤⑥ 李富春：《关于发展国民经济的第一个五年计划的报告》，载于《经济研究》1955 年第 3 期。

⑦ 《当前基本建设中的几个问题》，中央文献研究室编：《建国以来重要文献选编（第六册）》，中央文献出版社 1993 年版，第 111～132 页、第 116 页。

设服务的文化教育事业”，“文化革命的主要任务是扫除文盲，普及小学教育，逐步地做到一般的乡都有中等学校，一般的专区和许多的县都有高等学校和科学研究机关；培养新知识分子，改造旧知识分子，建立一支成千万的工人阶级的知识分子队伍，其中包括技术干部的队伍，教授、教员、科学家、新闻记者、文学家、艺术家和马克思主义理论家的队伍。”① 同时，刘少奇还提出实行“两种教育制度，两种劳动制度”的办学理念，即“一种是全日制的学校教育制度和八小时工作的劳动制度，另一种是半工半读的学校教育制度和半工半读的劳动制度。”② 这一制度的实质是实行教育与生产劳动相结合，体力劳动与脑力劳动相结合，教育发展与社会主义经济相结合，教育为经济服务，普及教育，尽可能多的培养工人阶级和劳动人民的知识分子，提高全国劳动人民的素质。1958 年 9 月，中共中央作出《关于教育工作的指示》，要求“全国应在三年到五年时间内，基本上完成扫除文盲、普及小学教育，应当大力发展中等教育和高等教育，争取在十五年左右的时间内，基本上做到全国青年和成年，凡是有条件的和自愿的，都可以受到高等教育，然后再以十五年左右的时间从事提高的工作。”③ 两种教育制度和两种劳动制度在全国各地先后试行，但因“文化大革命”的开始，导致刚开始的试验就中断了。此外，我国还提出通过发展各类教育事业，加强国际间人才交流学习，为国家现代化建设培育各类人才。

这一时期，学界对于提升劳动者素质问题的讨论较少，仅有个别学者谈及这一问题。例如，冯治国在谈及提高劳动生产率时，指出要统一计划培训公社的干部及技术人员，提高其管理能力和业务技能的熟练程度，并提出具体目标：在三五年内，管理区以上干部达到初中文化水平，了解一些基本的政治经济学和哲学知识；生产队长级的干部达到高小毕业水平；企业、事业人员、技术人员等，都应该努力学习政治和业务，从而建立起

---

① 《刘少奇论教育》，教育科学出版社 1998 年版，第 213 页。

② 《刘少奇选集》（下卷），人民出版社 1985 年版，第 465 页。

③ 中共中央文献研究室编：《建国以来重要文献选编》（第一册），中央文献出版社 1992 年版，第 490 页。

又红又专的农业生产队伍，为农业生产不断发展增长打下坚实基础。①

除此之外，这一时期对人口素质问题剖析最为深刻的是马寅初。马寅初在亲身考察浙江、上海等部分城市之后，以其深入调查的第一手资料为依据，全面系统地研究了我国的人口问题，分析了当时我国人口面临的问题，提出了新人口论，指出要重视劳动者的质量而不是数量。1957 年 5 月 9 日，马寅初在《我国人口问题与生产力的关系》中指出，“人多固然是极大的资源，但也是一个极大的负担，我的新人口论主张保存这个大资源，去掉这个大负担，方法是提高人口的质量，控制人口的数量”，“总之，唯一的、最有效的办法就是控制人口，实行计划生育。”② 1957 年 7 月 5 日，《人民日报》发表了马寅初的《新人口论》，指出当前我国人口增长过快的问题，突出表现为人口的快速增长与资金、设备、原料、粮食、就业、教育、科技、人民生活水平各个方面之间的矛盾，我国人口问题已十分严重，这会给国民经济造成严重的影响，阻碍工业化的进程，减缓资金的积累，进而会削弱我国国民经济的基础。③ 因此，提出要解决人口问题，使人口增长与国民经济增长相适应，在数量上保持一定的比例关系，追求一个与劳动生产率、人均产出量、人民生活水平相适应的经济适度，同时要积极发展生产力，提高人口质量和素质，控制人口数量，实行计划生育的观点。④

但随着反右斗争扩大化，马寅初的《新人口论》在当时被认为是“新马尔萨斯主义”，从而被当作资产阶级庸俗经济学加以批判和否定。1958 年 1 月，马寅初的《我的经济理论、哲学思想和政治立场》一书出版，引发了一系列的批判。1958 年 4 月 19 日，《光明日报》发表了文章《评马寅初的“新人口论”》，指明马寅初的名字提出批判。1958 年 6 月 6 日，《人民日报》发表文章《我国人口和就业问题》、1959 年 4 月 15 日，《人民日报》发表文章《人口与人手》，纷纷对马寅初的人口理论进行批判，批判之风随之蔓延至各大高校和学界。《经济研究》《计划经济》和

① 冯治国：《如何解决今年农业生产战线上劳动力不足问题》，载于《经济研究》1959 年第 3 期。

② 马寅初：《新人口论》，广东经济出版社 1998 年版，第 43 页。

③④ 马寅初：《新人口论》，广东经济出版社 1998 年版，第 40～45 页。

《教学与研究》等杂志也分别发表了针对马寅初的经济理论和人口观点进行商榷的文章。例如，1958 年，《经济研究》发表了王琢的《“新人口论”批判》和戴园晨的《评马寅初先生的“我的经济理论哲学思想和政治立场”》。1960 年，《经济研究》又发表多篇批判马寅初的文章，并打上“反对”“谬论”“资产阶级”等标签。据统计，仅 1958 年，《光明日报》就发表了 37 篇批判马寅初的文章，其他中国各报纸、期刊公开发表了 30 篇批判马寅初的文章，合计 67 篇。①

在新中国成立初期中央领导人的高度重视下，我国教育事业得到一定的发展。据统计，1957 年，全国科学研究机构共有 500 多个，研究人员 2 万多人，比 1952 年增长 2 倍以上；全国高等学校在校学生达 44.1 万人，比 1952 年（19.1 万人）增加了 230.8%；中等专科学校在校学生 77.8 万人，比 1952 年（63.6 万人）增加了 22.4%，比 1949 年（22.9 万人）增加了 239.9%。② 第一个五年计划期间，高等学校共毕业学生 26.9 万人，中等专科学校毕业的学生共 84.2 万人，5 年内，普通中学共招生 875 万人，小学共招生 8800 万人。③ 但随后由于“左”倾错误，反“右”斗争扩大化，“大跃进”运动以及“文化大革命”的冲击，我国教育、文化、体育、卫生等关乎劳动者素质的部门和事业都受到了严重的影响，人力资本的发展和劳动者素质的提升受到了极大的影响，从而阻碍了我国内涵式经济增长的实现。

（三）生产组织管理的改进

经济管理是组织生产的重要一环，先进的管理将会提高经济组织的运行效率和生产要素的使用效率，而这都将促进生产效率的提高，因此生产组织管理的改进，是劳动生产率提高的重要途径之一，也是实现内涵式经济增长的有效方法。

新中国成立以后，党和国家的一些领导人对这一问题有明确的认识，并开始探索企业生产组织的管理制度问题。1950 年，《人民日报》发表社

① 梁中堂：《马寅初事件始末》，载于《中共山西省委党校学报》2011 年第 5 期。

②③ 《中国统计年鉴 1984》，中国统计出版社 1984 年版。

论《学会管理企业》指出，“在一切国营公营的工厂企业中，必须坚决地改变旧的官僚主义的管理制度，实行管理民主化，建立工厂管理委员会，吸收工人参加生产管理，以启发工人的主人翁的觉悟，发扬工人的自觉的劳动热情。这是改造旧企业、管好人民企业的基本环节，”① 号召建立“统一的、合理的、科学的制度”。1951 年，李富春在第一次全国工业会议上指出，“企业在生产竞赛中应注意提倡劳动与技术相结合，从改善工具、改善操作方法、改善劳动组织提高生产率，推广先进生产者与先进生产小组的经验，在竞赛中建立与改善各种经营管理制度，制定联系合同与集体合同，在竞赛中建立合理的奖励制度。”② 通过开展增产节约的劳动竞赛，推动经营管理制度的改进，提高劳动生产率。

在企业经营管理方面，我国主张实行经济核算，改善劳动组织，强调增产节约，降低生产成本，提高劳动生产率。1953 年，《人民日报》发表社论《改善国营商业经营管理的一个基本方法》，强调经济核算制度是经营企业管理的一种科学方法，“实行经济核算制，核定资金，独立计算盈亏，实行奖励办法，这就有利于每一个企业单位在国家统一计划之下，充分发挥其独立经营的积极性和创造性，”③ 这就有利于改善国营企业的经营管理，更好地制定和完成商品流转计划和财务计划，扩大商品流通，加速资金周转，降低费用，从而提高企业经济效益。

在新中国成立初期，我国效仿苏联推行一长责任制（简称“一长制”），该制度主要是由国家经济机关委派厂长负责企业具体的生产行政工作，厂长拥有企业相关事宜的最终决定权，企业的党组织则主要负责思想政治领导，对生产行政工作仅起到监督作用。1956 年，为了强调党组织在企业中的领导作用，中共第八次全国大会决议对一长制进行改良，建立党组织领导下的厂长责任制（简称“厂长制”），即要求以党委为核心，与个人负责相结合。这一制度保障国家在企业国营体制的基础上，通过国家

① 中共中央文献研究室编：《建国以来重要文献选编》（第 1 册），中央文献出版社 1992 年版，第 114 页。

② 中国社会科学院：《中国历史档案馆 · 1949～1952 中华人民共和国经济档案资料选编（工业卷）》，中国物资出版社 1996 年版，第 651 页。

③ 《改善国营商业经营管理的一个基本方法》，载于《人民日报》1953 年 4 月 30 日。

直接委任最高负责人，进一步落实其对企业在发展方向、经营品种、利润剩余等方面的支配权，建立高度集中、服从全局的管理体系，有利于国家宏观战略的实现。然而，无论是一长制还是厂长制，本质上都是少数人负责的层级式管理，在生产和经营中暴露出诸多弊端，因此引发了决策层相关人士的思考和讨论。

李富春很早就指出，即便在现有设备和技术条件下，改善企业管理，调动员工积极性，也能很大程度地挖掘生产潜能。他在企业领导方面表示，“许多部门和厂矿的领导人，只是浮在表面做一些政治鼓动性的工作，没有深入到实际业务中”；而在员工方面则认为，“必须通过民主改革，打破旧的生产关系，建立新的生产关系”①。1953 年 4 月，中央财政经济委员会向中共中央提交《关于国营工矿企业管理问题的报告》，同样表明工矿企业普遍存在的问题之一就是管理落后，领导钻研业务的少，官僚主义的多。正如工矿员工所形容的，“生产发展了，管理跟不上”，“群众进步了，领导跟不上”②。1955 年 10 月，中共中央转批的一篇《关于厂矿领导问题座谈会的报告》，则重点指出工业生产中由于层级设置，领导各把一口，“厂长命令不能一贯到底”，“有百分之五十贯彻不下去，致生产计划经常完不成”③。从以上论述中可见，当时决策层针对工业企业的管理制度主要提出了以下三方面的弊端：第一，管理者生产业务知识欠缺，导致管理表面化和非专业化；第二，层级制的设计导致信息流通的非对称和管理的非及时；第三，管理机制扭曲下的员工得不到有效指导，缺乏工作动力。

针对上述问题，1958 年，刘少奇提出，在改进管理体制和规章制度的同时，要继续精简国家机关和企业事业单位机构，改善劳动组织和劳动管理，改变那些不合理的规章制度，提高劳动力利用率和劳动生产率。他进一步分析了当时我国企业的生产组织管理主要是学习苏联的组织管理模

---

① 李富春：《深入改革企业经营管理，充分发挥现有设备潜力》，载于《李富春选集》，中国计划出版社 1992 年版，第 94～95 页。

② 《中共中央同意中财委〈关于国营工矿企业管理问题的报告〉》，载于中共中央文献研究室编：《建国以来重要文献选编（第四册）》，中央文献出版社 1993 年版，第 131～140 页。

③ 《中共中央转批中央第三办公室〈关于厂矿领导问题座谈会的报告〉》，载于中共中央文献研究室编：《建国以来重要文献选编（第七册）》，中央文献出版社 1999 年版，第 328～341 页。

式，强调运用行政手段来管理企业生产，这种生产组织管理模式的长期运行，容易造成资源和设备的严重浪费和闲置，工业企业缺少活力、生产效率低下。①

1959年，毛泽东指出，“所有制问题基本解决以后，最重要的问题是管理问题。”② 1960年3月，毛泽东科学分析和总结了我国社会主义企业管理工作，并提出了要实行“两参一改三结合”的管理思想，其主要内容是：“人是企业的主人，提倡干部参加劳动、个人参加管理、改革不合理的规章制度和实行技术人员、工人、干部的三结合”。③ 毛泽东把两参一改三结合的企业管理制度称之为“鞍钢宪法”。随后，许多企业组织相继实行“两参一改三结合”的管理制度，有效地提高了企业的生产管理水平，通过专业化协作组织生产，充分发挥了企业的潜力，大大提高了企业的生产效率。

1961年制定的《工业七十条》正式肯定了这一管理制度，并建立企业职工代表大会制度，使之成为管理制度的一种具体形式。“鞍钢宪法”的实行促进了民主管理和科学管理，从而调动了劳动者更大的积极性，产生了强大的生产力，促进了经济的增长。“鞍钢宪法”立刻引起了社会各界的广泛关注，被看作是办好现代化冶金工业企业的根本道路④，而且该法因其制度设计具备科学性与进步性，在当前仍被很多学者认作是企业治理与改革中可被借鉴的对象。⑤ 甚至，来自日本、欧洲和美国的工业管理学家都对“鞍钢宪法”给予了更高的赞赏，他们认为“鞍钢宪法”的精神实质是“后福特主义”（Post－Fordism），即以扁平化管理（flat-styled management）与团队协作（team work），对福特的僵化的、以垂直命令为核

① 中共中央文献研究室编：《建国以来重要文献选编（第十一册）》，中央文献出版社1995年版，第318页。

② 中共中央文献研究室编：《建国以来重要文献选编（第十三册）》，中央文献出版社1996年版，第109页。

③ 《毛泽东文集》（第6卷），人民出版社1999年版，第288页。

④ 冶金工业部党组：《“鞍钢宪法”是办好现代化冶金工业企业的根本道路》，载于鞍山市史志办公室编：《鞍钢宪法的产生及其影响》，中央党史出版社2001年版，第465～477页。

⑤ 崔之元：《鞍钢宪法与后福特主义》，载于《读书》1996年第3期；贾根良：《鞍钢宪法的历史教训与我国跨越式发展战略》，载于《南开学报（哲学社会科学）》2002年第4期；高良谋、郭英、胡国栋：《鞍钢宪法的批判与解放意蕴》，载于《中国工业经济》2010年第10期；胡国栋、王晓杰：《企业民主的缺失与重建：从“鞍钢宪法”到组织主人翁行为》，载于《马克思主义研究》2016年第1期；张申：《“鞍钢宪法”的管理思想：成因、机理与价值》，载于《上海经济研究》2018年第5期。

心的企业内分工理论形成巨大挑战。麻省理工教授罗伯特·托马斯（Robert Thomas）更是指出，“鞍钢宪法”所包含的经济民主思想，恰是增进企业效率的关键之一①。

《工业七十条》实施以后，有效地加强了工业企业内部的经营管理，但行业与行业之间、企业与企业之间的管理仍然混乱，刘少奇曾总结工业管理的问题，就是一个字“散”，从而提出了要在工业、交通中试办托拉斯，用托拉斯的组织形式来管理工业可以更有计划、有组织地发展整个国民经济。刘少奇明确提出“要按经济办法管理经济”的思想。② 在刘少奇的积极倡导下，中央政府开始按照经济组织的原则对国民经济进行集中统一领导，成立按行业和经济协作关系划分的工业、交通托拉斯，设想通过发展托拉斯的组织形式，把全国工业以至整个国民经济按经济渠道组织起来。③ 1962 年，刘少奇在七千人大会上听取了国家经委负责人的汇报后指出，用行政办法管理企业，证明是不行的；1963 年 3 月，我国建立了第一个具有托拉斯性质的联合企业——中国烟草工业总公司；1964 年 8 月 17 日，我国在烟草、盐业、汽车、橡胶、医药等 12 个行业组织了托拉斯，并在全国逐步推广；④ 1965 年 6 月，刘少奇在听取托拉斯试办工作座谈会情况时，进一步阐述了试办托拉斯的目的和要求，认为办托拉斯的目的，就是要把整个国民经济组织起来，专业化、标准化、系列化，提高质量，增加品种，降低成本，提高劳动生产率。⑤ 座谈会结束后，中央对托拉斯试点工作作了调整，成立了一批区域性的托拉斯。1965 年，中央又试办了贺兰山煤炭工业公司、渭北煤炭工业公司、陕西棉纺织工业公司、西北电力机械公司、石油工业公司、仪器仪表工业公司和木材加工工业公司。1966 年，成立了上海船舶工业公司、华东电力机械公司、抚顺石油工业公司、湖南仪表工业公司等。⑥ 但随着“文化大革命”的爆发，托拉斯被批

---

① Robert Thomas，1994，*What Machines Can't Do*，University of California Press.

② 中共中央文献研究室编：《〈刘少奇选集〉下卷学习研究文集》，中共中央党校出版社 1985 年版，第 125 页。

③ 唐根华：《我国工业管理体制改革的一次尝试——刘少奇与 60 年代初试办托拉斯的理论与实践》，载于《党的文献》1998 年第 5 期。

④ 耿红：《试论刘少奇对外开放的思想》，载于《实事求是》1998 年第 6 期。

⑤⑥ 刘少奇：《刘少奇选集》，人民出版社 1985 年版，第 473 页。

为“修正主义”，试办公司被迫停办，托拉斯试点也停滞了。

通过托拉斯，用经济办法组织管理工业企业，实现更高的劳动生产率，促进工业生产、建设多快好省的向前发展。组织托拉斯，就是按照专业化协作的原则实行工业改组，用经济和科学的办法来管理工业，优化资源配置，从而取得良好的经济效果。例如，成立托拉斯烟草公司以后，对全国的烟厂实行统一管理、统一经营并合理调整定点，按专业化进行改组生产，促进了我国卷烟生产的发展。据 1964 年统计，全国 109 家卷烟厂合并为 64 家，卷烟综合生产能力提高了 17%，全员劳动生产率提高了 35%，卷烟加工费用降低了 21%，税利增加 45%，卷烟质量显著提高，甲级烟的产量增加了一倍以上。[①] 可以说，托拉斯的试办，是我国经济管理体制改革的一次重要的尝试和实践，这一改革思路的延续对改革开放后我国国企改革和央企重组有着重大的意义。

关于劳动组织管理问题，学界也有一定的研究，其中孙冶方的观点最为独特创新，他认为，企业的经营管理权问题是财经体制的核心问题，大权和小权的界限，管而不死、活而不乱的界限，就是扩大再生产和简单再生产的界限。[②] “属于扩大再生产范围以内的事是国家‘大权’，国家必须严格管理，不管或管而不严就会乱；属于简单再生产范围以内的事是企业应该自己管的‘小权’，国家多加干涉就会管死。”[③] 这就提出了国家与企业的基本问题，为企业的自主管理权问题提供了一个标准界限。孙冶方根据“最小－最大”原则，指出我国实行的固定资产管理制度存在严重的弊端，认为其规定的折旧率过低，导致企业只能固守陈旧的设备，阻碍企业技术进步，制约我国工业现代化进程。因此，提出要从改革落后的固定资产管理制度着手，转变经济增长方式，走内涵式扩大再生产的道路。此外，孙冶方还提出“利润的多少是反映企业技术水平和经营管理好坏的最综合的指标”[④]，主张利用价值规律来改进经济管理。

---

① 薄一波：《若干重大决策与事件的回顾》（下卷），中共中央党校出版社 1991 年版，第 1172 页。

② 孙冶方：《社会主义经济的若干理论问题》，人民出版社 1979 年版，第 140 页。

③ 孙冶方：《社会主义经济的若干理论问题》，人民出版社 1979 年版，第 140～142 页。

④ 孙冶方：《社会主义经济的若干理论问题》，人民出版社 1979 年版，第 265 页。

同时，学界也主张实行经济核算，改善劳动组织管理，提高劳动生产率和经济效益。20世纪50年代末60年代初，我国经济学界对经济核算和经济效果问题展开了积极的讨论，主要讨论的问题有：企业经济核算的实质、企业经济核算的内容和考核企业经营管理水平的指标以及经济效果的含义和标准。关于经济核算的实质，有学者认为，经济核算是核算生产成本和经济效果，是社会主义有计划管理企业的方法，是管理企业生产经营活动的根本原则和客观要求。① 也有学者指出，经济核算是社会主义社会特有的经济关系②；是社会主义制度的经济范畴，又是管理经济的办法③；关于企业经济核算的内容。一种观点认为，企业应实行“全面的、综合的核算，而不是片面的、单项的核算”，包括成本核算和资金核算，从而对企业生产经营活动的经济效果进行全面的计算和考核，并把考核同企业的财务状况和合理的物质奖励直接挂钩起来。④ 另一种观点认为，社会主义社会的经济核算，包括生产中的经济核算，主要是劳动成果和生产成本的核算，保证现有生产能力的合理利用，发挥最大的经济效果；建设中的经济核算，主要是投资效果的核算，保证用尽可能少的活劳动和物化劳动的消耗，创造出尽可能多的新的生产能力。⑤ 关于企业经营管理水平的考核指标问题，一种观点认为，应有一套指标体系来考核企业经营成果。这套指标体系，包含价值和使用价值方面；数量和质量方面；成本和效用方面等反映再生产过程的各个方面。⑥ 另一种观点认为，经济核算指标只需要价值形式的单项指标。⑦ 其中，指标体系的观点获得普遍的认同，但其中关于在指标体系中是否需要一个中心指标的问题，存在不同意见。第一种观点认为，应该要有一个中心指标。孙冶方提出利润指标是中心指标，它是反映企业技术水平和经营管理好坏的最综合的指标；第二种观点认为，

---

① 作沅：《关于社会主义经济核算的几个问题的探讨》，载于《经济研究》1961年第11期。

② 王德升、阎金锷：《试论经济核算的实质》，载于《教学与研究》1959年第9期。

③ 江冬：《关于经济核算的几个问题》，载于《经济研究》1959年第8期。

④ 何建章、桂世镛、赵效民：《关于社会主义企业经济核算的内容问题》，载于《经济研究》1962年第4期。

⑤ 薛暮桥：《关于社会主义的经济核算》，载于《红旗》1961年第23期。

⑥ 李成瑞、左春台：《我们对社会主义经济核算中若干问题的看法》，载于《光明日报》1962年6月4日。

⑦ 沈经农：《关于社会主义企业经济核算的几个问题》，载于《光明日报》1962年5月28日。

不能有一个凌驾于其他指标之上的中心指标，因为容易造成不良后果，妨碍企业全面完成国家计划。① 关于经济效果的含义，有学者指出，它是人们经济活动中的耗费同成果的比较，是关于使用价值与劳动消耗和资金占用（劳动占用）之间的关系，是对经济活动“合目的性”的经济评价。②关于评价社会主义经济效果的标准，一种观点则认为，劳动生产率和经济效果不是一个概念，应把每个社会形态生产的特有目的的效果作为经济效果的主要内容和综合表现，作为评价社会经济活动的最高标准。③ 还有一种观点，则主张把生产过程中新创造的价值，即国民收入的多少，作为经济效果的衡量标准。④ 这些对经济核算和经济效果的讨论和论述，都表明学界对改进生产组织管理和提高企业经济效益的重视。

此外，还有学者提出了一些改进管理的具体措施和方法。例如，冯治国提出，加强劳动管理、改善劳动组织是发挥劳动积极性、挖掘劳动潜力、提高劳动效率的有效办法，并进一步提出了具体的方法：（1）必须整顿现有的劳动组织，人民公社的劳动组织必须向工厂化方向发展，实现专业化；（2）必须建立定额管理制度，实行生产定额和劳动定额两种制度；（3）必须根据统一经营、分级管理、分层负责的原则，建立集体和个人的生产责任制；（4）有计划地组织劳动协作。⑤ 沈亚纲总结了长春市在技术革命运动中的企业管理工作，他指出，当前企业管理工作的指导思想和方法有了提高和改进，主要是：（1）从管理生产、反映生产到设法促进生产；（2）从服务于生产到面向群众，大搞群众运动；（3）从部门之间各司其职，到一定时期围绕一个中心，齐心合力共同协作。⑥ 四川财经学院

① 胡式如、李斗垣、杨公朴：《利润不是企业经济核算中心的、统帅的指标》，载于《学术月刊》1964 年第 9 期。

② 邹宗伊：《社会主义制度下的经济效果及其主要指标》，载于《学术月刊》1962 年第 9 期；何建章、桂世镛、赵效民：《关于社会主义企业经济核算的内容问题》，载于《经济研究》1962 年第 4 期；王永锡、袁文平：《关于社会主义经济效果的实质》，载于《经济研究》1962 年第 9 期。

③ 王永锡、袁文平：《关于社会主义经济效果的实质》，载于《经济研究》1962 年第 9 期。

④ 徐芦：《关于社会主义再生产的几个问题》，载于《大公报》1961 年 9 月 13 日。

⑤ 冯治国：《如何解决今年农业生产战线上劳动力不足问题》，载于《经济研究》1959 年第 3 期。

⑥ 沈亚纲：《长春市在技术革命运动中进一步改进了企业管理工作》，载于《经济研究》1960 年第 5 期。

工业经济系1956级成都量具刃具厂生产实习组分析了工业企业管理的变革，认为推行“两参一改三结合”的制度是我国工业企业管理工作的一次深刻的变革，其主要标志是生产小组成了企业的基层组织，它不仅是小组生产的直接组织者，而且是企业的基层生产行政管理单位。[①] 文章还进一步分析了我国小组管理制度是在毛泽东思想指导下产生、发展和日益完善，对我国经济的发展产生了积极作用，主要表现在：首先，调整了企业内部的生产关系，主要是干部和工人之间的关系，改革了企业管理制度和管理体制，使企业内部生产关系更适合生产力的发展，上层建筑更适应经济基础，从而促进企业的再生产；其次，进一步清除了企业管理工作中“一长制”的影响；再次，充分体现了工人是生产者和管理者的民主管理原则，充分发挥了工人的主动性、积极性和创造性。[②] 从现代经济管理的理论与实践角度重新回顾当时的这些管理思想，如要求技术人员、管理者和工人在生产实践和技术革新中相结合等，其实质是指向分工深化与生产效率的提高，这些都是学界关于组织和管理思想的有益探索。

这一时期，我国关于生产组织管理改进的思想，无论是“两参一改三结合”的鞍钢宪法，还是托拉斯的管理思想，都是改革开放前，我国经济管理体制改革的重要探索，突破了长期以来我国行政僵化的管理方式，为此后我国经济管理体制改革提供了新思路。

二、追求综合平衡增长的思想

这一时期我国对经济结构调整和产业升级方面给予了高度的重视，虽然总体上强调工业特别是重工业的优先发展，但也十分注重经济结构和产业发展中的比例关系和综合平衡问题。关于追求综合平衡的经济增长理论，最早出现在马克思的再生产理论中，陈云曾指出有计划按比例这一思想来源于马克思。[③] 陈云在继承了马克思再生产理论的基础上，结合我国社会主义经济建设的具体实践，创造发展了一套系统的综合平衡理论。关

---

①② 四川财经学院工业经济系1956级成都量具刃具厂生产实习组：《工业企业的小组管理是我国政治经济发展的必然产物》，载于《经济研究》1960年第6期。

③ 《陈云文选》（第3卷），人民出版社1995年版，第244页。

于陈云综合平衡的经济增长思想的主要内容，学者论述的比较多，主要有以下几个方面：第一，经济建设要从国情出发，经济发展的速度要适度，要与国力相适应；第二，经济发展要以效益为中心，搞好综合平衡，注意内部协调发展，还必须和资源环境相协调；第三，利用外资和外国的先进技术，发展本国经济；第四，改革旧的计划经济体制，推进经济发展；第五，经济发展的根本出发点是为人民谋利益等。[①] 这些内容都鲜明地体现了内涵式的经济增长思想。陈云的综合平衡理论在改革开放前30年里历经萌芽、形成、停滞的三个阶段，以下将具体论述这三个阶段的综合平衡增长思想。

（一）综合平衡增长思想的萌芽

在编制“一五”计划时，陈云就提出了必须处理好国民经济发展的有关重大比例发展问题以及平衡关系问题。1954年，陈云提出“在五年计划中国民经济必须按比例发展的问题”，并明确指出“要保持农业与工业、轻工业与重工业、重工业各部门之间、工业发展与铁路运输之间的四大比例，以及保持财政收支、购买力和商品供应、主要物资供需之间三大平衡的思想。”[②] 这标志着陈云综合平衡理论的萌芽。1957年1月18日，陈云提出“建设规模要与国力相适应的有关综合平衡”，认为“我国的经济建设的规模务必要同国家的物力财力相适应，然而适应与否，这是经济稳定与否的界限”，“如果经济建设规模超越了国家财力物力所能支持的限度，则就冒进了，就会导致经济混乱，从而影响整个社会的经济秩序。若建设规模能与国家财力物力适应，经济就会保持稳定。”[③] 他针对当时经济出现的一系列不平衡的问题，提出了建设规模要和国力相适应，并再次论述了国民经济的各种比例问题，以实现国民经济的综合平衡。之后，1958～1960年，在赶超战略和社会主义建设总路线的指导下，“大跃进”追求超越客观可能性的高速度和高指标，以积极平衡取代综合平衡，从而造成了国民经济的比例严重失调，打破了国民经济原本的平衡。在这一段时期

① 吴易风：《陈云的综合平衡理论及现实意义》，载于《马克思主义研究》2005年第3期。
② 《陈云文选》（第2卷），人民出版社1995年版，第83页。
③ 《陈云文选》（第2卷），人民出版社1995年版，第101页。

内，由于外延式的经济增长思想占据了主导地位，陈云强调综合平衡的增长思想自然遭到排挤，直到国民经济的发展遭遇困境后，陈云的综合平衡理论才又被重视。

（二）综合平衡增长思想的形成

1961 年 9 月，陈云在《关于当前工业问题的指示》中重申综合平衡思想，提出要“把综合平衡问题单独写一条”①，这意味着综合平衡思想再次被重视。1962 年，陈云系统阐述了综合平衡的一系列问题，主要涉及综合平衡的内涵和本质，积极平衡和消极平衡问题，从何时开始搞综合平衡，从什么“线”出发搞综合平衡等方面。② 这标志着陈云的综合平衡理论体系的形成。关于综合平衡的内涵，陈云指出：“所谓综合平衡，就是按比例；按比例，就平衡了。任何一个部门都不能离开别的部门。一部机器，只要缺一部分配件，即使其他东西都有了，还是开不动。按比例是客观规律，不按比例就一定搞不好。”③ 关于从何时开始搞综合平衡，陈云认为，“综合平衡必须从现在开始，今年的年度计划就要搞综合平衡，开步走就要搞综合平衡。”④ 而关于从什么“线”出发搞综合平衡，陈云指出：“按短线搞综合平衡，才能有真正的综合平衡。所谓按短线平衡，就是当年能够生产的东西，加上动用必要的库存，再加上切实可靠的进口，使供求相适应。”⑤

陈云关于综合平衡问题的论述，形成了一个系统的经济增长理论，这是当时关于经济增长的重要理论发展，为我国经济建设指明了正确的道路。综合平衡的增长思想主要强调经济发展的质量和效益，实质上是关于产业升级过程中经济结构与增长速度的互动关系，它体现着一种内涵式的经济增长。综合平衡思想要求在积累与消费之间，第一部类与第二部类之间，以及每个部类中的各个生产部门和各个环节之间，都要保持合理的比例关系。从社会再生产总体上考察国民经济发展过程中各部门之间、各生产要素之间的平衡关系，通过市场手段、管制手段和计划手段的结合，组织有计划按比例

---

① 《陈云文选》（第 2 卷），人民出版社 1995 年版，第 110 页。
② 吴易风：《陈云的综合平衡理论及现实意义》，载于《马克思主义研究》2005 年第 3 期。
③④⑤ 《陈云文选》（第 3 卷），人民出版社 1995 年版，第 211 页。

的经济增长，着眼于全局的综合平衡，统筹协调结构平衡。[①]

（三）综合平衡增长思想的停滞与恢复

1966年，“文革”开始后，综合平衡增长思想停滞，由于陈云遭到错误的批判，综合平衡的思想在具体经济实践中未得到贯彻。这一时期，“左倾”思想占据主导，实际工作中更是把外延式的经济增长再一次推向极端，打破了整个国民经济的平衡状态，导致整个国民经济遭到严重的破坏。直到改革开放后，陈云的综合平衡思想才得以重新恢复发展。

在理论界，马寅初较早明确提出“综合平衡”概念和相关理论观点，认为“社会主义经济建设的计划是建筑在按比例发展规律之上的（同时也利用价值规律），依据按比例发展规律并且可以做出一个全面的综合平衡工作”[②]，进而提出了“团团转”的综合平衡理论。他主要是利用团团转的方法来解释综合平衡理论，“由于计划经济包括了许多部门和许多环节，我研究的方法，是挑选几个主要环节，而后再一个接着一个地全面地综合地说清楚各个环节间的平衡关系，以物价政策开始，最后仍以物价政策终结。”[③]“在计划经济中，综合平衡和有计划按比例发展规律是最重要的原则，主管机关一定要全面安排，力求其平，则不仅甲与乙间乙与丙间要求其平，即首尾两端间也要求其平，因此形成一个团团转。”[④]团团转理论提出后，学界更多的是不赞同的声音，认为“团团转”违反再生产理论，限制了综合平衡理论的研究，[⑤]是一种消极平衡方法。[⑥]“大跃进”之后，更是对马寅初“团团转”理论进行批判，认为“团团转”理论是反辩证唯物主义的，宣扬了形而上学的机械论和外因论，甚至认为其理论是“资产阶级的庸俗经济学”，是彻头彻尾的资产阶级反动理论。

---

① 程霖、岳翔宇、张申：《陈云经济思想新探》，载于《财经研究》2010年第12期。

② 马寅初：《联系中国实际来谈谈综合平衡理论和按比例发展规律》，载于《人民日报》1956年12月28日。

③ 马寅初：《马寅初经济论文选集》，北京大学出版社1990版，第536页。

④ 马寅初：《马寅初经济论文选集》，北京大学出版社1990年版，第707页。

⑤ 马纪孔：《就综合平衡理论与马寅初先生商榷》，载于《计划经济》1958年第4期。

⑥ 柳谷岗：《关于马寅初先生的综合平衡理论》，载于《光明日报》1958年5月17日。

（四）对综合平衡增长思想的评价

在中国现代经济思想史和世界社会主义经济理论史的发展进程中，陈云经济思想起着承前启后的重要作用。[①] 他的经济思想具有可持续性，其综合平衡理论是我国第一个完整的经济增长思想体系，既是经济政策制定的重要依据，也是我国宏观经济调控的重要工具，具有很强的实际操作指导意义。[②] 综合平衡增长思想是我国在现代化经济建设过程中取得的重要成果，它突破了传统理论的过度强调外延式经济增长，丰富了我国内涵式经济增长的思想，在我国经济增长思想史上有着十分重要的地位。历史和现实多次表明，综合平衡思想遭到反对而未能在实践中落实时，我国经济很快就会出现波动，而每一次经济出现困难后经济调控的手段常常是用各种方法重新实现平衡，在重新实现综合平衡后经济就得到恢复发展。这一理论结合了我国传统的“有计划、按比例”的经济发展理论，既尊重经济增长的基本规律和市场的宏观供求，并强调了经济效益。在市场经济下，价格决定资源配置，资金、劳动力以及各种商品（中间品和成品）在价格和供求关系的作用下流通于不同的部门之间。计划经济体制下则不存在或很少存在自由市场经济，经济计划决定资源配置，因此经济计划决策效率决定资源配置效率。而综合平衡追求符合价值规律的配置方式，主张通过提高资源配置效率来提高产出，促进经济增长，这典型地体现了一种内涵式的经济增长思想，对我国经济建设有重要的指导意义，对当今中国的经济增长也仍具有现实的意义。

三、总结与评论

通过梳理这一时期我国内涵式经济增长思想的内容，可以发现，无论是政界还是理论界，都提出了大量丰富的内涵式经济增长思想。劳动生产率的提高是内涵式经济增长思想的重要主题，我国充分认识到提高劳动生产率对国民经济增长的积极作用，并提出从科学技术进步、劳动者素质提高以及生产组织管理改进三个方面，来实现劳动生产率的提高，从而促进

---

① 程霖、岳翔宇、张申：《陈云经济思想新探》，载于《财经研究》2010 年第 12 期。

② 吴易风：《陈云的综合平衡理论及现实意义》，载于《马克思主义研究》2005 年第 3 期。

我国的经济增长。

从科技进步方面来看，我国领导人十分重视科学技术，并提出要开展技术革新和技术革命运动，只是技术革新和技术革命运动忽视了我国现实条件和技术发展的客观规律，一味地提高技术指标，在实践中并没有真正起到促进科技进步的作用，反而对我国国民经济造成极大的浪费；在劳动者素质提升方面，我国意识到人才的重要性，重视培养人力资本，发展教育，只是随着政治斗争扩大化和“文化大革命”，一些知识分子被批判，最典型的就是对马寅初《新人口论》的批判，从而错失了控制人口数量、提高人口质量和提升劳动者素质的机会；在经济组织管理改进方面，我国不断探索经济经营管理制度，提出了“鞍钢宪法”的宝贵思想，并试办托拉斯来提高企业效率，为我国经济管理体制改革提供了新思路。这一时期另一重要的内涵经济增长思想就是追求综合平衡增长理论，结合我国传统的“有计划、按比例”的经济发展理论，尊重经济增长的基本规律和市场的宏观供求，强调通过提高资源配置效率来提高产出和经济效益，实现内涵式经济增长，是对我国经济建设的有益探索。

不过，这些内涵式经济增长思想很难在短期内充分发挥其积极作用，与这个时期我国赶超发展战略的现实需要不相符合，相对而言，外延式经济增长见效快，很快就在实践中占据主导地位，因此内涵式经济增长在经济实践中无法持续得到贯彻实施，尽管在某些时期在部分行业里也得到了阶段性的付诸政策实践，但整体上还是处于非主导地位。从这一时期内涵式经济增长思想的分析，再一次论证了这一时期我国经济增长思想常常出现理论与实践的背离，而由于我国是以政府为主导的计划经济体制，经济增长必然受到现实客观实际的限制和影响，在政治挂帅和军事备战下，我国最终还是实行了外延式的经济增长路径。

第五节　本时期中国经济增长思想的绩效分析与理论评价

通过以上对这一时期外延式经济增长思想和内涵式经济增长思想内容

的具体分析，这里有必要对这一时期我国经济增长思想进行绩效分析与理论评价，进而有助于理解这一时期经济增长思想在我国经济思想史发展中的作用与地位。

一、外延式经济增长思想在实践中占主导地位的原因分析

我国实行外延式经济增长具有历史必然性，其一是国际经济增长的实践经验，其二是我国经济快速发展的客观需要，其三是政治军事形势的影响，其四是生产资料优先增长理论的认识。具体而言：

（一）国际经济增长的实践经验

任何一个国家的经济建设基本都要经历外延式增长的阶段。一国通过生产要素大量投入的外延式经济增长以实现工业化和现代化，可以说是世界发达国家经济增长的一个普遍规律。

美国在工业化的起步阶段，也经历过一段外延式为主的经济增长。这一时期经济的高速发展，使得美国从一个农业国迅速实现了工业化，成为世界工业大国。而在美国工业化前期，生产要素的投入对国民经济增长的作用起着主导地位。但第二次世界大战后，美国逐步转变经济增长方式，以科技推动为基础及以生产率提高为标志的内涵式增长要素在经济增长中的作用得到加强，在世界经济中的霸主地位由此逐渐形成。科学技术的因素在经济增长中发挥的作用越来越大，劳动生产效率的提高在美国经济增长中的作用也得到进一步加强，美国从第二次世界大战前的外延式经济增长成功转变为战后的内涵式经济增长。

第二次世界大战后西欧经济遭到严重的破坏，国民经济陷入困境，不得不面临经济重建的艰巨任务，于是西欧各国通过资本的大量投入的外延式经济增长方式，掀起了大规模固定资本投资高潮，为各国经济增长奠定了重要的物质基础，带来了西欧国家经济持续、高速增长的局面。西欧在国民经济恢复的基础上，逐步探索工业化道路和经济增长模式，通过不断加大科研开发经费，推动科技迅猛发展，直接促进了劳动生产率的提高，实现了由以劳动和资本投入为主的外延式经济增长向以知识和技术投入为

主的内涵式经济增长转变。

苏联经济增长模式是一种典型的外延式经济增长模式，从工业化的第一个五年计划开始，主要依靠高积累和生产要素的高投入以实现经济的高速增长，这种外延式经济增长，在短期内能够实现较高的经济增长率，但这种高经济增长率并不能长期持续，并在后期给经济发展带来了一系列的问题。1958 年以后，苏联经济增长出现放缓的迹象，而当时苏联东欧的一些经济学家对此作了一番讨论。他们指出，苏联经济的高速增长，主要是通过大量生产要素投入的外延式增长实现的，这种高积累、低消费的依靠重工业拉动的经济增长方式，导致了国民经济发展中的一系列严重问题，必须实现由外延式增长向内涵式增长的转变。但受到本国政治因素的影响以及经济体制的制约，苏联经济增长没能实现转变，经济增长率持续下降导致了经济的衰退，而经济衰退成为苏联解体的重要原因之一。

通过上述不同国家经济增长的案例分析可知，在一国工业经济发展初期，由于资金、技术、资源等客观条件的约束，经济增长一般都采取外延式为主，外延式经济增长在一国经济发展的早期起过至关重要的作用，而在一国发展到一定水平后，经济增长需要开始向内涵式转变，而是否能实现内涵式经济增长的转变，是一国经济可持续增长的关键。同时，研究也表明，外延式经济增长和内涵式经济增长不是完全分开的，不存在纯粹的外延式或内涵式经济增长，只能说在一定时期内以外延式经济增长为主或者以内涵式经济增长为主。

（二）国内对经济快速发展的客观需要

新中国成立初期，我国的生产力水平极其低下，经济状况用一个词概括就是“一穷二白”，企业数量少、规模小，产业结构不平衡，资源配置不合理。据联合国“亚洲及太平洋社会委员会”关于 1949 年人均国民收入的统计，美国是 1453 美元，西欧是 473 美元，整个亚洲平均是 44 美元，其中日本是 100 美元，印度是 57 美元，中国是 28 美元，在亚洲倒数第一。① 因此，中国迫切需要进行大量基本建设，以恢复国民经济。在当

① 参见胡绳：《中国共产党七十年》，中共党史出版社 1991 年版，第 289 页。

时我国采取了以外延扩大再生产为主导有其历史必然性。受苏联模式的影响，同时也为适应当时经济发展中建立起来的计划经济体制，我国选择了一条重工业优先发展的工业化道路。由于我国劳动力资源比较丰富且廉价，资本却极其缺乏，我国当时的资源禀赋情况根本无法满足资本密集型的重工业发展，政府只有通过计划安排强制性地压低资本价格，促使资本要素流向重工业，这也决定了我国社会主义优先发展重工业的工业化道路主要是通过生产要素大量投入的外延式经济增长得以实现，从而使得我国经济增长呈外延式的特征。

当时我国的经济状况基本上具备了采用外延式经济增长方式的各种条件。从需求方面看，由于我国是在经济十分落后的基础上进行现代化工业建设，工业体系的建立将关系到全国各个行业、各个部门、各个地区的发展，因此对资金、工业产品有着巨大的需求。这种经济增长在高需求的强烈拉动下实现了经济的高速增长；在供给方面，我国幅员辽阔，资源比较丰富，国内生产规模较小，自给资源基本能满足我国扩大再生产的需要，因此资源因素在较长时期内没有制约工业经济的发展。从劳动力市场看，由于我国从农业社会向工业社会转变，会带来大量的农业剩余劳动力，进一步造成我国生产劳动力的大量供给，在工业生产的劳动力市场，我国几乎一直处于供大于需的状况；从技术状况看，新中国成立初，科学技术教育还十分落后，技术人才极其短缺，缺少工业生产技术研发的中坚力量，整体上劳动者的素质比较低，使我国无法实行以内涵式为主的经济增长。从外部条件看，我国长期处于西方资本主义国家的封锁、包围之中，国际市场狭小。由于实行管制的贸易政策，在一定程度上阻碍了商品的自由流通，在很长的一段时期内，我国经济增长主要依靠国内有限的市场来带动。

（三）政治军事形势的影响

新中国成立后，受到当时国内国际政治军事形势的影响，工业布局和经济生产都不得不优先考虑军事物资的备战与国防建设的需要。在这种情况下，国内学界虽然依然高度推崇内涵式经济增长，却也不得不承认优先通过资本积累、集中这种外延式道路扩大经济产出的必要性。

（四）生产资料优先增长的认识

这一时期关于再生产理论的讨论的另一个热点是生产资料优先增长问题，关于这一问题最早是列宁提出“生产资料优先增长规律”，他将技术进步纳入马克思扩大再生产公式中提出“生产资料的生产比消费资料的生产增长得快”① 的结论，认为随着技术的进步，机器劳动替代手工劳动，资本有机构成日益提高，在马克思再生产公式中，就是生产资料比消费资料增长更快，即机器和制造机器的必需品如煤、铁等生产资料的生产越来越重要。我国学习和研究这一规律，并展开激烈讨论，学界普遍认同了生产资料生产的优先增长，但关于生产资料与消费资料、技术进步之间的关系和作用问题存在不同的观点。一种观点认为，扩大再生产必须生产生产资料，生产资料（第一部类）比消费资料生产（第二部类）的优先发展是社会主义扩大再生产的必要条件②；另一种观点则认为，生产资料的优先增长必须以技术进步为前提，只有随着技术的进步，劳动生产率的提高，才要求生产资料的优先增长，而在技术条件不变的前提下，扩大再生产并不一定意味着生产资料的优先增长。③ 多数学者认为生产资料对扩大再生产的主导起决定作用，但同时消费资料对扩大再生产也存在制约，因此，两者是相互依存、相互制约的关系。④ 而实际上，马克思在扩大再生产公式中仅“强调了生产资料生产在扩大再生产中的主导作用”，根本在于社会生产两大部类的协调均衡发展，这是扩大再生产的基本规律。列宁在引入技术进步、资本有机构成提升的因素后，提出生产资料优先增长的规律，这一规律应是以马克思扩大再生产基本规律为前提和基础，但这一规律只是描述一个长期趋势，不能完全覆盖不同国家在历史特殊时期的具体情况⑤。而我国对生产资料优先增长规律产生片面认识，把坚持生产资

① 列宁：《列宁全集》（第1卷），人民出版社1884年版，第68页。

② 许涤新：《论社会主义的再生产》，载于《人民日报》1961年12月27日。

③ 吴树青：《马克思关于社会生产两大部类的学说及其在社会主义再生产中运用的几个问题》，载于《光明日报》1962年1月8日。

④ 周华：《关于社会主义再生产问题》，载于《江海学刊》1962年第6期；曾启贤：《生产资料生产优先增长的两个问题》，载于《武汉大学学报》1963年第1期。

⑤ 关梦觉：《关于社会主义扩大再生产的几个问题》，吉林人民出版社1980年版，第6～7页。

料优先增长作为我国经济增长的理论基础和发展规律，从而导致我国经济在实践中不断沿着外延式经济增长轨道发展。

因此，中国外延式主导的经济增长模式是当时一定历史条件下的必然产物，具有历史的必然性，客观上对中国的工业化和经济增长曾经起到一定的推动作用。

二、外延式主导的经济增长的绩效与不足

（一）新中国经济增长的成就

新中国成立后的前30年里，我国从恢复国民经济，到大规模的经济建设，完成了第一个五年计划，奠定了我国工业化的坚实基础，缩短了中国与世界经济发展水平的差距，增强了国家的综合实力，提高了中国的国际地位。可以说，这一时期的经济发展是我国整个现代化经济建设进程中的一个重要的阶段，为之后我国的经济腾飞奠定了重要的基础。下文将从国内生产总值GDP等相关数据指标来说明新中国成立30年经济增长的成就。

国内生产总值是反映一个国家综合经济实力的指标。新中国成立后，国民经济的迅速恢复，国家实力明显增强，中国的经济总量水平经过50年代初到70年代末的增长有了巨大的提高。1952～1978年间，我国的经济高速增长，据相关统计资料表明，“按可比价格计算的社会总产值、工农业总产值和国民收入的年均增长率，分别达到7.9%、8.2%和6.0%，国内生产总值GDP从1952年的679亿元增加到1977年的3624.1亿元，其中，第一产业GDP从1952年的342亿元增加到1977年的1018.4亿元；第二产业GDP从1952年的141.8亿元增加到1977年的1745.2亿元；第三产业GDP从1952年的194.3亿元增加到1978年的860.5亿元”① 以这样高速度的经济增长，在短短的30年间，我国建立了一个比较完整的、

① 国家统计局国民经济综合统计司：《新中国五十年统计资料汇编》，中国统计出版社1999年版。

齐全的、独立的工业体系，工业化进程不断加快，工业产品产量大幅度增长，落实了一大批重点工程。“从‘一五’时期开始的以156项重点工程为中心，由限额694个项目组成的大规模建设工程陆续建成投产，以及后来一大批举世闻名的项目，如大庆油田，万吨水压机，万吨级远洋货轮及5万吨远洋油轮，10万吨水力发电机组，百万伏高压标准电容器，武汉、南京长江大桥和三门峡等水利工程，以及以‘两弹一星’为代表的一批世界级高科技产品相继问世。”① 而且，农业生产条件也得到改善，人民物质文化生活水平逐步提高，为我国今后的改革开放和中国特色社会主义的现代化奠定了初步基础。

（二）经济发展存在的不足

在经济增长取得世界瞩目成绩的同时，也不能忘记这是付出了高昂代价的。在我国经济建设中外延式经济增长理念得到充分的贯彻，这导致我国经济运行存在一些不足，主要表现在经济结构比例失衡、经济生产效率低、经济波动频繁等方面。

第一，经济结构比例失衡。由于我国走重工业优先发展的工业化道路，国家常常在政策计划上倾向于工业特别是重工业的投资，重工业的增长明显快于轻工业和农业，而重工业较快的增长在一定程度上起到了支撑国民经济增长的作用，并成为提高国民经济增长的主导因素。但是，这种片面依赖重工业的发展，造成我国经济结构的不平衡，因而这种较快的速度并不能代表实质性的经济增长。1955年“一五”计划建设的重心主要是苏联援建的156项重点工程，全国经济建设和文教建设支出总额为766.4亿元，其中用于基本建设的投资为427.4亿元，占总支出的55.8%。② 投资分配以基本建设为主，在基本建设中又以工业的基本建设为主，在工业的基本建设中又以重工业的基本建设为主。由于片面强调重工业的发展，外延方式的经济增长，使得我国国民经济结构比例失调。从

① 武力主编：《中华人民共和国经济史》（增订版），中国时代经济出版社2009年版，第507页。

② 国家统计局国民经济综合统计司：《新中国五十年统计资料汇编》，中国统计出版社1999年版。

表3－1可以发现，重工业远远高于轻工业和农业，并长期保持在高位。

表3－1　　重工业、轻工业、农业投资比重　　单位：%

时期	重工业	轻工业	农业
“一五”时期	36.1	6.4	7.1
“二五”时期	54.0	6.4	11.3
“调整”时期	45.9	3.9	17.7
“三五”时期	51.1	4.4	10.7
“四五”时期	49.6	5.8	9.8
1978年	48.7	5.8	10.6

资料来源：《中国统计年鉴1990》。

第二，经济生产效率低。重工业的优先发展，常常通过提高积累、降低消费来为工业发展提供资金来源。从20世纪50年代到70年代，我国的社会积累主要由政府推动，在中国全部积累中，由财政投资形成的积累所占比重很大，但这种强制性高积累模式的效率极其低下，每百元积累增长的国民收入，历史上最好水平是1963～1965年的57.1元，此后的几个五年计划时期波动较大，总的趋势是趋于下降的，最低水平为“二五”时期的0.9元。表3－2说明了我国积累和投资的效益日趋下降，高积累、高投资与低效益长期并存。此外，分析我国经济增长出现的问题，可以从分析生产投入的各要素对经济增长的贡献得到启发。改革开放前，我国经济增长主要靠资本和劳动等生产要素的大量投入，而由于生产投入效率和技术水平低，资源配置也不合理，因此全要素生产率很低，表现为典型的外延式经济增长。

表3－2　　中国每百元积累所增加的国民收入

时期	积累总额（亿元）	新增国民收入（亿元）	每百元积累增加的国民收入（元）
“一五”时期	988	319	32.0
“二五”时期	1732	16	0.9

续表

时期	积累总额（亿元）	新增国民收入（亿元）	每百元积累增加的国民收入（元）
“调整”时期	811	463	57.1
“三五”时期	2047	459	22.4
“四五”时期	3644	577	15.8

资料来源：周振华主编：《增长转型》，上海人民出版社 1997 年版，第 37 页。

第三，经济波动频繁。改革开放之前的 30 年，我国经济增长出现过急剧的波动，经济增长速度呈现大起大落的特征。表 3－3 列出了这一时期发生的 5 次剧烈波动，从而形成了我国经济增长的五个周期，下面以 GDP 增长率为代表，分析我国的经济周期波动状况。

第一个经济周期：1953～1957 年。我国从 1953 年开始第一个五年计划建设时期，通过大规模的固定资产投资，实现经济高速增长。但经济的过快增长打破了原本经济的正常平稳运行，1954 年、1955 年经济开始回落，随着经济政策略作调整后，1956 年再次加速，但难以为继，1957 年经济再次回落。

第二个经济周期：1958～1962 年。1958 年，我国开始“大跃进”，强调高速度是一切，经济增长出现跳跃式增长，但这种人为地追求高速度，违背了经济增长的规律，之后三年，经济增长率大幅回落，甚至出现负增长。

第三个经济周期：1963～1968 年。在这一时期，我国经历了短暂的调整，经济得以重新恢复到增长路径上来。但由于“文化大革命”的爆发，之后两年经济增长率再次回落，回到负增长。

第四个经济周期：1969～1972 年。在全国国防建设高潮的后期，经济有一定的增长，但在以“阶级斗争为纲”的背景下，经济增长无法持续。

第五个经济周期：1973～1977 年。1973 年，经济增速略有回升；1974 年增速回落。1975 年又略有回升；1976 年又降为负增长。这段时期，经济增长很微弱。

表 3－3 反映了我国从 1953～1977 年经济增长周期波动的状况，这种

大起大落的经济波动严重影响了经济的健康增长，经济增长周期波动与我国经济增长思想的变化有一定的相关性。

表 3－3　1953～1977 年中国经济增长的波动状况

年份	经济增长率（%）	经济增长率变动幅度（%）	经济周期
1953	15.6		第一个周期
1954	4.2	－73.0	
1955	6.8	61.9	
1956	15.0	120.6	
1957	5.1	－66.0	
1958	21.3	276.1	第二个周期
1959	8.8	－58.7	
1960	－0.3	－72.8	
1961	－27.3	9000.0	
1962	－5.6	－79.5	
1963	10.2	－282.1	第三个周期
1964	18.3	79.4	
1965	17.0	－7.1	
1966	10.7	－37.1	
1967	－5.7	－153.2	
1968	－4.1	－28.1	
1969	16.9	－512.2	第四个周期
1970	19.4	14.8	
1971	7.0	－63.9	
1972	3.8	－45.7	
1973	7.9	107.9	第五个周期
1974	2.3	－70.9	
1975	8.7	278.3	
1976	－1.6	－118.4	
1977	7.6	－575.0	

资料来源：根据历年《中国统计年鉴》整理计算。

三、对外延式经济增长思想的评价

（一）外延式经济增长思想的优点

新中国成立后，以大规模的生产要素投入为主要特征的外延式经济增长，在短期内促进了我国经济的高速增长，客观上提高了我国的人民生活水平。在实现经济增长方面，它具有如下的优点：

第一，通过大量投入人力物力财力资源，扩大基建规模，新建扩建项目企业，在短时期内形成较大的规模经济效益，迅速提高了我国社会生产力，从而促进了我国经济高速的增长。

第二，在高度集中的计划经济体制下，形成了强有力的政府，国家通过计划在全国范围内配置资源，一定程度上优化了生产要素组合。由于各个地区的经济条件、资源禀赋、技术力量、管理经验等大不相同，通过大规模的生产建设，使各地区的经济优势得到一定发挥。

第三，可以重点优先发展某些部门，加强薄弱环节，促进国民经济的协调发展。在新中国建立初期，对于一些急需发展的原材料、燃料工业，通过大规模的新建扩建，使其在短时间内得到迅速发展。

第四，通过充分利用我国丰富的劳动力资源优势，吸收多余的农村劳动力，增加就业人员，促使农村人口的转移，加快城镇化。而劳动力大量涌入城市，导致劳动力价格低廉，这为改革开放之后，吸引大量外资创造了条件，而两者的结合，推动了我国经济的腾飞。

（二）外延式经济增长思想的局限性

通过对这一时期经济增长运行绩效表现的分析，外延式主导的经济增长从长期来看，存在一定的局限性，具体表现在以下几点：

第一，经济增长的不可持续和社会发展的不稳定。外延式为主的经济增长是以各生产要素的高投入、高积累、高消耗来实现，当资源的再生或新资源开发的速度远远不及资源的消耗速度时，就会产生资源需求与供给之间的矛盾，使我国经济增长面临资源瓶颈的制约。同时，高消耗带来的经济增长，必然伴随着高排放和高污染，造成我国环境压力日益加重，经济的可持续发展面临严峻考验。这种对环境过度使用和掠夺性经营的经济增长，将会产生巨大的环境治理成本，而环境污染和生态破坏带来自然灾害的增加，会造成更大的经济损失，减少社会的财富，影响社会的稳定。因此，以外延式为主的经济增长与经济的可持续性发展之间的矛盾日渐突出。

第二，形成高积累低消费局面，经济增长面临消费瓶颈，单纯依靠投资拉动的经济，经济增长容易进入“低水平均衡陷阱”。外延式经济增长常常通过高投资来实现生产规模的扩张，但这需要高积累的支持才能得以保证。在我国国民经济核算中，国民收入可以简单的等于国民积累与国民消费之和，因而在保证高积累的前提下，必然挤出国民的消费，加上投资需求无法真正转化为消费需求，消费需求持续低迷，这就导致我国长期存在内需不足的问题，继而发展成为我国经济增长的一大瓶颈。高积累、高投资的贡献并不是没有边际的，在生产率既定的前提下，资本受到边际收益递减的制约，而资本持续投入将会带来投资效率的下降，这又加剧了能源、原材料等资源供求紧张的矛盾。因此，以高积累、高投资、低消费为主的经济增长，就容易进入“投资—效益低下—再投资”的恶性循环，而随着“投资饥渴”的不断膨胀，投入产出比下降，重复建设、盲目发展，新项目开工、“铺新摊子”，忽视资源要素的优化配置。

第三，外延式经济增长思想一个重要特征就是不断增加劳动力数量的投入，充分利用中国劳动力资源丰富的优势，但却忽视了全社会人力资本的提升，最终使得劳动生产率趋于下降，制约了经济的快速增长。而且，由于大多数劳动力缺乏教育培训，技能比较差，使得机器设备使用效率低下，劳动生产率也比较低。同时长期以来，一方面，由于外延式的经济增长常常是通过固定资产在短期内的大量投资，导致我国第二产业的比重偏高，而能吸收大量劳动力的第三产业比重偏低。另一方面，随着我国第二产业的不断发展，劳动力逐渐被资本、机器设备等科技替代，对劳动力的需求也大大降低，从而出现了大量的剩余劳动力，造成了就业压力问题。

第四，“投资饥渴”加剧我国经济增长的周期波动。改革开放前30年间，我国经济增长就出现过五次大起大落式的周期波动。在外延式为主的经济增长下，高速度是建立在高投入的基础之上的，通过投入大量人力、物力、财力，大量上新项目，铺新摊子。根据乘数原理和加速原理，初始投资的扩张会引起生产的“乘数”效应，而生产的扩张又会引起投资的“加速数”效应，不断循环往复，生产投资不断高涨，国民经济高速增长，而经济增长一旦超过其内在的增长率，经济运行就趋向过热，结果导致经济比例严重失调，最终制约了经济的增长。[①] 这就容易造成我国经济增长出现大起大落式的波动趋势，经济常常徘徊于“过冷”“过热”两极，而这种经济的大幅度波动，将导致整个国民经济结构的失衡和比例的失调，使得整个国民经济难以持续、稳定、健康地发展，成为经济稳定增长的隐患。

四、内涵式经济增长思想在实践中难以贯彻始终的原因分析

相较于外延式经济增长思想的局限，强调科技进步，管理创新、效率提高等手段以促进经济增长的内涵式增长思想不易受制于资源、劳动、资本等生产要素的约束，从而能够突破外延式经济增长的瓶颈，为经济增长提供更长久持续稳定的动力，实现经济的可持续发展。内涵式经济增长思想虽然有诸多优势，但在这一时期我国经济实践中却难以贯彻始终。具体分析有如下几点原因：

第一，一国经济增长方式是由本国经济发展水平及其经济发展面临的要素禀赋条件所决定的，这一时期我国经济增长要素禀赋结构存在资源、劳动力的比较优势，因此，强调要素投入的外延式增长在经济实践中更容易发挥其作用，而实现内涵式经济增长的空间有限。

第二，这一时期我国实施赶超战略，内涵式经济增长虽然更具有持续性，但其作用效果在经济活动实践中的发挥需要较长的时间，而外延式经济增长见效快，短期内能迅速扩大经济规模，从而更快地达到增长目标，实现赶超。

---

① 朱保华：《新经济增长理论》，上海财经大学出版社1999年版，第301～304页。

第三，内涵式经济增长无法满足政治、军事和外交等方面的需求，内涵式经济增长思想更适用于和平时期的经济发展，而相较之下的外延式经济增长思想则更有利于和平时期的战备及战争时期的动员和生产。

第四，由于政治上的运动频仍及其对经济的干扰，我国科技、教育、产业、组织等部门和事业常常受到严重的冲击和破坏，理论界关于新人口理论、生产组织管理理论以及综合平衡理论等被否定和批判，科技进步、人力资本发展、组织管理改进以及综合平衡发展受到了极大的负面影响，从而阻碍了我国内涵式经济增长的实现。

五、总结与评论

在外延式经济增长思想指导下，新中国经过近 30 年的经济建设，初步奠定了经济基础，但是长期的外延式主导的经济增长无法保证中国经济持续高速度增长，由于其内在的局限性以及计划经济体制本身的固有弊端，给中国经济带来了诸多不利的影响。因此，中国要实现经济的可持续增长，经济增长思想必须向效率优先的内涵式经济增长思想转型，而这种转型之路十分艰难，因为与制度变迁类似，经济增长思想的变迁同样具有一种路径依赖式的特征。因此，改革开放后，我国逐步开始了以市场化为导向的社会主义经济体制改革，并提出要转变经济增长方式，从外延式增长向内涵式增长转变。但是，外延式主导的经济增长思维惯性还在一直发生作用，我国经济增长长期依赖高投入、高消耗、高污染的粗放式要素驱动模式，全要素生产率水平与发达国家相比还有较大的差距，这与传统体制的路径依赖有密切关系。下一章将详细介绍转型时期我国的经济增长思想。

第四章

外延向内涵经济增长思想转型时期（1978~2001）

1978 年 12 月中共十一届三中全会召开，标志着中国以改革开放为起点的新历史时期就此启动。这场新中国历史上从未有过的重大经济社会体制变革，使中国成功确立了从对外封闭到对外开放的转变，也启动了由计划经济体制逐步向社会主义市场经济体制转变的历史进程。伴随着这种转变，我国的经济增长思想进入了一个新的发展阶段。如果说，1949～1978 年我国经济增长思想的总体特征是外延式经济增长思想在理论和实践中占据主导地位、内涵式经济增长思想有所发展但未能在实践中贯彻实施，那么，1978～2001 年我国经济增长思想的总体特征则可被归纳为市场化改革背景下在思想上要求从外延式增长向内涵式增长转型，而在实践中外延式增长与内涵式增长并存。由此可称，转型是本阶段经济增长思想发展的主题，其核心为转变经济增长方式。

本章将围绕“转型”这一主题，从其产生的背景与原因、内容与路径、效果与评价等方面逐一展开。首先，将探讨该时期经济增长思想转型的理论背景和经济体制启动改革的现实背景，这两方面背景的交叠共同奠定了转型时期我国经济增长思想的演变轨迹。其次，论述经济增长思想转型的两部分内容，包括：一是对以往外延式经济增长的理论与绩效进行反思，二是对转变经济增长方式的路径进行探索。以上两部分内容也体现出该时期经济增长思想的承上启下作用。而对于如何实现经济增长方式的转变，在理论及现实的框架约束下，该时期主要是以两条路径并行推进：第一条是优化要素推动型经济增长方式，这是外延经济增长方式中的一种，但却更为强调生产要素的优化利用；第二条是强化效率推动型增长方式，这是内涵经济增长方式的重要组成部分。两条路径产生了相应的两类经济增长思想，因而构成了本章将重点探讨的对象。最后，对转型时期经济增长思想的理论与绩效进行评析。

第一节　转型时期经济增长思想的理论与现实背景：以市场化改革为核心

在讨论经济增长思想的演变之前，有必要厘清该时期我国经济基本理论及政策的变化导向。该变化之所以发生，主要原因是随着中国对外关系的缓和及经济积累的初步实现，党和国家将工作重心确立为经济建设，弱化了政治运动对经济的干预和不利影响，从而更加遵从经济发展的客观规律，摒弃了以往的因竞争所需而人为指挥经济增长的做法。该战略转变具有明确的思想体现。如1978年邓小平在重要讲话中指出，“要学会用经济方法管理经济”①。同年《人民日报》也发表了胡乔木的社论，进一步主张，应杜绝以政府意志、长官意志指挥经济的“政治统帅经济”，应尊重客观的经济规律，即“要遵守有计划按比例的规律”，“要遵守价值规律”，要“保证国家、企业和个人利益的统一”。②

以上变化，一方面开放了经济学的学术环境，引入了大量西方经济学说为中国经济学者所选择和吸收，特别是，第二次世界大战之后迅速崛起的西方经济增长理论的引进，为国人提供了丰富的学术养分，且因其范式的规范与体系的完整，对20世纪80年代以来我国的经济学研究和教育产生了重要影响。另一方面，基本发展战略的变化也促使我国的经济制度从以往高度集中的计划经济体制，逐步在对外开放的局势下，通过一系列的政策和制度安排，转型成为社会主义市场经济体制。这为新时期中国经济增长思想的转型提供了根本性的制度保障，强化了经济增长思想为市场经济服务的要求，同时也因中国经济在市场化与对外开放中不断产生新问题，而极大地丰富了该时期经济增长思想的研究体系。由此可称，第二阶段经济理论与政策的背景共同成就了该时期以市场化改革为核心的经济增长思想转型。

一、西方现代经济增长理论的引进

改革开放是中国经济思想发展的转折性契机，在新中国成立后受“一边倒”外交战略影响而有所停滞的西方经济学说，从20世纪80年代开始

① 《解放思想，实事求是，团结一致向前看》，中共中央文献研究室编：《三中全会以来重要文献选编》上，中央文献出版社2011年版，第26页。

② 胡乔木：《按照经济规律办事，加快实现四个现代化》，载于《人民日报》1978年10月6日。

重新传入，并且成为了随后中国经济研究的重要范式。此次传播的主要表征之一即为原版西方经济学说著作和中译本西方经济学著作的引进，已有学者做过这方面的统计，相较上一阶段对于西方经济学说引进的几近隔绝，1980 年，我国原版和中译本西方经济学著作出版数量就已分别达到 49 本和 43 本，这一组数据在 1990 年发展至 108 本和 41 本，2000 年进一步提高为 233 本和 101 本。因此 1980～2000 年期间，这两类图书在中国的累计出版分别为 2088 本和 642 本。① 在引进渠道上，首先是美国，其次是英国成为了主要来源，这符合 20 世纪以来英美地区成为经济学发展重镇的客观事实。在涉及领域上，虽然应用经济学份额长期占有最大比重，但理论经济学的份额也较高，因此，大量不同学派、领域的经济学说皆有所传播。除了西方古典与新古典经济学、凯恩斯学派、货币学派、供给学派、发展经济学、新制度经济学、产权经济学等内容外，20 世纪 90 年代后较为前沿的信息经济学、博弈论、理性预期理论、机制设计理论、行为经济学等也纷纷成为研究热点。当然，经济增长理论一直都是西方经济学说的重点引进对象。② 总而言之，改革开放后，我国对于西方经济学说的引进工作发展迅速，涉及较为全面。

西方经济学术传播的另一重要基础是我国经济学教育的起步。1978 年前，中国理工类专业得到极大发展的同时，经济类专业受到极度压缩，因此主要表现为经济学教育的停滞；1978 年后经济学教育才进入了恢复与发展的阶段，特别是 20 世纪 90 年代以来随着高校扩招，经济学专业在校学生数量猛增，而且自 1990 年我国正式将“西方经济学”“外国经济思想史”等与“政治经济学”“马克思主义经济思想史”等并列为经济学科的专业目录。1997 年专业体系改革后，“西方经济学”仍与“政治经济学”并列存在。③ 这显示出我国在第二阶段以来对西方经济学说的高度重视，也体现出了我国经济学理论来源上的“二元并存结构”。另外中国国内的

---

① 参见赵晓雷：《中华人民共和国经济思想史纲 1949～2009》，首都经济贸易大学出版社 2009 年版，附录 1。

② 赵晓雷：《中华人民共和国经济思想史纲 1949～2009》，首都经济贸易大学出版社 2009 年版，第 408～415 页。

③ 周立群、黄卫平：《中国经济学类专业教育教学改革与发展战略研究》，高等教育出版社 2002 年版，第 63～66 页、第 73～76 页。

西方经济学术发展的一个重要表征即为，该阶段开始陆续涌现出一批颇具影响力的中国经济学家，他们多接受了系统的西方经济学教育，承担了西方经济学说的部分传播职责，同时也采用了一定的西方经济学理论与范式去分析和解释中国问题，如张维迎、林毅夫、樊纲、高鸿业、张军、盛洪等等。这些转变对于丰富我国经济学研究的方法以及规范经济学研究的范式，都起到了很大的推动作用。

具体到西方经济增长理论的传播上，20 世纪 80 年代起，国内学者开始翻译出版了一系列西方著名经济学家的经典论著（见表 4－1），标志着西方经济增长理论的正式传播与相关研究的开展。出版译著中，发展经济学特别是结构主义的经济理论颇受重视。据不完全统计，库兹涅茨的经典著作《各国的经济增长》曾于 1985 年出版（1999 年再版），《现代经济增长：速度、结构与扩展》也于 1989 年出版。钱纳里的著作出版种类较多，其《发展的型式：1950～1970》曾分别于 1988 年、1989 年出版两次，《工业化与经济增长的比较研究》也分别于 1989 年和 1995 年出版，另外还有《结构变化与发展政策》1991 年出版。刘易斯是另一位受关注的结构主义学者，因其二元经济论被认为非常符合中国经济现实，因此《经济增长理论》《二元经济论》曾被多次出版。此外，作为新古典经济增长理论的代表——索洛的理论受到较大关注，其经典著作《经济增长理论：一种解说》（也被译为《增长论》《增长理论：一种说明》）分别于 1988 年、1989 年、1994 年共计出版四次，另外其《经济增长因素分析》也于 1991 年被翻译出版。在单人著作方面也可算出版数量较多。不过，不能单纯以出版物的形式定义西方经济增长理论的全部传播内容，因为随着改革开放，中译本图书只是知识传播的一种途径，除此之外，很多国外最新的研究成果都可以越来越便捷地为我国学者所接触（如直接阅览英文工作论文、期刊论文和著作等）。正因如此，20 世纪 80 年代中期兴起的西方经济增长理论的一个分支——新经济增长理论，如罗默、卢卡斯等的理论，在中国学者的研究中都有一定程度的体现。

表 4－1　　转型时期中国引入的西方现代经济增长理论部分译著

序号	书名	著者	出版社	出版时间
1	动态经济学	罗伊·哈罗德	商务印书馆	1981 年 1 月
2	经济增长理论	阿瑟·刘易斯	商务印书馆	1983 年 6 月
3	经济增长理论	E. 多马	商务印书馆	1983 年 6 月
4	各国的经济增长：总产值和生产结构	西蒙·库兹涅茨	商务印书馆	1985 年 8 月
5	经济发展	查尔斯·金德尔伯格、布鲁斯·赫里克	上海译文出版社	1986 年 2 月
6	改造传统农业	西奥多·W. 舒尔茨	商务印书馆	1987 年 3 月
7	增长与波动	阿瑟·刘易斯	华夏出版社	1987 年 9 月
8	从起飞进入持续增长的经济学	W. W. 罗斯托	四川人民出版社	1988 年 4 月
9	增长论 增长理论：一种说明 经济增长理论：一种解说 经济增长理论：一种解说	罗伯特·M. 索洛	经济科学出版社 华夏出版社 上海三联书店 上海人民出版社	1988 年 4 月 1988 年 8 月 1989 年 7 月 1994 年 10 月
10	发展的型式：1950～1970 发展模型：1950～1970 发展的格局：1950～1970	钱纳里	经济科学出版社 经济日报出版社 中国财政经济出版社	1988 年 10 月 1989 年 4 月 1989 年 4 月
11	工业化和经济增长的比较研究 工业化和经济增长的比较研究	钱纳里	上海三联书店 上海三联书店上海分店上海人民出版社	1989 年 2 月 1995 年 2 月
12	二元经济论	阿瑟·刘易斯	北京经济学院出版社	1989 年 3 月
13	现代经济增长：速度、结构与扩展	西蒙·库兹涅茨	北京经济学院出版社	1989 年 5 月
14	发展经济学	马尔科姆·吉利斯等	经济科学出版社	1989 年 12 月
15	经济增长因素分析	罗伯特·M. 索洛等	商务印书馆	1991 年 1 月
16	各国的经济增长：总产值和生产结构	西蒙·库兹涅茨	商务印书馆	1999 年 11 月； 1999 年 12 月
17	经济增长的阶段	W. W. 罗斯托	中国社会科学出版社	2001 年 2 月
18	报酬递增的源泉	西奥多·W. 舒尔茨	北京大学出版社	2001 年 8 月

改革开放以来西方现代经济增长理论的传入，产生了以下一系列的影响：第一，促使我国的经济增长思想研究跳脱出上一阶段单一的甚至教条化的马克思主义经济增长理论框架，拓展出一种开放条件下的比较视角，进而对1949～1978年的经济增长思想及其现实绩效进行审视和反思，并为调整我国未来的经济增长方式和发展模式提供经验和参照；第二，丰富了我国经济增长思想研究的方法，除继续运用马克思主义增长理论范式并加以创新发展外，现代经济增长理论范式得到日益广泛和深入的运用，推动了我国经济增长思想研究的发展和深入；第三，西方现代经济增长理论大多以市场经济为背景，对这些传播进行批判性的吸收，不仅有助于加深国人对于经济发展规律的认识和理解，也对我国的经济现代化建设形成一定的指导，从而为促进经济增长提供了理论帮助。

二、马克思主义再生产理论的再探讨

在西方经济学说引进逐渐成为热潮的趋势下，马克思主义政治经济学的学习也迎来了进一步的发展，其表现为在更为开放的思维下改变对苏联模式的推崇和纠正对经典理论片面、教条的理解，全面吸收更为纯正的马克思主义经济学说，重新审视对扩大再生产理论的理解，并且试图将已有理论与中国经济发展实践相结合进而实现理论的升华。这种转变对于马克思主义经济学说在中国的发展历程而言，是一个重要的里程碑。因为在上一阶段，照搬马克思主义的个别结论去套用实际的具体研究，并非个别现象①。尤其是1966～1977年马克思主义政治经济学进入僵化停滞阶段，不仅经典著作的编译出版被严重中断，其研究工作也大多成为从马恩列斯著作中为“无产阶级专政下继续革命的理论”寻找依据②，因此也对经济理论及现实问题的研究产生负面影响。

中共十一届三中全会后，马克思主义政治经济学说迎来复兴和发展，

---

① 靳辉明：《新中国社会科学五十年回顾与反思》，载于《马克思主义研究》1999年第6期。

② 靳辉明：《马克思主义研究50年》，引自中国社会科学院编《中国社会科学五十年》，中国社会科学出版社2000年版。

我国重新开始编译出版经典著作，如《马克思恩格斯全集》和《列宁全集》的中文版第二版，是该阶段的一个重要理论背景。前者的中文第一版的补卷共11卷于1985年出齐，1986年中共中央又决议自行编译出版中文第二版，并于1995年陆续问世；后者自1984年陆续出版。与此相关的新版《马克思恩格斯选集》（4卷）、《列宁选集》（4卷）也于1995年出版。除此之外，《资本论》《关于费尔巴哈的纲领》《反杜林论》《哲学笔记》《帝国主义是资本主义的最高阶段》《德意志意识形态》《1844年经济学哲学手稿》等经典名著名篇也陆续引起了广泛而深入的研究热潮[①]。与此相呼应的是马克思主义政治经济学研究队伍及教育体系的重建，自1978年我国高等院校陆续恢复并建立了相关研究所，开设专业教育，设立硕士、博士学位授予点，增加二级学科，进而培养了大批马克思主义政治经济学专业人才。该理论背景的铺设，一方面强化了国人对于马克思主义政治经济学说的全面认识，有利于纠正以往对于该理论的片面理解，另一方面也为国人进行马克思主义政治经济学说中国化，特别是进行社会主义市场经济体制研究，进而推动经济增长思想转型，产生了深远影响。

具体到对马克思主义经济增长理论——再生产理论的研究方面。20世纪80年代，国内涌现出一大批具有创新和分析深度的专著，如罗季荣的《马克思社会再生产理论》（1982年版）、刘国光的《社会主义再生产问题》（1980年版）、邓力群的《马克思再生产理论的基本原理必须坚持》（1982年版）、张薰华的《〈资本论〉中的再生产理论》（1981年版）、林子力的《经济调整和再生产理论》（1981年版）等，这些研究成果为国内学者反思前一阶段经济增长的思想与绩效奠定了基础。而在对国外学者社会主义经济增长理论的引进上，波兰学者米哈尔·卡莱斯基是较为侧重的对象，特别是其代表著作《社会主义经济增长理论导论》，据不完全统计，曾分别在1988年、1989年、1992年、1994年被四次出版[②]，这与该书作为东欧马克思主义经济学家所建立的第一个社会主义动态经济学系统分析模型的地位是相称的。另外，苏联诺特京的《发达的社会主义时期的再生

① 程恩富：《中国马克思主义理论研究60年》，载于《马克思主义研究》2006年第1期。

② 其中1989年版被译为《社会主义经济增长理论》，而1992年版却译为《社会主义经济与混合经济增长论文集》，前两章内容与其他版本一致，增加了第三章关于混合经济的研究。

产比例》（1982 年版）、苏联索洛金的《社会主义扩大再生产规律性》（1982 年版）以及苏联卡马耶夫的《经济增长的速度与质量》（1983 年版）陆续出版。但须指明，并非以上所有这些研究成果皆为首次被译入中国，但其在改革开放初期再次被集中引进，在一定程度上显示出学术界对于经典思想及其原文原意的重视程度，这也为马克思主义再生产理论的继续发展提供了坚实基础。

另外，该时期值得一提的重要理论背景，是社会主义市场经济理论的逐步发展和确立。正因有此过程，社会主义经济体制的转型才得以推动，以市场化为核心的经济增长思想的转型才得以展开。但此类相关研究已如汗牛充栋，在此不做累述。

三、市场化导向的社会主义经济体制改革

与理论背景转变同时发生的，是经济体制改革带动的现实背景的转变。1978 年以来，我国逐步实行了以市场化为导向的社会主义经济体制改革，这无疑是新中国成立以来我国社会经济制度乃至意识形态发展史上的重大事件。经济体制从计划到市场的过渡，为经济学者研究经济增长提供了不同的范式基础，因而深刻地影响着经济增长思想在此阶段的理论和主张。特别是，市场化的过程符合经济发展的客观规律，倡导“看不见的手”的回归，也无疑为新时期我国经济增长思想的发展创造了机遇。因此，认识 1978～2001 年经济体制改革的主要内容及其演变，是研究这一时期经济增长思想演变的另一基础。

（一）经济体制改革的主要内容及演变阶段①

中国的经济体制改革主要是指从计划经济体制到社会主义市场经济体

---

① 白永秀、吴振磊：《我国 30 年经济体制改革的历史回顾与经验总结》，载于《改革与战略》2008 年第 11 期；白永秀、吴丰华：《新中国 60 年社会主义市场经济理论发展阶段研究》，载于《当代经济研究》2009 年第 12 期。第一篇研究将经济体制改革的第三个过程划分为 1992～2003 年，但本书研究的第二阶段截止于 2001 年，因此虽援引其观点，但在表述上将其处理为 1992～2001 年。

制的转型，其过程中包含了所有制改革、市场机制改革、政府职能改革、分配制度改革和社会保障制度改革等多个层面。我国经济体制改革从20世纪70年代末启动，至21世纪初大体经历了计划经济体制的边缘部门引入市场机制改革、有计划的商品经济、建立社会主义市场经济体制三个发展阶段：

（1）在1978～1984年的第一阶段，市场机制初步被引入我国原有的计划经济体制内。首先，家庭联产承包责任制改革作为标志性事件，启动了我国农村土地制度和生产制度的改革，同时，以扩大自主权为主张的国企改革也在城市中展开。两方面的改革实践共同推动1982年中共十二大提出的“计划经济为主、市场调节为辅”重要原则。该原则打破了以往对于市场调节机制完全排斥，甚至认为这是社会主义与资本主义完全对立所在的传统观念，肯定了市场调节作为计划调节补充的必要性和有益性，启动了计划经济体制向市场经济体制的转变。

（2）在1984～1992年的第二阶段，有计划的商品经济得到了发展。1984年中共十二届三中全会首次正式提出了社会主义经济是公有制基础上有计划的商品经济的思想，自此社会主义制度和市场经济体制突破矛盾从而找到了契合之处。1987年中共十三大进一步指出，“社会主义有计划商品经济的体制，应该是计划与市场内在统一的体制”，而且在运行机制上应为“国家调节市场，市场引导企业”①。这些思想为改革实践提供了坚实的理论基础。由此，我国在所有制上逐渐形成了以公有制为主体、多种经济成分并存的结构，而在经济体制的诸多层面，如流通、价格、财政、分配等也开始引入了市场机制。

（3）1992～2001年的第三阶段，社会主义市场经济体制得以建立。1992年邓小平的南方谈话明确提供了社会主义与市场经济深入结合的可能，而后，中共十四届三中全会确立了中国社会主义市场经济体制的建设目标。至此，市场调节的重要意义真正为我国所肯定，而积极进入市场机制也成为我国经济制度演变的坚定举措。所以，在微观方面上通过建立现

① 赵紫阳：《沿着有中国特色的社会主义道路前进》，中共中央文献研究室编：《十三大以来重要文献选编》（上册），中央文献出版社2011年版，第4～52页。

代企业制度，强化企业作为市场经济的能动主体，在宏观方面上推行包括流通、财政、税收、金融、投资、外汇、贸易乃至社会保障等的配套体制改革，成为完善社会主义经济制度的主要内容。

由此可见，20世纪70年代末以来我国经济政策的基本演变趋势是市场化导向的逐渐增强，这对经济增长思想的转型提出了要求，也为之提供了基础。同时，政策制度的渐进演变，在很大程度上导致了我国经济增长思想的渐进演变，而经济体制改革所涉及的多层次多领域，也极大地丰富了经济增长思想的研究内容。

（二）市场化改革的经济内涵："看不见的手"的强化

以市场化为导向的经济体制改革对于中国经济增长思想的具体影响如何？这要从市场化改革的经济内涵说起。经济体制改革的关键之处在于其相对弱化了政府这只"看得见的手"，解放了市场这只"看不见的手"，开始正视并提倡发挥市场在资源配置中的基础性作用，使配置效率成为经济增长中的关键要素，进而促进了中国经济增长思想在此领域的拓展和延伸。

古典经济学中"看不见的手"的思想原意是指，个人在经济生活中是理性与自利的，在市场中遵循追求利益最大化的准则进行着理性的分工和决策。生产者追求着生产利润最大化，消费者追求着效用最大化，而价格成为市场供需关系的反馈信号，其不仅使得商品，更使得劳务、生产要素等所有资源进行着充分流动与合理配置。最终在市场的运作下，企业家获得了可能获得的最大利润，劳动者获得了适宜的劳动工资，生产要素所有者获得了相应的租，市场也达到了均衡。总之，一切都好似有只"看不见的手"，指挥着人们按照市场规律行动。因此，市场规律与其自发调节，就是"看不见的手"的含义，也是市场经济的内涵。

如若将第一阶段与第二阶段相比，在计划经济体制时期，将个人、企业视作国家大机器的"螺丝钉"，通过高度理性的计划制订与严格完成，实现所谓的高效的经济运行，是其经济增长的内在逻辑。但运用这只"看得见的手"产生的问题是，行动个体参与经济建设时缺乏内在激励，容易产生"搭便车"行为，很难通过效率的改进促发经济增长；同时，计划经济难以保证信息完全和高度理性，容易造成目标制定与客观现实的偏离，更易造成资源的浪费与效率的降低。相比之下，在市场经济体制时期，尊重个体的逐利本性，在个体均做效用最大化的决策基础上，通过价格变动显示资源稀缺程度，进而通过市场达成资源的有效配置，是其经济增长的内在机制。这种“看不见的手”有利于充分激发个体的行动激励，并通过个人的信息收集与决策，分散了统一决策的风险，极大地释放了中国经济的活力，使得资源配置效率的提高很有可能成为中国在未来一段时期内经济增长的主要驱动力，而这种驱动的方式，即主要表现为内涵式的经济增长。因此，要求经济增长思想强化效率驱动方面的研究，强化转变经济增长方式的研究，正是社会主义市场经济体制改革之于经济增长思想研究的直接影响。

四、经济增长思想转型的总体特征：转变经济增长方式

西方现代经济增长理论的引进、马克思扩大再生产理论的反思以及社会主义市场经济体制的变革，都为我国经济增长思想的发展提供了一个重要的契机，即转变经济增长方式的战略设计。事实上，内涵式经济增长，是我国学者自新中国成立以来就不曾中断的主张，只是这一主张在当时中国紧迫逼仄的国际局势和艰难匮乏的经济条件下，无法付诸实践。同时，由于我国实行高度集中的计划经济体制，经济个体因缺乏市场供求调节和竞争淘汰而无法被充分激发其积极性，经济效率难以提高，因此在现实中也很难实现内涵式经济增长。直至改革开放，以往外延式经济增长在奠定了新中国的经济基础的同时，也累积了相当的经济问题。而且，正如上面所分析的，本时期以市场化改革为核心的理论与现实背景，不仅为内涵式经济增长的强化提供了背景，更提出了其必然发展的现实要求。因此，在这样的时期提出从外延式增长向内涵式增长的转变要求，是经济思想发展的趋势所在，也是社会经济历史发展的趋势所在。所以，转变经济增长方式遂成为以市场化改革为核心背景下的经济增长思想的总体特征。

当然，此过程也并非意指该阶段经济思想上的研究内容和研究重点完全从外延式增长转到了内涵式增长上，这不符合经济思想当时的客观情

况，也不符合中国经济发展的现实约束。所谓以转变经济增长方式为该时期的思想总体特征，是指：无论政策上还是学术上，该时期都明确提出了转变经济增长方式的要求，并成为该时期经济增长思想领域的一个主导思想；思想上开始出现大量关于如何通过效率驱动实现经济增长的探索，与此同时，基于对外开放和市场经济体制改革的契机，在生产要素不断丰富、不断市场化的背景下，如何优化要素驱动型经济增长也成为研究的一个发展趋向，这都符合转变经济增长方式的诉求。因此，在该特征影响下，此时期的经济增长思想主要由两部分内容构成：一是对外延式经济增长进行反思，这一部分既包括对外延式经济增长现实绩效的反思，也包括对外延式经济增长理论的再考察。这是对上一阶段经济增长思想发展的回顾，更是随后提出转变经济增长方式的立足点和出发点。二是对转变经济增长方式的探讨。这也是本章要重点讨论的内容，它涉及多方面的问题：其一，是要对所谓转变经济增长方式的概念、含义进行界定，并对这一思想的讨论历史进行爬梳整理；其二，是对转变经济增长方式具体路径的设计，本章将其大致归纳为两条路径：优化要素推动型经济增长和强化效率推动型经济增长。本章随后几节所要探讨的内容将如上述展开。

五、总结与评论

改革开放以来，中国经济体制从计划到市场的转型过渡，西方现代经济增长理论的引进为经济学者研究经济增长提供了不同的范式基础，也推动了马克思主义再生产理论的再探讨，因而也深刻地影响着经济增长思想在此阶段的理论和主张。正是基于对该时期经济增长思想转型的理论背景和经济体制启动改革的现实背景的探讨，本节主要阐述了转型时期我国经济增长思想转型的总体特征，即经济增长方式的转变。在此特征之下，对于外延式经济增长思想的反思以及对于转变经济增长方式的概念、含义和路径的探讨，成为经济增长思想的主要构成。

第二节　对外延式经济增长思想的理论与绩效的反思

对第一阶段的外延式经济增长思想所依据的理论基础及其所产生的现实绩效进行反思，是第二阶段经济思想发展中承上启下的“承上”作用体现，也是第二阶段中国经济增长思想的重要组成。正是基于这一系列的反思，我国学者加深了对经济发展客观规律的认识，也坚定了转变经济增长方式的信念。特别是在经济体制改革背景下对前一阶段所讨论的马克思再生产理论体系的反思，促进了我国经济社会意识形态约束的放松，为进一步以开放、积极的视角发展经济增长思想提供了基础。

一、对外延式经济增长思想的理论反思

对于外延式经济增长思想的理论反思，是先于对绩效反思而出现的。除了该理论自身存在一定不足外，产生这一现象的原因主要在于：第一，由于在第一阶段实践上外延式经济增长占据了主导，这在一定程度上制约了学者就该增长方式的不足展开充分讨论；第二，我国经济增长在第一阶段暴露了诸多弊端，那么审视指导其一切行动的理论原则在何处出现了疏漏自然成为反思的首要问题；第三，对于现实绩效的评定，更多地要借助于统计和计量方面的技术，当时中国学界在此方面尚不发达，而更多在20世纪80年代末期乃至90年代才有集中体现。具体而言，我国学者对于外延式经济增长及其相关理论的反思主要包括以下几个方面：

（一）对再生产理论体系的系统阐释

20世纪80年代以来，很多学者再次对马克思再生产理论进行了较为系统的阐释，重新明确了理论本身的内容以及局限，避免了在误读的基础上进行曲解和错误的应用。罗季荣对马克思的再生产理论进行了较为系统

的研究。马克思论述原文中的再生产原理只是相对零散的论述，而罗季荣却从再生产理论的研究对象、研究方法、理论渊源和创立、关于社会总产品的理论、关于简单再生产的理论、关于扩大再生产的理论、扩大再生产公式的探讨、列宁对马克思理论的发展以及两大部类增长速度与对比关系的探讨等方面进行了详细论述，赋予了该理论更为体系化的形态。值得一提的是，罗季荣列出了再生产公式的24个理论前提假设，并言明如若在现实使用中发生改变，再生产的有些关系或规律则会发生变化。这等于明确了再生产理论的边界条件，使得探讨的过程更为严谨，得出的结论也更加的科学①。

刘国光和张曙光则从马克思社会再生产的类型，社会总产品的构成，社会生产两大部类的关系，社会再生产中的补偿，积累、消费和后备问题，以及社会再生产中的市场实现和货币运动五个方面对再生产理论体系作了概括。特别是最后一点颇具创新，其指出，社会主义的计划经济也是在商品经济条件下建立的，市场机制在扩大再生产中仍具有重要作用。这等于较早地肯定了社会主义经济制度与市场经济的相适应性。在此基础上，他们认为，货币运动也将是社会主义再生产中的重要组成，且因其具有独立性和复杂性，如若不能采取合理的财政、信贷等制度和政策，使得财政、信贷和物资关系失衡，甚有可能造成经济危机。因此只要破坏了社会再生产的平衡关系与发展比例，经济危机也会产生。这种观点不仅直接反驳了以往相当一部分人所认为的经济危机只发生在资本主义国家的观点，还将再生产与货币运动联系在一起，为金融、财政体制改革提供了一定的理论依据②。

吴树青认为，马克思再生产理论的核心是社会总产品的实现问题。只有当各种产品的生产完全适合于社会对它们的需要时，亦即只有按照社会需要的比例在各部门分配劳动时，才能解决社会总产品的实现问题。因此，他认为，社会总资本的再生产问题，归根到底是社会生产的按比例发

---

① 罗季荣：《马克思社会再生产理论》，人民出版社1982年版。

② 刘国光、张曙光：《马克思关于社会再生产的原理及其在社会主义经济中的应用》，引自刘国光：《马克思的社会再生产理论》，中国社会科学出版社1981年版，第93～155页。

展问题[①]。刘惠林则认为，马克思的扩大再生产思想，是试图用图式来表明两大部类内部交换的条件，但其最终表现的结果，就是体现为以积累为先决条件的扩大再生产，如果从字面直接理解，就会造成严重的经济后果，即其会直接引导社会主义的经济工作人员重视经济积累的目标制定和经济范畴的次序选择，进而使得这一项内容成为经济计划的重要目标，相对而言忽视了两大部类平衡按比例关系的保持。他甚至以苏联为例指出，这种思想的倾向性给予了苏联计划经济十分直接的影响，即其认为生产要迅速增长，总的积累率就一定要高，如果效率降低，则就用提高积累率的办法来补偿。而这显然是外延的经济增长方式，其在苏联建国初期极为明显，因此造成了随后的消费资料过于贫乏，人民生活水平低下，经济波动等问题[②]。

（二）对扩大再生产类型的深入辨析

区分再生产的类型问题，是当时中国学界讨论的又一焦点。而此时关于再生产类型的区分研究，用随后更为通行的语言进行表述，即可很大程度上被表述为“经济增长方式的类型研究”。该问题的热议，一方面是由于马克思的经典原文中尚缺乏统一而系统的论述，因而在理论体系上形成了一定模糊，有必要进行反思；但更重要的，应是中国学者已经开始意识到，上一阶段中国经济发展之所以暴露出诸多问题，很大程度上是因为经济增长方式的选择出现了偏误。那么，经济增长究竟有着怎样的方式，其区分谓何，成为学者判断中国以往的经济增长方式，进而成为在未来选择经济增长方式的重要理论出发点。值得肯定的是，我国经济学界 20 世纪 60 年代提出、80 年代又再次深入讨论的有关“内涵”（或做“内含”）和“外延”的辨析问题，不仅突破了以往僵化的、坚持外延式扩大再生产的观点，而且在社会主义再生产理论体系中增加了新的因素，将推广内涵式经济增长提升到了战略性的高度，因此对改善现实经济也具有积极意义。

针对如何区分外延和内涵扩大再生产，江先周提出了“三种源泉、三

① 吴树青：《学习马克思关于社会总资本再生产的理论——〈资本论〉第二卷第三篇内容简介》，载于《经济研究》1980 年第 12 期。

② 刘惠林：《马克思经济学中的最优增长理论》，载于《中国社会科学》1986 年第 11 期。

个层次”的体系。他认为，扩大再生产有积累、折旧基金和资本的潜能这三种源泉，每个源泉都可实现外延和内涵两种形式扩大再生产，而在区分外延和内涵概念时，又应考虑三个层次：首先就整个社会范围来看，生产企业数量是否增加，是第一层次的划分标志，即外延扩大再生产是通过剩余价值的资本化来创立新的工业企业，内涵扩大再生产则是在现有企业范围内扩充资本、扩大生产规模。其次就一个企业范围来看，扩大再生产是依靠生产要素量的增加还是质的提高，是第二层次的划分标志，即外延是利用折旧基金，增加生产要素的数量，内涵则是或利用折旧基金、提高生产效率及生产要素质量，或利用资本的潜能来扩大生产规模。再次从某一生产过程来看，可以利用资本的潜能，通过延长生产过程三要素的使用时间、提高其使用效率来分别实现外延、内涵的扩大再生产①。

辛坦认为，凡是单纯依靠生产要素的数量增加而实现的扩大再生产，就是外延扩大再生产，是向生产的广度进军；凡是依靠提高生产要素的质量和效率而实现的扩大再生产，就是内涵扩大再生产，是向生产的深度进军。这种观点和当前的看法比较相近。他也指出，在实际经济生活中的情况要比这两个极端情况复杂得多，因为两种扩大再生产，往往互相紧密交织在一起，即生产要素数量的增加通常伴随着其质量的提高，而生产要素质量的提高又以不同程度的生产要素数量的增加为前提②。持相似观点的还有冯浩华，按照他的表述，如果扩大再生产是因为积累的原因而发生，就是外延式再生产；如若是因劳动生产率提高而发生，就是内涵式再生产③。

另外，也有学者更为直接地将技术进步作为区分外延与内涵扩大再生产的根本标志。如罗季荣指出，以技术进步作为区分外延与内涵扩大再生产的根本标志，是刘国光在20世纪60年代初期就已提出的看法，也代表了大多数人的看法。他认为，增加投资但采用传统技术，应归入外延式的范畴，而增加投资又采用先进技术，则应归入内涵式的范畴。技术进步的过程，也就是一个社会从以外延扩大再生产为主逐步过渡到以内涵扩大再

① 江先周：《三个层次的外延和内含扩大再生产》，载于《经济研究》1985年第5期。
② 辛坦：《关于经济增长方式的转换》，载于《计划经济研究》1990年第1期。
③ 冯浩华：《略论社会主义简单再生产与扩大再生产》，载于《经济研究》1980年第11期。

生产为主的过程①。但另外，陈圣河认为以技术进步为区分标志不符合客观实际。他将内涵扩大再生产定义为依靠劳动生产率的提高所实现的生产规模的扩大，并强调，劳动生产率与劳动生产力这两个概念有联系，但又是相互区别的。具体而言，劳动生产力的提高或技术进步能够导致劳动生产率的提高，但劳动生产率的提高并不尽是由劳动生产力的提高所引起的，并不总是包含着技术进步，因此以技术进步作为划分并不准确②。

总结当时学者的主要观点，其对于内涵式经济增长非常强调以效率提升作为主要动力，而外延式增长则更加强调以要素扩张作为主要动力，这种理解已与当前的认识并无二致。虽然在一些学者的具体提法上，在效率获取的来源方面，有些更加强调技术进步带来的效率提高，有些则更加强调劳动生产率带来的效率提高。但是，其均已能将效率推动作为内涵式经济增长的关键特征，且在外延式增长是由要素推动的识别方面，基本不存疑虑，因此可称已逐渐达成了共识。这为随后关于转变经济增长方式的讨论奠定了坚实基础。而关于不同经济增长方式的取舍和过渡，则将在后面的转变经济增长方式的思想中进行研讨。

（三）对生产资料优先增长的重新审视

由于在前一阶段，马克思再生产理论中的生产资料优先增长成为重视积累、优先发展重工业等一系列外延式经济增长的一个重要的理论基础，但其中不免存在对经典理论的误读和片面理解，因此 20 世纪 80 年代以来，很多学者对生产资料优先增长的真实含义、内在逻辑和限定条件等，进行了重新审视，从而对以往片面强调外延式经济增长的实践构成了理论层面的反思和批判。

那些对生产资料优先增长持否定意见的理论分析文章，依据和角度则各不相同。有些学者认为，生产资料优先增长的理论依据是不够充分的，因而用其结论直接指导经济建设有失偏颇。如贺菊煌较早地指出，在短期

① 罗季荣：《论技术进步与内涵扩大再生产》，载于《经济研究》1984 年第 12 期。

② 陈圣河：《不能把内涵扩大再生产等同于技术进步——与罗季荣同志商榷》，载于《经济研究》1986 年第 1 期。

内，生产资料未必一定要优先增长。而从长期来看，生产资料是否一定优先增长，这就要根据资本有机构成的提高情况进行判断。只要两部类资本有机构成提高到了一定的程度，生产资料是会优先增长的。在资本有机构成不断提高的条件下，生产资料优先增长只是一种长期趋势，但不是短期内必然发生的事情[①]。另外有观点认为，扩大再生产并不必然导致生产资料的优先增长，通常情况下，生产资料优先增长出现在工业具备相当基础之后转而向大机器工业过渡的时期中。英、美、西德等发达资本主义国家在19世纪发生过这一现象，而在苏联则发生在20世纪，皆与马克思、列宁的分析保持一致。但如若考虑到后续情况，即大工业的物质技术基础确立后，生产资料的增长速度就会开始减慢，使得两大部类平行发展，可见，生产资料优先增长出现于特定的情况与阶段[②]。

生产资料优先增长理论在以往颇受肯定的一重要原因，在于在当时该结论多直接与马克思的经典论述联系在一起。而在此时，有学者认为，马克思从未提出过生产资料优先增长。持此观点的代表刘国光等指出，当前一个流行观点认为生产资料优先增长理论出自《资本论》第二卷第三篇，但事实上马克思“既没有提出，也没有讨论两大部类产品的增长谁快谁慢的问题”，第一个提出该理论的是列宁，但列宁也强调其使用存在一定条件[③]。类似地，关梦觉认为，马克思在扩大再生产公式中仅“强调了生产资料生产在扩大再生产中的主导作用”，是列宁在引入资本有机构成提升的条件后，才明确提出生产资料优先增长的原理，但该原理只是描述一个长期趋势，不能完全覆盖不同国家在历史特殊时期的具体情况[④]。

可见，20世纪80年代我国学者对于上一阶段外延式经济增长思想的理论反思，一方面更为客观系统地对马克思的扩大再生产经典理论进行了整理，明确了其本身的思想内容和理论贡献，另一方面也客观地指出了经典理论所暗含的前提假设和局限，以及在现实应用中可能面临的一

① 贺菊煌：《关于生产资料优先增长的问题》，载于《经济研究》1979年第2期。
② 王慎之：《试论社会主义扩大再生产模式》，载于《中国社会科学》1985年第3期。
③ 刘国光等：《马克思的社会再生产理论》，中国社会科学出版社1981年版，第121、123页。
④ 关梦觉：《关于社会主义扩大再生产的几个问题》，吉林人民出版社1980年版，第6～7页。

些难点。这些讨论提供了有关上一阶段关于外延式经济增长思想的更为审慎且科学的重新认识，为新一阶段经济增长思想的选择与探索奠定了基础。

二、对外延式经济增长思想的绩效反思

对外延式经济增长现实绩效的反思，是从实证上证实了第一阶段经济增长实践方面的不足，从而为转变经济增长方式提供了现实上的必要依据。对于上一阶段，新中国面临的是一个千疮百孔、百废待兴的局面，计划经济及原有的经济增长方式在短时期内恢复性构建了工业经济发展体系，许多工业部门被从无到有地建立起来，国民经济有了很大发展，建立起了一个相对独立的国民经济体系，因此取得了一定的绩效。然而，如前所述，我国在生产关系方面进行了根本性变革的同时，缺乏对社会主义经济的深刻认识，很大程度上制约了生产力的发展。其所推动的经济增长，最终实现的效果，一方面是过于追求经济的高速增长，破坏了国民经济的比例协调与正常秩序，不仅造成了严重的经济波动，更极大地影响了人民的生活；另一方面，经济增长主要是数量上的扩大与增长，质量与效率的提高并不理想，造成了生产要素的严重浪费。在此方面，20 世纪 80 年代后期以来的研究给予了较为系统的论证。

陈仕强、陈耀先认为，我国长时期注重经济增长规模。这样短期内的超高速增长必然诱发固定资产投资的突发性膨胀。而且，超高速增长容易带来高投入低产出、高消耗低效益。“一五”时期至“六五”我国物耗率平均分别为 44.3%、50.8%、48.6%、48.1%、51.8%、56.1%、57.4%，可见在经济增长的过程中物质的消耗率基本呈现逐年上涨趋势，特别是在“二五”时期和“五五”时期。这两个跳跃阶段正是经济结构变动不大但经济增长起伏较大的时期，反映了经济超高速增长带来物质消耗急剧上升的情况。另外，“二五”时期工农业总产值平均只增长 0.6%，能源消耗却增长了 11.4%，能源消耗系数高达 19，显示出巨大资源消耗下的经济结构发展的极不均衡。直至“六五”时期，我国仍然是以外延扩大再生产

为主的经济增长模式，亦即粗放增长模式。①

辛坦通过对1953～1984年有关数据的定量分析指出，我国国营工业所创造的国民收入中，大部分（占82.86%）的增长是由生产要素数量的增加来实现的，而生产要素数量的增加又主要是由资金量的增加（占67.44%）来实现，固定资产耗费和流动资产耗费的年均递增水平几乎等于或超过国民收入的年递增水平，与此同时劳动力数量投入增长所带来的贡献仅占近1/3。可见，从我国国营工业的经济增长情况来看，其主要依靠资本的密集投入带动发展，是一种典型的外延式增长，内部的资源配置效益和资金效益均为负值，经济效益方面的表现十分不理想。特别是其有限的生产质量和效率的提高，近一半还是依靠规模经济推动下的劳动效益的提高来实现②。

林毅夫等对中国第一阶段经济增长的绩效进行了系统的反思。他指出，中国经济在1952～1978年社会总产值、工农业总产值和国内生产总值分别高达7.9%、8.2%和6.0%，高于世界平均水平。但即便如此，中国未能真正实现经济现代化，而且人均国民生产总值仍然很低。造成这一悖论的原因，主要在于：第一，中国经济结构的畸形发展；第二，微观层面的激励缺乏和效率低下。在经济结构方面，林毅夫等人认为其主要表现为产业结构中工业比例过高（1952年份额为19.52%，而1978年为49.4%），而服务业却没有随之上升（除农业、工业外的其他产业份额，从1952年的22.75%下降到1978年的17.84%），比例异常的小，不符合一般规律上的随着工业部门的增大服务业部门也随之增大的过程。另外，在工业中，粗加工比例高而精加工比例低，而产生此结果的原因很大程度上是由当时经济增长中片面追求实物指标及其速度而导致。因此，产业结构的扭曲事实上会反过来抑制经济增长的速度，降低农村劳动力的转移，进而使得城市化水平低下，同时人民生活水平难以提高。在微观层面的激励和效率方面，林毅夫等人指出，计划经济会通过制定价格而非用价格调节生产，造成效率的降低，同时缺乏竞争、劳动激励不足，使得中国经济

① 陈仕强、陈耀先：《论短期经济的适度增长》，载于《财贸经济》1987年第10期。
② 辛坦：《关于经济增长方式的转换》，载于《计划经济研究》1990年第1期。

增长所付出的代价非常高昂。因此，中国经济难以长期快速增长，主要是由于错误的经济增长方式，特别是重工业优先发展的战略所导致。①

瞿商运用经济统计和模型估算的两种方法，共同估算了我国 1957～1978 年时期的经济绩效。在加入了劳动力投入的总价值，进而展开中国工、农业部门的投入产出效益和国民经济的投入产出效益的估算后，结果显示，此期间中国农业部门的投入与产出效益呈现降低趋势，即 1957 年投入产出比为 1.08，1978 年竟下降到 0.95；工业部门投入产出比有一定增长，即从 1.76 增加到 2.09；整体国民经济方面，投入产出比增长也很有限，即从 1.23 增长到 1.53。另外，通过增长指数模型，从工、农业部门总产值和整体国民经济总产值绝对量增长上，也能看出，工业总产值年均增长率最高，约为 7.74%，其次是农业，为 4.87%，而国民经济增长值年均增长率介于两者之间，为 6.59%，与之前估算的结果也大致相符。②

用以上研究结果对比当时中国经济增长的情况，可从一个现实测度的角度显示，我国在 1952～1978 年经济绩效从客观而言是偏低的，经济增长是以高效能、低产出为代价的。当然，这也都是我国社会主义经济建设的实践探索，正因有这样的探索，我国在建立了较为完整的经济基础的基础上，自 20 世纪 80 年代以来，有条件也有意识提出转变经济增长方式的经济思想。

三、总结与评论

从以上反思来看，改革开放以来，中国经济学者对以往经济增长中的经验教训格外关注。其一方面从理论维度，客观而深入地探讨了第一阶段将扩大再生产理论作为单一依据并且进行片面解读的误区，否定了以往将生产资料优先增长作为主要发展路径的认识，从根本上纠正了以往经济增

---

① 林毅夫、蔡昉、李周：《中国的奇迹：发展战略与经济改革》，上海人民出版社、上海三联书店 1994 年版，第 73～80 页。

② 瞿商：《我国计划经济体制的绩效（1957～1978 年）——基于投入产出效益比较的分析》，载于《中国经济史研究》2008 年第 1 期。

长过程中的一个原理性偏误。另一方面，第二阶段以来众多学者从实证维度，不仅证实了1978年前中国经济增长属于外延式经济增长的事实，而且证明了在以往实践中占主导的外延式经济增长思想，不仅难以保证中国经济增长高速可持续，而且会带来诸多不利因素，如陷入效率越低、投入越大的恶性循环，生产效率难以提高，加剧"投资饥渴"等，对国民经济长期稳定与人民生活水平造成了巨大的负面影响。

而且，不同于第一阶段在思想上的"外延式经济增长思想与内涵式经济增长思想同进同退"以及"在实践上外延式经济增长占主导"，从第二阶段开始，市场化改革的启动以及学术层面的反思，反映出无论是政策导向和学术导向，皆在很大程度上体现了改变以往经济增长方式的要求和动力。在这样一个背景下，寻求新的增长方式，挖掘新的增长动力，特别是改变以往经济增长的扭曲表现，成为经济研究的重要课题。

第三节　关于转变经济增长方式的探讨与路径选择

在意识到以往经济增长方式不可取的情况下，我国学者开始重新思考未来经济增长的演进方向，进而提出了转变经济增长方式的呼吁。因此，转变经济增长方式谓何，该思想是如何形成的，其相关的政策思想和认知谓何，转变经济增长方式的原因谓何，转变经济增长方式的主要内容谓何，以及其所显示出的转变路径选择谓何等一系列问题，都需要进行相应的廓清和梳理。这为后面进一步分析该时期的经济增长思想提供了理论框架。以上构成了本节所将探讨的内容，同时，从本节起，第二阶段经济增长思想承上启下中的"启下"作用开始全面体现。

一、转变经济增长方式思想的提出

事实上，转变经济增长方式的思想早在20世纪50年代就曾被孙冶方提出过[①]，但一直并未引起充分重视，也未能在实践中贯彻落实。而改革开放以来，基于对以往经济增长思想的理论和绩效的反思，80年代，我国学界开始出现了转变经济增长方式的相关思想，只是在当时“转变经济增长方式”并未成为较为通行的提法。不过，在区分扩大再生产类型的基础上，学界关于未来经济增长的勾画已大多围绕着外延式还是内涵式（当时多做内涵式）而展开，体现着对于经济增长方式的选择和转变。刘国光是较早提出这一思想的重要代表，他明确指出：“我们的经济过去走的是一条‘两高两低’的崎岖道路，这就是高速度、高积累、低效率、低消费”，“生产的增长基本上是靠增人、增投资、增投料这样一种外延的扩大再生产方式。”他强调：“今后决不可再搞追求数量指标，光靠上新项目、铺新摊子、增加能源和原材料消耗等等外延扩大再生产的方式来发展生产，而要重视质量和效果，主要依靠现有企业挖潜革新改造，充分发挥它们的作用，用提高劳动生产率、节约能源原材料等内涵扩大再生产方式来发展生产。”[②] 可见，这是一种从外延式经济增长到内涵式经济增长的转变要求。

寇银章指出，考察资本主义社会的扩大再生产历史即可发现，在简单协作和工场手工业的工业发展初期，由于手工业劳动占据主导，扩大再生产主要通过外延式而实现。但产业革命后，机器大生产成为主要形式，生产工具、生产工艺和劳动组织发生巨大改观，效率提升在扩大再生产中开始扮演重要角色，因此体现为外延式与内涵式的并存。而当社会发展到全面自动化与机械化时，增加生产已不再依靠生产要素的扩大投入，改为主要依靠技术、劳动效率和生产资料的使用效率，内涵式由此成为主导。可见，内涵式逐渐替代外延式是符合一般规律的扩大再生产转移。寇银章认为，新中国成立后已经通过一段时间的外延式增长，为现代化建设提供了有利基础，因此应转而通过内涵式加速我国的扩大再生产[③]。曾繁华也持

① 学术界通常认为，孙冶方20世纪50年代于《经济研究》发表的《把计划统计放在价值规律的基础上》和《从“总产值”谈起》是我国学者对于转变经济增长方式问题的最早探索。参见《改革》编辑部，《我国经济增长方式转变问题综述》，载于《改革》1995年第6期。

② 刘国光：《走出一条发展经济的新路子》，载于《人民日报》1981年1月26日。

③ 寇银章：《〈资本论〉中关于内含扩大再生产的论述与我国社会主义经济建设》，载于《兰州大学学报》（社会科学版）1982年第2期。

类似观点，其主张要积极创造从外延式为主的扩大再生产转移到内涵式为主的扩大再生产的条件。[①] 何寿枢更加强调我国生产要素的有限性，指出我国所创造的国民收入在刨除十亿人口的基本生活消费外，可用于经济建设积累的部分非常有限，因此必须在当前以及今后一段时期内都要走内涵式为主的扩大再生产路子。不过，这种观点一方面是产生于20世纪80年代，即我国生产能力相对有限的情况下。随着市场化改革和对外开放，我国在80年代中后期开始迅速创造了巨大财富，因此所谓生产要素的有限性已不再突出。另一方面，这一点也不能作为直接导致内涵式增长的原因，因为在新中国成立初期，刨除基本生活消费后的积累部分更加所剩无几，但我国通过极力压缩基本消费，仍然实现了外延式增长的要素供给。[②] 周国忠、萧哲贤也认为，应转变以往的外延式增长，坚持走以内涵为主的扩大再生产道路，他还对1982年基本建设投资占65.7%、技术改造投资占20.6%的固定资产总投资分配进行了批判，认为这容易再次导致重基建、轻生产、高积累、低效率的错误覆辙。[③] 以上相关论述还有很多，由此可见，即便尚未出现“转变经济增长方式”的正式提法，80年代我国学界已经出现了较为清晰的关于转变经济增长方式的认知，即要求从外延式为主向内涵式为主转变，要求从生产要素的数量型推动到生产过程的效率型推动转变。

从中国知网提供的数据来看，若以“经济增长方式”为关键词搜索，共有3万多篇论文，时间最早始于1982年，这从一个侧面证明了我国学者对于经济增长方式的问题关注较早。然而，若以“转变经济增长方式”为关键词，则发现该类研究是从20世纪90年代才开始逐渐兴起的。具体而言，基于“经济与管理科学”分类，以“转变经济增长方式”为主题对全部来源类别进行搜索，可发现，该类文章1993年仅有1篇，1995年突增为77篇，1996年激增为681篇，1997年为290篇，1998年为75篇，

① 曾繁华：《积极创造从外延型为主的扩大再生产转移到内涵型为主的扩大再生产的条件》，载于《北京社会科学》1987年第4期。

② 何寿枢：《发展国民经济要以内含扩大再生产为主》，载于《四川师院学报》1981年第3期。

③ 周国忠、萧哲贤：《坚持走以内涵为主的扩大再生产道路》，载于《经济管理》1986年第11期。

1999 年为 38 篇，2000 年为 20 篇，2001 年为 12 篇，大致呈现一个倒 U 型分布，由此可见，该论题在 90 年代中期成为一个学术的探讨焦点。这应与中共十四届三中全会的召开以及经济体制改革的推进，特别是 1995 年中共中央在“九五”计划中将转变经济增长方式确定为“两个具有全局意义的根本性转变”之一，具有紧密关联。

关于“转变经济增长方式”的定义也呈现了一定的差异化。如辛坦认为，除了实现经济增长的途径划分方式，还可以通过各生产要素在经济增长中的贡献来划分，即资本密集型和劳动密集型，因此经济增长方式的转变也可意指此方面。① 另外，也有研究称，我国学界关于经济增长方式转变的提法至少有四种：从粗放型到集约型，从数量型到质量型，从速度型到效益型，从外延型到内涵型。② 不过，数量、速度型往往是在外延或称粗放型的范畴下，而质量、效益型往往在内涵或称集约的内涵下。而且，虽然当时学者对于采用内涵和外延、集约和粗放的提法上存在诸多争议，但这主要是其具体定义不同而产生的差别，究其思想本质，是一个强调效率推动，一个强调要素推动，在这一点上应该是存有共识的，③ 从而也符合本书关于内涵式和外延式的定义。因此可以说，有关转变经济增长方式的思想，在中国 20 世纪 80 年代就已经被大量探讨，而在 90 年代开始以相对统一的提法集中出现，90 年代中期达到高潮，其要求主要是主张我国的经济增长方式从外延式为主向内涵式为主、从要素推动为主向效率推动为主进行转变。

二、转变经济增长方式战略的制定

转变经济增长方式思想的形成和发展，与当时的战略与政策密不可分。事实上，1978 年以来我国的经济政策思想也逐渐形成了由外延式为主向内涵式为主进行转变的要求，而其具体的主张，即为形成了讲求“经济效益”的政策导向。早在 1979 年，陈云在探讨计划与市场时即指

① 辛坦：《关于经济增长方式的转换》，载于《计划经济研究》1990 年第 1 期。
② 牛福增：《转变经济增长方式研讨观点综述》，载于《经济学动态》1996 年第 10 期。
③ 林幼平：《关于我国转变经济增长方式研究的综述》，载于《经济评论》1996 年第 6 期。

出，在思想上没有利润的概念是错误的，不是企业家在办经济。[①] 1981年的第五届全国人民代表大会第四次会议开始对“经济效益”表示重视，其发布的《政府工作报告》中多次提及该词，并指出，希望“真正从我国实际情况出发，走出一条速度比较实在、经济效益比较好、人民可以得到更多实惠的新路子。”[②] 这已经在一定程度上，体现出政策导向对于以效率推动增长的内涵式经济增长的倾向。1982年中共十二大将提高经济效益的要求进一步明确，指出：“从一九八一年到本世纪末的二十年，我国经济建设总的奋斗目标是，在不断提高经济效益的前提下，力争使全国工农业的年总产值翻两番。”[③] 这是首次将“提高经济效益”放入经济建设的总的奋斗目标。因此在1985年的第七个五年计划中，以往经济发展中经济效益不高、生产技术进步慢、经营管理水平低以及产业结构不合理等问题都有被提及，进而成为意图重点改进的对象。1987年，中共十三大会议决议将经济效益的提高融入经济发展的长期战略中，指出：“必须坚定不移地贯彻执行注重效益、提高质量、协调发展、稳定增长的战略。这个战略的基本要求是，努力提高产品质量，讲求产品适销对路，降低物质消耗和劳动消耗，实现生产要素合理配置，提高资金使用效益和资源利用效率，归根到底，就是要从粗放经营为主逐步转上集约经营为主的轨道。”[④] 这种论述，应视为转变经济增长方式战略思想的明确体现。

20世纪90年代的战略导向在这一问题上继续有所深化。1992年中共十四大在确立社会主义市场经济体制的同时，强调“要坚持从实际出发，注意量力而行，搞好综合平衡，不要一讲加快发展，就一哄而起，走到过去那种忽视效益，片面追求产值，争相攀比，盲目上新项目、一味扩大基建规模的老路上去。要真抓实干，大胆而又细致地工作，齐心协力办好几

① 《计划与市场问题》，中共中央文献研究室编：《改革开放三十年重要文献选编（上）》，中央文献出版社2008年版，第25～27页。

② 参见http：//www. gov. cn/test/2006－02/16/content_200802. htm。

③ 《全面开创社会主义现代化建设的新局面》，引自中共中央文献研究室编：《改革开放三十年重要文献选编（上）》，中央文献出版社2008年版，第262～297页。

④ 《沿着有中国特色的社会主义道路前进》，引自中共中央文献研究室编：《改革开放三十年重要文献选编（上）》，中央文献出版社2008年版，第471～502页。

件大事，走出一条既有较高速度又有较好效益的国民经济发展路子。"[①]这不仅是对转变经济增长方式的更加明确、更加具体的说明，也是对以往过于强调要素推动的经济增长方式的否定。1995 年，第九个五年计划中提出了今后十五年经济和社会发展必须贯彻的九条方针，其中有一条专门谈到了要"切实转变经济增长方式"。方针指出，资源消耗高、损失浪费严重、经济效益低的粗放型增长方式，是我国经济发展暴露许多矛盾和问题的症结所在，因此要在经济体制改革的背景下，积极将经济增长方式从粗放型向集约型转变，把提高经济效益作为经济工作的核心[②]。至此，转变经济增长方式成为中国经济社会体制转型背景下经济工作的一项重要内容。

可见，虽然在提法上有些许差异，1978 年以来我国的经济政策思想与学术思想在转变经济增长方式的问题上基本同步，即，自 20 世纪 80 年代初期，学术思想开始兴起了有关经济增长方式的探讨，成为转变经济增长方式的研究基础。与此同时，政策思想上开始出现了"提高经济效益"的诉求，成为转变经济增长方式战略的思想先导。而 90 年代以来，中共十四大指出了以往外延式占主导的经济增长方式所存在的弊端，特别是 90 年代中期的第九个五年计划随之确立了"切实转变经济增长方式"的战略方针，这即刻促成了 90 年代中后期学术领域持续性的、研究转变经济增长方式的思想热潮。由此可见，正因有政策思想的全面支持，该时期经济学术思想才有了迅速蓬勃的条件与机遇，而政策思想和学术思想的同向发展，也促进了该时期有关转变经济增长方式思想的发展和繁荣。

三、转变经济增长方式的思想体系

在学术主张与战略导向趋于一致的基础上，正如前面所言，"转变经

① 《加快改革开放和现代化建设步伐，夺取有中国特色社会主义事业的更大胜利》，载于中共中央文献研究室编：《改革开放三十年重要文献选编（上）》，中央文献出版社 2008 年版，第 649～676 页。

② 《中共中央关于制定第九个五年计划和 2010 年远景目标的建议》（1995 年 9 月 28 日），http：//www. people. com. cn/GB/shizheng/252/4465/4466/20010228/405435. html。

济增长方式”的思想研究在20世纪90年代开始正式兴起，其形成了包括转变经济增长方式的必要性与紧迫性、现状与困难、基本对策等一系列内容的思想体系，使得转变经济增长方式不再仅是一个思想主张，而是演变成了一项具有现实与理论双重意义的研究分支，极大地丰富了当时人们对于该问题的认识。该思想体系主要包括：

（一）转变经济增长方式的必要性与紧迫性

20世纪80年代国内经济学界关于转变经济增长方式的研究，更多的是从批判第一阶段的外延式经济增长所造成的不良经济表现而着眼，进入90年代，虽然我国经济表现已取得重大改善，甚至进入快速增长的通道，但此时很多学者从长远视角考虑，而坚持主张转变经济增长方式迫在眉睫。郭克莎认为在改革开放的新时期，转变经济增长方式具有三方面的重要意义：第一，我国在1994年的人均收入水平标志着我国的经济发展已经从起飞进入持续高速增长的阶段，根据理论分析和国际经验，在此时期经济增长应更多地依靠要素生产率的增长来实现，否则，生产要素的过度扩张会导致产业结构进入失衡。第二，对外开放的局面加剧了我国市场与国际市场的竞争趋势，所以提高质量而非降低价格，建立自有品牌，掌握先进技术应成为国内企业演进的必然趋势。第三，我国经济体制改革进入攻坚阶段，不仅要严防数量型经济增长引起的经济波动，而且要通过提高经济效益来增加国家财力的积累。从这种意义上，转变经济增长方式的意义并未因我国经济形势转好而弱化，反而其必要性更加凸显。①

张立群同样指出，我国经济在高速增长下隐含了多重问题，皆反映出经济增长方式转化的客观必然性，具体包括：第一，我国当前有严重的通货膨胀问题，产生的原因主要就是由于我国粗放的、数量型的经济增长方式；第二，我国当前工业与农业矛盾不断加深，其原因就在于工业化的快速推进并未带来工业劳动生产率的大幅度提高，也未带来工业品价格的降

① 郭克莎：《加快我国经济增长方式的转变》，载于《管理世界》1995年第5期。

低，因此随着工业化的推进，农业的经营更加艰难；第三，我国国有企业竞争力不足，同时又缺乏引导其进入新兴工业领域的机制，这些困难也要依靠转变经济增长方式来实现本质改变。① 类似地，陆百甫也指出，转变经济增长方式是我国面临压力下的必然选择。一方面，在全球化的推动下，国际性技术进步加速、产业结构调整加快、竞争与融合加剧，是我国的外部经济压力；另一方面，我国意图实现跨世纪发展，推动产业结构的优化升级，意图改善工农关系、城乡关系、社会与生态环境等，是我国的内部经济压力，以上压力均须依靠经济体制的转轨和经济增长方式的转变来实现彻底的推动。② 可以说，以上思想都进一步夯实并促进了我国转变经济增长方式的思想研究。

刘国光、李京文主编的《中国经济大转变——经济增长方式转变的综合研究（上）》以一个总报告、十七个分报告，详细探讨了我国转变经济增长方式的若干重大问题和政策建议。该报告指出，改革开放以来我国全要素生产率增长虽然较高，但要素生产率起点较低，与发达国家存有巨大差距。另外，结构性矛盾突出，生产浪费严重，经济增长的环境成本极大，这些都是转变经济增长方式过程中存在的问题。截至 20 世纪末，我国的自然资源条件已经不允许经济继续集中呈现出外延式的增长趋势，而且我国已经进入工业化第二阶段，必须以效率提升来刺激消费、提供新市场而突破需求制约，并参与国际竞争，获得新的增长动力。总而言之，单纯的数量扩张阶段已经结束，转变经济增长方式迫在眉睫。③

（二）转变经济增长方式的可行性对策

转变经济增长方式的可行性对策是此时期国内经济学者研究的一个焦点问题，这些研究为中国如何切实地转变经济增长方式提供了很多原则

① 张立群：《论我国经济增长方式的转换》，载于《管理世界》1995 年第 5 期。
② 陆百甫：《实现经济增长方式转变是我国经济发展的战略性选择》，载于《管理世界》1995 年第 6 期。
③ 刘国光、李京文：《中国经济大转变——经济增长方式转变的综合研究（上）》，广东人民出版社 2001 年版，第 6～8 页。

性、指导性的说明，进而为相关具体的专题性研究提供了考察方向。讨论中所提出的可行性基本对策，主要可归纳为以下几点：

1. 转变观念，使经济政策与转变经济增长方式相一致

陆百甫指出，思想观念的转变是实现经济增长方式的首要出发点，其本质应为建立效益意识，不仅应包括宏观的效益意识，也应包括微观的效益意识。① 而作为思想观念的制度性体现，很多学者也指出经济增长政策的制定应与转变经济增长方式相协调。郭克莎认为，数量型扩张会显示出较为客观的经济增长指标，但长此以往却会带来经济效益下降、产业结构失衡加深等问题，因此如若不改变追求政策上关于过高经济增长速度的偏好，增长方式的转变无从实现。② 张立群指出，我国 20 世纪 80 年代的经济政策侧重于满足国内市场及国际市场的需求，为依靠规模扩大为主的工业化迅速推进创造了条件，日后为转变经济增长方式，经济政策上必须以工业结构升级作为工业化的主导，不仅及时调整组织形态，也积极促进技术引进，进而有助于提高经济增长的效率型推动。③

2. 加快经济体制改革，提供转变经济增长方式的制度性条件

这一观点为很多学者所支持。吴敬琏指出，转变经济增长方式争论的焦点在于，凭借什么样的经济体制，依靠什么样的手段才能克服用高投入支撑高速度的痼疾，实现经济增长方式的转变，因此他总结到，粗放（外延）增长方式是集中计划经济的必然产物，中国要转变经济增长方式，就必须对既有的经济体制进行改革，发挥市场机制的作用，建立商品经济体制。④ 马建堂认为，建立新的体制是转变增长方式的基础，这其中应包括加快企业体制、投资体制、科技体制、金融体制和政府管理体制的改革⑤。类似地，郭克莎也指出，重点推进的改革内容应包括：加快国有企业建立现代企业制度的步伐，推动非国有企业提高发展层次、使用先进技术，进

① 陆百甫：《实现经济增长方式转变是我国经济发展的战略性选择》，载于《管理世界》1995 年第 6 期。

② 郭克莎：《加快我国经济增长方式的转变》，载于《管理世界》1995 年第 5 期。

③ 张立群：《论我国经济增长方式的转换》，载于《管理世界》1995 年第 5 期。

④ 吴敬琏：《怎样才能实现增长方式的转变》，载于《经济研究》1995 年第 7 期。

⑤ 马建堂：《转变经济增长方式的关键是建立新的体制基础》，载于《改革》1995 年第 6 期。

一步完善市场体系和市场规则，以及提高对外开放的水平。[①] 王积业强调，投资体制应成为经济管理体制改革的重点，我国投资中的适度集中和必要分散一直未得到有效解决，这是致使经济投资低水平、重复性进而制约规模经济形成的重要原因。[②] 刘少武将制度创新作为转变经济增长方式的可行途径，并认为该过程应主要包括以下几个方面：真正地实现政企分开，形成法人治理结构，实现经济活动主题在组织制度安排方面的创新；促进产权安排多元化、明晰化、市场化；以效率优先为原则，允许并贯彻多种分配方式并存。[③] 厉以宁等主编的《中国经济增长与波动》一书，主要从经济非均衡的角度考察中国经济增长的表现，也涉及了通过经济体制改革而改善经济增长情况的思想。其指出，市场不完善和企业缺乏活力是两项造成中国经济非均衡的主要原因，因此我国的经济体制改革必须分两步走，首先要深化企业改革，使企业成为具有充分独立性和活力的个体，而后再以完善市场和开放价格等作为经济体制的改革主线，进而使得中国经济进入一个均衡状态。[④]

3. 从内涵式经济增长的定义出发，着重提高生产效率

洪银兴回溯了西方经济学说中对于集约型经济增长方式的认识演变，进而将其主要方面归结为提高资本投入效率、扩大规模经济优势和促进生产技术进步。[⑤] 唐建荣认为，除了从宏观政策上抑制通货膨胀外，增加教育投入进而发展人力资本，鼓励科技创新，提高资本使用效率，以及重视环境保护，均是转变经济增长方式的可能对策。[⑥] 贾蔚文非常重视技术进步在转变经济增长方式中的作用，指出所谓技术创新应包含多种层次，不仅有技术革命，也有发明创造，不仅要有硬技术，也要有软技术，不仅包括产品创新、工艺创新和社会服务方式的创新，还应包括相应得到组织创

---

① 郭克莎：《经济增长方式转变的条件和途径》，载于《中国社会科学》1995 年第 6 期。

② 王积业：《经济发展阶段与经济增长方式》，载于《经济纵横》1995 年第 9 期。

③ 刘少武：《关于制度安排对经济增长方式转变作用的几点思考》，载于《管理世界》2000 年第 6 期。

④ 厉以宁等主编：《中国经济增长与波动》，中国计划出版社 1993 年版，第 8 页。

⑤ 洪银兴：《论经济增长方式转变的基本内涵》，载于《管理世界》1999 年第 4 期。

⑥ 唐建荣：《转变经济增长方式的可能途径》，载于《数量经济技术经济研究》2000 年第 9 期。

新、制度创新、管理创新和市场开拓①。赵曙明和陈天渔②、李楠③、颜鹏飞和乔倩④则非常重视人力资本的作用，认为经济增长中人力资本的作用应大于物质资本的作用，其能带动生产率的提升，同时也能与技术、设备的进步相适应，因此，加大教育投入、提高劳动者素质，应为未来经济发展所关注。王小鲁、樊纲认为，在2000年以后的20年，由要素追加投入即外延式增长带来的增长率仅能保持在接近4%的水平，因此提高全要素生产率将成为决定经济增长的主要动力，而加速城市化进程、加速技术进步和产业调整、改善政府机构腐败臃肿、改善方法之环境等，都将成为有效推动全要素生产率的着力点⑤。

（三）转变经济增长方式的不同主张

虽然我国的主流观点是支持转变经济增长方式，使其从外延式为主向内涵式为主转变，但仍有一些学者持有不同观点。如辛坦就指出，长期看我国的经济增长方式仍然会以外延式经济增长方式为主，这有利于获得一个较快的经济增长速度，有利于我国经济转型的需要。他认为，在体制障碍、经济内在规律的影响下，“我国目前乃至今后相当长的一段时期内，经济增长方式仍将是以外延型、粗放型、劳动密集型为主的格局。”并指出，“一般说来，我国现阶段的经济增长方式较易产生高速度，这种高速度有利于取得长期经济效益，而有可能牺牲短期经济效益”，特别是“如果强行超越经济发展阶段，不顾国情地搞经济增长方式的强行转轨，非但不会收到预期的效果，反而会使二元社会经济结构更加固化，人口负担越背越重，人均国民收入难以较快地得到提高，最后导致实现长期发展战略目标的流产。”⑥

---

① 贾蔚文：《技术创新——转变我国经济增长方式的根本途径》，载于《科学学与科学技术管理》1997年第1期。

② 赵曙明、陈天渔：《经济增长方式转型与人力资本投资》，载于《江苏社会科学》1998年第1期。

③ 李楠：《论劳动者素质的提高与经济增长方式的转变》，载于《经济评论》1998年第5期。

④ 颜鹏飞、乔倩：《略论转变经济增长方式》，载于《经济评论》1997年第4期。

⑤ 王小鲁、樊纲主编：《中国经济增长的可持续性——跨世纪的回顾与展望》，经济科学出版社2000年版。

⑥ 辛坦：《关于经济增长方式的转换》，载于《经济研究》1990年第1期。

赵学增指出，外延式或粗放式增长并不必然表现为贬义，经济增长方式的选择也一定要顾忌历史的、地区的各种具体因素，例如在劳动力具有极大供给而技术、资本十分短缺的历史条件下，如果放弃劳动力密集型而选择条件十分苛刻的资本或技术密集型，就是忽视外延式增长的历史价值与潜力。事实上，这种增长方式不应过早地表现为必然被历史淘汰。我国目前经济增长的选择应该正视我国当前处于市场经济历史发展较低阶段的特点，反对追求数量型冲动、乱铺摊子是正确的，但不应完全反对外延式增长，特别是劳动力密集型增长的社会贡献。① 应该说，这些研究是非常有意义的。虽然转变经济增长方式，使内涵式增长成为我国经济增长方式的主导是我国大多数学者的美好愿景，但一方面经济体制作为经济增长方式的重要背景需要一定时期的过渡和演化，另一方面我国人口众多、技术相对于劳动力明显匮乏且劳动力素质亟待提高，这都决定了我国在相当一段时期内在一定程度上还要实行外延式增长，过快地要求全面转变并不实际。

由上述可见，转变经济增长方式专项研究明确了我国第二阶段经济增长思想研究的一系列基本问题，对相关的学术发展起到了深远影响。虽然其提出的主要是一些简要的原则性问题，但其在很大程度上渗透到了经济研究的广泛领域，进而为学术界更为具体地探索转变经济增长方式的路径提供了基础。

四、路径选择：优化要素推动与强化效率推动相结合

研究转变经济增长方式思想的出现，一方面广泛地为转变经济增长方式提供了宏观战略性思路和对策，另一方面从很大程度上奠定了第二阶段中国经济学术研究的一条重要主线，使得很多具体问题的探讨，如外资、贸易、产业、金融、经济体制改革等，都与经济增长以及经济增长方式的转变密切相关，进而为本章的考察提供了丰富的素材。但总体而言，本书认为有关转变经济增长方式的诸多对策可大致归纳为两条路径：优化要素

① 赵学增：《论经济增长方式的选择》，载于《中国社会科学》1997 年第 4 期。

推动型经济增长与强化效率推动型经济增长。

首先，何谓优化要素推动型经济增长？这种增长方式的动力仍主要是通过要素推动，但其不同于改革开放以前，通过高比例积累、扭曲产业结构、降低人民生活水平来获得要素的数量型扩张，而是通过打破国际与国内壁垒，积极引入海外资源，同时调动国内资源，进而获得生产要素的持续供给。因此，这种增长方式虽然仍属于外延式，但相较于第一阶段已经获得了明显的优化。而且，这种方式的存在，同中国当时的历史背景，即刚推行对外开放政策并且在某些生产要素上体现出的比较优势，是非常契合而具备合理性的。

其次，何谓强化效率推动型经济增长？其意指强化效率对于经济增长的推动动力，侧重依靠技术进步、劳动者素质提高、结构调整、市场化建设等方面推动的经济增长，这是对内涵式经济增长的直接提倡。因此一方面优化传统的要素推动型经济增长，弱化外延式经济增长方式对于经济发展的不利影响，另一方面强化效率推动型经济增长，促进其成为中国未来主导的经济增长方式，是中国学界对于转变经济增长方式的现实路径选择。

这两条路径选择成为第二阶段中国经济增长思想的主要研究框架，而本章的后续部分也将分别对这两条路径展开论述，具体将涉及以上列举的如金融、产业、贸易等多个方面。但有必要强调的是，对于每一个现实的领域，要素推动和效率推动往往都是客观同时存在的，特别在中国改革开放后经济总量迅速扩大且与国际交流愈加紧密的背景下，外延式增长和内涵式增长应该共同发生作用。但是，在一段时期内，不同增长方式应该发挥不同的主次作用，这种情况同样也是客观存在的。其需要通过具体的情况进行考察，这也是本章进行分类讨论的划分基础。而且，有些领域在1949年以来的不同时期，在增长方式上有着动态性的、不全然一致的侧重。譬如与对外开放有关的内容，本书认为其在第一和第二阶段，更多地侧重其扩大外贸和引进外资的方面，因此第一阶段将相关专题安排在“外延式经济增长思想”的部分，而本阶段将其安排在“优化要素推动型经济增长思想”的部分。但从第三阶段开始，对外开放开始显示出更多的关于技术外溢、技术交流的内涵式经济增长特征，因此在经济增长方式划分上另作安排，第三阶段也会对此问题进行特别论述。总而言之，同一领域在我国经济实践的不同时期，体现出不同的经济增长方式倾向，显现出经济事物在不同历史阶段中的客观变化，也体现了中国经济增长在不同领域的特色发展。

五、总结与评论

从本节的分析可见，在第二阶段，中国经济增长思想领域出现了一系列重要的变化：首先，从对以往的反思中，我国经济学界连同政策决策者一致明确了经济增长方式的选择应是经济发展的重要课题，而第一阶段实行的外延式经济增长不可持续，因此共同提出了转变经济增长方式的思想。而后在探讨中，学界也进一步明确了所谓转变的含义应为从外延式增长为主到内涵式增长为主进行转变，并且这种转变应包含从观念转型、体制转型、资源配置转型等多重内容；然而，在现阶段的客观条件和历史进程的约束下，一蹴而就地完成转变，进而完全抛弃外延式经济增长既不现实，也没必要。因此，在以上原则思想的指导下，中国选择了优化要素推动与强化效率推动相结合的转变经济增长方式的路径，这也为本章的后续研究提供了分类基准。

第四节　路径之一：优化要素推动型经济增长的思想

正如前面所言，在转型时期，虽然我国经济增长思想的核心是转变经济增长方式，但其过程不会一蹴而就。原因在于，一方面，无论在思想层面上还是经济实践上，从上一阶段的外延式经济增长立即转为内涵式经济增长都不具可行性。另一方面，由于我国对外开放政策及经济体制改革，一些新的生产要素也被投入到社会生产的过程中，不断形成新的经济增长点。因此，在该时期，改变改革开放前在封闭的计划经济条件下单纯依靠大量资本和劳动力投入的粗放型要素推动，逐步转变成为在开放的市场经济条件下综合利用国内外资本、劳动力、市场等多种生产要素的优化型要素推动，是该时期经济增长思想转型的一个重要内容，其不仅延续了经济增长的态势，也在一定程度上改善了经济增长的质量。由此，本节将从以下几方面展开论述：以劳动力转移推动经济增长方式转变、以引进外资推动经济增长方式转变、以对外贸易推动经济增长方式转变。

本节将引进外资和对外贸易划分于此，须进行说明。因为我国推行对外开放政策，有相当重要的一个初衷就是意图引进先进的技术与管理模式，以改进生产效率，如若由此评断，则应将这两项划分为内涵式经济增长。但本节作此处理，主要是从当时学者对于引进外资和对外贸易的效果及其“认知”的角度来判断。根据当时很多学者的研究和判定，21 世纪之前我国对外经济方面有以下几个重要特征：第一，我国外资引进数量庞大，但在地方上也产生了很多低水平的重复和浪费，具有数量型扩张的趋势；第二，我国的外资利用多集中在劳动密集型产业，技术密集型产业的份额相对较少，当然外资对于劳动密集型产业也会有一定的效率改善，但毕竟未能同我国设想的一样，使外资直接在高新技术上发挥重要作用；第三，我国希望在一些产业上通过外资引进带动技术引进，但在很多领域仍呈现出外方把持关键技术的现象，因此我国意图快速掌握技术的愿景未能实现；第四，我国的对外贸易发展迅速，但这一类产业也大多为劳动密集型产业和初级加工业，其伴随着国际市场而逐渐扩张，可以说主要是由于市场需求的数量型扩张带来的增长，在国际市场竞争激烈，要求产品质量、生产技术时，我国对外贸易产业显示出一定的升级困境。①②③④⑤⑥ 以上特点很大程度上反映了我国学者对于对外开放领域所取得的成效的认知，即在其看来，内涵式增长还尚未充分发挥重要的作用，要素推动的外

① 裴长洪：《中国吸收外商直接投资的特征》，载于《国际贸易》1995 年第 5 期。

② 黄健：《我国外商投资的实证分析》，载于《管理世界》1994 年第 1 期。

③ 陈炳才：《论我国利用外资战略的转变》，载于《管理世界》1995 年第 6 期。

④ 陈炳才：《自主自强还是作仆依附？——利用外资战略若干问题的再研究》，载于《中国软科学》1997 年第 2 期。

⑤ 陈炳才：《外商直接投资与中国技术进步的关系——兼谈如何实现“以市场换技术”》，载于《国际贸易问题》1998 年第 1 期。

⑥ 郭克莎：《外商直接投资对我国产业结构的影响研究》，载于《管理世界》2000 年第 2 期。

延式特征仍占据主导。但是，这并非是认为对外开放不成功。首先，从第二章图2－3所反映的测算结果来看，事实上伴随着对外开放，我国的TFP有了显著提升；其次，就要素追加的角度，在国内与国际壁垒打开的情况下，我国充分利用各种要素进行生产，恰恰是一种优化要素推动型经济增长的表现，也是一种积极利用客观资源禀赋的理性选择；同时，在第三阶段，该领域开始在效率推动，即内涵式增长方面更加突出，也显示出我国经济增长的良性发展。为了凸显这种发展的阶段特征和演变，特别是反映当时学者的看法，本节特作此处理。

一、以劳动力转移推动经济增长方式转变的思想

劳动力转移，又称农村富余劳动力转移，指在农业生产部门中的劳动力向非农业生产部门的流动。伴随着工业化发展的推进，农业生产中所发生的机械化转变会引致生产效率的提高，进而使得农业生产所需的劳动力数量趋于下降，因此会出现富余劳动力从农业部门向非农业部门转移的现象，很多国家在工业化的发展过程中都有过同样的经历。而在我国，推动农业劳动力转移的主要是经济体制改革。改革开放前，我国在计划经济体制下实行单一的公有制经济，生产效率较低，且虽然以往采取群众运动而希望加大劳动力的运用，但从制度层面，严格的户籍制度将农民限制在农村，很大程度上使得农村劳动力作为经济增长的一项关键要素未得到充分利用。直到20世纪80年代后，家庭联产承包责任制改革通过改善微观效率与生产激励，提高了农业的生产效率，因此农村的生产力自此得到了有效释放。

1978～2001年，我国乡村人口占全国人口的比重呈持续下降趋势，而第一产业从业人员占全社会从业人员的比重的下降趋势更为明显，从侧面展示了我国农业生产对劳动力的析出潜能（见图4－1）。与此同时，以制造业出口为导向的工业化发展模式亟须大量劳动力以打造劳动密集型产业模式，这为农村劳动力的转移创造了积极条件。据2000年人口普查，在

"生产人员"中，从农村流出的劳动力的比重为75.3%①。更有学者估算了我国部分年份的劳动力流动数量（见表4－2）。总而言之，自20世纪80年代，劳动力转移成为中国经济中一个不可忽视的现象，也为中国经济增长方式的转变增添了动力。

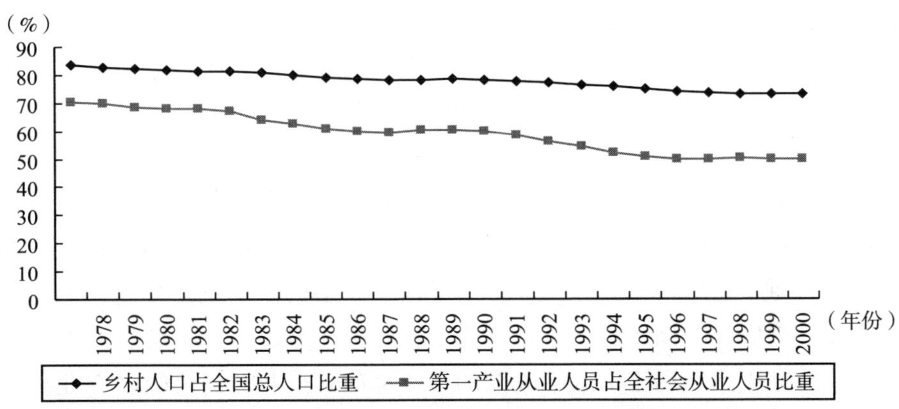

图4－1 我国乡村人口比重与第一产业从业人员比重趋势（1978～2001年）

资料来源：中华人民共和国农业部编：《新中国农业60年统计资料》，中国农业出版社2009年版，第1页。

表4－2　　1988～2001年我国农村劳动力流动和移民人数　　单位：万人

年份	1988	1990	1992	1994	1996	1997	1998	1999	2000	2001
劳动力流动人数	2600	2000	4000	6000	7200	7600	8000	8200	8840	8961
移民人数	700	600	850	1000	1250	1500	1600	1750	1900	2100

资料来源：文军：《从分治到融合：近50年来我国劳动力移民制度的演变及其影响》，载于《学术研究》2004年第7期。

需要指出的是，关于劳动力转移以实现经济增长，是属于要素推动型经济增长还是效率推动经济增长，存在不同见解。有的学者认为，劳动力

① 数据出自：《中国人口统计年鉴2004》。

转移如同技术进步、制度变迁、规模经济以及产业结构调整一样，皆是效率型增长方式，属于经济增长的内生推动力。[①] 这样定义也不无道理，但本节所论述的是“要素推动的优化”，主要指的是在改革开放的经济体制转型格局下，充分调动各种生产要素，开辟潜在生产要素来源，为经济增长寻找新的生长点，有别于以往的不合理甚至穷竭式的追加生产要素以形成的外延式经济增长模式，也有别于提高生产效率以推动经济增长的内涵式。就劳动力转移而言，其为工业产业发展开辟了农业中原本相对富余而不从事生产的劳动力，是一种生产要素的优化使用，对经济增长方式可形成一定的改善，因此本书选择在此部分探讨这一类的经济增长思想。

西方经济学中，很多理论都对劳动力转移的原理进行了论述。刘易斯（W. A. Lewis）建立了“二元经济模型”，指出发展中国家普遍存在两个经济部门：一个是生产方式非工业化、劳动生产率极低的农业部门，该部门存在隐蔽失业，劳动的边际生产率为零或接近于零；另一个是生产方式现代化、劳动生产率和工资水平较高的工业部门。工业部门可吸收农业部门中剩余的廉价劳动力开展生产，所得利润用于资本与生产的扩张，进而吸收更多的农业剩余劳动力，直到吸收殆尽，这是第一阶段。在第二阶段，农业部门因摆脱剩余劳动力的拖累，劳动生产率得到提高，收入水平上升，而工业部门为雇用更多劳动力，不得不提高工资与农业部门竞争，直到农业部门也实现了现代化，发展中国家的二元经济模式得以结束。该研究呈现出通过劳动力转移以消除二元经济的机制。[②]

随后，拉尼斯和费景汉（G. Ranis，John C. H. Fei）对刘易斯模型进行了修正，他们不仅将农业部门看作是工业部门的劳动力来源，也将其看作是农业产品来源。农业部门劳动力的减少，会使得农业产品减少，因此影响粮食价格及工资水平，进而影响工业部门吸收农业劳动力的速度和规模。所以，该理论认为，工农业的平衡增长至关重要。[③] 托达罗

① 周天勇：《高效稳定增长的根本出路在于增长模式的转轨》，载于《经济研究》1994 年第 4 期。

② W. A. Lewis，1954，“*Economic Development with Unlimited Supplied of Labour*”，The Manchester School，22（2）：139－191.

③ G. Ranis and John C. H. Fei，1961，“A Theory of Economic Development”，*The American Economic Review*，51（4）：533－565.

（M. Todaro）进一步考虑了就业问题，指出农业劳动力转移不仅取决于城乡的实际收入差异，还取决于城市的就业率和失业率。因此，为了减轻城市压力同时解决二元经济问题，应在农村当地开辟就业机会，大力发展农村的经济事业，进而鼓励农村劳动力就地转移。[①] 可见，妥善解决劳动力转移，是消除二元经济以实现经济发展的一条重要途径，对于我国这一长期处于二元经济发展模式、城乡发展不协调因而阻碍经济腾飞的发展中国家而言，具有重要启示意义。

关于劳动力转移对经济增长的贡献，国内一些学者进行了测算。胡永泰将中国的经济增长划分为两个阶段：第一阶段是 1979～1984 年，此期间农业部门是增长的主要推动因素；第二阶段是 1985～1993 年，对 GDP 增长的最大贡献因素是集体工业企业部门，且在此过程中，全要素生产率对经济增长的贡献有所降低，而作为其中一部分的劳动力再配置效应，在利用官方对流动人口规模的估计以较充分地反映实际发生的人口迁徙后，得出的结果是其对经济增长的贡献是增大的。具体而言，在官方公布的 1985～1993 年中国 GDP 平均年增长率 9.7% 中，有 1.2% 来自劳动力的再配置。考虑到迁徙，来自农业中的劳动力再配置构成了 TFP 在 1979～1993 年经济增长的 37%～54%，特别在 1985～1993 年占 TFP 增长的 45%～100%。简言之，劳动力配置是有效的。[②]

不过，蔡昉、王德文认为，传统经济增长中的生产要素不具备可替代性，因此在劳动的使用模式上，传统模式不注意改善资本—劳动比，而着重于加大投入，且由于一些制度因素，致使在这种传统的劳动使用模式下，中国的就业转换滞后于产值转换，即在农业占国内生产总值份额降低的情况下，农业劳动力数量却仍很高。但自改革以来，在市场改革取向中成长的非国有经济以市场行为决定其就业与工资，对推动劳动力市场发育，吸引农业劳动力向非农产业以及城市转移，对经济增长做出了贡献。事实上，分析表明，劳动力配置是中国经济增长的一个重要来源。农业中

① Michael P. Todaro, 1969, "A Model of Labor Migration and Urban Unemployment in Less Developed Countries", *The American Economic Review*, 59 (1): 138－148.

② 胡永泰：《中国全要素生产率：来自农业部门劳动力再配置的首要作用》，载于《经济研究》1998 年第 3 期。

广泛存在的剩余劳动力也相应地转移到农村非农产业和城镇地区，并对过去20余年的经济增长做出了贡献。在1982～1997年间，劳动力配置对经济增长的贡献份额是20.23%（见表4－3）。①

表4－3　中国经济增长源泉（1982～1997年）　单位：%

	对增长率的贡献	贡献份额
国内生产总值	8.01	100.00
物质资本	2.32	29.02
劳动力	1.90	23.71
人力资本	1.90	23.70
未被解释的部分	1.89	23.57
劳动力配置	1.62	20.23
技术进步	0.27	3.34

资料来源：蔡昉、王德文：《中国经济增长可持续性与劳动贡献》，载于《经济研究》1999年第10期。

一些学者对劳动力转移与经济增长之间的关系进行了探讨。农业剩余劳动力转移联合课题组指出，改革开放前，农村劳动力转移严重滞后于经济发展带来的经济结构转换速度，其形成原因在于：中国的资本存量的形成方式重点向制造业倾斜，造成了社会基础设施部门就业结构对国民经济增长的巨大瓶颈。同时，资本密集型的技术选择使得资本对劳动形成不适当替代，而且还因选择了不适宜经济发展阶段的过高的技术，在造福较少人的同时使得大部分农民实际收入不均，造成分配不均，导致对最终消费品需求的降低，阻碍了新产业的发展，最终构成劳动力进一步转移的障碍。②

周天勇比较了消耗型增长模式和效率型增长模式，指出发展包括劳动力转移在内的经济内生动力有助于经济增长方式的转变。因为在追求经济高增长时，资源的高投入推动消耗型经济增长，而大量投入资源对经济低

① 蔡昉、王德文：《中国经济增长可持续性与劳动贡献》，载于《经济研究》1999年第10期。
② 农业剩余劳动力转移联合课题组：《就业结构变迁与现代化进程——中国劳动力转移模式研究》，载于《管理世界》1990年第4期。

效率损失的推动力部分所形成的替代，则导致需求过渡性短缺和通货膨胀。而一旦以严格控制投资的方式控制增长速度，在经济低效率运行的情况下，就会形成供给过剩和需求不足的萧条局面。这种需求不足和供给过剩的间歇式出现，其根源在于资源投入型经济增长方式所造成的消耗型增长模式。因此，解决这种周期性经济问题的关键就在于消除资源消耗对经济低效率的不正常替代，特别是要彻底改善国民经济中生产经营和投资的低效率，即发展效率型经济增长模式。①

李建伟对我国出现的劳动力过剩问题进行了探讨，将索洛经济增长公式中的基本要素——劳动力、资本与技术进步进行了修正，认为决定经济增长的基本要素应为人力资本、产业资本与技术进步，从而建立新的总量生产函数模型，得出人力资本、产业资本和社会产出三者的增长速度存在一定关系对于中国而言，正是劳动力过剩条件下的人力资本的相对不足，制约了经济增长，因此主张三管齐下：一要加大对人力资本的开发投入，提高人力资本的积累水平；二要扩大利用外资以软化社会资本不足对我国经济增长的预算软约束；三要在大力发展劳动密集型产业的同时，促进产业结构升级。②

劳动力转移引起的区域经济发展问题也引起了一些学者的关注。蔡昉、王德文、都阳使用 1978～1998 年的分省数据，对经济增长理论中的条件趋同假说进行检验。结果表明，技术效率和包括劳动力及资本在内的资源配置效率的不同，导致了区域间经济增长的差异。在技术效率居于主导的阶段，地区经济增长的差距呈现出缩小趋势；然而在配置效率居于主导的阶段，区域间的资源配置差异就会导致地区经济增长的差距扩大。特别是劳动力市场的发育滞后会导致就业机会不足，形成更为严重的资源配置扭曲，进而影响经济增长。这就是我国中西部地区与东部地区经济增长呈现区域性差异的原因所在。③ 刘强认为，1981～1998 年中国经济增长的

---

① 周天勇：《高效稳定增长的根本出路在于增长模式的转轨》，载于《经济研究》1994 年第 4 期。

② 李建伟：《劳动力过剩条件下的经济增长》，载于《经济研究》1998 年第 9 期。

③ 蔡昉、王德文、都阳：《劳动力市场扭曲对区域差距的影响》，载于《中国社会科学》2001 年第 2 期。

收敛性存在着整体减弱、局部加强的特征，而其并非由索洛所提出的由资本/劳动比率的唯一性所导致，而是由于劳动力地区转移。劳动力要素的地区转移对各地区产出水平有明显的贡献：20 世纪 80 年代，劳动力省内流动，对省内产出水平有明显贡献，导致中国经济增长的收敛性增强；90 年代以后，劳动力转为省际流动，对各地区产出水平都有贡献，因此中国经济增长的总体收敛性变弱了，局部收敛性随着劳动力要素的梯度转移而所有加强。①

如何科学有效地疏导劳动力转移，也是众多学者讨论的焦点。宋林飞基于 1981 年对江苏省南通县进行的社会调查，研究指出农业劳动力向工副业转移，是农村经济发展的必然趋势，而着力发展乡村城市化、农业工业化，开发和利用本地资源是扩大和巩固就业门路的重要途径。② 冯兰瑞、姜渭渔则比较了不离土不离乡、离土不离乡、离乡不离土、离土又离乡的四种劳动力转移模式，指出要根据我国不同区域情况因地制宜：对于经济较为发达的地区，可适当促进城市化进程，而对于经济发展程度不高的地区，应致力于发展农村经济，在农村内部消化剩余劳动力。③ 陈颐认为，可在资金和人口集聚的地方新建城市或城镇，吸纳农村的剩余劳动力，实现农村的城市化。④ 蔡昉主张加快城乡劳动力市场开放并发展劳动力市场，认为劳动力转移并不是城市失业以及加剧失业的原因所在。事实上，劳动力的转移一方面可为非国有部门提供人力资本，为经济增长创造贡献，另一方面还可通过非国有部门的发展与国有部门形成就业竞争，从而对国有部门的劳动工资制度改革形成压力，推动两个劳动力市场的并轨和就业体制转换，深化就业体制改革并不会加重失业压力。⑤ 周天勇认为，缓解我国劳动力就业转移问题，关键是要加速城市化进程、加快小城镇建设，尤其是要发展中小企业，从而较大幅度地扩张城镇就业容量，形成劳动生产

---

① 刘强：《中国经济增长的收敛性分析》，载于《经济研究》2001 年第 6 期。

② 宋林飞：《农村劳动力的剩余及其出路》，载于《中国社会科学》1982 年第 9 期。

③ 冯兰瑞、姜渭渔：《农村剩余劳动力转移模式的比较研究》，载于《中国社会科学》1987 年第 5 期。

④ 陈颐：《农村劳动力转移的新趋势和目标模式的选择》1987 年第 10 期。

⑤ 蔡昉：《二元劳动力市场条件下的就业体制转换》，载于《中国社会科学》1998 年第 2 期；蔡昉：《转轨时期的就业政策选择：矫正制度性扭曲》，载于《中国人口科学》1999 年第 2 期；蔡昉：《拆除劳动力流动的制度障碍》，载于《中国人口科学》1999 年第 8 期。

率增长、就业机会增长与经济增长之间的良性循环。[①] 胡鞍钢通过劳动—耕地比例方法以及编辑劳动生产率方法，指出 20 世纪末中国有近 1/3～1/2 的农业劳动力属于农业剩余劳动力，发展乡镇企业、促进农村个体和私营经济发展、促进农村第三产业发展以及促进农村劳动力有序向发达地区流动等，都是实现劳动力转移的可行途径，特别是，发展包括微型企业、家庭型生产服务单位、个体劳动者等的“非正规就业”，可称为加速我国就业模式转变、缓解就业压力的重大举措。[②]

我国关于农业劳动力转移的政策也经历了从限制到放宽，再到完善与整顿的变迁过程。在改革开放初期，限制劳动力转移是我国主要的政策导向。但进入 20 世纪 80 年代中后期，关于农业劳动力转移流动的政策开始放宽，1984 年中共中央在关于 1984 年农村工作的通知中指出，“随着农村分工分业的发展，将有越来越多的人脱离耕地经营，从事林牧渔等生产，并将有较大部分转入小工业和小集镇服务业。这是一个必然的历史性进步”，因此准由各地区以试点形式，“允许务工、经商、办服务业的农民自理口粮到集镇落户”[③]。

20 世纪 90 年代后，我国在政策上开始着力于劳动力流动的规范化管理。1993～1994 年，劳动部颁发一系列政策通知[④]，其政策核心在于形成农村劳动力流动的有效机制，建立并完善现代劳动力市场。90 年代后期，我国在政策上进一步加强对农业劳动力转移市场的整顿和管理，着重建立和健全劳动力市场规则，努力加强劳动力流动的组织性和有序性，并向产

① 周天勇：《中国就业、再就业与劳动力转移的趋势和出路》，载于《财经问题研究》1999 年第 11 期；周天勇：《托达罗模型的缺陷及其相反的政策含义——中国剩余劳动力转移和就业容量扩张的思路》，载于《经济研究》2001 年第 3 期。

② 胡鞍钢：《中国就业状况分析》，载于《管理世界》1997 年第 3 期；胡鞍钢：《就业模式转变：从正规化到非正规化——我国城镇非正规就业状况分析》，载于《管理世界》2001 年第 2 期。

③ 《中共中央关于一九八四年农村工作的通知》，中央文献研究室编：《十二大以来重要文献选编》（上册），中央文献出版社 2011 年版，第 370～371 页。

④ 如《关于印发〈再就业工程〉和〈农村劳动力跨地区流动有序化——“城乡协调就业计划”第一期工程〉的通知》《关于建立社会主义市场经济体制时期劳动体制改革总体设想》《关于促进劳动力市场发展，完善就业服务体系建设的实施计划》《关于农村劳动力跨省流动就业的暂行规定》等。

业化发展[①]。可见，科学利用劳动力转移、建立现代化劳务市场已逐渐成为我国学界和政界的共识。

二、以引进外资推动经济增长方式转变的思想

资本是推动经济增长的一个关键要素，对于资本匮乏的发展中国家而言，在经济起飞的阶段，外资应被看成获取资本的重要来源。然而，改革开放以前，我国的外资利用规模较小、来源渠道单一、覆盖领域狭窄。在20世纪50年代，苏联曾以低息向我国贷款以支持第一个五年计划中的部分建设项目；60年代初至70年代后期，我国主要依靠中国银行在港澳吸收存款，并在对外贸易中使用延期付款，同时还从西方国家引进部分急需的物资、技术和设备等。[②] 面对新中国成立初期的国际政治经济形势和以发展重工业为核心的赶超型战略目标，我国主要采取内源式资本筹集方式，即高积累、低消费。正如刘少奇在1950年指出，"为了要大规模地进行经济建设和加快工业化，就需要由人民节省出大量的资金以投资于经济事业。"[③] 然而，这种高积累、低消费的分配方式，使得居民生活水准严重低于国家经济发展水平，从长期角度影响了经济发展的质量与活力。

中共十一届三中全会后，我国确立了对外开放的政策，外资引进成为其重要的组成部分，为我国经济的高速发展注入了巨大能量。在此方面，邓小平的主张利用外资的思想具有重要的积极意义。他指出，"利用外资是一个很大的政策，我认为应该坚持"[④]，"消极因素比起利用外资加速发展的积极效果，毕竟要小得多"[⑤]，"像中国这样大的国家搞建设，不靠自己不行，主要靠自己，这叫作自力更生。但是，在坚持自力更生的基础

① 如1995年中共中央办公厅、国务院办公厅转发《关于加强流动人口管理工作的意见》、1997年国务院办公厅转发《关于进一步做好组织民工有序流动工作的意见》、2000年劳动部颁发《关于做好农村服务劳动力流动就业工作的意见》等。

② 国家统计局贸易物资统计司：《中国商业外经统计资料1952～1988》，中国统计出版社1990年版，第419页。

③ 刘少奇：《国家的工业化和人民生活水平的提高》，载于《刘少奇选集》（下卷），人民出版社1985年版，第7页。

④ 《邓小平文选》（第2卷），人民出版社1994年版，第198页。

⑤ 《邓小平文选》（第3卷），人民出版社1993年版，第65页。

上，还需要对外开放，吸收外国的资金和技术来帮助我们发展”①。在这些思想的影响下，我国开始推行了一系列吸引外资的政策。1979 年 7 月，我国政府颁布了《中华人民共和国中外合资经营企业法》，对利用外资进行了法理认可和规范。同年 8 月，国务院设立外国投资管理委员会，启动外资利用的政府监管。1980 年，我国率先在广东、福建两省设立经济特区，1984 年，相继在沿海地区开放了大连、天津、上海、广州等 14 个港口以及 13 个经济技术开发区。1986 年，为规范和改善外资企业的生产经营环境，中国政府颁布了《外资企业法》和《关于鼓励外商投资的决定》。1988 年 4 月，国务院又批准海南办省建特区。

1992 年邓小平南方谈话后，外资引进因改革开放的进一步推进而进入高速期。江泽民在第十四次全国代表大会上的报告中指出，“利用外资的领域要拓宽，采取更加灵活的方法；继续完善投资环境，为外商投资经营提供更方便的条件和更充分的法律保障。”② 可见，当时我国在对外资引进的政策导向上表达了进一步的促进与支持。1997 年，国家计委等部委修订发布《外商投资产业指导目录》，进一步明确了外商投资的优先领域，并更加注重利用外资推动中国的产业升级，更加强化以发展产业与技术引进为核心的外资利用导向。正因如此，我国利用外资数额和项目发展十分迅速，且从表 4－4 可见，自 1992 年后，外商直接投资成为我国外资利用的主要形式。

表 4－4　　中国外资利用情况（1979～2001 年）

年份	总计		外商直接投资		外商投资所占比重（%）
	项目（个）	金额（亿美元）	项目（个）	金额（亿美元）	
1979～1982	947	194.96	920	49.58	25.43
1983	690	36.15	638	19.17	53.03

① 《邓小平文选》（第 3 卷），人民出版社 1993 年版，第 78～79 页。

② 江泽民：《加快改革开放和现代化建设步伐，夺取中国特色社会主义事业的更大胜利》，中央文献研究室编：《十四大以来重要文献选编》（上册），中央文献出版社 2011 年版，第 20 页。

续表

年份	总计		外商直接投资		外商投资所占比重（%）
	项目（个）	金额（亿美元）	项目（个）	金额（亿美元）	
1984	2204	50.15	2166	28.75	57.33
1985	3145	102.69	3073	63.33	61.67
1986	1551	122.33	1498	33.30	27.22
1987	2289	121.36	2233	37.09	30.56
1988	6063	160.04	5945	52.97	33.10
1989	5909	114.79	5779	56.00	48.78
1990	7371	120.86	7273	65.96	54.58
1991	13086	195.83	12978	119.77	61.16
1992	48858	694.39	48764	581.24	83.71
1993	83595	1232.73	83437	1114.36	90.40
1994	47646	937.56	47549	826.80	88.19
1995	37184	1032.05	37011	912.82	88.45
1996	24673	816.10	24556	732.76	89.79
1997	21138	610.58	21001	510.03	83.53
1998	19850	632.01	19799	521.02	82.44
1999	17022	520.09	16918	412.23	79.26
2000	22347	711.30	22347	623.80	87.70
2001	26140	719.76	26140	691.95	96.14

资料来源：国家统计局国民经济综合统计司：《新中国六十年统计资料汇编》，中国统计出版社2010年版。

对于外资引进对经济增长的贡献，一些学者从理论与实证上进行了探讨。费越较早进行了外资引进的系统理论研究，他对发展中国家可选的三种经济发展模式——封闭型发展模式、贸易平衡性发展模式和利用外资型发展模式进行了比较，指出封闭型发展模式会导致高积累、低效益和经济的不健康发展；贸易平衡型发展模式在通过贸易取得发展的同时，不易改变其落后的生产结构和经济结构，还会导致不利的贸易地位；而利用外资型发展模式可扩大资本投入，调动生产，虽然在未来须承担更大绝对规模的资源流出，但仍有利于调整经济结构，实现经济大幅跃进。因此，利用外资加速经济有其必要性。但即便如此，发展中国家还存在资本相对需求量即外资吸收能力狭小的问题，制约了充足资本条件下的投资规模扩大。因此，他为利用外资型发展模式的发展中国家规划了一个以投资增长速度与储蓄增长速度、进口增长速度与出口增长速度为变量的四阶段资源流动周期，以顺利实现以利用外资为基础的经济增长。对于我国20世纪90年代以后的外资引用战略，费越指出，应开始准备以国内储蓄替代外资，加强积累，增强出口能力，同时加强外资管理，控制外资的增长速度。①

牛南洁较为全面地评估分析了外资利用对我国经济的正反两方面影响。在积极影响方面，外资流入对出口有很大的贡献作用，其对出口增长的贡献率在1988年为18%，1997年上半年则上升至42%。我国发展较快的加工贸易行业，加工和出口主体正是外资企业。此外，外资流入的同时还带有外部效益和示范效应，对我国改革进程形成了有效推进。然而，外资利用对我国也有一定的消极影响，如加工多为劳动密集型产品，且其对我国税收贡献少、产业带动能力小，因此，一定程度上削弱了出口对我国经济增长的促进作用。另外，外资直接挤压国内企业，以电子和通信设备制造业为例，外商占市场销售的62%以及利润的67%，使得该行业基本为外商垄断。外资对区域经济发展也有影响，其引入使得福建、江苏、广东、山东等地区的经济快速增长的同时，也导致了内陆地区与东部地区在经济发展水平差距上的进一步扩大。② 类似地，沈坤荣对外资引入的经济效果进行了评估，利用1990～1994年的省份统计资料建立截面数据回归模型，指出外资引入较多的省份，经济增长的幅度也大，其中经济增长的快慢，9.75%可由外资引入的数量来解释。③

---

① 费越：《经济发展模式与利用外资》，载于《经济研究》1987年第2期；费越：《利用外资型发展模式的动态分析》，载于《经济研究》1987年第4期；费越：《资本需求与利用外资》，载于《经济研究》1987年第3期；费越：《2000年以前我国利用外资政策初探》，载于《经济研究》1987年第5期。

② 牛南洁：《中国利用外资的经济效果分析》，载于《经济研究》1998年第5期。

③ 沈坤荣：《中国经济转型期的政府行为与经济增长》，载于《管理世界》1998年第2期。

然而，面对我国逐年递增的外资引进额度，一些学者也指出了其中存在的隐患，并对未来外资引进的战略部署提出了设想。江小涓认为，在20世纪90年代中期关于引进技术方面存在一定问题：一是跨国公司与我国行业“排头兵”进行合资，取消原有企业的技术开发机构而选择由跨国公司提供技术，使国内技术开发能力下降，削弱了我国进行自主技术开发的能力；二是在某些行业，外方控股的合资公司通过迅速扩张，占领较大市场，但并未因此为我国提供先进技术和提升出口能力；三是跨国公司进入我国市场，对正处于产业重组过程的民族工业而言是极大的冲击。所以，江小涓建议对外资利用加强引导和监管，保持市场的竞争性，加强行业协调功能。①

另外，江小涓还分析了利用外资与转变经济增长方式的关系，指出引进外资不仅对经济增长的速度有促进作用，对经济增长方式和质量方面也有重要影响，其可提高资本形成的质量，推动技术流动与进步，改善贸易结构与国际竞争力，促进人力资源开发、产业结构升级及产业组织优化。但如何进一步协调外资与经济增长方式转变仍存在两个问题：一是利用外资与提高国内企业竞争力的矛盾；二是利用外资与利用内资之间的矛盾。虽然外资因机制上的一些优势与内资存在非完全替代的关系，但由于国内对外资的过度需求以及外资自身的投机需求，国内产生了“外资流入过度问题”。为纠正以上问题，江小涓主张一方面应制定开放环境下的中长期产业和技术发展战略，加强对外资投资方向的引导，另一方面应为外资企业和国内企业创造平等竞争环境。②

类似地，郭克莎指出，要转变经济增长方式，调整投资重点非常重要，其核心在于由重视外延型、数量型投资转向重视内涵型、质量型投资，而对于外资的利用，应注重提高规模和效益，吸引国际大型跨国公司的高技术投资，发展高技术产业合作项目，鼓励中西部地区和基础产业部门的外资流入，同时控制低层次、高污染项目，加强外资企业监督与

---

① 江小涓：《当前利用外资中存在的问题及若干政策建议》，载于《中国工业经济》1996年第9期。

② 江小涓：《利用外资与经济增长方式的转变》，载于《管理世界》1999年第2期。

管理。①

华民、黄列对外国资本流入为中国经济增长带来的积极作用的同时所产生的一系列结构性问题予以正视，他们建立了一个两要素、两产品、两部门的开放模型，论证了在中国现行的经济结构下，实现商品市场、劳动力市场、外汇市场、货币市场的同时均衡是不可能的。为解决此问题，必须对中国经济实行结构型调整，包括：加大教育投入以发展人力资本，控制跨国公司来华投资以调整厂商结构，适当增加进口资本品和对外投资以减少资本项目顺差和经常项目顺差的压力，以及加快发展低收入农村经济以改善二元经济结构。②

自 1994 年以来，中国成为吸收外资额方面仅次于美国的世界第二大国，社会各界对吸收外资的合理规模也展开了探讨。胡鞍钢结合中国国情，否定了关于中国吸引外资过多的说法，认为中国要解决发展基础设施所需要的巨额资金的问题，其基本策略之一就是“以市场换资金、换技术”，如此一来中国及国内消费者将成为最大受益者，民族工业也将在竞争中实现发展。③ 中国社会科学院经济研究所宏观课题组也指出，自 1994 年起，外资流入的速度事实上呈逐年放缓的趋势，这一则是由于新兴国家和地区劳动密集型产业的转移过程已经结束，走向国内产业升级，二则是中国不适宜当时发达国家直接投资最活跃的方式——跨国并购。因此，未来几年外资规模不会高增长。而且，考虑到农村劳动力的大规模转移，中国仍将需要大量地利用外资，从而与不断增加的劳动力进行生产要素的组合与配置。④

另外值得一提的是，虽然在改革开放后引进外资所带来的要素扩张推动经济增长更加突出，但此时也有一定的效率改进，即外资的“外溢效应”。这是外资领域外延式增长与内涵式增长相互重叠的部分，也是发展的客观表现，因此有必要进行梳理。一些学者对外资引进可能带来的外溢

① 郭克莎：《加快我国经济增长方式的转变》，载于《管理世界》1995 年第 5 期。
② 华民、黄列：《中国开放经济下的宏观非均衡分析》，载于《经济研究》1997 年第 11 期。
③ 胡鞍钢：《中国吸引外资的规模是否过大?》，载于《经济研究参考》1997 年第 5 期。
④ 中国社会科学院经济研究所宏观课题组：《贸易、资本流动与汇率政策》，载于《经济研究》1999 年第 9 期。

效应进行了探讨。所谓外溢效应，是指外商直接投资对东道国相关产业或企业在技术、管理、制度等方面产生的影响。而直接投资（以下简称FDI）除了缓解东道国的就业压力、增加东道国的资本存量并提高投资质量外，还具有技术外溢效应这一更具长期性的深层次影响。何洁以1993～1997年我国28省的相关数据进行回归分析，证实FDI在我国各省市的工业部门中均存在明显的正向外溢效应。不过，该效应的程度也受到当地经济发展水平的门槛效应的制约。因此，何洁主张，只有加强当地技术进步、基础设施建设、市场规模等以提升地区自身经济发展素质，才能进一步发挥FDI的外溢效应，单纯扩大经济开放规模无益于FDI积极作用的发挥。①

沈坤荣、耿强认为，FDI的外溢效应甚至可改变发展中国家的经济增长方式，使其走上内生化增长的道路。具体而言，他们通过构建内生经济增长模型，采用1987～1998年中国29个省、市及自治区的相关数据，估计了各地区FDI年流入量、人力资本存量、FDI与人力资本的乘积、各地区初始GDP及制度对我国各地区年人均生产总值的影响。研究表明，我国一地区的FDI年流入量相对于其当年经济规模的比例每增加1%时，其相应的人均GDP就将增加0.27%。另外，地区人力资本存量的多寡对于FDI技术扩散效应的发挥程度有至关重要的作用，然而整体上人力资本存量对经济增长的促进作用尚未显现，说明当时我国并未实现内涵式经济增长。但FDI通过技术外溢效应可使得东道国的技术水平、组织效率不断提高，进而提高全要素生产力，推动经济增长面向内涵式发展转变。②

由以上讨论可见，外资对于中国的经济增长的确具有很大促进作用，且在如何引进外资以转变经济增长方式的问题上，我国学者的讨论事实上也给出三个要点：第一，是开辟资本来源，改变以往穷竭式的内源式融资方式，扩大资本投入，调动生产，为我国经济增长带来更多新的机遇；第

① 何洁：《外国直接投资对中国工业部门外溢效应的进一步精确量化》，载于《世界经济》2000年第12期。

② 沈坤荣、耿强：《外国直接投资、技术外溢与内生经济增长——中国数据的计量检验与实证分析》，载于《中国社会科学》2001年第5期。

二，是在吸引外资的基础上，适时适当地对外资利用在产业、地域方面加以引导和管制，使其有助于发展我国的新兴产业，带动产业结构升级和区域经济发展；第三，是利用“外溢效应”，带动我国企业在技术、管理和制度上的改进，这是具有内涵式经济增长含义的，且这一点将在2001年以后作用更加突出。

三、以对外贸易推动经济增长方式转变的思想

改革开放以来，对经济增长有显著助力的另一要素就是在改革开放背景下的对外贸易的扩大。我国政策在有关对外贸易的问题上，以改革开放为界，有很大转变。有学者曾对改革开放前我国对外贸易的总体特点进行过总结，即：国家统制的对外贸易体制，高度集中，国家集外贸经营权和管理权为一体，政企不分、国家财政统负盈亏，以保证进出口贸易在总体上达到平衡①。这种贸易结构有其历史的合理性和必然性，对我国当时所面临的西方国家的经济封锁、国内资源贫乏短缺、亟须建立独立和发达的工业化体系有一定的促进作用，然而却很大地制约了生产企业和外贸单位的积极性，影响了经济增长的活力，同时也错失了以外需拉动经济增长的机遇。

中共十一届三中全会以后，对外开放成为我国一项基本国策，外贸体制也随之启动改革，以与国际贸易通行准则相衔接。1988年，国务院颁发《关于加快和深化对外贸易体制改革若干问题的决定》，在中央补贴的基础上全面推行对外贸易承包经营责任制，由各省、自治区、直辖市、计划单列市以及直接承担出口任务的国家外贸公司，分别向国家承包出口收汇、上缴中央外汇和经济效益指标，完成承包基数内的外汇实行分成，超过部分的外汇收入实行全部或大部分由地方、部门、企业留成，同时加强出口鼓励政策②。

① 唐任伍、马骥：《中国经济改革30年：对外开放卷》，重庆大学出版社2008年版，第32页。

② 参见《国务院关于加快和深化对外贸易体制改革若干问题的规定》1988年2月26日，http：//www.gov.cn/xxgk/pub/govpublic/mrlm/201202/t20120221_64875.html。

1990 年，国务院颁布《关于进一步改革和完善对外贸易体制若干问题的决定》，其核心在于取消政府补贴，建立外贸企业自负盈亏的机制，使外贸逐步走上统一政策、平等竞争、自主经营、自负盈亏、工贸结合、推行代理制、联合统一对外的轨道。① 1994 年，国务院下发《关于进一步深化对外贸易体制改革的决定》，开始实行汇率改革，加强外贸宏观管理，致力于实现统一政策、放开经营、平等竞争、自负盈亏、工贸结合、推行代理制，建立适应国际经济通行规则的运行机制。② 连同其他系列相关政策文件，我国逐步建立起新的外贸体制，很大程度上实现了政企分开，企业自负盈亏，提高了经济效益，同时通过改革进出口管理制度，实现多种形式工贸结合的经营体制等，优化了经济结构。

我国自改革开放以来在对外贸易上实现了巨大发展。由表 4 –5、图 4 –2 可见，改革开放以后，我国外贸进出口总额逐年递增，且在贸易差额方面，自 1994 年起就实现了持续的贸易出超。我国的出口额占国内生产总值的比重也逐年升高，据统计，1980 年出口占国内生产总值的比重仅为 6%，1990 年攀至 16.1%，2001 年则高达 23%，超过当年 GDP 的 1/5；另外，从世界角度来看，1980 年中国出口总额占世界出口总额的第 26 位，1990 年攀升至第 15 位，2001 年则名列第 6 位③。可见，对外开放的政策下，我国迅速转型成为贸易输出大国，无论对本国经济还是世界贸易经济体系均起到举足轻重的影响。

表 4 –5　　中国外贸发展情况（1979～2001 年）

年份	人民币（亿元）				美元（亿美元）			
	进出口总额	出口总额	进口总额	差额	进出口总额	出口总额	进口总额	差额
1979	454.6	211.7	242.9	–31.2	293.3	136.6	156.7	–20.1

① 参见《关于进一步改革和完善对外贸易体制若干问题的决定》1990 年 12 月 9 日，http：//www.chinabaike.com/law/zy/xz/gwy/1332683.html。

② 参见《关于进一步深化对外贸易体制改革的决定》1994 年 1 月 11 日，http：//cpc.people.com.cn/GB/64184/64186/66698/4495165.html。

③ 资料来源：《中国对外经济统计年鉴 2002》。

续表

年份	人民币（亿元）				美元（亿美元）			
	进出口总额	出口总额	进口总额	差额	进出口总额	出口总额	进口总额	差额
1980	570.0	271.2	298.8	-27.6	381.4	181.2	200.2	-19.0
1981	735.3	367.6	367.7	-0.1	440.3	220.1	220.2	-0.1
1982	771.3	413.8	357.5	56.3	416.1	223.2	192.9	30.3
1983	860.1	438.3	421.8	16.5	436.2	222.3	213.9	8.4
1984	1201.0	580.5	620.5	-40.0	535.5	261.4	274.1	-12.7
1985	2066.7	808.9	1257.8	-448.9	696.0	273.5	422.5	-149.0
1986	2580.4	1082.1	1498.3	-416.2	738.5	309.4	429.1	-119.7
1987	3084.2	1470.0	1614.2	-144.2	826.5	394.4	432.1	-37.7
1988	3821.8	1766.7	2055.1	-288.4	1027.9	475.2	552.7	-77.5
1989	4155.9	1956.0	2199.9	-243.9	1116.8	525.4	591.4	-66.0
1990	5560.1	2985.8	2574.3	411.5	1154.4	620.9	533.5	87.4
1991	7225.8	3827.1	3398.7	428.4	1356.3	718.4	637.9	80.5
1992	9119.6	4676.3	4443.3	233.0	1655.3	849.4	805.9	43.5
1993	11271.0	5284.8	5986.2	-701.4	1957.0	917.4	1039.6	-122.2
1994	20381.9	10421.8	9960.1	461.7	2366.2	1210.1	1156.1	54.0
1995	23499.9	12451.8	11048.1	1403.7	2808.6	1487.8	1320.8	167.0
1996	24133.8	12576.4	11557.4	1019.0	2898.8	1510.5	1388.3	122.2
1997	26967.2	15160.7	11806.5	3354.2	3251.6	1827.9	1423.7	404.2
1998	26857.7	15231.6	11626.1	3605.5	3239.5	1837.1	1402.4	434.7
1999	29896.3	16159.8	13736.5	2423.3	3606.3	1949.3	1657.0	292.3
2000	39274.2	20635.2	18639.0	1996.2	4742.9	2492.0	2250.9	241.1
2001	42183.6	22024.4	20159.2	1865.2	5096.5	2661.0	2435.5	225.5

资料来源：《中国对外经济统计年鉴2002》。

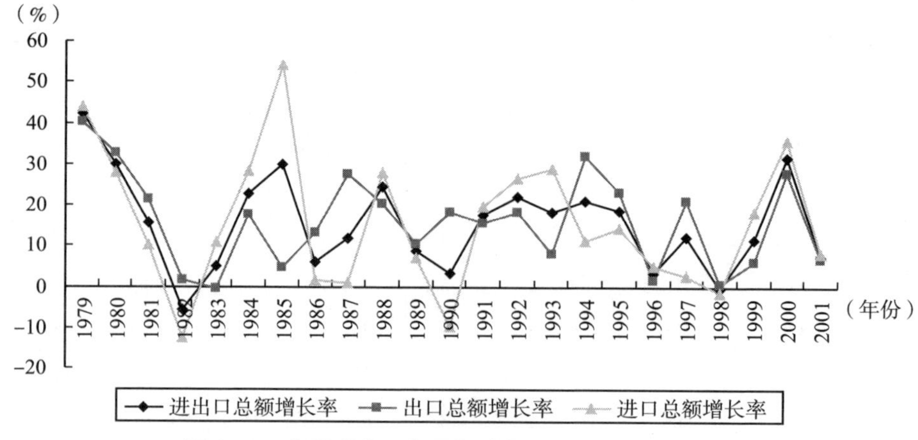

图 4－2　中国进出口贸易额增长率（1978～2001 年）

资料来源：《中国对外经济统计年鉴 2002》，按照美元计算。

有关对外贸易与经济增长之间的关系的讨论，在西方经济学说中早有渊源。亚当·斯密在《国富论》中就提出“绝对优势理论”，指出在国际自由贸易的前提下，各国各地区按照国际分工，生产本国劳动生产率较高的产品，而后进行国际贸易，就可彼此受益，进而实现经济增长。李嘉图《政治经济学及税赋原理》进一步发展了亚当·斯密的观点，提出“比较优势理论”，认为一国在国际贸易中应生产具有相对优势的产品，从而通过相同数量的生产要素交易获得更多的产品，进而提高收益与福利。赫克歇尔在 1919 年提出了要素禀赋说的观点，俄林又进行了补充，指出一国生产优势应由该国产品生产中各种投入要素的丰裕程度而决定，其出口的商品应是密集使用了该国相对充裕而便宜的生产要素的产品，进口的商品应是密集使用了该国相对稀缺而昂贵的生产要素的产品，进而使得各国能更有效地利用各种生产要素，通过贸易使得福利均得到提高。

对对外贸易与经济增长关系持积极看法的代表是英国经济学家罗伯特逊（D. H. Robertson）。他认为，19 世纪国际贸易的发展是许多国家经济增长的主要原因，其不仅可以直接促进经济增长，还可随着对外贸易的发展，把经济增长的动力传导到其他经济部门，为国民经济的全面增长提供间接拉动。这是对外贸之于经济增长的促进作用的直接肯定。然而，也有人不同意这样的观点，认为外贸不是经济增长的原因，持此观点的主要是克拉维斯，其在20世纪70年代提出，对外贸易对于一国的经济增长只不过是一种外部刺激，其所能带来的正面作用，最终还要受到该国国内自身相关因素的限制，因此克拉维斯将对外贸易这一既不充分也不必要的条件称为“经济增长的侍女”。可见，外贸与经济增长这样一组关系，仍存在很大的讨论空间。

改革开放后，我国是外贸发展较快同时经济增长也较快的国家，此二者之间的关系被很多学者所注意，也出现了很多的探讨。熊贤良对外贸与经济增长之间的关系进行了理论分析，指出不同国家有着不同的资源禀赋、市场规模和发展水平等，由此一国的对外贸易与其经济增长之间的关系可归纳为三个类型：第一类是以初级产品的出口带动和支持经济增长，此类国家通常在自然资源禀赋方面较为优越，或为小国且处于发展的初步阶段；第二类是以制成品的出口带动经济增长，这主要发生在自然资源贫乏的小国和新型工业化国家；第三类是将国内投资和私人消费的扩张构成经济增长主要源泉，这类国家国内市场规模较大，不单纯依赖外部市场，对外贸易只具有辅助作用。中国属于第三类国家。因此，应该依托国内市场，在有选择性的保护下进行进口替代生产，同时发展国内贸易，促使进口替代行业成为具有国际竞争优势的出口产业，服务于国内外市场，最终达到发达国家的发展水平。①

很多学者对外贸对经济增长的贡献进行了具体测算。佟家栋以1953～1990年中国进口额与国民收入的数据进行回归分析，指出进口对经济增长有促进作用，进口每增长1%，国民收入增长0.16%。并且，通过进一步考察1980～1992年各种产品进口增长率的数据与同期国民生产总值增长之间的关系，证实机械及运输设备的进口对国民生产总值有一定贡献，该类产品进口每增长1%，国民生产总值就增长0.17%，但轻纺、橡胶、矿冶产品的进口对经济增长起负作用。② 中国社会科学院经济研究所宏观课

① 熊贤良：《对外贸易促进经济增长的机制和条件》，载于《经济贸易问题》1993年第7期。

② 佟家栋：《关于我国进口与经济增长关系的探讨》，载于《南开学报》（哲学社会科学版）1995年第3期。

题组认为，出口推动是中国经济高速增长的重要因素，其年平均贡献度在20世纪80年代只有0.15%，1990～1997年则达到了7.15%。此外，该课题组还运用1981～1998年的相关季度数据，指出汇率变动对中国出口的影响是显著的，人民币汇率贬值1%，中国的出口将增长0.158%，但该影响也有条件，即中国的出口弹性大，外国需求变动的影响也大。[①]

沈坤荣利用1994年全国30个省市自治区的截面数据进行地区外贸总量增长与经济增长的弹性分析，指出进口总额每增长1%，带动GDP增长0.524%。而以1978～1994年进出口数据进行时间序列分析，可得进出口总额每增长1%，国内生产总值增长0.64%，证实我国在采取外向型经济策略后，所产生的外贸增长的确对经济增长有促进作用。不过，也要指出的是，该研究运用的是1994年的数据，但该年是出口对经济增长作用较大的一年，是因为中国外贸管理发生了较大变化，汇率、关税、利率等成为国家调控外贸的主要手段，内部宏观环境的改善对出口发挥其对经济增长的作用十分有利。[②] 魏巍贤运用1985～1997年的中国出口额及GNP数据进行分析，指出中国的出口与其经济增长存在因果关系，且对经济增长具有31%的贡献，基本符合古典经济学的出口导向理论。[③] 沈程翔也认为，中国存在出口导向型经济，且在出口额不断增加的同时，国民经济的出口依存度和外贸依存度也不断提升，1977年出口依存度仅为4%，外贸依存度仅为9%，而1998年出口依存度为19%，外贸依存度为34%，其运用1977～1998年的相关数据，在检验出口与产出双变量因果性关系的基础上，还引入了进口、投资和政府开支等因素，指出中国的出口与产出之间存在互为因果的双向关系，此关系在给定进口、投资和政府开支等因素后，有所加强，但二者之间不存在长期稳定的均衡关系。[④]

另外，董秘刚使用1978～1998年中国对外贸易与经济增长的相关数

---

① 中国社会科学院经济研究所宏观课题组：《大调整：一个共同的主题和必然的选择——中国宏观经济分析》，载于《经济研究》1998年第9期；中国社会科学院经济研究所宏观课题组：《贸易、资本流动与汇率政策》，载于《经济研究》1999年第9期。

② 沈坤荣：《中国外资引入与进出口贸易的政策效应——经济计量检验与分析》，载于《统计研究》1998年第5期。

③ 魏巍贤：《中国出口对经济增长贡献的实证研究》，载于《商业研究》1999年第1期。

④ 沈程翔：《中国出口导向型经济增长的实证分析：1977～1998》，载于《世界经济》1999年第12期。

据，指出该期间我国进出口总额与国民生产总值之间有密切关系，即进出口总额每增长1个单位，国内生产总值即会随之平均增加2.0955个单位，且进口对经济增长的作用较出口的作用更加显著。① 刘学武运用共积与误差修正模型方法分析了1989～1999年影响中国经济增长的需求数据，证实在一种长期均衡关系下，不仅出口对经济产出有正效应，进口也促进着经济增长，这是由于进口产品可填补国内供给空缺，提升国内供给的技术水平、优化供给结构，因此尽管进口会限制国内产品的市场，但却最终带来一定益处。② 林毅夫、李永军认为传统测量对外贸易对经济增长贡献程度的结果，没有考虑出口受国际环境影响因而为外生变量，而进口受国内环境影响而为内生变量这一现实背景，低估了外贸对于经济增长的贡献度，并且在考虑了出口引致消费和投资增长后，对1981～2000年中国的出口贡献率和外贸贡献率进行了重估（见表4-6）。③

表4-6　改进方法后的出口贡献率与外贸贡献率（1981～2000年）　单位：%

年份	GDP增长率	出口增长率	出口贡献率	外贸贡献率
1981	5.32	32.56	1.05	1.19
1982	12.11	12.69	0.51	1.93
1983	9.52	4.80	0.20	-0.63
1984	12.38	26.24	1.02	-0.21
1985	11.39	26.48	1.16	-3.98
1986	10.24	27.96	1.39	2.22
1987	10.66	29.26	1.69	3.62
1988	11.26	7.16	0.48	-0.95
1989	2.88	1.72	0.11	-0.07

---

①　董秘刚：《我国对外贸易与经济增长相关性分析》，载于《西北大学学报》（哲学社会科学版）2000年第4期。

②　刘学武：《投资、消费、国际贸易与中国经济增长：1989～1999年经验分析》，载于《世界经济》2000年第9期。

③　林毅夫、李永军：《必要的修正——对外贸易与经济增长关系的再考察》，载于《国际贸易》2001年第9期。

续表

年份	GDP 增长率	出口增长率	出口贡献率	外贸贡献率
1990	5.32	44.50	2.85	5.75
1991	8.83	20.09	1.77	1.42
1992	12.68	13.28	1.29	0.94
1993	16.44	-1.35	-0.13	-3.44
1994	13.95	64.56	5.34	6.67
1995	9.74	5.57	0.67	0.92
1996	10.25	-4.65	-0.53	0.33
1997	8.76	19.62	1.95	3.17
1998	8.10	2.95	0.32	0.55
1999	6.72	8.51	0.89	-0.4
2000	8.56	26.59	2.81	1.48

资料来源：林毅夫、李永军：《必要的修正——对外贸易与经济增长关系的再考察》，载于《国际贸易》2001 年第 9 期。

由此可见，大多数学者均认为对外贸易对中国经济增长具有贡献。不过，也有学者提出不同观点，朱文晖认为，除 1990 年和 1997 年外，经济增长的源泉来自内需，净出口对 GDP 的贡献远低于消费和投资，是 GDP 拉动了出口而非出口推动了 GDP。① 雷京、赖明勇认为，1980～1997 年，中国出口贸易对经济增长的作用有限，虽然 20 世纪 80 年代后中国国民生产总值和出口的增长幅度都较大，但出口贸易对经济增长的作用却很小，只有 1994 年、1995 年达到了 4% 以上，即出口对经济增长的作用的比例，除个别年份外通常保持在 20% 以下，因此不认为出口贸易起到了“经济增长引擎”的作用。而且，作为发展中国家提升本国产业结构有效措施的工业制成品出口，事实上对我国的工业增长的贡献也很小，在 1986～1997 年间，除个别年份外，其出口对行业增长的作用比例通常保持在 10% 以下。造成该问题的原因主要是经济开放程度不高，工业制成品出口档次偏

① 朱文晖：《中国出口导向战略的迷思》，载于《战略与管理》1998 年第 5 期。

低，市场传导机制不够健全等。①

同时，也有一些学者针对我国外贸发展较快的形势表达了忧虑。王岳平认为，在1996～2010年间，中国要保持7%的GDP增速，出口增速必须达到9.4%，而这种出口增长，存在一定隐患，包括：高外贸依存度与低对外竞争力的矛盾，有比较优势产品的生产能力大但需求弹性小、附加值低的矛盾，出口导向产品和重化工业所具有的资源密集特征与我国人均资源贫乏的矛盾，国内产业升级要求与进出口不协调的矛盾，以及世界经济区域化、集团化所形成的壁垒与我国希望加大参与国际分工的矛盾。②

熊贤良认为，我国在开放条件下，单纯使用“比较优势战略”发展劳动密集型产业远不足以实现经济长期持续的发展，虽然按照刘易斯的观点，出口可带动“现代部门”，同时拉动“传统部门”的发展，推动整个经济增长。但也不能忽略，比较优势不等于竞争优势，特别在经济落后的国家，由于贸易双方的货币兑换率无法完全满足绝对的购买力平价，且落后国家在质量、信誉等非价格方面的绝对劣势对价格方面优势的拉低，都会使其产生比较优势与竞争优势之间的分离。另外，中国作为大国，不能仅将国际市场作为市场需求的全部来源，而是要加快市场体制建设，大力发展国内区际贸易。③

洪银兴在改善出口贸易和外资利用以实现转变经济增长方式的问题上指出，一个关键的理论前提在于转变对我国优势的认识，以往单纯由资源禀赋确定的比较优势在国际贸易中不一定具有竞争优势，甚至会跌入“比较优势陷阱”。对我国而言，应加强劳动密集型产业的人力资本投入与技术投入，将高技术与丰富的劳动力资源结合，在同种商品上打造更低成本以促进贸易，同时使用战略贸易政策，有重点地配置技术含量高、出口前景优的部门，以打造未来产业的国际竞争力。④

由以上讨论可见，依靠对外贸易拉动经济增长，在我国的经济实践中

① 雷京、赖明勇：《中国工业制成品出口对经济增长作用实证研究及若干思考》，载于《统计研究》2000年第5期。

② 王岳平：《高速增长时期我国对外贸易问题》，载于《管理世界》1995年第5期。

③ 熊贤良：《比较优势战略与大国的经济发展》，载于《南开经济研究》1995年第4期。

④ 洪银兴：《从比较优势到竞争优势——兼论国际贸易的比较利益理论的缺陷》，载于《经济研究》1997年第6期。

已在一定程度上取得了成功，对改革开放前的经济增长方式也形成了一定程度的改善。然而，如何进一步依靠对外贸易实现产业结构升级、优化经济增长方式，却是此阶段一直未能有效解决的问题。

四、总结与评论

在改革开放的背景下，我国积极使用并丰富各项生产要素从而推动经济增长的做法，是客观且理性的，这一点已在政界的政策制定以及经济学者的研究中得到了充分的积极评价。这些评价肯定了劳动力转移对于发展区域经济、消除二元经济、加速城市化进程的重要作用，肯定了引进外资对于丰富国内资本供应、改变以往穷竭式的内源式融资的重要作用，也肯定了对外贸易对于我国积累外汇、解决就业、发挥劳动力比较优势的重要作用。以上做法的共同特征，是其以一种增量改革的形式，开拓了生产要素的获取来源，虽然其主要也是通过数量上的扩张实现经济增长，但并未如同第一阶段一样，通过扭曲的积累与结构设置提供生产要素。其为日后进一步发展内涵式经济增长收获了巨大的经济效益，也奠定了相对健康的经济基础，因此是有利于转变经济增长方式的。而且，在经济增长思想发展到第二阶段末期，很多学者也开始主张外资引进、对外贸易等要更加重视效率的提升，因此与转变经济增长方式的思想具有一致性。

第五节　路径之二：强化效率推动型经济增长的思想

内涵式经济增长是转变经济增长方式的目标，其特征是以生产效率的提高驱动经济增长，实现途径可包括技术进步、劳动者素质提高、生产要素优化组合等。这些途径在新中国成立初期虽然在思想层面上受到相当程度的重视，但迫于多重原因，在经济建设实践中却受到了一定程度的忽略。直到改革开放后，在转变经济增长方式的思想与政策推动下，有利于提升效率的经济增长途径再次受到社会各界的高度重视，并付诸实践。此节将分别论述本时期较为突出的效率推动型经济增长思想，包括：以技术进步推动经济增长方式转变的思想、以发展人力资本推动经济增长方式转变的思想、以经济体制改革推动经济增长方式转变的思想、以产业结构升级推动经济增长方式转变的思想、以发展金融推动经济增长方式转变的思想。

一、以技术进步推动经济增长方式转变的思想

技术进步对于经济增长具有重要意义，一直为理论界所认同。在古典政治经济学中，亚当·斯密在研究一国财富增长的源泉时指出，劳动分工可提高劳动生产率，而其主要的实现路径之一就是通过市场规模扩大条件下分工带来的专业化实现技术进步。被称为新古典经济增长模型的索洛—斯旺模型，在哈罗德—多马模型的基础上指出，除资本增长率和劳动增长率以外，还存在一个主要由技术进步决定的“余项”（residual）影响着经济增长，且从长期来看，技术进步的程度对经济增长起到重要作用。该模型分离出技术对于经济增长的贡献，但同时又将技术进步看作外生给定的，因此未能解释长期经济增长的真正源泉。

阿罗突破了新古典增长理论的研究框架，将生产经验的增长看成资本增长的指数化形式，即认为技术进步是资本积累的溢出效应，人们在进行投资的同时也能实现“干中学”，进而将技术这一要素内生化，只是其所推动的均衡经济增长率仍由人口增长率等外生经济变量决定，并未真正解决“余项”问题。[①] 作为新经济增长理论代表之一的罗默进一步发展了技术进步内生模型，将知识不仅看作是内生的，还认为其具有溢出效应，可提高全社会中厂商的生产率，最终指出内生的技术进步是经济增长的主因。[②] 此后，经济增长研究进入新的阶段，内生型经济增长理论得

① Arrow, Kenneth J., 1962, “The Economic Implications of Learning by Doing.” *Review of Economic Studies*, 29 (80): 155－173.

② Romer, Paul M., 1986, “Increasing Returns and Long－Run Growth.” *Journal of Political Economy*, 94 (5): 1002－1037.

到蓬勃发展。

明确技术进步对于经济增长的意义，对指导并调整现实经济发展具有重要价值。技术进步不单纯是经济增长的来源之一，其更是转变经济增长方式的关键要点。如前所言，产出的增长可源于要素的增加和单位要素产量的增加（效率的增加），前者为外延型经济增长，后者为内涵型经济增长。技术进步可在不增加要素的前提下提升生产效率，保证产出增加，因此是一种典型的内涵式经济增长。所以，强化技术进步，是由外延式经济增长到内涵式经济增长转变的一个突出体现。

新中国成立初期，技术进步虽然在理论领域曾掀起热潮，但迫于诸多层面的制约，技术水平较低的、粗放的外延式增长成为实践的主要形式。自改革开放后，我国逐步将发展技术作为经济建设的重要内容。这一思想在该时期的主要代表是邓小平，其实早在 1975 年起草《中国科学院工作汇报提纲》时，他就通过依托马克思的“生产力中包括科学”的论述，指出科学技术是生产力的观点。[①] 在 1978 年邓小平详细论述了这一观点，指出“生产力的基本因素是生产资料和劳动力”，但这二者都要与一定的科学技术知识相结合，因此要“正确认识科学技术是生产力”，也要“正确认识为社会主义服务的脑力劳动者是劳动人民的一部分”[②]。

1981 年，中共中央、国务院转发《关于我国科学技术发展方针的汇报提纲》的通知，指出过去的领导思想“长期对科学技术的作用认识不够”，因此未来应使得科学技术在现代化建设中占有重要地位，要求“科学技术走在生产建设前面”。[③] 在这种思路的影响下，1982 年 11 月，中国政府明确提出，要“积极推进技术进步，充分发挥科学技术对经济建设的促进作用”，“每一个企业，每一个产业部门，都应该力争技术进步”[④]。

① 《科学技术是第一生产力》，http：//news. xinhuanet. com/newscenter/2004－08/21/content_1846318. htm。

② 邓小平：《邓小平在全国科学大会开幕式上的讲话》（1978 年 3 月 18 日），http：//scitech. people. com. cn/GB/25509/56813/57267/57268/4001440. html。

③ 中共中央、国务院转发国家科委党组：《〈关于我国科学技术发展方针的汇报提纲〉的通知》，中共中央文献研究室编：《三中全会以来重要文献选编》（下册），中央文献出版社 2011 年版，第 98 页。

④ 赵紫阳：《关于第六个五年计划的报告》（1982 年 11 月 30 日），http：//news. xinhuanet. com/ziliao/2004－10/18/content_2105045. htm。

20世纪80年代，邓小平在唯物史观的基础上，继承并发展了马克思的理论，提出并多次重申了“科学技术是第一生产力”的论断，使其不断强化为我国经济发展的重要指导思想。

1989年，江泽民指出，“坚持科学技术是第一生产力，把经济建设真正转移到依靠科技进步和提高劳动者素质的轨道上来，是一场广泛而深刻的变革。”[①] 这突出了转变经济增长方式的发展诉求。1992年，朱镕基进一步肯定了发展技术以转变外延经济增长方式的观点。他指出，“靠大量投资和消耗自然资源带动经济增长，盲目地追求数量和速度，不仅会使我们丧失机遇，而且会使我们付出沉重代价”，“科技的投入产出比、科技产业的劳动生产率是传统产业的几倍甚至几十倍”。[②] 1995年，中共中央、国务院提出“科教兴国”战略，要求全面落实科学技术是第一生产力的思想，把经济建设转移到依靠技术进步和提高劳动者素质的轨道上来，加速实现国家的繁荣富强，将发展科学技术的主张又升至新的高度。[③] 1999年江泽民进一步论证，全面实施科教兴国战略，“关键是加强和不断推进知识创新、技术创新”[④]，即将科学技术的发展重点归结到自主创新这一核心问题上，体现了我国领导人对于技术进步与国家经济增长之间关系的认识不断深化。

在强化以技术进步推动经济增长的问题上，我国学者也展开了丰富的研究。自20世纪80年代，一些学者就技术进步贡献份额的计算方法进行了探讨。史清琪、秦宝庭、陈警提出了衡量经济增长中技术进步作用的几项主要指标，如技术进步对总产值（净产值或国民收入）增长速度的贡献、年技术进步速度、技术水平指数、全部劳动效率等，进行了算法与特点的说明。此外，他们还探讨了关于技术进步作用定量估计的其他问题，如生产函数的确定，产出、资金和劳动量的确定，价格的确定等，提供了

---

① 江泽民：《在中国科学技术协会第四次全国代表大会上的讲话》，引自中共中央文献研究室编：《十三大以来重要文献选编》（下册），中央文献出版社2011年版，第133页。

② 朱镕基：《加快经济发展关键要靠科技进步》，引自中共中央文献研究室编：《十四大以来重要文献选编》（上册），中央文献出版社2011年版，第233页。

③ 中共中央、国务院：《关于加速科学技术进步的决定》，引自中共中央文献研究室编：《十四大以来重要文献选编》（中册），人民出版社1997年版，第1342页。

④ 江泽民：《在全国技术创新大会上的讲话》，引自中共中央文献研究室编：《十五大以来重要文献选编》（中册），中央文献出版社2011年版，第121页。

一种较为科学的范式。[①] 徐肇翔则认为，将当前所测算的除资本、劳动投入增长贡献率以外的部分称为“技术进步贡献率”实为不妥，因在我国生产关系的变革能带动显著的经济增长，因此非要素追加带来的贡献并非仅是技术进步带来的，称其为“综合要素生产率”应更为适宜。[②] 冯英浚、吴江琴指出，用索洛余值法测算技术进步增长贡献存在不少局限，因此在前人基础上，提出了一种改进的数据包络分析模型，建立一种对每个企业及整个部门技术进步增长速度的测算方法。[③] 周方对当前经济学中广泛运用的“技术进步”和“科技进步”两个概念进行了界定，指出科技进步应包含智能进步、资本密集（即资本有机构成的提高）和规模经济三个部分，目前所测算的仅是智能进步而未考虑与生产规模变动相关联的那部分科技进步，因此所得科技进步对于经济增长的贡献率偏低。[④]

在技术进步贡献份额的具体衡量方面，我国学者取得了一定成果。史清琪、秦宝庭、陈警通过测算指出，1952～1982 年全国工业增长中的技术进步贡献占 20.01%，资金贡献占 21.38%，劳动贡献占 58.61%，认为虽然技术进步做出贡献，但经济增长的主要来源还是资金和劳动力的增加。[⑤] 李京文等对我国技术进步贡献做了分时期研究，指出在 1952～1990 年间，我国经济增长主要依靠资本投入（75.07%），其次是劳动力投入（19.47%），生产率贡献很小（5.46%），因此导致我国经济增速很快，但国家富裕程度发展甚缓；但改革开放之后，技术进步的贡献由负转正，显著提升，说明改革开放不仅加速了经济发展，也加快了技术进步与资源的合理利用；另外，通过对“一五”到“七五”间的分阶段测算，证实改革开放后的“六五”期间生产率增长率占经济增长份额最高，但“七

① 史清琪、秦宝庭、陈警：《衡量经济增长中技术进步作用的主要指标初探》，载于《数量经济技术经济研究》1984 年第 10 期；史清琪、秦宝庭、陈警：《衡量经济增长中技术进步作用时需研究的几个问题》，载于《数量经济技术经济研究》1984 年第 11 期。

② 徐肇翔：《对经济增长中“科学进步贡献份额”计算的商榷》，载于《科学学与科学技术管理》1984 年第 12 期。

③ 冯英浚、吴江琴：《测算技术进步增长速度的一种新方法》，载于《数量经济技术经济研究》1991 年第 11 期。

④ 周方：《“科技进步”及其对经济增长贡献的测算方法》，载于《数量经济技术经济研究》1997 年第 1 期。

⑤ 史清琪、秦宝庭、陈警：《衡量经济增长中技术进步作用的主要指标初探》，载于《数量经济技术经济研究》1984 年第 10 期。

五”期间又有所下滑（见表4-7）。①

表4-7　　投入和生产率增长率（1953~1990年）　　单位：%

项目	1953~1978年	1979~1990年	“一五”	“四五”	“五五”	“六五”	“七五”
资本投入贡献份额	93.07	50.9	100.84	89.47	75.81	40.52	58.78
劳动投入贡献份额	20.44	18.8	14.7	16.32	15.32	18.13	20.68
生产增长率贡献份额	—	30.3	—	—	8.87	41.35	20.54

资料来源：李京文等：《生产率与中国经济增长的研究》，载于《数量经济技术经济研究》1992年第1期。

在测算本国技术贡献份额的基础上，邓寿鹏、吴军、温烈等人对中、美、日三国经济增长的影响因素进行了对比，指出美国、日本在20世纪40~50年代以来，经济增长主要依靠技术进步拉动（见表4-8），劳动力增长和资金增长的作用很小，而中国在1952~1982年间，经济增长率虽平均为10.69%，高于美国和日本，但其主要靠资金、劳动力的增长率拉动，分别为51%和30%，技术进步的作用仅为19%。② 由此可见，我国经济增长中技术进步贡献较低、落后于别国水平，是多数中国经济学者达成的共识。

表4-8　　中、美、日三国经济增长因素比较　　单位：%

国别	年份	经济增长率	劳动增长率	资金增长率	劳动增长作用	资金增长作用	技术进步作用
中国	1952~1982	10.69	5.32	12.43	30	51	19

① 李京文等：《生产率与中国经济增长的研究》，载于《数量经济技术经济研究》1992年第1期。

② 邓寿鹏、吴军、温烈等：《中国企业技术创新政策基础及实证研究——福建、甘肃工业企业技术创新调查总报告》，载于《管理世界》1996年第2期。

续表

国别	年份	经济增长率	劳动增长率	资金增长率	劳动增长作用	资金增长作用	技术进步作用
美国	1946～1956	3.61	0.70	4.12	17	12	71
日本	1952～1966	9.50	1.93	7.76	15	20	65

资料来源：邓寿鹏、吴军、温烈等：《中国企业技术创新政策基础及实证研究——福建、甘肃工业企业技术创新调查总报告》，载于《管理世界》1996年第2期。

也有一些学者在理论上论证了发展技术以转变经济增长方式的合理性。宋则行在如何保证投入产出效益以实现由外延式到内涵式的经济增长的问题上指出，资本投入产出率与资本/劳动比率、劳动投入产出率有关，其与前者成反比，与后者成正比。因此，若只提高资本投入而不伴有技术进步，不能提升劳动投入产出率，而会形成低资本投入率的外延式经济增长；伴有技术改进的资本投入增加，则可带动劳动投入产出率的增加，进而可能实现投入产出效益的提升。① 朱勇、吴易风在梳理新增长理论的基础上，指出要素投入的增加只有在其能够带来技术进步的条件下才能推动经济持续增长，因此从理论上说明粗放型经济增长的不可持续性，通过技术进步实现集约型增长才能保证我国经济的健康稳定。②

然而，对于提倡技术进步以转变经济增长方式的观点，也有学者提出了不同意见。如在前面提到的赵学增就认为，按照马克思经典理论，所谓外延增长和内涵增长是一个多元化的概念，而所谓劳动密集型、资本密集型和技术密集型，不过是生产要素在经济增长过程中所占比例的不同而划分的类型，在劳动密集的情况下，依靠劳动效率、资本使用效率等的提高来推动的经济增长，仍是内涵增长，因此不应因提倡技术进步，就将劳动密集型等同于外延增长而将其摒弃，特别是在我国尚处于资本与技术发展不成熟但劳动力资源较为丰富的时期。因此，应充分考虑生产要素的稀缺程度和要素供给的特殊优势等，依照经济效益最大化的原则所选择的经济

---

① 宋则行：《论经济增长方式的转变与投入产出效益》，载于《经济研究》1996年第5期。

② 朱勇、吴易风：《技术进步与经济的内生增长——新增长理论发展评述》，载于《中国社会科学》1999年第1期。

增长方式都是合理的，不应对增长方式的选择抱有歧视。① 类似地，郑玉歆指出，转变经济增长方式的主要标志是技术进步在经济增长中地位的提高，但 TFP 的提高及技术进步是和经济发展的阶段密切关联的，超越发展阶段不符合客观规律，另一方面，基于内生经济增长理论，技术进步被内生于增长过程中，投资是技术进步的主要决定因素，所以高投入未必是坏事。另外，他还指出，由于 TFP 内涵划分的差异及方法论的差异，东亚国家经济增长的 TFP 存在被低估。②

另外，对于我国技术及高新产业发展为何较慢，一些学者给出了自己的观点。吴敬琏、李剑阁、丁宁宁指出，技术进步虽可以有效地提高企业效益，但根据我国当时的经济情况，经济过热及需求过剩占主导，企业暂时感受不到技术进步的压力，片面追求产值与增速的思想也没有转变，因此外延发展的经济模式仍然持续。③ 李以学认为，科研经费投入过低是导致中国产业技术进步乏力的一个主要原因。据统计，中国 1990～1996 年 R&D 投入年均增长为 17.4%，但占 GDP 的比重较低，1990 年为 0.71%，而后呈下降趋势；而与此同时，工业发达国家 R&D 占 GDP 的比重一般高于 2%，发展中国家也有 1% 以上。此外，技术引进也存在问题，主要表现为引进后的吸收再创新较少。数据显示，能消化吸收引进技术的产业仅为 31.5%，在消化吸收基础上再创新的企业仅占 18.75%。因此，引进技术多用于实际的生产应用，在特定投入下，技术转换能力较低，不利于可持续发展。④ 而邓寿鹏、吴军、温烈等人根据福建、甘肃两省近 2000 家大中小型企业的调查结果，指出"资金缺乏"是阻碍创新活动开展最重要的因素，因此，转变经济增长方式、提升经济增长质量，主要在于发展并完善国家创新体系，具体包括创建 R&D 基础设施、支持创新主体的创新活动、培育社会的创新文化、消除创新障碍和发展教育体系等。⑤

① 赵学增：《论经济增长方式的选择》，载于《中国社会科学》1997 年第 4 期。

② 郑玉歆：《全要素生产率的测度及经济增长方式的"阶段性"规律——由东亚经济增长方式的争论谈起》，载于《经济研究》1999 年第 5 期。

③ 吴敬琏、李剑阁、丁宁宁：《试析我国当前发展阶段的基本矛盾》，载于《管理世界》1987 年第 1 期。

④ 李以学：《中国产业技术进步的问题和对策》，载于《管理世界》1999 年第 1 期。

⑤ 邓寿鹏、吴军、温烈等：《中国企业技术创新政策基础及实证研究——福建、甘肃工业企业技术创新调查总报告》，载于《管理世界》1996 年第 2 期。

综上所述，该时期我国关于技术进步的经济增长思想主要有以下三方面贡献：第一，从理论上进一步肯定了技术进步对于经济增长，特别是转变经济增长方式的重要意义；第二，从实证层面对于我国经济增长中技术的贡献份额进行了测算，从而得出了我国技术贡献水平总体偏低的结论，客观上增强了以技术促进增长的紧迫性；第三，对于如何促进技术进步进行了一定的探讨，如提倡加大科研投入、培育创新制度建设，等等。以上研究为下一阶段倡导科研开发，特别是自主创新的思想形成了铺垫。

二、以发展人力资本推动经济增长方式转变的思想

自改革开放以来，与技术进步同时得到国内政界及学界重视的经济增长要素是人力资本。所谓人力资本，就是劳动者身上的可用于生产产品或提供各种服务的智力、技能以及知识的总和。发展人力资本、提升国民素质，是一国经济得以健康、持续、稳定发展的重要源泉，而在“文化大革命”期间，由于教育制度受到破坏，我国人力资本的培育及国民素质的提高均遇到了极大的负面冲击，严重地阻碍了我国内涵式经济增长的实现。中共十一届三中全会后，教育与发展人力资本开始为社会所广泛重视，成为推动经济增长方式转变的重要途径，不断被党和国家领导人所提倡。邓小平在 1978 年全国科学大会开幕式上，着重论述了人力资本对于经济增长的重要意义，他指出，“人是生产力中最活跃的因素。这里讲的人，是指有一定的科学知识、生产经验和劳动技能来使用生产工具、实现物质资料生产的人……劳动者只有具备较高的科学文化水平，丰富的生产经验，先进的劳动技能，才能在现代化的生产中发挥更大的作用。”①

1985 年中共中央通过《关于教育体制改革的决定》，指出“今后事情成败的一个重要关键在于人才，而要解决人才问题，就必须使教育事业在经济发展的基础上有一个大的发展。”② 1995 年，中共中央、国务院在

---

① 《邓小平在全国科学大会开幕式上的讲话》（1978 年 3 月 18 日），http：//scitech. people. com. cn/GB/25509/56813/57267/57268/4001440. html。

② 《中共中央关于教育体制改革的决定》，中共中央文献研究室编：《十二大以来重要文献选编》（中册），中共文献出版社 2011 年版，第 187 页。

《关于加速科学进步的决定》中所提到的“科教兴国”战略中，将科教兴国与人才强国相结合，明确提出“科技人才是第一生产力的开拓者，是社会主义现代化建设的骨干力量。为适应社会主义现代化建设的需要，提高经济、科技在国际上的竞争力，必须充分发挥现有科技人员的作用”①。江泽民随后讲道，“大大提高我国劳动者中的科技人才比例，提高劳动者队伍的整体素质，对于我国社会主义现代化建设事业具有重大意义。”②“创新的关键在人才，人才的成长靠教育。教育水平提高了，科技进步和经济发展才有后劲。科学技术实力和国民教育水平，始终是衡量综合国力和社会文明程度的重要标志，也是每个国家走向繁荣昌盛的两个不可缺少的飞轮。”③

由此可见，自中共十一届三中全会以来，发展人力资本逐渐被提升至国家发展战略高度，这是经济增长方式转变的一个重要契机。在发展人力资本的问题上，主要有以下几种思路：

第一，提升高素质人才的社会地位。如1981年中共中央、国务院转发国家科委党组《关于我国科学技术发展方针的汇报提纲》中，就特别重视强调从事科学研究人员的重要地位，指出，“要重视和运用科学家的力量，在整个社会造成尊重科学、尊重科学家的风气……他们无愧于党和人民的愿望，理应得到社会各方面的爱护和支持。”④

第二，改善高素质人才的物质条件。如朱镕基在1993年明确指出，在发展科技进步以加快经济发展的问题上，要积极改善科技人员的工作、学习和生活条件。他指出，“对承担基础性研究、高技术研究、重大科技攻关等国家重点科技任务者应给予较高津贴，继续扩大享受国家特殊津贴的范围。对长期在艰苦条件下工作的科技人员，在收入等方面应给予特殊

① 中共中央、国务院：《关于加速科学技术进步的决定》，中共中央文献研究室编：《十四大以来重要文献选编》（中册），人民出版社1997年版，第1367页。

② 江泽民：《努力实施科教兴国的战略》，中共中央文献研究室编：《十四大以来重要文献选编》（中册），人民出版社1997年版，第1392页。

③ 江泽民：《在新西伯利亚科学城的演讲》，引自《江泽民文选（第2卷）》，人民出版社1998年版，第237页。

④ 中共中央、国务院转发国家科委党组：《〈关于我国科学技术发展方针的汇报提纲〉的通知》，中共中央文献研究室编：《三中全会以来重要文献选编》（下册），中央文献出版社2011年版，第100页。

的照顾和优惠。对有突出贡献的科技人员应继续给予重奖。在工资改革中，要考虑较大幅度地提高科技人员的工资水平，并优先解决他们的住房问题。"① 这考虑到了高素质人才生活的诸多方面。

第三，大力发展基础教育建设。如1985年中共中央指出，20世纪50年代后期由于"阶级斗争为纲"的"左"的思想的影响，教育事业受到频繁冲击，耽误了整整一代青少年的成长，直到中共十一届三中全会以后，经过思想的拨乱反正，教育事业开始蓬勃发展，而进行教育改革的根本目的是提高民族素质，因此要实行九年义务教育，发展基础教育。②1993年颁布的《中国教育改革和发展纲要》表示，为实现我国社会主义现代化建设教育发展的总体目标，应"深化教育改革，坚持协调发展，增加教育投入，提高教师素质，提高教学质量，注重办学效益，实行分区规划，加强社会参与。"③ 1999年中共中央、国务院进一步主张，应全面推进素质教育，培养适应21世纪现代化建设需要的社会新人，"以提高国民素质为根本宗旨，以培养学生的创新能力和实践能力为重点"，重视德育、智育、体育和美育的有机统一④。这种教育观念的不断发展，与发展国家创新体系相互呼应。

第四，大力开展职业教育建设。1985年出台的《关于教育体制改革的决定》也指出，"社会主义现代化建设不但需要高级科学技术专家，而且迫切需要千百万受过良好职业技术教育的中、初级技术人员、管理人员、技工和其他受过良好职业培训的城乡劳动者。没有这样一支劳动技术大军，先进的科学技术和先进的设备就不能成为现实的社会生产力。"⑤因此要调整中等教育结构，发展职业技术教育。1991年，国务院还专门出

① 朱镕基：《加快经济发展关键要靠科技进步》，中共中央文献研究室编：《十四大以来重要文献选编》（上册），中央文献出版社2011年版，第238页。

② 《中共中央关于教育体制改革的决定》，中共中央文献研究室编：《十二大以来重要文献选编》（中册），中央文献出版社2011年版，第187页。

③ 《中国教育改革和发展纲要》，中共中央文献研究室编：《十三大以来重要文献选编》（上册），中央文献出版社2011年版，第55页。

④ 《中共中央、国务院关于深化教育改革、全面推进素质教育的决定》，中共中央文献研究室编：《十五大以来重要文献选编》（中册），中央文献出版社2011年版，第38页。

⑤ 《中共中央关于教育体制改革的决定》，中共中央文献研究室编：《十二大以来重要文献选编》（中册），中央文献出版社2011年版，第193页。

台《大力发展职业技术教育的决定》，对职业教育的任务、管理、组织等内容进行了详细的说明，对完善我国不同层次的教育体系进行了有效部署。①

人力资本可促进经济增长、实现经济内涵式发展的观点，在现代经济学界也得到了认同。被誉为“人力资本之父”的西奥多·舒尔茨（Schultz T. W.）在解释国民收入增长与国民资源增长之间的缺口时，提出了“人力资本理论”。他指出，教育、保健、培训等在以往被称之为消费的内容，其实是对人力资本的投资，工人平均实际工资的显著增长，正是来源于此。类似地，“人们普遍认为，国家贫穷主要是因为它们极端缺乏资本，而且，追加资本正是它们迅速地取得经济增长的关键”，然而，“人的能力没有与物质资本保持齐头并进，而变成经济增长的限制因素”。这在一定程度上解释了我国在改革开放以前经济增长持续外延化的原因。因此，舒尔茨主张进行人力资本投资，“它们对于从根本上改变储蓄和资本形成总量的通常衡量方式具有重大的意义，而且还改变了工资、薪金，以及相对于收入而言的靠劳动所挣得的收入之数量构成。”并且，“改进穷人的福利之关键因素不是空间、能源和耕地，而是提高人口质量，提高知识水平。”②

而后，加里·贝克尔（Gary S. Becker）进一步发展了这种观点，他将人力资本投资作为生产性投资而不是消费活动，因为其深刻地影响了未来的收益，并指出，人力资本投资的均衡条件是人力资本投资的边际成本的当前价值等于未来收益的当前价值。③ 卢卡斯（Lucas，Robert E.）充分借鉴了贝克尔对人力资本研究的成果，建立了强调人力资本的内生经济增长模型，指出经济增长可依靠人力资本投资这一内在动力作为源泉而不依赖外生技术变化，并认为人力资本除具有正的内部效应外，还应具有正的外部效应，即个人的人力资本也会有助于提高所有生产要素的生产率。正因如此，具有相同技术水平的工人在人力资本平均水平较高的国家可以获得

---

① 《国务院关于大力发展职业技术教育的决定》，中共中央文献研究室编：《十三大以来重要文献选编》（下册），中央文献出版社2011年版，第245页。

② ［美］西奥多·W. 舒尔茨：《论人力资本投资》，北京经济学院出版社1990年版，第8、17、40页。

③ Gary S. Becker，1964，“*Human Capital：A Theoretical and Empirical Analysis*”，Chicago，University of Chicago Press.

较高的工资，这就是人力资本从发展中国家向发达国家移民的原因所在。以上理论都为我国经济增长思想的进一步发展以及经济增长方式的转变提供了理论依据。①

在提倡以教育推进经济增长的问题上，厉以宁是国内经济学家中的突出代表之一，他较早地对教育在经济增长中的作用进行了多角度的分析，其思想的主要内容有：在社会就业方面，一国要依靠技术和设备实现经济增长的方式转变，就会对其人力资本结构相应地提出要求，劳动者只有接受教育，才能应对物质生产部门就业岗位缩水、非物质生产部门就业岗位空缺的转变，解决“结构性”失业；在国际收支方面，只有提升国内劳动力素质，创造知识密集型（或称技术密集型）经济产品并促进其出口，才能扭转以往依靠劳动密集型产业输出廉价初级产品的国际贸易劣势地位；在收入分配方面，要贯彻按劳动数量和质量予以报酬的思想，同时辅以教育，才能提高经济效率并使广大职工的收入水平得到提升；在长期财政平衡方面，增加教育投资会带来劳动生产率的增长，从而增加企业收益，提高财政收入，进而有利于维持经济增长过程中的财政平衡。②

随后，厉以宁还通过一系列文章，进一步丰富、加强自己的观点：在教育投资和就业问题上，他认为教育不仅可以改善结构性失业，提高全社会劳动生产率水平，还可以塑造劳动者的理想、信念与道德，使其热爱本职工作，同时喜欢其业余性工作，树立健康良好的社会风气③；在教育投资与知识密集型经济的问题上，他认为转变贸易结构、发展知识密集型产品，要依靠技术进步，而技术进步，要依靠较高质量的技术和管理队伍，而该队伍的建立，要依靠教育事业，因此发展教育进而转向知识密集型经济，不仅可以造福国内市场，还可以取得基本外向型开放经济之利；在教育投资与财政收入的问题上，厉以宁指出，在假定教育支出全部来自财政拨款，且没有重大经济、社会、自然灾害变动的情况下，要使得财政收入

① Lucas, Robert E., 1988, “On the Mechanics of Economic Development”. *Journal of Monetary Economics* 22: 3－42.

② 厉以宁：《论教育在经济增长中的作用》，载于《中国社会科学》1981 年第 2 期。

③ 厉以宁：《论教育在解决个人职业选择性就业问题中的作用》，载于《北京大学学报（哲学社会科学版）》1982 年第 6 期。

在国民收入中所占比重不变，至少应在追加劳动投入量条件下使劳动生产率保持不变，甚至有所提高，而这就对教育水平提出要求，因此增加教育支出，不仅不会挤占财政拨款，还会对财政的长期增长起积极的推进作用。① 他还提出了确定教育经费在国民收入所占比例的原则，即必须以一国既定的经济增长率条件下国力所能承担的程度为上限，以维持目标增长率条件下所要求的最低限度人才供给量为下限。②

另外，也有很多学者进行了教育投资研究。在教育投资与经济增长的关系方面，蔡增正以 1965~1900 年间 194 个国家和地区的数据为基础，通过改良菲德模型，测算教育投入在不同收入程度的国家的不同历史时段下对其经济增长做出的贡献。最终证实，教育的外溢作用对经济增长的贡献是显著的，虽然教育部门的生产力不如非教育部门的高，但仍有必要保证并继续增加教育投资，使其成为经济增长的源泉。③ 此计量结果的得出，为我国推行“科教兴国”战略提供了数据上的坚实依据。

崔玉平则采用丹尼森和麦迪逊的算法，测算出中国 1982~1990 年间教育对 GDP 平均增长速度的贡献率为 8.84%，其中高等教育的贡献率为 0.48%。此外，在进一步测算其他国家高等教育对 GDP 增长率的贡献份额基础上，指出我国高等教育对经济增长速度的贡献非常低（见表 4-9），而造成该问题的原因之一是社会劳动力人均高等教育年限过短。具体而言，至 1984 年 15~64 岁人口中，人均受正规高等教育年限美国为 1.62，英国为 0.42、日本为 0.59，而中国 1990 年仅为 0.075。④ 胡鞍钢、熊义志运用 1978~1995 年间中国各地区数据，指出人均资本增长对经济增长的贡献为 19%，全要素增长率（包括结构因素和知识因素）的贡献为 73%，其他不可解释因素占 8%。⑤

---

① 厉以宁：《教育支出与财政之间长期关系的探讨》，载于《财贸经济》1982 年第 10 期。

② 厉以宁：《试论教育经费在国民收入中合理比例的依据》，载于《中国社会科学》1984 年第 4 期。

③ 蔡增正：《教育对经济增长贡献的计量分析——科教兴国战略的实证依据》，载于《经济研究》1999 年第 2 期。

④ 崔玉平：《中国高等教育对经济增长率的贡献》，载于《北京师范大学学报（人文社会科学版）》2000 年第 1 期。

⑤ 胡鞍钢、熊义志：《我国知识发展的地区差异分析：特点、成因及对策》，载于《管理世界》2000 年第 3 期。

表 4-9　六国高等教育对产出增长率的贡献（1913～1984 年）①

高等教育贡献份额（%）	美国	英国	日本	德国	法国	荷兰	中国
1913～1950	1.29	0.39	1.05	0.48	0.99	1.23	0.48（1982～1990）
1950～1973	2.60	1.08	0.61	0.24	1.57	0.71	
1973～1984	14.61	8.64	2.48	4.20	10.52	5.90	

一些学者对贫困地区经济发展迟缓与人力资本匮乏之间的关系进行了研究。高玉喜指出，我国贫困地区人力资源的突出特征表现为劳动力人口过剩和劳动力素质低下，而事实上，贫困地区的劳动力作为其重要的生产要素，对家庭产出呈正相关关系。然而，就促进人力资本形成并积累的两大要素——教育和卫生保健而言，贫困地区的水平与全国平均水平有较大差距，严重地制约了贫困地区的经济发展。因此，对于我国未来的反贫困战略制定，应纠正以往单纯向贫困地区注入援助资金的做法，进一步转向教育、培训、卫生医疗等方面，提高贫困人口素质，同时克服以往的公共开支分配上偏于城市的倾向，使贫困地区从公共资源得到更多受惠。② 赵秋成认为，西部地区人力资本投资不足，教育、医疗卫生水平较低，造成了该地区人力资本积累不足，严重制约了经济发展，以 1997 年的文化素质和人均国内生产总值为例，我国各地区人口文化素质从高到低的排序为：东部地区 > 中部地区 > 全国 > 中西部地 > 西部地区，而该年人均国内生产总值的排序为：东部地区 > 全国 > 中部地区 > 中西部地 > 西部地区，基本相同。③ 胡鞍钢、李春波提出了一个概念“知识贫困”，其指的是“人们对获取、吸收和交流知识的能力和途径的剥夺”，是除了收入贫困、人类贫困外的第三类贫困，我国当前仍有较大人口处于知识贫困，且在东部地区与西部及少数民族地区、城市与农村、男性与女性间均形成较大差

① 崔玉平：《中国高等教育对经济增长率的贡献》，载于《北京师范大学学报（人文社会科学版）》2000 年第 1 期。

② 高玉喜：《中国贫困地区人力资本投资与经济增长》，载于《管理世界》1996 年第 5 期。

③ 赵秋成：《我国中西部地区人口素质与人力资本投资》，载于《管理世界》2000 年第 1 期。

异，如继续这种发展模式，势必造成区域、民族、城乡、社会人群间收入差距的扩大，加剧社会弱势群体的边缘化程度。因此，必须要消除“知识隔离”，解决“知识鸿沟”。①

另外，关于我国现实教育发展策略的选择，苌景州认为，对于发展中国家而言，大力优先普及和发展中等教育尤其是中等职业教育的战略，要优于优先发展初等或高等教育的战略。因为发展中等教育，适合发展中国家经济资源短缺的情况，有利于农业部门向工业部门的转变，有利于实现社会公平分配，而且，这已得到一些成功实现工业化的发达国家的经验证实。②

以上有关发展人力资本的研究，不仅丰富了我国的经济增长思想，且在一定程度上对现实形成了影响。据统计，1978～2000年，我国社会文教费支出在财政总支出中所占比例逐年增高，一定程度上显示出政府对于发展社会文化教育事业的意愿（见图4－3）。但也要指出的是，该时期有关发展人力资本的研究，主要在于提倡教育事业，对卫生、医疗、健康方面的研究重视程度则稍显不足。

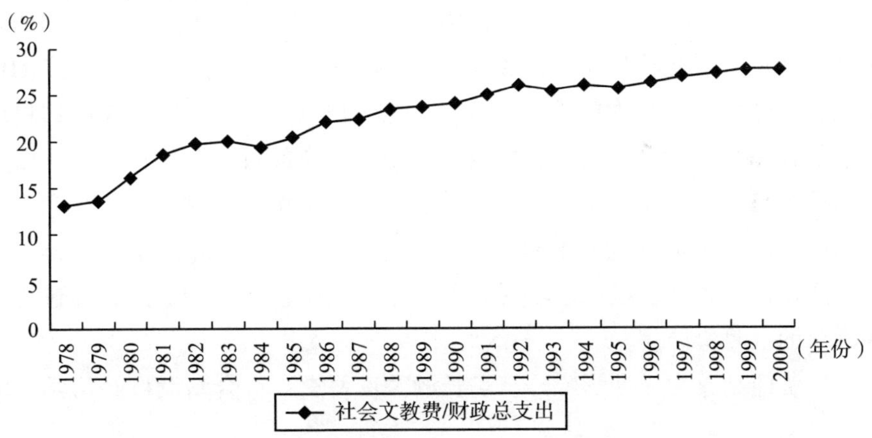

图4－3　我国社会文教费占财政总支出的比例（1978～2000年）

资料来源：《中国统计年鉴2001》。

① 胡鞍钢、李春波：《新世纪的新贫困：知识贫困》，载于《中国社会科学》2001年第3期。
② 苌景州：《发展中国家教育发展战略的现实选择》，载于《管理世界》1999年第1期。

三、以经济体制改革推动经济增长方式转变的思想

经济体制改革意味着国民经济管理制度及方式的调整，从而适应生产力发展的要求。从经济学的意义上讲，这样的变革有利于改善资源配置，优化生产结构，提高经济效率，进而实现经济的内涵式发展转变。因此，经济体制改革是转变经济增长方式的重要途径，至今仍被称为中国经济增长的“最大红利”。改革开放以来，经济体制改革作为中国经济建设的一项重要内容，一直为党和国家领导人所高度重视。邓小平在不同时期多次指出，改革是经济持续增长的动力之源，“没有改革就没有今后的持续发展。”① “要发展生产力，经济体制改革是必由之路，对此我们有充分的信心。”② “不能使经济体制改革继续前进，就会阻碍生产力的发展，阻碍四个现代化的实现。”③ “社会主义基本制度确立以后，还要从根本上改变束缚生产力发展的经济体制，建立起充满生机和活力的社会主义经济体制，促进生产力的发展，这是改革，所以改革也是解放生产力。”④

江泽民在20世纪90年代初也强调改革的重要性，指出，“我们的改革是社会主义制度的自我完善和发展，目的是充分发挥社会主义制度的优越性，促进社会生产力的发展和推动社会的全面进步。”⑤ 且改革的目的是“要使市场在社会主义国家宏观调控下对资源配置起基础性作用，使经济活动遵循价值规律的要求，适应供求关系的变化；通过价格杠杆和竞争机制的功能，把资源配置到效益较好的环节中去，并给企业以压力和动力，实现优胜劣汰；运用市场对各种信号反应比较灵敏的优点，促进生产和需求的及时协调。”⑥

经济体制成为一项影响经济增长的关键要素，符合新制度经济学派的

---

① 《邓小平文选》（第3卷），人民出版社1993年版，第131页。

② 《邓小平文选》（第3卷），人民出版社1993年版，第138页。

③ 《邓小平文选》（第3卷），人民出版社1993年版，第176页。

④ 《邓小平文选》（第3卷），人民出版社1993年版，第370页。

⑤ 江泽民：《在党的十三届七中全会闭幕时的讲话》，中央文献研究室编：《十三大以来重要文献选编》（中册），中央文献出版社2011年版，第1431页。

⑥ 《江泽民文选》（第1卷），人民出版社2006年版，第226～227页。

观点。道格拉斯·诺思（Douglass C. North）认为，完全围绕生产要素投入以及技术进步、人力资本的经济理论不能很好地解释经济增长。以技术进步为例，其为经济增长及方式转变的必要条件，但若以其作为充分条件并使之成为经济增长的真正源泉时，必须要配以与生产力及技术进步相适应的制度安排，才能保证其效果得到有效发挥。从这个意义上，资本积累、技术进步、教育等因素本身就是经济增长的表现，有效率的经济组织才是经济增长的关键。“除非现行的经济组织是有效率的，否则经济增长不会简单的发生”，且“有效率的组织需要在制度上做出安排和确立所有权以便造成一种刺激，将个人的经济努力变成私人收益率接近社会收益率”[①]，经济增长才会真正的实现。我国的经济体制改革正是这样一种制度变迁，是在坚持社会主义基本制度的前提下，对生产关系中不适宜生产力发展的一系列方面进行改革和自我完善。

在经济体制改革中，所有制改革或产权制度改革是一项核心内容，有学者称，“我国经济体制改革的历史实质上是所有制改革的历史，我国经济领域所有制结构的调整过程，实际上也是市场化改革逐步深入和非公有制经济崛起的过程。”[②] 的确，所有制是经济关系中最基本、最重要的制度安排，规定了人与人之间对不同生产资料的占有，而适宜生产力发展的所有制安排必然会对经济个体形成激励，从而实现技术的改进及一系列的经济创新。因此，所有制改革是经济体制改革以推进经济增长方式转变的一条主要线索。

以所有制为核心的经济体制改革最初是从农村开始的。由于安徽省凤阳梨县小岗村“分田到户”及其他生产队试验点的成功，1980 年中共中央转发《关于进一步加强和完善农业生产责任制的几个问题》指出，一要正视集体化运动中对农民积极性的抑制：“在贯彻按劳分配和建立安全生产责任制方面，长期没有重大的改进和突破。这就使得农民的社会积极性受到压抑，集体化的优越性未能充分发挥”；二要允许在特定范围内实施

---

① ［美］道格拉斯·诺思、［美］罗伯斯·托马斯著，厉以平、蔡磊译：《西方世界的兴起》，华夏出版社 1999 年版，第 7、5 页。

② 邹东涛主编：《中国经济发展和体制改革报告（No. 1 中国改革开放 30 年 1978～2008）》，社会科学文献出版社 2008 年版，第 182 页。

“双包”：“在那些边缘山区和贫困落后的地区……群众对集体丧失信心，因而要求包产到户，也可以包干到户，并在一个较长的时间内保持稳定。就这种地区的具体情况来看，实行包产到户，是联系群众、发展生产的一种必要的措施。”① 这对以往严格要求不允许包产到户的规定而言，是一个很大的松动。

而后，1982 年中共中央批转《全国农村工作会议纪要》，对包产到户等家庭联产承包责任制的社会主义性质表示肯定：“我国农业必须坚持社会主义集体化的道路，土地等基本生产资料公有制是长期不变的，集体经济要建立生产责任制也是长期不变的”，并且“联产承包制的运用，可以恰当地协调集体利益与个人利益，并使集体统一经营和劳动者自主经营两个积极性同时得到发挥。”② 在 1983 年印发的《当前农村经济政策的若干问题》中，中共中央从理论上对家庭联产承包责任制表示了肯定，指出，“这是在党的领导下我国农民的伟大创造，是马克思主义农业合作化理论在我国实践中的新发展。”③ 随即，1984 年中共中央下达《中共中央关于一九八四年农村工作的通知》，进一步稳定和完善联产承包责任制，延长土地承包期在十五年以上，鼓励农民增加投资，培养地力，在家庭基础上扩大生产规模，提高经济效益④。

以上三份文件的出台，标志着我国农村家庭联产承包责任制基本确立，微观经营体制改革得到顺利推行。此改革突破了以往“大锅饭”的旧体制，农民生产的积极性大大增强，因此极大地解放了生产力。1985 年，《中共中央、国务院关于进一步活跃农村经济的十项政策》进一步改革了统销统购制度，提出国家不再向农民下达农产品统派购任务，而是根据不

① 《关于进一步加强和完善农业生产责任制的问题》，中央文献研究室编：《三中全会以来重要文献选编》（上册），中央文献出版社 2011 年版，第 472、474 页。

② 《全国农村工作会议纪要》，中央文献研究室编：《三中全会以来重要文献选编》（下册），中央文献出版社 2011 年版，第 364、365 页。

③ 《当前农村经济政策的若干问题》，中央文献研究室编：《十二大以来重要文献选编》（上册），中央文献出版社 2011 年版，第 216 页。

④ 《中共中央关于一九八四年农村工作的通知》，中央文献研究室编：《十二大以来重要文献选编》（上册），中央文献出版社 2011 年版，第 363 页。

同情况分别实施合同订购与市场收购①。这是农民成为经济活动中相对独立的商品生产经营者后，向相对独立的商品流通者的进一步演化，也是我国为发展农村商品经济、建立市场机制并扩大市场调节的又一重要尝试。1986年《关于一九八六年农村工作的部署》出台，对农村经济改革等问题又进行了一系列的说明。可以说，1982～1986年连续出台的五个关于农村工作的文件，显示出我国进行经济体制改革的决心，家庭联产承包制从完全禁止、局部开放转为广泛推广，对农村经济乃至国民经济增长都具有深远的意义。

在农村经济体制改革下，我国农业得到发展，人均主要农产品产量在总体上保持提升（见图4－4）。很多学者对农村经济体制改革中的家庭联产承包制表示了肯定。林子力以马克思的理论框架详细地解释了联产承包制的经济性质，特别是对其集体所有制下的合作经济内部劳动分散独立进行，及劳动报酬不通过“工分”而是使个人直接从商品中获得进行了系统说明，肯定了联产承包制对中国农村经济所将产生巨大贡献，称其为“中国社会主义农业合作经济的新形式”。② 周其仁在对比以作业组为单位的承包经营和以家庭为单位的承包经营的基础上，指出后者更适应农业生产的原因，是在于工厂式组织是适应工业劳动的本性而发育的，只有家庭经营才是富有活力的个体，适应于农业生产“利用有生命的自然力构造进而利用其他自然力”的特性，进而为家庭联产承包制提供了论证。③

另外，周其仁从制度变迁的角度，指出中国农村新产权的保护机制依托于“家庭—村庄社区—地方政府”的联盟与国家之间正式的和大量非正式的交易，使得国家控制的集体产权模式为承包制和私产制所替代，形成了20世纪80年代以后农村经济增长和结构变化的主要制度基础。④ 林毅

① 《中共中央、国务院关于进一步活跃农村经济的十项政策》，中央文献研究室编：《十二大以来重要文献选编》（中册），中央文献出版社2011年版，第92页。

② 林子力：《论联产承包责任制——中国社会主义农村合作经济的新形式》，载于《中国社会科学》1982年第6期。

③ 周其仁：《家庭经营的再发现——论联产承包制引起的农业经营组织形式的变革》，载于《中国社会科学》1985年第2期。

④ 周其仁：《中国农村改革：国家和所有权关系的变化（上）》，载于《管理世界》1995年第3期；周其仁：《中国农村改革：国家和所有权关系的变化（下）》，载于《管理世界》1995年第4期。

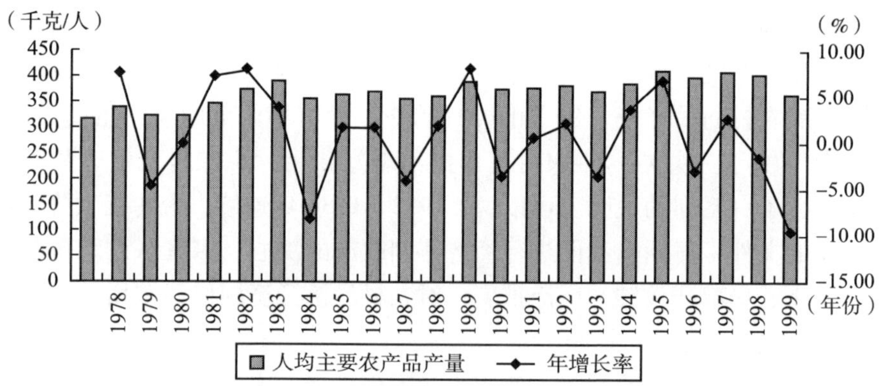

图 4－4　我国人均主要农产品产量（1978～2000 年）

资料来源：《中国统计年鉴 2001》。

夫经过测算，认为 1978～1984 年是 1949 年新中国成立以来农业增长最快的时期，同时家庭联产承包责任制又是这一时期经济增长快速的主要原因，其所作贡献为 46.89%，大大高于其他因素的贡献，而这一改革之所以能取得如此成功，关键在于其促进了一种追加产出全归自己的产品分配方式，提高了农民的生产积极性，发挥出中国具有的农业劳动力比较优势。①

由此可见，我国政策界和学术界都对推动农村经济体制改革较为积极，特别是学术界，对此还给予了较高评价。该领域的研究涉及了农村经济学、发展经济学、产权理论等多个理论体系。应该可以推断，中国作为一个转型过程中的农业大国，农业经济体制改革及其成长将是日后中国经济长期增长的一个重要突破口，因此有关该方面的研究也应成为经济增长思想的一个重要组成。

另外，国有企业改革是中国经济体制改革下的所有制改革的另一项主要内容。1979 年国务院出台《关于扩大国营工业企业经营管理自主权的若干规定》，此计划的核心是“让权放利”，包括允许企业在国家计划前提下制订补充计划，国家不收购的商品可由企业自行销售；允许企业根据

① Lin, Justin Yifu, “Rural Reforms and Agricultural Growth in China”, *American Economic Review*, 82 (1): 35－51.

自身经营状况留存一定利润，用于企业生产发展、集体福利和职工奖励奖金；允许企业自行决定机构设置，任免中层及中层以下干部等。[①] 这一举措打破了一直以来全民所有制企业长期处于“大锅饭”而生产效率低下的状态，通过将经济效益、经济效果和经济责任结合起来，极大地调动了企业的生产积极性，其经营管理也随之改善。

1980 年，国家经委和财政部进一步修订了《国营工业企业利润留成试行办法》，把原规定的全额利润留成法改为基数利润留成加增长利润留成法，解决了原有办法中“鞭打快牛”的问题。这一办法在 1982 年底又进行了改革，赵紫阳在《关于第六个五年计划的报告》中提出“以税代利”的思路：“今后三年，在对价格不作大的调整的情况下，应该改革税制，加快以税代利的步伐”，对国营大中型企业，“第一步，实行税利并存”，“第二步，在价格体系基本趋于合理的基础上，再根据盈利多少征收累进所得税”；“对于小型国有企业，准备在今后三年内分期分批推行由集体或只够个人承包，租赁等多种经营方式，实行国家征税、资金付费、自负盈亏的制度。”[②] 此举将企业利益与企业的经营和发展更好地结合在一起。1984 年，国营工业企业自主权进一步扩大，在生产经营计划、产品销售、产品价格、物资选购、资金使用、财产处置、机构设置、人事劳动管理、工资奖金、联合经营等方面加强了企业的自主决策权和灵活性[③]。除此之外，20 世纪 80 年代，国有企业还推行了拨改贷、企业承包制和股份制等改革。

1992 年之后在社会主义市场经济体制的改革背景下，我国的企业所有制改革有所深化。1994 年，《关于深化企业改革，搞好国有大中型企业的规范意见》和《关于选取一批国有大中型企业进行现代企业制度试点的方案》等文件出台，标志着国有企业改革中现代企业制度试点工作正式开

---

① 《关于扩大国营工业企业经营管理自主权的若干规定》（1979 年 7 月 13 日），资料来源：http：//sdc. wenming. cn/sdc/content/2008－09/30/content_3000. htm。

② 赵紫阳：《关于第六个五年计划的报告》，中央文献研究室编：《十二大以来重要文献选编》（上册），中央文献出版社 2011 年版，第 176～177 页。

③ 《国务院关于进一步扩大国营工业企业自主权的暂行规定》，中央文献研究室编：《十二大以来重要文献选编》（上册），中央文献出版社 2011 年版，第 394～397 页。

始[①]。邹家华也总结道："通过建立现代企业制度，有效地实现出资者所有权与企业发展财产权的分开，转换经营机制，推动政企职责分开"，"现代企业制度的建立将使我国国有企业面临着最为深刻的变革，从政企关系、产权关系，到企业的组织结构、管理体制等方面，都将发生重大变化。"[②]

对国有企业体制改革的成效、现状及其与经济增长之间的关系，一些学者也进行了论述。杜海燕等于1988年对403家国有工业企业的国有企业自主权、市场结构、激励制度等问题进行了调查，通过生产活动市场度、企业利润留成率的指标显示，经济改革中的企业自主权在持续扩大，然而其综合要素生产率却没有随之出现明显上升，反而在波动中缓慢下降。因此，单一扩大企业自主权不必然导致效率的提升，而是要配合市场制度的建设与激励制度的完善。[③] 夏振坤、初玉岗认为，扩大企业自主权没有真正解决企业效率低下的问题，反而造成国有资产流失。他们将国有企业改革的瓶颈归结于片面追求企业的自主经营，导致企业缺乏合理监管，因此要确立国家在企业经营管理中的间接主导地位，明确企业经营者作为国家代理人的地位，同时对企业职工实行有效监督和约束。[④]

江小涓认为，应该把转变经济增长方式和国有企业的改革结合起来，因为从国有企业以往的表现来看，其倾向于外延的扩张方式，投资效益较差，应成为改善的首要和主要部分。[⑤] 樊纲指出，国有企业占用70%左右的银行贷款，但在工业总产值中贡献率不足30%，对GDP的贡献率不到40%，对经济增长的贡献不到20%。[⑥] 王小鲁认为，国有企业仍具有高投

---

① 邹东涛主编：《中国经济发展和体制改革报告（No. 1 中国改革开放30年1978～2008）》，社会科学文献出版社2008年版，第183页。

② 邹家华：《在全国建立现代企业制度试点工作会议上的讲话》，中共中央文献研究室编：《十四大以来重要文献选编》（中册），人民出版社1997年版，第1025页。

③ 杜海燕等：《国有企业的自主权、市场结构和激励制度——403家国有企业调查分析总报告》，载于《经济研究》1990年第1期。

④ 夏振坤、初玉岗：《论国家的主导地位和国有企业改革》，载于《经济研究》1995年第12期。

⑤ 江小涓：《当前利用外资中存在的问题及若干政策建议》，载于《中国工业经济》1996年第9期。

⑥ 樊纲：《论体制转轨的动态过程——非国有部门的成长和国有部门的改革》，载于《经济研究》2000年第1期。

入、低产出的特点，20 世纪 80 年代间其占全社会固定资产投资的比重一直保持在 2/3 左右，1998 年超过总数一半，如不进一步解决激励机制、惩罚机制和监督机制的问题，将对经济增长构成拖累。[①] 由此可见，国有企业改革虽取得一定成效，但仍有很大的改进空间。

与此同时，一些学者对非国有经济之于经济增长的发展表示了肯定。郭克莎指出，实证分析表明，非国有经济的生产率增长率和其贡献率均明显高于国有经济，在转变经济发展方式的过程中，非国有经济在加快发展的同时，也要通过促进企业变革，提升企业生产技术水平、管理水平和规模经济水平，进而全面促进经济增长方式转变。[②] 刘伟指出，在 1993 年以来中国实行宏观经济紧缩调控并达到高增长与低通胀的奇迹中，非国有经济起到重要作用，其一方面是经济增长因素形成的主要原因，拉动了投资、消费、出口需求；另一方面，其形成有效的总供给的同时，在紧缩的货币政策下仍具有较强的竞争能力，因此很大程度上缓解了通货膨胀压力，进而实现了中国经济的“软着陆”。[③]

王小鲁的研究发现，1978 年中国经过调整后的 GDP 增长率为 4.3%，1979 年后为 8.3%，而其实现增长的依托不是技术进步，而是改革，且主要是依靠非国有经济部门的迅速发展。在对不同部门的 GDP 增长率贡献率的估算中，包括农业在内的非国有部门表现突出，其占 GDP 的份额在 1979～1998 年间从 42% 持续上涨至 63%，占据主导地位，且直到 90 年代中期该部门的主要贡献部分一直是乡镇企业。[④]刘伟、李绍荣认为，至 90 年代末，非国有经济不仅在经济总量上是主体（在 1997 年占 62.44%），在对经济的贡献中也是主导力量（1997 年 GDP 上涨 8.8%，非国有经济拉动 6.78%）。而且，非国有经济还可缓解通货膨胀，解决就业问题，因此有利于经济增长失衡的缓解。此外，他们在柯布—道格拉斯生产函数的基础上，测算出只要非国有经济部门的就业人员超过

---

①④　王小鲁：《中国经济增长的可持续性与制度变革》，载于《经济研究》2000 年第 7 期。
②　郭克莎：《加快我国经济增长方式的转变》，载于《管理世界》1995 年第 5 期。
③　刘伟：《经济“软着陆”与非国有经济》，载于《经济研究》1998 年第 4 期。

53%时，经济会进入规模经济增长的良性增长状态[①]。

也有一些学者从总体上对经济体制改革对经济增长的作用进行了评价。夏兴国、万东铖指出，体制的转变是指资源配置方式的转变，而资源配置决定经济增长方式，因此经济增长方式的转变也就是社会资源配置方式的转变和选择，且一般而言，政府配置方式更适应粗放型经济增长方式条件下的资源配置方式，而市场配置方式更适应集约型经济增长方式的形成。[②] 黄益平则通过建立内生增长模型对中国计划管理体制和市场机制的均衡条件进行对比，指出，在典型的中国计划管理制度下个人没有激励对企业家技能进行投资，中央计划也许能较短时间内达到快速的产出增长，但高速增长不能持续；市场机制下，个人在追求效用最大化的同时将对实物资本和企业家技能做出投资，有助于技术进步并提高生产力，使得产出增长率和收入增长率都能实现长期增长。这在一定程度上解释了中国自改革开放后经济持续增长的原因。[③]

总体而言，经济体制改革涉及诸多分支，例如农村经济改革、所有制改革、国有企业改革、市场经济模式建立，等等，这为有关经济增长的探讨提供了诸多研究对象，同时，也构成了中国社会主义经济理论体系中颇具特色和独创性的一部分内容。伴随着改革的不断深化，以改革提效率从而促增长的路径仍将发挥重要作用，并会成为渗透于经济增长诸多层面的思想内容。

四、以产业结构升级推动经济增长方式转变的思想

产业结构升级，指产业结构系统从低级形态向高级形态转化，具体可包括从第一产业向第二产业和第三产业的转化，从劳动密集型产业向资金、技术密集型产业以及新兴产业的转化，从初级产品产业向中间乃至最终产品产业的演化，等。伴随着经济增长，产业结构一般会呈现出一定的规律性演变，这已被诸多经济学家所证实。例如，霍夫曼定理指出，消费

① 刘伟、李绍荣：《所有制变化与经济增长和要素效率提升》，载于《经济研究》2001 年第 1 期。

② 夏兴国、万东铖：《我国资源配置方式的理性选择》，载于《经济研究》1997 年第 1 期。

③ 黄益平：《制度转型与长期增长》，载于《经济研究》1997 年第 1 期。

资料的工业净产值与资本资料的工业净产值（即“霍夫曼比例”）会随着人类社会生产力水平的不断提高而降低，即在工业化的过程中，产业结构会不断趋于以“重工业化”为核心的高级化演变。

然而，产业结构的高级化，对于经济的高质量增长而言，却是一个必要但不充分条件。以我国为例，自新中国成立以来一直推行重工业化发展战略，且从实施结果来看，在1953年以后，轻工业产值与重工业产值的比例就低于1.5，标志着进入了资本品发展迅速、工业化发展至一定水平的霍夫曼比例的第三阶段（1 ±0.5）（见图4 –5）。但是，1954 ~ 1978年我国经济呈粗放式增长，经济结构扭曲、生产效率低下等已成为不争的事实。因此，单纯追求产业结构升级，有可能会走上不良的经济增长发展道路。那么，如何在产业结构升级的同时实现经济的高质高效增长？这也是发展中国家普遍面临、亟待解决的重要问题。特别是，能否将产业结构升级作为实现经济增长方式转变的一条可行途径，已成为我国各界自改革开放以来思考的理论焦点。除此之外，产业结构也是资源配置的一种体现，产业结构的协调与稳步发展，也可增强经济产出的效率与质量。因此，以科学方式实现产业的优质升级，其自身就是一条实现经济增长方式转变的可行路径。

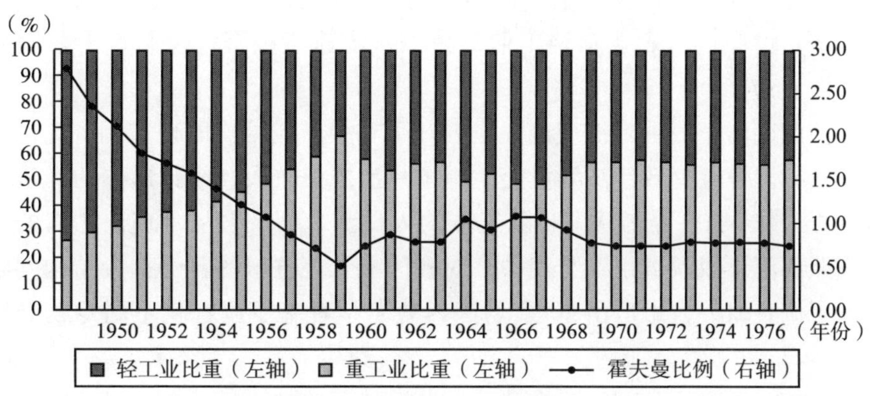

图4 –5　我国轻重工业比重与霍夫曼比例（1949 ~ 1978年）

资料来源：《中国工业经济统计年鉴1949 ~ 1984》，其中1949 ~ 1957年数据根据1950年不变价格计算，1958 ~ 1970年数据根据1957年不变价格计算，1971 ~ 1978年数据根据1970年不变价格计算。

在我国，以产业结构升级推动经济增长方式转变的政策与思想经历了一定的发展过程。改革开放前，我国一直推行的是以重工业化为核心的产业结构升级策略，以此带动经济增长。改革开放后，基于以往的重工业化及粗放式增长模式积累的诸多问题，我国在经济政策上暂缓了产业结构升级的步伐，提出了“调整、改革、整顿、提高”方针，转而进入产业结构调整的阶段。1979 年，李先念在中央工作会议上指出，“历史的经验告诉我们，凡是国民经济各方面的综合平衡搞得比较好，计划留有余地，不搞脱离实际的高指标，比例关系比较协调，在生产组织上不搞瞎指挥的时候，发展就快；否则，发展就慢，甚至下降倒退”，初步揭示了包括产业结构在内的经济结构之于经济增长的关系，由此他指出，“只有按比例，才有高速度”①。同年的全国计划会议上，李先念补充道，“调整、改革、整顿、提高这四个方面，调整是关键。……国民经济比例严重失调，是当前经济发展的主要障碍。”② 在 1980 年的中央工作会议上，赵紫阳也指出：“长期以来，经济建设中‘左’的错误一直没有得到纠正。工业生产上追求高指标，基本建设摊子铺得很大，挤了广大人民群众的生活消费”，“在进行社会主义建设中，我们多次跌跤子，最根本的原因就在于我们对我国基本的国情没有清醒的认识，不了解要把我国这样落后的生产力发展水平提高为先进的生产力发展水平需要经过长期艰巨的努力”③，主张在近期的经济建设中发展农业和轻工业，减少基本建设投资，控制重工业发展规模。

与此同时，我国经济理论界也展开了有关产业结构的现实调查。1979 年 6 月，国务院财政经济委员会组织了一次规模较大、颇具影响的经济结构调查工作，400 余名从事实际工作的人员和 200 余名从事理论工作的人员按照部门形成调查组参与其中，对我国十几个省市的若干重大结构问题进行了调查研究，最后由 40 余名国内著名学者基于调查就不同专题分别

---

① 李先念：《在中央工作会议上的讲话》，中央文献研究室编：《三中全会以来重要文献选编》（上册），中央文献出版社 2011 年版，第 106～108 页。

② 李先念：《在全国计划会议上的讲话》，中央文献研究室编：《三中全会以来重要文献选编》（上册），中央文献出版社 2011 年版，第 260 页。

③ 赵紫阳：《关于调整国民经济的几个问题》，中央文献研究室编：《三中全会以来重要文献选编》（上册），中央文献出版社 2011 年版，第 532～533 页。

撰写报告，形成《中国经济结构问题研究》一书，由马洪、孙尚清担任主编并于1981年出版[①]。该书的一些篇幅对我国新中国成立以来产业结构的演变、现状、存在问题与原因等都进行了探讨，是当时非常有代表性的一部著作。

在此书中，周叔莲的研究很有代表性，他指出，我国当前产业结构的主要问题之一是农、轻、重关系严重失调，农业产量低、农业结构落后，不能满足国民经济发展和人民生活的需要，同时，轻工业长期处于被挤地位，1949～1978年间重工业和轻工业分别增长90.6倍和19.8倍，相差悬殊，重工业的规模和速度超过了国民经济可提供的物力和财力，其内部结构也比例失调，远未充分发挥对农业、轻工业和整个国民经济的主导作用，严重阻碍社会再生产的进行，导致经济效果的下降以及人民生活质量的受损。针对这种情况，周叔莲指出，在未来的产业结构发展中，要注意按照生产关系一定适应生产力性质和水平的要求建立合理的生产结构关系，要正确处理速度和比例的关系，同时也要正确处理农业、轻工业、重工业的关系[②]。

总而言之，在改革开放初期，我国围绕产业结构与经济增长方面的讨论，多强调通过实现产业结构的合理化来缓解经济发展中的系列问题。这是当时中国经济发展的客观基础所决定的，也是为未来中国的产业结构升级铺平道路。该时期以《中国经济结构问题研究》为代表的学术成果，特点是实证性、问题导向性与对策性较为突出，且值得注意的是，此时的研究范式仍如前一阶段一样，多运用经济结构，农、轻、重关系，两大部类等马克思主义经济学的概念与划分体系，现代经济学中有关产业经济的范式和术语尚未被普遍采纳。

直到20世纪80年代末至90年代初，我国产业研究才开始逐渐与现代经济学的范式体系相对接。经济增长理论和产业经济学经典著作相继引进与出版，很大程度上推动了我国产业研究范式向现代经济学的转变。该

① 江小涓：《理论、实践、借鉴与中国经济学的发展——以产业结构理论研究为例》，载于《中国社会科学》1999年第6期。

② 周叔莲：《三十年来我国经济结构的回顾》，马洪、孙尚清主编：《中国经济结构问题研究》（上册），人民出版社1981年版，第29页。

转变的突出表现之一就是，我国开始使用“三次产业”的划分代替以往“两大部类”的划分。1984 年，国家统计局根据我国颁发的《国民经济行业分类和代码》国家标准，并参照国际通行的分类方法，初步对三次产业进行了划定，且又于 1994 年进行了进一步的修正。此划分标准的出台，应当说对我国的产业研究具有颇为深远的影响。

另外，该时期的产业发展在政策导向上也有了一定转变，其主要代表之一就是“产业政策”的出现。在 1986 年国务院制定的第七个五年计划中，“产业政策”一词首次出现在国家的重要文件中，且在此后的每一个五年计划中，产业发展都作为一项重要内容被列入计划纲要。1989 年，国务院进一步出台《关于当前产业政策要点的决定》，在生产领域、基本建设领域、技术改造领域和对外贸易领域都划分了重点支持的产业产品和停止或严格限制的产业产品，且对不同产业内的产业发展序列进行了排序，编制了《当前的产业发展序列目录》，体现了对产业发展的适时引导①。1990 年制定的第八个五年计划，对产业发展的重点及地区布局进行了规划，且要求“不断促进产业结构合理化，并逐步走向现代化”②。

1992 年中国将发展第三产业提升至国家发展战略高度，中共中央、国务院在一份决定中指出，“从许多国家经济发展的规律看，当经济发展到一定水平时，第三产业的发展速度普遍高于第一、第二产业，对于整个国民经济的发展，起到了明显的促进作用。我国现在已经进入这个阶段。……必须紧紧抓住这一机遇，把第三产业提高到一个新的水平。”③ 这就将产业结构升级的一条具体路径确立为结构高度的提升，并明确了产业结构升级对经济增长的促进意义。1994 年，国务院通过《九十年代国家产业政策纲要》，提出“支柱产业”这一命题，要求将机械电子、石油化工、汽车制造和建筑业发展成为国民经济的支柱产业，而且丰富了有关产业组织

① 《国务院关于当前产业政策要点的决定》，中央文献研究室编：《十三大以来重要文献选编》（上册），中央文献出版社 2011 年版，第 358～362 页。

② 《中共中央关于制定国民经济和社会发展十年规划和“八五”计划的建议》，中央文献研究室编：《十三大以来重要文献选编》（中册），中央文献出版社 2011 年版，第 793 页。

③ 《中共中央、国务院关于加快发展第三产业的决定》，中央文献研究室编：《十三大以来重要文献选编》（下册），中央文献出版社 2011 年版，第 557 页。

政策、产业技术政策和产业布局政策的内容。①

1996年颁布的第九个五年计划，则进一步要求加大支柱产业的重点建设，要求形成"振兴支柱产业，发展高技术产业，调整提高轻纺工业，积极开拓第三产业"的发展策略部署②，这标志着中国正式走向以支柱产业引发连锁效应而带动产业升级的发展道路。1999年，江泽民在中央经济工作会议上提出了"促进产业优化升级"的发展要求，指出"调整和优化经济结构，是促进经济发展，提高经济增长质量和效益的根本性措施。经济结构的每一次升级，都会带动经济发展上一个新台阶，这是经济发展的一个规律"，这从正面肯定了结构升级之于经济增长的正向作用。此外，江泽民在会议上还提出了加快老工业基地和传统产业的技术改造、积极发展新兴产业与高技术产业、发展第三产业，进而培育新的经济增长点的产业结构升级路径③。由此可见，20世纪80年代末至90年代末，我国关于提升产业结构以实现经济增长这一思路不断趋于明朗。

与此同时，我国理论界关于产业结构的研究也不断丰富。有些学者对有关支柱产业的政策导向进行了研究。钟阳胜认为，选择和确立主导产业应坚持六大原则，包括：第一，收入弹性最大化；第二，生产率上升幅度最大化；第三，产业关联度最大化；第四，产业协调状态最佳；第五，能充分发挥"后发优势"；第六，增长后劲最大化。与此同时，还应协调好四个方面的关系，包括：农业与工业，主导产业与战略产业，主导产业与辅助产业，以及主导产业、骨干企业、拳头产品之间的关系。④ 李京文、齐建国、汪同三运用定量与定性相结合的方法，对我国未来55年的经济发展阶段与支柱产业选择进行了分析与预测，认为1996～2010年，我国的支柱产业应为机械、电子信息、石油化工、建筑业和汽车；2011～2030年，应为电子信息、机械、建筑业、汽车和生物产业；2031～2050年，应

---

① 《九十年代国家产业政策纲要》，中央文献研究室编：《十四大以来重要文献选编》（上册），中央文献出版社2011年版，第657、659～661页。

② 《中华人民共和国国民经济和社会发展"九五"计划和二零一零年远景目标纲要》，中共中央文献研究室编：《十四大以来重要文献选编》（中册），人民出版社1997年版，第1848页。

③ 江泽民：《大力调整经济结构，促进产业优化升级》，中共中央文献研究室编：《十五大以来重要文献选编》（中册），人民出版社1997年版，第224～226页。

④ 钟阳胜：《正确选择和建设主导产业的若干问题》，载于《管理世界》1996年第4期。

为电子信息、汽车、建筑业、生物产业、海洋产业、空间产业。①

我国学者对于第三产业的关注始于20世纪80年代中后期。曾巩对我国第三产业的发展历史与趋势进行了总结与预测，指出1952～1978年是第三产业的衰退阶段，其主要原因是第三产业不创造价值的理论观念以及传统经济社会的发展战略；1978～1985年是第三产业的自发追赶阶段，主要表现在于其传统部门（主要指把物质产品从生产者转移到消费者手中的基本商业运输业部门）的数量增长和补充性发展，但其仍是较为薄弱的环节，1985年第三产业仅占当年国民生产总值的21%；1986～1995年应为第三产业的总量增长与结构变化时期，新兴第三产业得到较快发展；而1996～2015年第三产业将进入发挥主导作用的阶段，其就业和产值会超过第一、第二产业，并使得我国进入工业信息发展时期。② 刘伟、杨云龙从产值结构和就业结构两方面衡量了我国第三产业的发展程度（见表4－10），并通过结构相似性系数公式指出，我国经济发展的结构演进阶段已进入了发达国家历史上工业化阶段第一阶段结束、工业化加速发展开始的历史时期，而在此时期，同时推动工业化和市场化将是我国发展第三产业的基本要点。③

表4－10　　我国三次产业的分布结构　　单位：%

年份	各产业占GNP比重			各产业占就业比重		
	第一次产业	第二次产业	第三次产业	第一次产业	第二次产业	第三次产业
1978	28.4	40.6	23.0	70.5	17.4	12.1
1980	30.4	29.0	20.6	68.7	18.3	13.0
1985	29.7	45.2	24.8	62.4	20.9	16.7
1990	28.4	44.3	27.2	60.0	21.4	18.6

资料来源：刘伟、杨云龙：《工业化与市场化：中国第三次产业发展的双重历史使命》，载于《经济研究》1992年第12期。

① 李京文、齐建国、汪同三：《我国未来各阶段经济发展特征与支柱产业选择》，载于《管理世界》1998年第2期。

② 曾巩：《我国第三产业的成长阶段及发展对策》，载于《管理世界》1986年第5期。

③ 刘伟、杨云龙：《工业化与市场化：中国第三次产业发展的双重历史使命》，载于《经济研究》1992年第12期。

进入20世纪90年代，很多学者在研究产业结构的基础上，对产业结构升级与经济增长之间的关系进行了探讨，特别是产业结构与经济增长方式的转变。王积业认为，理论上来看经济增长与产业结构之间的关系密不可分，前者可为后者提供必要的物质技术条件，而后者又能推动前者的发展。但是，我国经济的高速增长并没有带来产业结构的合理优化，这是由于我国经济高增长是投资扩张等外延式扩张所引起的。所以，要实现经济的内涵式增长，在发展基础产业的同时，关键是提升技术水平，提高生产效率，缓解产业矛盾，实现产业结构升级与经济适度增长的双目标。①

吕铁、周叔莲指出，产业结构转变的作用机制是通过生产要素从低效率生产部门向高效率生产部门转移，从而平衡不同部门的生产率来提升整个经济的效率水平，而技术进步与内生经济增长则是通过提高部门生产率促进全社会的效率水平，二者是有差异的。因此，产业结构调整与升级，对于实现经济增长方式从粗放式向内涵式转变具有很强的现实意义。然而，1996年我国制造业结构中比重最大的行业依次为机械工业、化学原料及化学制品制造业、非金属矿物制品业、纺织业等，技术含量较低。因此，我国产业结构的主要问题之一在于工业化虽然在数量上发展较快，但工业内部的质量和层次均表现为水平低下。②

胡春力总结了我国产业发展面临的一些突出问题，指出产业结构升级是维持我国经济高速增长的必要前提，但结构矛盾的焦点在于，一般性加工业数量过大，而高加工度产业又严重短缺，我国的供给结构和投资的技术能力不适应国内外市场的需求变化，因此也导致了我国的经济增长依靠数量扩张，而非内涵式增长。③ 李善同、侯永志从物质指标人均能源消耗当量和人均电力消耗量以及结构指标等对我国产业结构高度进行考察，结果表明，从整体上看，我国已进入工业化阶段，但仍任重道远，其存在问题之一就是产业结构升级较慢，第一产业比重较高而第三产业比重过低，消费品制造业份额较高而资本品制造业份额较低，劳动密集型产业扩张较

① 王积业：《论我国经济的适度增长》，载于《中国社会科学》1990年第6期。

② 吕铁、周叔莲：《中国的产业结构升级与经济增长方式转变》，载于《管理世界》1999年第1期。

③ 胡春力：《我国产业结构的调整与升级》，载于《管理世界》1999年第5期。

快而资本、技术密集型产业发展较缓，制约了我国经济增长方式的转变。[①]

由此可见，至20世纪末，经济外延式增长与产业结构高度不足，是较为突出的问题。众多学者都呼吁通过改善产业结构来促进经济增长的方式转变。在此方面，郭克莎是一位突出代表，他较早关注了产业结构升级与经济增长方式转变之间的关系，同时通过一系列研究进行了较为系统的论述。郭克莎认为，尽快改变片面数量扩张的增长方式，促进经济增长的质量与效益提升，对我国当前发展而言具有关键性作用，而产业结构升级又是转变经济增长方式的一条重要途径。原因在于，产业结构的高度化本身就能加快经济增长速度，并通过生产要素由生产率低的部门向生产率高的部门流动而提高增长效率。因此，经济增长效益对产业结构和产品质量存在依赖关系。反之，经济的粗放式增长对产业结构也有负面影响，即经济高速增长往往引致产业结构失衡。郭克莎对这一问题进行了反思，指出，我国以往的经济增长主要依靠以加工业为主的具有短期扩张能力的工业所带动，因此：第一，加工工业迅速扩张的同时基础产业无法随之迅速扩张，因而造成结构失衡；第二，加工工业快速增长的同时投入产出率却无法相应地提高，大量的物资投入为基础部门造成更大压力；第三，加工工业在迅速扩张的同时其竞争力和质量却未能同步递增，无法适应国内外的市场需求。[②]

因此，避免产业结构的片面高级化，全面优化产业结构，是提高经济效益、促进经济增长方式转变的重要措施。针对20世纪90年代末期我国经济出现的过剩现象，郭克莎指出，表面的过剩是由我国产业结构变差、工业比重过高所引起的，在三次产业的GDP比重测算中，按照1990年不变价格，第一产业比重为16.5%，第二产业比重升幅过大，达55.01%，而第三产业发展缓慢，仅为27.9%，这种结构会导致工业品的供给水平超过人均收入水平及需求结构所决定的正常水平，造成工业生产品的相对过剩，表现为表面上的总需求不足。因此，中国经济更多表现的是结构问题

① 李善同、侯永志：《我国经济发展阶段特征与“十五”时期产业发展的主要任务》，载于《管理世界》2001年第2期。

② 郭克莎：《加快我国经济增长方式的转变》，载于《管理世界》1995年第5期；郭克莎：《经济增长方式转变的条件和途径》，载于《中国社会科学》1995年第6期。

而不是总量问题。除此之外，产业结构变差与升级不足还会导致诸多问题，例如，工业比重过大容易引起经济增长过程中的较大波动，而第三产业的比重偏低则不能对经济增长形成支撑，因此形成了经济增长的不稳定因素；此外，第三产业肩负着为第一产业、第二产业提高生产效率的功能，如教育、科研、服务、金融、交通运输仓储等，因而第三产业发展过缓也是阻碍第一产业、第二产业增长方式转变和增长效率改进的壁垒。[①]

由以上可见，产业结构研究是改革开放后我国经济增长思想中的一个热点，因为该视域的讨论符合发展中国家从整体层面大规模改进经济表现的发展思路，也符合该时期相关人士希望尽快改善前一阶段造成的产业结构失衡、扭曲的强烈意愿。从以上研究来看，我国学者对于产业结构升级的认识不断深入，其早期更多地呼吁从第一产业、第二产业向第三产业过渡，而后也开始反对产业结构片面高级化，开始更加强调技术与资本密集度的提升以及效率的提升，因此更加贴近中国在当时的资源禀赋结构下的阶段性产业现状。当然，在经历了改革开放后外向型经济的迅速扩张后，中国产业结构偏低、竞争力不突出的问题会愈加凸显，这也预示着在未来进一步参与国际竞争时，产业升级将成为中国经济增长研究更加关注的课题。

五、以发展金融推动经济增长方式转变的思想

事实上，金融发展可称为经济体制改革的一项重要内容，但考虑到金融在市场化、开放化经济体中扮演的关键角色，有必要将其单独探讨。特别是，金融发展对于一国的经济增长及其经济增长方式的转变具有积极作用，即：第一，有助于实现资本的积聚与集中，促成现代化的大规模生产经营，从而发挥规模经济效应；第二，有助于通过提高资源的使用和流转效率，实现整个社会的经济效率的提高；第三，有助于提高金融资产的储

---

① 郭克莎：《总量问题还是结构问题——产业结构偏差对我国经济增长的制约及调整思路》，载于《经济研究》1999 年第 9 期；郭克莎：《外商直接投资对我国产业结构的影响研究》，载于《管理世界》2000 年第 2 期。

蓄比例，从而有助于提高社会的投资水平。① 因此，发展金融是通过效率改进实现经济增长的一条重要途径。

在西方经济学界，关于金融发展与经济增长之间的关系也有一个认识过程。古典经济学中，萨伊是持“货币中性论”的主要代表之一，其在萨伊定律（Say’s Law）中指出，作为外生变量的货币是经济交易中的交换媒介，与实体经济没有内在联系，货币的供给变化不影响就业、产出等实体部门，因此货币是中性的。而后这一思想衍生成为货币数量论，从费雪方程式 $MV=PY$ 可见，代表一定时期单位货币的平均周转次数的 V 和代表商品以及劳务的交易数量的 T 是较为稳定的，因此代表一定时期流动中货币的平均数量的 M 和代表商品和劳务价格的 P 存在同比例关系。换言之，货币数量仅能影响商品价格的表现。

不过，很多学者不赞成这种观点，对金融发展之于经济增长之间的关系具有突破性认识的是麦金农（Mckinnon）② 和肖（Shaw）③。他们认为，发展中国家通常存在资本与市场的严重分割，或称市场的不完全，其意为市场上的资本不能以统一的市场价格自然流动，不同主体在获取资本的价格方面差异显著。然而，相较于分割的市场，投资与技术创新却是不可分割的，经济单位必须积累到一定规模才能实行投资，若没有足够的资金作为保证，那么最简单的技术创新或许都无法实现，致使经济单位只能在低水平均衡上徘徊。在这种情况下，资金融通就显得格外重要，而内源融资，即依靠经济单位内部积累的货币提供资金，成为分割经济中的经济单位最常见的融资方式。然而，发展中国家却往往存在不同程度的“金融抑制”。政府通过操控利率、汇率、信贷配给等措施对金融活动和体系进行干预，其造成了人为的压低存款利率，降低了货币持有的吸引力，因此降低了储蓄水平，致使经济单位进行储蓄的意愿降低，阻碍了内源融资这一处于发展中国家经济市场中的经济单位重要的资金提供方式，影响了其技

---

① 朱疆主编：《货币银行学》，清华大学出版社 2005 年版，第 237～238 页。

② Ronald I. Mckinnon, 1973, “*Money and Capital in Economic Development*”, Brooking Institution Press.

③ Edward Stone Shaw, 1973, “*Financial Deepening in Economic Development*”, Oxford University Press.

术的改善与经济增长的实现。因此，麦金农和肖主张首先要解除金融抑制，通过资金市场的自由化来使利率成为反映资本稀缺程度的真实信号，使货币的实际收益率得到有效提高，从而增加货币需求，进而增加储蓄与投资，实现企业技术的改进和经济增长。

金融体制与经济体制往往是相适而生的。计划经济体制时期，我国的金融业发展较为缓慢，其以高度集中的国家银行体系为中心，建立了“大一统”的金融模式。这种模式的基本特点是机构单一，业务范围狭窄，管理体制高度集中，在国民经济中的地位不高，无法充分发挥其融通资本的作用①。1978 年，十一届三中全会提出要对生产关系和上层建筑进行改革，一切不适应生产力发展的管理方式、活动方式和思维方式都应成为改革对象，金融体制自然包含其中。特别是，社会主义市场经济的逐步确立，更使得原有“大一统”的计划经济金融体制无法适应市场的发展需求，因此广泛的金融体制改革逐渐发起并扩大。

首先在银行业，1978 年胡乔木在《人民日报》上发表文章，提出要扩大经济组织和经济手段的作用，其中一条就是“加强银行的作用”。他指出，“银行是全国的结算中心、信贷中心和出纳中心。在全国都有它的分支结构，国家的很多经济管理工作都可以通过银行来做，而且可以比用行政方法做得更灵活，更有效。”“为了迅速提高经济管理水平，克服很多工商业和基本建设单位的混乱状态，应当积极回复和大力加强银行的作用。”② 1979 年，《人民日报》发表题为《全党要十分重视提高银行的作用》的文章，指出“随着全党工作重点的转移，必须按照国家计划，充分发挥银行对各项经济活动的促进和监督作用”“银行供应资金、组织结算等日常业务活动，必须结合各个经济发展阶段的特点，才能发挥有效的监督作用”“银行的业务活动愈开展，愈有力，它的职能作用越能更好地发挥出来，成为促进国民经济按比例高速发展的有利工具。”③ 正因如此，

① 尹忠明主编：《中国经济改革 30 年：外经贸卷》，西南财经大学出版社 2008 年版，第 3 ~ 4 页。

② 胡乔木：《按照经济规律办事，加快实现四个现代化》，载于《人民日报》1978 年 10 月 6 日。

③ 《全党要十分重视提高银行的作用》，载于《人民日报》1979 年 3 月 18 日。

1979 年中国农业银行等一系列专业银行相继恢复成立或独立运营，随后 1983 年又剥离了中国人民银行的工商信贷和储蓄业务，交由新成立的中国工商银行承办，从而初步理顺了中央银行和专业银行的关系。进入 20 世纪 90 年代，1994 年，我国成立三家政策性银行，将原来国有专业银行的政策性业务和商业性业务分立。1995 年，我国颁布《中华人民共和国中国人民银行法》以及《商业银行法》，加强了银行业的法制监管。[①]

在银行体系快速建设的同时，其他的金融领域也得到了迅速发展。在保险业发展方面，1979 年，中国银行发布《关于恢复国内保险业务和加强保险机构的通知》，开始复办停办了 20 多年的保险业。在 20 世纪 80 年代我国的保险业主要是中国人民保险公司的独家发展，90 年代后成立起中国太平洋保险公司和中国平安保险公司，形成三足鼎立的局面。1995 年八届全国人大常委会第四十次会议通过《中华人民共和国保险法》，为规范和指导我国保险业的进一步健康发展提供了法律依据。此外，我国的金融市场、外汇市场等也得到了巨大的发展，很大程度上扩展了我国的金融业务，为经济发展提供了巨大能量。

在我国金融业快速发展的同时，很多学者对金融与经济增长展开了热烈探讨。首先是 20 世纪 80 年代经济理论界关于通货膨胀与经济增长的讨论。1983 年中国人民银行开始独立行使中央银行职能，并多次实施货币紧缩和金融宏观调控政策。由于 1984 年我国开始全面开展城市经济体制改革，经济出现较大波动，货币供应量增长迅速，因此出现了通货膨胀。于是，中国人民银行在 1985 年初采取了第一次货币紧缩政策，却激发诸多矛盾，产生放松银根、实施宽松型货币政策的呼声。于是 1986 年又实行扩张性货币政策，使得通货膨胀在 1987 年又有抬头。为保证币值稳定与经济的协调发展，中国人民银行于 1987 年第四季度又再一次采取货币紧缩政策。

针对这一情况，特别是通货膨胀是否有利于促进经济增长，很多学者展开探讨。王文宁认为，经济增长过程中，由于经济结构与消费结构的不

① 张鹏、李晓岩：《我国商业银行功能演进：1978～2009 年》，载于《中央财经大学学报》2011 年第 3 期。

适应、消费早熟、边际成本递增以及生产瓶颈等原因，通货膨胀不可避免，特别是，在我国经济发展、资金需求旺盛的时期，国家通过增加货币发行来筹措资金，即所谓的通货膨胀性融资，可缓和资金供求矛盾，并促进经济增长。[①] 而丁鹄则反对人为地制造通货膨胀，认为慢性通货膨胀论者观点的主要理论依据，即凯恩斯理论，事实上存在重要的前置条件，即人们存在“货币幻觉”，没有意识到币值已下跌，而且要将该货币政策使用在经济萧条期的失业较严重的地区。盲目使用通货膨胀，会影响企业家对利润的判断，同时迫使其预留更多的现金资本，进而抑制企业家的生产。总之，货币超前增长是现代纸币制度下的必然现象，与执行性的通货膨胀政策是不同的。[②] 朱苏臻也持相同观点，其援引郑（Woos. Jung）与佩顿（Peyton J. Marshall）于 1986 年发表于国际著名金融学杂志《货币、信贷与银行期刊》第 5 期的关于通货膨胀和经济增长的相关检验，以该结论所展示的 38 个国家的检验结果是通货膨胀与经济增长无关，16 个国家的检验结果是通货膨胀不利于经济增长，2 个国家的结果是通货膨胀有利于经济增长的结论，进一步论证并指出将通货膨胀性融资作为强制提高储蓄与增加资本形成的方法是一种不明智的发展战略。[③]

另外，朱苏臻[④]还反驳了杨晓达[⑤]提出的“适度通货膨胀是发展中国家经济增长的必然结果”这一观点，指出所谓适度通货膨胀完全是人为地将社会总需求水平提高到社会总供给水平之上的结果，它在理论上不存在任何必然性。并且，考虑到发展中国家生产结构与需求结构往往存在矛盾，同时又缺乏有效的经济政治制度，因此所谓“适度”难以实现，一旦通货膨胀，往往比发达国家更难控制。加之我国社会对通货膨胀的承受程度非常低，因此不适宜实行通货膨胀。王松奇对朱苏臻所援引的郑与佩顿

---

① 王文宁：《论通货膨胀与经济增长》，载于《金融研究》1986 年第 8 期。

② 丁鹄：《向慢性膨胀论者进一言》，载于《金融研究》1987 年第 7 期。

③ 朱苏臻：《关于通货膨胀与经济增长相互关系的探索及验证》，载于《金融研究》1987 年第 7 期。

④ 朱苏臻：《适度通货膨胀不是发展中国家经济增长的必然结果——与杨晓达同志商榷》，载于《金融研究》1987 年第 2 期。

⑤ 杨晓达：《适度通货膨胀是发展中国家经济增长的必然结果》，载于《金融研究》1986 年第 12 期。

的计量检验方法提出不同意见[①]，而朱苏臻则反驳王松奇的说法，认为其所描述的存在纰漏模型非原文所用，原文所用为格兰杰（Granger）检验法，不存在王文指出的问题。此外，朱苏臻还进一步主张要实行稳定的货币政策，并认为，稳定的货币政策的内涵不应被简单概括为紧缩，其至少应有三方面含义：通货膨胀时紧缩银根，通货紧缩时放松银根，通货稳定时平准银根，在长期中，稳定货币的最终目的是为了保证经济增长，而经济增长也只有在货币稳定的条件下才能保证高速度。[②] 由此可见，在20世纪80年代货币政策对我国而言是一新鲜事物，关于其功效以及施用方法都在摸索过程中，我国学者不仅开始关注西方的研究进展，还从理论以及现实的适用角度出发，充分探讨了通货膨胀之于经济的效果，进而加强了对货币金融的认识。

一些学者也围绕宏观金融政策进行了探讨。关敬如认为，宏观金融统制是保证我国经济体制改革顺利进行并维护经济增长的关键，其一方面控制货币供给这一总闸门；另一方面把握投资信贷的方向，在总量平衡和结构平衡上都具有重要影响，而宏观金融统制的方式和手段，可包括确定反映体制改革进程和战略目标的货币政策，建立一个统制整个社会经济的金融组织和机构体系，以及实行一个灵敏的利率调节机制。[③] 金重仁指出，我国当前的经济大体表现为消费品短缺和生产资料短缺的“双缺口经济”，若使用扩张型货币政策，不但不能促进国民经济增长，反而会因生产能力进入瓶颈造成物价上涨，形成持续的通货膨胀。[④] 王晓芳认为，金融政策要配合经济结构的调整，不能将金融政策看作抑制经济波动的万能药方，只重视增长、轻视结构调整，单纯以放松或收紧银根无法真正稳定经济并淡化周期波动。因此，关注经济增长，不应仅重视增加产出，也应重视国民经济结构的改善。可见，此观点从分析金融政策出发，也开始带有转变

---

① 王松奇：《促进还是促退：通货膨胀功能及对策的再思考——兼与丁鹄、朱苏臻、李运奇同志商榷》，载于《金融研究》1987年第11期。

② 朱苏臻：《走出货币幻觉的“怪圈”探求经济增长的引擎——兼答王松奇同志》，载于《金融研究》1987年第12期。

③ 关敬如：《经济体制改革中的金融宏观统制》，载于《管理世界》1986年第1期。

④ 金重仁：《宏观金融政策与社会主义经济运行》，载于《管理世界》1986年第4期。

经济增长方式的内涵。[①]

另外，关于充分利用较高储蓄水平的问题，李培育认为，高储蓄率和高投资率是未来中国经济持续高速增长的基本动力，因此，如何有效地实现储蓄向投资的转换以及如何高效率地利用有限的资金，是中国未来经济发展中的重要课题。[②] 同样地，巴曙松也认为，要切断居民储蓄—银行存款—国有企业贷款—银行不良资产的恶性循环，重塑融资渠道，发展金融市场，在坚持间接金融为主导的前提下，规范地发展直接融资，以相应的宏观金融政策，充分建立储蓄—投资的有效转化机制。[③]

也有一些学者对金融发展与经济增长之间的关系进行了定量分析。谈儒勇运用1993～1998年有关中国金融发展和经济增长的时间序列季度数据进行回归，发现金融中介和经济增长之间有显著的、很强的正相关性，而股票市场对我国经济发展的作用相对有限。[④] 赵志君对我国改革开放以来的金融资产总量以及金融资产结构进行了计算和分析，指出中国的金融资产总量和结构自改革开放以来发生巨大变化，除了总量迅速上涨的同时，自20世纪90年代以来，银行中介机构相对地位下降同时资本市场相对地位提高。另外，1979～1995年我国金融资产总量、结构增长与经济增长的关联性分析表明，资本存量增长、货币增长和货币化增长对经济增长有显著的解释力[⑤]。可见，以金融深化为中心的金融发展，的确对我国的经济增长具有重要的促进作用，这一结论已由现实经济的发展而得到证实。

总体而言，金融体制在计划经济时期受到严格限制，因此经济体制改革阶段，如何在市场化背景下发展金融体系而推动经济增长，是一个较新的课题。该时期这一领域关注较多的，是解释并解决在金融体制初步转轨后所引发的相应问题，如通货膨胀、通货紧缩、货币政策、宏观经济调

---

① 王晓芳：《我国经济周期与金融调节效应简析》，载于《金融研究》1988年第1期。

② 李培育：《90年代以来中国经济发展回顾与展望（上）》，载于《管理世界》1995年第5期。

③ 巴曙松：《中国金融结构的变迁与宏观金融政策的调整》，载于《经济科学》1997年第5期。

④ 谈儒勇：《中国金融发展和经济增长关系的实证研究》，载于《经济研究》1999年第10期。

⑤ 赵志君：《金融资产总量、结构与经济增长》，载于《管理世界》2000年第3期。

控，等等。虽然其产生了一定的波动，但学界对于金融体制改革均持肯定态度，并坚定了深化金融改革、促进经济增长方式转变的路径选择。这为后续进一步探讨更为具体、细化和深入的金融问题提供了重要奠基。

六、总结与评论

基于以上论述可见，在如何强化经济增长的效率推动，从而实现中国经济增长内涵式发展的方面，我国政界与学界的人士均进行了诸多探索，形成了落实转变经济增长方式战略的重要思想构成。在已有研究中，技术进步作为影响经济增长特别是内涵式增长的一项关键要素，成为社会各界关注的一个重点。该时期的研究不仅从理论上进一步肯定了技术进步对于转变经济增长方式的重要意义，而且通过实证，揭示了我国技术贡献率偏低是一个普遍现象，进而提出了加大科技研发投入、促进培育创新制度建设等的发展建议，并且指出，如何促进技术引进、技术自主创新以及原始技术成果的产业化转换，将是未来经济增长中的重要课题。人力资本也是内涵式增长的动力来源之一，我国是劳动禀赋丰裕的大国，而该时期的研究指出，我国的劳动力比较优势一方面贡献于经济增长，但另一方面人力资本素质偏低、未能跟随资本积累及物质进步同步发展，也造成了限制我国经济发展方式转型的弊端，所以加大教育投入、改善教育分配不均的情况，同时加强医疗、文化、卫生方面建设，将具有长远的积极意义。经济体制的改革，是中国处于转型背景下转变经济增长方式的特色路径。经济制度方面，在传统计划经济时期，中国的资源配置主要依靠高度集中的行政计划进行安排，长期表现为经济效率的低下，而在推行了农村经济改革、所有制改革、国有企业改革，并逐步建设中国特色社会主义市场经济模式后，理论研究和实证研究均显示，我国的经济运行与配置效率获得了极大的提升，因此中国社会各界均主张进一步深化市场化改革。另外，深化金融体系改革，稳定宏观调控，以及进一步促进产业结构升级，也是该时期学术界的重要观点。总而言之，在如何提升经济增长效率、转变经济增长方式方面，我国社会各界在第二阶段展开了深入而丰富的思考。虽然从现实的角度，我国的经济增长难以在很短时间内就实现内涵式增长的全面转变，但这些大量的具有现实性和针对性的学术观点与政策建议，为下一阶段中国经济增长思想的发展与中国经济的健康增长奠定了基础。

第六节　转型时期经济增长思想的理论与绩效评析

1978 年改革开放至 20 世纪末，是中国社会发生深刻变化的 20 余年，是中国经济实现迅速腾飞的 20 余年，也是中国经济增长思想蓬勃发展的 20 余年。在此期间，我国在经济制度上由计划经济体制向社会主义市场经济体制转型，在经济学研究范式上由单一的马克思主义理论范式向马克思主义理论范式与现代经济理论范式并重及自主创新转型，在经济增长思想上由外延式经济增长向内涵式经济增长转型。可见，转型是这一时期的绝对主题，它不仅支撑了中国 1978~2001 年的经济高速增长，也实现了中国经济从上一阶段高积累、高速度的奠基式发展模式向这一阶段全面启动经济建设的起飞式发展模式的过渡，因而具有高度的理论价值。所以，在系统梳理该时期经济增长思想的基础上，有必要对其理论与现实的绩效进行得失评析，以加强对基于我国国情的经济增长方式适用性的认识，为日后进一步调整经济发展战略提供借鉴。本节将从以下三方面论述：一、转型时期经济增长思想的理论解析；二、转型时期经济增长思想的经济绩效；三、转型时期经济增长思想的不足与分析。

一、转型时期经济增长思想的理论解析

转型时期经济增长思想的核心是转变经济增长方式，主要表现为要求从外延式为主向内涵式为主进行转变，其核心主张是使得效率的改进成为经济增长的主要动力。那么，这种转变是否具备科学合理的理论和实践基础，可以从现代经济学理论模型以及我国经济发展的内在需求两方面进行论证。

（一）基于 Solow 模型的理论解析

此处本书将选择新古典经济增长模型——Solow 模型作为理论解析的基础。该模型是非常基本的关于呈现资本、劳动、技术对于经济增长的影响与作用的模型，虽然在前提假设上存在一定的局限性，如设定技术只是一个外生的具有固定趋势的常数，但其对于技术进步、劳动力质量提高等影响经济增长长期表现的因素的挖掘是非常具有理论价值的，也打破了以往通常认为的资本积累是经济增长最重要的因素的认识，因此可借用该模型对转变经济增长方式思想合理性进行经济理论的探讨。

该模型的生产函数形式为：$Y(t)=F(K(t), A(t)L(t))$，其中 $Y(t)$ 是产量，$K(t)$ 是资本，$L(t)$ 是劳动，$A(t)$ 是全要素生产率（total factor productivity），代表技术或劳动的有效性。假定生产函数的规模效应不变，因此经推导，$F(K/AL, 1)=1/AL\times F(K, AL)$，定义 K/AL 为每单位有效劳动的平均资本数量 k，$1/AL\times F(K, AL)$ 为每单位有效劳动的平均产量 y，因此有 $y=f(k)$。

运用 $k=K/AL$ 进行链式法则展开，有

$$\dot{k}(t)=\frac{\dot{K}(t)}{A(t)L(t)}-\frac{K(t)}{(A(t)L(t))^2}(A(t)\dot{L}(t)+L(t)\dot{A}(t))$$
$$=\frac{\dot{K}(t)}{A(t)L(t)}-\frac{K(t)}{A(t)L(t)}\frac{\dot{L}(t)}{L(t)}-\frac{K(t)}{A(t)L(t)}\frac{\dot{A}(t)}{A(t)}$$

定义人口增长率为 n，全要素生产率的增长率为 g，储蓄率为 s，折旧率为 δ，即 $\dot{K}=sY(t)-\delta K(t)$，则最终得到 $\dot{k}(t)=sf(k(t))-(n+g+\delta)k(t)$。

该式的含义为，人均资本变动率等于实际储蓄与包括折旧及劳动稀释的持平投资之差。而当 $sf(k(t))=(n+g+\delta)k(t)$ 时，k 收敛于 k^*，经济达到均衡。而且，由于资本存量 $K=ALk$，意味着在经济均衡时，K 是以 $n+g$ 的速度增长的，规模报酬不变的假设下总产出 Y 也是以 $n+g$ 的速度增长，因此，人均资本 K/L 和人均产量 Y/L 是以全要素生产率 $A(t)$ 的增长率 g 为增长速度。

该模型提供了一种关于经济增长的重要理解，以往所认为的对于经济

增长有重要意义的资本积累，即要素投入，并不作为长期经济增长的推动力量，相反，劳动者素质的提高与技术的进步，即效率提升，决定了经济的长期增长率。因此，为寻求经济增长的长期推动力，我国将建设重点从要素投入转移到效率提升上来，是合乎经济逻辑的。

（二）基于经济内在发展需求的理论解析

从我国上一阶段的实践由外延式主导的经济增长方式来看，虽然其具有一定的历史逻辑性和阶段贡献性，但如 1995 年中央财经领导小组办公室课题组的《加快转变经济增长方式提高国民经济整体素质和效益》主报告所指出的，“实行粗放型经济增长方式，在一定时期内有其客观必然性，但当经济达到一定规模和总量水平后，仍然实行这种增长方式，就带来了一系列矛盾和问题。”① 如前面总结，外延式经济增长造成了我国经济增长的不可持续性和不稳定性，以“高积累、低消费”为主的经济结构失调，以及经济效率低下等严重的一系列社会经济问题。为纠正这些问题，提出以内涵式经济增长为目标的经济增长方式转变具有很强的针对性和发展的必然性，具体而言：

第一，内涵式经济增长可突破中国以往的主要依靠资本及资源投入的经济增长模式，在一定程度上消除资本积累及资源条件对经济发展的客观制约，增强经济增长的可持续性，避免对自然环境的过度消耗破坏，同时也避免因人为的资金规模的扩张或收敛而带来的剧烈经济波动，提升经济增长的稳定性。

第二，内涵式经济增长可避免重工业的畸形发展，避免积累与消费的比例失衡，优化经济结构，同时也可因促进技术与人力资本的发展提升而促进产业升级，提高产业的整体技术水平，发展先进的制造业和现代服务业，创造、提升我国的国际竞争力和抗风险能力，优化经济结构的同时创造新的经济增长源泉。

第三，内涵式经济增长可提高经济效率，降低经济成本。以技术、劳

---

① 中央财经领导小组办公室课题组：《加快转变经济增长方式　提高国民经济整体素质和效益》，曾培炎主编《加快转变经济增长方式》，中国计划出版社 1995 年版，第 1～19 页、第 2 页。

动者素质及制度改进带来要素使用效率的提高，改变外延式经济增长中经济效率过低的问题，在促进经济增量健康增长的同时，也有效盘活经济存量，提升经济增长动力。

因此，我国在经济发展到一定阶段提出经济增长方式由外延式向内涵式转变符合我国经济发展的内在需要。但是也有必要指出，在这一阶段，我国各界对内涵式经济增长的讨论侧重点却较为片面，即主要侧重经济增长的效率问题，一定程度上忽视经济增长的质量问题，在经济高速增长的同时，对经济内部以及经济与社会之间的协调发展等一系列问题关注度不够，如收入分配问题、产业结构问题、环境保护问题等，这些为下一阶段我国经济增长思想的发展提出了要求。下面章节会详细论述。

二、转型时期经济增长思想的经济绩效

自中共十一届三中全会决定把工作中心转移到经济建设上来之后，中国经济以市场化改革为导向实现了蓬勃发展，特别是在该时期以向内涵式经济增长转型为目标的经济增长思想的指导下，中国经济发展取得了举世瞩目的成就。由此，也从侧面印证了，中国转型时期的经济增长思想在理论上具有科学合理性，在实践上也存在现实有效性。当然，中国经济向内涵式经济增长的转型仍在中途，远没有达到理想状态。具体而言，转型时期经济增长思想指导下的现实绩效主要体现在以下几方面：

（一）经济总量迅速发展，综合国力提升至国际先进水平

至2001年改革开放的前20余年，中国经济发展的突出表现之一就是在经济总量和综合国力上。1952年，我国国民生产总值为679亿元，1978年为3645.22亿元，而1990年则发展为18718.32亿元，2001年更高达108068.22亿元，是改革开放之初的近30倍，新中国成立之初的近160倍。1978～2001年我国国民生产总值年平均增长速度高达16.08%，远高于1952～1977年的6.68%。世界银行《世界发展指标》资料表明，

到2001年，我国国内生产总值已跃升到世界第6位。[①] 另外，从人均国内生产总值来看，1952年我国的人均国内生产总值为119元，1978年为381.23元，1990年则上升至1644元，2001年更上升至8621.71元。1978～2001年我国人均国内生产总值年平均增长速度达14.74%，远高于1952～1977年的4.56%。[②] 图4－6清晰地显示，自1978年后，我国的国民生产总值年增长率与人均国内生产总值年增长率持续为正，明显高于改革开放前的水平。

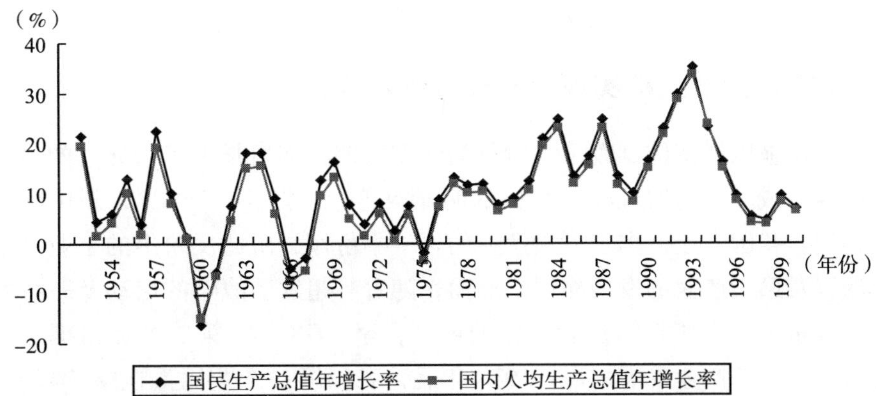

图4－6　中国国民生产总值年增长率与国内人均生产总值年增长率（1952～2001年）

资料来源：《中国统计年鉴2002》。

在主要工农产品产量上，中国大多数农产品人均产量基本达到世界平均水平，略高于发展中国家平均水平，如在2001年，我国的谷物、肉类、棉花、大豆、花生等农业主要产品产量已居世界第1位[③]。同时，一些工业产品，如钢、煤、水泥和化肥等人均产量已基本达到世界平均水平。

在国际贸易上，1978年我国出口贸易额97.5亿美元，列世界第27位，仅占全球出口贸易总额的0.8%；1989年达到525亿美元，列世界第11位，占1.8%；到2001年增至2662亿美元，列世界第6位，占4.3%。

① 《我国国际地位明显提高》，载于《中国信息报》2002年11月8日。
② 相关数据来自《中国统计年鉴2002》。
③ 参见联合国粮农组织数据库、《中国统计年鉴2002》。

商品进口额1978年为109亿美元，列世界第21位，仅占1%；1989年增长到591亿美元，列世界第13位，占1.7%；到2001年又激增到2436亿美元，列世界第6位，占3.8%。另外，在吸引外资上，1983年我国利用外资总额仅为36.15亿美元，1990年上升到120.86亿美元，2000年进一步提高到719.96亿美元，比1983年增长了近20倍。①

可见，在改革开放后20多年的发展中，我国不仅在经济上实现了高速增长，经济总量跃居世界前列，在国际地位和国际影响上也开始发生重大转变，这些为我国进一步融入国际经济贸易体系奠定了基础，促使我国在世界经济舞台上发挥越来越重要的作用。

（二）经济结构实现明显改善并不断优化升级

我国在以经济体制改革为背景的转型时期经济增长思想指导下的另一突出经济成就就是实现经济结构的明显改善。由图4－7可见，新中国成立初期，我国农业占据了三大产业的近一半份额，由此反映出的工业基础薄弱以及第三产业的发展滞后。然而，随着赶超发展战略的启动及一系列发展以重工业为核心的建设工作的展开，至1978年，第二产业占据主导地位，而第三产业发展缓慢。1978年后，我国第一产业比重在持续降低、第二产业持续发展的同时，第三产业也得到一定提升，由此我国三大产业协同发展的基本格局已经初步形成。

从第一产业内部来看（见图4－8），农业所占比重明显下降，林、牧、渔业比重显著提高，各种农业经济作物彼此稳定协调增长。从第二产业来看，我国在一定程度上缓解了改革开放前轻重工业比例失调的问题，从1978年轻重工业比例的42.7∶57.3，发展成为1995年的47.3∶52.7。而后，随着工业化进程的加快，特别是工业内部结构向更高层次的演进，以机械电子工业、石油化学工业、汽车制造业、航空航天工业及建筑业为主体的重化工业的加快发展，提升了我国的产业结构高度，消费品加工主导型结构促进重化工业比例逐渐上升，直至2001年，我国轻重比例为39.4∶60.6，进入了新的重化工业主导阶段。同时，钢铁、有色金属、电

① 国家统计局，http：//www.stats.gov.cn/tjfx/ztfx/yj16da/t20021106_41325.htm。

力、煤炭、石油加工、化工、机械、建材、轻纺、食品、医药等工业部门逐步发展壮大，一些新兴的工业部门如航空航天工业、汽车工业、电子工业等也从无到有，迅速发展起来。另外，由于我国出台和推行一系列科技体制改革的重大方案，促进技术创新与技术成果转化，使得我国的高新技术产业也得到了一定的发展。①

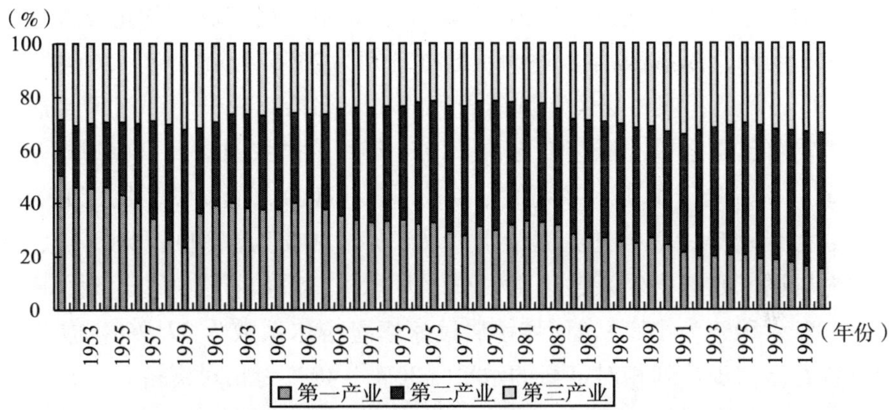

图4－7　中国国民生产总值年增长率与国内人均生产总值年增长率（1952～2001年）

资料来源：《中国统计年鉴2002》。

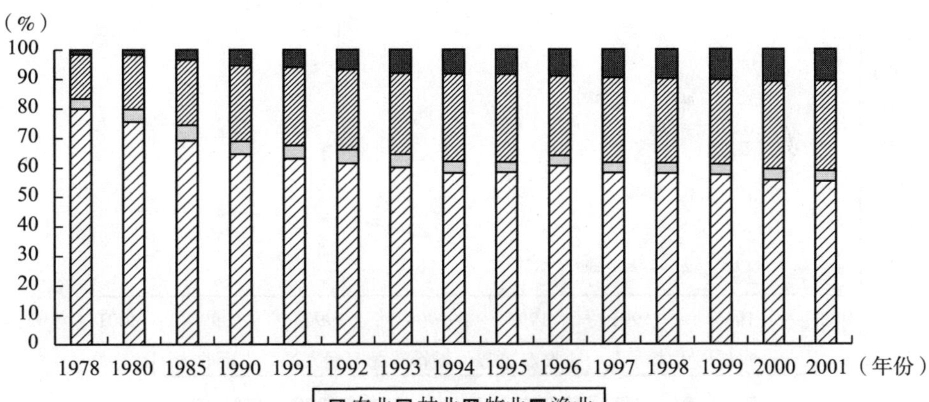

图4－8　我国第一产业内部结构发展趋势（1978～2001年）

资料来源：《中国统计年鉴2002》。

---

① 参见《中国统计年鉴2002》、国家统计局编：《新中国60年》，中国统计出版社2009年，第80页。

（三）人民生活水平显著提高，城乡居民生活从贫困向全面小康迈进

转型时期，我国的总体经济水平不断上升，人民的生活水平也随之不断提高，从改革开放前的温饱不足稳步向全面小康社会迈进。1978 年，我国农村居民家庭人均纯收入仅为 133.6 元，城镇居民家庭人均可支配收入仅为343.4 元，而2001 年，这两项数据分别为2366.4 元和6859.6 元（见图4－9）。可见，农村居民和城镇居民的收入都持续提升，不过城市居民家庭人均可支配水平上涨速度更快。1978 年，我国农村居民家庭恩格尔系数达 67.7%，处于贫困水平（大于 60% 即为贫困），而城镇居民家庭恩格尔系数为 57.5%，勉强达到温饱水平（50%～60% 为温饱）；2001 年，我国农村居民家庭恩格尔系数达 47.7%，从恩格尔系数看已初步达到小康水平（40%～50% 为小康），而城镇居民家庭恩格尔系数为 37.9%，从恩格尔系数看已初步达到相对富裕的水平（30%～40% 为相对富裕）。①

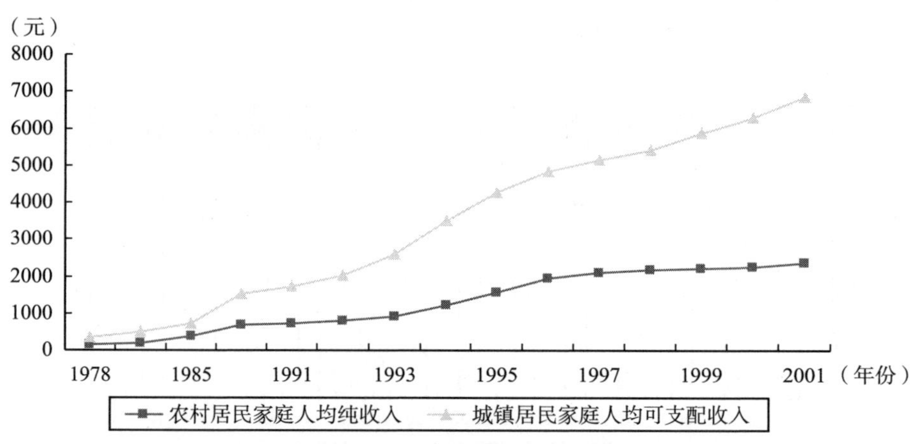

图4－9 我国居民收入水平发展趋势（1978～2001 年）

资料来源：《中国统计年鉴 2002》。

① 本段相关数据来自《中国统计年鉴 2002》。

而且，从居民的衣食住行来看，1978年我国城市人均住宅建筑面积仅为6.7平方米，农村人均住房面积为8.1平方米，而2001年这两项数据分别为20.8平方米和25.7平方米。在人均储蓄存款余额方面，对城乡居民而言，1978年为21.9元，2001年攀升至5780.7元。而在全国城乡居民平均每百户年底耐用消费品拥有量方面，在20世纪80年代初，洗衣机、电冰箱、彩色电视机等在城市家庭都较为罕见，农村家庭更是少有，而2001年，除上述家用电器外，照相机、家用电脑、空调、移动电话等在城镇和农村家庭中都有了很大程度的普及。另外，社会消费品零售总额是“指批发和零售业、住宿和餐饮业以及其他行业直接售给城乡居民和社会集团的消费品零售额”，该项指标在1978年是1558.6亿元，2001年上涨至43055.4亿元，扩大了近30倍。从以上可见，我国已经走出新中国成立初期的短缺经济时代。①

三、转型时期经济增长思想的不足与分析

转型时期我国的经济增长思想虽然在理论和实践中都取得了诸多成效，但仍存在一定不足。总体来看，主要有以下几个方面：

（一）经济增长方式转变艰难，思想的转变尚未在实践上促进内涵式经济增长占据主导地位

转型时期中国经济增长思想的核心是要求转变经济增长方式，而就上面的梳理和论述而言，此时期关于转变经济增长方式的观点和思想是一股强劲的社会思想，主要表现在以下几方面：一是该思想提出的时间早、持续的时间长；二是支持该思想的人士社会层次高，社会覆盖面广，政界、学界、业界等都有参与；三是该思想内容丰富，论述深刻。

然而，从转变的现实效果来看，外延式经济增长在我国仍占据了非常重要的地位，内涵式经济增长尚未占据主导地位。可以说，我国1978～2001年经济的高速增长，是由外延式经济增长和内涵式经济增长共同推动

① 木段相关数据来自国家统计局编：《新中国60年》，中国统计出版社2009年版。

的。一些较有代表性的中国经济增长要素核算研究显示（见表4－11），虽然改革开放以来全要素生产率开始做出相当的贡献（贡献额为1/5左右），但要素投入特别是资本的贡献仍占据主导地位。因此，经济增长方式的现实转变可谓任重而道远（另外可参见图2－3）。

表4－11　已有研究对我国经济增长要素贡献的核算

时期	经济增长率（%）	TFP增长率（%）	劳动份额	资本份额	TPF贡献率（%）	劳动贡献率（%）	资本贡献额（%）	人力资本贡献率（%）	资料来源
1978～1998	9.3	2.6	0.53	6.17	27.96	5.7	66.34	—	Chow and Lin（2002）
1979～1999	8.3	1.46	0.81	5.1	17.59	9.76	61.45	11.2	王小鲁（2000）
1978～1999	9.46	2.4	1.5	4.51	25.4	15.9	47.7	11	Wang and Yao（2003）
1971～1998	7.9	1.87	3.48	2.55	23.67	44.05	32.28	—	Gapinski（2001）

资料来源：林毅夫、苏剑：《论我国经济增长方式的转换》，载于《管理世界》2007年第11期。

关于我国经济增长方式转变为何如此艰难，本时期的学者也形成了一定的认识和探讨，进而对转变困难的原因形成以下分析：

1. 客观条件导致转变艰难

曾繁华认为，我国经济增长方式转变缓慢源于体制性因素和非体制性因素。其中，非体制性原因包括：（1）我国技术设备根基薄弱，老化严重，滞后技术开发与进步；（2）我国劳动力平均教育程度较低，科技人才更加匮乏；（3）我国科技发展及科技成果产业化投入速度较慢；（4）教育发展落后，高等教育率很低；（5）生产资源性消耗巨大，利用率低。曾繁华用一系列国际横向比较数据进一步证实了上述问题。[①] 类似地，1995年11月28日北京市经济学总会和首都师范大学管理系联合召开的“转变

① 曾繁华：《中国经济增长方式战略转变的阶段划分与目标定位》，载于《中国工业经济》1996年第10期。

经济增长方式问题”座谈会上，与会学者也表示基本国情中存在着客观的制约原因，包括：（1）数量扩张的经济增长方式可以提供就业场所，而我国人口就业压力大，导致了外延式经济增长在一定时期必然不可被忽视；（2）对于发展中国家而言，内涵式经济增长方式的核心资源，先进技术、科学管理等的价格偏高，而外延式经济增长方式的资源，如土地、劳动力等价格偏低，导致生产者没有激励发展内涵式增长；（3）我国劳动力素质整体偏低，不适应内涵式发展的要求。[①]

2. 经济体制改革滞后导致转变艰难

郭克莎认为，我国经济增长方式转变缓慢的原因主要来自两点：第一，市场机制尚未对经济增长形成从数量型扩张到效益型增长的转化功能。这一点的具体表现为，一方面，我国投资增长率大大超过技术进步率且资本的边际生产率明显下降时，投资速度依然高涨；另一方面，在市场供过于求，企业流动资金占有比例上升的情况下，生产扩张仍然高涨。这种反市场规律的表现，很大程度应源于国有企业制度变革滞后导致的产权约束和风险约束的缺位，所以市场机制对于企业的约束无法实现，盲目扩张的生产方式仍未改变。另外，劳动力市场、资本市场、技术市场等基本要素市场的发育不充分，也妨碍了市场机制对于经济增长的调节能力形成。第二，为保证经济增长方式转换，宏观政策上应倡导一定程度的速度目标让位于效益目标。然而，企业和地方片面性追求高速度扩张的情况依旧存在，宏观政策上却尚未能形成对其行为的有效约束。另外，宏观政策应通过加大科研投入、促进产业结构来推动经济增长方式转变，然而从实证来看，宏观政策都未起到明显的应有作用。[②]类似地，曾繁华也指出，经济增长方式转变缓慢的体制因素主要是指我国经济体制改革尚未触及旧体制的核心，国有企业并未突破政府直接管理企业的基本框架，因此国有资产流失严重，企业却盲目于数量型扩张，同时地方政府由于保护其本位利益，显示出十分强烈的投资冲动。[③]

① 田玉梅：《转变经济增长方式问题研讨会综述》，载于《经济学动态》1996 年第 1 期。

② 郭克莎：《经济增长方式转变的条件和途径》，载于《中国社会科学》1995 年第 6 期。

③ 曾繁华：《中国经济增长方式战略转变的阶段划分与目标定位》，载于《中国工业经济》1996 年第 10 期。

周叔莲也非常强调国有企业改革的问题，其指出，如果不能让国有企业作为市场竞争的主体，那么首先，市场机制就难以充分发挥作用，宏观调控也难以真正落实；其次，企业普遍存在的大而全、小而全、盲目重复建设等问题，也只有通过使其成为市场活动中的真正主体，在经济效益的调解下，才能得到改善；再次，只有当国有企业成为有活力的商品生产者和经营者后，其才能有激励成为技术进步的主体，进而积极发展科技；另外，政企不分则是导致企业无法通过改善经营管理提高效益的重要原因。①

也有学者指出，产业结构的低水平是经济增长方式难以转变的重要原因之一。但是，产业结构的调整又存在一个存量资产盘活的问题，如果无法通过市场调节对原本固化在某一企业的资产进行优化配置，不能通过由作为市场竞争主体的企业进行自主掌控，那么就很难实现产业结构的高级化发展。因此从这个角度，产业结构对于经济增长方式的阻碍，本质上也是经济体制改革滞后的阻碍。②

3. 经济发展路径依赖导致转变艰难

不同于大多研究强调客观条件和经济体制改革等方面的问题，洪银兴、沈坤荣、何旭强则用江苏省的实证考察反映了我国转变经济增长方式的一些现实困境。该研究注意到非国有经济在路径依赖的情况下造成的转变增长方式结构性瓶颈，即，江苏省工业经济发展较早，但以往发展存在着重复投资而产业结构同构、传统产业比重过大的情况，因此部分工业品严重过剩的同时，还有技术含量高的投资类产品严重供给不足，而农村市场狭窄、居民消费结构转型均使得产业结构的升级更加艰难。另外，大量的乡镇中小企业“小而全、小而散、小而低”的情况普遍存在，难以形成规模经济，经济效益也难以实现突破。③

---

① 周叔莲：《转变经济增长方式和深化国有企业改革》，载于《管理世界》1996年第1期。

② 杜一、金新仁：《我国经济增长方式转变的困难与希望——“中国市场经济论坛”第27次研讨会综述》，载于《经济经纬》1996年第1期。

③ 洪银兴、沈坤荣、何旭强：《经济增长方式转变研究》，载于《江苏社会科学》2000年第2期。

4. 地方保护主义导致转变艰难

有关地方主义保护导致经济增长方式转变艰难的问题，在此阶段已有学者进行了研究。例如，有学者指出，地方保护主义会破坏大市场、大流通，形成了割据经济。在这种情况下，盲目兴办重复性低效率企业、大量浪费资金并造成资源浪费和闲置、增加地方财税、乱用优惠政策、对市场和产品标准疏于监管，等等，时有发生。这不仅阻碍了市场经济体制的建立和完善，也阻碍了经济增长方式的转变。①

在此基础上，本书认为导致“转变经济增长方式艰难”的原因在于：首先，第二阶段市场化改革和对外开放盘活、引进了大量的生产要素，这种生产要素的成本相对低廉，造成了在一定时期内以生产要素推动经济增长是有经济效率的，除非生产要素边际成本增加，否则微观个体的确缺乏激励进行生产方式的改善。其次，无论技术进步还是劳动者素质的提高，都需要一定的过程，特别我国经历了第一阶段后在此方面非常薄弱，因此并非短暂20余年、凭借转变经济增长方式的主观意愿，就能实现巨大改善。

最后，从政治经济学的角度，中国的政治体制结构在一定程度影响了中央经济政策思想的贯彻执行。具体而言，中国的政治体制在有关经济增长的问题上包括如下特征：

第一，中国经济增长中政府起到了主导性的关键作用，各级政府通过资源的配置、政府主导的投资、政府指导的信贷投放、产业政策等一系列指导性政策直接而深刻地影响着中国经济增长。

第二，中国的M型组织特征②。如图4－10所示，这种M型组织结构的特征反映了在中央只控制了少数大企业，而相当多的企业控制在地方政府手里。中央层面的经济思想并不一定完整地贯彻在经济运行之中。

第三，该时期地方官员的目标呈现出短期的特点。

---

① 严闻广：《障碍经济增长方式转变的九大难点分析》，载于《内部文稿》1996年第4期。

② 参见钱颖一、许成钢：《中国的经济改革为什么与众不同——M型的层级制和非国有部门的进入与扩张》，载于《经济社会体制比较》1993年第1期。

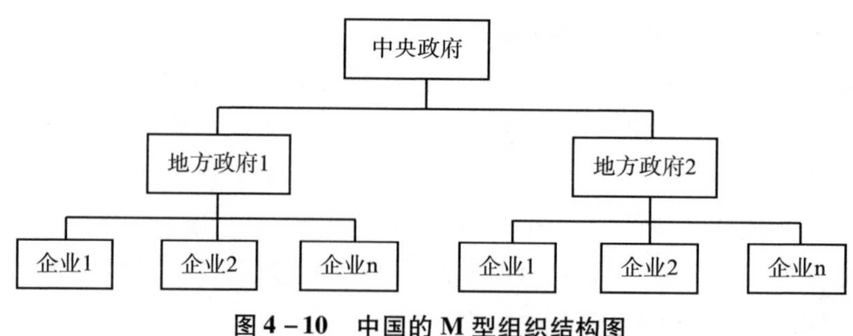

图 4-10　中国的 M 型组织结构图

西方经济增长理论的起点皆是将一个代表性家庭（representative household）的世代交替（overlapping generations）效用函数作为目标函数，建立在一个无限期的模型基础上，如，

$\max \sum^{\infty} \beta^t u(c_t)$，其中 β 为贴现率，一般小于 1。

这就存在一个跨期选择的权衡（trade-off）问题，不仅仅是考虑当期。

而在第二阶段，地方官员的目标函数体现在对 GDP 增长的重视，而且由于其任期较短，因此目标函数缺乏跨期选择的权衡。下面引用周黎安①，王孝松、高乐咏②构建的地方官员的效用函数。

$g_i = f(e_i) + \sum_{j \neq i} r_{ij}$，其中 g_i 指某个地区的 GDP 增长率，e_i 指地区 i 官员的努力程度，$f(e_i)$ 指地区 i 官员的努力程度函数，则指其他地区经济发展的辐射效果。

$u_i = \alpha G_i(g_i) - \beta e_i$，$u_i$ 指地区 i 官员的效用函数，为因经济绩效获得的好处 $G_i(g_i)$ 减去其辛劳付出的代价的函数。则其一阶条件为：

$$\frac{\partial u_i}{\partial e_i} = \alpha \frac{\partial G_i}{\partial g_i}\frac{\partial g_i}{\partial e_i} - \beta = \alpha \frac{\partial G_i}{\partial g_i}\frac{\partial f_i}{\partial e_i} - \beta = 0$$

$$\frac{\partial G_i}{\partial g_i}\frac{\partial f_i}{\partial e_i} = \frac{\beta}{\alpha}$$

① 周黎安：《晋升博弈中政府官员的激励与合作——兼论我国地方保护主义和重复建设问题长期存在的原因》，载于《经济研究》2004 年第 6 期。

② 王孝松、高乐咏：《中央政府的激励机制与地方经济增长》，载于《财经问题研究》2009 年第 2 期。

从上式可以看出，在地方官员获得效用最大化时，主要在于其通过获得奖励的函数与通过努力获得经济增长的函数，并且在这样的函数中，没有对获得经济绩效付出的代价的惩罚的负向激励因素。在当前的体制安排下，地方官员没有激励实施符合长期增长特征的增长政策，而更倾向于选择短期见效快但长远代价大的外延经济增长方式。这就是中国经济增长思想在试图推行转变经济增长方式的顶层设计时，现实却不能随之发生转变的重要原因所在。

不过，也应注意到，虽然社会各界均要求转变经济增长方式，但外延式经济增长的意义和贡献在1978～2001年的中国经济发展中仍不能全然被否决，特别是如前面所言，我国实行对外开放政策后，海外的资本大量涌入国内，与我国的劳动力禀赋相结合，使我国在相对成本较低的情况下实现了经济的快速增长，因此作为一种优化的要素推动型经济增长方式，外延式经济增长在一定程度上也值得被肯定。只是这种经济增长方式不能长期为继，若持续以资本、劳动力的追加作为经济增长的驱动，势必会由于边际收益递减而走入发展的瓶颈。因此，转变经济增长方式，发展内涵型经济增长，应是我国未来经济发展持续不懈的奋斗目标，这一点也在第三阶段的经济增长思想发展中得到了体现。

（二）经济增长过度强调效率，经济发展与社会发展不协调

转型时期中国经济增长思想在转变经济增长方式方面，一个重要的着力点就是强化效率推动型经济增长，这无论在政策性文件上还是学术研究中均有突出体现。提倡经济增长的高效，是对新中国成立初期经济效率低下、浪费严重的外延式经济增长的反思和调整。不过，这种以效率至上、GDP中心主义的意识形态一方面缩窄了经济增长的内涵，过度关注经济总量与经济增速，忽视了经济的全面发展与质量保障；另一方面在快速发展经济的同时，在一定程度上忽视了经济的可持续发展问题、区域经济的协调发展问题、收入分配问题、环境污染问题，等等，体现出经济社会发展的不协调。

经济增长其本意可指一个国家或地区的商品生产和服务量的提高，主要反映经济总量的变化及与此相关的要素生产率情况。但若将其进一步推

广为经济发展，其所涉及的范畴则更为广泛，可包括一个国家经济、政治、社会、文化、自然环境和结构变化等全面、均衡、持续和协调的发展。由此可见，经济增长是为经济发展提供物质基础，但经济发展才是经济建设和社会建设的最终目标。片面地追求经济增长可能导致“只增长不发展”现象，且经济生产总量和经济增长率是衡量经济增长的重要指标，但却不能准确地测量和评价经济运行的质量和效益。因此，面对我国1978～2001年以来的经济高增长，一方面要肯定改革开放以来经济体制改革下的经济建设成效；另一方面也不能止步于高的经济总量与GDP增速。

我国经济在快速增长的同时所产生的一个突出问题是产业结构过低。1978年以来，我国经济增长的一个重要动力就是外资涌入结合劳动力转移而实现的以劳动密集型加工产业为主体的出口导向型发展战略。劳动密集型产业为我国提供了就业岗位，创造了大量的贸易顺差，储备了数额巨大的外汇资源，为改善我国国际收支状况做出巨大贡献。然而，这一发展模式存在很大弊端。以劳动密集型产业为主导，意味着该行业的需求弹性大、替代性强，因此国家产业的发展将很大程度上受到国际市场价格波动和需求变化的影响，强化了外部依赖性与不稳定性。另外，劳动密集型产业附加值较低，获利较少，而且须依靠大量的土地、生物及矿产资源投入，会对我国自然环境造成沉重负担。所以，实现产业升级而非经济总量的快速增长成为下一阶段经济发展所将面临的一个关键性转变。

此时期所产生的第二个突出问题是经济社会发展的不协调。首先在区域经济方面，改革开放之初所提倡的“让一部分人、一部分地区先富起来”政策，使得沿海地带的经济得到迅速发展，为我国经济注入了极大的活力，也创造了雄厚的物质基础。然而，从“部分富裕”到“共同富裕”仍有很长的发展距离。直至今天，西部地区、少数民族聚居地、东北老工业地区等还属于欠发达水平，而这些地区发展所必需的人才、资金、技术、制度等发展也相对落后，制约了我国不同区域间经济的协调发展。同时，城乡发展不协调也是一个突出问题，农村发展仍然缓慢，基础设施建设落后、生活水平低下、卫生条件急需改善、农村教育发展受限等问题在一些地区仍普遍存在。另外，在收入分配的问题上，随着经济的发展，我国居民收入在实现上涨的同时，却落后于经济增长，居民收入占国民收入的比重也有所下降，未能实现居民收入增长与经济的同步发展。而且，居民收入差距呈扩大趋势也不容忽视，其一方面易导致中低收入居民消费严重不足，进而造成消费需求对经济增长的拉动作用减弱，制约经济发展，更有甚者，会导致社会问题频发、社会矛盾激化。由此，处理好公平与效率间的关系，也是下一阶段我国经济增长所要解决的重点所在。

四、总结与评论

在系统梳理转型时期经济增长思想的基础上，本节主要对其理论与现实的绩效进行评析，以加强对适应于我国国情的经济增长方式的认识，为日后进一步调整经济发展战略提供借鉴。从绩效上看，转型时期经济增长思想对于中国经济总量增长、结构优化和人民生活水平提高起到了重要的推动作用。当然，转型时期经济增长思想在影响和促进经济增长方式转变方面，也还存在一些不足。首先是中国对传统外延式经济增长方式依然有很强的路径依赖，内涵式经济增长方式难以在短时间内占据主导地位，同时效率与公平的关系、经济发展与社会发展的关系等还处理得不够协调，经济增长缺乏可持续性。这些是下一时期经济增长思想所要重点探讨和解决的问题。

第五章

可持续增长思想确立时期（2001~2012）

以2001年末加入世界贸易组织（WTO）为标志，社会主义市场经济体制已基本建立的中国开始加快融入世界经济和贸易体系的速度。此后，随着一批新的高增长产业的出现和持续强劲增长，我国走出传统的经济增长平台，进入一个新的较快增长周期。① 在这一时期，我国以住行需求增长为龙头的新一轮消费结构升级进入快速推进时期，汽车、房地产及相关行业的增长，不仅创造了巨大的工业产出，而且有力地带动了中上游钢铁、有色金属、石化、机械和能源等行业的快速扩张，使我国工业产出和经济总量持续高速增长，接连超过英、法、德、日成为仅次于美国的全球第二大经济体，民众的生活水平也受益于此而迅速提高，使得中国走出贫穷国家的行列、进入中上等收入国家群体。

不过，随着机制、路径和动力特征的重要变化，这一过程中我国经济增长在取得丰富成果的同时也带来了许多问题。例如，由于国民经济总量等基数日益增大，支撑经济发展的固定资产投资和能源、原材料需求快速增长，资源环境压力过大、基础设施供应（如发电、运输等）紧张；又如，人口年龄结构变化（即“刘易斯拐点”），带来的劳动力短缺成为经济增长的制衡因素；再如，固有的收入分配差距拉大和地区发展失衡问题日益严重等。因此，这个时期的理论研究与经济增长思想也呈现出新的特点，对中国经济可持续增长的探讨也不再局限于单纯经济产出层面的增长，而是包含在可持续发展、科学发展以及和谐发展框架内的、具有丰富内涵的经济增长。

2007年以来，美国次贷危机和欧洲债务危机相继爆发使得全球陷入经济衰退，无论是衰退本身对出口占经济产出较大比例的中国经济形成的严重需求冲击，还是此后2008年底开始的“四万亿”反危机经济刺激计划，以及此后的若干刺激政策，都使得社会各界对于中国经济增长的方式转变与可持续性问题日益重视。

本章共分六节。第一节简要介绍本时期内中国经济增长思想的理论与现实背景，并分析了本时期内科学发展战略指导下的发展道路选择问题。

① 刘世锦：《新一轮经济增长的机制、特征和政策取向》，载于《管理世界》2003年第9期。

第二节介绍这个时期国人将对经济增长的讨论逐渐扩展为对经济发展的讨论的思想演变，并对可持续经济增长思想以科学发展观为基础、在偏重内涵的经济增长方式的基础上进一步强调增长可持续性的特征进行了分析；第三～第五节从经济增长方式角度入手，将经济增长思想大体分为要素集约、优化效率和促进公平三个大类并分别做详细阐述；第六节则总结这一时期中国的实际经济增长方式，并结合内生经济增长理论来做展望，阐述“自主创新”将是中国未来经济持续增长的基本动力。

第一节　本时期中国经济增长思想的理论与现实背景：以科学发展观为指导思想

经济增长作为经济发展的中心问题，一直是经济理论研究和宏观经济政策的关注点。在经历了一个较长时期的高速增长后，如何推动经济与社会、人与自然的协调发展等问题日渐受到重视，这也成为这一阶段的一次重要思想转型。所以，进入21世纪以来，中国的经济理论和政策发展无不紧扣社会主义市场经济体制完善的主题，其视野从单纯的经济增长进一步扩展到经济发展的范畴。具体而言，表现在以下三个方面：

其一，马克思主义经济学说的中国化进程进一步加速，中国的马克思主义政治经济学研究更加重视对加快转变经济发展方式、追求经济发展质量和效益、构建和谐社会等问题的研究，在经济发展的源泉动力、结构变迁、资源节约和环境友好等问题上取得了大量研究成果，同时分析中也更加注重将经济问题放在经济全球化的广阔视野下，并不断地吸收融合现代西方经济学中的部分工具和概念。

其二，这一时期国人对现代西方经济学的引进和应用则更加注重理论前沿性和政策应用性，许多与经济增长及其可持续性问题密切相关的经济理论和分析工具都对中国经济增长思想的发展起到了推动作用，使之内容日益丰富，内涵也更深厚，视角愈加多维和开阔，与现实世界的联系也越来越紧密。

其三，21世纪以来党和国家提出了“科学发展观”这一发展战略，并强调通过经济社会与人的全面、协调和可持续发展建立“和谐社会”。因此，“转变经济增长方式”概念被逐步拓展为“转变经济发展方式”这一概念，后者成为主要的政策方向。

以下将对2001～2012年中国经济增长思想的理论与现实背景，以及在此影响下所形成的思想发展总体脉络进行论述。

一、本时期中国经济增长思想的理论背景

进入21世纪以来，传统的中国马克思主义政治经济学与20世纪80年代以来传入中国的现代西方经济学延续了互相融合的趋势，两大体系在若干概念、范畴和方法上进一步交叉和吸纳。[①] 虽然这两大理论体系的基本范畴、理论前提、研究方法和内容都有很大的差异，对很多问题都有分歧，很难融合为一体，但不少学者认为二者的相同性却随着方法的形式化（如数理模型和数量分析的应用等）而增加，完全可以相互借鉴，互汲精华。洪银兴认为，西方经济学偏重于对微观和宏观经济现象（如各种经济变量之间的关系）的表层描述，而马克思主义政治经济学偏重于对经济关系本质和变化规律的研究，因此对相同的经济现象和范畴有着不同的研究角度和分析层次，都有其各自的理论和现实意义，并不对立、可以共存互补。[②] 尹伯成认为，应摒弃西方经济学中所包含的西方意识形态和资产阶级的价值要求，但保留资产阶级经济学中包含的一些科学成分（如西方市场经济管理的经验总结等）并整合到中国马克思主义政治经济学的框架中，以丰富和发展马克思主义经济学。[③] 总的来说，国内经济学界整体上愿意吸收和借鉴包括西方经济学在内的各种人类经济思想发展成果，但对西方各经济学分支的态度并不尽相同，其中遭受批判最多的当属新自由主

---

① 赵晓雷：《要重视我国改革开放后经济理论发展的研究》，载于《毛泽东邓小平理论研究》2002年第3期。

② 洪银兴：《在学习和实践中巩固马克思主义在经济学领域中的指导地位》，载于《中国高等教育》2007年第17期。

③ 尹伯成：《关于西方经济学中几个问题的认识》，载于《当代财经》2007年第9期。

义经济学。

关于马克思主义政治经济学与西方经济学关系的讨论在2008年全球经济金融危机爆发后得到了进一步的发展，这与新自由主义经济学过度迷信“市场万能论”、对经济危机缺乏预测能力和预见性有着很大的关系。次贷危机以来，国内外许多论者对美国和西方经济制度及发展模式产生了疑问，但最后多还是理性地将自由主义经济学与自由市场经济区分开来——前者如克鲁格曼所说，总是试图用各种数理方法将资本主义市场经济体系描绘成一个不会出错的平稳系统，但经济的周期性波动毕竟是市场经济运行的常态，不能因为市场经济体系遭遇危机就放弃市场化的发展目标、从而丧失经济增长的一个重要动力。①

就中国马克思主义政治经济学而言，该时期马克思主义经济学说的中国化进程进一步加速。随着社会主义市场经济体制的不断发展，政治经济学研究中更加重视社会主义经济运行中资源配置的市场化，也更加注重将经济问题放在经济全球化的广阔视野下分析，不断地吸收现代西方经济学中的合理养分，如部分工具、概念和研究方法等，在数理分析、计量分析和制度分析等方面均取得了不少进展。例如，2008年11月，中华外国经济学说研究会第16次年会召开，会议讨论了在马克思主义经济学基础上借鉴西方经济学的科学成分，并结合国情对中国社会主义经济理论进行创新。

在科学发展观等重要思想、战略的指导下，中国马克思主义政治经济学对加快转变经济发展方式、资源节约、环境保护和构建和谐社会等问题进行了深入的研究，财富分配、劳动价值论和所有制等方面问题重获关注并得到进一步发展，丰富和完善了中国特色社会主义理论体系。

而这一时期国人对现代西方经济学的引进和应用则更加注重理论前沿性和政策应用性。西方经济理论经过对市场经济的长期和深入研究，在机制描述、规律阐述和分析工具等方面对中国的经济发展和理论研究都有借鉴作用，因此在21世纪初，宏观经济运行和调控、货币政策、区域经济、

① 克鲁格曼：《萧条经济学的回归和2008年经济危机》（中译本），中信出版社2008年版，第2页。

“三农”发展建设和收入分配等问题成为中国发展及经济改革的热点，与这些相关的西方经济理论与方法也不断被引入中国经济研究者的分析框架，如宏观计量经济学方法、经济波动理论、内生增长理论前沿研究、社会资本与经济增长、二元经济结构理论前沿研究、新贸易经济学、新经济地理学和西方公共经济学等均取得较大进展，且其中多数都与经济增长（发展）及其可持续性问题密切相关，使得经济增长思想的内容日益丰富，内涵也更深厚，视角愈加多维和开阔，与现实世界的联系也越来越紧密。

在这一过程中，随着现代西方经济学的不断引入（包括中国的马克思主义政治经济学研究者对西方经济学在概念和工具上的借鉴），计量经济学模型成为中国经济研究的一种主流的实证研究方法，自 2005 年起中国经济类学术刊物上已有过半的论文以计量经济学模型方法作为主要分析工具，比例已达到美国同类刊物水平①自然也成为经济增长相关问题研究的主要工具。这对于实际经济决策和预测紧密相关的经济增长研究而言也非常重要。

二、本时期中国经济增长思想的现实背景

进入 21 世纪后，“转变经济增长方式”概念被逐步拓展为“转变经济发展方式”这一概念，后者成为主要的政策方向。如前面所述，虽然我国在改革开放后经历了一段较长时期的快速增长，但在高速增长的同时，经济也出现了不少问题，如经济增长一度过于依赖投资数量的增长，这种经济增长方式过于粗放，会因资本收益的边际递减而不可持续。不仅如此，由于地方政府的政绩考核以 GDP 增长率为主，资源和环境的损耗并不计入 GDP 的核算，很多官员不考虑社会经济长远利益，在当地建设一些被国外淘汰的高耗能、高污染产业来提高经济增长的速度，这使得资源浪费、环境恶化现象突出，且其他社会问题如城乡差距、地区不平衡、收入分配等问题也日益增多，这些在长期内将制约经济的持续增长能力。所

① 李子奈：《我国计量经济学发展的三个阶段与现阶段的三项任务》，载于《经济学动态》2008 年第 11 期。

以，如何保证增长的质量、效益和可持续性，如何通过经济增长使广大人民从中受益，从重视增长变为重视发展成为我党在社会经济建设中必须面对的问题。

本时期，中国共产党召开了第十六次全国代表大会（2002 年 11 月）、第十七次全国代表大会（2007 年 10 月）、第十八次全国代表大会（2012 年 11 月）。其中，十六大提出“三个代表”重要思想，即（中国共产党）要始终代表“中国先进生产力的发展要求、中国先进文化的前进方向和中国最广大人民的根本利益”，并将其确立为“必须长期坚持的指导思想”之一。[①] 这一方面体现了革命式思维向执政党思维的深刻转变，使得动员型的经济政策和思路向常态化的可持续发展政策转变，从而更加有利于实现经济增长的质量、效益和可持续性，但另一方面却并未对经济增长与发展的过程和结果提出更具体的要求。

具体而言，这里所谓的“更具体的要求”是指经济增长与发展中的公平和谐、成果分享和可持续性。虽然“三个代表”没有对这三个方面做专门的讨论，但 2003 年提出的“科学发展观”战略和 2004 年提出的“和谐社会”建设目标却是在其基础上强调经济社会与人的全面、协调和可持续的发展。党的十七大将科学发展观写入党章并要求深入贯彻落实。[②] 这就需要国人进一步转变发展观念，推进经济增长方式向集约型的转变，在不自甘落后的同时也不急于求成，提高发展质量和效益，坚持全面协调可持续的发展战略，做到发展为人民，发展依靠人民，发展成果由人民共享，努力形成社会和谐人人有责、和谐社会人人共享的生动局面。

党的十八大报告对之前十年里形成和贯彻科学发展观的情况进行了总结，指出这一时期除了经济平稳较快发展和综合国力大幅提升以外，还在改善民生、农村建设、区域协调和环境保护等方面取得了巨大的成就。[③] 本书认为，这体现了本时期经济增长与发展过程中公平和谐方面的进展。

---

① 江泽民：《全面建设小康社会，开创中国特色社会主义事业新局面》，载于《人民日报》2002 年 11 月 9 日第 1 版。

② 胡锦涛：《高举中国特色社会主义伟大旗帜，为夺取全面建设小康社会新胜利而奋斗》，载于《人民日报》2007 年 10 月 16 日第 1 版。

③ 胡锦涛：《坚定不移沿着中国特色社会主义道路前进，为全面建成小康社会而奋斗》，载于《人民日报》2012 年 11 月 18 日第 1 版。

而这一时期我国在提高收入与生活保障水平和公共服务提供等方面的成就则体现了经济增长与发展成果分享方面的进步。这体现了本时期经济增长与发展可持续性方面的进展。此外，党的十八大报告还对未来的经济增长与发展提出了看法，认为下一时期的主要任务是加快形成新的经济发展方式，重视质量和效益的提高，着力激发市场活力、增强创新驱动发展、构建现代产业发展体系和培育开放型经济优势，对经济增长的方式与可持续性提出了更高的要求和更丰富的建议。①

科学发展观这一指导性战略的提出，对我国现代化经济建设与经济增长方式转变有着重大的意义。本时期内我国经济增长思想的演变及其对经济增长方式的认识深化，基本与这一战略沿着相同的方向发展。中国此前的经济增长“奇迹”主要通过扩大要素投入的外延式增长来实现，但随着要素投入量的不断增加，其潜在可追加投入量越来越少，各类要素边际成本也在不断上升，劳动力变得昂贵、资本的边际产出开始下降、自然资源逐渐无法应付日益扩大的产能，收入分配差距和城乡差距不断拉大，社会矛盾日益加剧、社会稳定性资源逐步耗散等问题要求中国向可持续的增长方式转变。本时期内我国通过各项政策的出台逐步压缩了劳动密集型产业的发展空间，并在区域协调和缩小城乡差距等方面实现了长足的进步，提高了社会发展的科学性和可持续性，但总体上仍未能很好地转向内涵式的、可持续的经济发展方式，经济增长仍然高度依赖资本和资源的大量投入。

三、总结与评论

总而言之，通过分析这一时期我国经济增长思想的理论背景，可以看出21世纪初的改革开放深化过程中，中国的马克思主义政治经济学理论与西方经济学理论得到了共同的发展。由于前者致力于社会主义市场经济体制的完善，后者也非常重视政策应用性、关注中国工业化发展及经济改革的热点问题，两大学术体系所关注的领域和问题产生了极大的交叉，加

① 胡锦涛：《坚定不移沿着中国特色社会主义道路前进，为全面建成小康社会而奋斗》，载于《人民日报》2012年11月18日第1版。

强了彼此的交流和互动。尽管二者的价值前提、话语体系和分析视角都有很大的差异，但这种差异是正常的，会一直存在，并不会因此就阻碍相互间的学习和交流。而且，恰恰是这种思维形态和学术体裁的异质性从不同方面促进和丰富了这一时期中国经济增长思想。

与此同时，这个时期在“三个代表”“科学发展观”等指导思想下出台的系列方针政策，不仅为经济思想和理论研究提出了新的内容，对我国现代化经济建设道路产生了重要的导向作用。考虑到这一时期经济增长思想的内涵比以往更加丰富和细化，所对应的政策内容也变得更加广泛，其演变过程也很难在几段简短的分析中解释清楚，故本节中只做简短的介绍，更多的现实背景细节在讨论具体某一细分领域的经济增长思想时再作详细阐述。

第二节　本时期中国经济增长思想的演变和总体特征：从经济增长到经济发展

一、“经济增长”相对于“经济发展”的局限

“经济增长”与“经济发展”在某个时期曾经作为同义词使用，但后者的内涵要广泛得多，对于发展中国家而言尤其如此。我国曾经长期将经济增长（主要是 GDP 的增长）作为经济政策的核心，这同时也是地方政府官员政绩考核的关键指标。但这一过程中出现了资源环境过度损耗、城乡差距过大、地区不平衡、收入差距过大等一系列问题，使得增长缺乏可持续性。因此，进入 21 世纪后，“转变经济增长方式”概念被逐步拓展为“转变经济发展方式”等概念，并成为学界和社会讨论的中心。

值得注意的是，在这里取代“经济增长”的“经济发展”包含有多层次含义，从其被提出到演化出“可持续发展”“科学发展”“和谐发展”经历了一定的深化过程，但始终都需要维持经济增长的可持续性以保证经济发展的可持续性；同时如果经济发展不和谐、不科学或不可持续，经济

增长也很难持续下去。所以，从“增长”到“可持续发展”实际上是包含了两个不同的转变：其一是从“增长”到“可持续增长”，即转变经济增长方式、避免对某些边际收益递减的经济增长道路的依赖，从而实现经济意义上的长期可持续增长，这就涉及对传统经济增长方式可持续性的反思；其二则是从“可持续增长”到（作为“科学发展”的一部分的）“可持续发展”，后者的概念范围包含了前者但更为广阔，从资源、环境和社会福利等角度讨论经济增长的可持续性问题，这就涉及转变经济发展方式的要求与新发展观念的确立。这二者发展、结合的最终结果，就是建立于“科学发展观”基础上的可持续经济增长思想。

经济增长的评判通常被简化为单纯地要求线性递增即可，产出增加越快说明经济的增长速度水平越高、增长成就越大。相较之下，“经济发展”则涉及可持续性、科学性以及和谐性等方面，内涵更丰富，概念也要更加复杂。首先，经济发展的结果往往不是经济生产的规模增加，而是伴随着产业结构的变迁。工业化、城市化和信息化会在这一过程中造就出一些完全新生的经济部门（例如网络数据服务），升级改造传统经济部门（例如，生物制药、网络传媒、互联网金融和新能源汽车等行业），从而导致产业结构的变迁，并改变传统经济部门和新兴经济部门之间的“实力”对比。而且，这种结构变化同时又会导致社会分配结构、职业结构、生产技术结构、各行业产品结构以及其他社会经济结构的变化。但是，这些结构变化的方向和程度都包含了多种可能性，人们对于工业化、城市化和信息化到怎样的具体程度，以及如何全面协调产业、职业、分配、技术和产品结构并没有比较一致的看法，评判的标准也是多元化的且需要逐步摸索。同时，影响结构变迁的因素也非常多，并不是人均资本占有量等几个简单变量就可以决定的，而经济增长在推动结构变迁方面也存在不确定性，在某些特定的场合下甚至还可能产生分工的倒退，并不必然导致全面、协调、可持续的科学发展。

其次，经济发展包含了居民福利的改善和生活水平的提高，这有赖于经济增长的成果，但福利改善的情况不仅决定于经济增长成果的多少，更决定于经济增长成果如何分配，决定于政府是否能够采取有力的政策措施来将经济增长成果投向公共服务领域（如医疗、养老、教育等），不同的人对于其改善程度和方式也都可以有不同的评判标准。快速经济增长并不一定等价于快速的经济发展水平，在取得经济增长成果的过程中可能会伴生收入分配差距和城乡差距拉大和区域发展的不均衡等问题，因此带来居民福利的停滞甚至倒退。田国强、杨立岩就研究发现，当收入尚未达到一个与非物质初始禀赋正相关的临界收入水平时，增加收入能够提高社会的幸福度；一旦达到或超过这个临界收入水平，增加收入则会起到反向作用，导致资源配置并非帕累托有效。①

最后，经济的可持续发展要求一个国家或地区的经济发展不应具备明显的负外部性，不能对其他国家或地区的经济发展以及后代人的经济发展产生明显的负面作用。这就通常要求在追求经济增长的过程中不能危害生态环境，需要维持自然资源基础，即在实现经济增长的同时实现人与自然的和谐相处。因此，可持续发展是科学发展的一部分，其根本目的是追求和谐发展。

所以，经济发展不仅意味着国民经济规模的扩大，更意味着生活水平与质量的提高，其牵涉的内容更为广泛：它首先包含有社会经济结构的信息，其次强调发展的可持续性，再次则更重视社会的公平正义，最后尤其关注社会整体生活水平与质量的提高。因此，应注意到经济增长与经济发展之间并不是简单的从属关系，经济发展的各个方面始终要以经济增长为基础；还应注意到，结构变迁、福利改善和可持续发展虽然都以经济增长为前提，但在长期内这些因素又反过来更好地促进经济的可持续增长。

一方面，只有实现了可持续的经济增长，社会经济结构才能不断的变迁和演进、实现“全面、协调和可持续”的科学发展，才能有足够多的经济增长成果供居民改善福利，并转变经济增长方式以使其更符合和谐发展的要求；换言之，发展的问题只能在持续的经济增长中解决。另一方面，如果经济发展方式不科学，社会经济结构不合理、不协调，经济增长很难在长期中保持可持续性；如果经济发展不和谐，居民无法分享社会经济增长的成果，人与自然之间、群体与群体之间、国家与国家之间存在巨大的

① 田国强、杨立岩：《对“幸福—收入之谜”的一个解答》，载于《经济研究》2006 年第 11 期。

潜在或直接的冲突，那么经济增长也就在资源、环境和社会福利等层面不可持续，始终存在中断的可能；陷入中等收入陷阱的拉美诸国即已是前车之鉴（关于中等收入陷阱的讨论参见第四节）。所以，只有解决发展的问题，才能保证经济增长的可持续性。

二、对传统增长方式可持续性的反思：关于中国经济增长核算的研究

所谓经济增长的核算，并不是指对经济产出及其增长本身的测算，而是利用 GDP 核算的收入法分解因子来测算各要素对经济增长的贡献率，这一核算分析的结果对我国如何实现长期可持续经济增长有重要的参考意义。

从理论层面而言，TFP 是指索洛增长模型中的索洛残差，即经济增长率中剔除资本、劳动两要素投入增长率后的余下部分，代表着技术增长的贡献——这里的技术是广义的技术，包含了制度技术、管理技术等一切非要素因素。一般认为，资本和劳动都存在着边际报酬递减的特征，所以通过资本和劳动要素投入的增加来实现经济增长虽然可以导致短期内的快速增长，但长期而言这种增长是不可持续的；但如果通过边际报酬不变或递增的技术进步，即全要素生产率来拉动经济增长，就可以实现经济的持续增长。

但是，由于理论上的资本和劳动都是抽象的、无差别的一般要素，所以有两个问题值得注意。第一，人力资本或劳动复杂程度不包含在劳动内，属于技术的一部分。第二，理论分析中的资本与经验实证分析中的资本其实并不总是相同的概念——对于劳动的衡量在理论上和经验实证中一般都是根据劳动者数量（以及工作时间）来确定，但经验实证中对于资本的核算就无法将包含在资本中的（体现型）技术剔除。换言之，理论上的资本是一种抽象的、不含技术的无差别要素，但实际的国民经济核算中的资本则往往是根据价格来估算的，因此包含了索洛所谓的体现型技术的价格——当其他条件不变时，（国民经济核算中的）资本的技术含量越高，其价格也就越高。所以，经济究竟能够在多大程度上通过技术进步来实现

其增长，经验实证分析实际上很难给出一个精确的估计，其所得出的 TFP 增长通常并不是经济增长中真实发生的全部技术增长。由于不同的方法或变量选取很容易导致不同的结果，这也导致了学界的争论。

增长核算类研究在西方兴起最早是在 20 世纪 60 年代，但其后发生在索洛和乔根森等学者之间的旷日持久的争论主要是集中在核算方法等理论层面，其所利用的数据也主要是美国数据。从思想发展的过程来看，将这类核算方法用于东亚国家经济增长并对增长方式和可持续性进行专门考察的研究，则始于 90 年代。这一时期，一些西方学者已经开始对东亚经济增长的可持续性产生怀疑。刘遵义和金钟一（Lau & Kim）和杨格（Young）等学者研究认为东亚经济增长度依赖“工业化”，这种高速增长不具有持续的动态改进机制。[①] 更著名的则是美国经济学家、后来的诺贝尔经济学奖得主克鲁格曼关于“亚洲无奇迹”的著名论断，他指出亚洲“四小龙”的经济增长主要依赖于要素投入的增长而非技术进步（这里所述的技术进步不限于科技进步，也包括专业化、组织创新、管理创新等方面，这些因素并不像资本和劳动那样投入总量受自然约束，也不会有边际产出递减的问题），因此他认为这些国家的经济增长缺乏可持续性。[②]

在 1997 年亚洲金融危机之前，中国的学者并不重视相关的论断。但亚洲金融危机爆发后，克鲁格曼因被认为是这场危机的成功预测者而名声大噪，中国学者也逐渐开始关注增长的可持续问题。这是经济思想史上的一个有趣案例，因为亚洲金融危机的爆发原因同克鲁格曼的预言有实质上的不同，所以这并不是一个正确理论逐渐凸显其预测力的过程，不是一个简单的从政策批判未受重视、到经济危机爆发、再到政策批判得到重视的过程。

其一，克鲁格曼等人的分析并不严谨，对亚洲国家技术进步情况的评

① L. Lau and J. Kim, “The Sources of Growth of the East Asian Newly Industrialized Countries,” Journal of the Japanese and International Economics 1994, 8 (3): 235 – 271. Young, A., “The Tyranny of Numbers: Confronting the Statistical Realities of the East Asian growth Experience”, *Quarterly Journal of Economics* 1994, 60 (3): 641 – 680. 22

② Krugman, Paul, “The myth of Asia's miracle”, *Foreign Affairs* 1994, 73: 62 – 77.

判并不准确。如林毅夫和任若恩所强调的那样，发展中国家的经济核算容易低估其中的技术进步，克鲁格曼的论据是不成立的。[①] 早在1960年，索洛模型的创立者，罗伯特·索洛本人就指出，技术进步包含体现型技术进步和非体现型技术进步两种，投资当中蕴含着（体现型的）技术进步，因为新科技设备的投入价格中包含的不仅仅是对资本的支付，也包含了对技术的支付；这里所谓的体现型技术进步，就是指体现在设备（资本）革新中的技术进步。西方发达国家处于科技的前沿，主要通过科技研发来实现技术进步，所以其技术主要是非体现型的；而东亚经济体是后发国家，主要通过购买现成的高科技设备来吸收、利用和改进现有技术，其技术进步主要是体现型的。由于外购设备需消耗东亚经济体此前所积累的资本，在统计核算中就会出现高资本消耗推动经济增长的表象，但其实这部分资本可能更多是用于购买和引进高科技设备的，而不一定是用于推动外延式的扩大再生产，因此这种经济增长所受的推动直接源于技术进步和生产率提高。

其二，如果严格按照克鲁格曼等西方学者的逻辑推导下去，东亚国家将因为缺乏技术进步而在未来的数十年中出现经济增长逐渐放缓的现象，即类似于苏联式的经济增长停滞，而不是因为缺乏技术进步突然爆发危机。事实上，导致亚洲金融危机的问题实际上并不是克鲁格曼所分析的东亚国家在经济增长中缺乏技术进步，而主要是以索罗斯为代表的国际投机资本攻击资本账户开放的东南亚国家的结果，因此是外生的冲击而非内生的缺陷，不能将东南亚国家无法阻挡外生的索罗斯汇率攻击视为东南亚国家经济发展不够重视技术进步的内生问题。毕竟1992年索罗斯同样攻击过欧洲国家，跻身西方最发达资本主义国家之列的英国和意大利也同样遭受过巨大的损失，最终退出了欧洲汇率体系，遑论泰国和马来西亚等经济实力相对弱小、经济发展水平相对落后的新兴发展中国家。

不过，许多东亚国家确实过度依赖于外商投资的技术溢出效应（这正是学界公认的后进国家或地区实现技术进步的一个重要途径），其采用的

---

① 林毅夫、任若恩：《东亚经济增长模式相关争论的再探讨》，载于《经济研究》2007年第8期。

是经济过于对外开放的、有很大资本流动风险的体现型技术学习机制，这才使其难以抵御来自外部的资本攻击。因此，克鲁格曼的批判和亚洲金融危机促进了部分亚洲国家重视通过自主创新和产业升级来实现更稳健的集约式增长和可持续的科学发展。例如，原本以重化工为主导产业的韩国在危机中遭受重创，企业大量倒闭，经济几近瘫痪，倒逼其向创新主导的经济增长方式转变，通过集中发展计算机、半导体、生物技术、新材料、新能源、精细化工、航空航天等知识密集型产业在危机后成功实现了产业升级与经济转型。[①]

虽然中国早在1995年就提出要转变经济增长方式，但我国与韩国等国相比毕竟经济起飞较晚，在亚洲金融危机中所受影响较小，且传统工业受2001年加入WTO所带来的经济开放制度红利影响又继续发展了一段时间，故对传统经济增长方式可持续性的深入反思和转变经济发展方式的明确要求提出也略晚。在这一过程中，关于中国经济增长核算的研究逐渐兴起，一些有影响的国际机构和我国学者在这方面都有不少研究，对本时期以来中国经济增长中的生产率贡献普遍评价不高。

例如，郑京海和胡鞍钢的全要素生产率测算表明，TFP在1978～1995年期间经历了一个高速增长期（4.6%），其对GDP增速的贡献占比高达1/3；而其在1996～2001年间则经历了一个低速增长期（0.6%），其对GDP增速的贡献占比下降至不足1/10，技术进步速度减慢、效率下降。[②]一些文献认为，这两个时期的巨大差别源自财政分权导致许多地区采取了不合理的地区发展战略以谋求短期政绩所致。[③]

颜鹏飞和王兵利用数据包络分析法（DEA）测度了1978～2001年间中国31个省区的技术效率、技术进步和曼奎斯特生产率指数，认为中国的全要素生产率因技术效率的提高而增长，但也提出TFP增速于1997年

① 朱克江：《自主创新是应对国际金融危机的战略选择》，载于《科技成果纵横》2009年第1期。

② 郑海京、胡鞍钢：《中国改革时期省际生产率增长变化的实证分析1979～2010》，载于《经济学（季刊）》2005年第2期。

③ 严冀、陆铭：《分权与区域经济发展：面向一个最优分权程度的理论》，载于《世界经济文汇》2003年第3期；殷德生：《最优财政分权与经济增长》，载于《世界经济》2004年第11期；丁菊红、邓可斌：《政府偏好、公共品供给与转型中的财政分权》，载于《经济研究》2008年第7期。

后放缓，经济增长的长期可持续性存疑。[①] 联合国工业发展组织（UNIDO）的一项（包括中国在内的）世界 17 国 1962～2000 年生产率比较研究同样提出改革开放以来中国的全要素生产率并非一直上升的观点，认为 1993 年开始 TFP 增速减缓。OECD 采用 CD 函数的研究也得出了与 UNIDO 类似的结论。[②] 这就意味着，中国的经济增长越来越依靠要素投入的扩张，很多经济学家认为这是质量不高且不可持续的增长。郑京海、胡鞍钢和毕格斯滕（Bigsten）认为，中国经济的增长主要靠投入增加来获得，而改革措施可以导致对全要素生产率的一次性的水平效应，因此中国还需要进行更深入的制度改革以促进生产率的持续增长。[③]

但是，由于测算方法的问题，学界的判断存在分歧，也有一些文章持相反的观点。如叶裕民对 1979～1998 年全国及各省区的全要素生产率估算后主张我国的经济增长是资本、技术双推动型，TFP 对增长的贡献可达 40% 以上。[④] 张军和施少华通过回归方法确定投入要素产出弹性的分析我国 1952～1998 年间的 TFP 增长率认为改革前中国经济的 TFP 波动很大，1978 年的 TFP 水平甚至低于 1952 年，但改革开放后则有明显改善。[⑤]

针对中国的经济增长过度依赖要素扩张驱动的观点，易纲、樊纲和李岩指出改革开放以来中国经济微观主体的转变、技术进步的状况、人力资本机构的提升以及不断走高的人民币汇率和不断增长的官方储备都说明中国经济存在效率提升，并提出新兴经济在测算全要素生产率上要与发达国家不同，必须认识到这两类国家的投资方向和技术进步机理都有所不同。[⑥] 一些学者对前面提及的克鲁格曼批判表示了质疑，认为许多因素都可能导致对新兴经济体的经济核算容易低估其中的技术进步，例如新建固定资产

---

① 颜鹏飞、王兵：《技术效率、技术进步与生产率增长：基于 DEA 的实证分析》，载于《经济研究》2004 年第 12 期。

② OECD，Economic Surveys：China，Volume 2005/13 – September 2005.

③ 郑京海、胡鞍钢、Arne Bigsten：《中国的经济增长能否持续？——一个生产率视角》，载于《经济学（季刊）》2008 年第 3 期。

④ 叶裕民：《全国及各省区市全要素生产率的计算和分析》，载于《经济学家》2002 年第 3 期。

⑤ 张军、施少华：《中国经济全要素生产率变动：1952～1998》，载于《世界经济文汇》2003 年第 2 期。

⑥ 易纲、樊纲、李岩：《关于中国经济增长与全要素生产率的理论思考》，载于《经济研究》2003 年第 8 期。

不仅是即期收入的来源也是未来收入的来源，但新兴经济体的大量新增基础设施建设会高估资本要素对经济增长的贡献，从而使得 TFP 核算中技术进步的作用被低估；再如东亚国家通过进口含有新技术的资本设备而实现的技术进步在核算中无法体现，而东亚国家较高的识字率和教育水平强化了体现型技术进步的收益，因此使得这类收益未被核算的低估程度进一步加重；此外现有的估计程序假定了要素市场完全竞争、规模收益不变，这在新兴经济体中并不常见。① 其中，林毅夫、任若恩以及郑裕歆还主张不能片面追求 TFP 增长，中国人应意识到根据经济体发展阶段的不同，资本投入也应在一段时期内起到重要作用。

学界对于我国经济增长的集约程度和可持续性以及转变发展方式的实现路径曾有很多争论。第二类文献主张对新兴经济体和东亚国家的经济核算容易低估其中的技术进步固然有一定道理，但主要的问题在于其估计程序的改进有限，数据和统计上的局限导致研究者很难找到一套既能准确评估经济体增长方式又能广泛应用于不同经济体增长核算的方法，因而现在虽然知道传统的核算有所低估，却很难知道对非要素投入的贡献（及其增长）究竟低估了多少，仍有待进一步的深入研究，才能对如何推动转变发展方式提出更有针对性的政策建议。

三、对传统增长方式可持续性的反思：关于中国经济增长机制的研究

现代宏观经济学把企业看作是现代市场经济的主体，一般可将一个国家的经济增长视作所有企业产出增长的加总。因此，企业层面的技术、管理和市场促进或决定经济增长的机制，属于经济增长的微观机制；国家层面的政策和公共服务促进或决定经济增长的机制，属于经济增长的宏观机制。

本书认为，采取这种视角或划分方式比分主题的讨论更有助于了解经

① 林毅夫、任若恩：《东亚经济增长模式相关争论的再探讨》，载于《经济研究》2007 年第 8 期；郑玉歆：《全要素生产率的再认识——用 TFP 分析经济增长质量存在的若干局限》，载于《数量经济技术经济研究》2007 年第 9 期。

济增长的源泉，进而分析增长的可持续性。以比较热门的FDI主题为例，常见的看法是将吸引外商投资政策而非大力发展本土民营企业作为一个宏观问题，但实际上FDI促进被投资国经济增长主要是通过微观层面（如技术外溢）和金融层面（提供特定风险偏好和流动性的资金）。再例如，政府对经济增长的贡献一般被归为宏观层面（如基础设施建设），但实际上微观层面（如加强公共服务供给、国有企业产权制度改革等）的贡献也是存在的。

中国的经济增长之所以长期笼罩在“迷雾”之中，是因为许久以来忽视了对中国经济增长机制的深入研究。自21世纪以来，在西方经济增长理论及其他相关理论的影响下，国内大批学者通过研究企业改革与增长、分权与增长、企业家精神与经济增长、银行业结构与经济增长等方面，深入探讨了中国经济增长的宏、微观机制，有助于对中国经济增长的可持续性做更全面的了解。

（一）关于中国经济增长微观机制的思想

中国经济在20世纪90年代以来持续出现“宏观好，微观不好”的局面，即在企业效益低下的情况下GDP高速增长①，但这种增长成本极高，不可持续。如何从根本上实现“微观好、宏观好”的可持续增长？国内学者认为，主要是深化产权制度改革、培育企业家创新能力和避免政府行政干扰这三个方面：

其一，必须重视明晰产权与完善税收制度的改革，适当降低税率并加强征管。例如，有研究认为，土地和信贷市场的产权模糊或所有人缺位会导致定价机制非市场化，进而使地方政府、企业和银行三方投资的非理性膨胀，并通过金融加速器效应带来宏观经济的大幅波动。② 还有学者通过实证研究认为，产权制度改革除直接作用于经济增长之外，还可通过影响要素投入和配置效率来间接地促进经济增长，是我国现阶段经济增长的最

① 易纲、林明：《理解中国经济增长》，载于《中国社会科学》2003年第2期。

② 北京大学中国经济研究中心宏观组：《产权约束、投资低效与通货紧缩》，载于《经济研究》2004年第9期。

主要动力。①

其二，企业家是经济增长的微观组织者与风险承担者，以持续技术创新和模仿为核心的企业家精神是经济长期增长的动力、源泉。② 李宏彬等学者利用中国 1983～2003 年省级面板数据进行的实证分析发现，企业家创业和创新精神对经济增长确实有显著的正效应，能否制定有利于发挥企业家精神的制度和政策对于经济的持续发展来说是至关重要的。③ 此外，还有一些值得关注的专题性研究，如李新春等学者选取了高科技企业这一体现企业家精神促进产出增长最典型、最突出的代表进行研究，认为我国的高新技术园区制度实际上并没有为企业家精神提供“创新小生态”和集体学习机制，长期来看这实际上不利于我国经济的可持续增长。④

其三，避免政府行为对企业微观最优化决策的干扰。这种干扰又可以分为两个方面：一是国家作为企业的实际所有者对所控股的国有企业的决策影响，二是地方政府出于政绩或社会公平等各方面考虑对辖区内企业提出的要求。无论这些要求与影响是否有其政治意义上或社会意义上的合理性，往往都可能在经济意义上有一定的不合理性，这可能源自最优化目标的差异（立场不同），也可能源自对经济运行理解层次上的差异（知识结构不同）。吴敬琏、明华认为 20 世纪 90 年代后期以来，各级地方政府偏离市场化改革方向，成为过度投资和产业结构恶化的主要推动者和经济结构的主要调节者，对经济资源的行政支配导致经济效率的损失，因此需要为提高经济效率、转变增长方式而转变政府职能、建设法治社会下的有限政府。⑤

---

① 李富强、董直庆、王林辉：《制度主导、要素贡献和我国经济增长动力的分类检验》，载于《经济研究》2008 年第 4 期。

② 庄子银：《企业家精神、持续技术创新和长期经济增长的微观机制》，载于《世界经济》2005 年第 12 期；庄子银：《创新、企业家活动配置与长期经济增长》，载于《经济研究》2007 年第 8 期。

③ 李宏彬、李杏、姚先国、张海峰、张俊森：《企业家的创业与创新精神对中国经济增长的影响》，载于《经济研究》2009 年第 10 期。

④ 李新春、宋宇、蒋年云：《高科技创业的地区差异》，载于《中国社会科学》2004 年第 3 期。

⑤ 吴敬琏：《中国经济增长模式抉择》，上海远东出版社 2006 年版。明华：《中国增长模式抉择》，载于《决策》2006 年第 5 期。

（二）关于中国经济增长宏观机制的思想

长期以来，政府主导着中国经济增长，而未来中国经济如何实现可持续增长，关键在转变政府职能。国内学者主要从产业调整、政府职能转变和政府内部分权这三个角度阐述。

其一，关于产业政策，强调发展导向的改革和政策调整。主要有两种导向的调整：一种是根据经济增长的阶段特征来判断产业结构转换的当前任务，因为不同时期会出现不同的高增长行业，而我国城市居民正在向提高住、行、通信和其他方面生活质量的层次过渡，因此应当优先推进与这些消费需求相对应的潜在高增长行业如住宅、汽车、电子通信、城市建设和服务业等的发展改革和政策调整，这能够带来显著的增长，这为改革难度较大的方面创造条件。①

另一种是本章第一节曾介绍过的、从更长期的角度进行分析，并主张利用政策引导技术选择和适度资本深化，以及提高资源配置效率和自主创新能力来实现产业结构优化升级、提升劳动生产率，从而实现经济的快速可持续增长。② 应当说，这两类观点并不存在根本上的冲突，只不过前者更关注宏观机制的阶段性特征，后者则更关注宏观机制的长期特征。郑若谷等学者的研究进一步区分了产业结构和制度对经济增长的作用差异，主张短期内产业结构调整与制度均对经济增长及要素配置功能有直接作用，但长期中制度的作用主要在于要素配置，产业结构的作用则在于经济增长。③

此外，有些研究关注某些特定行业的发展对经济增长方式转变的贡献。如厉无畏、王慧敏提出通过发展创意文化产业促进经济增长方式的

---

① 如刘世锦：《加快改革与政策调整，促进经济增长动力的结构性转变》，载于《经济研究》2002 年第 12 期。

② 如江小涓：《产业结构优化升级：新阶段和新任务》，载于《财贸经济》2005 年第 4 期；何德旭、姚战琪：《中国产业结构调整的效应、优化升级目标和政策措施》，载于《中国工业经济》2008 年第 5 期；黄茂兴、李军军：《技术选择、产业结构升级与经济增长》，载于《经济研究》2009 年第 7 期。

③ 郑若谷、干春晖、余典范：《转型期中国经济增长的产业结构和制度效应：基于一个随机前沿模型的研究》，载于《中国工业经济》2009 年第 2 期。

转变，[①] 还有些研究则提倡发展低能耗、低污染、低排放的低碳产业，进而转变中国经济增长的方式和路径。[②] 许多文章从不同产业发展的角度出发提出转变中国经济增长方式的建议，具体可参见第三节和第四节。

其二，关于政府职能转变，由于政府依然在经济增长中扮演重要角色，因而政府应减少微观干预、加强对社会的信息服务，政府的微观经济管理不应在于“指令性管理”（即企业该做什么）而应在于“禁令性管理”（即企业不可做什么）；强调实现经济可持续增长必须推行基础性制度改革，并强调改革的关键在于加快政府职能转变，建设有限和有效政府，提供制度性产品创新，避免过度参与和干预导致的经济波动。[③]

中国经济增长与宏观稳定课题组则认为，未来的增长必须从供给政策和市场化条件改革双向入手才有望改变我国经济增长方式，进入一个可持续发展的增长轨迹，在对经济增长过程中的外部性、过度竞争、扭曲的要素价格体系做出纠正性管理的同时，放松服务业管制并认真利用好资本市场的要素资源配置功能，通过减税和增加 R&D 的投入积累自主创新能力。[④] 该课题组及其他若干学者均指出，中国未来实现可持续增长的关键在于政府转型、更多地发挥市场资源配置优化与激励创新的功能。[⑤]

唐铁汉和李军鹏总结了国外的经验教训，发现政府公共服务职能的建设与转换必须结合经济发展的具体阶段、经济增长的不同形态和社会发展的不同结构进行客观分析，只有这样才能保持经济的长期可持续发展。[⑥]

---

① 厉无畏、王慧敏：《创意产业促进经济增长方式转变——机理·模式·路径》，载于《中国工业经济》2006 年第 11 期。

② 如鲍健强、苗阳、陈锋：《低碳经济：人类经济发展方式的新变革》，载于《中国工业经济》2008 年第 4 期。

③ 刘世锦：《新一轮经济增长的机制、特征和政策取向》，载于《管理世界》2003 年第 9 期。刘汉屏、刘锡田：《地方政府竞争：分权、公共物品与制度创新》，载于《改革》2003 年第 6 期。北京大学中国经济研究中心宏观组：《产权约束、投资低效与通货紧缩》，载于《经济研究》2004 年第 9 期。周业安、章泉：《财政分权、经济增长和波动》，载于《管理世界》2008 年第 3 期。

④ 中国经济增长与宏观稳定课题组：《“干中学”、低成本竞争和增长路径转变》，载于《经济研究》2006 年第 4 期。

⑤ 中国经济增长与宏观稳定课题组；张平、刘霞辉、张晓晶、陈昌兵：《中国可持续增长的机制：证据、理论和政策》，载于《经济研究》2008 年第 10 期。

⑥ 唐铁汉、李军鹏：《国外政府公共服务的做法、经验教训与启示》，载于《国家行政学院学报》2004 年第 5 期。

杜志雄、肖卫东和詹琳则具体分析了这一过程中所需要的政策类型，并归纳总结为累积型、创新型、分配型、稳定型和就业型五类。[①]

其三，强调适度的分权式改革可对地方政府产生较强的激励，从而促进经济增长。许多学者认为，分权可以使地方政府更好地发挥其信息优势、追求公众福利并通过提高产业政策引导能力（如招商引资）、加强基础设施建设和改善政府治理、提高政府协调能力等方面促进经济增长，[②]但地方公共收支的调整成本、公共支出过程中的寻租和"非生产性寻利"、地方保护措施以及城乡和地区间的收入差距扩大都可能成为分权的"成本"，[③] 所以分权要追求最优程度，适当减少地方政府所掌握的社会经济资源，而中央政府的财政干预能力可以让落后地区更多地分享地区间的分工收益。也有学者认为，中国的情况未必是财政分权促进了经济增长，也有可能是经济增长促进了财政分权。[④]

四、转变经济发展方式要求的提出

在党的十六大报告中，并未出现关于"增长方式"或"发展方式"的任何直接讨论。直到 2005 年，才由胡锦涛重新提出这一问题，指出在"当前和今后相当长一段时间内"，"资源能源紧缺压力加大"对"转变经济增长方式"提出了十分迫切的要求，而城乡、地区和经济社会发展的不平衡的矛盾也更加突出。[⑤] 在党的十七大报告中，这一表述被进一步完善为"转变经济发展方式"，除早期的资源能源紧缺和发展不平衡问题外，

---

① 杜志雄、肖卫东、詹琳：《包容性增长理论的脉络、要义与政策内涵》，载于《中国农村经济》2010 年第 11 期。

② 张晏、龚六堂：《分税制改革、财政分权与中国经济增长》，载于《经济学》（季刊）2005 年第 4 期；沈坤荣、付文林：《中国的财政分权制度与地区经济增长》，载于《管理世界》2005 年第 1 期。

③ Bai, Chong En, Yingjuan Du, Zhigang Tao, and Sarah Y. Tong, "Local Protection and Reginonal Specialization: Evidence from China's Industries," Journal of International Economics, 2004, 63: pp. 397 – 417；庄子银、邹薇：《公共支出能否促进经济增长：中国的经验分析》，载于《管理世界》2003 年第 7 期；王永钦、张宴、章元、陈钊、陆铭：《中国的大国发展道路——论分权式改革的得失》，载于《经济研究》2007 年第 1 期。

④ 杨开忠、陶然、刘明兴：《解除管制、分权与中国经济转轨》，载于《中国社会科学》2003 年第 3 期。

⑤ 资料来源：http://news.xinhuanet.com/newscenter/2005-06/26/content_3138887.htm

还考虑了加强“创新”和“环境友好”等方面。①

在党的十八大报告中，前述各方面内容都被更加细化和深化，而转变发展方式更是被上升到“关系我国发展全局的战略抉择”的高度，并对发展战略、任务和解决方案进行了区分。②“转变经济发展方式”的提出不再是为了解决若干经济问题，而是为了“把握发展规律、创新发展理念、破解发展难题”，因此是一种发展战略和思路——报告为未来经济发展制定的任务目标除传统的GDP与人均收入翻番之外，还包括“发展平衡性、协调性、可持续性明显增强”“创新型国家”“区域协调发展机制基本形成”等内容；不仅如此，报告还为此提出了一系列解决方案，包括“全面深化经济体制改革”“实施创新驱动发展战略”“推进经济结构战略性调整”“推进城乡发展一体化”和“全面提高开放型经济水平”等方面。③

相较之下，学界在前一时期和本时期都一直未曾停止对经济增长方式转变的讨论，但关于经济发展方式转变的讨论同政界一样也主要是在2007年以后。就转变经济增长方式而言，本时期初即有张军的多篇文章指出，中国在20世纪80～90年代期间的经济增长由于过度的工业化越来越表现出静态的特征，缺乏持续的、动态改进的力量，“资本深化”制约了中国经济未来的持续增长。④经济增长前沿课题组认为，90年代中后期以来的中国经济增长已经由工业化的单一动力过渡到工业化与城市化的双动力，但城市化在拉动经济增长的同时又提高了城市工业的发展成本，这就需要重视依靠城市化进程中服务业的发展，以提高城市的整体竞争力，此外还需要政府、金融体系和财税体制改革的配套作用，才能保证经济的可持续增长。⑤

---

① 胡锦涛：《高举中国特色社会主义伟大旗帜，为夺取全面建设小康社会新胜利而奋斗》，载于《人民日报》2007年10月16日第1版。

②③ 胡锦涛：《坚定不移沿着中国特色社会主义道路前进，为全面建成小康社会而奋斗》，载于《人民日报》2012年11月18日第1版。

④ 张军：《增长、资本形成与技术选择：解释中国经济增长下降的长期因素》，载于《经济学》（季刊）2002年第1期；张军：《资本形成、工业化与经济增长：中国的转轨特征》，载于《经济研究》2002年第6期；张军：《改革以来中国的资本形成与经济增长：一些发现及其解释》，载于《世界经济文汇》2002年第1期。

⑤ 经济增长前沿课题组：《经济增长、结构调整的累积效应与资本形成——当前经济增长态势分析》，载于《经济研究》2003年第8期；经济增长前沿课题组：《开放中的经济增长与政策选择——当前经济增长态势分析》，载于《经济研究》2004年第6期。

有的学者从人口结构转变角度进行分析，主张通过扩大就业、加快人力资本积累和建立可持续的养老保障模式来迎接人口老龄化冲击，以保证中国经济的可持续增长。[①] 有的学者从人口理论出发，认为城市部门已进入低生育率、高人力资本存量、高积累率共同推动的持续增长均衡阶段，农村地区高生育率和低人力资本积累率所导致的马尔萨斯稳态造成了不断拉大的城乡收入差距，主张加强农村的人力资本投资和生育控制。[②] 还有的学者强调了收入差距的持续扩大对经济持续增长的挑战，主张通过收入分配、社会保障、公共建设等方面的政策控制其进一步加大。[③]

有研究者认为，从大多数国家的经济发展历史看，工业化从粗放型增长方式起步是一个共同现象，而“血拼”式竞争和政府直接参与的地区竞赛成为20多年来中国经济发展的两大显著特点，必须通过树立科学发展观来改变整个社会的价值观，这是实现经济增长方式转变的关键。[④] 有的研究者主张通过技术和制度的创新来转变经济增长方式，使得效率成为增长的首要动力，但也指出这将导致公平问题，必须注重收入差距的控制。[⑤] 还有研究认为，一个经济的目标增长方式应当追求生产成本最小化，这决定于要素的禀赋结构和价格体系，因此我国最近几十年来资本和土地密集型的增长就是长期采用低利率、低土地价格、低能源价格、低原材料价格的政策的必然结果。所以，要转换我国的经济增长方式，就要改变现有的要素价格体系，使得企业支付的要素价格与我国的资源禀赋结构相符，从而使企业的最优化尽量接近整个经济的最优化。[⑥]

虽然关于“转变经济增长方式”的讨论在本时期内持续而丰富，但关于“转变经济发展方式”的讨论主要是在2007年党的十七大以后兴盛起

---

① 王德文、蔡昉、张学辉：《人口转变的储蓄效应和增长效应——论中国增长可持续性的人口因素》，载于《人口研究》2004年第5期。

② 郭剑雄：《人力资本、生育率与城乡收入差距的收敛》，载于《中国社会科学》2005年第3期。

③ 王小鲁、樊纲：《中国收入差距的走势和影响因素分析》，载于《经济研究》2005年第10期。

④ 金碚：《科学发展观与经济增长方式转变》，载于《中国工业经济》2006年第5期。

⑤ 刘伟：《经济发展和改革的历史性变化与增长方式的根本转变》，载于《经济研究》2006年第1期。

⑥ 林毅夫、苏剑：《论我国经济增长方式的转换》，载于《管理世界》2007年第11期。

来的。在此之前，只有极个别文献提出应该转变经济发展方式，如杨信礼于2003年发表的一篇文章认为人与自然的关系经历了人对自然的依赖性、人对自然的独立性以及人对自然的自由性三个阶段，设定人类社会生存与发展空间应当重点考虑生态环境的承载能力、资源的安全利用标准等自然规律，应当通过改革经济和社会体制、转变经济发展方式来实现人与自然的协调发展和经济社会的可持续发展；① 曲格平于2004年发表的一篇文章认为中国过去50年的经济增长与发展主要靠资源、投资和劳动力的扩张而非提高生产要素的效率来实现的，应在环境承载能力的约束下实施可持续发展战略，走循环经济发展之路以取代传统发展模式，提出要建立一定的保障措施以发展循环经济模式。② 但这些为数不多的研究主要是从经济哲学与环境保护等角度出发讨论经济发展方式转变问题，而本时期初至2007年的绝大多数经济学研究——无论是基于马克思主义政治经济学，还是基于西方现代经济学框架的研究——都是落脚于“增长”而非“发展”方式的转变。

胡锦涛在2007年党的十七大报告中提出“转变经济发展方式”以后，学界涌现出大量以此为题的文献，“转变经济增长方式”的讨论逐渐扩展为“转变经济发展方式”的讨论。在这一过程中，学界主要有三种不同的处理“转变经济增长方式”概念与“转变经济发展方式”的方法，其一是开始积极采用“转变经济发展方式”的概念，其二是继续采用原本的“转变经济增长方式”的概念，其三是将二者混用。

有些学者开始积极采用“转变经济发展方式”的概念，或将原有的关于转变经济增长方式的分析框架扩展为关于转变经济发展方式的分析框架，如蔡昉于2010年发表的一篇文章以其2007年以前所发表的转变经济增长方式研究为基础，进一步地从理论上讨论了人口红利在二元经济发展中的作用，认为保持稳定的经济增长、尽早进入高收入国家的行列是缩小“未富先老”缺口的关键和唯一途径，并就挖掘第一次人口红利的潜力、

① 杨信礼：《人天和谐与可持续发展》，载于《山东科技大学学报》（社会科学版）2003年第1期。

② 曲格平：《转变发展方式，走循环经济发展之路——在中国环境管理干部学院颁发“曲格平奖学金”大会上的演讲》，载于《中国环境管理干部学院学报》2004年第4期。

创造第二次人口红利的条件以及依靠转变发展方式获得新的经济增长源泉提出了政策建议。① 再如，金碚于 2011 年发表的一篇文章在其 2007 年以前关于经济增长方式转变的工业经济研究的基础上，提出转变发展方式是一个涉及经济、社会、政治、文化以致全体人民的思维方式和生活方式的深刻变化过程，而工业转型升级则是其关键，指出现阶段的任务是实现工业转型升级，发展现代产业体系，在新的更先进的技术基础上全面提升各个产业的自主发展能力和国际竞争力。②

不过，2007 年以前对“转变经济增长方式”有过专门讨论的学者并非全都接受和采用了“转变经济发展方式”的概念，例如一些专注于经济增长理论研究的张军、林毅夫等学者在 2007 年后基本未讨论过转变经济发展方式的问题，主要还是采用“转变经济增长方式”的概念，可能是因为其研究聚焦更多在于纯粹经济理论意义上的产出增长，而不是关注实际经济生活中与经济增长密切相关的、更广泛的经济结构变迁过程。

五、建立于科学发展观基础上的可持续经济增长思想

随着国内政界和学界对传统经济增长方式可持续性的不断反思并逐渐提出转变经济发展方式的要求，建立于“科学发展观”基础上的可持续经济增长思想在研究讨论中逐渐形成和确立。

经济增长是经济发展的基础，但在实现较快增长的同时也必须重视其他方面的发展。对此，在上一时期末江泽民曾明确提出“必须坚持用发展的办法解决前进中的问题……实现现代化建设的目标，解决经济和社会生活中存在的矛盾与问题，都需要保持较快的经济增长速度。”③ 换言之，中国仍然是非常重视经济增长速度的（尽管不是仅仅关注增长速度而不顾及其他）。虽然上一时期的政策试图通过在实现长时期经济较快增长的同时，推进社会发展、人民生活水平的提高，而且也提到要“提高经济增长

① 蔡昉：《人口转变、人口红利与刘易斯转折点》，载于《经济研究》2010 年第 4 期。

② 金碚：《中国工业的转型升级》，载于《中国工业经济》2011 年第 7 期。

③ 江泽民：《在党的十五届五中全会召集人会议上的讲话》（2000 年 10 月 8 日），引自《江泽民论有中国特色社会主义》，中央文献出版社 2002 年版，第 91～92 页。

的质量”“增强我国发展的后劲”，但政府文件中对这些方面的讨论与对经济增长速度的讨论相比并不十分深入和细致，而且两方面的讨论也常常不是一同出现的。

但到这一时期，胡锦涛开始旗帜鲜明地提出“经济发展需要数量的增长，但不能把经济发展简单地等同于数量的增长”，因此要开始更加注重“着力提高经济增长的质量和效益”，通过经济增速与经济增长“结构、质量、效益”的统一，最终“保护和增强”经济发展的可持续性。[①] 在这一时期，政策文本和讲话中常常单独强调经济增长的质量和效益，而讨论经济增长速度时则总是将其与结构、质量和效益等因素结合起来谈，这是上一个时期所没有的新气象。

这种认识上的转变是与传统增长方式可持续性下降密切相关的。根据胡锦涛的讲话来看，这与党和政府“清醒地”看到了相关问题和困境是有关的。党和政府意识到“经济发展和人口资源环境的矛盾会越来越突出，可持续发展的压力会越来越大。”[②] 也就是说，这种认识转变的启动最早是在要素节约等方面的压力下实现的，还未涉及自主创新、产业升级、城乡统筹和区域协调等方面的问题。

到党的十七大时，政府政策的提法发生了进一步的变化。首先是从“转变经济增长方式”演变为“加快转变经济发展方式”[③]，提高了重视程度，也反映了转变之难度；其次是内容更加丰富，更加注重提高自主创新能力、推动产业结构优化升级、城乡与区域协调发展等方面，而不单纯从资源环境和能源约束等角度入手。在此基础上，胡锦涛提出了科学发展观，主要包含以人为本、全面发展、协调发展和可持续发展四个方面的核心要求。其中，可持续发展（sustainable development）最早是世界环境与发展委员会于1987年在《我们共同的未来》报告中提出的概念，在国际社会达成了广泛的共识：可持续发展是指既满足现代人的需求又不损害后

---

①② 胡锦涛：《在中央人口资源环境工作座谈会上的讲话》（2004年3月10日），资料来源：http：//news. xinhuanet. com/zhengfu/2004－04/05/content_1400543. htm。

③ 胡锦涛：《高举中国特色社会主义伟大旗帜，为夺取全面建设小康社会新胜利而奋斗》，载于《人民日报》2007年10月16日第1版。

代人满足需求的能力，换言之就是指经济、社会、资源和环境保护协调发展。①

而可持续增长思想，则是建立在“科学发展观”的基础上，其基本内涵就在于在促使经济、社会、资源和环境保护协调发展的前提下，转变经济发展方式，实现经济长期健康的平稳的快速增长。这就必须“正确处理增长的数量和质量、速度和效益的关系”，否则经济建设“即使一时搞上去了最终也可能要付出沉重的代价”，② 因此要“以提高发展质量和效益为中心，加快形成引领经济发展新常态的体制机制和发展方式”，具体措施则包括“深入实施创新驱动发展战略”“加大结构性改革力度”“切实建设资源节约型、环境友好型社会”和“继续实施区域发展总体战略”等。③

六、总结与评论

随着传统增长方式可持续性的下降，本时期国内政界和学界继续反思增长可持续性问题，逐渐提出转变经济发展方式的要求，建立于科学发展观基础上的可持续经济增长思想在研究讨论中逐渐形成和确立。

总的来说，可持续增长思想的内涵比较丰富，这主要是因为影响经济增长可持续性的因素涉及经济增长约束条件的较多方面。在资本、劳动与生产率这三个经济增长的来源之间，改革开放以前的研究关注如何增加劳动要素投入、提高积累资本要素较多，生产率方面的挖掘并不深入。改革开放初期的研究开始从技术进步、人力资本、体制改革、产业结构升级等角度关注如何通过提高生产率来促进经济增长，但关于要素投入方面的研究仍大量存在。而到了本时期，随着早期转变经济增长方式基本理论和实证研究的不断完善，许多研究在其基础上进一步深化和细化，对影响生产率的因素中哪些能够促进经济增长的挖掘日益深入，开始涉及城市化、信

① 世界环境与发展委员会编：《我们共同的未来》（中译本），吉林人民出版社 1997 年版，第 10～11 页。

② 《树立和落实科学发展观》，中央文献研究室编：《十六大以来重要文献选编》（上册），中央文献出版社 2005 年版，第 483～484 页。

③ 习近平：《关于〈中共中央关于制定国民经济和社会发展第十三个五年规划的建议〉的说明》，载于《人民日报》2015 年 11 月 4 日第 2 版。

息化、专利申请、银行业结构等在经济增长中起重要作用的细分因素，其中部分细分因素是前一时期经济增长研究中科技创新、金融发展等变量进一步细分后的子变量（如信息化、银行业结构等）；而且，本时期的可持续增长思想更加关注外在约束条件（如环境条件、资源瓶颈、社会公平考量等）对经济增长的限制，而非单纯强调内在动力对经济增长的推动。

这种变化使得经济增长思想的主题和视角日益多元化，分析的细致性和深入性得到了发展和加强。为此，本章将本时期的经济增长思想分为要素节约、效率优化和公平促进三个方面，其中第三节主要讨论保护环境、节约资源、降低能耗等要素节约型的可持续增长思想，并讨论了传统要素推动型外延式增长思想在本时期的情况；第四节主要关注效率优化型可持续经济增长思想在本时期的发展与深化，并讨论了关于中等收入陷阱的相关问题；第五节则着重讨论在本时期得到较快发展的、强调公平促进型可持续经济增长思想。

第三节　要素节约型可持续经济增长思想

经过长期的快速发展，进入 21 世纪后，中国经济发展开始面临结构失衡加剧、分配差距扩大、人口快速老龄化和资源环境方面的压力。在这种情况下，单纯通过要素投入来拉动经济增长的思路已经不太现实，持这类观点的文献也越来越少。本节讨论的“要素节约型”可持续经济增长思想，主要是强调节约、减少或循环利用要素，尤其是清洁环境、资源和能源三方面要素的节约或集约使用，以保持经济增长的可持续性。

涉及要素节约的讨论在之前的两个时期虽然也曾出现过，但多数是就节约而论节约、就环保而论环保，并不将其置于经济增长主题之下，因此不属于经济增长思想，主要散见于前一时期各种经济类文献和非经济类文献。前一时期虽然也有学者认识到可持续发展需要“经济发展与环境的协调"[①]，已具要素节约型可持续经济增长思想雏形，但数量很少。到本时期，要素节约型可持续经济增长思想不断产生和发展，不过起初并没有明确的"节约型增长"的提法。2004年，江小涓在一篇文章中提出了"资源节约型增长方式"的概念，她认为中国经济正处于一个重要的转折时期，保持较快增长的难度加大，因此提出应促进形成资源节约型增长方式，使经济增长可持续。[②] 此时，这一概念总体上还仅限于资源节约领域。

2005年10月，"十一五"规划中明确提出要"形成低投入、低消耗、低排放和高效率的节约型增长方式"，[③] 不过，本节所谓的"要素节约型"将前述概念扩展到对要素的节约或集约使用，包括劳动和土地在内，而不限于水土资源、自然资源、土地和能源。通过要素的节约，使我国的生产减少经济增长和就业对劳动密集型产业和高能耗、高污染工业的依赖，避免劳动和资本边际收益过低和资源的过度、过快消耗。

当然，要素的节约化使用常常伴随着技术进步，却不一定总会带来全要素生产率的提高。例如，环保技术的应用可能会在提高生产成本的同时并不提高产量，而节能技术则可能因为保持产量不变的同时还降低了能源要素投入从而提高了全要素生产率。同样的道理，自主创新技术的进一步发展也并不必然会带来要素的节约利用——例如，农业科技创新中几乎所有的粮食高产技术都离不开对光能、温度资源和二氧化碳资源的扩大利用，即便是杂交或转基因技术能够通过提高作物的光合作用效率（即光能的吸收率）来实现增产，这种增产也必须以提高光、温和二氧化碳的要素投入增加为前提，因为人类种植粮食作物的目的是获取碳水化合物，但植物并不能凭空地扩大提供这一产品，必须有碳元素和能量的投入增加。在本章中，只要经济增长文献讨论的是某种或某些节约要素投入的技术，且这类技术的发展和这类文献的写作也都是旨在节约要素投入，本书便都归

① 例如张广胜，崔来成：《论可持续发展背景下经济发展与环境的协调》，载于《沈阳农业大学学报》（社会科学版）1999年第2期。

② 江小涓：《中国经济发展进入新阶段：挑战与战略》，载于《经济研究》2010年第10期。

③ 《中共中央关于制定国民经济和社会发展第十一个五年规划的建议》，中央文献研究室编：《十六大以来重要文献选编》（中册），中央文献出版社2006年版，第1072～1073页。

入要素节约型的可持续经济增长思想。

本节共分四个部分，其中前三部分分别讨论减少“三废”排放、发展“循环”经济和发展低碳经济，分别对应清洁环境、资源和能源三方面的要素节约型可持续经济增长思想。最后介绍了传统的要素推动型经济增长思想在本时期的进一步发展。

一、保护环境、减少“三废”排放的思想

在经济发展的同时减少“三废”（即废物、废水、废气）排放曾一度被称作“绿色经济”，但这一定义后来发生过变化。先是随着污染排放和废弃物的再利用技术和理念的发展而增加了资源再生利用的“循环经济”的内容；后来随着经济增长带来温室气体排放和全球变暖的问题日益得到重视，又增加了减少碳排放的“低碳经济”的含义。所以在现实中，“绿色经济”的用法比较模糊，但总的来说都是将其作为广义的环保经济概念，包含了资源循环与降低碳排放，所有重视经济与环境关系、强调经济与环境和谐的经济形式都可以归入。[①] 本部分内容主要讨论的是减少“三废”排放方面的经济增长思想，循环经济和低碳经济的相关思想放在本节第二、第三部分中讨论。

尽管保护环境的思想很早就有，但就前两个时期而言多数是环保范畴，很少属于经济增长思想范畴。前一时期国人已经开始意识到既不能“离开发展片面强调保护和改善环境”，也不能“不顾环境和资源的承受能力，去盲目追求发展”[②]，但这方面的讨论还不多，且很少有关乎经济增长方式的深入分析。进入本时期后，学界对于减少“三废”排放以及绿色经济这类环境保护问题与要素节约型的可持续经济增长之间关系的讨论

① 对此作专门定义的研究不多，主要是一种习惯用法。学术文献中的讨论参见朱四海：《低碳经济发展模式与中国的选择》，载于《发展研究》2009 年第 5 期；郭印、王敏洁：《国际低碳经济发展经验及对中国的启示》，载于《改革与战略》2009 年第 10 期。此外，北大的“2010 中国低碳发展论坛”和“求是理论网”生态频道的绿色经济栏目（http：//www. qstheory. cn/st/xhjj）都普遍将低碳和循环经济的内容归入绿色经济范畴。

② 例如，青海省委书记尹克升在环境保护委员会会议上的讲话：《重视环境保护加快经济发展》（1995 －02 －21） http：//www. cenews. com. cn/historynews/200804/t20080420_456421. html。

明显增多，将环境保护、污染治理和发展绿色经济视为经济增长的影响问题，其中许多为环境库兹涅茨曲线研究。

所谓环境库兹涅茨曲线，是指当一个国家在经济增长、人均收入增加的过程中，会经历环境污染程度先加剧后减缓的变化。如吴玉萍、董锁成和宋键锋的研究，杨凯、叶茂和徐启新的研究，王西琴、李芬的研究等分别考察指出京、沪、津等地存在库兹涅茨曲线特征，并分析了转折点的位置，李刚则根据中国数据拟合了库兹涅茨曲线。[①] 赵云君、文启湘的研究，李玉文、徐中民、王勇和焦文献的研究以及彭水军、包群的研究等都指出，中国作为发展中国家不能也没有条件走“先污染、后治理”的经济发展模式，因此应该走一条“成本内部化”的经济发展模式。[②]

蔡昉、都阳和王美艳的研究也根据中国数据拟合了库兹涅茨曲线。在分析定量关系之余，该文还批评一些政策建议虽然“痛快淋漓”地提出了“环境问题的严峻性”和“采取行动的必要性”，但却“忽视了激励机制所在”、未对可行性做充分考虑，因而缺乏建设性、针对性和经济逻辑的完整性。[③] 包群、彭水军则认为，虽然中国存在库兹涅茨曲线特征，但由于大部分地区都还处于曲线左侧，所以很容易得出“经济增长单纯导致污染排放增加”的结论。[④] 李娟伟、任保平也指出，我国目前国内生产总值水平仍处在环境库兹涅茨曲线拐点的左端，因此经济持续增长有可能导致环境状况进一步恶化是正常的。而多项环境治理政策的同步实施，可能会

① 吴玉萍、董锁成、宋键峰：《北京市经济增长与环境污染水平计量模型研究》，载于《地理研究》2002 年第 2 期。杨凯、叶茂、徐启新：《上海城市废弃物增长的环境库兹涅茨特征研究》，载于《地理研究》2003 年第 1 期。王西琴、李芬：《天津市经济增长与环境污染水平关系》，载于《地理研究》2005 年第 6 期。李刚：《基于可持续发展的国家物质流分析》，载于《中国工业经济》2004 年第 11 期。

② 赵云君、文启湘：《环境库兹涅茨曲线及其在我国的修正》，载于《经济学家》2004 年第 5 期。李玉文、徐中民、王勇、焦文献：《环境库兹涅茨曲线研究进展》，载于《中国人口、资源与环境》2005 年第 5 期。彭水军、包群：《资源约束条件下长期经济增长的动力机制——基于内生增长理论模型的研究》，载于《财经研究》2006 年第 6 期。

③ 蔡昉、都阳、王美艳：《经济发展方式转变与节能减排内在动力》，载于《经济研究》2008 年第 6 期。

④ 包群、彭水军：《经济增长与环境污染：基于面板数据的联立方程估计》，载于《世界经济》2006 年第 11 期。

致使个别政策出现低效率甚至是无效率。①

值得注意的是，本时期初我国即在保护环境、减少排放的经济政策思想方面有将资源环境内化至生产力发展中的提法。江泽民在讨论增强环保和生态意识时将“破坏资源环境”等价于“破坏生产力”，将“保护资源环境”等价于“保护生产力”，提出“改善资源环境就是发展生产力”。②胡锦涛也在论及如何保持可持续发展问题时深刻地指出，要在经济发展中“充分考虑环境的承受力”，“统筹考虑当前发展和未来发展的需要”。③应当说，本时期内党的十五大至十七大报告，以及“十一五”规划和“十二五”规划中都非常重视污染排放总量的控制，并逐步提出要通过实施排放许可和环境影响评价制度、大力发展环保产业等手段推进污染治理市场化进程，并提出了到2020年时主要污染物排放得到有效控制的未来发展目标。

二、节约资源、发展循环经济的思想

“循环经济”（recycled/circular economy）也被称为物质闭环流动性（closing materials cycle）经济的简称，是一种全新的经济运行模式，是一个“资源—生产—消费—再生资源”的闭环过程，其本质上是一种“资源—产品—再生资源”循环的生态经济，是对“资源—产品—废弃物”传统流程的取代。

从概念上来看，循环经济的重点是强调资源的回收再利用，从而减少排放并节约资源。这与减少“三废”排放思想的思路有所不同。而且，可被循环再利用的废弃物只是“三废”中的一部分，许多废弃物无法被循环再利用，如核废料；或者循环利用价值低，如金属冶炼中的废弃物常被用于制备石膏和低标号水泥（中国本来就有着丰富而廉价的石膏矿藏）。所

---

① 李娟伟、任保平：《协调中国环境污染与经济增长冲突的路径研究——基于环境退化成本的分析》，载于《中国人口·资源与环境》2011年第5期。

② 江泽民：《保护环境就是保护生产力》，载于《人民日报》2002年10月23日。

③ 胡锦涛：《在中央人口资源环境工作座谈会上的讲话》，中央文献研究室编：《十六大以来重要文献选编》（上册），中央文献出版社2005年版，第851 ~ 852页。

以，二者的区别还是很大的。

但是，循环经济类的技术和理念的最初提出，本意是试图改善过多“三废”排放导致的环境污染和资源浪费，因此在目标上又与减少“三废”排放紧密相关、相互补充。所以，基本上在所有倡导“发展循环经济”的场合（无论学界、政界），减排的倡议也总是共存、伴生的。

本时期内学界对于发展循环经济的讨论是比较多的，普遍认为发展循环经济是实现可持续发展的重要途径。有的学者如李兆前从如何发展循环经济入手，主张发展生态工业、推行清洁生产环境管理、培育垃圾产业，他认为传统经济理论人为割裂了经济与环境系统，循环经济则使经济系统与自然生态系统的物质和谐循环，实现了经济活动的生态化，以“资源—产品—再生资源”的生产模式取代传统的“资源—产品—废物”生产模式，从而提高资源利用率，降低了经济活动对生态环境的负面影响，其核心原则是“减量化、再利用、再循环”。①

有的学者如李健、闫淑萍和苑清敏则分析了我国发展循环经济所面临的体制问题、认识问题、企业自身发展问题等。这里，所谓体制问题，是指无论计划经济还是市场经济均存在发展循环经济的局限，前者常缺乏健全的信息系统而后者则因经济外部性的存在而无法自发实现社会最优均衡；所谓认识问题，是指许多国人将循环经济与经济发展对立起来，未能意识到循环经济是一种追求经济、环境、社会效益多赢的经济发展模式，生态保护与经济发展可同时实现；而所谓企业自身问题，主要是指国内企业规模小而分散，技术水平低、研发能力差、科技基础薄弱，不利于循环经济战略的实施。②

有的学者如诸大建、周建亮指出循环经济是 20 世纪 90 年代国际主流学界形成的概念，于 1998 年左右引入中国。循环经济作为一种具有整合意义的新发展方式，是对 18 世纪工业化运动开始的以经济、社会、环境三维分裂为特征的传统发展模式的根本性变革，发展循环经济可以使中国

---

① 李兆前：《发展循环经济是实现区域可持续发展的战略选择》，载于《中国人口、资源与环境》2002 年第 4 期。

② 李健、闫淑萍、苑清敏：《论循环经济发展及其面临的问题》，载于《天津大学学报》（社会科学版）2002 年第 3 期。

走出一条生产发展、生活富裕、生态和谐的新型现代化的发展道路。①

也有学者如陈德敏批评国内的许多研究将循环经济概念泛化和滥用。例如，国内常将循环经济与环境保护、减少“三废”排放混淆起来，但实际上循环经济是一个国民经济宏观层面的概念，其基本内涵是整个社会再生产领域的资源循环利用，重点在于一个全社会范围内的统一、协调、高效的循环经济运作体系的建立，不可能像清洁生产、减少“三废”排放等主题那样可以通过个别企业的示范行为来逐步推广；况且，环境保护本身是一个非经济概念，这与循环经济中直接的产业实践内涵并不相同，二者的混淆容易导致内涵模糊和标签化，不利于循环经济体系的整体推进。②

本时期我国在经济政策思想方面也逐步开始重视循环经济的重要意义。早期江泽民在讨论环保问题时还只是提出要“保护资源环境”③，到胡锦涛时则已经明确提出要“积极发展循环经济……为子孙后代留下充足的发展条件和发展空间”④。针对能源、水资源、土地资源和材料资源的综合利用，他提出了低投入、低消耗、低排放和高效率的“节约型增长方式”（这在本节之初已经提到过）。可见，我国政府很早就认识到发展循环经济是转变经济增长方式的重要途径，是实现可持续增长的重要手段。

除了直接在生产中提高要素利用率之外，节约资源、发展循环经济还有助于摆脱“资源诅咒”、间接地促进生产率的提高。许多研究表明，丰富的自然资源可能会阻碍经济发展而非促进，大多数自然资源丰富的国家都经济发展水平不高。这实际上是因为这类国家主要依赖于偏重资源投入的外延式经济增长，这种发展方式缺乏可持续性。徐康宁、邵军的国际比较研究发现，自然资源的丰裕度与经济增长之间存在着显著的负相关性，“资源诅咒”通过制度落后和人力资本排挤限制了经济增长。⑤

---

① 诸大建、周建亮：《循环经济理论与全面小康社会》，载于《同济大学学报》（社会科学版）2003年第3期。

② 陈德敏：《循环经济的核心内涵是资源循环利用——兼论循环经济概念的科学运用》，载于《中国人口、资源与环境》2004年第2期。

③ 江泽民：《保护环境就是保护生产力》，载于《人民日报》2002年10月23日。

④ 胡锦涛：《在中央人口资源环境工作座谈会上的讲话》，中央文献研究室编：《十六大以来重要文献选编》（上），中央文献出版社2005年版，第851～852页。

⑤ 徐康宁、邵军：《自然禀赋与经济增长：对“资源诅咒”命题的再检验》，载于《世界经济》2006年第11期。

三、降低能耗、发展低碳经济的思想

经济发展尤其是工业和交通运输业的发展将大量消耗以煤炭、石油和天然气化石燃料能源（或消耗主要由这些化石燃料能源生产的电能），而且随着经济的发展，现代农业和服务业以及人们日常生活中都在逐步提高能源消耗水平。由于当下人类的主要能源来自于含碳化石燃料的燃烧，这一过程向大气排放了大量温室气体（如二氧化碳等）。由于这些温室气体较少吸收太阳辐射的可见光、但却会吸收地球反射出来的红外线等长波辐射，全球气候就会因此变暖并导致全球降水量重新分配、冰川和冻土消融、海平面上升等结果，从而危害自然生态系统的平衡乃至人类的食物供应和居住环境（尤其是沿海地区）。

全球变暖主要是20世纪90年代以来才为学界所重视的问题，国内经济学界和政府部门到90年代末期开始注意到这一方面，但讨论甚少、尚未引起广泛重视。[①] 在本时期之初2002年党的十六大报告中，我国政府虽然有对环境问题的关注，主张经济发展与资源环境相协调，但并没有专门讨论经济增长的能源约束问题，也没有讨论碳排放问题，直到2005年十六届五中全会才提出“十一五”期间要实现“单位国内生产总值能源消耗比‘十五’期末降低20%左右”。[②] 此后，我国政府开始不断强调“资源能源紧缺压力加大，对经济社会发展的瓶颈制约日益突出”的问题。[③] 党的十七大时更是主张“基本形成节约能源资源和保护生态环境的产业结构、增长方式、消费模式”的资源、能源集约化利用的全面战略。[④]

不过，这一时期还没有明确讨论碳排放的问题，说明十七大时期我国

---

① 徐玉高、郭元、吴宗鑫：《经济发展，碳排放和经济演化》，载于《环境科学进展》1999年第2期；朱跃中：《未来中国交通运输部门能源发展与碳排放情景分析》，载于《中国工业经济》2001年第12期。

② 《中国共产党第十六届中央委员会第五次全体会议公报》，资料来源：http：//news. xinhuanet. com/politics/2005－10/11/content_3606215. htm。

③ 胡锦涛：《在省部级主要领导干部提高构建社会主义和谐社会能力专题研讨班上的讲话》，资料来源：http：//news. xinhuanet. com/newscenter/2005－06/26/content_3138887. htm。

④ 胡锦涛：《高举中国特色社会主义伟大旗帜，为夺取全面建设小康社会新胜利而奋斗》，载于《人民日报》2007年10月16日第1版。

政府仅仅是认识到了能源的约束问题和紧缺压力，在整体政策设计中还没有考虑碳排放的危害，直到2010年才由胡锦涛在亚太经合组织第十八次领导人非正式会议上提出了低碳增长。党的十八大报告中，中央政府明确提出要着力推进“低碳发展”，设定了在2020年以前二氧化碳排放大幅下降等节能降耗发展目标。①

相比之下，学界的呼吁和讨论相对早些。2002年8月，中国政府核准以发展中国家身份加入《〈联合国气候变化框架公约〉京都议定书》，待该议定书生效后履行相应义务。此后，学界很快开始关注和研究能源发展和碳排放等问题，涌现出许多相关文章。林伯强的实证研究结果表明，GDP、资本、人力资本以及电力消费之间存在着长期均衡关系，这说明电力消费与经济增长存在内生的相互影响，提高经济效率的经济改革和产业结构调整可通过提高能源利用效率促进长期可持续增长。② 史丹认为，改革开放以来我国对外开放、产业结构和经济体制的进步使得能源利用效率显著改进。③ 张雷对发达国家和发展中国家长期发展做了比较分析，发现经济结构多元化的发展会导致国家能源消费需求增长的减缓，而能源消费结构的多元化发展则导致国家碳排放水平的下降，这两者结构多元化的演进最终促使国家发展完成从高碳燃料为主向低碳为主的转变。④ 可见，学界对于环境、能源等问题的重视确实早于政府，而这些研究和讨论的结果成了政府后续决策的重要参考，许多学者型官员例如江小涓和邱晓华等之前都曾参与学界讨论。并着重讨论了能源问题对我国未来增长的可能约束。⑤

不过，学界的讨论并非短期政策导向，更多关注的还是能源消费与经济增长的长期关系。吴巧生等学者对比分析了中美两国能源消费与经济增长的协整关系，认为中国工业化水平每提高1%则能源密度下降0.33%，

① 胡锦涛：《坚定不移沿着中国特色社会主义道路前进，为全面建成小康社会而奋斗》，载于《人民日报》2012年11月18日第1版。

② 林伯强：《电力消费与中国经济增长：基于生产函数的研究》，载于《管理世界》2003年第11期。

③ 史丹：《我国经济增长过程中能源利用效率的改进》，载于《经济研究》2002年第9期。

④ 张雷：《经济发展对碳排放的影响》，载于《地理学报》2003年第4期。

⑤ 江小涓：《产业结构优化升级：新阶段和新任务》，载于《财贸经济》2005年第4期；邱晓华等：《中国经济增长动力及前景分析》，载于《经济研究》2006年第6期。

因此工业化水平的提高从长期来看是有利于提高能源利用效率的，中国人均能源消费随着人均收入的提高会先提高后下降，从而以较低的能源消费实现较快的经济增长。[①] 赵进文、范继涛研究了我国经济增长对能源消费的非对称影响，认为当 GDP 增长绝对下降时，能源消费下降速度更快：当 GDP 增长率不超过 18.04% 时，经济增长对能源消费的影响相对稳定；当 GDP 增长率超过 18.04% 时，能源消费增长快于 GDP，经济增长完全以能源的高消耗为代价。[②] 但本书认为其在长时期时间序列分析中不引入结构变化、单纯考虑经济增长与能源消费的因果关系并不妥当，因为随着经济产业结构的变化，新中国成立初期的经济增长与能源消费关系同改革开放后有极大的、不应简化的差异——我国显然只有 20 世纪 50 年代的个别年份 GDP 增长率超过 18.04%，故文章判断“当 GDP 增长率超过 18.04% 时能源消费增长快于 GDP”显然是受 50 年代若干异常年份数据的干扰，对当前经济发展的借鉴意义相当有限。

王锋、吴丽华和杨超研究认为，二氧化碳排放量增长的最大驱动因素是人均 GDP 增长，故中国的二氧化碳排放量与经济发展和居民生活水平提高密切相关；工业部门能源利用效率的提高是近年来中国二氧化碳排放量下降的主要驱动因素，而深层原因可能在于工业企业所有制结构的变化和研发支出提高推动的技术进步；生产部门能源强度下降是抑制二氧化碳排放增长的最重要因素，因此降低生产部门的能源强度是实现二氧化碳减排的关键措施。[③] 张友国利用投入产出结构分解方法，研究认为经济发展方式变化大幅降低了中国的 GDP 碳排放强度，其中生产部门能源强度、需求直接能源消费率的持续下降和能源结构的变化分别使碳排放强度下降了 90.65%、13.04% 和 1.16%，但是产业结构等因素的变化却提高了碳排放强度。[④]

---

① 吴巧生、成金华、王华：《中国工业化进程中的能源消费变动——基于计量模型的实证分析》，载于《中国工业经济》2005 年第 4 期。

② 赵进文、范继涛：《经济增长与能源消费内在依从关系的实证研究》，载于《经济研究》2007 年第 8 期。

③ 王锋、吴丽华、杨超：《中国经济发展中碳排放增长的驱动因素研究》，载于《经济研究》2010 年第 2 期。

④ 张友国：《经济发展方式变化对中国碳排放强度的影响》，载于《经济研究》2010 年第 4 期。

一些学者的研究认为，我国面临的能源形势比较严峻，无法令人乐观。徐国泉等通过对数平均权重 Divisia 分解法（logarithmic mean weight Divisia method，LMD）建立了中国人均碳排放的因素分解模型，定量分析了 1995～2004 年间，能源结构、能源效率和经济发展等因素的变化对中国人均碳排放的影响，发现能源效率对抑制中国碳排放的作用在减弱，以煤为主的能源结构未发生根本性变化，能源效率和能源结构的抑制作用难以抵销由经济发展拉动的中国碳排放量增长。① 杜婷婷等研究者认为，经济发展对拉动中国碳排放的贡献呈"N"形波动，因此判断我国尚无法实现经济发展和环境保护事业发展的协同。② 林伯强、蒋竺均采用了两种方法预测中国二氧化碳库兹涅茨曲线拐点，理论预测对应的人均收入是 37170 元（即 2020 年左右），而实证预测表明拐点到 2040 年还没有出现；文章还发现除了人均收入外，能源强度（特别是工业能源强度），产业结构和能源消费结构都对二氧化碳排放有显著影响。③

多元化分析方法的采用对于研究调整能源战略、发展低碳经济以提高经济增长可持续性的问题有很大的贡献。王火根、沈利生利用空间计量经济学方法研究认为，省域之间的经济增长和能源消费是存在空间相关性的，以往研究对此的忽略导致结论存在严重的理论不足。④ 林伯强、牟敦国利用可计算一般均衡方法（CGE）研究分析了各类能源价格上涨对中国经济不同产业的差异性紧缩作用，提出不能将能源都浪费在高耗能产品上，并指出长久可靠的能源安全应当立足于国内储备、限制能源以及高耗能产品的出口、尽可能利用国外的能源资源，毕竟只有国内的能源才是价格和数量最终可控的。⑤

---

① 徐国泉、刘则渊、姜照华：《中国碳排放的因素分解模型及实证分析：1995～2004》，载于《中国人口、资源与环境》2006 年第 6 期。

② 杜婷婷、毛锋、罗锐：《中国经济增长与 CO_2 排放演化探析》，载于《中国人口、资源与环境》2007 年第 2 期。

③ 林伯强、蒋竺均：《中国二氧化碳的环境库兹涅茨曲线预测及影响因素分析》，载于《管理世界》2009 年第 4 期。

④ 王火根、沈利生：《中国经济增长与能源消费空间面板分析》，载于《数量经济技术经济研究》2007 年第 12 期。

⑤ 林伯强、牟敦国：《能源价格对宏观经济的影响——基于可计算一般均衡（CGE）的分析》，载于《经济研究》2008 年第 11 期。

四、传统要素推动型外延式增长思想的衰退与发展

所谓“传统要素推动型外延式增长思想”主要是指前一时期那些强调通过劳动力转移和扩大出口加工贸易等途径实现要素投入增加，并以此来拉动经济增长的思想。总体而言，随着学界对传统经济增长方式的反思，也随着中央政府提出和强调转变经济增长和发展方式，主张劳动要素投入型增长思想的文章、著作和政策在本时期总体而言是比较少的，即便是延续下来的思想，也多由于经济形势和条件的不同而在内容和深度上都发生了变化，如更多强调要素推动的阶段性特征，而不是将其作为长期可持续的增长动力，或转而对资本要素投入型增长思想做出全新的诠释等。

强调资本要素投入型增长思想的文章、著作和政策在本时期仍然有所延续和发展，其原因在本章第一节第三部分已经讨论过，主要是因为资本要素投入型增长因 WTO 的加入、就业与社会稳定需要，以及资本存量与国防安全的建设需要而仍有其阶段性意义等。

从抽象意义上的经济理论角度来看，劳动和资本要素的投入总是会因为边际回报的递减而不能支撑长期的、可持续的经济增长。但是，学界和社会上一度非常流行一类观点，即强调利用我国劳动力相对便宜的比较优势，通过劳动力转移来拉动经济增长，这类思想在本时期一度有所延续。例如张军就认为，中国的技术选择出现了不断朝向资本替代劳动的路径偏差，这导致了资本的边际回报出现递减趋势，最终导致经济增速下降。[①] 卢荻对“上海模式”和“广东模式”进行了比较，认为就中国而言利用劳动力优势进行劳动密集产业的发展在促进经济增长上不如资本密集型的发展方式，但可持续性更强。[②] 林毅夫、任若恩主张，我国从那些劳动力昂贵的、尽量自动化以减少劳动力使用的发达国家引进技术时，通常需要

① 张军：《增长、资本形成与技术选择：解释中国经济增长下降的长期因素》，载于《经济学》（季刊）2002 年第 1 期；张军：《资本形成、工业化与经济增长：中国的转轨特征》，载于《经济研究》2002 年第 6 期；张军：《改革以来中国的资本形成与经济增长：一些发现及其解释》，载于《世界经济文汇》2002 年第 1 期。

② 卢荻：《外商投资与中国经济发展——产业和区域分析证据》，载于《经济研究》2003 年第 9 期。

进行一些流程的研发创新，在不影响产品质量的前提下，应该尽量以劳动力来替代昂贵的自动化设备，这样可以降低成本，增加效益，扩大就业。[①]林毅夫和苏剑认为，最优的经济增长方式决定于要素禀赋结构，我国的目标增长方式应当能够充分利用劳动力优势，不必然是以自主研发来促进生产率提高的增长方式，而资本密集的增长方式也不具优势。[②]

不过，这类思想在2008年以后逐渐衰退乃至消失。从经济理论思想与逻辑的层面来讲，本书研究认为这与此类分析的内在逻辑缺陷有关。充分利用劳动力优势的增长方式自然有其阶段性的优势，但前述分析过于强调这种优势本身而对其“阶段性”关注不足，仅仅先假定中国相对较便宜的劳动力这一自然禀赋条件来分析发展的可能选择，而忽视了对中国劳动力便宜的原因的探索，从而高估了充分利用劳动力优势的增长方式的可持续性。中国劳动力便宜的比较优势和劳动密集型经济增长具有一定的不公平性，其基础是劳动力要素价格扭曲和城乡差距的拉大；但这种扭曲与不公平不具有长期的可持续性。正如本时期的许多研究者普遍指出的那样，农村劳动力在农业生产中无法获得适当的生产回报，同时与城市居民相比又缺乏货币化的、稳定且充分的社会保障与救济，因此不得不流入城市的工商业部门，但城乡工资差距和就业机会的不平等化始终在加剧，这是因为劳动密集型产出增长的一个重要制度前提是，农村劳动力可以轻易进城务工但不能轻易向城市移民，前者保证了劳动力的可供给数量，后者保证了劳动力的廉价化——一旦农村人口进城定居，其生活成本和务工的机会成本都将明显提高，从而削弱劳动力成本低廉的比较优势。[③]在这种情况下，城乡间差异化的制度安排既侵害了广大农村居民的利益，又造成了巨大的制度性机会成本，使得中国的宏观经济付出了高昂代价，[④]城市化进

① 林毅夫、任若恩：《东亚经济增长模式相关争论的再探讨》，载于《经济研究》2007年第8期。

② 林毅夫、苏剑：《论我国经济增长方式的转换》，载于《管理世界》2007年第11期。

③ 张展新：《劳动力市场的产业分割与劳动人口流动》，载于《中国人口科学》2004年第2期。魏立华、阎小培：《中国经济发达地区城市非正式移民聚居区——“城中村”的形成与演进——以珠江三角洲诸城市为例》，载于《管理世界》2005年第8期。陈钊、陆铭：《从分割到融合：城乡经济增长与社会和谐的政治经济学》，载于《经济研究》2008年第1期。

④ 胡鞍钢：《城市化是今后中国经济发展的主要推动力》，载于《中国人口科学》2003年第6期。

程、现代化建设进程和经济增长集约化进程被减缓。此外，这还带来了严重的粮食安全隐患和社会经济矛盾。[①]

从经济政策思想与实践的层面来讲，这类思想的逐渐衰退也与本时期的政策导向和经济运行情况有关系。农业生产对社会经济稳定存在正外部性，因此应当得到经济增长成果分配的倾斜。但我国在上一时期后半段（主要是20世纪90年代）对“三农”问题的关注有所不足。亚洲金融危机以来，农民收入连续多年增长缓慢，城乡发展严重失衡，农村社会矛盾日益突出。针对这方面的问题，我国在十六大以后的经济政策开始指向劳动力要素价格扭曲的修正和城乡差距的缩小，连续八年发布以农业、农村和农民为主题的中央一号文件并于2007年颁布了《新劳动合同法》，通过提高劳动报酬和劳动力成本来转变发展方式，试图抛弃原有的、以劳动要素投入为主的增长道路（参见本章第一节第三部分）。此外，本时期人口年龄结构老化问题的日益显著，加上2008年以后的全球经济衰退，也都使得中国加入世界贸易组织（WTO）以后得到高速发展的外向型、劳动密集型出口加工业，面临上游劳动力供给与下游产品需求同时迅速减少的困境，这进一步降低了劳动要素投入型经济增长方式的可持续性，促使国人及早思考如何超越劳动密集型的外延式发展道路，超越之后以何种方式增长与发展等方面的问题。

在前述理论与经济背景下，劳动力比较优势论的代表人物多逐渐放弃或调整了自己原有的主张，如张军在其2011年发表的一篇合作论文中转而强调打破城乡劳动力流动的制度障碍、优化人力资本结构、平抑收入差距；[②] 林毅夫也认为，改革开放以来中国得到良好发展的劳动密集型制造业已是过去，考虑到劳动力成本、环境成本、能源瓶颈、技术水准、产能过剩等众多因素的制约，中国经济需要大力推动产业升级与结构转型，从劳动极端密集为主导逐渐变成资本相对密集，才能实现持续较快发展。[③]

---

① 陈钊、陆铭：《从分割到融合：城乡经济增长与社会和谐的政治经济学》，载于《经济研究》2008年第1期。

② 唐东波、张军：《中国的经济增长、城市化与收入分配的Kuznets进程：理论与经验》，载于《世界经济文汇》2011年第5期。

③ 林毅夫：《中国经济发展回顾与展望》，载于《中国流通经济》2012年第7期。

伴随着劳动密集型增长思想的衰退，本时期关于出口贸易推动经济增长的思想也经历了盛极而衰的变化。本时期初加入世界贸易组织为我国出口贸易的发展提供了契机。对此，江泽民在十六大报告中强调要“进一步扩大商品和服务贸易”，“开拓新兴市场，努力扩大出口”，“深化外经贸体制改革，推进外贸主体多元化”，“完善有关税收制度和贸易融资机制”。[①] 但到十七大召开的2007年、同时也是全球经济衰退前夜，胡锦涛已开始极具前瞻性地强调“加快转变外贸增长方式”，“调整进出口结构”，“促进加工贸易转型升级”，“大力发展服务贸易”。[②] 这一时期关于出口贸易推动经济增长的政策思想减少了传统的扩大出口规模与开拓新市场等方面内容，也不再单纯追求贸易规模对经济增长的带动作用，而是更关注这种带动作用的可持续性，更重视发展与人力资本水平提高相关的服务贸易而非与资源要素投入关系更紧密的（初级）商品贸易。十八大时期，这种变化进一步与产业结构调整与优化升级相关联，政策思想层面开始强调贸易政策与产业政策的协调，试图建设形成“以技术、品牌、质量、服务为核心的出口竞争优势”。[③]

而学界方面，早期许多研究纷纷指出，出口的增长不但能够直接推动经济增长，还通过影响消费、投资、政府支出、进口等变量而间接刺激经济增长。林毅夫等通过数据估算出，20世纪90年代以来外贸出口每增加10%，基本上能够推动GDP增长1%。[④] 部分学者研究分析中国数据发现，出口与经济增长存在相互促进的作用。[⑤] 但在2008年美国次贷危机和欧债危机以来，国际市场需求不足导致中国出口贸易发生衰退，这类文献也大大减少。

---

① 江泽民：《全面建设小康社会，开创中国特色社会主义事业新局面》，载于《人民日报》2002年11月9日第1版。

② 胡锦涛：《高举中国特色社会主义伟大旗帜，为夺取全面建设小康社会新胜利而奋斗》，载于《人民日报》2007年10月16日第1版。

③ 胡锦涛：《坚定不移沿着中国特色社会主义道路前进，为全面建成小康社会而奋斗》，载于《人民日报》2012年11月18日第1版。

④ 林毅夫、李永军：《出口与中国的经济增长：需求导向的分析》，载于《经济学季刊》2003年第3期。

⑤ 王坤、张书云：《中国对外贸易与经济增长关系的协整性分析》，载于《数量经济技术经济研究》2004年第4期。李小平、朱钟棣：《对外贸易与经济增长的协整及因果关系检验——对上海市1978～2001年数据的实证分析》，载于《上海财经大学学报》2004年第2期。

与劳动密集型增长思想和出口贸易思想在本时期先发展后衰退的情况有所不同的是，我国关于引进外资的思想在本时期初即已发生明显转变，无论政界还是学界都不再单纯强调资金及其规模，而是开始更加注重强调其中的技术因素，如 FDI 所带来的技术外溢等（参见第五节），这可能是因为国内自有资本的积累导致资金紧缺的窘境在本时期不再明显。

在重视资本要素投入型经济增长方式的官员与学者中，邱晓华等与郑玉歆较具代表性。邱晓华等认为，资本投入增加是中国经济增长最主要的源泉，但消费落后于投资可能导致高增长难以支撑，导致经济的周期性波动，因此应当注重扩大国内消费。作者还批评目前的资本投入对资源和能源的消耗太高，应该寻求高技术含量的投资。① 郑玉歆则认为，经济增长无论通过要素扩张、还是通过技术进步实现，其决定因素都是投资。② 因此，中国的主要问题不在速度快，而在于投资的结构问题、质量问题，资本积累缺乏有效性会直接造成资本的中长期收益下降。本书研究认为，这类文献有助于更全面地看待投资问题，而不是简单地将投资与资本密集画等号。

五、总结与评论

在本时期内，传统的要素推动型经济增长思想所占的比重持续降低，要素节约型的可持续经济增长思想则随着政学两界的讨论与推动而逐渐成为热点。研究者普遍认为，通过减少“三废”排放、节约资源与降低能耗等要素节约方式，我国的经济生产可以减少对要素密集型的传统外延增长方式的依赖，从而提高经济增长的可持续性。其中，减少“三废”排放一般单纯是指减少经济生产的副产品对环境的负面影响，这对纯粹经济意义上的生产效率并无提高作用，时常还可能降低生产效率；而循环经济思想则更偏重对这些副产品的再利用、改变生产结构，因此对经济生产效率是不确定的，主要取决于具体的生产技术；至于降低能耗的思想则直接要求

① 邱晓华等：《中国经济增长动力及前景分析》，载于《经济研究》2006 年第 6 期。

② 郑玉歆：《全要素生产率的再认识——用 TFP 分析经济增长质量存在的若干局限》，载于《数量经济技术经济研究》2007 年第 9 期。

以更低的要素投入实现同样或更多的经济增长，其对生产效率的提高有更直接的正面影响。由于要素节约型可持续经济增长思想对于单纯的经济产出增长速度可能有一定短期的负面作用，与唯 GDP 政绩论的行政考核传统有相悖之处，因此整体而言，本时期国内学界对这类思想的讨论较政界更为领先，为国内相关政策的制定提供了参考。但从实际效果来看，在本时期初的加入 WTO 红利期，经济增长加速、同时绿色发展理念提倡较多却未能得到有效落实。2008 年次贷危机后的“四万亿”刺激加重了经济对高污染的资本密集型产业的依赖。

第四节 效率优化型可持续经济增长思想

进入 21 世纪和加入 WTO 以后，中国经济规模增长迅速，重化工业和出口加工业规模扩张速度非常明显。前一类产业如日用化工、房地产建设、汽车和基础设施建设的迅速扩张过程中产生了大量低水平、高污染的企业，同时又引起了上游电力、煤炭、钢铁等产业的供给迅速扩张，而后一类产业如服装产业、玩具行业等则从传统农业部门吸收了大量劳动力资源；相对低质量的劳动密集型与资本密集型产业不断扩张，使得利润水平受限、城市人口过度密集、同时技术进步缓慢；而对外贸易的发展及盈余导致的外汇储备激增又限制了我国的汇率市场化进程，使得央行在保持资本适度流动和汇率适度稳定的同时只能丧失一定的货币政策独立性，随着美元贬值和外资流入而不断增发货币，由此而导致的通货膨胀又反过来进一步刺激了国内相关产业的进一步发展。

2008 年全球经济危机后，为提振经济而采取的“四万亿”计划加剧了经济对资本密集型产业的依赖。由于经济规模的迅速扩张并未带来效率的提升或明显提升，本时期的效率优化型增长思想也明显发展和分化。任何领域在生产效率上的优化都直接意味着产业的升级，而微观层面上的产业升级优化总是带来或伴随着宏观层面上的产业结构调整。产业升级优化和生产效率的提高过程总是需要技术进步，后者有两个主要来源：第一是科技研发、自主创新的加强，第二是对外开放过程中的技术引进、外溢。第一种来源具备较长期的可持续性，第二种则从比较优势的角度考虑有其短期优势。因此，推动产业升级、加强自主创新和深化对外开放等三方面的效率优化型可持续经济增长思想是本时期政界和学界的讨论热点。

此外，产业升级与技术进步也对劳动力和资金两大要素的投入过程产生更高的要求，而这种要求主要不是体现在数量上，而是体现在质量上。因此，增加教育投资、培育人力资本以提高劳动力素质，优化金融机制以强化市场效率两方面的效率优化型可持续经济增长思想在本时期也得到了发展。

本节共分五个部分，分别介绍了产业升级与结构调整、深化对外开放并引进技术、加强科研与自主创新、增加教育投资以培育人力资本，以及优化金融机制以强化市场效率这五方面的效率优化型可持续经济增长思想。此外，本时期讨论较多的“中等收入陷阱”问题放在自主创新部分讨论——尽管这一问题形式上涉及产业升级、技术进步与人力资本培育等问题，但其核心是自主创新能力的培育。

一、调整产业结构、推动产业升级的思想

在索洛增长模型以降的宏观经济学中，主流的做法是将经济总体抽象为资本、劳动力和技术等基本要素，在竞争均衡的前提下实现资源的长期有效配置，而产业结构则是不重要的、没有影响的。后来也有人提出在经济模型中构建异质性的经济部门，但影响不大。而发展经济学中则非常重视产业结构的转换、升级及其与经济增长之间的关系。稍早于索洛的另一位诺贝尔经济学奖得主、发展经济学家西蒙·库兹涅茨认为，经济总量增长与部门变化之间是相互影响的，总量的高速增长能够导致消费者需求结构的快速变化，这又进一步拉动了生产结构的高转换率，从而不断拉动经济增长。他还将资源由农业向工业转移确定为经济结构成功转变的重要标志。[①] 钱纳里则认为，经济增长的加速需要劳动和资本从生产率较低的部

① 库兹涅茨：《各国的经济增长》，商务印书馆 1999 年版，第 382～444 页。

门转移到生产率较高的部门，他主张经济结构变化与经济增长的动态过程分为三个阶段：第一阶段主要是由农业和服务业支撑较慢的经济增长速度，第二阶段则是由快速上升的工业制造业支撑较快的经济增长速度，第三阶段的发达经济中只有基础设施建设和知识、技术密集型产业仍对经济增长做着不断上升的贡献，其他行业对于经济增长的贡献均由于其产品需求弹性下降而发展减缓。① 诺贝尔经济学奖得主、发展经济学家罗斯托的经济发展阶段论则更加完善，他将经济成长分为六个阶段，即传统社会阶段、准备起飞阶段、起飞阶段、走向成熟阶段、大众消费阶段和追求生活质量阶段。他主张现代经济增长本质上是一个结构转换的过程，经济增长是主导产业部门依次更替的结果，是一连串部门中高潮继起并依次关联于主导部门的过程，根植于现代技术所提供的生产函数累积扩散之间，不能在总量层面而应在部门层面刻画。②

对于产业升级与结构调整方面的问题，国内学界和政界继续给予了高度的重视。以经济政策思想为例，胡锦涛在十七大报告中指出要加快转变经济发展方式、推动产业结构优化升级③，他的论述与前一时期相比有三大特点：第一是所强调的产业发展范围更加扩大，方向更加细化，除信息等产业外还包括生物、新材料、航空航天、海洋和物流运输等产业；第二是所提出的产业发展任务目标更具体，强调要淘汰落后产能、推进信息化与工业化融合并鼓励发展具有国际竞争力的大企业集团；第三是更加明确了经济增长方式转变和产业升级的方向，即由主要依靠第二产业带动向各产业协同带动转变，由主要依靠增加物质资源消耗向主要依靠科技进步、劳动者素质提高、管理创新转变。④ 这种变化说明随着经济建设的进一步发展，调整产业结构、推动产业升级以推动效率优化型可持续经济增长的经济政策思想，在本时期内得到了发展与完善，视野更广阔，目标和手段也更明确。尤其是到十八大报告时期，这种产业结构优化升级政策更是与对外开放

---

① 钱纳里、鲁宾逊、赛尔奎因：《工业化和经济增长的比较研究》，上海三联书店 1988 年版，第 22～55 页。

② 罗斯托：《经济增长的阶段》，中国社会科学出版社 2001 年版，第 4～16 页。

③④ 胡锦涛：《高举中国特色社会主义伟大旗帜，为夺取全面建设小康社会新胜利而奋斗》，载于《人民日报》2007 年 10 月 16 日第 1 版。

和自主创新另外两大增长动力结合了起来，形成三者间的互动，使得可持续发展战略更具可操作性（参见对外开放和自主创新部分的介绍）。

本时期学界在这一领域的讨论也比较多，最主要的是产业结构与经济增长之间的关系。吴敬琏等学者指出，中国经济的可持续增长有赖于新型工业化与服务业的发展，尤其是高新技术产业与生产性服务业等可提高国民经济整体效率的产业的发展。[①] 许多研究表明，产业结构变动之所以能够推动经济增长，是因为产业融合导致的产品、服务和市场创新促进了就业增加和人力资本发展，成为产业发展及经济增长的新动力。[②] 但是，这种推动是单向的影响——产业结构变动是影响我国实际经济增长的重要原因，但经济增长不会自动导致产业结构调整，需要辅以额外的结构转换政策，[③] 否则产业结构的差异会导致地区间的金融发展水平与经济增长速度水平的差距。[④]

尽管如此，我国进行产业升级与结构调整也面临着一些困难。一方面，资源供给压力和就业压力加大提高了结构优化升级的成本，这使得以进口替代加资本深化为特征的“上海模式”出现了严重的可持续性问题；另一方面，对外开放带来的升级空间却不断缩小，以出口导向加劳动密集为特征的“广东模式”对经济增长的推动作用下降，这是因为外商投资尽管能够改进资源配置效率、提高经济的市场化程度，但却因为妨碍了生产效率改进而阻碍了产业的发展。因此，当前的任务主要是通过提高自主创新能力加快推进产业结构优化升级。[⑤]

此外，新结构经济学理论的支持者认为，中国的产业升级应当通过禀

① 吴敬琏：《中国经济增长模式抉择》，上海远东出版社 2006 年版；陈一林：《吴敬琏：〈中国增长模式抉择〉》，载于《公共管理评论》2006 年第 2 期。

② 周振华：《产业融合：产业发展及经济增长的新动力》，载于《中国工业经济》2003 年第 4 期。

③ 周英章、蒋振声：《我国产业结构变动与实际经济增长关系实证研究》，载于《浙江大学学报（人文社会科学版）》2002 年第 3 期；王文博、陈昌兵、徐海燕：《包含制度因素的中国经济增长模型及实证分析》，载于《统计研究》2002 年第 5 期；朱慧明、韩玉启：《产业结构与经济增长关系的实证分析》，载于《运筹与管理》2003 年第 2 期。

④ 范方志、张立军：《中国地区金融结构转变与产业结构升级研究》，载于《金融研究》2003 年第 11 期。

⑤ 卢荻：《外商投资与中国经济发展——产业和区域分析证据》，载于《经济研究》2003 年第 9 期；江小涓：《产业结构优化升级：新阶段和新任务》，载于《财贸经济》2005 年第 4 期。

赋结构升级来实现，即从劳动及资源密集型产业出发、通过资本与技术的积累逐渐升级到资本密集型或技术密集型产业。这些学者认为，产业升级过程中政府可以采取特定措施吸引特定外资的投资，并通过建设工业园区、对先行企业提供补偿等措施处理外部性与协调性问题来诱导产业结构调整，这就需要一个守信、可靠且有能力的政府，克服市场失灵、促进产业升级与经济结构转型。①

与前一时期的研究主要关注农、轻、重三部门的协调关系不同，随着我国技术水平不断进步并接近世界前沿，本时期的研究更加关注经济增长中高新技术与新兴产业的作用问题。我国学者的研究表明，技术进步对于产业结构的调整和升级是有贡献作用的，通过技术选择和合理的资本深化能够促进产业结构升级、提升劳动生产率，实现经济快速的、可持续的增长；② 如果将技术进步的影响从产业升级与结构调整中单独分出，将二者视为不同维度的因素，那么改革开放以来，纯粹意义上的产业结构变迁对中国经济增长的贡献虽一度十分显著，却呈现出不断降低的趋势、逐渐让位于技术进步。③

二、深化对外开放、提高技术水平的思想

对外开放一直是改革以来持续推动经济增长的一个重要动力。如本书导论部分所述，贸易的互动本身既可以推动要素扩张的外延式增长，也可以推动分工深化的内涵式增长。而外资的流入本身虽然从资本在量上的扩张来看属于要素推动的外延增长，但在某些时期也会附带技术进步与生产率提高的内涵增长。

对于改革之前资本相对稀缺、生产力水平不高的中国而言，外部资本

---

① 林毅夫：《新结构经济学：反思经济发展与政策的理论框架》，北京大学出版社 2012 年版，第 72～83 页；胡少华：《产业升级与政府的作用——兼评林毅夫教授新著〈新结构经济学〉》，载于《经济界》2014 年第 3 期。

② 何德旭、姚战琪：《中国产业结构调整的效应、优化升级目标和政策措施》，载于《中国工业经济》2008 年第 5 期。黄茂兴、李军军：《技术选择、产业结构升级与经济增长》，载于《经济研究》2009 年第 7 期。

③ 刘伟、张辉：《中国经济增长中的产业结构变迁和技术进步》，载于《经济研究》2008 年第 11 期。

的引入是一个可推动经济增长的重要途径。从经济增长核算与全要素生产率分析的角度来看，外资引进可以通过要素扩张和技术进步两个方面影响经济增长。即便采用传统的马克思主义经济学分析视角，资本对劳动生产率提高也包括资本量的扩张和技术水平的提升两种作用机制。但由于这一时期中国的外资利用规模较小、来源渠道单一，资本的利用效率水平较低，实践中外资利用多表现为要素扩张的外延式经济增长。改革开放以后，尤其是进入20世纪90年代后，随着外资来源渠道的丰富和规模的扩张，国人开始逐步关注外资引进的技术含量问题，开始有文献意识到应区分有助于技术进步和无助于技术进步的外资利用，但数量还不多、讨论还不深入。

到了本时期，越来越多的文献对于引入外商直接投资能否（持续地）提高本国的生产率开始持怀疑态度。换言之，以技术进步带动经济增长能否实现（尤其是通过对外开放实现），在本时期已经成为一个受到广泛关注的经济生产问题，这是本时期深化对外开放思想与效率优化型可持续经济增长思想逐渐结合的一个重要背景原因，本时期的政界和学界都进一步地对此加以强调和重视。

就政界而言，我国关于深化对外开放、提高技术水平的效率优化型可持续经济增长政策思想表现出了一个明显的逐步深化过程。在中国加入WTO之前，1997年的党的十五大报告中与“对外开放”相关的文字不过数十字；但在加入WTO之后的2002年，江泽民在党的十六大报告中却以五百字的大篇幅深入讨论了不断提高对外开放水平的问题，指出要坚持“引进来”和“走出去”相结合，“积极参与国际经济技术合作和竞争”“提高对外开放水平”适应经济全球化和加入世界贸易组织的新形势，“在更大范围、更广领域和更高层次上参与国际经济技术合作和竞争”，以开放促改革促发展。① 因此，党的十六大报告所蕴含的经济增长政策思想中可以看出，其所强调的对外开放虽然不单纯是追求贸易或外商投资的规模（以及这种规模对经济增长的带动作用），而是同样关注对外开放的质

① 江泽民：《全面建设小康社会，开创中国特色社会主义事业新局面》，载于《人民日报》2002年11月9日第1版。

量和结构，但并未细化至其对本国的科技进步、制度革新、人力资本培育和产业升级等方面发展与可持续经济增长的影响。

这些细化的内容，到了2007年党的十七大报告中体现为一套与长期可持续的经济增长相匹配、引进外资与自主创新和产业升级相结合的开放方针——胡锦涛明确指出要“转变外贸增长方式”“促进加工贸易转型升级”，“发挥利用外资在推动自主创新、产业升级、区域协调发展等方面的积极作用”。[①] 而到了党的十八大时期，这些措施方向有了更进一步的明确计划，政策报告主张要“提高利用外资综合优势和总体效益，推动引资、引技、引智有机结合。”[②]

前述这些变化体现了我国的效率优化型可持续经济增长政策思想在深化对外开放、提高技术水平方面的进步，但这其中是走过一些弯路的。例如，本时期虽然在政策上很早就提出了要让企业“走出去”，“形成一批有实力的跨国企业和著名品牌”，后来还升级为“创新对外投资和合作方式，支持企业在研发、生产、销售等方面开展国际化经营，加快培育我国的跨国公司和国际知名品牌”，但截至该时期末，实际运行中的效果并不十分理想。本时期内，我国对外开放的主要成果仍然体现在“企业、商品‘引进来’”和“商品‘走出去’”，更关键的“企业‘走出去’”则一直收效很小，许多低端企业单纯是作为给外国品牌企业提供上游生产服务的加工厂——从国际经验来看，这可能主要还是经济发展阶段的问题。在本国经济维持较高增速的情况下，国内资本回报率高和外资流入带来的本币持续升值意味着“企业‘走出去’”进行海外投资的机会成本较高，但未来经济增速换挡期的资本回报率下降有望使国内企业获得较强的海外投资扩张动机。

相较之下，本时期我国企业在利用国际资本市场融资方面进展迅速，本时期内约有三百家以上的中国企业进入美国等发达国家资本市场进行融资，这实质上是一种变相的外资引进。直到全球金融危机爆发后，才有不

---

① 胡锦涛：《高举中国特色社会主义伟大旗帜，为夺取全面建设小康社会新胜利而奋斗》，载于《人民日报》2007年10月16日第1版。

② 胡锦涛：《坚定不移沿着中国特色社会主义道路前进，为全面建成小康社会而奋斗》，载于《人民日报》2012年11月18日第1版。

少处境相对乐观的中国企业顺势参与了海外收购和海外人才引进，但这种国际化参与程度的提高是一次性的，还未形成长久的对外开放深化机制。

此外，如前面指出的那样，引进外资的同时可以引入外国的技术，但这仅限于外国愿意公开的技术，对本国的自主创新可能并没有多少帮助。党的十七大报告中主张利用外资推动自主创新，从经济学角度讲实现难度很大，因为作为自利经济人的外资并无激励参与中国自主创新能力的培养；而且这一政策思想在实践中也没有取得比较理想的效果。所以，到了2012年党的十八大报告中就只提出了引资与引智相结合，不再将利用外资同自主创新结合起来。

学界的讨论则大概可分为两类，其一是讨论对外开放提升中国的劳动生产率、促使中国的产业结构升级的作用。江小涓认为，外资经济的贡献体现在许多重要的方面，如对经济增长、技术进步与研发能力增强、产业结构与出口商品结构升级等，认为外资经济不仅推动着中国经济的持续增长，而且改变着中国经济增长的方式，提高了中国经济增长的质量。① 帕金斯则认为，中国经济的快速增长在很大程度上揭示了一个道理：经济开放政策促进了劳动生产率的提高。② 他并指出，直到1978年以后，中国把改革开放作为基本国策之后，持续的快速增长的时代才到来；经济开放带来经济增长的事实在跨国研究的发现中也得到了印证。许和连和栾永玉还指出，出口工业部门存在对非出口工业部门的技术外溢，这也是出口贸易促进经济增长的一个重要途径。③

但是，对外开放（如出口工业的发展）尤其是外资引入所导致的国内经济效率提升的机制主要是通过促进企业、地方政府间的竞争来提高市场化程度和生产效率。促进企业间的竞争可以提高企业的市场竞争能力和意识，从而致力于提高自身的生产效率；而地方政府间的招商引资竞争则加强了政府在经济领域提供基础设施建设与维护、市场秩序维持等公共服务

① 江小涓：《中国的外资经济对增长、结构升级和竞争力的贡献》，载于《中国社会科学》2002年第6期。

② 德怀特·帕金斯：《从历史和国际的视角看中国的经济增长》，载于《经济学季刊》2005年第3期。

③ 许和连、栾永玉：《出口贸易的技术外溢效应：基于三部门模型的实证研究》，载于《数量经济技术经济研究》2005年第9期。

的能力和意识，提高了公共品部门的生产效率。所以，这些因素对中国劳动生产率和产业结构升级的贡献主要是通过提高中国的软科学技术水平（如管理、制度等因素）实现的，但这对于提高中国的硬科学技术水平和自主创新能力可能有负面作用。例如，沈坤荣和孙文杰研究发现，在控制外资溢出效应的前提下，存在由于外资企业进入带来的、十分明显的负面竞争效应；按不同市场竞争程度分组的检验表明，在市场竞争较为激烈的行业中，内资企业的研发受到的冲击更强。①

因此，本时期效率优化型可持续经济增长思想的一大特点就是开始注意深化对外开放过程中如何提高技术水平的问题。本时期国内学界的另一类文献主要讨论对外开放，尤其是外资引入所导致的国内生产效率提高、国内技术进步加快和人力资本培育等效果。一些文献延续前一时期的思路认为，外商直接投资的要素投入、技术外溢效应和区域创新网络效应是推动中国经济增长的重要因素等；随着我国市场化进程的加快，外商投资的集聚效应在要素投入数量方面的贡献下降，而在要素质量和效率增进方面的贡献却逐渐上升。②

不过，本时期有更多的文献开始怀疑 FDI 的引入是否真的有助于本土自主创新能力的进步。桑秀国通过计量分析发现了 FDI 与经济增长的正向相关关系，但回归结果表明不是 FDI 通过促进技术进步而推动了经济增长，而是经济增长本身吸引了 FDI 的流入。③ 代谦和别朝霞通过一个两国内生增长模型研究发现，发展中国家的技术和竞争能力越强，发达国家越倾向将更多更先进的产业转移到发展中国家去；FDI 要能够给发展中国家真正带来技术进步和经济增长，需满足以较快速度积累人力资本的条件。因此，发展中国家吸引 FDI、促进技术进步和经济增长的核心政策应当是普及和改善教育、提高国民的人力资本水平。④ 陈柳和刘志彪批评国内众

---

① 沈坤荣、孙文杰：《市场竞争、技术溢出与内资企业 R&D 效率——基于行业层面的实证研究》，载于《管理世界》2009 年第 1 期。

② 程惠芳：《国际直接投资与开放型内生经济增长》，载于《经济研究》2002 年第 10 期。吴林海、陈继海：《集聚效应、外商直接投资与经济增长》，载于《管理世界》2003 年第 8 期。

③ 桑秀国：《利用外资与经济增长——一个基于新经济增长理论的模型及对中国数据的验证》，载于《管理世界》2002 年第 9 期。

④ 代谦、别朝霞：《FDI、人力资本积累与经济增长》，载于《经济研究》2006 年第 4 期。

多有关FDI技术外溢对经济增长作用的研究普遍忽视本土创新能力这一重要因素，认为FDI技术外溢的作用在这些研究中被高估了。① 如果在计量回归中控制住本土创新能力因素，那么FDI技术外溢对经济增长的促进作用微乎其微。

因此，一些文献如王子君和张伟主张通过技术许可的方式来引进技术，认为以FDI作为其技术引进的来源的前提是社会人力资本水平低，而拥有高水平人力资本的国家可以通过禁止FDI或促进许可来达到最优化。②傅元海、唐未兵和王展祥利用我国1999～2007年27个制造行业面板数据进行的检验也表明，外资企业生产本地化反映的技术转移对经济增长绩效具有正面作用且大于技术溢出效应。③

三、重视科技研发、加强自主创新的思想

对于中国而言，在对外开放过程中通过学习技术来实现技术进步和产业升级原本是一个自然而缓慢的发展过程，而且通过对外开放来实现技术进步的可持续性是有一定局限性的，可能受制于人，晚清时期已有前车之鉴。从理论上讲，落后国家可以通过发挥后发优势来实现技术追赶，通过从发达国家引进技术获得比发达国家更快的经济增长，④ 但是这些技术进步实际上都是以国外愿意公开的技术水平为上限。更关键的问题在于，外国科技成果的不断引进会挤压国内的科研市场，并不利于本国的科技研发能力的培育，对于中国长期的技术进步是不利的，进而限制中国的产业升级。由于缺乏自主创新和产业结构转变，单纯通过以新兴工业部门的进入和扩张为特征的工业化过程来实现经济增长是不可持续的。

但是，或许是因为中国在亚洲金融危机中所受影响较小，也或许是中

---

① 陈柳、刘志彪：《本土创新能力、FDI技术外溢与经济增长》，载于《南开经济研究》2006年第3期。

② 王子君、张伟：《外国直接投资、技术许可与技术创新》，载于《经济研究》2002年第3期。

③ 傅元海、唐未兵、王展祥：《FDI溢出机制、技术进步路径与经济增长绩效》，载于《经济研究》2010年第6期。

④ 林毅夫、张鹏飞：《后发优势、技术引进和落后国家的经济增长》，载于《经济学季刊》2005年第4期。

国当时的技术水平与世界前沿差距还颇大，前一时期我国经济政策思想对于通过内生的科学研发和技术进步（即自主创新）来促进可持续经济增长的观念的重视程度一度颇为不足。虽然已经逐渐意识到过多的资本投入可能不利于经济的持续增长，但国内政策文件主要是在亚洲金融危机结束的8年后的2004～2005年左右才开始特别重视和强调自主创新。就政府层面而言，虽然中央政府早在1995年下发的《中共中央、国务院关于加速科学技术进步的决定》通知中就已经认识到，“技术创新是企业科技进步的源泉，是现代产业发展的动力”，主张“大幅度提高自主创新能力，掌握重要产业的关键技术和系统设计技术”，要求“主要领域的生产技术接近或达到发达国家下世纪初的水平，一些新兴产业的生产技术达到国际先进水平”,① 但此后的十年中对于自主创新问题的重视却有所下降，各类公开文件中相关的通知和主张比较少。直到2005年10月党的十六届五中全会才又重新强调要把“增强自主创新能力”作为“调整产业结构、转变经济增长方式的中心环节”,② 并在此后的政策文件中不断重视和强调。温家宝也非常强调自主创新与可持续发展，明确指出在当今国际竞争格局中“真正的核心技术、关键技术是买不来的”，因此必须走出一条中国特色的自主创新道路，“形成强大的原始创新能力、集成创新能力和引进消化吸收再创新能力。”③ 党的十七大时期中央政府还主张利用外资促进自主创新，但如前所述这种政策的效果可能不甚理想，后来在党的十八大报告中删掉了这种主张。

到了2012年党的十八大时，中央政府已经形成了一套非常明确的、与产业升级策略相结合的创新驱动发展战略，提出“坚持走中国特色自主创新道路”、将科技创新“摆在国家发展全局的核心位置”，并提出了一套深化科技体制改革、完善知识创新体系、加快新技术新产品新工艺研发

① 《中共中央、国务院关于加速科学技术进步的决定》，http：//news. xinhuanet. com/misc/2006－01/07/content_4021977. htm。

② 《中国共产党第十六届中央委员会第五次全体会议公报》，http：//news. xinhuanet. com/politics/2005－10/11/content_3606215. htm。

③ 温家宝：《关于深入贯彻落实科学发展观的若干重大问题》，载于《求是》2008年第21期。

应用、技术集成和商业模式创新并实施知识产权战略的创新发展战略。[①]

相比之下，学界对通过科技研发与自主创新来优化效率、提高经济增长可持续性的关注要更早。前一时期，国内学者已经对通过提倡加大科研投入、培育创新制度建设来促进技术进步等问题做了一定探讨（见第四章第五节），但这种尝试在本时期并没有自然而然地促成自主创新思想的迅速成长。虽然本时期初就已经有很好的内生经济增长理论综述文献在国内发表，[②] 将重视通过研发（即“自主创新”）实现内生技术进步并进而推动经济增长的内生经济增长理论介绍进入我国，但由于对外开放带来的技术引进成本下降在短期内削弱了自主创新的相对优势，本时期初国内经济学研究的一个流行热点是强调通过国际经贸往来尤其是 FDI 来引进技术、实现技术进步，这类文章较少关注如何通过自主创新来实现科技进步和经济增长的问题，[③] 因此使得学界在自主创新研究方面一度有所松懈。王子君和张伟虽然指出 FDI 技术溢出效应的局限，但也仅仅是主张通过技术许可的方式来引进技术。[④] 有些研究虽然重视技术进步对经济增长的贡献，却未曾过多讨论技术进步的来源。[⑤]

一个值得注意的现象是，研究农业经济问题的学者一直比较重视自主研发促进经济增长的问题，这可能是因为不同地区气候、土壤和水文条件差异很大，导致农业领域的许多技术和经验有很强的地域性，不能简单引入外国技术；而且粮食安全事关重大，直接关系到社会稳定，故自主研发格外重要。如樊胜根、张林秀和张晓波利用省级面板数据和联立方程模型

---

① 胡锦涛：《坚定不移沿着中国特色社会主义道路前进，为全面建成小康社会而奋斗》，载于《人民日报》2012 年 11 月 18 日第 1 版。

② 潘士远、史晋川：《内生经济增长理论：一个文献综述》，载于《经济学季刊》2002 年第 3 期。

③ 桑秀国：《利用外资与经济增长——一个基于新经济增长理论的模型及对中国数据的验证》，载于《管理世界》2002 年第 9 期；程惠芳：《国际直接投资与开放型内生经济增长》，载于《经济研究》2002 年第 10 期；代谦、别朝霞：《FDI、人力资本积累与经济增长》，载于《经济研究》2006 年第 4 期。

④ 王子君、张伟：《外国直接投资、技术许可与技术创新》，载于《经济研究》2002 年第 3 期。

⑤ 颜鹏飞、王兵：《技术效率、技术进步与生产率增长：基于 DEA 的实证分析》，载于《经济研究》2004 年第 12 期；杨文举：《技术效率、技术进步、资本深化与经济增长：基于 DEA 的经验分析》，载于《世界经济》2006 年第 5 期；徐现祥、舒元：《物质资本、人力资本与中国地区双峰趋同》，载于《世界经济》2005 年第 1 期。

研究发现，政府在农业研发、灌溉、教育和基础设施领域的投入，有助于提高农业产出增长、缓解农村贫困，但在不同地区的不同投入类型之间，政府投入效应差异显著。[①] 陈宗胜和黎德福通过内生农业技术进步的二元经济增长模型研究认为“东亚奇迹”是现代部门以资本反哺传统部门、推动农业技术进步并促进劳动力转移的结果。[②] 不过，这类文章的讨论很少将自主创新和技术进步对经济增长的促进作用提升到可持续经济增长这一高度来。

赖明勇等较早讨论了自主的技术进步与持久经济增长的关系，其通过构建一个中间产品种类扩张型的内生技术进步模型，探讨了开放经济条件下人力资本、国内研发与国外研发技术外溢影响经济增长的内在机理，认为贸易开放一方面意味更多的技术模仿、学习机会，但另一方面也可能导致本国过于依赖对外界的技术引进、从而削弱本国的自主创新能力；[③] 文章还认为，政府科研投入对要素生产率的提高、国内技术进步的作用往往不是直接的。江小涓也较早对通过提高自主创新能力（特别是重要战略领域）加快推进产业结构优化升级进行了探讨。[④]

自 2006 年起，受政策导向转为重视和强调自主创新的影响，学界的相关经济增长文章开始增多。例如，陈柳和刘志彪批评国内众多有关 FDI 技术外溢对经济增长作用的研究普遍忽视本土创新能力这一重要因素，因此认为 FDI 技术外溢的作用在这些研究中可能被高估了，同时本土创新能力的差异可能是区域经济发展不平衡的一个原因。[⑤] 林毅夫和张鹏飞则认为，如果发展中国家选择最适宜的技术，那么由于其在技术变迁的成本上比发达国家低，所以可以获得超过发达国家的经济增长速度，从而实现对

---

① 樊胜根、张林秀、张晓波：《中国农村公共投资在农村经济增长和反贫困中的作用》，载于《华南农业大学学报》（社会科学版）2002 年第 1 期。

② 陈宗胜、黎德福：《内生农业技术进步的二元经济增长模型——对“东亚奇迹”和中国经济的再解释》，载于《经济研究》2004 年第 11 期。

③ 赖明勇等：《经济增长的源泉：人力资本、研究开发与技术外溢》，载于《中国社会科学》2005 年第 2 期。

④ 江小涓：《产业结构优化升级：新阶段和新任务》，载于《财贸经济》2005 年第 4 期。

⑤ 陈柳、刘志彪：《本土创新能力、FDI 技术外溢与经济增长》，载于《南开经济研究》2006 年第 3 期。

发达国家的追赶。[①] 吴敬琏认为，现代经济增长中效率提高的源泉来自与科学相关的技术的广泛应用、服务业的迅速发展和信息技术向国民经济各部门渗透。[②] 沈坤荣和孙文杰研究发现，在控制外资溢出效应的前提下，存在由于外资企业进入带来的竞争会对内资企业的研发形成冲击。[③] 许多学者根据国际经验指出，中国劳动力便宜的比较优势和劳动密集型经济增长具有明显的阶段性特征，随着中国人口结构的老龄化、刘易斯拐点的到来和其他后发国家（如越南、印度尼西亚等）的发展水平提高，这一阶段已经趋于结束，如不及时实现低端制造业向中高端制造业的升级转变，容易陷入“中等收入陷阱”。[④]

一国经济增长中不可避免地会经历具有劳动力便宜比较优势和通过劳动密集型产业发展拉动经济增长的阶段，但这并不意味着人口众多的国家就应该走劳动密集型的增长道路。中国以外的相当多发展中国家都存在更廉价的劳动力，随着人均收入的提高中国必然将丧失劳动力便宜的比较优势（反过来讲，如不提高人均收入，则经济增长又没有什么太大的意义）。日本、韩国等国的人口密度更高，也曾走过以廉价劳动力为优势的增长道路，但最后都转而寻求自主研发和技术进步，而不是坚持走劳动密集型的道路，这才走出了“中等收入陷阱”；拉美国家发展更早却未能寻求自主创新，终于导致了经济增长的不可持续，真正陷入了经济的停滞。表面上看，这似乎是一个关于产业升级或技术进步的问题；但实际上，产业升级与技术进步的持续实现关键要靠自主创新。因此，前述研究普遍认为，中国只有获取自主创新这一根本的、能够持续提高全要素生产率的关键能力，才能跨越“中等收入陷阱”。

---

① 林毅夫、张鹏飞：《适宜技术、技术选择和发展中国家的经济增长》，载于《经济学季刊》2006 年第 3 期。

② 吴敬琏：《中国经济增长方式抉择（增订版）》，上海远东出版社 2008 年版，第 57 页。

③ 沈坤荣、孙文杰：《市场竞争、技术溢出与内资企业 R&D 效率——基于行业层面的实证研究》，载于《管理世界》2009 年第 1 期。

④ 马岩：《我国面对中等收入陷阱的挑战及对策》，载于《经济学动态》2009 年第 7 期；马岩：《中等收入陷阱的挑战及对策：中国经济增长方式的国际视角》，中国经济出版社 2011 年版；郑秉文：《“中等收入陷阱”与中国发展道路——基于国际经验教训的视角中国经济增长方式转换和增长可持续性》，载于《中国人口科学》2011 年第 2 期。

四、增加教育投资、培育人力资本的思想

无论是西方新古典经济学、凯恩斯经济学还是马克思主义经济学，一般都并不认为人力资本是资本或劳动要素的一部分，而是将其归为技术性因素。按照马克思主义经济学的观点来看，提高人力资本水平相当于提高劳动复杂程度，属于通过提高劳动生产率来增加单位产出的内涵式（集约式）经济增长。而从西方主流经济学的角度来看，人力资本虽名为“资本”，却不存在一般资本要素的边际报酬递减特征（即投入的单位数量越多、每单位回报越低），因此，通过提高人力资本水平来促进经济增长，可以保证经济增长的可持续性，甚至有西方学者主张人力资本水平的提高是近代资本主义发展的根源；[①] 还有学者认为，人力资本水平高是东亚奇迹尤其是中国奇迹的根源。[②]

从长期来看，培育人力资本的主要途径是增加教育投资，提高教育水平，加强国民素质建设。在短期内，引资、引技可以提高被投资地区的人力资本水平，使当地劳动者通过“干中学”提高生产熟练程度和技术水平；此外，在对外开放过程中吸引外部人力资本参与本土经济生产，也对产出的提高有帮助，这种“引智”虽然长期而言不可持续，但中短期内还是有一定的外溢效应，使得本土人力资本有机会通过模仿、学习来实现自身水平的提高。

我国政界、学界对人力资本问题一贯重视。随着人口年龄结构变化和刘易斯拐点临近，本时期国人对人力资本培育的重视程度也更进一步，相关经济增长文献延续了前两个时期的研究，但一方面内容、细节和方法更丰富，模型分析与计量分析大大增加，另一方面随着基础教育体系的完善和技术水平的提高，本时期国人更加关注高等教育相关的产学研联动等方面的问题。在本时期初的十六大报告中，与人力资本培育（或者说“提高

---

① Sascha O. Becker and Ludger Woessmann, 2009, “Was Weber Wrong? A Human Capital Theory of Protestant Economic History”, *Quarterly Journal of Economics*, 124 (2): 531－596.

② Thomas G. Rawski：《人力资源与中国长期经济增长》，载于《经济学（季刊）》2011 年第 3 期。

劳动者素质”）直接相关的主要有社会主义理论教育、精神文明建设、大力发展教育和科学事业（科教兴国）、尊重知识创造、引进海外各类专业人才和智力、努力形成人尽其才的用人机制等七个方面。① 总的来说，内容是比较全面而丰富的。党的十七大报告与党的十六大报告相比内容又有进一步的深化，例如在“科教兴国战略”的基础上还提出了“人才强国战略”；对于教育制度改革提出了“实施素质教育”、建设“学习型社会”的要求。党的十七大报告未再强调“大力引进海外各类专业人才和智力”，② 而党的十八大报告中则又重新提到了“推动引资、引技、引智有机结合”，主张“充分开发利用国内国际人才资源，积极引进和用好海外人才。加快人才发展体制机制改革和政策创新”。③

学界也一贯重视人力资本培育对于经济增长尤其是可持续增长的意义，主要有三个方面。第一类研究是讨论人力资本在长期增长中的作用。杨立岩和潘慧峰构建的模型将知识划分为应用技术和基础科学知识两类，发现基础科学知识的长远增长率最终会影响经济体中的人力资本存量，并提高经济的长远增长率。④ 胡鞍钢和熊义志考察了世界经济发展史，发现每一次成功的经济追赶都同时伴随着人力资本的追赶，但后者一般先于前者，因此中国要最终实现在经济上对发达国家的追赶，就必须优先实现教育发展和人力资本积累上对发达国家的追赶。⑤ 王德文、蔡昉和张学辉从人口结构转变角度进行分析，主张通过加快人力资本积累来迎接人口老龄化冲击，以保证中国经济的可持续增长。⑥

有个别文章对于人力资本在经济增长中的作用持怀疑态度。胡永远以中国的时间序列数据为样本，对人力资本的产出贡献率进行了估计，认为

① 江泽民：《全面建设小康社会，开创中国特色社会主义事业新局面》，载于《人民日报》2002 年 11 月 9 日。

② 胡锦涛：《高举中国特色社会主义伟大旗帜，为夺取全面建设小康社会新胜利而奋斗》，载于《人民日报》2007 年 10 月 16 日第 1 版。

③ 胡锦涛：《坚定不移沿着中国特色社会主义道路前进，为全面建成小康社会而奋斗》，载于《人民日报》2012 年 11 月 18 日第 1 版。

④ 杨立岩、潘慧峰：《人力资本、基础研究与经济增长》，载于《经济研究》2003 年第 4 期。

⑤ 胡鞍钢、熊义志：《大国兴衰与人力资本变迁》，载于《教育研究》2003 年第 4 期。

⑥ 王德文、蔡昉、张学辉：《人口转变的储蓄效应和增长效应——论中国增长可持续性的人口因素》，载于《人口研究》2004 年第 5 期。

人力资本并不具有长期产出增长效应。[①] 但是，本书认为，这篇文章的时间序列分析存在模型设定和估计方法上的错误：其一是文章用当年的总人力资本存量增长率或平均受教育年限增长率解释当年的经济产出增长率是模型设定错误，人力资本对长期经济增长的影响不能用短期经济变量来衡量；其二是文章用单方程回归无法避免双向因果导致的内生性问题，因为人力资本的增长可能促进经济增长，也可能受经济增长影响，需要用VAR系统或似不相关回归方法进行多方程的估计；其三是文章在时间序列估计前未做平稳性分析（单位根检验），可能导致“伪回归”；其四是文章在时间序列估计中既不引入时间滞后项，也不检验残差的序列相关，其回归分析结果的可靠性是非常值得怀疑的。

以学界对人力资本促进经济持续增长的贡献的肯定为基础，一些学者对人力资本与经济增长的关系做了更深入的研究。刘海英等从一个比较独特的视角出发，认为对经济增长有促进作用的不仅仅是人力资本水平，还包括人力资本的“均化”程度，因此将受教育的机会更多地分配给人力资本水平较低的普通劳动力，将有助于提高中国经济增长的质量和可持续性。[②] 杨建芳等区分了人力资本新增积累流量与人力资本存量对经济增长的影响，发现我国1985～2000年间的经济增长中，人力资本积累的贡献低于人力资本存量和技术水平的总贡献。[③] 匹兹堡大学教授、美国著名的中国经济研究专家罗斯基则在研究了人力资本在历史和当今的发展后，认为异常丰富的人力资本是中国经济持续增长的最重要的驱动力，这些人力资本大多积累于1949年之前。[④] 1978年后中国经济高速增长中人力资本的效应尤其明显；在这段时间里，贫困的农村乡镇实现了井喷式增长，虽然它们鲜有外部援助，而这被视为消除绝对贫困必不可少的条件。

---

① 胡永远：《人力资本与经济增长：一个实证分析》，载于《经济科学》2003年第1期。

② 刘海英、赵英才、张纯洪：《人力资本“均化”与中国经济增长质量关系研究》，载于《管理世界》2004年第11期。

③ 杨建芳、龚六堂、张庆华：《人力资本形成及其对经济增长的影响——一个包含教育和健康投入的内生增长模型及其检验》，载于《管理世界》2006年第5期。

④ Thomas G. Rawski：《人力资源与中国长期经济增长》，载于《经济学（季刊）》2011年第3期。

第二类研究是讨论对外开放与人力资本培育之间的关系。王子君和张伟认为，如果 FDI 与技术许可相比外溢效果很差或没有，那么人力资本水平决定了发展中国家（地区）在对外开放中应当采取怎样的引进、学习外国先进技术的策略；如果人力资本水平较高（如日本、韩国和中国台湾等），应当适度限制 FDI、依赖技术许可；如果人力资本水平较低（如印度尼西亚、马来西亚和泰国等）则应完全依赖于 FDI，这样能最大化社会福利。① 这是因为如果人力资本水平较高，那么当地的研究部门的生产率也就比较高，通过技术许可来学习和吸收先进技术是比较好的策略，比 FDI 更有利于本国的研发部门发展和人力资本水平提高。赖明勇等认为，技术吸收能力的提高、人力资本积累对长期经济增长有促进作用，而引入 FDI 由于存在技术外溢效应和促进人力资本积累的作用，所以能比进口高科技设备更好地促进发展中国家的长期增长。② 代谦和别朝霞认为，FDI 能否给发展中国家带来技术进步和经济增长依赖于发展中国家的人力资本积累。③ 罗斯基则研究关注海外华侨的财富积累、转型经济体的商业形成以及中国内部的区域差异，利用跨国、跨区域的比较，突出了中国尤其是沿海地区的人力资本的不同寻常的深度。④

第三类研究是讨论公共人力资本投资与经济增长的关系。郭庆旺等和张海星在分析公共投资与经济增长的关系时发现，公共人力资本投资可以通过提高全要素生产率及外部性效应促进经济增长。⑤ 郭庆旺和贾俊雪认为，政府公共物质资本投资对长期经济增长的影响比政府公共人力资本投资的影响更大，后者在短期内不利于经济增长。⑥

---

① 王子君、张伟：《外国直接投资、技术许可与技术创新》，载于《经济研究》2002 年第 3 期。

② 赖明勇等：《经济增长的源泉：人力资本、研究开发与技术外溢》，载于《中国社会科学》2005 年第 2 期。

③ 代谦、别朝霞：《FDI、人力资本积累与经济增长》，载于《经济研究》2006 年第 4 期。

④ Thomas G. Rawski：《人力资源与中国长期经济增长》，载于《经济学（季刊）》2011 年第 3 期。

⑤ 郭庆旺、吕冰洋、张德勇：《财政支出结构与经济增长》，载于《经济理论与经济管理》2003 年第 11 期。张海星：《公共投资与经济增长的相关分析——中国数据的计量检验》，载于《财贸经济》2004 年第 11 期。

⑥ 郭庆旺、贾俊雪：《政府公共资本投资的长期经济增长效应》，载于《经济研究》2006 年第 7 期。

有些文献提到了“资源诅咒”对人力资本的排挤。一些学者通过国际比较研究和中国省级面板数据分析发现，自然资源和能源的丰裕度与经济增长之间存在着显著的负相关性，证明了“资源诅咒”的存在，认为排挤人力资本是“资源诅咒”阻碍经济增长的主要原因之一，人力资本投入能够有效地解决资源诅咒现象。①

五、优化金融机制、强化市场效率的思想

金融体系历来都是政界和学界的关注重点，近些年的研究多数支持了金融发展能够显著促进经济增长的观点。② 就中国而言，金融扭曲导致国有企业和民营企业面临的资金价格全然不同，③ 这使得中国的粗放式增长模式得以长期维系——银行体系给予国有企业的资金借贷价格较低，因此国有企业的资本要素成本较低，有很强的利用资本要素进行粗放式增长的动机；而民营企业面临的资本要素成本过高，难以进行技术研发等方面的投资，只能走劳动力密集的粗放式增长道路。

2005 年人民币大幅贬值和外汇管理体制改革后，中国宏观经济稳定也受到了“流动性过剩”“资产价格上涨”和“储蓄失衡”等金融风险因素的冲击，优化金融资源配置、促进金融市场在经济增长中更好地发挥作用、并防范开放中的金融风险，已成为中国经济能否可持续增长的关键问题。2002 年党的十六大报告中，江泽民提到了三方面的金融机制优化，其一是“改善农村金融服务”；其二是“深化财政、税收、金融和投融资体制改革”；其三是“稳步推进利率市场化改革，优化金融资源配置，加强

---

① 徐康宁、邵军：《自然禀赋与经济增长：对“资源诅咒”命题的再检验》，载于《世界经济》2006 年第 11 期；胡援成、肖德勇：《经济发展门槛与自然资源诅咒——基于我国省际层面的面板数据实证研究》，载于《管理世界》2007 年第 4 期；邵帅、齐中英：《基于“资源诅咒”学说的能源输出型城市 R&D 行为研究——理论解释及其实证检验》，载于《财经研究》2009 年第 1 期。

② Pagano，M.（1993）“Financial Markets and Growth：An Overview”．*European Economic Review* 37（2－3）：613－22. King，R.，and R Levine.（1993）“Finance and Growth：Schumpeter May Be Right”．*Quarterly Journal of Economics*，108（3）：717－38. Rajan，R.，and L Zingales.（1998）“Finance Dependence and Growth”．*American Economic Review*，88（3）：559－86.

③ Zheng Song，Kjetil Storesletten and Fabrizio Zilibotti，Growing like China，*American Economic Review* 101（2011）：202－241.

金融监管，防范和化解金融风险，使金融更好地为经济社会发展服务”。① 2007 年党的十七大报告中，胡锦涛部分延续了前期的金融机制优化举措，同时也有所调整，其一是“推进农村金融体制改革和创新”；其二是“深化财税、金融等体制改革，完善宏观调控体系”；其三是“强化金融监管”、“深化投资体制改革”。② 这一时期政府重视的是完善金融体系、加强金融市场在经济发展中的地位，发挥金融市场的重要作用。到了党的十八大时期，中央政府提出多项相关主张，包括“深化金融体制改革”，“健全促进宏观经济稳定、支持实体经济发展的现代金融体系”“发展多层次资本市场”“稳步推进利率和汇率市场化改革”“逐步实现人民币资本项目可兑换”“加快发展民营金融机构”“完善金融监管”“推进金融创新”“维护金融稳定”等方面。③ 与前一时期相比，十八大报告更加强调民营金融的发展、金融市场化以及整体的金融创新，呈现出初步推进的特征。

学界研究的角度也与前一时期颇为不同。前一时期的经济增长研究，主要关注货币派生、流动性供给和储蓄率等与银行体系相关的金融变量如何促进经济增长。但本时期，国人更加关注银行金融体系在促进经济增长中所体现出的局限性，并开始重点关注非银金融对经济增长的促进作用。本时期学界主要从下面几个角度进行阐述：

其一，研究中国扭曲的货币与流动性供给增长促进经济增长的特殊机制。张磊认为，中国的高速经济增长与货币、金融扭曲并存，这根源于国家隐性担保和利率管制相配合的信贷集中性均衡，激励了作为金融中介的银行的信用扩张，利于加快投资和加速经济增长。④ 中国经济增长与宏观稳定课题组研究认为，在经济发展的一定阶段，中国的这种特殊金融安排有其内在合理性：通过宽松的货币政策，以及存款、银行免于破产的国家

① 江泽民：《全面建设小康社会，开创中国特色社会主义事业新局面》，载于《人民日报》2002 年 11 月 9 日。

② 胡锦涛：《高举中国特色社会主义伟大旗帜，为夺取全面建设小康社会新胜利而奋斗》，载于《人民日报》2007 年 10 月 16 日第 1 版。

③ 胡锦涛：《坚定不移沿着中国特色社会主义道路前进，为全面建成小康社会而奋斗》，载于《人民日报》2012 年 11 月 18 日第 1 版。

④ 张磊：《中国高速经济增长过程中的货币、金融扭曲》，中国社科院经济所博士后 2006 年工作报告。

隐性担保，通过全民储蓄的动员机制进行信用扩张，激励了国内产出规模的扩大，保持经济高速增长，使国家迅速摆脱所谓“贫困陷阱”的约束。但是，这种制度也有一定的通货膨胀风险和效率损失成本，所以应加快优化金融结构，从动员型金融向市场配置型金融转型。① 钱小安也指出了金融政策与货币调控中所蕴含的流动性过剩风险。② 此外，沈坤荣、孙文杰讨论指出，投资效率的低下从长期来看会限制经济增长的可持续性。③

宋铮等学者在这类研究的基础上将相关思想模型化，构建了一个高产出增长、资本回报持续、制造业部门内资源重新配置和巨额贸易盈余的增长模型。④ 其中，金融体系的扭曲使得低产出的国有部门存活较易，而与银行信贷体系关系并不十分紧密的民企只能依赖内部积累，其储蓄主要通过向国外投资实现增殖（外汇盈余通过央行转化为美国债券），因为国内的“储蓄—投资”转化体系不利于资金向民营部门的配置。

其二，研究金融中介效率促进经济增长的机制。金融中介主要包括提供间接融资服务的银行，以及作为直接融资渠道的股票和债券市场。本时期初许多学者通过时间序列方法研究我国商业银行、股票和债券的影响，发现中国的资本市场发展停留在规模增长上，主要作用在于通过资金融通的数量扩张来扩大投资规模，而对提高金融资源的配置效率则作用有限，因此还未能成为促进长期可持续的经济增长的重要因素。⑤ 但王志强、孙刚对此有不同看法，他们主张前一类研究在变量选取上存在一定问题，以

---

① 中国经济增长与宏观稳定课题组、张平、刘霞辉、张晓晶、张磊、王宏淼：《金融发展与经济增长：从动员性扩张向市场配置的转变》，载于《经济研究》2007 年第 4 期。

② 钱小安：《流动性过剩与货币调控》，载于《金融研究》2007 年第 8 期。

③ 沈坤荣、孙文杰：《投资效率、资本形成与宏观经济波动——基于金融发展视角的实证研究》，载于《中国社会科学》2004 年第 6 期。

④ Zheng Song, Kjetil Storesletten and Fabrizio Zilibotti, Growing like China, *American Economic Review* 101 (2011): 202 - 241.

⑤ 李广众：《银行、股票市场与经济增长》，载于《经济科学》2002 年第 2 期；李广众：《银行、股票市场与长期经济增长：中国的经验研究与国际比较》，载于《世界经济》2002 年第 9 期；李广众、陈平：《金融中介发展与经济增长：多变量 VAR 系统研究》，载于《管理世界》2002 年第 3 期；曹啸、吴军：《我国金融发展与经济增长关系的格兰杰检验和特征分析》，载于《财贸经济》2002 年第 5 期；韩立岩、蔡红艳：《我国资本配置效率及其与金融市场关系评价研究》，载于《管理世界》2002 年第 1 期；庞晓波、赵玉龙：《我国金融发展与经济增长的弱相关性及其启示》，载于《数量经济技术经济研究》2003 年第 9 期；沈坤荣、张成：《金融发展与中国经济增长——基于跨地区动态数据的实证研究》，载于《管理世界》2004 年第 7 期。

至于忽视了金融中介对国有经济发展的影响，他们研究认为，中国金融的规模和效率都有提升并在长期中与经济增长相互促进。① 对此，本书认为，王志强、孙刚的事实判断是正确的，即针对国有部门的金融中介效率较高，有效促进了国有部门的经济增长；但是，这样的结论对于改进中国经济增长的金融机制帮助不大，因为国有部门在金融市场上享有特权而私人部门则在信贷市场和证券市场都受歧视是众所周知的事实，当前的关键问题在于如何改进这一局面，促使动员型金融向市场配置型金融转型，提高针对私有部门的金融效率和规模来为后者注入活力，从而推进中国经济的长期可持续增长。否则，就会如同李扬和殷剑峰所指出的那样，我国金融中介的效率低下使得经济增长依赖于开放经济条件下引入纯粹金融意义的国际直接投资，这导致本国金融部门持有一个规模逐步扩大的外汇储备。②

韩廷春、夏金霞的研究区分了银行金融与非银金融的发展，他们的研究认为，银行金融的效率提升促进了经济增长，而经济增长又进一步促进了非银金融的发展与效率提高，因此中国的金融发展与经济增长的关系处于银行体系“供给领先型”与资本市场“需求追随型”的混合阶段，认为这是中国经济成长过程的必然选择。③ 但是，本书认为这类分析忽略了可能存在的另一个因果路径——银行金融的效率提升促进了国有部门的经济增长，所形成的经济挤压迫使股份制经济、私营部门和外资企业通过非银金融的直接融资渠道获得资金，从而导致了非银金融的效率提高。例如，刘伟、王汝芳的研究就表明，银行信贷融资对经济具有副作用影响，而资本市场直接融资则对经济有着越来越明显的积极作用，且其积极作用越来越明显，为此建议在推进资本市场的改革和开放中不断提高直接融资的比重，建立多层次、多产品的金融市场体系。④

其三，研究金融结构促进经济增长的机制。金融结构的转换与提升作

① 王志强、孙刚：《中国金融发展规模、结构、效率与经济增长关系的经验分析》，载于《管理世界》2003 年第 7 期。

② 李扬、殷剑峰：《劳动力转移过程中的高储蓄、高投资和中国经济增长》，载于《经济研究》2005 年第 2 期。

③ 韩廷春、夏金霞：《中国金融发展与经济增长经验分析》，载于《经济与管理研究》2005 年第 4 期。

④ 刘伟、王汝芳：《中国资本市场效率实证分析——基于融资与间接融资效率比较》，载于《金融研究》2006 年第 1 期。

为经济结构调整的一部分，不仅是金融发展的重要途径，也是经济结构升级及经济实现最优增长的必要条件。因此，探明金融结构转变与实体经济结构升级的关联机制是促进实体经济结构调整和升级、保证我国经济长期稳定发展的关键。[①] 林毅夫和姜烨利用中国的分省面板数据研究证明，如果金融结构、银行业结构与经济结构相匹配，将会有利于经济的发展和增长，反之则会对经济的发展和增长起阻碍作用。[②] 林毅夫和孙希芳也利用分省面板数据研究发现，在中国现阶段中小金融机构市场份额的上升对经济增长具有显著的正向影响。[③] 但是，资本结构（债务/权益）比率的不断增加在带来经济发展的同时，也将引起经济波动的加剧和通货膨胀率的上升。

其四，值得注意的一类文献是关于金融发展与农村经济发展。正规金融的发展会诱使资金和劳动力从农村流向城市，从而使城乡收入差距加大，农业发展缺乏资金，从而使得长期的经济增长缺乏可持续性。实证结果表明，中国（正规）金融的发展整体上会导致城乡收入差距拉大。[④] 但这主要是因为金融发展偏向于城市而非农村，农村金融的发展会有助于农村的经济增长，[⑤] 尽管农村正规金融相对于农村经济增长是缺乏效率的。[⑥] 具体而言，通过增加金融机构贷款网点和农村金融机构法人数量、降低农

---

① 杨琳、李建伟：《金融结构转变与实体经济结构升级（上）》，载于《财贸经济》2002 年第 2 期。

② 林毅夫、姜烨：《经济结构、银行业结构与经济发展——基于分省面板数据的实证分析》，载于《金融研究》2006 年第 1 期。

③ 林毅夫、孙希芳：《银行业结构与经济增长》，载于《经济研究》2008 年第 9 期。

④ 张立军、湛泳：《中国农村金融发展对城乡收入差距的影响——基于 1978～2004 年数据的检验》，载于《中央财经大学学报》2006 年第 5 期；温涛、冉光和、熊德平：《中国金融发展与农民收入增长》，载于《经济研究》2005 年第 9 期；杨俊、李晓羽、张宗益：《中国金融发展水平与居民收入分配的实证分析》，载于《经济科学》2006 年第 2 期；王虎、范从来：《金融发展与农民收入影响机制的研究——来自中国 1980～2004 年的经验证据》，载于《经济科学》2006 年第 6 期；叶志强、陈习定、张顺明：《金融发展能减少城乡收入差距吗？——来自中国的证据》，载于《金融研究》2011 年第 2 期。

⑤ 姚耀军：《中国农村金融发展与经济增长关系的实证分析》，载于《经济科学》2004 年第 5 期；董晓林、王娟：《我国农村地区金融发展与经济增长——内生增长模型分析》，载于《南京农业大学学报（社会科学版）》2004 年第 4 期；龙海明、柳沙玲：《多重均衡条件下农村正规金融发展与经济增长的关系——基于中国省际数据的实证分析》，载于《金融研究》2008 年第 6 期。

⑥ 姚耀军、和丕禅：《中国农村金融发展与经济增长（1978～2001）实证分析》，载于《西北农林科技大学学报（社会科学版）》2004 年第 6 期。

业贷款的搜寻成本等金融政策对改善城乡收入差距具有显著效果和广泛适用性，单依靠政策引导金融机构扩大涉农贷款比例和扩大贷款覆盖面等措施则收效甚微。①

六、总结与评论

进入21世纪后，内容丰富、牵涉广泛的效率优化型可持续经济增长思想得到了长足的发展，这主要是因为本时期中国经济较高的增速并未伴随着明显的效率提升。本节主要从产业升级与结构调整、深化对外开放与技术引进、加强自主创新与研发、人力资本培育与金融效率提高这五个方面进行讨论。尽管这并不能刻画出本时期可持续经济增长思想中相关讨论的全部细节，仍有挂一漏万之嫌，但已能大致勾勒出本时期的效率优化型可持续经济增长思想的整体概貌：这五个方面都有助于直接提高中国经济生产效率，是保证经济增长可持续性的关键因素与讨论热点。更重要的是，与前一时期相比，本时期的可持续经济增长思想讨论并不停留在产业、金融、人力资本等概念层面，而是进一步深入至城市化、银行业结构等细分因素层面，这使得可持续经济增长思想更加细致与深入。

第五节　公平促进型可持续经济增长思想

经过长期的快速发展，进入21世纪后，中国经济发展面临结构失衡和收入贫富差距扩大的压力，城乡、区域发展不协调，就业、社会保障、教育、医疗等民生问题突出，因此如何构建和谐社会是中国这段时期所面临的一个最重要的经济与社会问题。其中，如何才能让中国经济增长、经济发展的过程与结果更加公平，使发展的成果能为更广大的人民所共享，

---

① 丁志国、赵晶、赵宣凯、吕长征：《我国城乡收入差距的库兹涅茨效应识别与农村金融政策应对路径选择》，载于《金融研究》2011年第7期。

成为这个时期中国经济理论与政策问题研究的一大焦点。为了促进经济社会的和谐发展，保证经济增长的可持续性，在这一时期逐步形成的可持续增长思想中，开始逐步重视以共享、和谐与公平促进经济增长的可持续性，这经历了一个逐步演进的过程。

在20世纪初党的十六大报告中，对于收入分配问题，江泽民提出，要“坚持效率优先、兼顾公平……鼓励一部分地区和一部分人先富起来，逐步消灭贫穷，达到共同富裕”；对于城乡差距问题，则主张“统筹城乡经济社会发展”，计划在2020年以前使得“城乡差别和地区差别扩大的趋势逐步扭转”。①

而党的十七大报告则表明本时期将更加强调公平与社会和谐的重要性。胡锦涛指出，要“把提高效率同促进社会公平结合起来”“要通过发展增加社会物质财富、不断改善人民生活，又要通过发展保障社会公平正义、不断促进社会和谐”，不再有“效率优先、兼顾公平”的说法，而是提出“初次分配和再分配都要处理好效率和公平的关系，再分配更加注重公平”，具体措施包括优先发展教育，深化收入分配制度改革，建立城乡社保、养老保险体系，扩大转移支付并强化税收调节等方面。报告指出，本时期内虽然已初步建立城乡居民最低生活保障制度，贫困人口基本生活得到保障，但“城乡、区域、经济社会发展仍然不平衡，收入分配差距拉大趋势还未根本扭转，农业基础薄、农村发展滞后的局面尚未改变，缩小城乡、区域发展差距和促进经济社会协调发展任务艰巨”，因此期望到2020年，“覆盖城乡居民的社会保障体系基本建立，人人享有基本生活保障。合理有序的收入分配格局基本形成，中等收入者占多数，绝对贫困现象基本消除。人人享有基本医疗卫生服务。社会管理体系更加健全。”为实现这一目标，就需要我国统筹城乡发展、继续实施区域发展总体战略。②

从前面表述中可看出，党的十七大报告中和谐社会建设与经济增长的持续性之间的联系尚不十分紧密，而党的十八大报告则在十七大报告基础

① 江泽民：《全面建设小康社会，开创中国特色社会主义事业新局面》，载于《人民日报》2002年11月9日。

② 胡锦涛：《高举中国特色社会主义伟大旗帜，为夺取全面建设小康社会新胜利而奋斗》，载于《人民日报》2007年10月16日第1版。

上大大前进了一步，明确将和谐社会理论提高到可持续经济增长层面来考虑。胡锦涛指出，为了“推动经济更有效率、更加公平、更可持续发展”，应“更多依靠城乡区域发展协调互动，不断增强长期发展后劲”“继续实施区域发展总体战略”“推动城乡发展一体化”，并“坚持社会主义基本经济制度和分配制度，调整国民收入分配格局，加大再分配调节力度，着力解决收入分配差距较大问题，使发展成果更多更公平惠及全体人民，朝共同富裕方向稳步前进”。①

本时期内，国际组织也对相关问题做了一定的考察。2007 年初，亚洲开发银行经济研究局和东亚局联合开展了一个“以包容式增长促进社会和谐”的研究课题，提出了“包容式增长”（inclusive growth）的概念，要求在充分发挥市场酬勤惩懒以促进经济高速增长的同时，能够兼顾机会的平等和参与的公平，与“构建和谐社会”的核心思想有很多的共同点。②

胡锦涛在阐述构建和谐社会时指出，“要适应我国利益格局变化和利益主体多元化的客观要求，在经济发展的基础上，更加注重社会公平正义，正确反映和兼顾不同方面群众的利益，抓紧完善利益协调机制，以扩大就业、健全社会保障体系、理顺分配关系、发展社会事业、维护社会稳定等为着力点，努力让全体人民共享改革发展的成果。”③ “加快社会发展、促进社会和谐，必须更加注重社会公平，妥善处理经济增长和收入分配的关系，不断完善社会保障、收入分配、公共教育和财政转移支付制度”。④ 这就需要政府加强基础服务投入、创造平等竞争机会、建立防止和消除极端贫困的社会风险保障机制。庄巨忠研究了中国的经济增长如何促进“社会和谐”的问题，认为经济保持高速、有效和持续的增长、创造

① 胡锦涛：《坚定不移沿着中国特色社会主义道路前进，为全面建成小康社会而奋斗》，载于《人民日报》2012 年 11 月 18 日第 1 版。

② 林毅夫等：《以共享式增长促进社会和谐》，中国计划出版社 2008 年版。

③ 胡锦涛：《在庆祝中国共产党成立八十五周年暨总结保持共产党员先进性教育活动大会上的讲话》，中央文献研究室编：《十六大以来重要文献选编》（下册），中央文献出版社 2008 年版，第 532 ~ 533 页。

④ 胡锦涛：《不断深化对科学发展观的认识，努力开创科学发展的新局面》，中央文献研究室编：《十六大以来重要文献选编》（下册），中央文献出版社 2008 年版，第 808 ~ 809 页。

大量的就业与发展机会是构建和谐社会的基础。[①] 胡锦涛也指出，“实现社会和谐，必须坚持以经济建设为中心，大力发展社会生产力，为社会和谐创造雄厚的物质基础。”[②] 此外，构建和谐社会也需要消除各种各样的机会不平等，以增强增长的共享。胡锦涛指出，在实现较快的经济增长速度的同时要保障社会公平正义，“要通过发展增加社会物质财富、不断改善人民生活，又要通过发展保障社会公平正义、不断促进社会和谐”[③]“把提高效率同促进社会公平结合起来，强调我们既高度重视通过提高效率来促进发展，又高度重视在经济发展的基础上通过实现社会公平来促进社会和谐”，通过“着力发展社会事业”“着力完善收入分配制度”来保障和改善民生，“努力形成全体人民各尽其能、各得其所而又和谐相处的局面”。[④]

基于类似的考量，本时期国内许多学者从收入分配调节、缩小城乡差距和促进地区间经济收敛等方面入手，讨论了通过促进公平来实现可持续经济增长的必要性、可能性和实现方式。学界普遍认为，为了创造公平竞争的条件以保持经济高速、有效和持续的增长，实现“又好又快的发展”，中国需要确保国家对教育、卫生和基本社会服务的投资，设法消除或减轻目前不同社会群体间、城乡间与地区间的不均衡与不协调，建立一个规范、透明、公平和有效的市场经济体制。相较之下，学界在前一时期讨论更多的是经济增长的效率提高可能不利于公平，或者强调公平可能有碍高效经济增长，本时期则逐渐认识到公平可以促进经济增长的可持续性。

---

① 庄巨忠：《以共享式增长构建和谐社会：一个战略框架》，林毅夫等编：《以共享式增长促进社会和谐》，中国计划出版社 2008 版，第 30～39 页。

② 胡锦涛：《不断深化对科学发展观的认识，努力开创科学发展的新局面》，中央文献研究室编：《十六大以来重要文献选编》（下册），中央文献出版社 2008 年版，第 808～809 页。

③ 胡锦涛：《高举中国特色社会主义伟大旗帜，为夺取全面建设小康社会新胜利而奋斗》，载于《中国共产党第十七次全国代表大会文件汇编》，人民出版社 2008 年版，第 16～17 页。

④ 胡锦涛：《继续把改革开放伟大事业推向前进》，载于《求是》2008 年第 1 期。

一、调节收入分配的思想

尹恒等全面介绍了当代收入分配理论的最新发展。① 就收入分配不平等对经济增长的影响而言，五十多年来的大量研究得出的判断并不相同。早期研究多从储蓄—投资渠道角度入手，主张收入分配不平等可以促进经济增长，主要是通过提高来自于富裕阶层的储蓄和投资率而实现。但当代收入分配理论拓宽了收入分配影响经济增长的渠道，深入研究了包括政治经济、教育生育决策、社会稳定性和国内市场规模在内的多种机制。政治经济机制方面的文献主要从不同的收入分配格局下中间投票人的税率偏好不同入手，主张收入不平等导致税率提高，从而不利于经济增长；教育与生育决策方面的文献主张收入分配水平的改善有助于提高人力资本投资水平，从而有利于经济增长；社会稳定性方面的文献认为收入不平等导致的社会不稳定不利于经济增长；市场规模方面的文献主张收入不平等导致富人过多购买国外消费品，导致国内工业品内需不足，不利于经济增长。因此可以看出，收入分配的不平等会限制经济增长的可持续性。

周文兴对时间序列数据进行分析，发现大多数能够促进经济增长的经济因素同时也显著推动了收入分配不平等的扩大，只有教育因子同时有利于收入分配的平等和经济增长，因此可以解决“公平与效率”两难的问题。② 文章还指出，对城镇居民收入分配不平等扩大影响最大的因素是城市化，这暗示了适度加强社会保障比单纯通过控制城市化进程来缓解不平等更有效。

林毅夫和刘明兴认为，收入分配不平等的加剧是地方政府采取的发展战略是背离本地比较优势的不可持续战略的结果，因此主张减少政府干预，使各地自然而然地走上符合本地比较优势的发展道路。③

---

① 尹恒、龚六堂、邹恒甫：《当代收入分配理论的新发展》，载于《经济研究》2002 年第 8 期。

② 周文兴：《中国城镇居民收入分配与经济增长关系实证分析》，载于《经济科学》2002 年第 1 期。

③ 林毅夫、刘明兴：《中国的经济增长收敛与收入分配》，载于《世界经济》2003 年第 8 期。

周业安和赵坚毅研究发现，市场化进程本身带来了地区和产业的经济发展差距的扩大，进而造成收入分配不均，并主张收入分配的不平等为今后的经济持续稳定增长埋下隐患，政府今后的经济结构调整政策应该从过去的增长为中心的结构政策转向以转移支付为中心的结构政策。[①]

刘伟主张，转变经济增长方式的关键是使效率提高成为增长的首要动力，但需要处理的重要矛盾则是收入分配差距的扩大，根据不同的原因，采取不同的相应的措施：对于城乡发展上的不均衡所导致的收入差距扩大，解决的根本途径在于努力提高农村发展水平，尽快加速城市化进程；发展不均衡所导致的收入差距扩大，只能以加快发展并提高发展的均衡性来克服；要素贡献提高程度不同形成的收入分配差距的扩大，则主要是由于效率不同而形成的收入差距，是市场竞争的必然结果，不能简单地加以否定，否则会对市场竞争效率产生极为严重的影响，只能加强机会均等和法律治理上的公平，并完善社会保障制度来加以改善。[②]

胡鞍钢等总结认为，1978 年以来中国在减贫方面取得了巨大的成就，但自 20 世纪 80 年代中期以来经济虽保持快速增长、减贫却出现了放缓的趋势，并主张增长质量下降与收入分配不公平导致的贫困人口受益比重下降以及获取收入机会的减少是中国减贫放缓的重要原因，因此建议政府构建新的减贫战略，实施有利于减少贫困的宏观经济政策和区域发展政策，重视弱势群体社会参与机会的增加，提高贫困人口能力。[③] 吴敬琏等学者也认为，建立健全的收入分配调节体系有助于以行政力量弥补市场失灵造成的问题，从而推动增长模式的转变。[④]

李稻葵等发现，在世界各国的经济发展过程中，初次分配中劳动份额的变化趋势呈现先下降、后上升的 U 型规律，转折点约为人均 GDP6000

---

① 周业安、赵坚毅：《市场化、经济结构变迁和政府经济结构政策转型——中国经验》，载于《管理世界》2004 年第 5 期。

② 刘伟：《经济发展和改革的历史性变化与增长方式的根本转变》，载于《经济研究》2006 年第 1 期。

③ 胡鞍钢、胡琳琳、常志霄：《中国经济增长与减少贫困（1978～2004）》，载于《清华大学学报（哲学社会科学版）》2006 年第 5 期。

④ 吴敬琏：《中国经济增长模式抉择》，上海远东出版社 2006 年版；明华：《中国增长模式抉择》，载于《决策》2006 年第 5 期。

美元（2000 年购买力平价）。[①] 该文认为，出现这一现象的原因是经济发展过程中不同部门间的劳动要素转移因所受摩擦力大于资本要素转移而转移速度更低，因此经济发展过程中资本回报高于其边际产出但劳动力报酬低于其边际产出，这导致劳动收入份额在经济发展初期是下降的，直到劳动力转移逐步完成才会开始上升；中国初次分配中劳动份额的变动趋势是基本符合这一规律的。

龚刚和杨光从不同角度进行了类似的分析，他们认为是劳动力的无限供给导致劳动力市场的供求变化、劳动生产率和物价变化对工资的影响不敏感，这意味着经济增长或劳动生产率的提高所带来的利益大部分转化为利润而非工资，所以要通过保持经济的高速增长彻底扭转中国收入分配恶化趋势，加快工业化和城市化进程以吸收农村剩余劳动力。[②] 本书认为，该文的理论分析合理但政策建议并不全面，因为农业现代化策略同样可以通过提高进城务工的机会成本而终结劳动力的无限供给。

二、缩小城乡差距的思想

中国的城乡差距问题较为明显，尤其是改革开放以来差距一度有拉大的趋势。王少平和欧阳志刚使用泰尔指数度量和刻画我国的城乡收入差距及其变化特征，发现改革开放以来我国城乡收入差距对实际增长的长期效应存在一个由正向负平滑转换的过程。[③]

绝大多数学者都认为缩小城乡差距是保持社会经济稳定、持续发展的重要问题。林毅夫认为，在保持农业的持续、稳定发展的同时增加农民收入，缩小城乡之间和地区之间的差距是解决“三农”问题的关键。[④] 张红宇主张必须在农民收入的目标取向、发展思路、制度创新和职能转变方面

---

① 李稻葵、刘霖林、王红领：《GDP 中劳动份额演变的 U 型规律》，载于《经济研究》2009 年第 1 期。

② 龚刚、杨光：《从功能性收入看中国收入分配的不平等》，载于《中国社会科学》2010 年第 2 期。

③ 王少平、欧阳志刚：《中国城乡收入差距对实际经济增长的阈值效应》，载于《中国社会科学》2008 年第 2 期。

④ 林毅夫：《“三农”问题与我国农村的未来发展》，载于《农业经济问题》2003 年第 1 期。

调整政府行为，真正建立以农民为本、以农民收入为本的政府业绩考核、行政问责制和城乡居民收入差距的平抑机制，确保农民收入可持续增长。①

对于城乡差距产生的原因和解决的方案，学界做了多方面的探讨。第一类文献是主张调整地方政府发展战略。林毅夫和刘明兴认为，城乡差距的加剧是地方政府采取的发展战略是背离本地比较优势的不可持续战略的结果，因此主张减少政府干预，使各地自然而然地走上符合本地比较优势的发展道路。② 胡鞍钢认为，中国在城乡间采取的“一个国家、两种制度”的制度安排导致了城乡差距，不仅侵害了广大农村居民的利益，而且造成了巨大的制度性机会成本，使得中国的宏观经济付出了高昂代价，因此主张通过城市化（城镇化）来解决这些问题。③ 陈钊和陆铭认为，尽管中国农村向城市的劳动力流动的规模持续增长，但中国的城市化水平依然滞后于工业化的发展，倾向城市居民利益的城乡分割政策导致中国的城乡差距、城市内部本地职工与外来职工的工资差距持续扩大，需要通过城乡融合的转变来促进整体经济的增长，实现城乡平等与社会和谐。④

第二类文献是从人口生育和人力资本发展角度考虑。郭剑雄从人口理论出发，认为城市部门已进入低生育率、高人力资本存量、高积累率共同推动的持续增长均衡阶段，而农村地区收入增长缓慢的根源在于高生育率和低人力资本积累率所导致的马尔萨斯稳态造成了不断拉大的城乡收入差距，主张加强农村的人力资本投资和生育控制。⑤

第三类文献是从金融发展方面分析。张立军和湛泳，王虎和范从来，叶志强、陈习定和张顺明，姚耀军，董晓林和王娟，龙海明和柳沙玲，以及丁志国等学者都研究发现中国的（正规）金融发展导致了资金从金融效

① 张红宇：《城乡居民收入差距的平抑机制：工业化中期阶段的经济增长与政府行为选择》，载于《管理世界》2004 年第 4 期。

② 林毅夫、刘明兴：《中国的经济增长收敛与收入分配》，载于《世界经济》2003 年第 8 期。

③ 胡鞍钢：《城市化是今后中国经济发展的主要推动力》，载于《中国人口科学》2003 年第 6 期。

④ 陈钊、陆铭：《从分割到融合：城乡经济增长与社会和谐的政治经济学》，载于《经济研究》2008 年第 1 期。

⑤ 郭剑雄：《人力资本、生育率与城乡收入差距的收敛》，载于《中国社会科学》2005 年第 3 期。

率较低的农村流向金融效率较高的城市，从而造成马太效应，拉大了城乡差距，许多学者因此主张通过发展农村金融促进农村经济增长。①

三、促进地区收敛的思想

关于不同地区经济发展差异比较的文章是相当多的。王铮和葛昭攀研究了20世纪90年代中国经济增长动态，分析发现：中国东中西部经济发展分别收敛不同的均衡点，缩减地区间差距的关键是加强对中西部等经济落后地区的投资。② 王志刚也认为，对全国而言，总的收入差距是在增大；但就东、中、西部每个地区而言其内部差距是在减少，这就是说在整个收入的差距增大中，地区间的差距占据主导地位，政府应加大对中西部地区的基础设施与人力资本投入、加快其产业内部的技术进步以逐步缩小地区间的差距。③

刘夏明等认为，中国地区经济的总体差距主要来自沿海和内陆地区的差距，主张中央政府必须采取有效措施引导各地区推行区域经济协调发展战略，包括（1）允许各地拥有相同程度的开放和经济自由化，使中西部地区能赶上东部地区；（2）制定详尽的战略步骤、取消生产要素的流动壁垒，以促进改革的深化和效率的提高；（3）提出产业发展规划以避免重复建设和资源浪费；（4）帮助内陆特别是西部地区改善基础设施，鼓励以比

① 张立军、湛泳：《中国农村金融发展对城乡收入差距的影响——基于1978～2004年数据的检验》，载于《中央财经大学学报》2006年第5期；王虎、范从来：《金融发展与农民收入影响机制的研究——来自中国1980～2004年的经验证据》，载于《经济科学》2006年第6期；叶志强、陈习定、张顺明：《金融发展能减少城乡收入差距吗？——来自中国的证据》，载于《金融研究》2011年第2期；姚耀军：《中国农村金融发展与经济增长关系的实证分析》，载于《经济科学》2004年第5期；董晓林、王娟：《我国农村地区金融发展与经济增长——内生增长模型分析》，载于《南京农业大学学报（社会科学版）》2004年第4期；龙海明、柳沙玲：《多重均衡条件下农村正规金融发展与经济增长的关系——基于中国省际数据的实证分析》，载于《金融研究》2008年第6期；丁志国、赵晶、赵宣凯、吕长征：《我国城乡收入差距的库兹涅茨效应识别与农村金融政策应对路径选择》，载于《金融研究》2011年第7期。

② 王铮、葛昭攀：《中国区域经济发展的多重均衡态与转变前兆》，载于《中国社会科学》2002年第4期。

③ 王志刚：《质疑中国经济增长的条件收敛性》，载于《管理世界》2004年第3期。

较优势为基础的资源重新配置。[①] 徐现祥和李郇则根据我国216个地级及其以上城市的数据研究认为，城市与省区层面的全国趋同/发散特征并不相同，虽然全国不同省区间存在差距加大的情况，但城市之间存在着趋同与收敛的特征。[②] 徐现祥和舒元认为中国省区经济增长分布逐渐呈“双峰状”趋同，文献称为双峰趋同或两俱乐部趋同；文章研究发现是由于沿海内地之间在物质资本积累上存在逐渐扩大的“鸿沟”，导致沿海、内地的组内收入差距逐步缩小，而组间收入差距不断拉大，从而中国地区出现双峰趋同。[③]

许召元和李善同认为，改革开放以来，我国的地区差距曾经历过一个先缩小、后持续扩大的历程，但到21世纪时差距扩大的速度已经慢于20世纪90年代；政府应对落后地区重点加强教育投资和基础设施建设，提高城市化水平、加快完善市场经济体制并改善投资环境，以加快经济增长速度、缩小地区差距。[④] 吴玉鸣引入了空间计量经济学方法，研究发现改革开放以来中国省域经济空间联系不断密切、地理集聚性明显增强，政府应通过差异性的经济政策和收入再分配手段促进落后地区的发展、缩小并消除城乡差距和地区差距。[⑤]

要素禀赋是造成地区经济差异的原因之一。蔡昉和王德文考察了各地区的物质资本、劳动力、人力资本和自然资源等禀赋，研究发现是地区间生产要素边际报酬差异导致了地区发展的差异，其变化趋势与生产要素流动性和市场发育状况密切相关。[⑥] 文章建议，应加大对中西部落后地区的人力资本投资、提高人力资本存量以及开发创新能力，并深化城乡户籍制度改革、加快劳动力市场和人力资本市场培育，为发挥比较优势创造制度

---

① 刘夏明、魏英琪、李国平：《收敛还是发散？——中国区域经济发展争论的文献综述》，载于《经济研究》2004年第7期。

② 徐现祥、李郇：《中国城市经济增长的趋同分析》，载于《经济研究》2004年第5期。

③ 徐现祥、舒元：《物质资本、人力资本与中国地区双峰趋同》，载于《世界经济》2005年第1期。

④ 许召元、李善同：《近年来中国地区差距的变化趋势》，载于《经济研究》2006年第7期。

⑤ 吴玉鸣：《中国省域经济增长趋同的空间计量经济分析》，载于《数量经济技术经济研究》2006年第12期。

⑥ 蔡昉、王德文：《比较优势差异、变化及其对地区差距的影响》，载于《中国社会科学》2002年第5期。

保障和条件。管卫华等也认为要素投入差异是区域经济差异的主要原因。①姚先国和张海峰认为，虽然劳动力教育程度的提高有助于地区经济增长，但相较之下资本投资是造成地区经济差异的更主要因素，因此就缩小区域差距而言，加强资本投资和教育投资都颇为重要。②

自然禀赋所造成的“资源诅咒”是造成地区经济差异的一个重要可能原因。徐康宁和韩剑提出，中国资源丰裕的地区经济增长速度普遍要慢于资源贫瘠的地区、存在着长周期“资源诅咒”效应，并分析了四种可能的作用机制：其一是对技术含量和附加值高的制造业的挤出效应，其二是人力资本积累不足，其三是寻租造成大量的资源浪费和掠夺性开采，其四是加大了生态环境压力。③ 对此，作者给出了四点政策建议：其一是调整和优化产业结构、大力发展新兴产业；其二是加大人力资本投入、培育新的经济增长动力；其三是改革现行的资源税、增强地方财政能力；其四是提高资源租金的使用效率、建立有效透明的监督机制。邵帅和齐中英利用省际面板数据分析发现了西部地区能源开发与经济增长之间的显著负相关关系，资源越丰富越不利于经济增长。他们的文章还认为，能源开发阻碍西部经济增长主要有三个途径，其一是对科技创新和人力资本投入的挤出效应，其二是滋生寻租，其三是腐败而引起的政治制度弱化效应，其中人力资本投入挤出的作用最强。④ 因此，作者建议加强人力资本投资和高技术产业的发展，并强化法律监督机制，推动政府管理的透明化。不过，与此前的研究不同的是，该文除强调加大教育投入力度外，还特意强调需要施行优惠政策吸引留住高素质的人才，显然作者意识到传统文章所强调的单纯加大教育投入的政策可能会因高素质人才向东部发达地区的流失而失效，导致人力资本无法有效积累。

---

① 管卫华、林振山、顾朝林：《中国区域经济发展差异及其原因的多尺度分析》，载于《经济研究》2006 年第 7 期。

② 姚先国、张海峰：《教育、人力资本与地区经济差异》，载于《经济研究》2008 年第 5 期。

③ 徐康宁、韩剑：《中国区域经济的“资源诅咒”效应：地区差距的另一种解释》，载于《经济学家》2005 年第 6 期。

④ 邵帅、齐中英：《基于“资源诅咒”学说的能源输出型城市 R&D 行为研究——理论解释及其实证检验》，载于《财经研究》2009 年第 1 期。

也有许多文献比较关注 FDI 对地区经济差异的影响。王成岐等和方勇、张二震主张 FDI 是导致地区经济发展差异的显著原因之一，[①] 魏后凯认为东部发达地区与西部落后地区之间 GDP 增长率的差异大约有 90% 是由外商投资引起的，因此这些作者认为经济欠发达的地区应该提高人力资本存量、加快产业升级，并通过改善基础设施与产业配套条件等投资环境加强对外资的吸引。[②]

但也有些文献持不同看法，认为吸引外资对于促进地区收敛意义不大。武剑运用多维方差分析模型分析认为，FDI 的区域分布不能有效解释各地区经济的不平衡状况。[③] 卢获则发现，外商投资虽然有助于改进资源配置效率，却又妨碍了生产效率改进。[④] 潘文卿的研究进一步发现，20 世纪 90 年代后半期中国工业部门引进外商投资促进了内资部门的产出增长，东部地区内资工业部门技术水平的提升已使外商投资的正向外溢效应变小，中部地区当前外商投资的正向外溢效应相对较大。[⑤] 陈继勇和盛杨怿则认为，由地区自身科技投入导致的技术进步差异导致了地区间的经济增长差异，外商在华直接投资的知识溢出效应并不明显。[⑥]

研究导致地区差异的其他原因的文献也有很多。金融因素是较多的一类。周立和王子明主张，金融发展初始条件的差异可以部分地解释各地区的经济增长差异，中国必须通过扩大金融业的对内和对外开放、进一步探索金融市场化的道路来获得高质量的金融发展与经济增长。[⑦] 范方志和张立军的数量分析则表明，产业结构的差异导致了我国不同地区金融发展水平的差距和经济增长的差异，产业结构的升级将促进各地区的金融发

① 王成岐、张建华、安辉：《外商直接投资、地区差异与中国经济增长》，载于《世界经济》2002 年第 4 期；方勇、张二震：《长江三角洲地区外商直接投资与地区经济发展》，载于《中国工业经济》2002 年第 5 期。

② 魏后凯：《外商直接投资对中国区域经济增长的影响》，载于《经济研究》2002 年第 4 期。

③ 武剑：《外国直接投资的区域分布及其经济增长效应》，载于《经济研究》2002 年第 4 期。

④ 卢获：《外商投资与中国经济发展——产业和区域分析证据》，载于《经济研究》2003 年第 9 期。

⑤ 潘文卿：《中国区域经济差异与收敛》，载于《中国社会科学》2010 年第 1 期。

⑥ 陈继勇、盛杨怿：《外商直接投资的知识溢出与中国区域经济增长》，载于《经济研究》2008 年第 12 期。

⑦ 周立、王子明：《中国各地区金融发展与经济增长实证分析：1978～2000》，载于《金融研究》2002 年第 10 期。

展与经济增长，因此主张建设和完善民营经济金融服务体系，采取适度放宽的金融监管调控，积极发展政策性金融、培育区域性金融中心与中西部地区资本市场，缩小区域间经济金融发展的差距。[①] 周好文和钟永红认为，金融中介机构的规模和效率都与地区间经济发展水平的差异有直接关系，促进地区收敛需要中西部金融机构调整贷款结构，扩大对非国有经济的贷款规模，实现金融配置结构与经济增长主体结构的匹配。[②] 王景武的看法则有所不同，他认为中央政府通过差异化的区域金融制度安排将国有金融机构动员的大量储蓄资源分配给基础较好的东部沿海省区，导致东部地区的金融发展与经济增长之间的正向因果关系在西部地区则转为反向因果。[③]

效率和技术进步也是一类重要因素。武剑主张国内投资效率上的显著差别是造成区域经济差距长期存在的主要因素，因此文章建议在西部开发中更多地重视市场与法律手段的强化与软环境的建设，使资金在寻求效益最大化的条件下合理配置，避免政府干预导致的效率损失，并提高引入资本的质量尤其是技术含量，培育人力资本以提高要素的综合产出效率。[④] 有的学者认为技术进步和技术效率扩大了省际生产率的差异，[⑤] 也有的学者认为投入要素的量和质、要素配置效率、要素使用效率、空间格局变动决定了地区经济发展的差异，因此中西部地区应通过加快市场化进程、提高要素配置效率，并大力引进和运用新技术，积极开发区位资源与空间优势。[⑥] 白俊红、江可申和李婧的省际研究发现技术进步是全要素生产率增长的主要动力，而技术效率在考察期内并未发生明显变化；全要素生产率

---

① 范方志、张立军：《中国地区金融结构转变与产业结构升级研究》，载于《金融研究》2003 年第 11 期。

② 周好文、钟永红：《中国金融中介发展与地区经济增长：多变量 VAR 系统分析》，载于《金融研究》2004 年第 6 期。

③ 王景武：《金融发展与经济增长：基于中国区域金融发展的实证分析》，载于《财贸经济》2005 年第 10 期。

④ 武剑：《外国直接投资的区域分布及其经济增长效应》，载于《经济研究》2002 年第 4 期。

⑤ 颜鹏飞、王兵：《技术效率、技术进步与生产率增长：基于 DEA 的实证分析》，载于《经济研究》2004 年第 12 期。杨文举：《技术效率、技术进步、资本深化与经济增长：基于 DEA 的经验分析》，载于《世界经济》2006 年第 5 期。

⑥ 陈秀山、徐瑛：《中国区域差距影响因素的实证研究》，载于《中国社会科学》2004 年第 5 期。

增长与技术进步均不存在绝对收敛，但存在条件收敛。文章建议减少政府干预、进一步确立企业的创新主体地位，进而改善创新绩效。[①]

其他被考虑的因素还有地理区位等。如塞尔维·穆尔格（Sylvie D. Murger）等的研究认为，沿海地区的发达主要是地理位置与国家优惠政策的结果。[②] 董先安使用弹性分析与条件收敛分析检验了多组解释变量对经济增长与收敛的影响，认为城乡差距、国有企业比重对经济收敛均存在显著负面影响；地理区位、产业结构和人力资本都是经济收敛的重要条件。[③]

四、总结与评论

本时期国人逐渐意识到通过促进公平来实现可持续经济增长的必要性和重要性，大部分讨论者已基本就收入分配的不平等、城乡差距与地区间差距的拉大会限制经济增长的可持续性达成共识。总体而言，多数论者主张积极发挥政府的调节作用，强化转移支付（包括地区间与不同收入群体间的转移支付）与收入再分配。就地区间差距而言，许多研究又主张落后地区应减少政府干预、推进市场化的改革。不过这两种观点并不矛盾，因为二者是在不同领域对政府提出要求，前者要求政府通过对福利分配的干预解决市场无法解决的问题，后者则要求政府不干预市场可以自行解决的问题，总的来说是要求政府对自身的角色有更加准确的定位，从而成为“又好又快的发展”的制度与政策保障，但产出增长与创新等具体的微观经济活动仍需留给作为市场主体的企业自身来参与和实践。

① 白俊红、江可申、李婧：《中国地区研发创新的相对效率与全要素生产率增长分解》，载于《经济研究》2009 年第 3 期。

② Sylvie D. Murger、杰夫·萨克斯、胡永泰、鲍曙明、张欣：《地理位置与优惠政策对中国地区经济发展的相关贡献》，载于《经济研究》2002 年第 9 期。

③ 董先安：《浅释中国地区收入差距：1952～2002》，载于《经济研究》2004 年第 9 期。

第六节　可持续增长思想确立时期中国的经济增长绩效与增长潜力展望

自2001年加入WTO后，中国经济与世界经济的互动日益增强。在西方经济增长理论的影响下，国内经济学界就中国经济增长的机制、路径、动力等进行了大量深入的研究，并提出了一些富有远见的观点与看法，为中国经济未来可持续增长与和谐增长提供了有益的建议。透过这些研究的不同阐释，不难发现，这些思想与理论研究都主张创新，包括技术创新与制度创新是中国经济增长的持续动力所在，强调“创新推动”取代“效率推动”与“要素推动”的增长模式。这也深深影响了中国的经济运行，中国的创新实力日益增强，对经济的贡献日益增大。

一、可持续增长思想主导时期中国的经济运行及其可持续增长潜力问题

进入21世纪以来，在全球化日益走向深化、而加入WTO后的中国又不断融入世界的过程中，外延式增长的阶段性比较优势得到了强化和发挥，中国因为低廉的劳动力、资源和环境成本而承接了大量加工企业的转移，外贸出口得到了跨跃式发展，进出口总额于2011年跃居世界第二位。有学者在入世之初即预言，中国在加入WTO后必然因资源在全球范围内的优化配置而逐渐成为世界制造业中心。① 因此，如本章第一节中所述，尽管本时期之初甚至此前的时期内国人已经意识到外延式增长代价较高，但入世红利大大提高了外延式增长的净收益（即提高收益或降低成本），导致了本时期内外延式增长的延续和出口导向的产业政策发展，出口同比增速平均水平高达21.6%，这也带来了平均10%

① 张车伟、蔡昉：《就业弹性的变化趋势研究》，载于《中国工业经济》2002年第5期。

的高速经济增长（见图 5-1），经济总量从世界第六位上升到 2010 年的世界第二位。

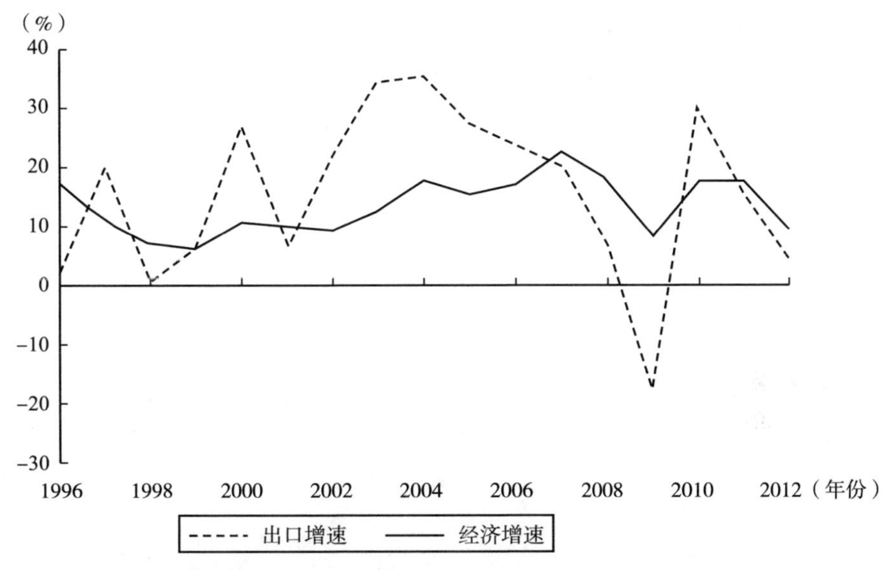

图 5-1　中国 GDP 与出口增速（季度）

资料来源：根据国家统计局数据整理。

但中国由于科技水平相对落后，出口一向以低附加值的纺织、服装和玩具等轻工业产品为主，一方面导致资源消耗较大、投资与产能波动较为剧烈，另一方面随着社会年龄结构的老化，劳动要素投入规模无法再进一步扩张。本时期我国就业人数增速基本维持在 0.7% 以下的低位（见图 5-2），并展现出平稳运行态势，这意味着中国的人口红利已经消失，劳动力供给已近瓶颈，同样说明原有的外延式增长面临着资源（人口）的硬约束，继续推行会使得成本过于高昂。

在本时期内发展迅猛但同时又潜力日蹙的一个典型例证是钢铁行业，其产品是多数工业部门的上游原材料。处于重化工业发展过程中的中国对钢铁需求非常大，本国的矿石完全不能满足经济增长的需要。数据表明，2012 年中国进口铁矿石的数量已增长到 7.4 亿吨，这几乎与国际上最大的四家供应商淡水河谷、必和必拓、力拓和弗太斯特（FMG）的当年总产量（7.47 亿吨）相当，约合当年全球铁矿石总产量（30 亿吨）的 24.7% 和全球贸易量的 77% 以上。相较之下，在上一时期的 1991 年，我国的铁矿石进口量不过 2000 万吨，而当时的全球贸易量已有 4 亿吨，中国因素只占全球的不足 5%，矿石价格在这一过程中也攀升了 6 倍，二十年的铁矿石国际贸易量增长和价格上涨几乎完全是由中国铁矿石进口增长所带动的（见图 5－3）。

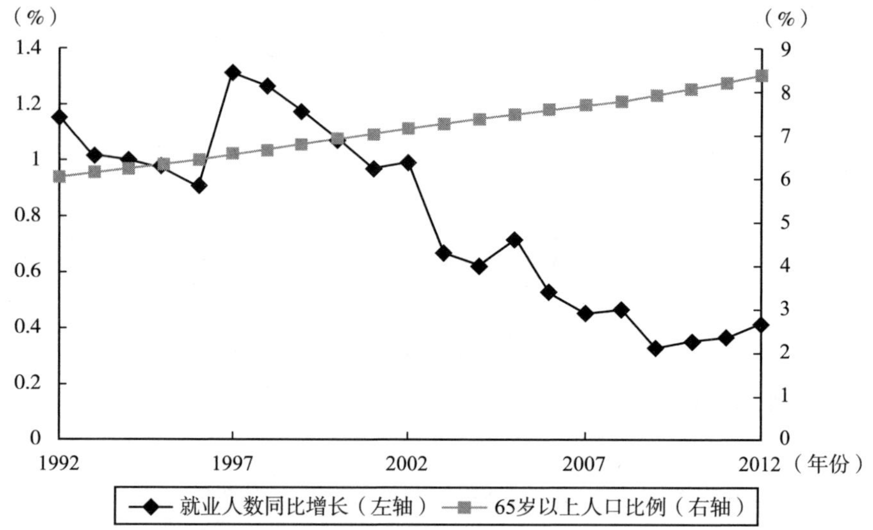

图 5－2　中国就业人数增速与老年人口比例

资料来源：根据世界银行和国家统计局数据整理。

到本时期末的 2012 年，中国铁矿石进口增量占全球贸易量增量的 90%。1991 年以来中国铁矿石进口量维持着约 19% 的年均增长速度，而同时期全球铁矿石贸易量的平均年增长速度只有 5%（见图 5－4）。如果中国还要继续推行原来的经济增长方式，全球的铁矿石资源似难以满足增长需要。

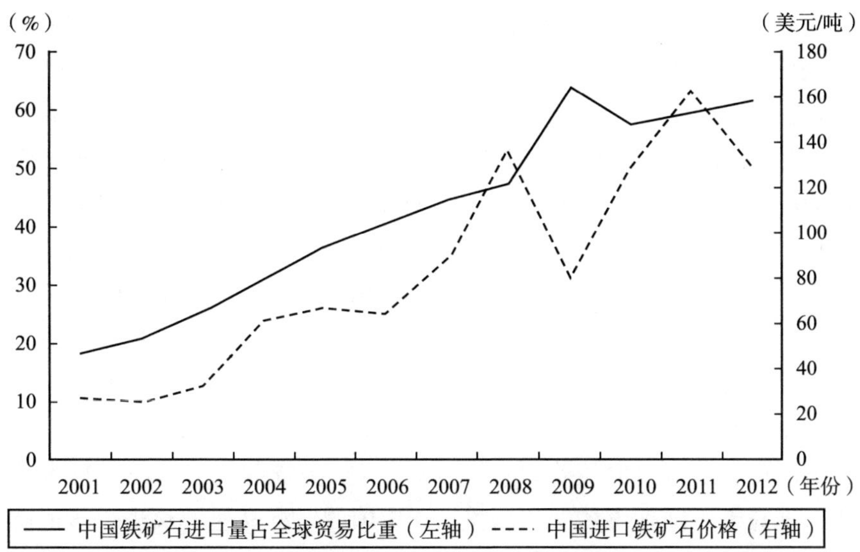

图 5－3　中国进口铁矿石的价格与数量比重

资料来源：根据国际钢铁协会和国家统计局数据整理。

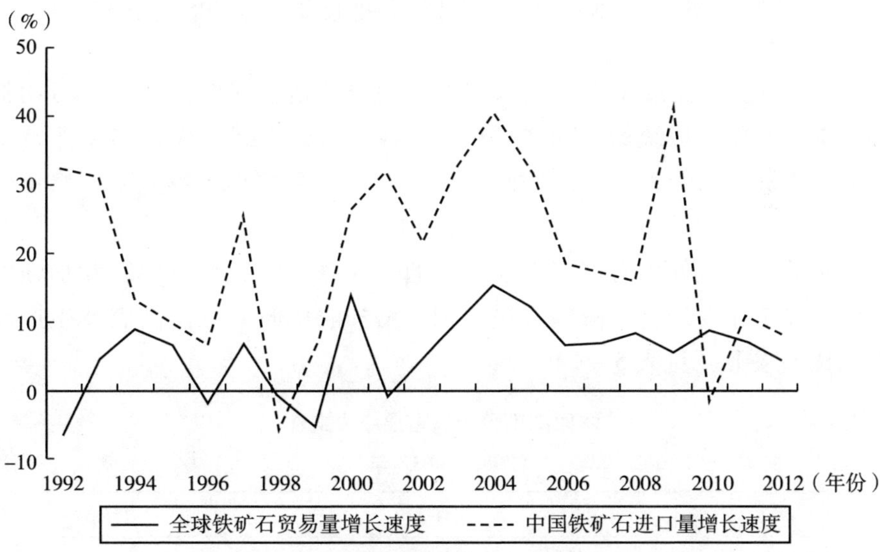

图 5－4　铁矿石贸易量增速：全球与中国进口

资料来源：根据国际钢铁协会和国家统计局数据整理。

而且，如果以2001年的价格为基准，那么在2001～2012年间中国钢企因铁矿石价格上涨已多支出了1.7万亿元（通胀以黑色金属工业PPI计算），相当于中国上市钢铁企业同期利润总和的6倍多（根据上市企业公报计算），进而对下游机械制造、房地产、汽车、造船和基建等行业形成负面影响。这说明，外延式增长给中国带来的成本过于高昂，其对经济增长可持续性的负面影响越来越大。在这种情况下，消费、投资和出口“三驾马车”中，投资占经济总产值43.8%左右的比重就显得过高，毕竟20世纪80年代只有35%的水平，而且这种不断向上的攀升也将导致很大的产能过剩压力。

如果中国与世界经济的总需求平稳发展，那么巨量产能仍可随着时间的推移而得到消化。但随着2008年以来美国次贷危机引爆的全球经济衰退极大地打击了国际市场上的总需求，中国的经济高速增长进一步面临平稳性问题。从中长期的角度来看，对于中国经济自身而言，有必要借此机会主动放缓经济增长速度，提高经济增长质量，转变经济增长和发展方式。

二、可持续增长思想确立时期中国在要素集约方面的绩效

从劳动要素角度来看，我国在本时期内开始重视保护和提高劳动报酬水平。在压制传统的劳动要素投入型经济增长方式方面取得了非常明显的进步。党的十六大以来的政策一直非常重视缩小城乡差距、修正劳动力要素价格体系。自2003年起至2012年这十年间，中共中央、国务院发布的政策文件中有许多涉农文件通过税收减免、政策创新和加强农村社会经济建设来直接减轻农民负担、增加农民收入、提高农业生产能力和技术水平（见表5－1）。

表5－1　　本时期部分涉农重要中央文件（2003～2012年）

文件名
中共中央国务院关于全面推进农村税费改革试点的意见
中共中央国务院关于促进农民增加收入若干政策的意见

续表

文件名
中共中央国务院关于进一步加强农村工作提高农业综合生产能力若干政策的意见
中共中央国务院关于推进社会主义新农村建设的若干意见
中共中央国务院关于积极发展现代农业扎实推进社会主义新农村建设的若干意见
中共中央国务院关于切实加强农业基础建设进一步促进农业发展农民增收的若干意见
中共中央国务院关于2009年促进农业稳定发展农民持续增收的若干意见
中共中央国务院关于加大统筹城乡发展力度进一步夯实农业农村发展基础的若干意见
中共中央国务院关于加快水利改革发展的决定
关于加快推进农业科技创新持续增强农产品供给保障能力的若干意见

资料来源：中国政府网。

这些政策措施不仅加强了农村和农业的可持续发展，缩小了城乡差距，促进了社会和谐，还对扭曲的劳动力要素价格体系起到了逐步修正的作用。再加上2007年强调劳动者保护的新《劳动法》出台，此前存在的那种不正常的、以劳动要素廉价化为特征的外延式比较优势在本时期内被我国的经济政策逐步消除或削弱了，要素价格体系得到了优化，社会与经济体系也变得更加稳定。

而且，这还使得我国在本时期的劳动报酬增长率持续上升。由此带来的好处有两方面：其一是有利于人力资本索取与其贡献相称的回报，从而有利于人力资本的培育、提高增长的可持续性；其二是有助于削弱我国发展劳动密集型产业的比较优势，从而促进经济增长方式的转变（见本章第四节）。因此在压制传统的劳动要素投入型经济增长方式方面，我国在本时期内取得了非常明显的进步（见图5－5）。

本时期内我国资源节约型、环境友好型社会建设也取得重大进展。党的十八大报告指出，本时期我国主体功能区布局基本形成，资源循环利用体系初步建立；森林覆盖率提高，生态系统稳定性增强，人居环境明显改善，单位国内生产总值能源和水资源消耗均有明显大幅下降。此外，本书还发现本时期内我国主要污染物排放情况总量增长有限或有所下降，单位

GDP 污染排放则显著减少（见图 5－6）。

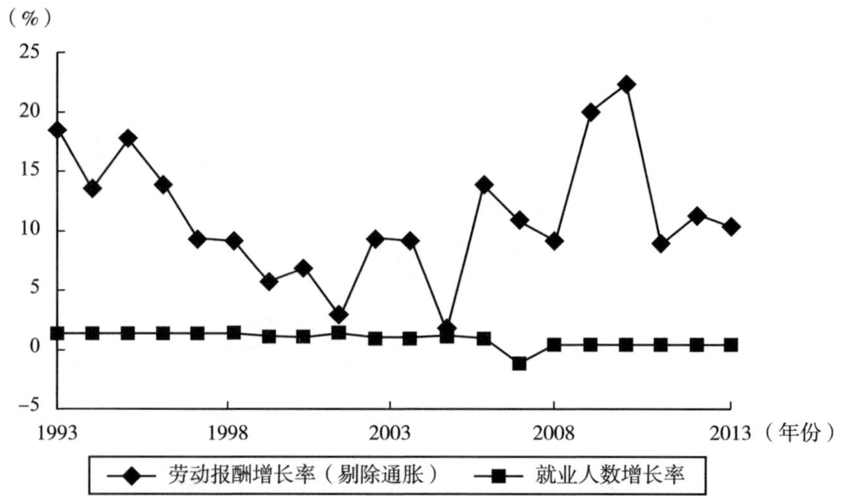

图 5－5 中国劳动报酬与就业人数的增长（1993～2012 年）

资料来源：数据源自国家统计局。劳动报酬根据收入法 GDP 数据计算，通胀为 GDP 平减指数。

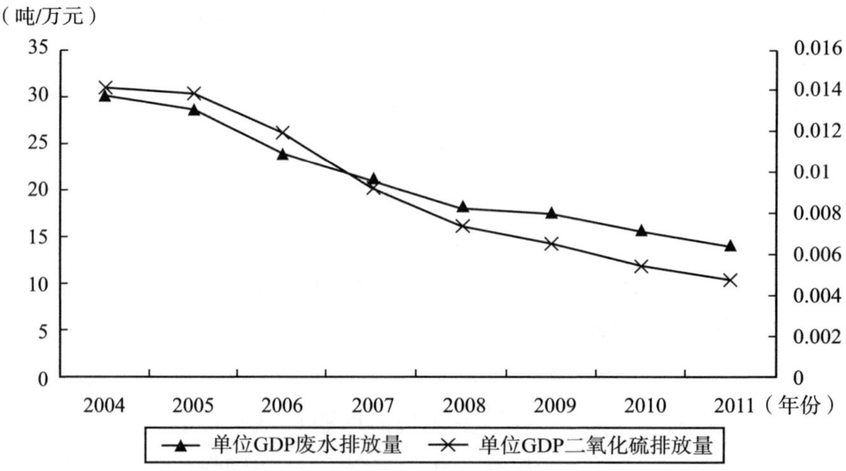

图 5－6 中国单位 GDP 水资源与能源消耗的下降（2004～2011 年）

资料来源：数据源自国家统计局。

但是，本时期内中国的资本要素集约进展较为有限，投资扩张非常明显。地方政府主导下的投资驱动式经济发展建立在要素价格的扭曲之上——地方担保下的资金借入几乎不存在风险溢价，因此资金成本极低；而土地要素的投入更是完全决定于地方，这导致了产能的迅速扩张和过剩。这些问题前面已有讨论，此处不再赘述。

三、可持续增长思想确立时期中国在优化效率方面的成就

进入21世纪后，中国经济进入了一个新的快速增长轨道，但我国的企业缺乏核心竞争力成为中国经济未来可持续增长的一个“瓶颈”。因而，未来中国经济的持续动力则来自于中国的自主创新，胡锦涛在2005年强调“必须提高自主创新能力”，并指出这是“调整产业结构、转变增长方式的中心环节。”① 自20世纪80年代开始，中国一直在努力实现经济增长方式从粗放式向集约式转型，从政府到学界都把促进科技研发和自主创新作为增长方式转型的重要抓手，R&D投入及其占GDP的比值一直稳定的增长，从1994年的0.66%增加到2000年的1%，进步显著。②

加入世界贸易组织后，我国开始告别“干中学”模式的引进模仿阶段，开始向自主创新阶段过渡。而且，企业开始成为创新的主体。科技研发活动和资金投入在改革开放前和改革开放早期主要是由政府主导的，处于较低水平。20世纪90年代后期，科技研发正在从政府主导转向企业主导。研发资金中企业筹资的比重自1996年以来由42%增至69%，说明企业技术进步在加快。③ 企业自主创新能力的增强提高了企业的竞争力，成为中国经济持续增长的动力之源。

当然，这些数据只能表明当下的技术进步与自主创新，长期来看自主

---

① 《中共中央关于制定国民经济和社会发展第十一个五年规划的建议》（2005年10月11日），引自《十六大以来重要文献选编》（中），中央文献出版社2006年版，第1064页。

② 李正卫、吴晓波：《我国R&D投入比例偏低的成因探析》，载于《科学学研究》2002年第4期。

③ 王小鲁、樊纲、刘鹏著：《中国经济增长方式转换和增长可持续性》，载于《经济研究》2009年第1期。

创新能力还是决定于人力资本的培养和科研体系的培育。从图 5－7 中可以看出，2001～2006 年期间我国文教投入占 GDP 的比例长期维持在 4.5%以上，虽然与国际标准相比还不高，但已经明显高于 20 世纪 90 年代平均 3.4% 的水平（2007 年起财政数据统计口径发生变化，与此前不可比）；2002～2012 年间全社会科研投入占比也在稳步增长，本时期内全社会科学研发费用占 GDP 之比不断攀升，平均水平为 1.48%，远远超过上一时期 0.95% 和 20 世纪 90 年代 0.64% 的水平。

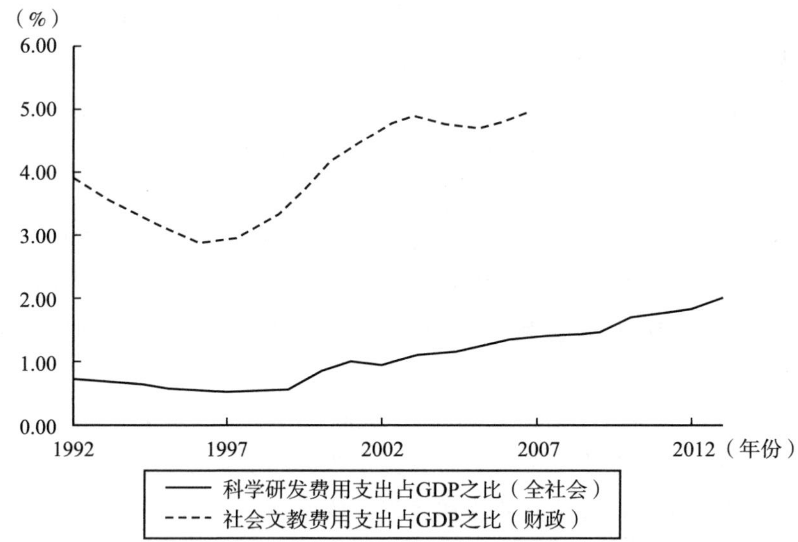

图 5－7　中国科研与社会文教费用的 GDP 占比（1992～2012 年）

资料来源：根据国家统计局数据整理。2007 年起财政数据统计口径变化，与此前不可比。

此外，根据国家统计局社科文司的中国创新指数（见图 5－8，2005 年＝100）来看，我国经济活动人口中大专以上学历比重和劳动生产率都有明显的进步，这不仅对于当期的人力资本培育、技术水平提高和自主创新加强有着明显的作用，对这三方面的长期发展也有着重要的意义。

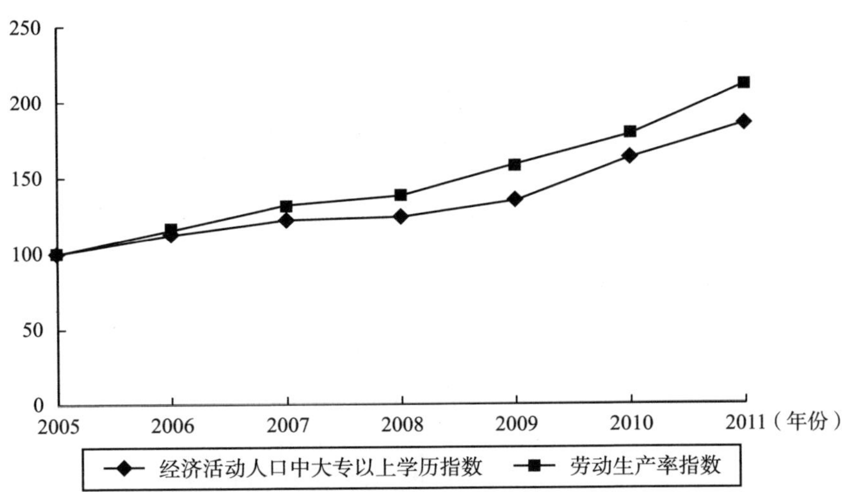

图5－8 中国创新指数：人力资本与生产率（2005～2011年）

资料来源：根据国家统计局数据整理。

技术进步与自主创新的发展在一定程度上带动了产业的升级优化。表5－2展示了2006年以来工业各分行业增加值同比增长幅度，其中排名靠前的主要有传统基础工矿业（黑色金属及非金属矿采选及制品，木竹加工等），能源供应业（燃气生产和供应），高端制造业（铁路、船舶、航空航天设备，通用设备制造，专用设备制造）和环保行业（废弃资源综合利用）。这表明本时期内中国的高速增长虽然很大程度上仍然有赖于资本和资源要素的大量投入，但也正在发生可喜的转变，技术含量和要素集约程度高的高端制造和环保行业都得到了迅速的发展。总体而言，高端产业的快速发展已然开始但传统低端产业还未大规模淘汰，产业升级虽已开始但远未竟全功。

表5－2 2006～2012年工业增加值同比增长幅度（分行业） 单位：%

行业	增长幅度	行业	增长幅度
汽车制造	108.4	仪器仪表制造	258.7
橡胶和塑料制品	110.1	有色金属冶炼及压延加工	268.9

续表

行业	增长幅度	行业	增长幅度
金属制品、机械和设备修理	111.6	化学原料及化学制品制造	270.9
开采辅助活动	114.2	农副食品加工	273.8
石油和天然气开采	126.8	家具制造	276.5
水的生产和供应	147.3	电气机械及器材制造	277.2
石油加工、炼焦及核燃料加工	164.5	食品制造	281.8
电力、热力的生产和供应	190.3	医药制造	283.0
化学纤维制造	212.5	有色金属矿采选	296.2
烟草制品	212.6	酒、饮料和精制茶制造	297.0
纺织	214.7	金属制品	298.1
其他制造	227.2	燃气生产和供应	303.0
黑色金属冶炼及压延加工	230.8	铁路、船舶、航空航天设备	303.8
皮毛制品和制鞋	234.8	通用设备制造	304.2
文体娱乐用品制造	236.4	专用设备制造	316.7
印刷和记录媒介的复制	236.5	非金属矿物制品	320.3
纺织服装、服饰	240.4	木竹加工制品	376.1
造纸及纸制品	246.7	非金属矿采选	394.6
计算机通信电子设备制造	253.8	黑色金属矿采选	456.5
煤炭开采和洗选	255.3	废弃资源综合利用	482.1

资料来源：国家统计局。

四、可持续增长思想确立时期中国在促进公平方面的进展

公平促进是本时期取得重要进展的领域，政策制定者从理论的高度上强调了公平对于可持续增长的重要意义（见本章第六节）。党的十六大以来的政策一直非常重视缩小城乡差距、修正劳动力要素价格体系。自2003年以来本时期中共中央、国务院发布的政策文件（见本节第一部分）中多数的主要目的是通过税收减免、政策创新和加强农村社会经济建设来直接

减轻农民负担、增加农民收入、提高农业生产能力和技术水平，此外还有一份水利方面的文件同样关涉农业问题。这些政策文件的落实缩小了城乡差距，增强了社会经济的和谐性。

这些政策措施加强了农村和农业的可持续发展，提高了农民收入水平。2001 年以后，城镇居民人均可支配收入与农村居民人均纯收入和总收入之比都结束了此前连续六年的快速上涨，在本时期内分别维持在 3.10～3.33 和 2.37～2.65 的区间内，并在党的十七大以后开始下降，这表明城乡差距扩大的趋势得以扭转，城乡居民收入差距已经开始缩小（见图 5－9）。

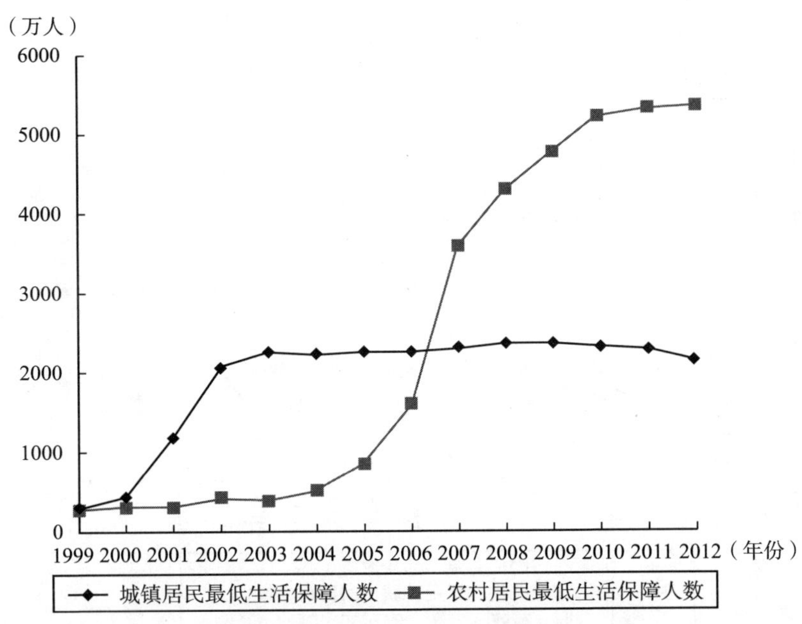

图 5－9　城乡居民收入情况（1999～2012 年）

资料来源：根据国家统计局数据计算。

另外，这些政策除了促进社会和谐，还与 2007 年的新《劳动合同法》一起对扭曲的劳动力要素价格体系起到了逐步修正的作用，削弱了以劳动要素廉价化为特征的外延式比较优势。此外，农村社会保障事业的快速发展也促进了社会与经济体系的稳定。自2003年起，农村居民最低生活保障人数以年均34.6%的速度增长，迅速追上并超越了城镇居民低保人数。此外，根据国家统计局公布的基尼系数来看，本时期内我国的收入差距曾一度上升，但2008年国际金融危机以后有所回落。

最后，本时期的地区发展差距并未进一步扩大，收入差距有所缩小。利用统计学中最常用的、用于估算样本数据的离散程度的标准差系数指标，本书考察了全国31个省、直辖市和自治区在GDP增速、城市居民可支配收入和农村居民纯收入三方面的静态离散情况——即计算三个指标的省级数据标准差（表示样本总体对均值的离散程度）后再除以其均值（去除量纲），发现本时期内地区间收入差距有所下降，而经济增速差距则保持平稳运行态势（见图5－10）。

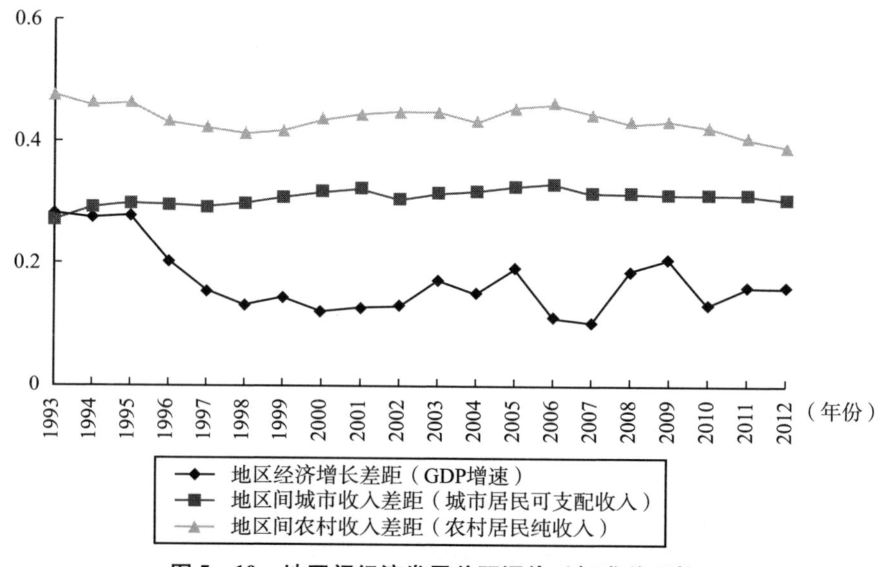

图5－10　地区间经济发展差距评价（标准差系数）

资料来源：根据国家统计局数据计算。

不过，这一时期的公平促进措施也存在一些明显的不足之处。本时期颁布的《中华人民共和国劳动合同法》（即业界通常说的“新劳动法”）

等政策法规显著地提高了经济生产的劳动成本，虽有抑制传统要素密集型生产方式发展、引导产业升级之功，但国际经济环境的变化使得相关改革措施从事后来看存在矫枉过度的问题。以《中华人民共和国劳动合同法》为例，该法由第十届全国人民代表大会常务委员会第二十八次会议于2007年6月29日修订通过，当时中国经济处于快速增长的过热阶段，该法律的颁布受到了社会的普遍欢迎和广泛赞赏。然而在不久之后的2007年8月，美国次贷危机爆发并向全球蔓延。自2008年1月1日起施行的“新劳动法”使得国内生产企业面临外需大幅下降、劳动成本迅速提升的双重压力，无疑为产业升级的顺利实施造成了超出预期的阻碍。另外，调节收入分配、缩小城乡差距和促进地区收敛等问题对全世界各个国家而言都是重要课题。本时期的前述相关政策措施对此虽有缓解作用，但并不能彻底根除。而且从改革难度上讲，早期的改革措施往往是在容易实现帕累托改进、技术难度小、牵涉利益关系相对不多、改革阻力较小的领域实现突破，后续改革则将面临更大的阻力。例如，当前的收入分配改革主要基于个人所得税和财产申报制度，对于以工资为主要收入来源的中产阶级影响较大，但对于以投资收益为主要收入来源、熟悉各种金融避税工具的高净值人群而言作用不大，税收技术仍有待进一步发展。再如，现有的地区收敛调节政策主要通过国家资源的倾斜来实现的，许多地区只是实现了从劳动密集型生产向资本密集型生产的转变，并未真正形成能够吸引高端人才、通过人力资本和技术进步实现经济增长的长效机制。这些问题仍有待进一步的研究和调整。

五、总结与评论

本时期中国经济增长的思想与实践背离明显。尽管本时期国人对经济增长的研究日益深入——虽然这些富有远见的观点在侧重上均有不同，总体上却都主张强调“创新推动”与“效率推动”取代“要素推动”的增长模式，通过技术、制度等方面的创新实现中国经济的可持续增长，并提出了科学发展观这一重要的战略思想。中国经济在要素集约、优化效率和促进公平等方面也都取得了明显的进展，但入世红利却导致了本时期外延式增长的延续，实际经济增长中要素投入的贡献仍然是十分重要的源泉，而非要素因素的地位并没有得到极大的加强，学界所普遍期望的增长方式转换没有发生或没有明显发生。从本书第二章的图 2 －3 中也可以看出，本时期“全要素生产率”对经济增长的贡献其实不如前一时期。一些文献认为增长方式未能转变或转变有限，并将问题归咎于地方政府的投资冲动和 GDP 政绩考核体系，而且这种基于财政分权的地方政府竞争体制造成的不利后果在中国加入 WTO 后显著加剧。按照这一思路推演下去，似乎将得出这样的结论：本时期中国在经济增长方式转变中遇到阻碍，具体来说主要是科学发展观在经济领域的贯彻落实问题。这种分析的思路是能够自圆其说的，但对问题的解答似乎有简单化之嫌。而本书对于增长方式转变、经济增长可持续性的培育进展不尽如人意的原因，亦有许多不同的看法。

第一，从经济发展角度来看，外延式增长有其阶段性意义。纯理论意义上的、劳动力转移和不包含技术成分的资本投入虽然不能支撑长期或永久的持续经济增长，但可以在经济体发展的一定阶段起到不可或缺的重要作用，其中最直接的作用莫过于解决就业。此外，要素投入作为增长来源的相对重要性是随时间变化的，日美等当今的发达国家都经历过这样的依靠资本投入拉动的快速经济增长阶段，一是因为一国经济发展到不同水平时所面临的禀赋价格结构不同导致了比较优势的阶段性变化，二是发展中国家与发达国家在经济上的一个重大差距在于固定资产存量上的差距。所以中国要赶上发达国家，也同样要经历一个漫长的资本积累过程，才可能总体上实现产业技术由劳动密集型为主，经资本密集型为主，向技术密集型为主的转变。从这个角度来看，毕竟资源环境和区域不协调等因素对经济增长制约作用虽然越来越大，其带来的负面成本却仍有一个不断增长的缓慢过程，很难将原本占据主导地位的、投资驱动的经济增长方式的比较优势迅速削平。因此，较长的外延式增长阶段不仅无法避免，而且还很必要、是转变增长方式的前提。

第二，中国仍处于融入全球市场的进程当中，这实际上将中国增长方式的转变延后了。尽管国人很早就意识到外延式增长代价高，但入世红利大大提高了外延式增长的净收益（即提高收益或降低成本），因此中国在入世不久后便以低端出口品在国际上迅速占领大量市场份额，而相关的玩具、服装、箱包等行业在此前的经济增长中并未有如此抢眼的表现，表明我国（一定程度上）成为开放经济后，确实在国际贸易中具有一定的生产低端产品的比较优势，而这种比较优势是经济较为封闭时期未能显现的。其实受“入世”影响的不止劳动密集产业，资源和资本密集型产业的发展也得到了促进。一个证据是我国“入世”后的铁矿石进口增速多维持在21%的水平，显著高于“入世”之前的17%（根据国家统计数据计算得出）。

当然，许多国人并不喜欢外界对中国的“世界工厂”的称号，因为这是通过大量廉价劳动力要素和资源要素投入而得来的。中国的生产商在国际贸易分工和产品价值链中处于底层位置，技术含量低（全要素生产率低下）、利润空间薄、谈判能力弱、竞争压力大、易被其他后发的发展中国家所取代，因此并无可持续性。但不可否认的是，加入WTO毕竟挖掘了此前国人无法预料到的一部分外延式增长潜力，从而导致了增长方式转折点的延后（但不是消失）。

第三，许多文献虽然极力倡导转变经济增长方式，但难免求之过急、预期过高。就本时期来看，我国的经济政策在重视人力资本培育和自主创新能力提高等方面其实已经有了一定的进步。本书认为，要求经济在十余年内就从依赖于要素投入的产出增长方式完全变为以自主创新和技术进步等非要素因素主导的产出增长方式并不现实。一方面是因为经济结构、组织和理念的发展惯性或路径依赖，另一方面则是因为自主创新能力和人力资本的培育都要花费很长的时间；后者是最主要的难题，但许多研究对此不做区分。

制度变迁和科学技术进步等因素当然也能对全要素生产率产生永久性的贡献，但其对全要素生产率的增长率的贡献只是一次性的，不可能在长期内成为源源不断的经济增长动力。转变经济增长方式中最关键的在于培养具有持续创新观念和能力的人才，毕竟先进的制度、管理方法和科学技术等都是由具有持续创新观念和能力的人才所创造出来的。所以，经济增长方式真正转变的关键是教育科研体制的长效转变，一届政府、两期五年计划不可能从根本上实现这一点。即便大量增加科技研发经费，即便提供利于创新的科研、融资和营商等环境，假如没有足以配套的创新型人力资本，那么国家和企业能在全要素生产率提高方面取得的进展便肯定是很有限的。而创新型人力资本的培育需要从根本上改革现有的填鸭式教育体制，但这是已有研究并不关注的。

所以，科研与文教投入的加强即便能够最终反映到全要素生产率及其增长率上，也需要很长的时间。要考察和评价增长方式转变的工作进展，并不能简单根据本时期的全要素生产率及其增长率来评判，而应待考察过此后的人力资本和自主创新能力培育情况之后再做定论。

第四，政府决策不会单纯考虑经济发展，政治、军事和外交等方面的需求都会影响经济政策。而从政治影响力和国家安全等非经济的角度来看，外延式增长对于“仍处于可大有作为的重要战略机遇期”的中国来说其实是非常重要的。就政治方面来说，外延式增长能够迅速提高经济规模，这将尽快地提高一个国家的政治影响力和军事潜力。毕竟，和平的发展环境能够持续多久是当下无法预测的。根据历史经验来看，大国兴衰的过程中世界或地区的领导权常常很难和平交接。一旦和平发展环境被终结，中国面临局部的或全面的冲突，那么国家安全和冲突应将对经济规模和经济产出的速度提出非常高的要求，经济规模和外延式生产所能够提供的高生产速度将起到非常重要的作用。

当然，未来战争及其模式都无法预期，但即便从政治影响力和国家安全以及民族复兴角度来看，保持较高的增长速度（从而扩大经济规模）和外延式生产能力，也仍然对于中国有着重要的、非经济的意义。本书以为，这也是在历次工作报告中，党和国家领导人不断强调战略发展机遇期重要性的根本原因之一。对于这一点，本时期的经济学界极少关注，这可能因为现有的主流经济学——无论是马克思主义政治经济学和西方经济学，在本质上都主要是和平时期的经济学，对国际冲突的关注很少。

本书并不否认当前我国仍存在甚至大量存在学界普遍讨论过的、科学发展观未能足够深入贯彻落实、阻碍或延缓了经济增长方式转变的问题。本书前述五点的论述并非试图、也绝不可能完全取代原有的解释，而只是试图对本时期经济增长方式转变进展低于学界或社会期望这一现象背后可能的真实原因进行补充分析，以期有一定提示作用。从另一个角度来看，本时期中国经济增长思想方面的进展多少也与现实问题的严重性激发了国人的研究动力有关。

推动本时期中国经济增长思想进步的另一个动力是国人对内生经济增长理论的吸收有关。以保罗·罗默（Paul Romer）、罗伯特·卢卡斯（Robert Lucas）、菲利普·奥肯（Philippe Aghion）及彼特·休伊特（Petter Howitt）等学者的研究为代表，经济增长理论研究逐渐将创新（innovation）内生至经济增长模型之中，摆脱了新古典模型中长期人均增长率决定于外生技术进步增速的束缚。[①] 内生增长理论不同于新古典增长理论的关键在于更强调创新对长期经济增长的决定作用。因此，本时期国人逐渐意识到只有通过自主创新，才能使我国长期保持快速的经济增长，在研究中着重于分析中国经济增长的内在机制与可持续增长路径，并运用现代计量经济学的工具实证的研究了中国的经济增长源泉问题，强调“创新”对经济增长的推动作用，强调通过“共享式增长”实现经济社会的协调发展，从而实现经济可持续的快速增长。

不过，中国经济增长思想在本时期的贡献并不能完全归功于西方经济增长理论的发展。毕竟，西方经济增长理论其前提假设为完全市场经济，经济的微观组织企业是依照利润最大化进行经济活动，而经济中的人则是基于效用最大化规则行事。而中国却是典型的二元经济结构，并且长时间存在着经济体制与经济增长方式的转型，因而基于成熟市场经济国家实践发展而来的西方经济增长模型实际上并不完全适合中国经济增长特征。而且从亚当·斯密开始，市场就被认为是自然演化而非人为设计的结果，而此前许多为苏东转型国家做顾问的西方经济学家却自信可以在转型中建设一个全新的市场经济体系，前提是要抹去一切社会主义的痕迹，这正是建构理性主义的“致命自负”，从根本上背离了自由主义古典经济学的最初传统。[②] 所

① Romer, Paul M. (1986) "Increasing Returns and Long - Run Growth." *Journal of Political Economy*, 94 (5): 1002 - 1037.

Romer, Paul M. (1987) "Growth Based on Increasing Returns Due to Specialization." American Economic Review 77: 56 - 62. Romer, Paul M. (1990) "Endogenous Technological Change." *Journal of Political Economy* 98 (part I): S71 - S102. Lucas, Robert E. (1988) "On the Mechanics of Economic Development." *Journal of Monetary Economics* 22: 3 - 42. Aghion, Philippe, and Peter Howitt. (1992) "A Model of Growth through Creative Destruction." *Econometrica* 60: 323 - 351.

② 岳翔宇：《英国式自由主义的有限理性——论亚当·斯密》，载于《经济研究导刊》2008年第14期。

以，中国的市场经济改革选择了“摸着石头过河”，选择了逐步赋予人们经济上的自由选择。科斯还强调，中国取得的经济成就源自中国领导人坚持不懈的务实精神和充满了乐观、活力、创造力和决心的中国人民。

中国持续高速增长30年的经济奇迹，其增长机制肯定有不同于西方社会之处。尽管中国的经验未必都是成绩，但中国人的道路蕴藏着极大的积极性——在为了下一代生活得更好的愿望下，中国经济学家发表了大量公开的文献和没有发布的内部报告。如何更好地描述与解读中国式的增长，并发展出原创的“中国经济增长理论”，是中国经济学界的未来任务，这将对世界的经济和理论发展做出重大贡献。

第六章

新发展理念下的经济增长思想创新探索时期（2012~2019）

新中国经济增长思想的前三个阶段时间长度分别为30年、24年和13年。与这三个时期相比，2012～2019年这短短的7年很难被称之为一个完整的“阶段”。但是在这一个不甚完整的阶段中，中国经济增长的思想与政策实践却有了非常明显而可喜的变化。因此，本章的写作将不同于第三章～第五章，重点不在于对这一时期经济增长思想的系统梳理与分类筛选，而在于如何评估本时期学术思想与政策思想以及二者互动关系的边际变化。

这一时期，随着世界经济进入深度转型调整期，中国经济也逐渐步入了经济增长速度换挡期、结构调整阵痛期、前期刺激政策消化期“三期叠加”的新阶段。其中，所谓“前期刺激政策消化期”，主要是指应对国际金融危机的经济刺激政策加深了业已存在的深层次矛盾。虽然刺激政策已经退出，但其对经济结构、市场预期等各方面的扭曲作用还没有完全消失，相关影响逐渐消退仍需一定时间。所谓“增长速度换挡期”，是指中国经济处于从高速增长切换到中高速增长的“换挡”阶段，这是由经济发展客观规律所决定的，任何一个高速增长的经济体都必然会经历这一自然过程。所谓“结构调整阵痛期”，实际是加快经济发展方式转变、主动调整经济结构的政策选择。

在这一背景下，党的十八大以来，以习近平同志为核心的党中央所实施的经济政策日益强调全面发展，“在复杂多变的国内外形势下，保持战略定力，锲而不舍地做好自己的事情”，唯GDP论得到纠正。

党的十九大报告指出，随着中国特色社会主义进入新时代，中国社会主要矛盾已经转化为人民日益增长的美好生活需要和不平衡不充分的发展之间的矛盾。这不仅对物质文化生活提出了更高要求，而且在民主、法治、公平、正义、安全、环境等方面的要求日益增长。这种跳出增长看增长的决策思路，正是可持续增长思想、内涵式经济增长思想与转变经济增长方式思想的政策实践。

如果说前三个时期的学术讨论更多侧重于阐述和强调经济增长基本原理来呼吁决策层乃至全社会重视和推进经济增长方式转型，那么在本时期内，由于经济政策比较有效地加快落实了经济结构调整、产业升级、绿色发展等一系列经济增长方式转型任务，经济增长思想也因此可以更有效地聚焦于如何消除资本依赖、结构扭曲，提升制度效率与创新动能等较为深入的细节问题。同时，经济增长思想理念与政策之间的共振与协调日趋明显。

本章大致分为四节，第一节简要介绍新时代中国经济增长思想的理论与现实背景，着重分析了习近平新时代中国特色社会主义思想中的新发展理念（又称“五大发展理念”）的形成；第二节主要介绍本时期经济增长思想在新发展理念基础上所做的相关探索，如进一步深入探讨如何实现创新、协调、绿色、开放、共享的全面发展和高质量发展等讨论；第三节回顾本时期的经济增长绩效，第四节对新时代经济增长思想进行展望。

第一节　本时期中国经济增长思想的理论与现实背景：以习近平新时代中国特色社会主义思想与新发展理念为指导思想

一、新发展理念的形成与特点

本时期内，中国共产党召开了具有重要历史意义的十八届三中全会（2013 年 11 月）、十八届五中全会（2015 年 10 月）和第十九次全国代表大会（2017 年 10 月）等重要会议。

2013 年末出台的十八届三中全会决议具有重大历史意义，不仅提出纠正单纯以经济增长速度评定政绩的偏向，加大资源消耗、环境损害、生态效益、产能过剩、科技创新、安全生产、新增债务等指标的权重，更加重视劳动就业、居民收入、社会保障、人民健康状况，这一重要的经济政策思想提升对今后一个时期中国的经济体制、政治体制、文化体制、社会体制、生态文明体制全方位联动改革深化做出了重大战略部署，尤其是关于经济体制改革提出了一系列突破性提法，如要让市场在资源配置中发挥决定性作用和更好发挥政府作用。并且，经济体制改革与其他方面改革的联动性也得到加强，如在生态文明体制改革中就指出要建立吸引社会资本投入生态环境保护的市场化机制。同时，该决议再一次提出了要“加快转变经济发展方式”，“加快建设创新型国家”，“推动经济更有效率、更加公平、更可持续发展”。[①] 显然，效率、公平、可持续成为衡量中国转变经济发展方式成效的三大重要指标。

基于这一基调，十八届五中全会进一步提出，要实现“十三五”时期发展目标，破解发展难题，厚植发展优势，必须牢固树立并切实贯彻创新、协调、绿色、开放、共享的发展理念。这一主张通常被称为“五大发展理念”或“新发展理念”。[②] 形式上，这一概念体系与此前的内涵式经济增长思想内核有相似之处，不单纯追求外延式扩张，而是强调全要素生产率水平提高；但实质上，二者有很大的不同。一方面，从科学发展观到“五大发展理念”，经济理论在马克思主义中国化的过程中已经跳出增长谈增长，从“发展”这一更高维度观察社会经济的运行；另一方面，“五大发展理念”切实地通过淘汰落后产能、环保督查、加快对外开放等一系列政策措施直接影响了经济运行，经济增长思想的成果最终成为现实世界经济实践的参照和指引。

具体而言，创新发展包含理论、制度、科技、文化等各方面创新，要形成促进创新的体制架构，培育发展新动力，优化劳动力、资本、土地、技术、管理等要素配置，激发创新创业活力，推动大众创业、万众创新，释放新需求，创造新供给，推动新技术、新产业、新业态蓬勃发展。[③] 因此，创新发展理念本质上是强调效率优化的可持续经济增长思想。

协调发展是指正确处理发展中的重大关系，重点促进城乡区域协调发展，促进经济社会协调发展，促进新型工业化、信息化、城镇化、农业现代化同步发展，在增强国家硬实力的同时注重提升国家软实力，不断增强发展整体性。重点包括塑造要素有序自由流动、主体功能约束有效、基本公共服务均等、资源环境可承载的区域协调发展新格局，健全城乡发展一

① 中国共产党第十八届中央委员会第三次全体会议决议通过《中共中央关于全面深化改革若干重大问题的决定》。参见 http：//www. gov. cn/jrzg/2013－11/15/content_2528179. htm。

②③ 《中国共产党第十八届中央委员会第五次全体会议公报》（2015 年 10 月 29 日中国共产党第十八届中央委员会第五次全体会议通过），参见 http：//www. xinhuanet. com//politics/2015－10/29/c_1116983078. htm。

体化体制机制等。① 因此，协调发展理念可归为强调公平促进的可持续经济增长思想。

绿色发展是指坚持节约资源和保护环境，加快建设资源节约型、环境友好型社会，形成人与自然和谐发展现代化建设新格局。重点包括树立节约集约循环利用的资源观，建立健全用能权、用水权、排污权、碳排放权初始分配制度，深入实施大气、水、土壤污染防治行动计划，实施山水林田湖生态保护和修复工程等。② 因此，绿色发展理念可归为强调要素节约的可持续经济增长思想。

开放发展是指发展更高层次的开放型经济，重点包括提高对外开放水平，协同推进战略互信、经贸合作、人文交流，努力形成深度融合的互利合作格局，重点包括支持沿海地区全面参与全球经济合作和竞争，培育有全球影响力的先进制造基地和经济区，提高边境经济合作区、跨境经济合作区发展水平等。③ 因此，开放发展理念可归为强调效率优化的可持续经济增长思想。

共享发展是指坚持发展为了人民、发展依靠人民、发展成果由人民共享，作出更有效的制度安排，使全体人民在共建共享发展中有更多获得感，增强发展动力，增进人民团结，朝着共同富裕方向稳步前进。重点包括提高公共服务共建能力和共享水平，加大对革命老区、民族地区、边疆地区、贫困地区的转移支付。实施脱贫攻坚工程，实施精准扶贫、精准脱贫，分类扶持贫困家庭，探索对贫困人口实行资产收益扶持制度等。④ 因此，开放发展理念可归为强调公平促进的可持续经济增长思想。

党的十九大报告则继续提倡和坚持新发展理念，并提出发展是解决我国一切问题的基础和关键，发展必须是科学发展，必须坚定不移贯彻创新、协调、绿色、开放、共享的发展理念。⑤

①②③④ 《中国共产党第十八届中央委员会第五次全体会议公报》（2015 年 10 月 29 日中国共产党第十八届中央委员会第五次全体会议通过），参见 http：//www. xinhuanet. com//politics/2015 - 10/29/c_1116983078. htm。

⑤ 习近平：《决胜全面建成小康社会夺取新时代中国特色社会主义伟大胜利》，载于《人民日报》2017 年 10 月 19 日第 2 版。

二、习近平新时代中国特色社会主义思想及其“新发展理念”是本时期经济增长探讨的重要思想源泉

时代是思想之母，实践是理论之源。随着中国特色社会主义进入新时代，党和国家提出了习近平新时代中国特色社会主义思想这一重要发展战略，逐渐明确坚持以人民为中心的发展思路，不断促进人的全面发展、全体人民共同富裕。习近平新时代中国特色社会主义思想将马克思主义基本原理同中华优秀传统文化相融合与中国实际相结合，具有鲜明的中国特色，是马克思主义中国化的最新理论成果。

在习近平新时代中国特色社会主义思想的指导下，本时期中国经济增长思想与理论的特点是强调落实“新发展理念”（“五大发展理念”），实现创新、协调、绿色、开放、共享的全面发展和高质量发展。如果说前几个时期的经济增长研究重点在于强调和呼吁“转变经济发展方式”，那么本时期的经济增长思想就更加偏重于如何实现经过转变的、更高级的经济发展方式，对于如何实现经济结构的战略调整、培育核心竞争力、增强发展活力和创新活力等问题做了深入探讨，极大地丰富和完善了中国特色社会主义理论体系，并且仍在进一步推进中。

在新时代全面深化改革的过程中，中国的马克思主义政治经济学理论依然发挥着重要指导作用，而西方经济增长理论也进一步与之互动互促，例如，很多经济管理部门的经济决策和经济类研究机构有选择地吸收了部分西方的数量分析方法，作为经济预测的常用工具。① 中国经济发展阶段的特殊性为相关增长思想与理论创新提供了契机。

与此同时，在“新发展理念”重要指导思想下出台的系列方针政策，为经济思想和理论研究提供了新的指导，对我国现代化经济建设道路产生了重要的导向作用，为中国经济思想开拓了新的理论境界，使得这一时期经济增长思想的内涵比以往更加丰富和细化。

---

① 例如，吴国培、王伟斌、张习宁：《我国全要素生产率对经济增长的贡献》，中国人民银行工作论文，2014 年第 6 号；陈雨露、马勇阮、卓阳：《金融周期和波动如何影响经济增长与稳定》，中国人民银行工作论文，2016 年第 5 号。

第二节　基于"新发展理念"的经济增长思想与探索

一、强调要素节约的绿色经济增长思想

在前一个时期，"十一五"规划中提出的节约型增长方式"[①] 已经初具绿色增长的概念内涵。2011 年 9 月 6 日，首届亚太经合组织林业部长级会议在北京举行，胡锦涛在开幕式上发表了题为《加强区域合作实现绿色增长》的讲话，但此处的"绿色增长"主要是强调森林在推动绿色增长、维护生态安全、应对气候变化中的重要功能。还不能与资源节约型、环境友好型增长方式划等号。[②]

进入本时期后的 2013 年 5 月 24 日，习近平在中共中央政治局第六次集体学习时进一步提出，"要正确处理好经济发展同生态环境保护的关系，牢固树立保护生态环境就是保护生产力、改善生态环境就是发展生产力的理念，更加自觉地推动绿色发展、循环发展、低碳发展，绝不以牺牲环境为代价去换取一时的经济增长。"在这里，"绿色发展"将在环境要素的节约或集约使用方面纳入增长的考虑。党的十九大报告更明确将"推进绿色发展"定义为"建立健全绿色低碳循环发展的经济体系"。[③] 而基于"新发展理念"的绿色增长思想是通过要素的节约，使我国的生产减少经济增长对低生产力产业的依赖，避免要素的浪费与增长潜力的透支。

在"绿水青山就是金山银山"的绿色发展理念指导下，本时期的绿色经济增长思想与前一时期相比，有明显的进一步发展。前一时期的要素节

---

① 《中共中央关于制定国民经济和社会发展第十一个五年规划的建议》，中央文献研究室编：《十六大以来重要文献选编》（中册），中央文献出版社 2006 年版，第 1072～1073 页。

② 胡锦涛：《加强区域合作实现绿色增长》，载于《人民日报》2011 年 9 月 7 日第 2 版。

③ 习近平：《决胜全面建成小康社会夺取新时代中国特色社会主义伟大胜利》，载于《人民日报》2017 年 10 月 19 日第 2 版。

约型经济增长研究多将环境保护、污染治理和发展绿色经济视为经济增长的影响问题，从“生产之后”产生的问题出发，再返回到“生产之中”(即生产过程本身)，因此将注意力集中在分析快速的外延式经济增长如何带来了较高的环境压力和大量的污染排放（尽管同时也提高了治理环境污染问题的能力）方面：由于环境易污染、难治理，持续的污染可能导致生存环境的极度恶化，故而主张追求经济增长的过程中加强环境保护，以提高经济发展的可持续性。

这种分析视角对福利函数的隐含设定采取的是里昂惕夫形式，假定经济增长与良好环境是互补品或完全互补品，因此其分析思路是罗尔斯主义的，更加注重最低正义准则。如果我们假定经济增长所带来的福利和良好环境所带来的福利之间可以通约，即采取功利主义的分析思路（因此也是“更经济学”的思路)、假定福利函数是采取经济分析中更常见的 CES 形式或柯布—道格拉斯形式，那么我们可以说现有经济增长方式其实已经包含了“清洁环境”这一要素的投入，主要是洁净的水、空气和土壤，而已有的快速外延式增长不仅是以资本、劳动力和自然资源等要素的不可持续的高投入为代价，同样是以清洁环境要素的不可持续的高投入为代价，那么以往对清洁环境要素的投入并无计价，导致了经济增长方式的粗放特征，应当通过对清洁环境要素合理计价来限制快速外延式增长中对清洁环境要素的过高过度透支。从这个角度讲，“保护生态环境”确实就是“保护生产力”。也可以说“绿色发展理念”有着可靠的经济学理基础。

如果在分析中将经济生产与环境保护当作两个不同维度、不可通约的价值取向，那么分析思路将主要是为经济最优化决策加入一个环境保护约束，且这一环境约束理论上是刚性的（如被突破则应惩罚)，所以这种分析并不利于通过“成本内部化”的方法来解决现实问题。如果将经济生产与环境保护放在同一个维度（以货币计量或以效用计量)，那么在环境成本未能内化至污染者的生产函数中时，外延式生产的供需均衡就是超过社会福利最大化水平，只有将环境成本向生产者内部化，将环境作为一种需要支付一定价格的要素投入，才能约束外延式生产的污染排放行为。孙传旺、朱悉婷指出，代际之间分配生态价值符合公平与效率的要求，不仅可以减轻后代人的补偿压力，也可以兼顾当代人的经济发展与能源技术进步。通过生态成本内部化倒逼增长方式转变，可以提高经济效率，为后代人承担更多的生态责任。而经济“新常态”对经济增速与结构优化提出了新要求，也为缓解能源压力与改善生态环境提供了契机。①

更重要的是，经济增长与技术进步本身提供了污染的对价与解决方案。王敏、黄滢利用城市级经济增长与环境数据分析指出，经济增长本身不一定必然导致城市的高污染，长期来看中国经济依靠产业结构转型升级和技术进步实现高增长、低污染的绿色增长模式是完全有可能的，强有力的环境政策是实现降低污染排放的有效诱导手段。②

当然，这些机制是否成立也与各个地区的特点有关。丁焕峰、李佩仪指出，并非经济发展到一定水平，区域污染问题就会得到全面解决，当地产业结构的合理性非常重要。③ 孙英杰、林春认为，从地区来看，环境规制与经济增长质量的关系是存在差异性的，中部和西部均呈现倒“U”型关系，并且目前中部环境规制强度距拐点左侧较远，而东部却不存在倒“U”型关系，但两者的促进作用依然显著。④

二、强调效率优化的创新、开放经济增长思想

在前一时期的分析中我们指出，自主创新与技术引进是科技进步的两个主要来源，但这种两分法主要是经济追赶和技术追赶时代的特点。在新时代，随着中国经济发展已取得的长足进步，科技水平与世界前沿差距缩小，在许多领域都实现了从跟跑到领跑的转变，学术界开始格外关注对外开放带来竞争加剧所倒逼的技术进步，这本质上是市场规模扩大以及市场化水平深化带来的分工深化与效率提升，这也是相对发达的经济体科技创新的长期动力。因此，创新与开放在促进经济增长方面存在着一定的协调

---

① 孙传旺、朱悉婷：《“新常态”下中国化石能源生态价值与代际补偿核算》，载于《统计研究》2016 年第 5 期。

② 王敏、黄滢：《中国的环境污染与经济增长》，载于《经济学》（季刊）2015 年第 2 期。

③ 丁焕峰、李佩仪：《中国区域污染与经济增长实证：基于面板数据联立方程》，载于《中国人口 · 资源与环境》2012 年第 1 期。

④ 孙英杰、林春：《试论环境规制与中国经济增长质量提升——基于环境库兹涅茨倒 U 型曲线》，载于《上海经济研究》2018 年第 3 期。

关系。而且，无论是强调通过创新实现可持续经济增长，还是通过开放来实现，主要落脚点均在于效率优化。因此这里统称为强调效率优化的创新、开放可持续经济增长思想。基于推动产业升级、加强自主创新和深化对外开放等方面思路的、强调效率优化的创新可持续经济增长思想及开放可持续经济增长思想是本时期政界和学界的讨论热点。

习近平在党的十九大报告中对“新发展理念”进行了全面的阐述。①从经济学角度来看，其中“深化供给侧结构性改革”“加快建设创新型国家”“加快完善社会主义市场经济体制”“推动形成全面开放新格局”四大主张的落脚点在于效率。

需要注意的是，“加快完善社会主义市场经济体制”从根本上讲是通过“企业优胜劣汰”来实现产业结构的自然调整。但“深化供给侧结构性改革”在强调产业升级的同时，对传统产业并不是简单地抛弃传统，而是更高级的“扬弃”，即“支持传统产业优化升级，加快发展现代服务业”“培育新增长点、形成新动能”，从而促进产业升级、“迈向全球价值链中高端”。

“加快建设创新型国家”是党的十八大时期创新驱动发展战略的延续和升级。这一主张的基础，是关于“创新是引领发展的第一动力”的认识。“创新型国家”战略强调建设“科技强国、质量强国、航天强国、网络强国、交通强国、数字中国、智慧社会”等一系列具体的战略目标，其主要抓手则仍然在于产业而不是高校：建立以企业为主体、市场为导向、产学研深度融合的技术创新体系。②

不过，自主创新仍需要“瞄准世界科技前沿”，而“推动形成全面开放新格局”正是基于“开放带来进步，封闭必然落后”的深刻认识，通过“引进来”和“走出去”并重来加强创新能力开放合作。

与前一时期单纯强调引资引智以推动自主创新不同，在本时期2017年党的十九大报告中，将对外开放与创新合作结合的思路更着力于“走出

① 习近平：《决胜全面建成小康社会夺取新时代中国特色社会主义伟大胜利》，载于《人民日报》2017年10月28日第1版。

② 习近平：《决胜全面建成小康社会夺取新时代中国特色社会主义伟大胜利》，载于《人民日报》2017年10月19日第2版。

去”，更加明确和具有可操作性：通过创新对外投资方式促进国际产能合作，从而形成面向全球的贸易、投融资、生产、服务网络，加快培育国际经济合作和竞争新优势。这一思路不再一味地“以自我为主”、强调自主创新，而是将落脚点放在“合则两利”“开放兼容”之上。

在人力资本培育方面，本时期较以往更为重视。党的十九大报告将人力资本培育放到了与发展实体经济比肩的重要位置，提出“着力加快建设实体经济、科技创新、现代金融、人力资源协同发展的产业体系”，强调“人才是实现民族振兴、赢得国际竞争主动的战略资源”，要破除妨碍劳动力、人才社会性流动的体制机制弊端，努力形成人人渴望成才、人人努力成才、人人皆可成才、人人尽展其才的良好局面，并提出在科技创新领域培养造就一大批具有国际水平的战略科技人才、科技领军人才、青年科技人才和高水平创新团队。关于“企业家精神”的研究是评估人力资本与经济增长关系的一类重要文献。孙早、刘李华认为，实施创新驱动发展战略的一个重要内容是保持合理的社会保障水平，从而引导社会成员的理性职业选择过程、有效激发全体社会成员的企业家精神。[①] 赵斌认为，公共人力资本投资效果具有滞后性，短期与经济增长负相关、滞后期与经济增长正相关，因而政府在决策时需有长远考虑。[②]

关于调整产业结构、推动产业升级的问题，有研究认为，中国经济于2011年后结构转换动能停滞，三次产业结构出现了逆向变迁，部分就业“迷失”，暴露出了2011年之后依赖于改革与开放的结构变迁动力不足。[③] 也有学者指出，当前阶段产业政策面临的问题不是存废，而是转型。产业政策转型有着必要性和艰巨性，必须坚定不移地推进产业政策转型。功能性产业政策（而非选择性的产业政策）的有效实施，有利于推进供给侧结构性改革，实现“三去一降一补”，改善经济结构，提高经济效率。[④]

① 孙早、刘李华：《社会保障、企业家精神与内生经济增长》，载于《统计研究》2019年第1期。

② 赵斌：《人力资本积累与经济增长——基于投资流量效应与老龄化存量效应视角》，载于《广东财经大学学报》2019年第1期。

③ 郑江淮、宋建、张玉昌、郑玉、姜青克：《中国经济增长新旧动能转换的进展评估》，载于《中国工业经济》2018年第6期。

④ 吴敬琏：《产业政策面临的问题：不是存废，而是转型》，载于《兰州大学学报》2017年第6期。

党的十八大以来的经济结构调整相关政策强调大力发展高端制造业和现代服务业，理论上要求提高产业结构变迁对经济增长的贡献，但实际上“去（低端）产能”必然导致的结果是产能过剩的低端产业相对复苏。这一结构性转变的长期意义在于减少低效率部门、提高经济整体效率，但其短期对于经济增速的带动是不可持续的。① 与此同时，数字经济、高端制造等新兴产业却在蓬勃发展，经济结构不断优化。产业结构调整是一个长期的过程，未来依然任重而道远。

关于深化对外开放、提高技术水平的问题，一些研究认为，对外开放要区分出口、进口与 FDI 的影响，整体看出口对经济增长方式转变不具有明显促进作用，进口对经济增长方式转型存在推进作用，而 FDI 增加对转型升级的带动作用更加明显。② 还有学者认为，对外经济开放并不是不可或缺，区域市场整合同样可以对中国省际全要素生产率都产生了显著的正向影响效应，其与对外经济开放之间存在替代关系。③

关于重视科技研发、加强自主创新的问题，一些研究认为，政府补贴存在“挤出效应”。被补贴企业的自主创新明显下降。而购买引进新技术显著增加。政府补贴对企业的短期创新激励有显著的促进作用，但是对长期创新激励的促进作用不显著。④ 周亚虹、贺小丹和沈瑶利用中国 2005～2007 年度近 3 万家产值在 500 万元以上的工业企业数据研究发现企业通过产品与技术革新等创新活动，提高了企业的产出水平，其投入产出弹性达到 5.5%。⑤ 徐欣和唐清泉对制造业上市公司数据的研究表明，技术引进投资是企业突破技术壁垒、向高科技行业扩张的主要途径。⑥

---

① 黄群慧：《论中国工业的供给侧结构性改革》，载于《中国工业经济》2016 年第 9 期。

② 如何元庆：《对外开放与 TFP 增长：基于中国省际面板数据的经验研究》，载于《经济学》（季刊）2007 年第 4 期。赵文军、于津平：《贸易开放、FDI 与中国工业经济增长方式——基于 30 个工业行业数据的实证研究》，载于《经济研究》2012 年第 8 期。

③ 毛其淋、盛斌：《对外经济开放、区域市场整合与全要素生产率》，载于《经济学》（季刊）2012 年第 1 期。

④ 章元、程郁、佘国满：《政府补贴能否促进高新技术企业的自主创新？——来自中关村的证据》，载于《金融研究》2018 年第 10 期。

⑤ 周亚虹、贺小丹、沈瑶：《中国工业企业自主创新的影响因素和产出绩效研究》，载于《经济研究》2012 年第 5 期。

⑥ 徐欣、唐清泉：《技术研发、技术引进与企业主营业务的行业变更——基于中国制造业上市公司的实证研究》，载于《金融研究》2012 年第 10 期。

2018 年中美贸易摩擦发生后，国内对于自主创新作为经济社会可持续发展的核心动力和战略的认识进一步深化，激发了大量讨论和研究。如姜辉提出，鉴于美国越来越强化对华歧视性的高新技术出口管制，中国的高新产业必须在夯实自主创新的基础上，实施“模式与路径匹配、资源与市场共享、速度与效率并重”的技术创新战略。① 贾根良认为，政府采购在美国计算机、大飞机、芯片产业和互联网等众多核心技术的原始创新和霸主地位的形成中发挥了关键性的作用，我国一直没有利用政府采购推进自主芯片和操作系统等核心技术的发展，这是导致美国在“中兴事件”中占据优势地位、制裁中国企业的根源，不利于促进我国产业迈向全球价值链中高端。② 更多学者从国家安全与经济持续发展角度，呼吁坚持和加强自主创新。③

在金融与经济增长关系方面，与党的十八大报告强调民营金融的发展、金融市场化以及整体的金融创新等特征不同，党的十九大将现代金融放在与实体经济、科技创新与人力资源同等的位置，提出深化金融体制改革，增强金融服务实体经济能力，提高直接融资比重，促进多层次资本市场健康发展。这里所谓的“增强金融服务实体经济能力”，实际就是指探索建立超越传统银行信贷模式的现代金融体制。胡旭阳的研究以及余明桂、潘红波的研究均表明，中国金融业的高度政府管制不利于经济发展，它迫使民营企业通过寻求政治关系或政治身份缓解落后的金融制度对民营企业发展的阻碍作用。④ 叶德珠、曾繁清认为，金融结构适宜性对于经济增长有显著正效应，但其在发达国家与发展中国家的表现形式不同：证券

---

① 姜辉：《美国出口管制效应与我国技术创新战略》，载于《国际商务研究》2018 年第 4 期。

② 贾根良：《“中兴事件”对中国加入 WTO 政府采购协定敲响了警钟》，载于《学习与探索》2018 年第 8 期。

③ 张可云：《国家区域企业有为的自主创新是中国富强之必选——理性应对中美贸易战的三维思考》，载于《西部论坛》2018 年第 5 期。张金艳：《竞争性国企核心竞争力的提升：现状、探源及反垄断法制完善——由中美贸易战中兴事件说起》，载于《税务与经济》2018 年第 6 期。代栓平、纪玉山：《中美贸易争端的警示：加快发挥综合竞争优势推动技术自主创新》，载于《社会科学辑刊》2018 年第 6 期。

④ 胡旭阳：《民营企业家的政治身份与民营企业的融资便利——以浙江省民营百强企业为例》，载于《管理世界》2006 年第 5 期；余明桂、潘红波：《政治关系、制度环境与民营企业银行贷款》，载于《管理世界》2008 年第 8 期。

市场与银行相对比重的适宜性在发达经济体中更为显著；而银行业内部结构的适宜性在发展中国家更为重要。① 田菁的研究则认为，银行发展主要通过推动资本积累来促进经济增长，而股票市场发展的作用在于提高了全要素生产率。②

这一时期的一大特点是关于民间金融、新金融及互联网金融的研究日益增多。刘瑞明指出，民间金融的重要意义在于弥补正规金融所有制歧视所导致的增长拖累。庞大的国有经济不仅因为自身的效率损失影响了经济增长，而且通过金融压抑、歧视和效率误配的途径对整个国民经济产生拖累效应。拖累效应之所以没有突出显现，是因为金融漏损和民间金融的成长构成了中国经济高速成长的重要因素。③ 潘士远、罗德明认为，民间金融可以有效地把储蓄转化为投资，改善宏观经济效率，促进民营经济增长，因此民营经济发展会内生出民间金融。在民营经济发展的初级阶段，民间金融创新程度会随着民营经济的发展而不断上升；在民营经济比较发达之后，民间金融创新程度会随着民营经济的发展而不断下降。④ 安强身、胡金焱、姜占英指出，近年来民间金融互联网化趋势日趋增强，有效提高长尾市场金融可得性、促进金融深化、改进金融效率和推动地区经济增长。⑤ 张李义、涂奔认为，互联网金融发展通过对资本边际产出率、储蓄－投资转换率和储蓄率的正向影响促进了中国经济增长。⑥ 庄雷、王烨认为，金融科技创新通过消费与投资的优化升级带动实体经济的发展。⑦ 周斌、朱桂宾、毛德勇、晁先锋的研究则表明，互联网金融整体发展对经济增长有一定的负向影响作用，但互联网金融对经济增长的部分领域（如

---

① 叶德珠、曾繁清：《金融结构适宜性与经济增长》，载于《经济学家》2018 年第 4 期。

② 田菁：《金融发展是否促进了经济增长？——基于 2003～2014 年省级面板数据的再检测》，载于《财经问题研究》2017 年第 6 期。

③ 刘瑞明：《金融压抑、所有制歧视与增长拖累——国有企业效率损失再考察》，载于《经济学》（季刊）2011 年第 2 期。

④ 潘士远、罗德明：《民间金融与经济发展》，载于《金融研究》2006 年第 4 期。

⑤ 安强身、胡金焱、姜占英：《民间金融互联网化：现实观照与理论思考》，载于《经济学家》2017 年第 10 期。

⑥ 张李义、涂奔：《互联网金融发展对中国经济增长影响的实证》，载于《统计与决策》2017 年第 11 期。

⑦ 庄雷、王烨：《金融科技创新对实体经济发展的影响机制研究》，载于《软科学》2019 年第 2 期。

工业部门等）已经起到了促进作用。[①]

三、强调公平促进的协调、共享经济增长思想

在前几个时期提出区域协调与城乡发展一体化的基础上，本时期党的十九大报告中提出“贯彻新发展理念，建设现代化经济体系”，具体的阐述包括六个方面，[②] 其中两个方面可归属于强调公平促进的协调、共享可持续经济增长思想。报告提出“实施乡村振兴战略”，指出农业农村农民问题是关系国计民生的根本性问题，因此要坚持农业农村优先发展建立健全城乡融合发展体制机制和政策体系。同时，报告还提出要“实施区域协调发展战略”，建立更加有效的区域协调发展新机制。本时期，政策层面提出了京津冀协同发展、雄安新区、大湾区建设及长三角一体化等一系列国家级区域协调战略。

学术界关于调节收入分配、缩小城乡差距和促进地区收敛等方面的讨论也非常丰富。例如，一些文献认为收入分配问题可能导致中国陷入“中等收入陷阱”。陈宗胜、高玉伟认为，当前居民收入分配格局正在从“金字塔形”转变为“葫芦形”，与发展阶段不相适应，不利于经济增长、有陷入“中等收入陷阱”的苗头。[③] 周文、赵方认为，自 1982 年以来，我国基尼系数高企，收入分配呈现出明显的不平等趋势，使我国有落入中等收入陷阱的风险，因此为实现我国经济长期稳定持续发展，必须缩小贫富差距，降低收入不平等程度。[④] 蔡昉、王美艳也指出，深化国民收入初次分配和再次分配领域的改革，对于缩小收入差距和避免中等收入陷阱风险

---

① 周斌、朱桂宾、毛德勇、晁先锋：《互联网金融真的能够影响经济增长吗?》，载于《经济与管理研究》2017 年第 9 期。

② 习近平：《决胜全面建成小康社会夺取新时代中国特色社会主义伟大胜利》，载于《人民日报》2017 年 10 月 28 日第 1 版。

③ 陈宗胜、高玉伟：《论我国居民收入分配格局变动及橄榄形格局的实现条件》，载于《经济学家》2015 年第 1 期。

④ 周文、赵方：《中国如何跨越“中等收入陷阱”：库茨涅兹假说的再认识》，载于《当代经济研究》2013 年第 3 期。

具有重要的政策意义。[①] 张来明、李建伟指出，收入分配格局既是经济增长的结果，又是决定未来经济增长的重要因素。居民收入差距通过改变消费需求分布，为工业化中前期新兴产业的崛起和工业化中后期产业结构的转型升级提供需求支撑。我国经济正处于工业化后期，缩小收入差距、扩大中等收入群体，是未来稳定经济增长的必然选择。[②]

张玉昌、陈保启认为，城镇化率的提升总体上有利于缩小城乡收入差距，应该发挥产业结构发展水平较高地区的带动作用，加强区域一体化发展，缩小城乡居民收入差距。[③] 陈曦、边恕、范璐璐、韩之彬认为，人力资本投资显著促进经济增长，但城乡社会保障差距对人力资本投资具有抑制效应，因此二元经济结构条件下经济增长是以城乡社会保障偏斜发展为成本的。未来应当促进城乡社会保障协调发展，提高人力资本水平，以人口质量红利补偿人口数量红利，以实现经济持续发展。[④] 庞瑞芝和李鹏认为，改革开放之初所推行的区域不平衡发展战略在促进东部工业崛起之时显著拉大了沿海与内陆地区的差距，而20世纪90年代以后执行的一系列区域协调发展政策在高耗能产业“污染西迁”影响下，并未能有效改观沿海与内陆新型工业化两极分化格局。[⑤]

第三节　本时期的经济增长绩效回顾

本时期虽然经济增速整体有所放缓，但经济运行平稳、可持续增长潜

---

① 蔡昉、王美艳：《中国面对的收入差距现实与中等收入陷阱风险》，载于《中国人民大学学报》2014年第13期。

② 张来明、李建伟：《收入分配与经济增长的理论关系和实证分析》，载于《管理世界》2016年第11期。

③ 张玉昌、陈保启：《产业结构、空间溢出与城乡收入差距——基于空间Durbin模型偏微分效应分解》，载于《经济问题探索》2018年第9期。

④ 陈曦、边恕、范璐璐、韩之彬：《城乡社会保障差距、人力资本投资与经济增长》，载于《人口与经济》2018年第4期。

⑤ 庞瑞芝、李鹏：《中国新型工业化增长绩效的区域差异及动态演进》，载于《经济研究》2011年第11期。

力提升（反映在投资率下降及 TFP 提升，见第二章第二节），增长质量及效益明显提高。前一时期加入 WTO 之后日益突出的出口依赖问题，在本时期得到了明显好转。出口同比增速下滑明显，但经济增长仍然相对平稳（见图 6－1）。另一方面，人口老龄化与劳动人口不足的问题也日益突出（见图 6－2）。

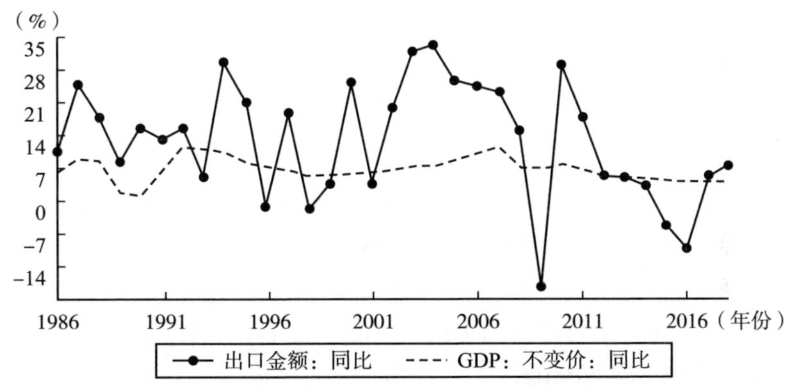

图 6－1　中国 GDP 与出口增速

资料来源：根据国家统计局数据整理。

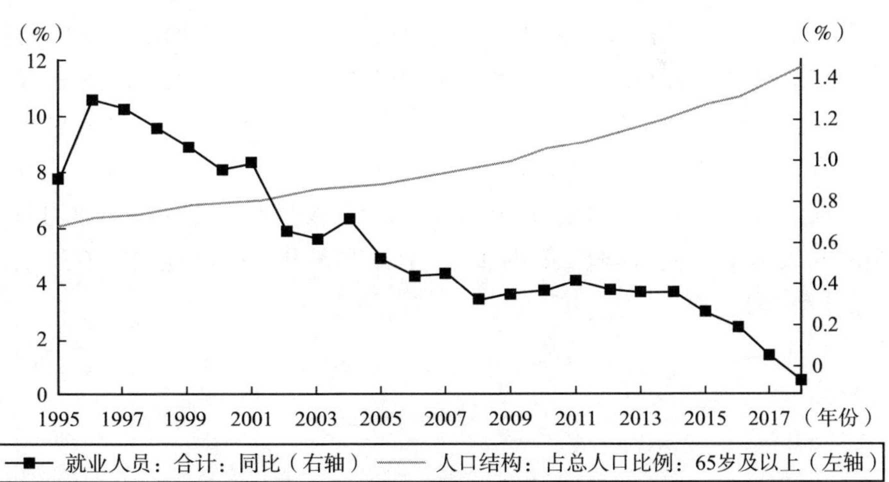

图 6－2　中国就业人数增速与老年人口比例

资料来源：根据世界银行和国家统计局数据整理。

要素集约方面，本时期内我国资源节约型、环境友好型社会建设取得重大进展，主要污染物排放情况总量增长有限或有所下降，单位 GDP 污染排放则显著减少（见图6－3）。

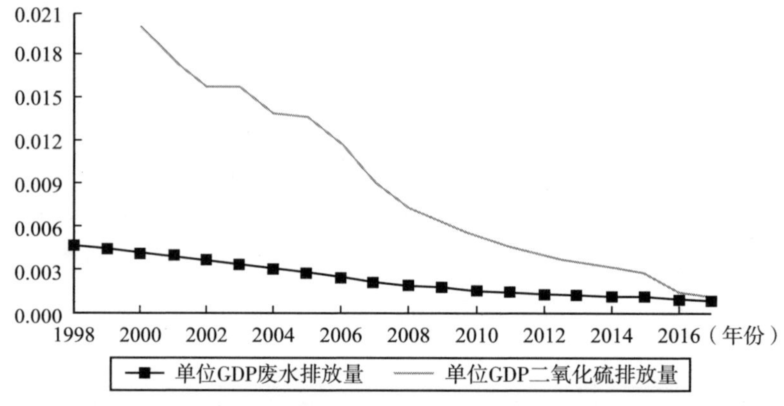

图6－3 中国单位 GDP 污染的下降（截至2017年）

资料来源：数据源自国家统计局。

优化效率方面，我国科技拨款占财政拨款的比重指数高峰出现在2010年，本时期以来有所回落；但 R&D 经费占 GDP 的比重指数却不断上升。这表明科研投入的主体已从财政转向全社会，从创新效率的角度来看有利有弊。有利之处在于市场化的研发与创新可最大限度地实现技术的筛选，但基础科学、公共性强的科学技术领域仍需要大量的财政投入（见图6－4）。

促进公平方面，本时期我国农村、城市居民最低生活保障人数均明显下降（见图6－5）。区域之间的收入差距有所减小，但增速差距有所上升（见图6－6）。

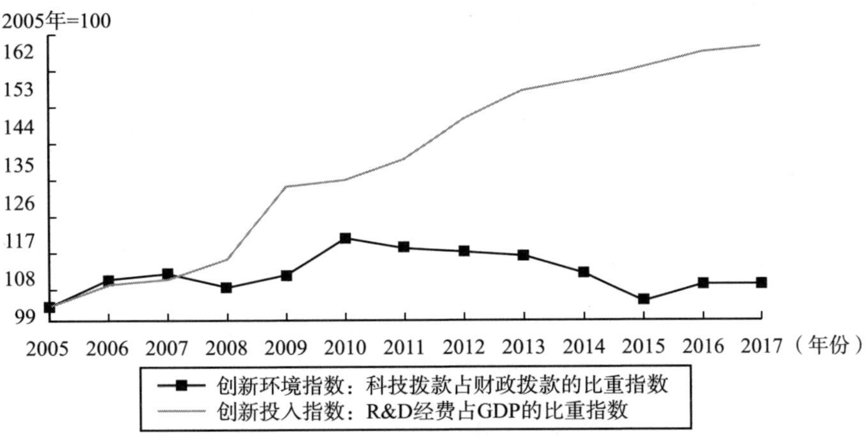

图 6－4　中国科研费用占比（截至 2017 年）

资料来源：数据源自国家统计局。

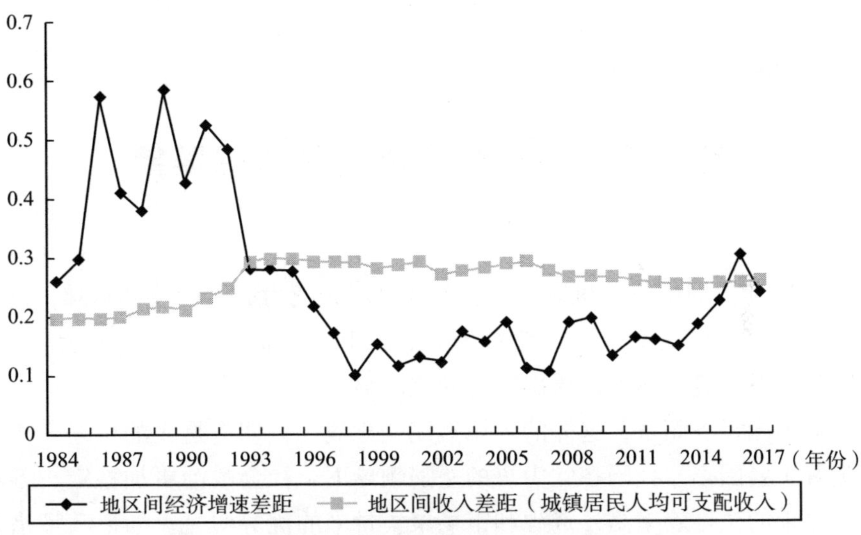

图 6－5　城市与农村最低保障人数（截至 2017 年）

资料来源：数据源自国家统计局。

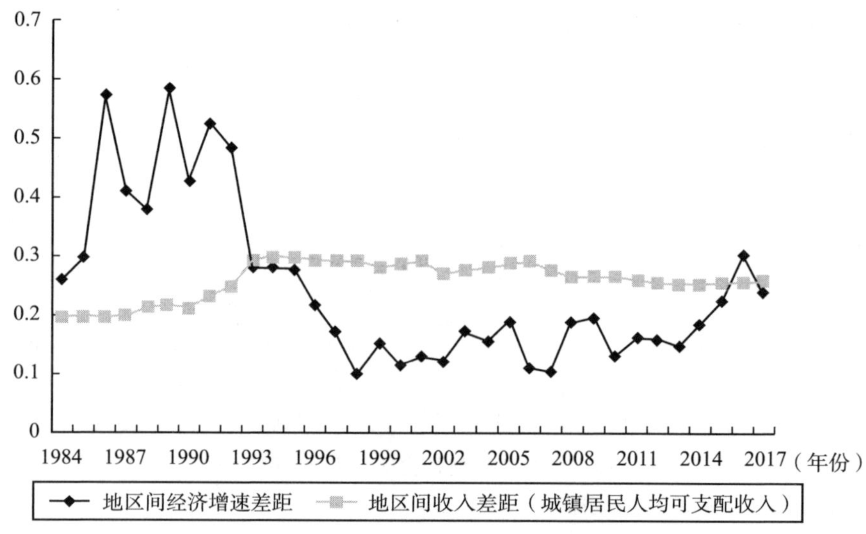

图 6－6　地区间经济增速与收入差距（截至 2017 年）

资料来源：数据源自国家统计局。

第四节　新时代经济增长思想展望

2008 年美国次贷危机以来，全球经济增长乏力、国际贸易衰减，世界经济总体运行在低增长率、低投资率、低利率、低资源品价格的大环境下，传统发达经济体的深层次问题随之凸显。

对中国经济而言，这样的环境短期是挑战，长期将是大的机遇。相比欧美等主要国家，我国在党中央的坚强领导下，社会政治更加稳定、各项经济决策的执行效率高，资源和市场聚集带来的优势明显。如果政策措施得当，我国很可能在这轮波动周期后，国际地位迈上新的台阶。针对中国既有增长模式的弊病及其所造成的资源枯竭、环境破坏、货币超发、流动性泛滥等一系列严重经济社会问题，决策层在宏观经济两难困境下，一方面采取稳健灵活的短期政策维持宏观经济稳定，另一方面把主要注意力放到解决长期发展的问题上，加快向现代经济增长模式的转型。这正如吴敬琏所指出的那样：转型的成功，有赖于加快全面改革，打破束缚生产力发展的体制性障碍，建立有利于发挥创新精神的体制机制。①

对于中国的经济学研究，尤其是经济增长相关研究而言，这同样是一个重大机遇期。如果说次贷危机使得以新自由主义经济理论为核心、盲目迷信市场自我调控能力的西方“淡水经济学”跌落神坛，那么，此后各国政府推行的货币及财政刺激边际效用不断衰减、世界经济结构性问题日益突出，也使得以凯恩斯主义理论为核心、过度强调政府干预的西方“海水经济学”褪去光芒。一系列事实有力地证明了西方经济学绝非一个稳定的成熟系统，更不是经济学术史的终结。

经济增长思想和理论的发展，总是试图为更多经济事实提供解释和指导。尽管当前特殊时期的特殊情况使得传统理论失去解释力或指导意义，但这也促使各国学者通过总结平常情况和特殊情况，探索和讨论新的解决办法。尤其是在我国经历了一个较长时期的高速增长阶段、逐渐步入中高速增长平台之际，中国经济增长研究所遇到的问题，恰恰是中国经济增长思想与学术研究深入探索，乃至超越经典马克思主义扩大再生产理论、西方传统经济增长理论，实现理论创新与突破的良机。

① 吴敬琏：《中国的发展方式转型与改革的顶层设计》，载于《北京师范大学学报》（社会科学版）2012年第5期。

第七章

新中国经济增长思想发展变迁总体评价

自新中国成立以降的70年间，中国经济从“一穷二白”起步并发生了翻天覆地的变化，取得了空前的经济增长成就。美国经济学家S. 库兹涅茨认为，“一个国家的经济增长，可以定义为给居民提供种类日益繁多的经济产品的能力长期上升，这种不断增长的能力是建立在先进技术以及所需要的制度和思想意识之相应的调整的基础上的。”① 新中国的经济增长同样也离不开其背后的思想意识基础，并且新中国的经济增长思想不是一成不变的，其与政治经济体制一道经历了几多变迁。本书在前述内容中主要从“经济增长方式思想”视角切入，分四个时段对中国经济增长思想的发展变迁进行了较为细致的梳理，本章则主要基于前面的研究对新中国经济增长思想的发展变迁做一个“鸟瞰”式的回顾和反思，共分三节：第一节主要介绍新中国经济增长思想演进与变迁的路径、规律及其特征；第二节主要探讨新中国经济增长思想变迁的影响因素；第三节主要从成就、不足和启示三个维度对新中国经济增长思想做一个剖析。

第一节　新中国经济增长思想演进与变迁的路径、规律及其特征

经济增长思想作为一种非正式规则，通过影响制度与政策的制定，推动作为正式规则的制度的变迁，从而可以对现实经济运行产生影响。经济增长思想的变迁则是指居于社会主导地位的经济增长思想所经历的转换与深化的过程，这是以一种新的主导经济增长思想代替另一种思想。本书将在下文结合新中国经济增长思想演进的实际，来探讨其变迁的路径、规律及其特征。

① 库兹涅茨：《现代经济的增长：发现和反映》，引自《现代国外经济学论文选（第二辑）》，商务印书馆1981年版，第21页。

一、新中国经济增长思想的变迁路径

基于前三章对于新中国成立以来四个阶段代表性经济增长思想的阐释，可以从中梳理出一条相对清晰的演变路径，继而从对影响新中国经济增长思想的演进与变迁的因素进行分析，也不难发现其中存在着内生与外生两类因素，需要予以区分。下面以简单的流程图来揭示几个增长相关问题的演进方向（见图7－1）。

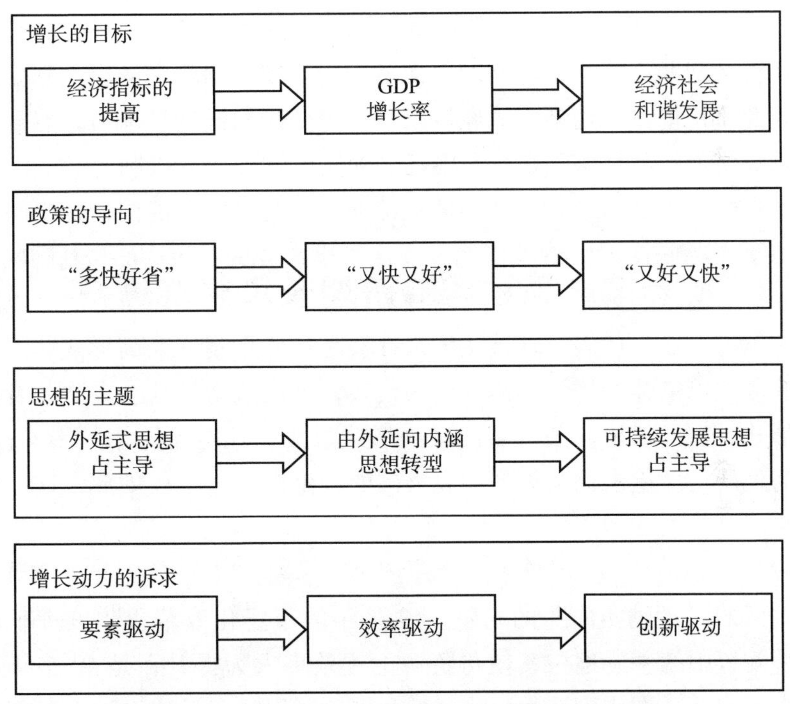

图7－1　我国经济增长思想的总体演进与变迁路径

从图7－1流程上可以看到新中国经济增长思想的演变轨迹，且其演变是伴随着其他一系列因素同时进行的，是一个系统的、协同的演化过程。政策目标与政策导向的转变，推动了经济增长思想的变迁，经济增长思想的变迁又对政策的调整产生了影响，而政策与思想的双重变迁在现实经济运行中也常常会表现出经济增长方式与经济增长动力的切换。当然，这一切也会反过来进一步推动经济增长思想的演进。

二、新中国经济增长思想的变迁规律

在研究新中国经济增长思想变迁规律之前，有必要对新中国经济增长思想变迁的制度环境与行为主体做一个简单的定义与界定。

第一，制度环境。许成钢①认为，研究中国经济制度不能生搬硬套西方的模式，而应从最基本的经济学原理出发，入手的基本问题有两个：一是激励机制问题；二是协调问题。而激励问题和协调问题的解决则要靠制度。因此，这里在界定新中国经济增长思想变迁的制度环境时，着重于介绍影响经济增长与经济增长思想变迁的激励机制与协调机制。

新中国成立之后，在苏联的示范带动下，结合中国的国情，中国选择了类似于“苏联模式”的经济制度。这一模式最重要的特征和基础就是公有制经济。苏联的公有制经济有两种实现形式：一是全民所有制，以国有经济、国有企业为代表，这被认为是社会主义公有制的最高形式；二是集体所有制，以集体经济、集体农庄为代表，这被认为是社会主义公有制的低级形式，需要尽快向公有制的最高形式过渡。这对毛泽东的影响极大，也成为他所一度追求而又试图加以突破的理论模式。不仅如此，这一模式还影响了其他人和后人。②

1978 年以后，我国开始的市场化改革，其重点要解决的是此前计划经济体制下的“激励扭曲”的问题。40 多年的市场化改革逐步发挥了市场在资源配置中的基础地位，使得资源配置效率大为提升，是 40 多年改革的最大的成功。许成钢认为，改革后我国的制度特点是“政治上高度集中（主要表现在人事上），资源上和经济上高度分权。”③中央政府通过制定“锦标赛”规则，也就是通过简单的考核，特别是 GDP 增长率作为考核的

---

①③ 许成钢：《中国经济改革的制度基础》，载于《世界经济文汇》2009 年第 4 期。

② 胡鞍钢：《中国政治经济史论（1949～1976）》，清华大学出版社 2008 年版，第 170 页。

核心指标，来考核地方官员，决定其升迁与政治前途，这种制度安排与分权结合，强化了地方政府之间的竞争，成为改革后促进地方经济发展的一个成功的经验。当然，随着科学发展观以及新发展理念的先后提出，唯GDP论或GDP中心主义已经逐步淡出，更强调可持续的经济增长。

第二，行为主体。新中国经济增长思想主要来源于：经济政策与制度、领导人的经济观点、经济学者的理论和政策研究。而这源于经济活动中的三个行为主体的思想与行为：政策制定者、理论研究者、经济行为人。对于这三类行为主体，都有着不同的偏好与目标。对于政策制定者，其目标应该为全社会的总福利最大化，但对于赶超阶段，政策制定者对于经济增长具有特别偏好，在相当长的时间内，短期的经济增长成为其最重要目标。理论研究者作为经济规律的探索者和经济现实的研究者，其任务是发现和分析经济运行中的问题，并给出问题的解决方法，以及通过对经济深入的研究，提出经济体的长期展望，但由于其学识限制以及有限理性的存在，他们的研究也不可能完全准确地反映经济的规律，从而给经济运行带来一些不确定性。作为经济中的实际主体，在理性假设前提下经济行为人则致力追求利润最大化及效用最大化，而政策制定者通过制定政策，理论研究者提供未来的展望来影响与制约其行为，因此经济运行者有激励通过博弈，向政策制定者与理论研究者通过利益诉求施加影响，使他们在制定政策时对其有利。这三个行为主体形成一个三维的双向反馈系统（见图7－2）。

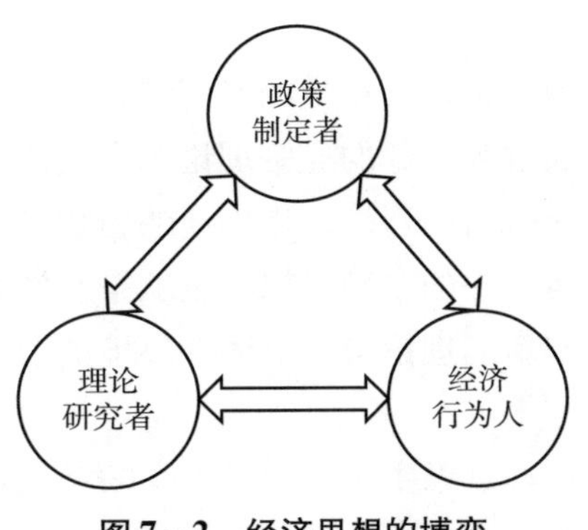

图7－2　经济思想的博弈

政策制定者根据经济运行情况与理论研究者的建议制定政策，而同时他们又可通过政策导向主导理论研究者的研究方向与经济行为人的决策；理论研究者可通过接受政府提供的课题研究与对政府提供决策咨询影响政策决策者，而其研究成果来源于经济实践；经济行为人则通过政策导向与接受理论研究者的建议来决定自己的行为。这个双向反馈系统的中心是政策制定者。因而，研究中国经济增长思想必须研究中国的政策导向与领导人的经济思想。

新中国经济增长思想的变迁具有内生式变迁与外生式变迁的双重特点，是内生变迁和外生冲击共同作用的结果。一方面，它与中国经济体制改革及社会转型具有某种内在一致性，另一方面，它又受到来自国外的经济增长理论发展成果的影响。下面将首先构建一个分析框架来分析新中国经济增长思想的变迁规律。

所谓内生式变迁指的是，现行主导经济增长思想的切换，它往往由个体或群体在应对经济运行的问题时自发倡导出新的思想、认识与偏好，即根据经济结构的内部矛盾及经济行为主体相互博弈而导致的变迁。在这种变迁机制中，强调自发的诱致性作用，其动力来自于内部行为主体的博弈。

如外延式经济增长思想主导的粗放式经济增长方式通过资源、劳动力的粗放式投入来推动经济的快速增长，而这必然导致：经济过热与投资饥渴。其后果是，导致生产要素的使用效率低下与浪费严重，而资源的过度投入又导致生产要素的供需失衡，造成经济波动频繁与经济结构失衡，威胁经济的稳定与安全。因而，这又会倒逼经济增长思想的转型与经济增长方式的转型。

所谓外生式变迁指的是现行主导的经济增长思想的变更或替代，它是在外部冲击情况下，表现为外部的经济理论的发展改变了相关行为主体的认识、思想，并根据这些新的理论，提出新的思想与观点，继而利用其有利地位，改变了经济运行中的主导思想。也就是经济行为主体通过对外开放与对外交流，学习到新的理论与经济体外环境的改变，而导致中国经济增长思想的变迁。

如改革开放以前，马克思主义政治经济学的增长理论是新中国经济增长思想的成长主要的理论“养分”来源，而改革开放以后，西方经济理论在中国的传播范围和影响则日益扩大，以现代经济学的增长理论作为基本参照并结合中国国情进行本土化创新发展的经济增长理论研究逐渐成为增长研究的主要方向。马克思主义政治经济学中的增长理论与西方经济增长理论的发展成果作为一种外生的推动力，改变了经济行为主体对经济增长的认识，中国的现代经济增长思想就是基于对外来理论的引进、学习并结合中国国情的发展、创新而形成的，通过发挥企业及其他微观主体的积极性，发展劳动力密集型产业与资本密集型产业，推进自主创新，一定程度上提高了经济增长的速度和质量。

经济政策的演进与经济运行中形成的问题作为内生变迁机制的推动力，而两种理论范式则作为外生变迁机制的推动力，二者的交互作用形成了中国经济增长思想的变迁机制。

三、新中国经济增长思想的变迁特征

（一）渐进转型与路径依赖

渐进式改革是中国经济改革的一大成功经验，即为了实现改革目标，通过局部的试点试验，然后对其效果进行评估总结，再将成功经验向全国推广，有力促进了经济的平稳运行及转型发展。中国经济增长思想的演进与变迁也具有渐进性的特点。改革开放后，中央开始关注经济增长的效益与质量问题，先后提出了“又快又好”“又好又快”等政策方针，并提出经济增长方式由“粗放式增长”向“集约式增长”转变的战略设想。在如何实现这种历史性的转变方面，中国并未采取激进的方式，而是采取渐进的方式。在思想领域，内涵式经济增长思想的主导地位逐步得到确立，转变经济增长方式的重要性得到广泛公认，但外延式增长方式也并未完全舍弃，以使得经济增长能充分利用我国的比较优势。

从新中国的经济增长思想的变迁过程可以看出，经济思想的变迁，也表现出了与制度变迁类似的“路径依赖”（path dependence）特征。制度的“路径依赖”理论由诺思首次提出，他用此概念来描述过去制度的绩效对于当下和未来依然保持着强大的影响力，论证说明了制度变迁同样具有报酬递增和自我强化的特点。一种制度沿着既定的目标变迁，既有可能进入一个良性循环的轨道，也有可能顺着原来的错误路径下滑被“锁定”于某种效率低下或无效率状态。一旦落于后一种状况，没有强大的外力推动将很难成功脱身。因此，制度变迁在既定的目标之下，也要适时调整方向并选择正确路径，使之沿着效率不断改进的轨道发展演进。①

新中国经济思想的变迁同样存在“路径依赖”特性，如在前述四个阶段内外延式经济增长思想及其对现实经济的影响尽管有所变化调整，但是一直不绝如缕，其变迁过程中产生“路径依赖”的原因主要有三个方面：其一，经济思想的产生受到经济制度、体制等正式规则的约束，后者决定了经济自由度和个人行为取向，对经济增长和经济发展的作用是连续、累积的；其二，经济思想来源于人们对经济运行的认识与反思，也受到非正式规则的约束。与正式规则相比，非正式规则具有较强的内生性和韧性，其变迁常常不是激进的，而是缓慢的；其三，新中国的经济增长思想具有较强的现实针对性，这与政策形成过程中的博弈密切相关，因而与之相关的特殊利益集团有很强的动力将一些过渡性制度安排固化，使其按原有方向持续下去（见图7－3）。

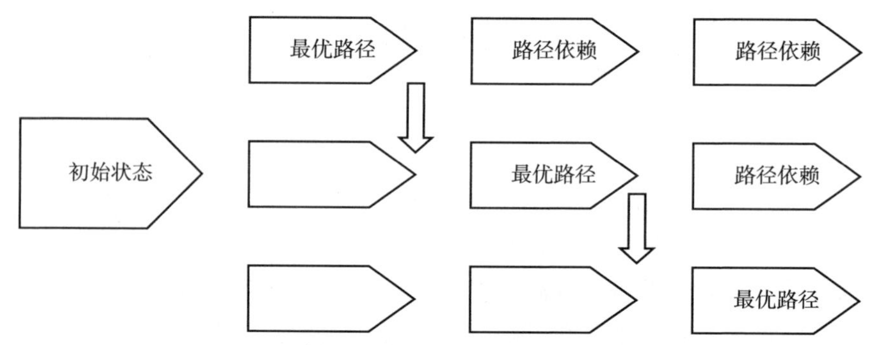

图7－3　路径依赖框架下的经济思想变迁路径

新中国的经济增长思想的变迁并不是沿着一条直线进行，而是蜿蜒曲

① North, Douglass C., 1991, “Institutions”, *Journal of Economic Perspectives*, 5 (2): 97－112.

折的。因为中国的增长思想的产生与发展是构建在过去的经济思想与经济实践基础上的，一些思想会惯性的沿着过去的路径演变。

（二）有限理性与动态演变

西蒙认为，在不完全信息的条件下，经济个体的选择行为是有限理性的。这里的有限理性是指“那种把决策者在认识方面的局限性考虑在内的合理选择——包括知识和计算能力两方面的局限性，它非常关心的是实际的决策过程怎样影响做出的抉择。”① 经济增长思想从本质上说也是决策者与理论研究者的一种对经济增长的主观认识，其认识无疑会受到其知识背景、思维方式与个人经历等因素的制约，从而体现出有限理性的特征。具体而言，经济增长思想在其变迁过程中也会产生大量的信息并衍生出更多的信息需求，同时受制度与经济环境的约束，任何个人或组织都无法人为地从整体上对经济增长思想的变迁过程进行设计，试图使之以一种完全跳跃式或整体转换式的方式来实现激进转变，而只能是通过不同群体之间的互动和博弈来实现动态渐进演变。

新中国成立70年来，先是进行了计划经济体制的实验，后又经历了从计划经济体制向市场经济体制的转轨，这种大规模的经济制度变迁不仅对于中国自身而言而且在世界范围内也没有多少先例或现成的经验可循。现实经济环境的复杂性与思想市场的付诸阙如，使得中国经济增长思想表现出有限理性特点，在某些特定时期由于政治过度干预经济，乃至表现出明显的非理性特点，出现了与经济增长规律的背离。

（三）问题导向与政策互动

中国经济增长思想的问题导向性特征由来已久。鸦片战争后，西方经济学说随着西方的入侵及中国学者“向西方学习”的思想而传入中国。1880年出版的《富国策》（汪凤藻译、丁韪良校，同文馆聚珍版）是中国

① SIMON, H. A. *Models of Bounded Rationality* (Vol. 3). Cambridge, MA: The MIT Press, 1997: 297.

的第一本中文经济学教材，为其后许多中国学者所延续使用。[①] 因此，西方经济学说在传入伊始便被中国精英赋予了解释和指导经济增长的重要任务，反映了面临西方资本主义入侵的中国人通过学习西方先进理论以“富国”的理想。[②] 在这种特殊的历史背景下，传入中国的近现代经济学便具有了鲜明的问题导向性特征，在很大程度上是关于中国（或像中国这样的落后国家）如何富强的经济增长研究，而不是关于人类行为、市场过程或稀缺资源配置的一般经济规律研究。例如，晚清学术大家严复就在《原富》（亚当·斯密《国富论》的最早中译本）的“译事例言”中明确指出，经济学（的研究与传播）关乎“中国之贫富”“黄种之盛衰”。[③]

在经世致用这一传统文化的影响下，新中国的经济增长思想表现出了非常明晰的、不同于国际主流经济学的问题导向性特征——与欧美发达国家的经济学家不同，身处发展中国家的中国精英对经济增长问题的关注中包含了更多“有用性”的考虑，而非单纯是以“趣味性”为出发点，[④] 这表明中国经济增长研究整体上仍是深深扎根于中国现实经济土壤之中，深受本国独特的经济环境、人文背景、理念习俗、历史路径等的影响。确实，转轨加转型的中国经济在运行过程中出现了许多问题、不确定性，正是在应对这些不确定性因素解决现实问题的过程中，个人或组织通过“边干边学”积累了大量关于经济增长的思想元素。

与问题导向相伴生的是经济增长思想的政策互动，一方面经济增长思想会对经济政策的制定产生前瞻性的影响，另一方面经济政策也会对经济增长思想的发展演变起到导引作用。长期以来，中国在经济增长方面主要面临的是“速度”与“效益”孰先孰后的问题。我国先后经历了从1978年以前的“多快好省、快字优先”，到20世纪八九十年代主导的“又快又好”的既强调经济增长速度又重视经济增长效益的政策导向，再到

---

① 如《富国新策》《富国要策》《续富国策》等。参见谈敏：《回溯历史——马克思主义经济学说在中国的传播前史》，上海财经大学出版社2008年版，第418页。

② 需要注意的是，近代以来的“富国”概念与古代经济思想中强调政权本身财富积累的“富国”概念有着很大的区别，其中“国”不再指代政府意义上的国家，而是指向包含“民”在内的民族国家整体。

③ 严复：“译事例言”，载于《原富》，商务印书馆1981年版，第7～14页。

④ 这在社会科学的其他领域也很常见。以国际政治学为例，见王缉思：《“中美新型大国关系”体现中国战略远见》，载于《社会科学报》2013年12月26日。

2006 年，以胡锦涛为总书记的中共中央针对经济增长过程中存在的问题，提出了“又好又快”，首次把“好”放在“快”之前，更强调经济社会的和谐发展，成为其后一个时期中国经济增长的重要指引。这样的政策转向也使得经济增长研究逐步开始越来越注重经济增长的可持续性，而不是单纯探究高速经济增长的现实对策及其理论逻辑、内在机理。

2003 年 10 月，中共十六届三中全会明确指出要“坚持以人为本，树立全面、协调、可持续的发展观，促进经济社会和人的全面发展。”① 这也给出了科学发展观的基本内涵。2005 年 10 月，中共十六届五中全会则强调指出：“发展既要有较快的增长速度，更要注重提高增长的质量和效益”。② 这里，“增长的质量和效益”显然被摆到了更为重要的位置上。2006 年底召开的中央经济工作会议上，胡锦涛明确提出“要坚持以科学发展观统领经济社会发展全局，切实把科学发展观落到实处，努力实现速度、质量、效益相协调，消费、投资、出口相协调，人口、资源、环境相协调，真正做到又好又快发展。”③ 经济增长方式的转变正体现了科学发展观的要求，从而使得二者结合的相关研究大量涌现④。

2007 年 10 月，中共十七大第一次⑤在中共正式文件中使用了“转变经济发展方式”的这一概念，并将其内涵概括为“三大转变”，即“促进经济增长由主要依靠投资、出口拉动向依靠消费、投资、出口协调拉动转变，由主要依靠第二产业带动向依靠第一、第二、第三产业协同带动转变，由主要依靠增加物质资源消耗向主要依靠科技进步、劳动者素质提

---

① 《中共中央关于完善社会主义市场经济体制若干问题的决定》，见 http：//www. gov. cn/test/2008 - 08/13/content_1071062. htm。

② 《中共中央关于制定“十一五”规划的建议》，见 http：//news. xinhuanet. com/politics/2005 - 10/18/content_3640318. htm。

③ 《2006 年中央经济工作会议》，http：//www. gov. cn/test/2008 - 12/05/content_1168997. htm。

④ 此类文献较多，如金碚：《科学发展观与经济增长方式转变》，载于《中国工业经济》2006 年第 5 期；程启智：《科学发展观与经济增长范式革命》，载于《当代经济研究》2007 年第 2 期；刘铮、许胜飞：《科学发展观与中国经济增长方式选择的理性回归》，载于《福建论坛》（人文社会科学版）2007 年第 4 期。

⑤ 当然，此前同年 6 月 25 日胡锦涛在中央党校省部级干部进修班发表的重要讲话中就曾强调，实现国民经济又好又快发展，关键要在转变经济发展方式、完善社会主义市场经济体制方面取得重大新进展。这也触发了学术界关于转变经济发展方式的大量研究成果的涌现。

高、管理创新转变。”[①] 在中国进入中等收入国家行列和现代化中期发展阶段之后，这一核心概念的提出和基本内涵的阐述，是对“又好又快发展”的进一步阐释，也进一步明晰了中国宏观经济政策在经济增长问题上的新的取向。

2017 年，中共十九大提出，“我国经济已由高速增长阶段转向高质量发展阶段，正处在转变发展方式、优化经济结构、转换增长动力的攻关期，建设现代化经济体系是跨越关口的迫切要求和我国发展的战略目标。”这一提法彰显了执政者对经济增长和经济发展问题认识的不断清晰和持续深化，以及对于中国转变经济增长方式和经济发展方式的目标认知的清晰化、具象化，当然这也离不开经济学术界、思想界的超前理论探讨和先期思想积淀，许多政策文件的制定均吸纳了经济学家对于相关经济现实问题和政策议题的讨论成果。

整体而言，从“速度”为中心到“效益”“质量”为中心，再到经济社会全面发展的转型，是中国宏观经济政策演进与变迁的一个缩影，成为新中国经济增长思想发展的方向与导引。当然，在此过程中，经济增长政策与思想的影响是双向的，政策的出台有其思想基础，思想的蓬勃发展亦有政策的引导加持。

四、总结与评论

通过运用比较制度分析方法对新中国经济增长思想的变迁的研究，本节主要阐述了两种变迁机制之于中国经济增长思想发展的推动：内生变迁与外生变迁。通过内生变迁机制，中国经济增长思想的变迁推动了国家层面经济发展思路的转变，进而也促进了中国经济增长方式的转变；而通过外生的变迁机制，新中国经济增长思想先后融入了西方马克思主义经济学和现代经济学两大经济学体系的经济增长理论的最新研究成果，为中国经济增长思想的变迁提供了外部的思想冲击和基准参照，并在西方经济增长

---

① 《胡锦涛在党的十七大上的报告》，http：//news. xinhuanet. com/newscenter/2007 - 10/24/content_6938568_4. htm。

理论本土化的过程中实现了新的创新突破，进而又推动了中国经济增长方式的转变。从以外延式经济增长思想为主向内涵式经济增长思想为主，进而演进到可持续经济增长思想，符合经济发展的一般规律，但如何推动与实现经济增长方式的转型，如何长期保持中国经济的快速、健康、可持续增长，则充满了挑战与争议。与此同时，新中国经济增长思想在变迁过程中也体现出了渐进转型、路径依赖、有限理性、动态演变、问题导向、政策互动等特征，这些特征是分析中国经济增长思想未来变迁走向需要予以考虑的。

第二节　新中国经济增长思想变迁的主要影响因素

作为社会存在的反映，经济思想的形成是一个复杂的过程，而推动经济思想变迁的因素有很多。首先，经济基础决定上层建筑，这是马克思主义唯物史观的基本原理之一，新中国经济增长思想的变迁是我国经济增长与发展的一个反映。当然，经济增长与发展跟经济增长思想的变迁，其影响是交互的、双向的。此点将在下一节重点论述，这里主要介绍与经济增长和发展相伴的、影响新中国经济增长思想变迁的其他主要因素，包括制度转型、理论传播和全球化等多方面的因素。

一、制度转型的影响

新中国经济增长思想的变迁是与我国的经济体制改革以及社会转型同步进行的，因而制度转型也是影响我国经济增长思想变迁的一个因素。

1978 年以前我国实行的是计划经济体制，其主要特征可简单概括为：(1) 以指令性计划配置资源为主；(2) 国营企业占据主导但并无人财物决策权；(3) 以实物管理为主；(4) 利益格局一元化。计划经济不同于自由市场经济，其缺陷在于由于信息不完全与不对称的存在、经济计划者的有限理性、价格扭曲等因素导致生产要素配置低效，激励不相容现象严重，实际上计划不能正常执行。在这种制度安排下，外延式经济增长思想在与内涵式经济增长思想的争锋中逐渐占据上风，成为这一时期在经济实践中居于主导地位的思想，当然这也部分契合了当时中国以赶超战略为主战略的计划经济体制的要求。

1978 年，十一届三中全会召开后，经济建设成为新时期政府的中心任务，而传统的计划经济体制则成为制约中国经济发展的首要障碍，因而经济体制改革成为首要任务。执政者在深刻认识到社会主义的本质的基础上，科学判断我国仍处于社会主义初级阶段，需要在公有制为主体的前提下发展多种所有制经济，以适应社会主义生产力发展的客观要求。因此，一切符合邓小平所提出的“三个有利于”标准的各种所有制经济，都可以用来为中国社会主义经济发展服务。这些基本认识上的转变推动了中国民营经济、民营企业的大发展，成为改革开放后我国经济高速增长的一个基础。

改革开放后基于市场化导向的改革，实际上解放市场的“看不见的手”，让市场成为资源配置的基础方式，从而大大提升了经济运行效率。自由市场经济的微观经济主体是投资者与消费者（或企业与家庭），他们有一个共同的特点就是追求自身利益最大化（利润最大化、效用最大化），他们之间主要通过市场这只“看不见的手”来相互发生作用，价格作为一种基本信号对市场经济活动起到调节作用，而作为公共部门的政府并不直接参与到经济活动和市场竞争中去，这样市场经济活动决策就具有分散化和分权化特点，由经济活动主体独立决策。①

激励机制的重新建立与市场的回归，使得效率成为经济发展的中心取向，全社会形成了提高效率的认识。因此，在思想转型时期，“效率驱动”经济增长的思想成为主导思想。

而随着社会主义市场经济体制的基本建立与完善，我国在经历了长时期的高速增长，经济发展取得了较大进步，但也出现了一些问题。经过长期的快速发展，进入 21 世纪后，中国经济发展面临结构失衡的压力、来自收入分配差距扩大的压力、面临资源和环境方面的压力和人口快速老龄

① 胡鞍钢：《中国政治经济史论（1949～1976）》，清华大学出版社 2008 年版，第 169 页。

化的压力①。因而，如何在创新、协调、绿色、开放、共享的新发展理念的统领下保持社会经济的和谐发展成为一个重要的现实课题，而这要求我们需要更加重视经济增长的质量和效益，更加重视经济结构的优化调整，更加重视全面协调可持续发展，更加重视深层次的体制机制改革。因此，这也推动了经济增长思想的变迁，强调可持续增长与发展，以及通过经济效益和社会效益全面提升的和谐发展，改善人民生活水平，使全体人民共享经济增长和经济发展的成果，使经济增长和经济发展促进社会和谐。当然，中国政府在推动制度转型、政策调整实现经济增长的过程中起到了不可忽视的主导作用。因而，制度转型背景下的政策导向或政策互动成为影响新中国经济增长思想变迁的一个重要因素，而第二个主要推动力则主要来源于对马克思主义经济增长理论认识的发展与西方经济增长理论的引进。

二、理论传播的影响

新中国成立以来，中国经济增长思想在其发展演进过程中从源自欧美的马克思主义经济学、宏观经济学、发展经济学、制度经济学、比较经济学、转型经济学和新经济史学等理论体系中汲取了大量思想元素，尤其是充分地吸收了马克思主义经济增长理论与苏联的经济增长经验以及西方现代经济增长理论的发展成果，但在不同的阶段也呈现出不同的特点。改革开放前，基本是以马克思主义经济增长理论为主导，自 20 世纪 90 年代后，由于对外开放的深入发展，中国经济增长思想借鉴与融合了社会主义经济增长理论与西方现代经济增长理论的发展成果，发展出具有中国特色的经济增长思想。

在马克思扩大再生产理论基础上，社会主义经济增长理论得以构建，因此其长期在中国占据主导地位，对中国的经济政策制定与经济研究产生了深远的影响。除马克思的《资本论》以外，国内在 20 世纪 80 年代相继出版了几本比较有代表性的社会主义经济增长理论著作，例如 1986 年四

① 参见陈佳贵、黄群慧、张涛：《从高速增长走向和谐发展的中国经济》，载于《中国工业经济》2007 年第 6 期。

川人民出版社翻译出版的科尔奈的《增长、短缺与效率——社会主义经济的一个宏观动态模型》，波兰卡莱茨基的《社会主义经济增长理论导论》（三联书店上海分店，1988）、《社会主义经济增长理论》（中国社会科学出版社，1989）、《社会主义经济与混合经济增长论文集》（商务印书馆，1992）。这些来自外部的社会主义经济增长理论发展成果为新中国经济增长思想的成长提供了充足的“养分”。

虽然马克思主义经济增长理论也强调生产效率，强调技术进步对提高生产效率的重要性，但在改革开放前由于决策者和理论界片面地理解了马克思主义经济增长理论中关于生产资料优先增长、资本积累是扩大再生产的重要条件等观点，使得在经济实践中内涵式经济增长思想常常受到批判，而外延式经济增长思想则占据了主导地位，成为新中国成立后 40 年经济建设的指导思想。改革开放后，政府决策者与理论研究者重新认识了马克思主义经济增长理论中对生产效率等内涵要素的论述，并反思了早期经济增长与发展运行中出现的问题，使得基于马克思主义经济增长理论的内涵式经济增长思想进一步发展并在实践中逐步得到落实。并且，同时期卡莱茨基的著作等为代表的社会主义经济增长理论陆续引入中国，这些理论强调投资对经济增长的重要性，而作为短期实现经济快速增长的重要手段，投资特别是固定资产投资在我国经济运行中具有不可替代的作用，我国经济增长也长期体现出投资依赖的特点。

长期来说，社会主义经济增长理论对我国的经济增长具有指导作用，但西方经济增长理论的引入再次推动了中国经济增长思想的发展。西方经济增长理论在中国的传播始于 20 世纪 80 年代。自 1983 年商务印书馆率先翻译出版了多玛（E. D. Domar）、阿瑟·刘易斯、库兹涅茨、罗斯托、钱纳里、索洛等西方经济学家的经济增长理论和实证研究著作。上述书籍的出版对西方经济增长理论在中国的传播起到了较大的促进作用，西方经济增长理论的分析框架开始被应用到中国经济增长的分析研究中。90 年代以后，国内又引进了在欧美广为流行的系统介绍现代经济增长理论的书籍。2004 年北京大学出版社翻译出版了阿吉翁（Agion）的《内生增长理论》，则系统的介绍了新经济增长理论的最新成果。进入 21 世纪后，国外比较有影响力的经济增长书籍相继引入中国，自此成为研究中国经济增长的重要理论框架。大量的经济增长研究开始基于中国现实国情并参照西方经济增长理论框架，构建了大量关于中国经济增长模式、机制和路径的模型，提出了大量有益的政策建议。这些研究呈现出引进、学习、发展、创新的清晰路径而非简单的照搬西方理论模型。

从对70年来中国经济增长思想的梳理与阐述，可以看到两种理论对我国经济增长思想的演变均留下了深深的烙印。早期的外延式经济增长方式从思想到实践都呈现出重投资、重积累、重生产资料部门的增长的特点，这主要源于经济实践中对马克思主义经济增长理论中关于生产资料优先增长、资本积累是扩大再生产的重要条件等观点的片面、教条的理解，而在很大程度上忽视了马克思主义经济增长理论本身所蕴含的内涵式经济增长要素，尽管后者也得到了一些学者的重视和强调。而改革开放后的经济增长思想则充分吸收了两种理论的研究成果，投资增长依然成为经济增长的一个重要源泉，而劳动力的转移则反映了中国的比较优势，成为又一增长动力，技术进步与R&D的投入则提升了中国经济的活力与质量。两种增长理论作为中国经济增长思想的理论基础，在与中国经济增长国情实践相结合的过程中实现了经济增长理论创新与政策应用的发展，成为中国经济增长思想变迁的一个重要推动力。

三、全球化的影响

20世纪80年代以来，全球化浪潮逐渐席卷世界，成为当今时代的基本特征。其间，货物、服务和资本等的跨境流动经历了跨国化、区域化、全球化几个发展阶段，也就出现了相应的多边性、区域性、国际性的经济管理组织，以及不同国家之间在宗教信仰、价值观念、意识形态等非物质文化方面的交流、碰撞、冲突与融合。1978年我国开始的改革开放政策也使得我国直接受到全球化的影响，经过40年的改革开放，我国已经成为一个开放度很高的经济体，到2009年，我国已超过德国，成为全球第一大出口国。FDI与出口贸易使得中国经济获得了较快的经济增长，迅速提高了我国的经济实力。但同时，全球化浪潮也影响了我国的经济思想变迁。

2001 年，以加入 WTO 为标志，中国自此开始加速融入世界经济体系，经济全球化促进了贸易与投资自由化，以及随着资本的自由流动，技术的发展与传播速度加快，而且经济全球化可使世界范围内的资金、技术、产品、市场、资源、劳动力进行有效合理的配置。这样，传统的主要针对封闭条件下的经济增长理论和思想常常会遭遇现实困境，从而对经济增长思想的演变提出了新的要求。因此，全球化推动了我国的经济研究与世界接轨，在应对全球化的思考中，我国也出现了大量关于技术进步、FDI 与贸易对经济增长的影响、创新、金融发展、产业转移等一系列研究，这些研究大都采用国际通用的学术规范与该领域最新的研究成果，有力地推动了我国经济增长思想的变迁。

四、总结与评论

本节的研究表明，中国经济增长思想有来自苏联经济增长的经验传承，但也有其独立性。在发展演进过程中，中国经济增长思想充分吸收了源自欧美的马克思主义经济学、宏观经济学、发展经济学、制度经济学、比较经济学、转型经济学和新经济史学等学科理论，尤其是马克思主义经济增长理论、现代西方经济增长理论的学术成果和思想“养分”，使之具有鲜明的中国特色。当然，经济增长本质上还是一个实践问题，有其制度背景和外部环境，这反过来会对思想产生影响。改革开放以来中国经济体制的平稳转型以及经济全球化的深度参与，也对中国经济增长思想的变迁产生了重要影响，因此，中国经济增长思想是理论与实践双向互动的结果，其理论来源多元，但经本土化改造之后均融入中国经济增长实践之中。

第三节　新中国经济增长思想发展变迁的经验与启示

新中国成立以来，中国经济建设整体而言取得了巨大成绩。其中，

1978 年之前受计划经济体制的固有弊端的影响，以及“以阶级斗争为纲”对经济建设中心工作的干扰，中国经济丧失了许多发展良机。期间，中国政界和学界围绕社会主义再生产、速度与比例、农轻重关系等议题开展了大量的讨论，外延式经济增长思想与内涵式经济增长思想此消彼长，但总体还是前者在实践中占据主导地位。改革开放之后，随着经济建设被作为中心工作的确认，国内对经济增长问题的讨论进入了一个崭新的阶段，现代经济理论的传入和经济研究范式的多元化，使得经济增长思想不断发展丰富。

在此过程中，经济增长思想和理论越来越受重视，而政界与学界互动的频度和深度也有了极大提升。尤其是随着中国在经济持续高速增长的过程中也出现了诸多深层次的问题和矛盾，经济增长和发展的可持续性愈益不足，政界和学界围绕经济增长方式和经济发展方式开展了大量有益探讨，从而促成政府对于转变经济增长方式和经济发展方式目标任务的设定，经济增长思想出现了更加重视内涵式的转型，可持续经济增长思想逐渐占据主导，并在新发展理念下又有新的创新探索。本章主要从经验和启示维度来对新中国经济增长思想的发展变迁做一个回顾总结。

一、新中国经济增长思想发展变迁的主要成就

正如本书开章明义指出的，新中国经济增长思想的最大成就莫过于其在推动中国实现一个比较长时段的高速经济增长方面所起到的重要作用，使得中国完成了从经济落后国家到中上等收入国家、世界第二大经济体的成功跃迁。在此过程中，中国经济增长思想本身的发展也取得了一些重要的进展和成就，从而反过来又对中国经济增长起到了良好的指导、引领和促进作用。尤其是随着中国在改革开放之后确立以经济建设为工作重心的方针，使得经济增长思想在中国经济思想中占据了相当大的比重，并为中国从后发计划经济体向现代市场经济体转变及在这个转变的过程中实现持续高速经济增长提供了思想支撑。

中国经济的持续高速增长具有世界影响，与之相应地，中国经济增长思想也具有世界意义，极大地丰富了世界经济增长理论和思想的内涵，蕴

含着经济增长理论创新的空间，而中国经济学对于世界经济学发展最有可能做出贡献的领域也是经济增长理论或发展经济学。认真总结新中国成立70年以来的经济增长思想与实践，形成系统的规律性认识，有助于构建能够反映中国特色、具有世界意义的经济增长与发展理论体系。本书将新中国经济增长思想的发展演变及其主要成就总结为：理论范式多元化、内涵层次立体化、研究内容具体化，使得中国转变经济增长方式的目标、动力和路径都逐渐明确，对于新时期中国经济学学术话语体系的构建也提供了经济增长领域的基础。

第一，理论范式多元化，马克思主义经济学与西方经济学相得益彰，并在本土化的过程中与中国经济制度转型的实践相结合，使得中国转变经济增长方式的目标逐渐清晰。

改革开放之前，与计划经济体制相适应，中国主要以苏联模式为参照系，以计划经济理论为指导来推动经济建设，西方现代经济理论则被摒弃。随着中国改革开放的开启和推进，与社会主义市场经济体制建设目标的逐步确认，在科学发展观、习近平新时代中国特色社会主义思想中的新发展理念等重要思想、战略的指导下，中国马克思主义政治经济学对加快转变经济发展方式、资源节约、环境保护和构建和谐社会等问题进行了深入的研究，财富分配、劳动价值论和所有制等方面问题重获关注并得到进一步发展，丰富和完善了中国特色社会主义理论体系。同时，现代经济学的基本分析框架和研究范式逐渐在国内流行起来，且对现代西方经济学的引进和应用则更加注重理论前沿性和政策应用性，如“结构主义增长理论”“干中学模型”“内生经济增长理论”等也逐渐传入国内，成为新时期中国经济增长实践的重要理论参照。西方经济理论经过对市场经济的长期和深入研究，在机制描述、规律阐述和分析工具等方面对中国的经济发展和理论研究都有借鉴作用。在此过程中，也涌现了“新结构经济学”“新供给经济学”等一系列兼具国际通行理论范式和中国独特经验色彩的经济发展理论创新尝试。

理论范式的迁移，与经济体制的转型是相生相伴的，也更加契合市场经济体制条件下经济建设的现实需要，对实际经济增长和经济增长方式转变起到了很好的实践指导作用。其实，早在20世纪80年代初中国就已经有了与转变经济增长方式相关的初步讨论，只不过当时是在马克思主义经济学的理论框架下提出的，也就是要从外延扩大再生产转变到内涵扩大再生产。进入90年代，随着市场经济建设目标的确立，与传统计划经济体制相伴生的粗放经济增长方式的弊端逐渐显露。1995年，中共中央在关于“九五”计划和二〇一〇年远景目标的建议中就曾提出，要“实行两个具有全局意义的根本性转变：一是经济体制从传统的计划经济体制向社会主义市场经济体制转变；二是经济增长方式从粗放型向集约型转变，促进国民经济持续、快速、健康发展和社会全面进步”①。这是首次明确将经济增长方式的转变纳入中国共产党的重要文献，当时的目标主要是希望改变高投入、低产出，高消耗、低效益的状况。

进入21世纪，随着经济和社会发展不协调的问题日益突出，胡锦涛2007年6月在中央党校省部级干部进修班的讲话中提出，“实现国民经济又好又快发展，关键要在转变经济发展方式、完善社会主义市场经济体制方面取得重大新进展”②。党的十七大又进一步提出要加快转变经济发展方式方面取得重大进展，“要大力推进经济结构战略性调整，更加注重提高自主创新能力、提高节能环保水平、提高经济整体素质和国际竞争力。”③ 党的十九大提出，“我国经济已由高速增长阶段转向高质量发展阶段，正处在转变发展方式、优化经济结构、转换增长动力的攻关期，建设现代化经济体系是跨越关口的迫切要求和我国发展的战略目标。”这一目标不再将经济增长速度作为重心，而是强调支撑高质量发展的现代化经济体系及其背后的发展方式、经济结构和增长动力。显然，如果没有西方经济增长理论学说引入及其与中国经济实践的创造性结合，我们对经济增长应取得目标的认知不可能达此高度。

第二，内涵层次立体化，与中国经济转型升级的内在需求更加适应，使得中国转变经济增长方式的动力逐步明确。

---

① “中共中央关于制定国民经济和社会发展‘九五’计划和二〇一〇年远景目标的建议”，新华网，http://news.xinhuanet.com/ziliao/2005-03/15/content_2700775.htm。

② “胡锦涛在中央党校省部级干部进修班发表重要讲话”，新华网，http://www.china.com.cn/policy/txt/2007-06/26/content_8439815_2.htm。

③ “胡锦涛在党的十七大上的报告”，新华网，http://news.xinhuanet.com/newscenter/2007-10/24/content_6938568_4.htm。

从前面有关章节的分析可以看出，随着中国市场化改革的不断深化，人们已逐渐认识到，生产要素除了传统的劳动、土地、资本三大基础要素之外，还包括知识、技术、制度、企业家才能、人力资本等创新要素。与中国传统的外延式经济增长方式主要靠廉价劳动力要素和海量实物资本的大规模投入来推动经济增长不同，现代的内涵式经济增长方式主要是通过知识、技术、企业家精神、人力资本及制度的不断创新来实现经济的持续增长。随着中国社会经济的转型发展，生产要素的成本结构发生了巨大变化，其优化组合也面临越来越复杂的局面，要实现可持续的经济增长和经济发展，就必须深入研究经济增长方式转变背后的发展驱动力转换的问题。

从学术界和思想界的视角来看，国内经济学者逐渐明确中国经济的长远可持续增长和高质量发展，不应该也不可能一直依靠要素驱动来实现，有赖于向效率驱动、创新驱动的成功转变，这正是经济增长方式和发展方式转变背后所对应的发展驱动力转换需求。尤其是进入可持续增长思想主导时期，中国的经济增长思想形成了保护环境、节约资源、降低能耗等强调要素节约的绿色可持续增长思想，效率优化的创新、开放可持续经济增长思想，以及强调公平促进的协调、共享可持续经济增长思想。这些思想明确了中国转变经济增长方式的三大动力源，也与中国历史上的天人合一生态思想、均富思想等形成了历史辉映。中国特色的经济增长理论体系构建，也离不开中国所独有的传统经济思想渊源。

2015 年习近平在中共十八届五中全会二次会议上旗帜鲜明地提出了“创新、协调、绿色、开放、共享”的新发展理念，这与前面所提及的可持续增长思想是一脉相承的，成为新时期指导政府开展经济发展工作的指挥棒。其中，创新和开放理念着力解决推动高质量发展中存在的发展不充分问题，通过创新提高全要素生产率，通过开放融入全球经济体系，而协调、绿色和共享理念着力解决的是推动高质量发展中存在的发展不平衡问题，区域间、城乡间、贫富间的差距拉大以及人与自然间的矛盾加剧，这些都是与人民美好生活需要相背离的，亟待解决。这些理念也揭示了新时期中国转变经济发展方式的动力所在。

第三，研究内容具体化，直击中国经济增长与发展的关键点，使得中国转变经济增长方式的路径逐步明晰。

新中国经济增长思想经历了一个从泛化到具体化的转变，围绕经济增长与发展包括转变经济增长和发展方式逐渐形成了一系列的研究分支，包括发展经济学、产业经济学、区域经济学、国际经济与贸易、财政学等子学科的概念、范畴、方法等纷纷被引入，围绕要素节约、效率优先、公平促进等可持续经济增长的研究内容愈益丰富、具体，形成了一系列具有较大共识的具体政策建议主张。例如，在强调效率优先的创新、开放可持续经济增长思想方面，围绕“调整产业结构、推动产业升级”“深化对外开放、提高技术水平”“重视科技研发、加强自主创新”“增加教育投资、培育人力资本”“优化金融机制、强化市场效率”等关键方面涌现了大量理论和政策研究成果。

上述思想归结到一点，就是要实现从过去的那种汲取性经济增长向包容性经济增长、包容性发展的路径转换。2010 年中共十七届五中全会曾提出“‘包容性增长’可切实解决经济发展中出现的社会问题，为推进贸易和投资自由化，实现经济长远发展奠定坚实的社会基础。”2015 年中共十八届五中全会通过《“十三五”规划建议》，在“到 2020 年国内生产总值和城乡居民人均收入比 2010 年翻一番”的目标之前，加上了“提高发展平衡性、包容性、可持续性”的先决条件。习近平指出，发展必须是遵循经济规律的科学发展，必须是遵循自然规律的可持续发展，必须是遵循社会规律的包容性发展。这一重要论述，是对中国经济发展新常态的科学把握和理性思考，也为新时期中国经济增长与发展路径的抉择指明了方向。

当然，也有不少学者敏锐地指出了中国转变经济增长方式存在着路径依赖的障碍。那么，如何才能破除路径依赖，实现增长和发展路径由旧向新的转换呢？通过对导致这些路径依赖的原因诊断分析的梳理来看，学术界的主要共识是要使经济增长摆脱对于过渡性的次优路径的过分依赖，实现新旧路径的切换，就必须以制度性改革创新来消除扭曲性制度本身所带有的自我强化机制。这也就是早在 1995 年，吴敬琏在评论新制度经济学代表人物诺斯学术思想时所说的，市场经济的目标明确了，一旦发生体制机制上的路径偏离就要“不失时机地把现有体制中偏离市场经济目标的部分扭转过来”，否则会出现“积重难返的情形”。[①] 与此同时，改革往往需要开放来倒逼，中国应不失时机地顺应国际经济形势、依循国际同行规则加快推进自由贸易体系再造，并倒逼国内的体制机制改革，以实现更大范围的包容性增长与发展。

二、新中国经济增长思想发展变迁的不足之处

回顾过去 70 年来新中国经济增长思想的发展过程，可以发现其在取得巨大成就的同时，也存在一些不足之处。这些不足之处也为其今后的发展提供了改进方向。

第一，存在一定的重短期问题、轻一般规律的研究取向。如前所述，新中国经济增长思想研究具有显著的问题导向性特征，强调经世致用，注重对于短期、应用性问题的分析研究，轻基础理论和一般规律性问题研究，这可能导致对增长规律理解的片面性和局限性，出现一些学者将一些原本是经济发展中的共性问题视为本国的特性问题，从而不够重视从西方已有的经济增长研究成果中借鉴经验、在闭门造车的过程中进行重复劳动的结果，这会使得本国的经济增长研究重走一些前人走过的弯路。所以，在继续保持问题导向性的同时，中国的经济增长研究也应当重视汲取外来先进思想、方法，积极与国际学界展开交流和对话，在充分了解和掌握西方的经济增长理论与工具的基础上结合中国国情和实际问题进行探索。如果经济学真的像萨缪尔森所说的那样，旨在成为对更一般情况的分析，那么就恰恰需要借助中国经济增长研究这一特殊时期的情景分析，因为只有解决传统经济增长理论所不能解释或指导的独特案例，才能使旧的一般理论更加一般化，从而进化为新的一般性理论。

第二，对转变经济增长和发展方式实践推动还有待发挥。早在 1994 年，中央经济工作会议就曾提出了要提高经济的整体素质和效益，并且于次年在中共十四届五中全会将“经济增长方式从粗放型向集约型转变”与“经济体制从传统的计划经济体制向社会主义市场经济体制转变”并列，

① 吴敬琏：《路径依赖与中国改革》，载于《改革》1995 年第 3 期。

成为两大根本转变。① 如此来看，中国在党和政府正式文件中提出转变经济增长方式这一提法已经差不多有 20 多年的时间。事实上，关于转变经济增长方式的思想内涵早在改革开放之初就已提出了，只是具体的提法不同而已，当时主要从经济建设的效益和质量角度来谈。这么多年下来，虽然取得了一些进展，但中国转变经济增长方式或发展方式的效果还不明显。当然，这里面的原因是复杂的、多方面的，不是经济增长理论或思想本身的问题，而是其在形成政策和贯彻落实这两个环节打了折扣。

第三，对中国如何跨越“中等收入陷阱”尚待进一步挖掘。中国已经处于中上等收入国家发展阶段，面临着跨越“中等收入陷阱”向高收入国家迈进的历史新任务。“中等收入陷阱”作为一种世界范围内的经济现象，在统计上已经具有一定的显著性，中国不能轻易忽视它。否则，可能会给中国的转型发展带来重大失误。关于“中等收入陷阱”国内虽然已经有很多的讨论，不少学者分别从人口结构、需求结构、产业结构、社会流动性等多个角度进行了比较细致的论证，但很多研究缺乏对于这个问题的系统图景展示和根本实质把握，对于到底什么是造成“中等收入陷阱”最根本的因素？各影响因素之间的内在逻辑关系又是什么？这些根本性的问题还缺乏系统思考，从而难以给出有效的治理和跨越之道②。这些问题还有待进一步挖掘。

三、新中国经济增长思想发展变迁的若干启示

2013 年底党的十八届三中全会召开以来，中国进入了全面深化改革以实现国家治理体系和治理能力现代化的历史新阶段，经济也处于一个从高速增长向中高速增长过渡的新的发展阶段。面对这样的经济“新常态”，中国经济增长思想的变迁方向何在？需注意什么？如何让思想落地？这些

① 《中共中央关于制定国民经济和社会发展“九五”计划和二〇一〇年远景目标的建议》，http：//news. xinhuanet. com/ziliao/2005 －03/15/content_2700775. htm。

② 关于中等收入陷阱，田国强和陈旭东有比较详细的讨论。参见田国强、陈旭东：《中国如何跨越“中等收入陷阱”——基于制度转型和国家治理的视角》，载于《学术月刊》2015 年第 5 期。

问题值得深入思考。基于对过去 70 年来新中国经济增长思想的成就和不足的分析，从中可以得到一些重要的启示。

第一，中国经济增长思想需要平衡好理论一般性、世界共通性和中国特色之间的关系，应基于中国实践不断总结提炼以形成具有中国元素的经济增长理论体系，同时对接现代经济增长理论及其分析框架。新中国经济增长思想是在适应国内经济发展需要、融入国际经济理论语境之下，不断发展、丰富、成熟起来的。对接国家发展战略和政府经济政策的需求无疑非常重要，因为中国经济增长的奇迹，还有许多待解的谜题，中国经济面临的问题，也还有许多待攻克的课题。但是，中国也需要能够为世界经济增长提供具有一般性、可借鉴的思想和理论贡献，尽管中国经济本身的增长已经为世界经济增长做出了重大贡献。面向未来，中国经济增长思想的蓬勃发展也一定是建立在思想市场的开放、包容之上的，不能以国情以意识形态自限。

第二，经济增长思想虽然常常具有前瞻性，但受体制机制等因素的影响，不必然导致实际经济增长及经济增长方式的转变。中国改革开放的一个基本特点就是解放思想先行，如果没有思想观念上对于旧的束缚的突破和转向，经济建设不可能取得那么大的进步。新中国经济增长思想也是如此，由于理论探讨的先行，很多时候经济增长思想较之于宏观经济政策常常具有较大的前瞻性。但是，在思想转化为政策、政策落实到行动，这两个环节上就会存在一定的时滞，因为其都需要经由不同利益集团之间的博弈、妥协方能让思想落地。从这个角度看，转变经济增长方式和发展方式确实是一项非常艰巨的任务，因为它会触动传统经济增长方式和发展方式下的既得利益，后者有很大的意愿和激励来维持原状。这里涉及改革的方法论问题。但是，不管怎样，中国经济的可持续增长仍需要思想的解放和引领。

第三，随着改革开放的不断深入，中国经济增长思想中的包容性成分越来越多，下一步如何推动包容性增长应成为研究重点。新中国成立之初实行的是赶超发展战略，经济增长中的汲取性元素相对较多，人民生活水平虽有恢复性提升，但仍处于低水平均衡。在思想层面，广大经济学者已经认识到必须正确处理好消费与积累的比例、“高速度”与“按比例”的关系等，从某种程度上是对于汲取性制度安排的纠偏。改革开放以来，随着松绑放权性改革的深入，人民群众从经济增长中也获得了较多的实惠，生活水平得到显著提高，但是也依然存在贪污腐败加剧、贫富差距拉大、社会结构固化、生态破损严重等一系列问题。科学发展观、和谐社会、新发展理念的提出，使得中国经济增长思想中的包容性成分越来越多。站在新的历史起点上，面对从中上等收入国家向高收入国家跨越的时间窗口，中国还需要进一步探索实施具有包容性的制度安排，方能跨越“中等收入陷阱”，实现经济高质量发展。这也是中国经济增长思想下一步演进的一个重点方向。

四、总结与评论

通过从成就、不足和启示三个维度对新中国经济增长思想的发展变迁历史进行挖掘，本节的研究表明，中国经济增长思想在理论范式、内涵层次和研究内容等方面均取得了长足的进步，从而对中国实际经济增长起到了良好的支持和促进作用，也为构建具有中国特色的经济增长与发展理论体系以及中国经济学学术话语体系提供了思想泉源。与此同时，不可否认的是，中国经济增长思想也面临一些明显的不足，包括重短期问题而轻一般规律、对转变经济增长方式的推动有限、对新阶段跨越“中等收入陷阱”的支撑不足等。基于此，本书认为，面向未来，中国经济增长思想需要进一步对接现代经济增长理论及其分析框架，并基于中国的经济增长实践凝练形成具有中国特色的经济增长理论体系和话语体系，在世界经济增长思想发展史上寻求一席之地，以及对中国转变经济增长方式和发展方式做出新贡献，以包容性增长与发展思想助推中国跨越“中等收入陷阱”和实现经济高质量发展，这一贡献将不仅有利于中国的发展，同时在世界范围内也将具有广泛的意义。

参考文献

[1]《改革》编辑部:《我国经济增长方式转变问题综述》, 载于《改革》1995 年第 6 期。

[2] John Wong:《中国经济之强劲增长: 对东亚的寓意》, 载于《经济学 (季刊)》2005 年第 3 期。

[3] Sylvie D Murger、杰夫·萨克斯、胡永泰、鲍曙明、张欣:《地理位置与优惠政策对中国地区经济发展的相关贡献》, 载于《经济研究》2002 年第 9 期。

[4] Thomas G. Rawski:《人力资源与中国长期经济增长》, 载于《经济学 (季刊)》2011 年第 3 期。

[5] 安强身、胡金焱、姜占英:《民间金融互联网化: 现实观照与理论思考》, 载于《经济学家》2017 年第 10 期。

[6] 巴曙松:《中国金融结构的变迁与宏观金融政策的调整》, 载于《经济科学》1997 年第 5 期。

[7] 白俊红、江可申、李婧:《中国地区研发创新的相对效率与全要素生产率增长分解》, 载于《经济研究》2009 年第 3 期。

[8] 包群、彭水军:《经济增长与环境污染: 基于面板数据的联立方程估计》, 载于《世界经济》2006 年第 11 期。

[9] 薄一波:《一九五九年工业战线的任务》, 载于《红旗》1959 年第 1 期。

[10] 北京大学中国经济研究中心宏观组:《产权约束、投资低效与通货紧缩》,载于《经济研究》2004 年第 9 期。

[11] 边洁:《速度与比例的关系是矛盾的统一》,载于《学术月刊》1959 年第 9 期。

[12] 宾国强:《实际利率、金融深化与中国的经济增长》,载于《经济科学》1999 年第 3 期。

[13] 蔡昉:《二元劳动力市场条件下的就业体制转换》,载于《中国社会科学》1998 年第 2 期。

[14] 蔡昉:《转轨时期的就业政策选择:矫正制度性扭曲》,载于《中国人口科学》1999 年第 2 期。

[15] 蔡昉:《拆除劳动力流动的制度障碍》,载于《中国人口科学》1999 年第 8 期。

[16] 蔡昉:《人口转变、人口红利与刘易斯转折点》,载于《经济研究》2010 年第 4 期。

[17] 蔡昉、都阳、王美艳:《经济发展方式转变与节能减排内在动力》,载于《经济研究》2008 年第 6 期。

[18] 蔡昉、王美艳:《中国面对的收入差距现实与中等收入陷阱风险》,载于《中国人民大学学报》2014 年第 13 期。

[19] 蔡昉、王德文:《中国经济增长可持续性与劳动贡献》,载于《经济研究》1999 年第 10 期。

[20] 蔡昉、王德文:《比较优势差异、变化及其对地区差距的影响》,载于《中国社会科学》2002 年第 5 期。

[21] 蔡昉、王德文、都阳:《劳动力市场扭曲对区域差距的影响》,载于《中国社会科学》2001 年第 2 期。

[22] 蔡昉、王美艳:《中国面对的收入差距现实与中等收入陷阱风险》,载于《中国人民大学学报》2014 年第 13 期。

[23] 蔡增正:《教育对经济增长贡献的计量分析——科教兴国战略的实证依据》,载于《经济研究》1999 年第 2 期。

[24] 曹啸、吴军:《我国金融发展与经济增长关系的格兰杰检验和特征分析》,载于《财贸经济》2002 年第 5 期。

[25] 曹新:《产业结构与经济增长》，载于《经济学家》1996年第6期。

[26] 曹玉书:《论转变经济增长方式》，载于《经济评论》1996年第5期。

[27] 苌景州:《发展中国家教育发展战略的现实选择》，载于《管理世界》1994年第1期。

[28] 陈炳才:《论我国利用外资战略的转变》，载于《管理世界》1995年第6期。

[29] 陈炳才:《自主自强还是作仆依附？——利用外资战略若干问题的再研究》，载于《中国软科学》1997年第2期。

[30] 陈炳才:《外商直接投资与中国技术进步的关系——兼谈如何实现"以市场换技术"》，载于《国际贸易问题》1998年第1期。

[31] 陈德敏:《循环经济的核心内涵是资源循环利用——兼论循环经济概念的科学运用》，载于《中国人口、资源与环境》2004年第2期。

[32] 陈德铭:《关于国内外贸易的几个认识问题》，载于《求是》2009年第4期。

[33] 陈德萍:《论计划经济体制短期有效与长期无效》，载于《财政与税务》2002年第1期。

[34] 陈东林:《七十年代前期的中国第二次对外引进高潮》，载于《中共党史研究》1996年第3期。

[35] 陈刚:《管制与创业——来自中国的微观证据》，载于《管理世界》2015年第5期。

[36] 陈洪安、曾招荣:《西方人力资本与经济增长理论研究综述》，载于《财贸研究》2009年第2期。

[37] 陈继勇、盛杨怿:《外商直接投资的知识溢出与中国区域经济增长》，载于《经济研究》2008年第12期。

[38] 陈佳贵、黄群慧、张涛:《从高速增长走向和谐发展的中国经济》，载于《中国工业经济》2007年第6期。

[39] 陈昆亭、周炎:《富国之路：长期经济增长的一致理论》，载于《经济研究》2008年第2期。

[40] 陈浪南、陈景煌:《外商直接投资对中国经济增长影响的经验研究》,载于《世界经济》2002 年第 6 期。

[41] 陈磊:《中国转轨时期经济增长周期的基本特征及其解释模型》,载于《管理世界》2002 年第 12 期。

[42] 陈柳、刘志彪:《本土创新能力、FDI 技术外溢与经济增长》,载于《南开经济研究》2006 年第 3 期。

[43] 陈平、李广众:《中国的结构转型与经济增长》,载于《世界经济》2001 年第 3 期。

[44] 陈圣河:《不能把内涵扩大再生产等同于技术进步——与罗季荣同志商榷》,载于《经济研究》1986 年第 1 期。

[45] 陈仕强、陈耀先:《论短期经济的适度增长》,载于《财贸经济》1987 年第 10 期。

[46] 陈硕、高琳:《央地关系:财政分权度量及作用机制再评估》,载于《管理世界》2012 年第 6 期。

[47] 陈体标:《经济结构变化和经济增长》,载于《经济学(季刊)》2007 年第 4 期。

[48] 陈晓光:《教育、创新与经济增长》,载于《经济研究》2006 年第 10 期。

[49] 陈晓光、龚六堂:《经济结构变化与经济增长》,载于《经济学(季刊)》2005 年第 2 期。

[50] 陈晓玲、连玉君:《资本-劳动替代弹性与地区经济增长——德拉格兰德维尔假说的检验》,载于《经济学》(季刊)2013 年第 1 期。

[51] 陈曦、边恕、范璐璐、韩之彬:《城乡社会保障差距、人力资本投资与经济增长》,载于《人口与经济》2018 年第 4 期。

[52] 陈醒:《开展农村集市贸易,活跃农村经济》,载于《经济研究》1961 年第 1 期。

[53] 陈秀山、徐瑛:《中国区域差距影响因素的实证研究》,载于《中国社会科学》2004 年第 5 期。

[54] 陈彦斌:《中国经济增长与经济稳定:何者更为重要》,载于《管理世界》2005 年第 7 期。

［55］陈颐：《农村劳动力转移的新趋势和目标模式的选择》，1987 年第 10 期。

［56］陈勇、唐朱昌：《中国工业的技术选择与技术进步：1985～2003》，载于《经济研究》2006 年第 9 期。

［57］陈雨露、罗煜：《金融开放与经济增长：一个述评》，载于《管理世界》2007 年第 4 期。

［58］陈雨露、马勇阮、卓阳：《金融周期和波动如何影响经济增长与稳定》，中国人民银行工作论文，2016 年第 5 号。

［59］陈钊、陆铭：《从分割到融合：城乡经济增长与社会和谐的政治经济学》，载于《经济研究》2008 年第 1 期。

［60］陈宗胜、高玉伟：《论我国居民收入分配格局变动及橄榄形格局的实现条件》，载于《经济学家》2015 年第 1 期。

［61］陈宗胜、黎德福：《内生农业技术进步的二元经济增长模型——对“东亚奇迹”和中国经济的再解释》，载于《经济研究》2004 年第 11 期。

［62］程惠芳：《国际直接投资与开放型内生经济增长》，载于《经济研究》2002 年第 10 期。

［63］程霖、岳翔宇、张申：《陈云经济思想新探》，载于《财经研究》2010 年第 12 期。

［64］程启智：《科学发展观与经济增长范式革命》，载于《当代经济研究》2007 年第 2 期。

［65］储成仿：《赶超 · 均衡 · 备战 1953～1965 年中国经济发展战略论析》，载于《安庆师范学院学报》2000 年第 4 期。

［66］诸大建、周建亮：《循环经济理论与全面小康社会》，载于《同济大学学报（社会科学版）》2003 年第 3 期。

［67］崔玉平：《中国高等教育对经济增长率的贡献》，载于《北京师范大学学报（人文社会科学版）》2000 年第 1 期。

［68］崔之元：《“鞍钢宪法”与后福特主义》，载于《读书》1996 年第 3 期。

［69］代谦、别朝霞：《FDI、人力资本积累与经济增长》，载于《经

济研究》2006 年第 4 期。

[70] 代栓平、纪玉山:《中美贸易争端的警示: 加快发挥综合竞争优势推动技术自主创新》, 载于《社会科学辑刊》2018 年第 6 期。

[71] 德怀特·帕金斯:《从历史和国际的视角看中国的经济增长》, 载于《经济学 (季刊)》2005 年第 3 期。

[72] 邓创、徐曼:《中国的金融周期波动及其宏观经济效应的时变特征研究》, 载于《数量经济技术经济研究》2014 年第 9 期。

[73] 邓寿鹏、吴军、温烈等人:《中国企业技术创新政策基础及实证研究——福建、甘肃工业企业技术创新调查总报告》, 载于《管理世界》1996 年第 2 期。

[74] 丁鹄:《向慢性膨胀论者进一言》, 载于《金融研究》1987 年第 7 期。

[75] 丁菊红、邓可斌:《政府偏好、公共品供给与转型中的财政分权》, 载于《经济研究》2008 年第 7 期。

[76] 丁焕峰、李佩仪:《中国区域污染与经济增长实证: 基于面板数据联立方程》, 载于《中国人口·资源与环境》2012 年第 1 期。

[77] 丁乙:《我国股票市场波动和经济增长周期的关系研究——基于线性和非线性 Granger 因果关系检验》, 载于《江苏社会科学》2018 年第 3 期。

[78] 丁志国、赵晶、赵宣凯、吕长征:《我国城乡收入差距的库兹涅茨效应识别与农村金融政策应对路径选择》, 载于《金融研究》2011 年第 7 期。

[79] 董辅礽:《确定积累和消费比例的若干方法论问题的探讨》, 载于《经济研究》1959 年第 11 期。

[80] 董辅礽:《关于社会主义社会的积累基金及其使用的一些问题》, 载于《经济研究》1961 年第 2 期。

[81] 董辅礽:《关于不同扩大再生产途径下的社会主义再生产比例关系问题——马克思再生产公式具体化问题的再探索》, 载于《经济研究》1963 年第 11 期。

[82] 董辅礽:《经济建设的十条方针和我国经济发展战略的转变》,

载于《财贸经济》1982 年第 4 期。

［83］董辅礽：《关于转变经济增长方式的几个误解》，载于《管理世界》1996 年第 1 期。

［84］董秘刚：《我国对外贸易与经济增长相关性分析》，载于《西北大学学报（哲学社会科学版）》2000 年第 4 期。

［85］董谦：《中国社会主义建设总路线的理论基础——纪念毛泽东同志“关于正确处理人民内部矛盾的问题”一书发表一周年》，载于《经济研究》1958 年第 6 期。

［86］董先安：《浅释中国地区收入差距：1952～2002》，载于《经济研究》2004 年第 9 期。

［87］董晓林、王娟：《我国农村地区金融发展与经济增长——内生增长模型分析》，载于《南京农业大学学报》（社会科学版）2004 年第 4 期。

［88］董艳梅、朱英明：《高铁建设能否重塑中国的经济空间布局——基于就业、工资和经济增长的区域异质性视角》，载于《中国工业经济》2016 年第 10 期。

［89］董直庆、陈锐：《技术进步偏向性变动对全要素生产率增长的影响》，载于《管理学报》2014 年第 8 期。

［90］董志凯：《20 世纪 50 年代基本建设投资的前提和结构》，载于《当代中国史研究》2005 年第 6 期。

［91］杜海燕等：《国有企业的自主权、市场结构和激励制度——403 家国有企业调查分析总报告》，载于《经济研究》1990 年第 1 期。

［92］杜婷婷、毛锋、罗锐：《中国经济增长与 CO_2 排放演化探析》，载于《中国人口、资源与环境》2007 年第 2 期。

［93］杜志雄、肖卫东、詹琳：《包容性增长理论的脉络、要义与政策内涵》，载于《中国农村经济》2010 年第 11 期。

［94］段锦明：《不断提高商业企业的劳动效率》，载于《经济研究》1962 年第 4 期。

［95］樊纲：《论体制转轨的动态过程——非国有部门的成长和国有部门的改革》，载于《经济研究》2000 年第 1 期。

[96] 樊弘:《论社会主义制度下的商品生产和价值规律》，载于《经济研究》1959 年第 2 期。

[97] 樊胜根、张林秀、张晓波:《中国农村公共投资在农村经济增长和反贫困中的作用》，载于《华南农业大学学报》(社会科学版) 2002 年第 1 期。

[98] 樊胜根、张晓波:《中国经济增长和结构调整》，载于《经济学(季刊)》2002 年第 4 期。

[99] 樊胜根、张晓波、Sherman Robinson:《中国经济增长和结构调整》，载于《经济学 (季刊)》2002 年第 4 期。

[100] 范方志、张立军:《中国地区金融结构转变与产业结构升级研究》，载于《金融研究》2003 年第 11 期。

[101] 范关坤:《生产资料优先增长与社会主义基本经济规律——与薛志贤同志商榷》，载于《学术月刊》1980 年第 10 期。

[102] 方勇、张二震:《长江三角洲地区外商直接投资与地区经济发展》，载于《中国工业经济》2002 年第 5 期。

[103] 费越:《2000 年以前我国利用外资政策初探》，载于《经济研究》1987 年第 5 期。

[104] 费越:《经济发展模式与利用外资》，载于《经济研究》1987 年第 2 期。

[105] 费越:《利用外资型发展模式的动态分析》，载于《经济研究》1987 年第 4 期。

[106] 费越:《资本需求与利用外资》，载于《经济研究》1987 年第 3 期。

[107] 冯浩华:《略论社会主义简单再生产与扩大再生产》，载于《经济研究》1980 年第 11 期。

[108] 冯兰瑞、姜渭渔:《农村剩余劳动力转移模式的比较研究》，载于《中国社会科学》1987 年第 5 期。

[109] 冯英浚、吴江琴:《测算技术进步增长速度的一种新方法》，载于《数量经济技术经济研究》1991 年第 11 期。

[110] 冯治国:《如何解决今年农业生产战线上劳动力不足问题》，

载于《经济研究》1959年第3期。

［111］傅元海、唐未兵、王展祥：《FDI溢出机制、技术进步路径与经济增长绩效》，载于《经济研究》2010年第6期。

［112］高峰：《我国转变经济增长方式的紧迫性质和二元路径》，载于《南开经济研究》2005年第5期。

［113］高伟：《总量生产函数、经济增长与增长核算方法——中国增长核算研究的一个综述》，载于《经济理论与经济管理》2009年第3期。

［114］高玉喜：《中国贫困地区人力资本投资与经济增长》，载于《管理世界》1996年第5期。

［115］高志文、魏钧：《论我国经济增长思想的创造性改进》，载于《山东青年政治学院学报》2011年第6期。

［116］龚刚、杨光：《从功能性收入看中国收入分配的不平等》，载于《中国社会科学》2010年第2期。

［117］龚玉泉、袁志刚：《中国经济增长与就业增长的非一致性及其形成机理》，载于《经济学动态》2002年第10期。

［118］谷书堂：《谈谈商品生产和价值规律》，载于《经济研究》1959年第2期。

［119］顾准：《试论社会主义制度下的商品生产和价值规律》，载于《经济研究》1957年第3期。

［120］关敬如：《经济体制改革中的金融宏观统制》，载于《管理世界》1986年第1期。

［121］关梦觉：《关于当前的商品生产和价值规律的若干问题》，载于《经济研究》1959年第2期。

［122］关梦觉：《关于社会主义制度下商品生产的几个争论问题》，载于《经济研究》1959年第8期。

［123］管大同：《论劳动的节约》，载于《经济研究》1961年第1期。

［124］管卫华、林振山、顾朝林：《中国区域经济发展差异及其原因的多尺度分析》，载于《经济研究》2006年第7期。

［125］昝德银、陈华：《区域经济增长理论与中国非均衡协调发展模式》，载于《金融教学与研究》2006年第2期。

[126] 郭根山:《论赶超战略的本质与中国实施赶超战略的经验教训》,载于《河南师范大学学报》2005 年第 1 期。

[127] 郭剑雄:《人力资本、生育率与城乡收入差距的收敛》,载于《中国社会科学》2005 年第 3 期。

[128] 郭克莎:《加快我国经济增长方式的转变》,载于《管理世界》1995 年第 5 期。

[129] 郭克莎:《经济增长方式转变的条件和途径》,载于《中国社会科学》1995 年第 6 期。

[130] 郭克莎:《论经济增长的速度与质量》,载于《经济研究》1996 年第 1 期。

[131] 郭克莎:《总量问题还是结构问题——产业结构偏差对我国经济增长的制约及调整思路》,载于《经济研究》1999 年第 9 期。

[132] 郭克莎:《外商直接投资对我国产业结构的影响研究》,载于《管理世界》2000 年第 2 期。

[133] 郭克莎:《中国工业化的进程、问题与出路》,载于《中国社会科学》2000 年第 3 期。

[134] 郭庆旺、贾俊雪:《中国经济波动的解释:投资冲击与全要素生产率冲击》,载于《管理世界》2004 年第 7 期。

[135] 郭庆旺、贾俊雪:《中国全要素生产率的估算:1979 ~ 2004》,载于《经济研究》2005 年第 6 期。

[136] 郭庆旺、贾俊雪:《政府公共资本投资的长期经济增长效应》,载于《经济研究》2006 年第 7 期。

[137] 郭庆旺、吕冰洋、张德勇:《财政支出结构与经济增长》,载于《经济理论与经济管理》2003 年第 11 期。

[138] 郭树清:《中国市场经济中的政府作用》,载于《改革》1999 年第 3 期。

[139] 郭印、王敏洁:《国际低碳经济发展经验及对中国的启示》,载于《改革与战略》2009 年第 10 期。

[140] 郭玉清:《资本积累、技术变迁与总量生产函数—基于中国 1980 ~ 2005 年经验数据的分析》,载于《南开经济评论》2006 年第 3 期。

［141］国务院发展研究中心“十五”计划基本思路研究课题组：《中长期内：中国经济仍然具有快速增长的潜力》，载于《管理世界》2000 年第 5 期。

［142］国务院发展研究中心宏观经济分析课题组：《关于中国经济速度、结构、效益关系的研究（上）》，载于《管理世界》1995 年第 3 期。

［143］韩江波：《论经济和谐增长》，载于《山东工商学院学报》2009 年第 23 卷第 4 期。

［144］韩立岩、蔡红艳：《我国资本配置效率及其与金融市场关系评价研究》，载于《管理世界》2002 年第 1 期。

［145］韩廷春：《经济持续增长与科教兴国战略》，载于《经济科学》1999 年第 2 期。

［146］韩廷春：《金融发展与经济增长：基于中国的实证分析》，载于《经济科学》2001a 年第 3 期。

［147］韩廷春：《金融发展与经济增长：经验模型与政策分析》，载于《世界经济》2001b 年第 6 期。

［148］韩廷春、夏金霞：《中国金融发展与经济增长经验分析》，载于《经济与管理研究》2005 年第 4 期。

［149］韩永辉、黄亮雄、王贤彬：《产业政策推动地方产业结构升级了吗？——基于发展型地方政府的理论解释与实证检验》，载于《经济研究》2017 年第 8 期。

［150］郝颖、辛清泉和刘星：《地区差异、企业投资与经济增长质量》，载于《经济研究》2014 年第 3 期。

［151］何德旭、姚战琪：《中国产业结构调整的效应、优化升级目标和政策措施》，载于《中国工业经济》2008 年第 5 期。

［152］何国坚：《劳动生产率的意义及其计算》，载于《财经科学》1959 年第 5 期。

［153］何建章、桂世镛、赵效民：《关于社会主义企业经济核算的内容问题》，载于《经济研究》1962 年第 4 期。

［154］何洁：《外国直接投资对中国工业部门外溢效应的进一步精确量化》，载于《世界经济》2000 年第 12 期。

［155］何寿枢：《发展国民经济要以内含扩大再生产为主》，载于《四川师院学报》1981 年第 3 期。

［156］何元庆：《对外开放与 TFP 增长：基于中国省际面板数据的经验研究》，载于《经济学》（季刊）2007 年第 4 期。

［157］贺菊煌：《关于生产资料优先增长的问题》，载于《经济研究》1979 年第 2 期。

［158］贺力平：《国内市场需求与中国长期经济增长》，载于《经济研究》1999 年第 8 期。

［159］洪银兴：《从比较优势到竞争优势——兼论国际贸易的比较利益理论的缺陷》，载于《经济研究》1997 年第 6 期。

［160］洪银兴：《论经济增长方式转变的基本内涵》，载于《管理世界》1999 年第 4 期。

［161］洪银兴：《在学习和实践中巩固马克思主义在经济学领域中的指导地位》，载于《中国高等教育》2007 年第 17 期。

［162］洪银兴：《论创新驱动经济发展战略》，载于《经济学家》2013 年第 1 期。

［163］洪银兴、沈坤荣、何旭强：《经济增长方式转变研究》，载于《江苏社会科学》2000 年第 2 期。

［164］胡鞍钢：《中国就业状况分析》，载于《管理世界》1997 年第 3 期。

［165］胡鞍钢：《中国吸引外资规模是否过大?》，载于《经济研究参考》1997 年第 5 期。

［166］胡鞍钢：《就业模式转变：从正规化到非正规化——我国城镇非正规就业状况分析》，载于《管理世界》2001 年第 2 期。

［167］胡鞍钢：《城市化是今后中国经济发展的主要推动力》，载于《中国人口科学》2003 年第 6 期。

［168］胡鞍钢、胡琳琳、常志霄：《中国经济增长与减少贫困（1978 ~ 2004)》，载于《清华大学学报（哲学社会科学版)》2006 年第 5 期。

［169］胡鞍钢、李春波：《新世纪的新贫困：知识贫困》，载于《中国社会科学》2001 年第 3 期。

［170］胡鞍钢、熊义志：《我国知识发展的地区差异分析：特点、成因及对策》，载于《管理世界》2000 年第 3 期。

［171］胡鞍钢、熊义志：《大国兴衰与人力资本变迁》，载于《教育研究》2003 年第 4 期。

［172］胡永刚、石崇：《扭曲、企业家精神与中国经济增长》，载于《经济研究》2016 年第 7 期。

［173］胡式如、李斗垣、杨公朴：《利润不是企业经济核算中心的、统帅的指标》，载于《学术月刊》1964 年第 9 期。

［174］胡春力：《我国产业结构的调整与升级》，载于《管理世界》1999 年第 5 期。

［175］胡惠强：《大炼钢铁运动简况》，载于《党史研究资料》1982 年第 3 期。

［176］胡锦涛：《继续把改革开放伟大事业推向前进》，载于《求是》2008 年第 1 期。

［177］胡旭阳：《民营企业家的政治身份与民营企业的融资便利——以浙江省民营百强企业为例》，载于《管理世界》2006 年第 5 期。

［178］胡永泰：《中国全要素生产率：来自农业部门劳动力再配置的首要作用》，载于《经济研究》1998 年第 3 期。

［179］胡援成、肖德勇：《经济发展门槛与自然资源诅咒——基于我国省际层面的面板数据实证研究》，载于《管理世界》2007 年第 4 期。

［180］胡祖六、李山：《中国经济持续增长的源泉与极限》，载于《改革》1997 年第 4 期。

［181］华民、黄列：《中国开放经济下的宏观非均衡分析》，载于《经济研究》1997 年第 11 期。

［182］华民、杨桓兴：《经济增长方式——关于中国的模型》，载于《经济研究》1997 年第 2 期。

［183］华民、袁锦：《论中国经济增长方式的转变》，载于《复旦大学学报》（社会科学版）1996 年第 4 期。

［184］黄德鸿：《社会主义基本建设投资经济效果的主要特点》，载于《学术研究》1963 年第 6 期。

[185] 黄范章、龚莉:《评克鲁格曼教授的一个论点——兼论我国经济增长方式转变》,载于《经济学家》1997 年第 1 期。

[186] 黄健:《我国外商投资的实证分析》,载于《管理世界》1994 年第 1 期。

[187] 黄玖立、李坤望:《出口开放、地区市场规模和经济增长》,载于《经济研究》2006 年第 6 期。

[188] 黄茂兴、李军军:《技术选择、产业结构升级与经济增长》,载于《经济研究》2009 年第 7 期。

[189] 黄群慧:《论中国工业的供给侧结构性改革》,载于《中国工业经济》2016 年第 9 期。

[190] 黄荣生:《关于生产资料生产与消费资料生产对比关系的几个问题》,载于《学术月刊》1980 年第 5 期。

[191] 黄泰岩:《转变经济发展方式的内涵与实现机制》,载于《求是》2007 年第 18 期。

[192] 黄先海:《后发国的蛙跳型经济增长:一个理论分析框架》,载于《经济学家》2005 年第 2 期。

[193] 黄益平:《制度转型与长期增长》,载于《经济研究》1997 年第 1 期。

[194] 黄逸峰:《试论国民经济高速度和按比例发展问题》,载于《学术月刊》1959 年第 9 期。

[195] 黄振兰:《我也谈谈对计算“全员劳动生产率”的看法》,载于《统计工作通讯录》1956 年第 22 期。

[196] 贾根良:《“中兴事件”对中国加入 WTO 政府采购协定敲响了警钟》,载于《学习与探索》2018 年第 8 期。

[197] 贾蔚文:《技术创新——转变我国经济增长方式的根本途径》,载于《科学学与科学技术管理》1997 年第 1 期。

[198] 姜辉:《美国出口管制效应与我国技术创新战略》,载于《国际商务研究》2018 年第 4 期。

[199] 江锦凡:《外国直接投资在中国经济增长中的作用机制》,载于《世界经济》2004 年第 1 期。

[200] 江先周：《三个层次的外延和内含扩大再生产》，载于《经济研究》1985年第5期。

[201] 江小涓：《当前利用外资中存在的问题及若干政策建议》，载于《中国工业经济》1996年第9期。

[202] 江小涓：《经济增长方式转变的微观基础》，载于《中国工业经济》1996年第2期。

[203] 江小涓：《利用外资与经济增长方式的转变》，载于《管理世界》1999年第2期。

[204] 江小涓：《中国的外资经济对增长、结构升级和竞争力的贡献》，载于《中国社会科学》2002年第6期。

[205] 江小涓：《产业结构优化升级：新阶段和新任务》，载于《财贸经济》2005年第4期。

[206] 江小娟：《中国开放三十年的回顾与展望》，载于《中国社会科学》2008年第6期。

[207] 蒋学模：《试论处理国民收入中积累与消费的比例关系的几个原则》，载于《学术月刊》1957年第3期。

[208] 蒋学模：《关于价值规律对社会主义生产的"影响"作用和"调节"作用》，载于《经济研究》1959年第1期。

[209] 解三明：《我国经济中长期增长潜力和经济周期研究》，载于《管理世界》2000年第11期。

[210] 介凡：《关于社会主义农业扩大再生产问题的讨论情况简介》，载于《江淮学刊》1962年第2期。

[211] 金碚：《科学发展观与经济增长方式转变》，载于《中国工业经济》2006年第5期。

[212] 金碚：《中国工业的转型升级》，载于《中国工业经济》2011年第7期。

[213] 金重仁：《宏观金融政策与社会主义经济运行》，载于《管理世界》1986年第4期。

[214] 经济增长前沿课题组：《经济增长、结构调整的累积效应与资本形成——当前经济增长态势分析》，载于《经济研究》2003年第8期。

[215] 经济增长前沿课题组：《开放中的经济增长与政策选择——当前经济增长态势分析》，载于《经济研究》2004 年第 6 期。

[216] 经济增长前沿课题组：《高投资、宏观成本与经济增长的持续性》，载于《经济研究》2005 年第 10 期。

[217] 康继军、张宗益、傅蕴英：《中国经济转型与增长》，载于《管理世界》2007 年第 1 期。

[218]《经济增长、结构调整的累积效应与资本形成——当前经济增长态势分析》，载于《经济研究》第 8 期。

[219] 寇银章：《〈资本论〉中关于内含扩大再生产的论述与我国社会主义经济建设》，载于《兰州大学学报》（社会科学版）1982 年第 2 期。

[220] 赖明勇等：《经济增长的源泉：人力资本、研究开发与技术外溢》，载于《中国社会科学》2005 年第 2 期。

[221] 郎丽华、赵家章：《中国经济二次转型与防范外部冲击——中国经济增长与周期（2016）高峰论坛综述》，载于《经济研究》2016 年第 10 期。

[222] 郎丽华、周明生：《经济增速换档期的体制改革与发展转型——第八届中国经济增长与周期论坛综述》，载于《经济研究》2014 年第 10 期。

[223] 郎丽华、周明生：《迈向高质量发展与国家治理现代化——第十二届中国经济增长与周期高峰论坛综述》，载于《经济研究》2018 年第 9 期。

[224] 郎丽华、周明生、赵家章：《加速中国经济增长转型与防范金融风险——中国经济增长与周期高峰论坛（2017）综述》，载于《经济研究》2017 年第 8 期。

[225] 雷京、赖明勇：《中国工业制成品出口对经济增长作用实证研究及若干思考》，载于《统计研究》2000 年第 5 期。

[226] 雷钦礼、徐家春：《技术进步偏向、要素配置偏向与我国 TFP 的增长》，载于《统计研究》2015 年第 8 期。

[227] 李安增：《毛泽东的赶超战略论析仁》，载于《毛泽东思想研究》1995 年第 2 期。

[228] 李宾、曾志雄：《中国全要素生产率变动的再测算：1978～2007》，载于《数量经济技术经济研究》2009年第3期。

[229] 李稻葵、刘霖林、王红领：《GDP中劳动份额演变的U型规律》，载于《经济研究》2009年第1期。

[230] 李德水：《中国经济将长期保持稳健快速增长》，载于《管理世界》2004年第3期。

[231] 李德伟：《中国现代经济增长与大国封闭模型》，载于《管理世界》1999年第2期。

[232] 李富春：《关于发展国民经济的第一个五年计划的报告（中）》，载于《经济研究》1955年第3期。

[233] 李富强、董直庆、王林辉：《制度主导、要素贡献和我国经济增长动力的分类检验》，载于《经济研究》2008年第4期。

[234] 李刚：《基于可持续发展的国家物质流分析》，载于《中国工业经济》2004年第11期。

[235] 李公然：《对国民经济高速度和按比例发展问题的几点初步认识》，载于《经济研究》1959年第6期。

[236] 李光宇：《对国民经济有计划按比例发展规律的看法》，载于《经济研究》1959年第7期。

[237] 李广众：《银行、股票市场与经济增长》，载于《经济科学》2002年第2期。

[238] 李广众：《银行、股票市场与长期经济增长：中国的经验研究与国际比较》，载于《世界经济》2002年第9期。

[239] 李广众、陈平：《金融中介发展与经济增长：多变量VAR系统研究》，载于《管理世界》2002年第3期。

[240] 李宏彬、李杏、姚先国、张海峰、张俊森：《企业家的创业与创新精神对中国经济增长的影响》，载于《经济研究》2009年第10期。

[241] 李建伟：《劳动力过剩条件下的经济增长》，载于《经济研究》1998年第9期。

[242] 李健、闫淑萍、苑清敏：《论循环经济发展及其面临的问题》，载于《天津大学学报（社会科学版）》2002年第3期。

[243] 李京文、齐建国、汪同三:《我国未来各阶段经济发展特征与支柱产业选择》,载于《管理世界》1998年第2期。

[244] 李京文等:《生产率与中国经济增长的研究》,载于《数量经济技术经济研究》1992年第1期。

[245] 李娟伟、任保平:《协调中国环境污染与经济增长冲突的路径研究——基于环境退化成本的分析》,载于《中国人口·资源与环境》2011年第5期。

[246] 李楠:《论劳动者素质的提高与经济增长方式的转变》,载于《经济评论》1998年第5期。

[247] 李培育:《90年代以来中国经济发展回顾与展望(上)》,载于《管理世界》1995年第5期。

[248] 李启明:《论转变经济增长方式的三大途径》,载于《经济评论》1996年第5期。

[249] 李平心:《论生产力的性质》,载于《学术月刊》1956年第6期。

[250] 李善同、侯永志:《我国经济发展阶段特征与"十五"时期产业发展的主要任务》,载于《管理世界》2001年第2期。

[251] 李小平、李小克:《偏向性技术进步与中国工业全要素生产率增长》,载于《经济研究》2018年第10期。

[252] 李小平、朱钟棣:《对外贸易与经济增长的协整及因果关系检验——对上海市1978~2001年数据的实证分析》,载于《上海财经大学学报》2004年第2期。

[253] 李晓西:《中国市场化改革的推进及其若干思考》,载于《改革》2008年第4期。

[254] 李学曾:《我国社会主义再生产理论研究的进展》,载于《经济研究》1985年第7期。

[255] 李扬、殷剑峰:《劳动力转移过程中的高储蓄、高投资和中国经济增长》,载于《经济研究》2005年第2期。

[256] 李以学:《中国产业技术进步的问题和对策》,载于《管理世界》1999年第1期。

[257] 李勇、王满仓:《金融战略、产权结构与经济增长的门限效应》，载于《财经研究》2012年第6期。

[258] 李玉文、徐中民、王勇、焦文献:《环境库兹涅茨曲线研究进展》，载于《中国人口、资源与环境》2005年第5期。

[259] 李兆前:《发展循环经济是实现区域可持续发展的战略选择》，载于《中国人口、资源与环境》2002年第4期。

[260] 李正卫、吴晓波:《我国R&D投入比例偏低的成因探析》，载于《科学学研究》2002年第4期。

[261] 李子奈:《我国计量经济学发展的三个阶段与现阶段的三项任务》，载于《经济学动态》2008年第11期。

[262] 厉以宁:《技术教育和资本主义工业化——西欧和美国技术力量形成问题研究》，载于《社会实践战线》1978年第4期。

[263] 厉以宁:《论教育在经济增长中的作用》，载于《北京大学学报》(哲学社会科学版) 1980年第6期。

[264] 厉以宁:《论教育在经济增长中的作用》，载于《中国社会科学》1981年第2期。

[265] 厉以宁:《论教育在解决个人职业选择性就业问题中的作用》，载于《北京大学学报》(哲学社会科学版) 1982a年第6期。

[266] 厉以宁:《教育支出与财政之间长期关系的探讨》，载于《财贸经济》1982b年第10期。

[267] 厉以宁:《论教育经济学中的智力投资有效性原则》，载于《经济理论与经济管理》1982c年第6期。

[268] 厉以宁:《智力投资与知识密集型经济》，载于《经济问题》1983年第1期。

[269] 厉以宁:《试论教育经费在国民收入中合理比例的依据》，载于《中国社会科学》1984年第4期。

[270] 厉以宁:《经济改革、经济增长与产业结构调整之间的关系》，载于《数量经济技术经济研究》1988年第12期。

[271] 梁秀峰:《关于我国农业技术改革的中心、步骤和重点问题的初步探讨》，载于《经济研究》1963年第9期。

［272］梁昭：《国家经济持续增长的主要因素分析》，载于《世界经济》2000 年第 7 期。

［273］梁中堂：《马寅初事件始末》，载于《中共山西省委党校学报》2011 年第 5 期。

［274］林伯强：《电力消费与中国经济增长：基于生产函数的研究》，载于《管理世界》2003 年第 11 期。

［275］林伯强、蒋竺均：《中国二氧化碳的环境库兹涅茨曲线预测及影响因素分析》，载于《管理世界》2009 年第 4 期。

［276］林伯强、刘希颖：《中国城市化阶段的碳排放：影响因素和减排策略》，载于《经济研究》2010 年第 8 期。

［277］林伯强、牟敦国：《能源价格对宏观经济的影响——基于可计算一般均衡（CGE）的分析》，载于《经济研究》2008 年第 11 期。

［278］林毅夫：《自生能力、经济转型与新古典经济学的反思》，载于《经济研究》2002 年第 12 期。

［279］林毅夫：《“三农”问题与我国农村的未来发展》，载于《农业经济问题》2003 年第 1 期。

［280］林毅夫：《中国经济发展回顾与展望》，载于《中国流通经济》2012 年第 7 期。

［281］林毅夫、董先安、殷韦：《技术选择、技术扩散与经济收敛》，载于《财经问题研究》2004 年第 6 期。

［282］林毅夫、姜烨：《经济结构、银行业结构与经济发展——基于分省面板数据的实证分析》，载于《金融研究》2006 年第 1 期。

［283］林毅夫、李永军：《必要的修正——对外贸易与经济增长关系的再考察》，载于《国际贸易》2001 年第 9 期。

［284］林毅夫、李永军：《比较优势、竞争优势与发展中国家的经济发展》，载于《管理世界》2003a 年第 7 期。

［285］林毅夫、李永军：《出口与中国的经济增长：需求导向的分析》，载于《经济学（季刊）》2003b 年第 3 期。

［286］林毅夫、刘明兴：《中国的经济增长收敛与收入分配》，载于《世界经济》2003 年第 8 期。

［287］林毅夫、刘志强：《中国的财政分权与经济增长》，载于《北京大学学报》2000年第4期。

［288］林毅夫、任若恩：《东亚经济增长模式相关争论的再探讨》，载于《经济研究》2007年第8期。

［289］林毅夫、苏剑：《论我国经济增长方式的转换》，载于《管理世界》2007年第11期。

［290］林毅夫、孙希芳：《银行业结构与经济增长》，载于《经济研究》2008年第9期。

［291］林毅夫、孙希芳、姜烨：《经济发展中的最优金融结构理论初探》，载于《经济研究》2009年第8期。

［292］林毅夫、张鹏飞：《后发优势、技术引进和落后国家的经济增长》，载于《经济学（季刊）》2005年第4期。

［293］林毅夫、张鹏飞：《适宜技术、技术选择和发展中国家的经济增长》，载于《经济学（季刊）》2006年第3期。

［294］林毅夫等：《对赶超战略的反思》，载于《战略与管理》1994年第6期。

［295］林毅夫等：《赶超战略的再反思及可供替代的比较优势战略》，载于《战略与管理》1995年第3期。

［296］林毅夫等：《资源结构升级：赶超战略的误区》，载于《战略与管理》1996年第1期。

［297］林幼平：《关于我国转变经济增长方式研究的综述》，载于《经济评论》1996年第4期。

［298］林子力：《论联产承包责任制——中国社会主义农村合作经济的新形式》，载于《中国社会科学》1982年第6期。

［299］刘恩钊：《两大部类关系和生产资料优先增长》，载于《经济研究》1980年第2期。

［300］刘国光：《关于社会主义再生产比例和速度的数量关系的初步探讨》，载于《经济研究》1962年第4期。

［301］刘国光：《略论转变经济增长方式》，载于《管理世界》1996年第1期。

［302］刘国光:《中国经济适度快速稳定增长的理论与对策》，载于《经济研究》1997 年第 10 期。

［303］刘国光:《21 世纪初中国经济增长问题》，载于《中国社会科学》2000a 年第 4 期。

［304］刘国光:《中国经济增长形势分析》，载于《经济研究》2000b 年第 6 期。

［305］刘海英、赵英才、张纯洪:《人力资本“均化”与中国经济增长质量关系研究》，载于《管理世界》2004 年第 11 期。

［306］刘汉屏、刘锡田:《地方政府竞争：分权、公共物品与制度创新》，载于《改革》2003 年第 6 期。

［307］刘鹤等:《中国经济增长的可持续性》，载于《管理世界》1999 年第 1 期。

［308］刘熀松、周赟:《新一轮经济增长的主动因研究》，载于《管理世界》2005 年第 11 期。

［309］刘惠林:《马克思经济学中的最优增长理论》，载于《中国社会科学》1986 年第 11 期。

［310］刘强:《中国经济增长的收敛性分析》，载于《经济研究》2001 年第 6 期。

［311］刘瑞明:《金融压抑、所有制歧视与增长拖累——国有企业效率损失再考察》，载于《经济学》（季刊）2011 年第 2 期。

［312］刘少武:《关于制度安排对经济增长方式转变作用的几点思考》，载于《管理世界》2000 年第 6 期。

［313］刘诗白:《试论农村人民公社化后的商品生产和价值规律》，载于《财经科学》1959 年第 1 期。

［314］刘诗白:《关于简单再生产和扩大再生产的几个问题的探讨》，载于《经济研究》1962 年第 4 期。

［315］刘诗白、柴詠:《试论社会主义农业扩大再生产的形式》，载于《经济研究》1963 年第 8 期。

［316］刘世锦:《加快改革与政策调整，促进经济增长动力的结构性转变》，载于《经济研究》2002 年第 12 期。

［317］刘世锦：《新一轮经济增长的机制、特征和政策取向》，载于《管理世界》2003 年第 9 期。

［318］刘世锦：《推进高质量发展需要新的坐标系和政绩观》，载于《中国品牌》2018 年第 5 期。

［319］刘树成：《论“东亚模式”的兴衰与中国经济跨世纪的增长》，载于《管理世界》1998 年第 5 期。

［320］刘树成：《论中国经济增长与波动的新态势》，载于《中国社会科学》2000 年第 1 期。

［321］刘树成：《论又好又快发展》，载于《经济研究》2007 年第 6 期。

［322］刘思华：《略论生产资料生产优先增长规律的理论与实践》，载于《经济研究》1981 年第 3 期。

［323］刘逖：《1600～1840 中国国内生产总值的估算》，载于《经济研究》2009 年第 10 期。

［324］刘伟：《经济“软着陆”与非国有经济》，载于《经济研究》1998 年第 4 期。

［325］刘伟：《论中国经济持续增长》，载于《中外管理导报》2001 年第 12 期。

［326］刘伟：《经济发展和改革的历史性变化与增长方式的根本转变》，载于《经济研究》2006 年第 1 期。

［327］刘伟：《促进经济增长均衡与转变发展方式》，载于《学术月刊》2013 年第 2 期。

［328］刘伟、李绍荣：《所有制变化与经济增长和要素效率提升》，载于《经济研究》2001 年第 1 期。

［329］刘伟、王汝芳：《中国资本市场效率实证分析——直接融资与间接融资效率比较》，载于《金融研究》2006 年第 1 期。

［330］刘伟、许宪春、蔡志洲：《从长期发展战略看中国经济增长》，载于《管理世界》2004 年第 7 期。

［331］刘伟、杨云龙：《工业化与市场化：中国第三次产业发展的双重历史使命》，载于《经济研究》1992 年第 12 期。

[332] 刘伟、张辉:《中国经济增长中的产业结构变迁和技术进步》,载于《经济研究》2008 年第 11 期。

[333] 刘霞辉:《论中国经济的长期增长》,载于《经济研究》2003 年第 5 期。

[334] 刘夏明、魏英琪、李国平:《收敛还是发散?——中国区域经济发展争论的文献综述》,载于《经济研究》2004 年第 7 期。

[335] 刘秀梅、田维明:《我国农村劳动力转移对经济增长的贡献分析》,载于《管理世界》2005 年第 1 期。

[336] 刘学武:《投资、消费、国际贸易与中国经济增长:1989 ~ 1999 年经验分析》,载于《世界经济》2000 年第 9 期。

[337] 刘铮:《工业劳动生产率分析方法中两个问题的商榷》,载于《统计工作通讯》1956 年第 11 期。

[338] 刘铮、许胜飞:《科学发展观与中国经济增长方式选择的理性回归》,载于《福建论坛》(人文社会科学版) 2007 年第 4 期。

[339] 刘遵义:《东亚经济增长的源泉与展望》,载于《数量经济技术经济研究》1997 年第 10 期。

[340] 龙海明、柳沙玲:《多重均衡条件下农村正规金融发展与经济增长的关系——基于中国省际数据的实证分析》,载于《金融研究》2008 年第 6 期。

[341] 卢荻:《外商投资与中国经济发展——产业和区域分析证据》,载于《经济研究》2003 年第 9 期。

[342] 卢峰、姚洋:《金融压抑下的法治、金融发展和经济增长》,载于《中国社会科学》2004 年第 1 期。

[343] 鲁从明:《两大部类生产速度快慢是不断交替的过程》,载于《经济研究》1980 年第 5 期。

[344] 鲁济典:《生产资料生产优先增长是一个客观规律吗?》,载于《经济研究》1979 年第 11 期。

[345] 鲁经文:《劳动积累是自力更生发展农业生产的最好途径》,载于《文史哲》1965 年第 5 期。

[346] 陆百甫:《实现经济增长方式转变是我国经济发展的战略性选

择》，载于《管理世界》1995 年第 6 期。

［347］陆天虹：《关于提高工业劳动生产率的问题》，载于《汉江论坛》1959 年第 5 期。

［348］罗季荣：《论技术进步与内涵扩大再生产》，载于《经济研究》1985 年第 12 期。

［349］罗莹：《试论邓小平经济增长思想的特点》，载于《山东行政学院山东省经济管理干部学院学报》2007 年第 S1 期。

［350］罗莹、李阳生：《论邓小平的经济增长思想》，载于《北京党史》2004 年第 S1 期。

［351］骆耕漠：《论商品和价值》，载于《经济研究》1959 年第 10 期。

［352］吕铁、周叔莲：《中国的产业结构升级与经济增长方式转变》，载于《管理世界》1999 年第 1 期。

［353］马镔：《技术进步条件下生产资料的优先增长不能否定——与鲁济典、朱家桢同志商榷》，载于《经济研究》1980 年第 3 期。

［354］马洪：《关于社会主义制度下我国商品经济的再探索》，载于《经济研究》1984 年第 12 期。

［355］马纪孔：《就综合平衡理论与马寅初先生商榷》，载于《计划经济》1958 年第 4 期。

［356］马建堂：《转变经济增长方式的关键是建立新的体制基础》，载于《改革》1995 年第 6 期。

［357］马凯：《科学的发展观与经济增长方式的根本转变》，载于《求是》2004 年第 8 期。

［358］马岩：《我国面对中等收入陷阱的挑战及对策》，载于《经济学动态》2009 年第 7 期。

［359］毛麟章、童淑丽：《人民公社集体经济的劳动积累问题》，载于《学术月刊》1965 年第 3 期。

［360］毛其淋、盛斌：《对外经济开放、区域市场整合与全要素生产率》，载于《经济学》（季刊）2012 年第 1 期。

［361］毛泽东：《介绍一个合作社》，载于《红旗》1958 年第 1 期。

［362］茅坚鑫：《“大跃进”运动中的工业“技术革命”》，载于《江

苏大学学报（社会科学版）》2013 年第 4 期。

[363] 明今：《论我国钢铁工业飞跃发展的新形势》，载于《经济研究》1958 年第 10 期。

[364] 慕继丰、冯宗宪：《哪种金融体制更有利于经济增长》，载于《世界经济》2001 年第 8 期。

[365] 南冰、索真：《论社会主义制度下生产资料的价值和价值规律的作用》，载于《经济研究》1957 年第 1 期。

[366] 牛福增：《转变经济增长方式研讨观点综述》，载于《经济学动态》1996 年第 10 期。

[367] 牛南洁：《中国利用外资的经济效果分析》，载于《经济研究》1998 年第 5 期。

[368] 农业剩余劳动力转移联合课题组：《就业结构变迁与现代化进程——中国劳动力转移模式研究》，载于《管理世界》1990 年第 4 期。

[369] 潘士远、罗德明：《民间金融与经济发展》，载于《金融研究》2006 年第 4 期。

[370] 潘士远、史晋川：《内生经济增长理论：一个文献综述》，载于《经济学（季刊）》2002 年第 3 期。

[371] 潘文卿：《中国区域经济差异与收敛》，载于《中国社会科学》2010 年第 1 期。

[372] 庞瑞芝、李鹏：《中国新型工业化增长绩效的区域差异及动态演进》，载于《经济研究》2011 年第 11 期。

[373] 庞晓波、赵玉龙：《我国金融发展与经济增长的弱相关性及其启示》，载于《数量经济技术经济研究》2003 年第 9 期。

[374] 裴长洪：《中国吸收外商直接投资的特征》，载于《国际贸易》1995 年第 5 期。

[375] 祁华：《速度和比例不是对立的统一吗?》，载于《经济研究》1959 年第 2 期。

[376] 钱小安：《流动性过剩与货币调控》，载于《金融研究》2007 年第 8 期。

[377] 强卫：《转变发展方式、推动绿色发展》，载于《求是》2010

年第1期。

［378］乔荣章：《略论当前我国工业的技术革新和技术革命》，载于《经济研究》1965年第5期。

［379］秦海、李红梅：《经济增长方式转变的路径选择》，载于《改革》1996年第1期。

［380］邱霞：《陈云经济发展思想研究综述》，载于《党史研究与教学》2012年第2期。

［381］邱晓华等：《中国经济增长动力及前景分析》，载于《经济研究》2006年第6期。

［382］瞿商：《我国计划经济体制的绩效（1957～1978）——基于投入产出效益比较的分析》，载于《中国经济史研究》2008年第1期。

［383］曲福田、田光明：《城乡统筹与农村集体土地产权制度改革》，载于《管理世界》2011年第6期。

［384］曲格平：《转变发展方式，走循环经济发展之路——在中国环境管理干部学院颁发“曲格平奖学金”大会上的演讲》，载于《中国环境管理干部学院学报》2004年第4期。

［385］仁韦：《关于简单再生产和扩大再生产问题的讨论》，载于《经济研究》1964年第1期。

［386］任建兰、王亚平、程钰：《从生态环境保护到生态文明建设：四十年的回顾与展望》，载于《山东大学学报》（哲学社会科学版）2018年第6期。

［387］桑秀国：《利用外资与经济增长——一个基于新经济增长理论的模型及对中国数据的验证》，载于《管理世界》2002年第9期。

［388］邵帅、张可、豆建民：《经济集聚的节能减排效应：理论与中国经验》，载于《管理世界》2019年第1期。

［389］邵宜航：《经济增长与宏观政策选择——基于含人力资本增长模型的动态优化分析》，载于《数量经济技术经济研究》2005年第10期。

［390］沈程翔：《中国出口导向型经济增长的实证分析：1977～1998》，载于《世界经济》1999年第12期。

［391］沈坤荣：《中国经济转型期的政府行为与经济增长》，载于

《管理世界》1998年第2期。

[392] 沈坤荣:《中国外资引入与进出口贸易的政策效应——经济计量检验与分析》,载于《统计研究》1998年第5期。

[393] 沈坤荣:《外国直接投资与中国经济增长》,载于《管理世界》1999b年第5期。

[394] 沈坤荣、付文林:《中国的财政分权制度与地区经济增长》,载于《管理世界》2005年第1期。

[395] 沈坤荣、耿强:《外国直接投资、技术外溢与内生经济增长——中国数据的计量检验与实证分析》,载于《中国社会科学》2001年第5期。

[396] 沈坤荣、马俊:《中国经济增长的"俱乐部收敛"特征及其成因研究》,载于《经济研究》2002年第1期。

[397] 沈坤荣、孙文杰:《投资效率、资本形成与宏观经济波动——基于金融发展视角的实证研究》,载于《中国社会科学》2004年第6期。

[398] 沈坤荣、张成:《金融发展与中国经济增长——基于跨地区动态数据的实证研究》,载于《管理世界》2004年第7期。

[399] 沈坤荣、孙文杰:《市场竞争、技术溢出与内资企业R&D效率——基于行业层面的实证研究》,载于《管理世界》2009年第1期。

[400] 沈凌、田国强:《贫富差别、城市化与经济增长——个基于需求因素的经济学分析》,载于《经济研究》2009年第1期。

[401] 沈亚纲:《长春市在技术革命运动中进一步改进了企业管理工作》,载于《经济研究》1960年第5期。

[402] 石磊:《中国经济增长的转型期》,载于《经济研究》1994年第4期。

[403] 史丹:《我国经济增长过程中能源利用效率的改进》,载于《经济研究》2002年第9期。

[404] 史晋川:《国民经济增长总量模型分析》,载于《经济研究》1985年第9期。

[405] 史清琪、秦宝庭、陈警:《衡量经济增长中技术进步作用的主要指标初探》,载于《数量经济技术经济研究》1984a年第10期。

［406］史清琪、秦宝庭、陈警：《衡量经济增长中技术进步作用时需研究的几个问题》，载于《数量经济技术经济研究》1984b 年第 11 期。

［407］舒元、徐现祥：《中国经济增长模型的设定：1952～1998》，载于《经济研究》2002 年第 11 期。

［408］宋林飞：《农村劳动力的剩余及其出路》，载于《中国社会科学》1982 年第 9 期。

［409］宋涛：《积极改良农业生产技术对于进一步巩固农业合作社的作用》，载于《经济研究》1958 年第 2 期。

［410］宋延军：《试论邓小平人力资源与经济增长思想》，载于《宜宾学院学报》2004 年第 5 期。

［411］宋则行：《社会主义经济增长模式与适度的经济增长率》，载于《经济研究》1986 年第 9 期。

［412］宋则行：《论经济增长方式的转变与投入产出效益》，载于《经济研究》1996 年第 5 期。

［413］粟联：《关于农业扩大再生产的标志和形式问题》，载于《经济研究》1963 年第 11 期。

［414］隋广军、申明浩：《贸易自由化模式与中国的比较优势》，载于《改革》2008 年第 12 期。

［415］孙传旺、朱悉婷：《“新常态”下中国化石能源生态价值与代际补偿核算》，载于《统计研究》2016 年第 5 期。

［416］孙海鸣：《中国经济发展阶段与增长方式的转变》，载于《财经研究》1997 年第 6 期。

［417］孙冶方：《把计划和统计放在价值规律的基础上》，载于《经济研究》1956 年第 6 期。

［418］孙冶方：《论价值——并试论“价值”在社会主义以至于共产主义政治经济学体系中的地位》，载于《经济研究》1959 年第 9 期。

［419］孙英杰、林春：《试论环境规制与中国经济增长质量提升——基于环境库兹涅茨倒 U 型曲线》，载于《上海经济研究》2018 年第 3 期。

［420］孙早、刘李华：《社会保障、企业家精神与内生经济增长》，载于《统计研究》2019 年第 1 期。

[421] 孙泽学:《对1950年代中国利用外资外智的历史考察》,载于《中国经济史研究》2011年第3期。

[422] 孙兆录、熊性美:《社会主义再生产的两个问题》,载于《学术月刊》1962年第9期。

[423] 谈儒勇:《中国金融发展和经济增长关系的实证研究》,载于《经济研究》1999年第10期。

[424] 汤敏:《东亚奇迹从此就日渐式微了吗》,载于《改革》1997年第4期。

[425] 汤向俊:《资本深化、人力资本积累与中国经济持续增长》,载于《世界经济》2006年第8期。

[426] 唐东波、张军:《中国的经济增长、城市化与收入分配的Kuznets进程:理论与经验》,载于《世界经济文汇》2011年第5期。

[427] 唐建荣:《转变经济增长方式的可能途径》,载于《数量经济技术经济研究》2000年第9期。

[428] 唐龙:《以转变经济增长方式推动经济结构调整的研究述评》,载于《经济纵横》2010年第12期。

[429] 唐铁汉、李军鹏:《国外政府公共服务的做法、经验教训与启示》,载于《国家行政学院学报》2004年第5期。

[430] 滕兴祥:《试论劳动积累》,载于《经济研究》1966年第2期。

[431] 田尔、陆奴章:《对高速度和按比例关系的一些看法》,载于《学术月刊》1959年第8期。

[432] 田国强、陈旭东:《中国如何跨越"中等收入陷阱"——基于制度转型和国家治理的视角》,载于《学术月刊》2015年第5期。

[433] 田国强、杨立岩:《对"幸福—收入之谜"的一个解答》,载于《经济研究》2006年第11期。

[434] 田菁:《金融发展是否促进了经济增长?——基于2003~2014年省级面板数据的再检测》,载于《财经问题研究》2017年第6期。

[435] 佟家栋:《关于我国进口与经济增长关系的探讨》,载于《南开学报》(哲学社会科学版)1995年第3期。

[436] 佟哲晖:《对"全员劳动生产率"指标的看法》,载于《统计

工作通讯》1956 年第 21 期。

［437］童源轼：《关于扩大再生产源泉的一个问题的探讨》，载于《经济研究》1962 年第 12 期。

［438］涂正革、肖耿：《中国经济的高增长能否持续：基于企业生产率动态变化的分析》，载于《世界经济》2006 年第 2 期。

［439］汪旭庄、姜川桂：《论社会主义经济的高速度发展及其规律性》，载于《学术月刊》1959 年第 8 期。

［440］王成岐、张建华、安辉：《外商直接投资、地区差异与中国经济增长》，载于《世界经济》2002 年第 4 期。

［441］王德文、蔡昉、张学辉：《人口转变的储蓄效应和增长效应——论中国增长可持续性的人口因素》，载于《人口研究》2004 年第 5 期。

［442］王弟海、龚六堂：《持续性不平等的动态演化和经济增长》，载于《世界经济文汇》2007 年第 6 期。

［443］王锋、吴丽华、杨超：《中国经济发展中碳排放增长的驱动因素研究》，载于《经济研究》2010 年第 2 期。

［444］王光伟：《积极地稳妥地进行农业技术改革》，载于《经济研究》1963 年第 3 期。

［445］王海光：《模式与战略：中国现代化发展道路的历史反思》，载于《岭南学刊》2000 年第 3 期。

［446］王红续：《新中国对外贸易的历史演变》，载于《党史天地》1999 年第 1 期。

［447］王鸿：《关于转变经济增长方式不同观点的综述》，载于《经济问题》1996 年第 10 期。

［448］王虎、范从来：《金融发展与农民收入影响机制的研究——来自中国 1980～2004 年的经验证据》，载于《经济科学》2006 年第 6 期。

［449］王积业：《论我国经济的适度增长》，载于《中国社会科学》1990 年第 6 期。

［450］王积业：《经济发展阶段与经济增长方式》，载于《经济纵横》1995 年第 9 期。

［451］王金存：《前苏联经济增长方式转换中的经验与教训》，载于《世界经济》1996 年第 7 期。

［452］王景武：《金融发展与经济增长：基于中国区域金融发展的实证分析》，载于《财贸经济》2005 年第 10 期。

［453］王克峰：《毛泽东赶超战略与苏联赶超战略的比较》，载于《广西社会科学》2004 年第 11 期。

［454］王坤、张书云：《中国对外贸易与经济增长关系的协整性分析》，载于《数量经济技术经济研究》2004 年第 4 期。

［455］王敏、黄滢：《中国的环境污染与经济增长》，载于《经济学》(季刊) 2015 年第 2 期。

［456］王乃浦：《我们对计算全员劳动生产率的看法》，载于《统计工作通讯》1956 年第 18 期。

［457］王少平、欧阳志刚：《中国城乡收入差距对实际经济增长的阈值效应》，载于《中国社会科学》2008 年第 2 期。

［458］王慎之：《试论社会主义扩大再生产模式》，载于《中国社会科学》1985 年第 3 期。

［459］王松奇：《促进还是促退：通货膨胀功能及对策的再思考——兼与丁鹄、朱苏臻、李运奇同志商榷》，载于《金融研究》1987 年第 11 期。

［460］王文博、陈昌兵、徐海燕：《包含制度因素的中国经济增长模型及实证分析》，载于《统计研究》2002 年第 5 期。

［461］王文剑、仉建涛、覃成林：《财政分权、地方政府竞争与 FDI 的增长效应》，载于《管理世界》2007 年第 3 期。

［462］王文宁：《论通货膨胀与经济增长》，载于《金融研究》1986 年第 8 期。

［463］王西琴、李芬：《天津市经济增长与环境污染水平关系》，载于《地理研究》2005 年第 6 期。

［464］王小鲁：《中国经济增长的可持续性与制度变革》，载于《经济研究》2000 年第 7 期。

［465］王小鲁：《关于中国经济增长率的几点讨论》，载于《经济学(季刊)》2002 年第 4 期。

［466］王小鲁、樊纲：《中国收入差距的走势和影响因素分析》，载于《经济研究》2005 年第 10 期。

［467］王小鲁、樊纲、刘鹏：《中国经济增长方式转换和增长可持续性》，载于《经济研究》2009 年第 1 期。

［468］王晓芳：《我国经济周期与金融调节效应简析》，载于《金融研究》1988 年第 1 期。

［469］王旭庄：《价值规律在我国社会主义的统一市场中的作用》，载于《财经研究》1956 年第 2 期。

［470］王亚南：《我国发展国民经济的第一个五年计划与过渡时期的经济规律》，载于《经济研究》1956 年第 1 期。

［471］王亚南：《从发展社会生产力的角度来申论我国社会主义现阶段商品生产与价值规律作用问题》，载于《中国经济问题》1959 年第 4 期。

［472］王永钦、张宴、章元、陈钊、陆铭：《中国的大国发展道路——论分权式改革的得失》，载于《经济研究》2007 年第 1 期。

［473］王永锡、袁文平：《关于社会主义经济效果的实质》，载于《经济研究》1962 年第 9 期。

［474］王玉茹：《中国近代的经济增长和中长周期波动》，载于《经济学（季刊）》2005 年第 1 期。

［475］王岳平：《高速增长时期我国对外贸易问题》，载于《管理世界》1995 年第 5 期。

［476］王铮、葛昭攀：《中国区域经济发展的多重均衡态与转变前兆》，载于《中国社会科学》2002 年第 4 期。

［477］王志刚：《质疑中国经济增长的条件收敛性》，载于《管理世界》2004 年第 3 期。

［478］王志强、孙刚：《中国金融发展规模、结构、效率与经济增长关系的经验分析》，载于《管理世界》2003 年第 7 期。

［479］王子君、张伟：《外国直接投资、技术许可与技术创新》，载于《经济研究》2002 年第 3 期。

［480］威廉·哈勒根、张军：《转轨国家的初始条件、改革速度与经

济增长》，载于《经济研究》1999 年第 10 期。

[481] 卫兴华：《从世界范围看中国经济增长和增长方式的转换》，载于《经济理论与经济管理》1996 年第 3 期。

[482] 卫兴华：《创新驱动与转变发展方式》，载于《经济纵横》2013 年第 7 期。

[483] 魏后凯：《外商直接投资对中国区域经济增长的影响》，载于《经济研究》2002 年第 4 期。

[484]《全方位转变经济增长方式》，载于《管理世界》1996 年第 1 期。

[485] 魏立华、阎小培：《中国经济发达地区城市非正式移民聚居区——“城中村”的形成与演进——以珠江三角洲诸城市为例》，载于《管理世界》2005 年第 8 期。

[486] 魏巍贤：《中国出口对经济增长贡献的实证研究》，载于《商业研究》1999 年第 1 期。

[487] 温家宝：《关于深入贯彻落实科学发展观的若干重大问题》，载于《求是》2008 年第 21 期。

[488] 温涛、冉光和、熊德平：《中国金融发展与农民收入增长》，载于《经济研究》2005 年第 9 期。

[489] 文军：《从分治到融合：近 50 年来我国劳动力移民制度的演变》，载于《学术研究》2004 年第 7 期。

[490] 吴国培、王伟斌、张习宁，2014：《我国全要素生产率对经济增长的贡献》，中国人民银行工作论文，第 6 号。

[491] 吴海若：《再生产原理的一般性和特殊性》，载于《经济研究》1957 年第 1 期。

[492] 吴敬琏：《怎样才能实现增长方式的转变》，载于《经济研究》1995 年第 7 期。

[493] 吴敬琏：《中国的发展方式转型与改革的顶层设计》，载于《北京师范大学学报》（社会科学版）2012 年第 5 期。

[494] 吴敬琏：《产业政策面临的问题：不是存废，而是转型》，载于《兰州大学学报》2018 年第 6 期。

[495] 吴敬琏、李剑阁、丁宁宁：《试析我国当前发展阶段的基本矛

盾》，载于《管理世界》1987 年第 1 期。

[496] 吴敬琏、魏加宁：《东亚金融危机的影响、启示和对策》，载于《改革》1998 年第 2 期。

[497] 吴林海、陈继海：《集聚效应、外商直接投资与经济增长》，载于《管理世界》2003 年第 8 期。

[498] 吴巧生、成金华、王华：《中国工业化进程中的能源消费变动——基于计量模型的实证分析》，载于《中国工业经济》2005 年第 4 期。

[499] 吴申元、王晓博：《从毛泽东到江泽民：赶超战略思想的继承与发展》，载于《河南师范大学学报》2003 年第 5 期。

[500] 吴树青：《学习马克思关于社会总资本再生产的理论——〈资本论〉第二卷第三篇内容简介》，载于《经济研究》1980 年第 12 期。

[501] 吴延瑞：《生产率对中国经济增长的贡献：新的估计》，载于《经济学（季刊）》2008 年第 3 期。

[502] 吴易风：《毛泽东论经济学家的世界观和方法论——纪念毛泽东同志诞辰 110 周年》，载于《哲学研究》2003 年第 10 期。

[503] 吴易风：《陈云的综合平衡理论及现实意义》，载于《马克思主义研究》2005 年第 3 期。

[504] 吴易风：《马克思的经济增长理论模型》，载于《经济研究》2007 年第 9 期。

[505] 吴玉萍、董锁成、宋键峰：《北京市经济增长与环境污染水平计量模型研究》，载于《地理研究》2002 年第 2 期。

[506] 武剑：《外国直接投资的区域分布及其经济增长效应》，载于《经济研究》2002 年第 4 期。

[507] 武力：《中国计划经济的重新审视与评价》，载于《当代中国史研究》2003 年第 4 期。

[508] 习近平：《在党的十八届五中全会第二次全体会议上的讲话（节选）》，载于《求是》2016 年第 1 期。

[509] 奚兆永：《论经济增长方式的内涵》，载于《经济研究》1996 年第 5 期。

[510] 夏兴国、万东铖：《我国资源配置方式的理性选择》，载于

《经济研究》1997 年第 1 期。

[511] 夏振坤、初玉岗:《论国家的主导地位和国有企业改革》,载于《经济研究》1995 年第 12 期。

[512] 项镜泉:《关于确定基本建设规模和发展速度问题的研究》,载于《经济研究》1961 年第 12 期。

[513] 谢友星:《克鲁格曼命题与技术创新》,载于《改革》2000 年第 6 期。

[514] 辛坦:《关于经济增长方式的转换》,载于《计划经济研究》1990 年第 1 期。

[515] 熊贤良:《对外贸易促进经济增长的机制和条件》,载于《经济贸易问题》1993 年第 7 期。

[516] 熊贤良:《比较优势战略与大国的经济发展》,载于《南开经济研究》1995 年第 4 期。

[517] 徐国泉、刘则渊、姜照华:《中国碳排放的因素分解模型及实证分析:1995 ~2004》,载于《中国人口、资源与环境》2006 年第 6 期。

[518] 徐虎:《论邓小平对我国经济增长速度问题的独特认识》,载于《经济经纬》2006 年第 3 期。

[519] 徐康宁、韩剑:《中国区域经济的"资源诅咒"效应:地区差距的另一种解释》,载于《经济学家》2005 年第 6 期。

[520] 徐康宁、邵军:《自然禀赋与经济增长:对"资源诅咒"命题的再检验》,载于《世界经济》2006 年第 11 期。

[521] 徐升华、毛小兵:《信息产业对经济增长的贡献分析》,载于《管理世界》2004 年第 8 期。

[522] 徐现祥、李郇:《中国城市经济增长的趋同分析》,载于《经济研究》2004 年第 5 期。

[523] 徐现祥、舒元:《中国经济增长中的劳动结构效应》,载于《世界经济》2001 年第 5 期。

[524] 徐现祥、舒元:《中国省区经济增长分布的演进 (1978 ~1998)》,载于《经济学 (季刊)》2004 年第 2 期。

[525] 徐现祥、舒元:《物质资本、人力资本与中国地区双峰趋同》,

载于《世界经济》2005 年第 1 期。

[526] 徐欣、唐清泉：《技术研发、技术引进与企业主营业务的行业变更——基于中国制造业上市公司的实证研究》，载于《金融研究》2012 年第 10 期。

[527] 徐肇翔：《对经济增长中“科学进步贡献份额”计算的商榷》，载于《科学学与科学技术管理》1984 年第 12 期。

[528] 许成钢：《中国经济改革的制度基础》，载于《世界经济文汇》2009 年第 4 期。

[529] 许涤新：《论国民经济有计划发展规律在我国过渡时期的作用》，载于《经济研究》1955 年第 4 期。

[530] 许刚：《对如何计算劳动生产率的几点意见》，载于《统计工作》1957 年第 2 期。

[531] 许和连、栾永玉：《出口贸易的技术外溢效应：基于三部门模型的实证研究》，载于《数量经济技术经济研究》2005 年第 9 期。

[532] 许宪春：《中国未来经济增长及其国际经济地位展望》，载于《经济研究》2002 年第 3 期。

[533] 许召元、李善同：《近年来中国地区差距的变化趋势》，载于《经济研究》2006 年第 7 期。

[534] 薛暮桥：《再论计划经济与价值规律》，载于《计划经济》1957 年第 2 期。

[535] 严冀、陆铭：《分权与区域经济发展：面向一个最优分权程度的理论》，载于《世界经济文汇》2003 年第 3 期。

[536] 颜鹏飞、乔倩：《略论转变经济增长方式》，载于《经济评论》1997 年第 4 期。

[537] 颜鹏飞、王兵：《技术效率、技术进步与生产率增长：基于 DEA 的实证分析》，载于《经济研究》2004 年第 12 期。

[538] 杨波：《试论我国国民收入的分配问题》，载于《经济研究》1957 年第 6 期。

[539] 杨波：《正确处理农业社收入分配中积累和消费的关系》，载于《经济研究》1958 年第 8 期。

［540］杨坚白：《试论农业、轻工业、重工业比例和消费、积累比例之间的内在关系》，载于《经济研究》1962年第1期。

［541］杨建芳、龚六堂、张庆华：《人力资本形成及其对经济增长的影响——一个包含教育和健康投入的内生增长模型及其检验》，载于《管理世界》2006年第5期。

［542］杨俊、李晓羽、张宗益：《中国金融发展水平与居民收入分配的实证分析》，载于《经济科学》2006年第2期。

［543］杨开忠、陶然、刘明兴：《解除管制、分权与中国经济转轨》，载于《中国社会科学》2003年第3期。

［544］杨凯、叶茂、徐启新：《上海城市废弃物增长的环境库兹涅茨特征研究》，载于《地理研究》2003年第1期。

［545］杨立岩、潘慧峰：《人力资本、基础研究与经济增长》，载于《经济研究》2003年第4期。

［546］杨立岩、王新丽：《人力资本、技术进步与内生经济增长》，载于《经济学（季刊）》2004年第3期。

［547］杨琳、李建伟：《金融结构转变与实体经济结构升级（上）》，载于《财贸经济》2002年第2期。

［548］杨目、赵先信、钟凯峰：《中国的经济增长：速度、效率和可持续性》，载于《改革》1998年第4期。

［549］杨培新：《第一个五年计划的资金积累问题》，载于《经济研究》1955年第4期。

［550］杨晴峰：《对农业扩大再生产几个问题的认识》，载于《江淮学刊》1962年第2期。

［551］杨汝岱、姚洋：《有限赶超与经济增长》，载于《经济研究》2008年第8期。

［552］杨韶华：《学习掌握和运用国民经济有计划按比例发展的规律》，载于《前线》1959年第8期。

［553］杨天民：《武汉大学经济系讨论集体经济中的劳动积累问题》，载于《经济研究》1966年第1期。

［554］杨文举：《技术效率、技术进步、资本深化与经济增长：基于

DEA 的经验分析》，载于《世界经济》2006 年第 5 期。

［555］杨晓达：《适度通货膨胀是发展中国家经济增长的必然结果》，载于《金融研究》1986 年第 12 期。

［556］杨信礼：《人天和谐与可持续发展》，载于《山东科技大学学报》（社会科学版）2003 年第 1 期。

［557］杨英杰：《论从六亿人口出发》，载于《经济研究》1958 年第 6 期。

［558］杨英杰：《论国民经济中的比例、重点和速度问题》，载于《经济研究》1959 年第 5 期。

［559］姚树洁、冯根福、韦开蕾：《外商直接投资和经济增长的关系研究》，载于《经济研究》2006 年第 12 期。

［560］姚树洁、韦开蕾：《中国经济增长、外商直接投资和出口贸易的互动实证分析》，载于《经济学（季刊）》2008 年第 1 期。

［561］姚挺：《邓小平经济增长思想探要》，载于《理论学习月刊》2005 年第 5 期。

［562］姚先国、张海峰：《教育、人力资本与地区经济差异》，载于《经济研究》2008 年第 5 期。

［563］姚洋：《非国有经济成分对我国工业企业技术效率的影响》，载于《经济研究》1998 年第 12 期。

［564］姚耀军：《中国农村金融发展与经济增长关系的实证分析》，载于《经济科学》2004 年第 5 期。

［565］姚耀军、和丕禅：《中国农村金融发展与经济增长（1978～2001）实证分析》，载于《西北农林科技大学学报》（社会科学版）2004 年第 6 期。

［566］姚愉芳、贺菊煌等：《中国经济增长与可持续发展——理论、模型与应用》，社会科学文献出版社，1998 年。

［567］叶德珠、曾繁清：《金融结构适宜性与经济增长》，载于《经济学家》2018 年第 4 期。

［568］叶坦：《“中国经济学”寻根》，载于《中国社会科学》1998 年第 4 期。

[569] 叶裕民：《全国及各省区市全要素生产率的计算和分析》，载于《经济学家》2002 年第 3 期。

[570] 叶志强、陈习定、张顺明：《金融发展能减少城乡收入差距吗？——来自中国的证据》，载于《金融研究》2011 年第 2 期。

[571] 易纲、樊纲、李岩：《关于中国经济增长与全要素生产率的理论思考》，载于《经济研究》2003 年第 8 期。

[572] 易纲、林明：《理解中国经济增长》，载于《中国社会科学》2003b 年第 2 期。

[573] 殷德生：《最优财政分权与经济增长》，载于《世界经济》2004 年第 11 期。

[574] 尹伯成：《关于西方经济学中几个问题的认识》，载于《当代财经》2007 年第 9 期。

[575] 尹恒、龚六堂、邹恒甫：《当代收入分配理论的新发展》，载于《经济研究》2002 年第 8 期。

[576] 尹恒、龚六堂、邹恒甫：《收入分配不平等与经济增长：回到库兹涅茨假说》，载于《经济研究》2005 年第 4 期。

[577] 尹世杰：《国民经济高速度与按比例发展的关系》，载于《理论战线》1959 年第 6 期。

[578] 应成旺：《试论社会生产按比例发展规律的特点与要求》，载于《新建设》1957 年第 10 期。

[579] 余林徽、陆毅路和江涌：《解构经济制度对我国企业生产率的影响》，载于《经济学》（季刊）2014 年第 1 期。

[580] 余明桂、潘红波：《政治关系、制度环境与民营企业银行贷款》，载于《管理世界》2008 年第 8 期。

[581] 袁春振：《经济发展与经济增长方式比较研究》，载于《理论学刊》2008 年第 3 期。

[582] 袁志刚、何樟勇：《以新的视角审视当前中国宏观经济增长》，载于《经济研究》2004 年第 7 期。

[583] 岳翔宇：《英国式自由主义的有限理性——论亚当·斯密》，载于《经济研究导刊》2008 年第 14 期。

[584] 云鹤、刘涛、舒元：《协调改善、知识增进与经济持续增长》，载于《经济学（季刊）》2004年第3期。

[585] 云鹤、舒元：《企业家合约与经济增长》，载于《经济学（季刊）》2008年第4期。

[586] 曾勇、方今：《我国讨论商品生产和价值规律问题的述评》，载于《财经研究》1959年第2期。

[587] 曾繁华：《积极创造从外延型为主的扩大再生产转移到内涵型为主的扩大再生产的条件》，载于《北京社会科学》1987年第4期。

[588] 曾繁华：《中国经济增长方式战略转变的阶段划分与目标定位》，载于《中国工业经济》1996年第10期。

[589] 曾巩：《我国第三产业的成长阶段及发展对策》，载于《管理世界》1986年第5期。

[590] 张朝尊：《对经济增长方式转型提法的质疑》，载于《改革》1996年第1期。

[591] 张车伟、蔡昉：《就业弹性的变化趋势研究》，载于《中国工业经济》2002年第5期。

[592] 张海星：《公共投资与经济增长的相关分析——中国数据的计量检验》，载于《财贸经济》2004年第11期。

[593] 张鹤、黄琨和姚远：《金融发展、银行资本结构与经济增长内在关联性的实证研究》，载于《经济学动态》2012年第5期。

[594] 张红宇：《城乡居民收入差距的平抑机制：工业化中期阶段的经济增长与政府行为选择》，载于《管理世界》2004年第4期。

[595] 张金艳：《竞争性国企核心竞争力的提升：现状、探源及反垄断法制完善——由中美贸易战中兴事件说起》，载于《税务与经济》2018年第6期。

[596] 张建华、欧阳轶雯：《外商直接投资、技术外溢与经济增长——对广东数据的实证分析》，载于《经济学（季刊）》2003年第2期。

[597] 张军：《增长、资本形成与技术选择：解释中国经济增长下降的长期因素》，载于《经济学（季刊）》2002a年第1期。

[598] 张军：《资本形成、工业化与经济增长：中国的转轨特征》，

载于《经济研究》2002b 年第 6 期。

[599] 张军:《改革以来中国的资本形成与经济增长:一些发现及其解释》,载于《世界经济文汇》2002c 年第 1 期。

[600] 张军、高远、傅勇、张弘:《中国为什么拥有良好的基础设施》,载于《经济研究》2007 年第 3 期。

[601] 张军、施少华:《中国经济全要素生产率变动:1952~1978》,载于《世界经济文汇》2003 年第 2 期。

[602] 张军、章元:《对中国资本存量 K 的再估计》,载于《经济研究》2003 年第 7 期。

[603] 张可云:《国家区域企业有为的自主创新是中国富强之必选——理性应对中美贸易战的三维思考》,载于《西部论坛》2018 年第 5 期。

[604] 张来明、李建伟:《收入分配与经济增长的理论关系和实证分析》,载于《管理世界》2016 年第 11 期。

[605] 张雷:《经济发展对碳排放的影响》,载于《地理学报》2003 年第 4 期。

[606] 张磊:《中国高速经济增长过程中的货币、金融扭曲》,中国社科院经济所博士后工作报告,2006 年。

[607] 张李义、涂奔:《互联网金融发展对中国经济增长影响的实证》,载于《统计与决策》2017 年第 11 期。

[608] 张立军、湛泳:《中国农村金融发展对城乡收入差距的影响——基于 1978~2004 年数据的检验》,载于《中央财经大学学报》2006 年第 5 期。

[609] 张立群:《论我国经济增长方式的转换》,载于《管理世界》1995 年第 5 期。

[610] 张立英:《关于我国经济增长方式转变问题的讨论综述》,载于《财经研究》1996 年第 10 期。

[611] 张平:《中国交通运事业放松管制与引进外资》,载于《管理世界》1995 年第 4 期。

[612] 张平安:《两大部类生产增长速度终究还是生产资料生产的优先增长》,载于《经济研究》1980 年第 12 期。

［613］张谦:《高速度和按比例的含义及其相互关系》，载于《学术月刊》1959年第8期。

［614］张锡昌:《在企业里必须大搞群众运动》，载于《经济研究》1959年第9期。

［615］张晓晶:《宏观经济政策与经济稳定增长》，载于《管理世界》2000年第1期。

［616］张晓晶:《金融结构与经济增长：一个理论综述》，载于《世界经济》2001年第2期。

［617］张新、蒋殿春:《中国经济的增长——GDP数据的可信度以及增长的微观基础》，载于《经济学（季刊）》2002年第4期。

［618］张绪生:《第五讲提高技术水平是劳动生产率增长的因素》，载于《中国劳动》1956年第6期。

［619］张晏、龚六堂:《分税制改革、财政分权与中国经济增长》，载于《经济学（季刊）》2005年第4期。

［620］张友国:《经济发展方式变化对中国碳排放强度的影响》，载于《经济研究》2010年第4期。

［621］张玉昌、陈保启:《产业结构、空间溢出与城乡收入差距——基于空间Durbin模型偏微分效应分解》，载于《经济问题探索》2018年第9期。

［622］张展新:《劳动力市场的产业分割与劳动人口流动》，载于《中国人口科学》2004年第2期。

［623］张卓元:《深化改革，推进粗放型经济增长方式转变》，载于《经济研究》2005年第11期。

［624］章良猷:《前苏联学者关于集约型经济增长的若干理论问题的争论》，载于《经济研究》1996年第8期。

［625］章元、程郁、佘国满:《政府补贴能否促进高新技术企业的自主创新？——来自中关村的证据》，载于《金融研究》2018年第10期。

［626］赵斌:《人力资本积累与经济增长——基于投资流量效应与老龄化存量效应视角》，载于《广东财经大学学报》2019年第1期。

［627］赵进文、范继涛:《经济增长与能源消费内在依从关系的实证

研究》，载于《经济研究》2007 年第 8 期。

［628］赵陵、宋少华、宋泓明：《中国出口导向型经济增长的经验分析》，载于《世界经济》2001 年第 8 期。

［629］赵清心：《关于开放国家领导下的自由市场的初步研究》，载于《经济研究》1957 年第 3 期。

［630］赵秋成：《我国中西部地区人口素质与人力资本投资》，载于《管理世界》2000 年第 1 期。

［631］赵曙明、陈天渔：《经济增长方式转型与人力资本投资》，载于《江苏社会科学》1998 年第 1 期。

［632］赵伟、马瑞永：《中国经济增长收敛性的再认识——基于增长收敛微观机制的分析》，载于《管理世界》2005 年第 11 期。

［633］赵文军、于津平：《贸易开放、FDI 与中国工业经济增长方式——基于 30 个工业行业数据的实证研究》，载于《经济研究》2012 年第 8 期。

［634］赵细康、李建民、王金营、周春旗：《环境库兹涅茨曲线及在中国的检验》，载于《南开经济研究》2005 年第 3 期。

［635］赵学增：《论经济增长方式的选择》，载于《中国社会科学》1997 年第 4 期。

［636］赵云君、文启湘：《环境库兹涅茨曲线及其在我国的修正》，载于《经济学家》2004 年第 5 期。

［637］赵志君：《金融资产总量、结构与经济增长》，载于《管理世界》2000 年第 3 期。

［638］赵志耘、吕冰洋、郭庆旺、贾俊雪：《资本积累与技术进步的动态融合：中国经济增长的一个典型事实》，载于《经济研究》2007 年第 11 期。

［639］郑秉文：《“中等收入陷阱”与中国发展道路——基于国际经验教训的视角中国经济增长方式转换和增长可持续性》，载于《中国人口科学》2011 年第 2 期。

［640］郑江淮、宋建、张玉昌、郑玉、姜青克：《中国经济增长新旧动能转换的进展评估》，载于《中国工业经济》2018 年第 6 期。

［641］郑京海、胡鞍钢、Arne Bigsten：《中国的经济增长能否持续？——一个生产率视角》，载于《经济学（季刊）》2008 年第 3 期。

［642］郑猛：《有偏技术进步下要素替代增长效应研究》，载于《数量经济技术经济研究》2016 年第 11 期。

［643］郑若谷、干春晖、余典范：《转型期中国经济增长的产业结构和制度效应：基于一个随机前沿模型的研究》，载于《中国工业经济》2009 年第 2 期。

［644］郑玉歆：《全要素生产率的测度及经济增长方式的“阶段性”规律——由东亚经济增长方式的争论谈起》，载于《经济研究》1999 年第 5 期。

［645］郑玉歆：《全要素生产率的再认识——用 TFP 分析经济增长质量存在的若干局限》，载于《数量经济技术经济研究》2007 年第 9 期。

［646］郑玉歆：《不宜盲目追求技术进步对经济增长的高贡献率》，载于《理论探讨》2014 年第 1 期。

［647］中国发展研究基金会“博智宏观论坛”中长期发展课题组、刘世锦、王子豪、蔡俊韬、钱胜存：《2035：中国经济增长的潜力、结构与路径》，载于《管理世界》2018 年第 7 期。

［648］中国经济增长与宏观稳定课题组：《干中学、低成本竞争和增长路径转变》，载于《经济研究》2006 年第 4 期。

［649］中国经济增长与宏观稳定课题：《金融发展与经济增长：从动员性扩张向市场配置的转变》，载于《经济研究》2007 年第 4 期。

［650］中国经济增长与宏观稳定课题：《中国可持续增长的机制：证据、理论和政策》，载于《经济研究》2008 年第 10 期。

［651］中国经济增长与宏观稳定课题组、张平、刘霞辉、张晓晶、张自然、王宏淼、袁富华：《资本化扩张与赶超型经济的技术进步》，载于《经济研究》2010 年第 5 期。

［652］中国社会科学院经济体制改革 30 年研究课题组：《论中国特色社会主义经济体制改革道路（上）》，载于《经济研究》2008 年第 9 期。

［653］中国社会科学院经济研究所经济增长前沿课题组：《开放中的经济增长与政策选择——当前经济增长态势分析》，载于《经济研究》

2004 年第 4 期。

[654] 钟阳胜:《正确选择和建设主导产业的若干问题》,载于《管理世界》1996 年第 4 期。

[655] 周斌、朱桂宾、毛德勇、晁先锋:《互联网金融真的能够影响经济增长吗?》,载于《经济与管理研究》2017 年第 9 期。

[656] 周方:《"科技进步"及其对经济增长贡献的测算方法》,载于《数量经济技术经济研究》1997 年第 1 期。

[657] 周国忠、萧哲贤:《坚持走以内涵为主的扩大再生产道路》,载于《经济管理》1986 年第 11 期。

[658] 周好文、钟永红:《中国金融中介发展与地区经济增长:多变量 VAR 系统分析》,载于《金融研究》2004 年第 6 期。

[659] 周建、汪伟:《资本形成、投资效率与经济增长之间的动态相关性——来自中国 1978~2004 年数据的实证研究》,载于《财经研究》2006 年第 2 期。

[660] 周黎安:《晋升博弈中政府官员的激励与合作——兼论我国地方保护主义和重复建设问题长期存在的原因》,载于《经济研究》2004 年第 6 期。

[661] 周立、王子明:《中国各地区金融发展与经济增长实证分析:1978~2000》,载于《金融研究》2002 年第 10 期。

[662] 周其仁:《家庭经营的再发现——论联产承包制引起的农业经营组织形式的变革》,载于《中国社会科学》1985 年第 2 期。

[663] 周其仁:《中国农村改革:国家和所有权关系的变化(上)》,载于《管理世界》1995a 年第 3 期。

[664] 周其仁:《中国农村改革:国家和所有权关系的变化(下)》,载于《管理世界》1995b 年第 4 期。

[665] 周世伟:《工业劳动生产率的计算方法应该不只是一个》,载于《统计工作》1957 年第 9 期。

[666] 周叔莲:《转变经济增长方式和深化国有企业改革》,载于《管理世界》1996 年第 1 期。

[667] 周树立:《略论改革开放前中国经济发展的几种模式》,载于

《郑州航空工业管理学院学报》2002 年第 3 期。

[668] 周天勇：《高效稳定增长的根本出路在于增长模式的转轨》，载于《经济研究》1994 年第 4 期。

[669] 周天勇：《中国就业、再就业与劳动力转移的趋势和出路》，载于《财经问题研究》1999 年第 11 期。

[670] 周天勇：《托达罗模型的缺陷及其相反的政策含义——中国剩余劳动力转移和就业容量扩张的思路》，载于《经济研究》2001 年第 3 期。

[671] 周文、赵方：《中国如何跨越“中等收入陷阱”：库茨涅兹假说的再认识》，载于《当代经济研究》2013 年第 3 期。

[672] 周文兴：《中国城镇居民收入分配与经济增长关系实证分析》，载于《经济科学》2002 年第 1 期。

[673] 周业安、章泉：《财政分权、经济增长和波动》，载于《管理世界》2008 年第 3 期。

[674] 周业安、赵坚毅：《市场化、经济结构变迁和政府经济结构政策转型——中国经验》，载于《管理世界》2004 年第 5 期。

[675] 周英章、蒋振声：《我国产业结构变动与实际经济增长关系实证研究》，载于《浙江大学学报》（人文社会科学版）2002 年第 3 期。

[676] 周玉梅：《构建循环经济模式实现经济可持续发展》，载于《当代经济研究》2004 年第 2 期。

[677] 周振华：《关于人民公社农田基本建设劳动积累的几个问题》，载于《经济研究》1966 年第 2 期。

[678] 周振华：《我国现阶段经济增长方式转变的战略定位》，载于《经济研究》1996 年第 10 期。

[679] 周振华：《产业融合：产业发展及经济增长的新动力》，载于《中国工业经济》2003 年第 4 期。

[680] 朱德禄：《我对劳动生产率指标计算方法的意见》，载于《统计工作通讯》1956 年第 21 期。

[681] 朱四海：《低碳经济发展模式与中国的选择》，载于《发展研究》2009 年第 5 期。

［682］朱苏臻：《关于通货膨胀与经济增长相互关系的探索及验证》，载于《金融研究》1987a年第7期。

［683］朱苏臻：《适度通货膨胀不是发展中国家经济增长的必然结果——与杨晓达同志商榷》，1987b年第2期。

［684］朱苏臻：《走出货币幻觉的“怪圈”探求经济增长的引擎——兼答王松奇同志》，载于《金融研究》1987c年第12期。

［685］朱文晖：《中国出口导向战略的迷思》，载于《战略与管理》1998年第5期。

［686］朱晓明、高尚全：《改革是转变经济增长方式的强大动力》，载于《宏观经济研究》2005年第12期。

［687］朱勇、吴易风：《技术进步与经济的内生增长——新增长理论发展评述》，载于《中国社会科学》1999年第1期。

［688］朱云海、张太原：《技术革命与赶英超美——毛泽东所理解的技术革命及其发动原因》，载于《史学月刊》2012年第10期。

［689］朱运法：《生产率、投资及经济增长之间的长期关系》，载于《数量经济技术经济研究》1997年第8期。

［690］庄健：《50年产业结构调整与经济增长》，载于《财贸经济》1999年第11期。

［691］庄雷、王烨：《金融科技创新对实体经济发展的影响机制研究》，载于《软科学》2019年第2期。

［692］庄子银：《企业家精神、持续技术创新和长期经济增长的微观机制》，载于《世界经济》2005年第12期。

［693］庄子银：《创新、企业家活动配置与长期经济增长》，载于《经济研究》2007年第8期。

［694］庄子银、邹薇：《公共支出能否促进经济增长：中国的经验分析》，载于《管理世界》2003年第7期。

［695］邹薇、庄子银：《分工、交易与经济增长》，载于《中国社会科学》1996年第3期。

［696］邹宗伊：《社会主义制度下的经济效果及其主要指标》，载于《学术月刊》1962年第9期。

［697］佚名：《北京经济学界纪念毛主席“关于正确处理人民内部矛盾的问题”发表一周年》，载于《经济研究》1958年第7期。

［698］佚名：《大搞群众运动，使生产高潮滚滚向前——薄一波副总理在全国群英会上讲话》，载于《铸造》1959年第12期。

［699］佚名：《新中国国民经济计划史纲要（初稿）》（专辑二）第六章，《发展国民经济的第三个五年计划（1966～1970年）》，载于《计划经济研究》1984年第11期。

［700］佚名：《毛泽东读苏联〈政治经济学（教科书）〉谈话纪录选载》，载于《党的文献》1993年第4期。

［701］国家计委档案：《关于增加设备进口、扩大经济交流的请示报告》，1973年1月5日。

［702］胡锦涛：《高举中国特色社会主义伟大旗帜，为夺取全面建设小康社会新胜利而奋斗》，载于《人民日报》2007年10月16日第1版。

［703］胡锦涛：《加强区域合作实现绿色增长》，载于《人民日报》2011年9月7日第2版。

［704］胡锦涛：《坚定不移沿着中国特色社会主义道路前进，为全面建成小康社会而奋斗》，载于《人民日报》2012年11月18日第1版。

［705］江泽民：《全面建设小康社会，开创中国特色社会主义事业新局面》，载于《人民日报》2002年11月9日。

［706］李定中：《当代技术进步和生产资料优先增长》，载于《光明日报》1980年1月5日。

［707］刘国光、刘树成：《论“软着陆”》，载于《人民日报》1997年11月7日。

［708］刘锦禄：《关于积累与消费的比例关系》，载于《大公报》1962年1月10日。

［709］刘少奇：《中国共产党中央委员会向第八届全国代表大会第二次会议的工作报告》，载于《人民日报》1958年。

［710］柳谷岗：《关于马寅初先生的综合平衡理论》，载于《光明日报》1958年5月17日。

［711］马寅初：《联系中国实际来谈谈综合平衡理论和按比例发展规

律》，载于《人民日报》1956年12月28日。

［712］毛泽东：《掀起更大的农田水利高潮》，载于《人民日报》1958年10月14日。

［713］毛泽东：《关于赫鲁晓夫的假共产主义及其在世界历史上的教训》，载于《人民日报》1964年7月14日。

［714］王亚南：《充分发挥价值规律在我国社会主义经济中的积极作用》，载于《人民日报》1959年5月15日。

［715］漆琪生：《论社会主义的简单再生产和扩大再生产的辩证关系》，载于《大公报》1962年8月13日。

［716］习近平：《关于〈中共中央关于制定国民经济和社会发展第十三个五年规划的建议〉的说明》，载于《人民日报》2015年11月4日第2版。

［717］习近平：《决胜全面建成小康社会夺取新时代中国特色社会主义伟大胜利》，载于《人民日报》2017年10月28日第1版。

［718］徐芦：《关于社会主义再生产的几个问题》，载于《大公报》1961年9月13日。

［719］薛暮桥：《计划经济与价值规律》，载于《人民日报》1956年10月28日。

［720］薛暮桥：《社会主义经济的高速度和按比例发展》，载于《人民日报》1959年1月7日。

［721］杨坚白：《略论综合平衡》，载于《大公报》1962年3月26日。

［722］张德生：《大搞群众运动才能多快好省》，载于《人民日报》1958年5月15日。

［723］佚名：《欢迎有利于中国经济建设的中苏经济合作》，载于《人民日报》1950年4月1日。

［724］佚名：《中共中央关于中苏合股公司协定公布后消除群众波动的指示》，载于《人民日报》1950年3月10日。

［725］佚名：《改善国营商业经营管理的一个基本方法》，载于《人民日报》1953年4月30日。

［726］佚名：《中华全国总工会举行主席团会议通过开展技术革新运

动的决定》，载于《人民日报》1954年5月27日。

［727］佚名：《搞技术革命一定要发动群众》，载于《人民日报》1958年6月24日。

［728］佚名：《关键在于大搞群众运动》，载于《人民日报》1958年9月24日。

［729］佚名：《毛主席在最高国务会议上论目前形势》，载于《人民日报》1958年9月9日。

［730］佚名：《向技术革命进军》，载于《人民日报》1958年6月3日。

［731］佚名：《大跃进的高速度和有计划的按比例是辩证的统一》，载于《人民日报》1960年6月14日。

［732］佚名：《中共八届九中全会公报》，载于《人民日报》1961年1月14日。

［733］Clement Tisdell：《中国的经济发展》（中译本），中国发展出版社1995年版。

［734］James Riedel、金菁、高坚：《中国经济增长新论：投资、融资与改革》（中译本），北京大学出版社2007年版。

［735］Ross Garnaut、蔡昉、宋立刚：《中国经济增长与发展新模式》（中译本），社会科学文献出版社2014年版。

［736］南亮进：《中国的经济发展与日本的比较》（中译本），经济管理出版社1991年版。

［737］《经济研究》编辑部：《建国以来社会主义经济理论问题争鸣（1949～1984）》，中国财政经济出版社1985年版。

［738］E. 赫尔普曼：《经济增长的秘密》（中译本），中国人民大学出版社2007年版。

［739］H. 钱纳里、S. 鲁宾逊、M. 赛尔奎因：《工业化和经济增长的比较研究》（中译本），三联书店上海分店1995年版。

［740］H. 钱纳里、S. 鲁宾逊等：《工业化和经济增长的比较研究》（中译本），上海人民出版社1989年版。

［741］R. 科斯、A. 阿尔钦、D. 诺斯：《财产权利与制度变迁——产

权学派与制度学派译文集》（中译本），上海三联书店、上海人民出版社2004年版。

[742] 阿夫纳·格雷夫：《大裂变——中世纪贸易制度比较和西方的兴起》（中译本），中信出版社2008年版。

[743] 阿瑟·刘易斯：《经济增长理论》（中译本），商务印书馆1996年版。

[744] 安格斯·麦迪森：《中国经济的长期表现（公元960～2030）》（中译本），上海人民出版社2008年版。

[745] 鞍山市史志办公室编：《鞍钢宪法的产生及其影响》，中央党史出版社2001年版。

[746] 巴罗，萨拉伊·马丁：《经济增长》（中译本），中国社会科学出版社2000年版。

[747] 薄一波：《若干重大决策与事件的回顾》（上卷），中共中央党校出版社1991年版。

[748] 保罗·萨缪尔森、威廉·诺德豪斯：《经济学》，华夏出版社1999年版。

[749] 本杰明·M. 弗里德曼：《经济增长的道德意义》（中译本），中国人民大学出版社2008年版。

[750] 蔡昉：《避免“中等收入陷阱”：探寻中国未来的增长源泉》，社会科学文献出版社2012年版。

[751] 蔡昉、林毅夫：《中国经济》，中国财政经济出版社2003年版。

[752] 曾培炎主编：《加快转变经济增长方式》，中国计划出版社1995年版。

[753] 陈东琪：《1900～2000中国经济学史纲》，中国青年出版社2004年版。

[754] 陈益寿：《毛泽东经济思想研究》，经济科学出版社1993年版。

[755] 陈云：《陈云文选》第1～3卷，人民出版社1995年版。

[756] 戴维·N. 韦尔：《经济增长》（中译本），中国人民大学出版社2007年版。

[757] 道格拉斯·诺斯：《经济史中的结构与变迁》（中译本），上海

人民出版社 1994 年版。

［758］道格拉斯·诺斯、罗伯特·托马斯：《西方世界的兴起》（中译本），华夏出版社 1989 年版。

［759］邓小平：《邓小平文选（第 2 卷）》，人民出版社 1994 年版。

［760］董辅礽：《中国社会科学院学者文选董辅礽集》，中国社会科学出版社 2006 年版。

［761］董辅礽主编：《中华人民共和国经济史（上、下卷）》，经济科学出版社 1999 年版。

［762］E. 多马：《经济增长理论》（中译本），商务印书馆 1983 年版。

［763］樊纪实主编：《邓小平经济理论研究》，河南人民出版社 1997 年版。

［764］房维中主编：《中华人民共和国经济大事记（1949～1980）》，中国社会科学出版社 1984 年版。

［765］费景汉、古斯塔夫·拉尼斯：《增长和发展：演进观点》，商务印书馆 2004 年版。

［766］冯世新、陆卫明：《邓小平经济发展思想研究》，经济科学出版社 1996 年版。

［767］高善文：《经济运行的逻辑》，中国人民大学出版社 2013 年版。

［768］D. 格林沃德主编：《现代经济词典》，商务印书馆 1981 年版。

［769］谷书堂主编：《社会主义经济学通论——中国转型经济问题研究》，高等教育出版社 2006 年版。

［770］顾海良、张雷声主编：《邓小平的经济思想》，中国经济出版社 1997 年版。

［771］顾龙生等：《江泽民经济思想研究》，山西经济出版社 2004 年版。

［772］顾龙生主编：《中国共产党经济思想史（1921～2001）》（下册），山西经济出版社 2014 年版。

［773］郭克莎：《工业化与城市化关系的分析》，载杨坚白主编《中国宏观经济政策选择》，社会科学文献出版社 2003 年版。

［774］国家统计局国民经济综合统计司：《新中国五十年统计资料汇

编》，中国统计出版社 1999 年版。

［775］国家统计局贸易物资统计司编：《中国商业外经统计资料（1952～1988）》，中国统计出版社 1990 年版。

［776］赫尔曼·E·戴利：《超越增长——可持续发展的经济学》（中译本），上海译文出版社 2006 年版。

［777］胡寄窗、谈敏：《新中国经济思想史纲（1949～2009）》，上海财经大学出版社 1997 年版。

［778］胡绳：《中国共产党七十年》，中共党史出版社 1991 年版。

［779］胡永泰、陈钊、Jeffery Sachs、陆铭：《跨越“中等收入陷阱”：展望中国经济增长的持续性》，格致出版社 2012 年版。

［780］江泽民：《江泽民文选（第 1、2、3 卷）》，人民出版社 2006 年版。

［781］姜华宣、张尉萍、肖甡主编：《中国共产党重要会议纪事（1921～2006）》，中央文献出版社 2006 年版。

［782］杰克·奈特：《制度与社会冲突》（中译本），上海人民出版社 2009 年版。

［783］金明善、车维汉：《赶超经济理论》，人民出版社 2001 年版。

［784］经济研究主编：《中国社会主义经济理论问题争鸣（1949～1985）》（下），中国财政经济出版社 1985 年版。

［785］柯武钢、史曼飞：《制度经济学——社会秩序与公共政策》（中译本），商务印书馆 2000 年版。

［786］科尔奈：《社会主义制度：共产主义的政治经济学》，中央编译出版社 2007 年版。

［787］克鲁格曼：《萧条经济学的回归和 2008 年经济危机》（中译本），中信出版社 2008 年版。

［788］库兹涅茨：《各国的经济增长》（中译本），商务印书馆 1999 年版。

［789］李成瑞主编：《陈云经济思想发展史》，当代中国出版社 2005 年版。

［790］李富春：《李富春选集》，中国计划出版社 1992 年版。

[791] 李国旺：《国学与新经济学》，中国人民大学出版社2011年版。

[792] 李萍：《经济增长方式转变的制度分析》，西南财经大学出版社2001年版。

[793] 厉无畏、王振主编：《转变经济增长方式研究》，学林出版社2006年版。

[794] 厉以宁：《中国经济双重转型之路》，中国人民大学出版社2013年版。

[795] 厉以宁主编：《中国经济运行与增长》，学习出版社2000年版。

[796] 列宁：《苏维埃政权的当前任务》，载于《真理报》，1918年4月28日，载列宁：《列宁全集》第三十四卷（中译本），人民出版社1992年版。

[797] 列宁：《列宁全集》（第2卷），人民出版社1984年版。

[798] 林毅夫：《中国经济专题》，北京大学出版社2008年版。

[799] 林毅夫、蔡昉、李周：《中国的奇迹：发展战略与经济改革》，上海人民出版社、上海三联书店1994年版。

[800] 林毅夫主编：《以共享式增长促进社会和谐》，中国计划出版社2008年版。

[801] 刘国光：《社会主义再生产问题》，生活·读书·新知三联书店1980年版。

[802] 刘国光：《马克思的社会再生产理论》，中国社会科学出版社1981年版。

[803] 刘国光：《中国经济发展战略问题研究》，上海人民出版社1984年版。

[804] 刘国光：《刘国光自选集》，学习出版社2003年版。

[805] 刘国光、李京文：《中国经济大转变：经济增长方式转变的综合研究》，广东人民出版社2001年版。

[806] 刘国光等：《马克思的社会再生产理论》，中国社会科学出版社1981年版。

[807] 刘少奇：《刘少奇论新中国经济建设》，中央文献出版社1993年版。

[808] 刘少奇:《刘少奇选集》(下卷),人民出版社 1985 年版。

[809] 刘方:《中国经济波动特征(1978~2009)与政策研究基于实际经济周期理论》,郑州大学出版社 2012 年版。

[810] 王振中主编:《中国经济学百年经典(中卷)》,广州经济出版社 2005 年版。

[811] 刘世锦等:《传统与现代之间,增长模式转型与新型工业化道路的选择》,中国人民大学出版社 2006 年版。

[812] 刘树成主编:《现代经济辞典》,凤凰出版社、江苏人民出版社 2004 年版。

[813] 刘霞辉、张平、张晓晶:《改革年代的经济增长与结构变迁》,格致出版社 2008 年版。

[814] 柳随年、吴群敢主编:《"大跃进"和调整时期的国民经济》,黑龙江人民出版社 1984 年版。

[815] 卢卡斯:《经济发展讲座》(中译本),江苏人民出版社 2003 年版。

[816] 鲁杰:《元帅痴情强国梦:朱德与新中国》,广西人民出版社 1999 年版。

[817] 鲁友章、李宗正、吴易风:《资产阶级政治经济学》,人民出版社 1975 年版。

[818] 鲁友章、李宗正主编:《经济学说史》,人民出版社 1964 年版。

[819] 罗伯特·M·索罗:《增长理论——一种解析》(中译本),中国财政经济出版社 2004 年版。

[820] 罗季荣:《马克思社会再生产理论》,人民出版社 1982 年版。

[821] 罗纳德·科斯:《变革中国:市场经济的中国之路》(中译本),中信出版社 2013 年版。

[822] 罗斯托:《从起飞进入维持增长的经济学》(中译本),四川人民出版社 1988 年版。

[823] 罗志如主编:《当代资产阶级经济学主要流派》系列丛书,商务印书馆 1962~1965 年版。

[824] 骆耕漠:《社会主义制度下的商品和价值问题》,科学出版社

1957 年版。

［825］吕炜：《经济转轨大纲》，商务印书馆 2006 年版。

［826］马洪、孙尚清主编：《中国经济结构问题研究》，人民出版社 1981 年版。

［827］马克思：《资本论》，人民出版社 1975 年版。

［828］马克思、恩格斯：《马克思恩格斯选集》第 23 卷，人民出版社 1972 年版。

［829］马岩：《中等收入陷阱的挑战及对策：中国经济增长方式的国际视角》，中国经济出版社。

［830］马寅初：《新人口论》，广东经济出版社 1998 年版。

［831］马寅初：《马寅初经济论文选集》，北京大学出版社 1990 年版。

［832］曼瑟·奥尔森：《国家的兴衰——经济增长、滞胀和社会僵化》（中译本），上海人民出版社 2007 年版。

［833］毛泽东：《中国农村的社会主义高潮》，人民出版社 1956 年版。

［834］毛泽东：《毛泽东选集》（四卷本），人民出版社 1968 年版。

［835］毛泽东：《毛泽东文集》（第 6 卷），人民出版社 1999 年版。

［836］米哈尔·卡莱斯基：《社会主义经济增长理论导论》（中译本），上海三联书店、上海人民出版社 1996 年版。

［837］纳尔森：《经济增长的源泉》（中译本），中国经济出版社 2001 年版。

［838］齐小思：《中国对外贸易基础知识》，中国财政经济出版社 1965 年版。

［839］秦海：《制度、演化与路径依赖——制度分析综合的理论尝试》，中国财政经济出版社 2004 年版。

［840］青木昌彦：《比较制度分析》（中译本），上海远东出版社 2001 年版。

［841］海韦尔·G. 琼斯：《现代经济增长理论导引》（中译本），商务印书馆 1994 年版。

［842］沈坤荣：《体制转型期的中国经济增长》，南京大学出版社 1999a 年版。

［843］沈志华主编：《中苏关系史纲（1917～1991）》，新华出版社2007年版。

［844］史东明：《和谐的增长——新时期经济增长动力与机会研究》，清华大学出版社2007年版。

［845］斯大林：《苏联社会主义经济问题》，人民出版社1961年版。

［846］苏联科学院经济研究所：《政治经济学教科书》，人民出版社1955年版。

［847］苏星：《社会主义经济文集》，上海人民出版社1980年版。

［848］孙冶方：《社会主义经济的若干理论问题（续集）》，人民出版社1983年版。

［849］罗伯特·M. 索洛等：《经济增长因素分析》（中译本），商务印书馆1999年版。

［850］刘树成、张连城、张平主编：《中国经济增长与经济周期》，中国经济出版社2008年版。

［851］谈敏：《回溯历史：马克思主义经济学在中国的传播前史》，上海财经大学出版社2008年版。

［852］田春生，李涛主编：《经济增长方式研究》，江苏人民出版社2002年版。

［853］王新颖主编：《奇迹的构建海外学者论中国模式》，中央编译出版社2011年版。

［854］王亚南主编：《资产阶级古典政治经济学选辑》，商务印书馆1965年版。

［855］王振中主编：《中国经济学百年经典（中卷）》，广州经济出版社2005年版。

［856］韦苇：《走向富强的千年追求——中国经济发展思想的理论体系与历史演进》，西北大学出版社1997年版。

［857］韦苇：《中国经济思想与当代经济发展》，社会科学文献出版社2011年版。

［858］吴敬琏：《中国经济增长模式的抉择》，上海远东出版社2005年版。

[859] 吴敬琏：《中国经济增长方式抉择（增订版）》，上海远东出版社 2008 年版。

[860] 武力主编：《中华人民共和国经济史》（增订版），中国时代经济出版社 2009 年版。

[861] 西蒙·库兹涅茨：《现代经济增长》（中译本），北京经济学院出版社 1989 年版。

[862] 萧灼基：《马克思的再生产理论对我国经济建设的指导意义》，福建人民出版社 1982 年版。

[863] 小罗伯特·E. 卢卡斯：《经济发展讲座》（中译本），江苏人民出版社 2003 年版。

[864] 谢春涛：《大跃进狂澜》，河南人民出版社 1990 年版。

[865] 徐凤阁：《对外经济贸易概论》，东北财经大学出版社 1989 年版。

[866] 薛暮桥：《社会主义经济理论问题》，人民出版社 1979 年版。

[867] 雅诺什·科尔奈：《共产主义政治经济学》（中译本），中央编译出版社 2007 年版。

[868] 杨德权：《经济增长：过程及违规机理》，经济科学出版社 2005 年版。

[869] 杨建龙：《新一轮经济增长的结构与趋势研究》，中国发展出版社 2010 年版。

[870] 姚洋：《作为制度创新过程的经济改革》，格致出版社、上海人民出版社 2008 年版。

[871] 叶飞文：《要素投入与中国经济增长》，北京大学出版社 2004 年版。

[872] 游宪生：《经济增长研究》，立信会计出版社 2000 年版。

[873] 张富春编著：《资本与经济增长》，经济科学出版社 2000 年版。

[874] 张军：《当代中国经济研究 10 篇》，北京大学出版社 2009 年版。

[875] 张培刚：《农业与工业化》，华中科技大学出版社 2009 年版。

[876] 张平、刘霞辉主编：《中国经济增长前沿》，社会科学出版社 2007 年版。

[877] 张维迎:《什么改变中国:中国改革的全景和路径》,中信出版社2012年版。

[878] 张兴胜:《经济转型与金融支持》,社会科学文献出版社2002年版。

[879] 张绪生:《我国社会主义工业中提高劳动生产率的途径》,财政经济出版社1956年版。

[880] 张卓元:《新中国经济学史纲(1949~2011)》,中国社会科学出版社2012年版。

[881] 张卓元主编:《中国经济学30年(1978~2008)》,中国社会科学出版社2008年版。

[882] 张卓元主编:《中国经济学60年(1949~2009)》,中国社会科学出版社2009年版。

[883] 赵德馨:《中华人民共和国经济史(1949~1966)》,河南人民出版社1988年版。

[884] 赵晓雷:《中国工业化思想及发展战略研究》,上海社会科学出版社1995年版。

[885] 赵晓雷:《中国现代经济理论(1949~2000)》,上海人民出版社2001年版。

[886] 赵晓雷:《中国经济思想史》,东北财经大学出版社2007年版。

[887] 赵晓雷:《中华人民共和国经济思想史纲》,首都经济贸易大学出版社2009年版。

[888] 郑秉文:《中等收入陷阱:来自拉丁美洲的案例研究》,当代世界出版社2012年版。

[889] 中共中央党史研究室:《中国共产党历史第二卷(1949~1978)》,中央党史出版社2011年版。

[890] 中共中央教育科学研究所编:《刘少奇论教育》,教育科学出版社1998年版。

[891] 中共中央马克思恩格斯列宁斯大林著作编译局编译:《马克思恩格斯全集(第26卷)》,人民出版社1975年版。

[892] 中共中央文献编辑委员会编:《李先念文选》,人民出版社

1989 年版。

［893］中共中央文献研究室编:《周恩来选集》（下卷），人民出版社 1984 年版。

［894］中共中央文献研究室编:《刘少奇选集》（上下卷），人民出版社 1985 年版。

［895］中共中央文献研究室编:《建国以来重毛泽东文稿》（第 4 册），中央文献出版社 1990 年版。

［896］中共中央文献研究室编:《建国以来重毛泽东文稿》（第 6～7 册），中央文献出版社 1992 年版。

［897］中共中央文献研究室编:《建国以来重要文献选编》（第 1～3 册），中央文献出版社 1992 年版。

［898］中共中央文献研究室编:《建国以来重要文献选编》（第 4～7 册），中央文献出版社 1993 年版。

［899］中共中央文献研究室编:《建国以来重要文献选编》（第 8～10 册），中央文献出版社 1994 年版。

［900］中共中央文献研究室编:《建国以来重要文献选编》（第 11 册），中央文献出版社 1995 年版。

［901］中共中央文献研究室编:《建国以来重要文献选编（第三、四、五、六、九、十二册）》，中央文献出版社 1996 年版。

［902］中共中央文献研究室编:《建国以来重要文献选编》（第 12～13 册），中央文献出版社 1996 年版。

［903］中共中央文献研究室编:《十六大以来重要文献选编》，中央文献出版社 2005 年版。

［904］中共中央文献研究室编:《改革开放三十年重要文献选编（上、下）》，中央文献出版社 2008 年版。

［905］中共中央文献研究室编:《毛泽东文集》（第 1～2 卷），人民出版社 1993 年版。

［906］中共中央文献研究室编:《毛泽东文集》（第 3～5 卷），人民出版社 1996 年版。

［907］中共中央文献研究室编:《毛泽东文集》（第 6～8 卷），人民

出版社 1999 年版。

[908] 中共中央文献研究室编:《刘少奇年谱(1898~1969)》下卷，中央文献出版社 1996 年版。

[909] 中国社会科学院:《中国历史档案馆·1949~1952 中华人民共和国经济档案资料选编(工业卷)》，中国物资出版社 1996 年版。

[910] 中国社会科学院、中央档案馆编:《中华人民共和国经济档案资料选编》(基本建设投资和建筑业卷)，中国城市经济社会出版社 1989 年版。

[911] 中国社会科学院、中央档案馆编:《中华人民共和国经济档案资料选编(1953~1957)》(金融卷)，中国物价出版社 2000 年版。

[912] 中国社会科学院经济学部:《中国经济学年鉴 2008》，中国社会科学出版社 2008 年版。

[913] 中国社会科学院经济研究所编:《转变经济增长方式》，社会科学文献出版社 2007 年版。

[914] 中国社会科学院科研局编:《中国社会科学院学者文选董辅礽集》，中国社会科学出版社 2006 年版。

[915] 周恩来:《周恩来教育文选》，教育科学出版社 1984 年版。

[916] 周恩来:《周恩来经济文选》，中央文献出版社 1993 年版。

[917] 周振华主编:《增长转型》，上海人民出版社 1997 年版。

[918] 朱保华:《新经济增长理论》，上海财经大学出版社 1999 年版。

[919] 朱德:《朱德选集》，人民出版社 1983 年版。

[920] 朱勇、徐广军:《现代经济增长理论与政策选择》，中国经济出版社 2000 年版。

[921] 庄国土:《华人华侨与中国的关系》，广东高等教育出版社 2001 年版。

[922] Abramovitz, Moses, 1986, "Catching Up, Forging Ahead, and Falling Behind." *Journal of Economic History* 46, no. 2: 385 – 406.

[923] Acemoglu, Daron, 1998, "Why Do New Technologies Complement Skills? Directed Technical Change and Wage Inequality." *Quarterly Journal of Economics* 113: 1055 – 1090.

[924] Acemoglu, Daron, 2007a, "*Equilibrium Bias of Technology.*" Econometrica 75 (5): 1371 –1410.

[925] Acemoglu, Daron, 2002a, "Directed Technical Change." *Review of Economic Studies* 69: 781 –809.

[926] Acemoglu, Daron, 2002b, "Technical Change, Inequality and the Labor Market." *Journal of Economic Literature* 40 (1): 7 –72.

[927] Acemoglu, Daron, 2003b, "Labor-and Capital – Augmenting Technical Change." *Journal of European Economic Association* 1 (1): 1 –37.

[928] Acemoglu, Daron, 2009, "*Introduction to Modern Economic Growth*", the Princeton University Press.

[929] Adam Smith, 1776, "*An Inquiry into the Nature and Causes of the Wealth of Nations*", London: Methuen & Co. , Ltd.

[930] Aghion, Philippe, and Peter Howitt, 1992, "*A Model of Growth through Creative Destruction.*" Econometrica 60: 323 –351.

[931] Aghion, Philippe, and Peter Howitt, 1998, *Endogenous Growth Theory.* Cambridge, Mass. : MIT Press.

[932] Aghion, Philippe, and Peter Howitt, 2008, *The Economics of Growth.* Cambridge, Mass: MIT Press, forthcoming.

[933] Arrow, Kenneth J. , 1962, "The Economic Implications of Learning by Doing." *Review of Economic Studies* 29: 155 –173.

[934] Arthur, W. Brian, 1994, "*Increasing Returns and Path Dependence in the Economy*", Ann Arbor, Michigan: University of Michigan Press.

[935] Bai, Chong En, Yingjuan Du, Zhigang Tao, and Sarah Y. Tong, 2004, "Local Protection and Reginonal Specialization: Evidence from China's Industries," *Journal of International Economics*, Vol. 63: 397 –417.

[936] Barro, Robert J. , 1974, "Are Government Bonds Net Wealth?" *Journal of Political Economy* 82 (6): 1095 –1117.

[937] Barro, Robert J. , 1991, "Economic Growth in a Cross Section of Countries." *Quarterly Journal of Economics* 106 (2): 407 –443.

[938] Barro, Robert J. , 1997, "*Determinants of Economic Growth: A*

Cross Country Empirical Study" . Cambridge, Mass. : MIT Press.

[939] Barro, Robert J. , 1999, "Determinants of Democracy. " *Journal of Political Economy* 107: S158 – S183.

[940] Barro, Robert J. and Xavier Sala-i – Martin, 1991, "*Convergence across States and Regions.* " Brookings Papers on Economic Activity 1: 107 – 182.

[941] Barro, Robert J. and Xavier Sala-i – Martin, 1992, "Convergence. " *Journal of Political Economy* 100: 223 – 251.

[942] Barro, Robert J. and Xavier Sala-i – Martin, 2004, "*Economic Growth.* " Cambridge, Mass. : MIT Press.

[943] Barro, Robert J. , and Gary S. Becker, 1989, "*Fertility Choice in a Model of Economic Growth.* " Econometrica 57: 481 – 501.

[944] Blaug, Mark, 2001, "No History of Ideas, Please, We're economists", *the Journal of Economic Perspectives* 15: 145 – 164.

[945] Brandt, Loren, and Thomas G. Rawski, eds. *China's Great Economic Transformation.* Cambridge University Press, 2008.

[946] Chow, Gregory C. , 1993, "Capital Formation and Economic Growth in China. " *The Quarterly Journal of Economics* 108, no. 3: 809 – 842.

[947] Chow, Gregory C. , 2002, China's Economic Transformation. Malden, MA: Blackwell Publishing.

[948] Chow, Gregory, and Kui – Wai Li. , 2002, "*China's Economic Growth* 1952 – 2010. " Economic Development and Cultural Change 51, no. 1: 247 – 256.

[949] David, Paul A. , 2000, "*Path Dependence, Its Critics and the Cuest for 'Historical Economics'* ", in P. Garrouste and S. Ioannides (eds), Evolution and Path Dependence in Economic Ideas: Past and Present, Edward Elgar Publishing, Cheltenham, England.

[950] Domar, Evsey D. , 1946, "*Capital Expansion, Rate of Growth and Employment.* " Econometrica 14: 137 – 147.

[951] Douglass C. North & Robert Paul Thomas, 1973, "*The Rise of the*

Western World: A New Economic History", Cambridge, Cambridge University Press.

[952] Edward Stone Shaw, 1973, "*Financial Deepening in Economic Development*", Oxford University Press.

[953] Gary S. Becker, 1964, "*Human Capital: A Theoretical and Empirical Analysis*", Chicago, University of Chicago Press.

[954] Grossman, Gene M., and Elhanan Helpman, 1991a, "Quality Ladders in the Theory of Growth." *Review of Economic Studies* 68: 43-61.

[955] Grossman, Gene M., and Elhanan Helpman, 1991b, *Innovation and Growth in the Global Economy*. Cambridge, Mass.: MIT Press.

[956] Gustav Ranis and John C. H. Fei, 1961, "A Theory of Economic Development", *The American Economic Review*, 51 (4): 533-565.

[957] Hansen, Gary D. and Prescott Edward C., 2002, "Malthus to Solow", *American Economic Review* 97: 1205-1217.

[958] Helpman, Elhanan, 2005, *Mystery of Economic Growth. Cambridge, Mass.*: Harvard University Press.

[959] Holz, Carsten A., 2005: "*China's Economic Growth* 1978-2025: *What We Know Today about China's Economic Growth Tomorrow*", Center on China's Transnational Relations, Working Paper No. 8.

[960] Hsian Cheng, 2007, "Some Thoughts on East Asian Economic Growth", Working paper.

[961] Hu, Zuliu F. and Mohsin S. Khan, 1997, "Why is China growing so fast?", Staff Papers—International Monetary Fund 44: 103-131.

[962] Jefferson, Gary, Thomas. Rawski, Wang Li and Zheng Yuxin, 2000, "Ownership, Productivity Change and Financial Performance in Chinese Industry", *Journal of Comparative Economies*, Vol. 25.

[963] Jones, Charles I., 1995, "R&D-Based Models of Economic Growth." *Journal of Political Economics* 103: 759-784.

[964] Jones, Charles I., 1997, "On the Evolution of the World Income Distribution." *Journal of Economic Perspectives* 11: 19-36.

[965] Jones, Charles I., 1998, *Introduction to Economic Growth. New York*: W. W. Norton.

[966] Jones, Charles I., 1999, "Growth: With or without Scale Effects." *American Economic Review* 89: 139 – 144.

[967] Jones, Charles I., 2005, "The Shape of Production Functions and the Direction of Technical Change." *Quarterly Journal of Economics* 2: 517 – 549.

[968] Kaldor, N., 1957, "A model of economic growth", *The Economic Journal* 67 (268): 591 – 624.

[969] Kaldor, N., 1963, *Capital Accumulation and Economic Growth*, in Friedrich A. Luts and Douglas C. Hague, eds., Proceedings of a Conference Held by the International Economics Association. London: Macmillan.

[970] King, R., and R Levine., 1993, "Finance and Growth: Schumpeter May Be Right". *Quarterly Journal of Economics*, 108 (3): 717 – 738.

[971] Krugman, Paul, 1979, "A Model of Innovation, Technology Transfer, and the World Distribution of Income." *Journal of Political Economy* 87: 253 – 266.

[972] Krugman, Paul, 1991, "History versus Expectations." *Quarterly Journal of Economics* 106: 651 – 667.

[973] Krugman, Paul, 1994, "The Myth of Asia's Miracle", *Foreign Affairs* 73: 62 – 77.

[974] L. Lau and J. Kim, 1992, "The Sources of Growth of the East Asian Newly Industrialized Countries," *Journal of the Japanese and International Economies*.

[975] Lawrence J. Lau, Yingyi Qian and Gerard Roland, 2002. "Reform without Losers: An Interpretation of China's Dual – Track Approach to Transition". *Journal of Political Economy*, Vol. 108, No. 1, pp. 120 – 143.

[976] Lee Keun, Hahn Donghoon, and Lin, Justin, 2001, "*China and the East Asian model—A 'Comparative Institutional Analysis' Perspective*", working paper.

[977] Lucas, Robert E., 1988, "On the Mechanics of Economic Development." *Journal of Monetary Economics* 22: 3－42.

[978] Lucas, Robert E., 1990, "Why Doesn't Capital Flow from Rich to Poor Countries?" *American Economic Review* 80: 92－96.

[979] Lucas, Robert E., 1992, "Agricultural Productivity, Comparative Advantage and Economic Growth." *Journal of Economic Theory* 58: 317－334.

[980] Maddison, A., 1998, Chinese Economic Performance in the Long Run: 960－2030 AD, Development Centre of the Ogranisation for Economic Co-operation and Development, available at www. oecd. org/dev.

[981] Matsuyama, Kiminori, 1991, "Increasing Returns, Industrialization, and the Indeterminacy of Equilibrium." *Quarterly Journal of Economics* 106: 617－650.

[982] Michael P. Todaro, 1969, "A Model of Labor Migration and Urban Unemployment in Less Developed Countries", *The American Economic Review*, 59 (1), pp 138－148.

[983] Naughton, Barry, 2007, "*The Chinese Economy: Transition and Growth*", the MIT Press.

[984] North, Douglass C., 1991, "Institutions", *Journal of Economic Perspectives*, 5 (2): 97－112.

[985] OECD, *Economic Surveys: China*, *Volume* 2005/13 – September 2005.

[986] Pagano, M., 1993, "Financial Markets and Growth: An Overview". *European Economic Review* 37 (2－3): 613－622.

[987] Paulson, Hank, 2010, *On the Brink: Inside the Race to Stop the Collapse of the Global Financial System*, New York: Business Plus.

[988] Pierre Richard Agenor and Peter J. Montiel, 2008, *Development Macroeconomics*, the Princeton University Press.

[989] Qian Yingyi and Xu Chenggang, 1993, "Why China's Economic reform differ: The M-form hierarchy and Entry/Expansion of the non-state sec-

tor", *The Economics of Transition* 1 (2): 135 – 170.

[990] Qian Yingyi, 2003, "How Reform Worked in China," in Dani Rodrik (ed.), In Search of Prosperity: Analytic Narratives on Economic Growth. Princeton University Press (2003): 297 – 333.

[991] Rajan, R., and L Zingales., 1998, "Finance Dependence and Growth". *American Economic Review*, 88 (3): 559 – 586.

[992] Romer, David, 2006, *Advanced Macroeconomics*. New York: McGraw – Hill.

[993] Romer, Paul M., 1986, "Increasing Returns and Long – Run Growth." *Journal of Political Economy*, 94 (5): 1002 – 1037.

[994] Romer, Paul M., 1987, "Growth Based on Increasing Returns Due to Specialization." *American Economic Review*, 77 (2): 56 – 62.

[995] Romer, Paul M., 1990, "Endogenous Technological Change." *Journal of Political Economy* 98 (part I): S71 – S102.

[996] Romer, Paul M., 1992, "*Two Strategies for Economic Development: Using Ideas and Producing Ideas*", In Proceedings of the World Bank, Annual Conference on Development Economics, 63 – 91. Washington, D. C.: World Bank.

[997] Romer, Paul M., 1993, "Idea Gaps and Object Gaps in Economic Development." *Journal of Monetary Economics*, 32 (3): 543 – 573.

[998] Ronald I. Mckinnon, 1973, "*Money and Capital in Economic Development*", Brooking Institution Press.

[999] Sachs, J. D., & Woo, W. T., 2001," Understanding China's Economic Performance." *The Journal of Policy Reform*, 4 (1): 1 – 50.

[1000] Sascha O. Becker and Ludger Woessmann, 2009, "Was Weber Wrong? A Human Capital Theory of Protestant Economic History", *The Quarterly Journal of Economics*, Vol. 124, No. 2: 531 – 596.

[1001] Schultz T. W., 1961, "Investment in Human Capital", *American Economic Review*, Vol 51, pp. 1 – 17.

[1002] Solow, Robert M., 1956, "A Contribution to the Theory of Economic Growth." *Quarterly Journal of Economics* 70：65－94.

［1003］Solow，Robert M.，1957，"Technical Change and the Aggregate Production Function." *Review of Economics and Statistics* 39：312－320.

［1004］Solow，Robert M.，1970，*Growth Theory*：*An Exposition.* Oxford：Clarendon Press.

［1005］Song，Zheng，Storesletten Kjetil，and Zilibotti Fabrizio，2008，"*Growing Like China*"，working paper.

［1006］Stiglitz，J. E.，2003，"*From Miracle to Crisis to Recovery*：*Lesson from Four Decades of East Asian Experience*"，Chapter 13 in Rethinking The East Asian Miracle.

［1007］Stigltz，Joseph E.，1996 "*Some Lessons from the Asian Miracle*"，The World Bank Research Observer 11：151－177.

［1008］W. Arthur Lewis，1954，"*Economic Development with Unlimited Supplied of Labour*"，The Manchester School，22（2），pp 139－191.

［1009］Woo，Wing Thye.，1994，"The Art of Reforming Centrally Planned Economies：Comparing China，Poland，and Russia." *Journal of Comparative Economics* 18，no. 3：276－308.

［1010］Woo，Wing Thye.，1999，"The Real Reasons for China's Growth." *The China Journal*，no. 41：115－137.

［1011］World Bank，"China 2020：Development Challenges in the New Century"，1997.

［1012］Wu Yanrui.，2004，"*China's Economic Growth*：*A Miracle with Chinese Characteristics*"，London and New York：Routledge Curzon，2004.

［1013］Yan，W.，&Yudong，Y.，2003，"Sources of China's Economic Growth 1952－1999：Incorporating Human Capital Accumulation." *China Economic Review*，14（1），32－52.

［1014］Yingyi Qian，2000，"The Process of China's Market Transition（1978－1998）：The Evolutionary，Historical，and Comparative Perspectives." *Journal of Institutional and Theoretical Economics* 156，no. 1（March 2000）：151－171.

[1015] Young, A., 1994, "The Tyranny of Numbers: Confronting the Statistical Realities of the East Asian growth Experience", *Quarterly Journal of Economics*, 60 (3): 641 - 680. 22.

[1016] Young, Alwyn, 1991, "Learning by Doing and the Dynamic Effects of International Trade." *Quarterly Journal of Economics* 106: 369 - 405.

[1017] Young, Alwyn, 1992, "A Tale of Two Cities: Factor Accumulation and Technical Change in Hong Kong and Singapore." *In NBER Macroeconomics Annual* 1992: 13 - 54.

[1018] Young, Alwyn, 1995, "The Tyranny of Numbers." *Quarterly Journal of Economics* 110: 641 - 680.

[1019] Young, Alwyn, 1998, "Growth without Scale Effects." *Journal of Political Economy* 106: 41 - 63.

[1020] Young, Alwyn, 2003, "Gold into Base Metals: Productivity Growth in the People's Republic of China during the Reform Period." *Journal of Political Economy* 111: 1220 - 1261.

[1021] Zeng, Ming, and Peter J. Williamson., 2003, "The Hidden Dragons." *Harvard Business Review*, pp: 92 - 99.

[1022] Zheng Song, Kjetil Storesletten, and Fabrizio Zilibotti, 2011, "Growing Like China". *American Economic Review* 101 (February): 196 - 233.

[1023] Zhu, Xiaodong, 2012, "Understanding China's Growth: Past, Present, and Future." *Journal of Economic Perspectives*, 26 (4): 103 - 124.

后　记

在中国经济增长取得巨大成就并面临潜在挑战的局势背景下，对新中国成立以来的经济增长思想进行系统梳理和研究，是一个颇具理论与实践双重价值的课题。本书以“经济增长方式”为主要的切入视角，在此基础上，进一步辅以“外延式经济增长”和“内涵式经济增长”这一对具体而相关的经济增长方式，作为考察新中国经济增长思想变迁过程的判别参照，力图全景式地揭示有中国特色的经济增长思想的发展脉络和变迁轨迹，并评述经济增长与经济增长思想之间的双向互动关系。应该来说，这是中国经济思想史研究领域一次新的尝试。

本书的策划源于程霖教授所主持的国家社科基金项目“新中国经济增长思想研究”，同时在其指导下形成了3篇博士学位论文，分别是陈国权博士的《新中国经济增长思想研究（1949～2009）》（上海财经大学博士论文，2010），岳翔宇博士的《中国内涵式经济增长思想研究（1840～2013）》（上海财经大学博士论文，2014）和李亚婧博士的《外延式增长与内涵式增长路径的抉择：新中国经济增长思想研究（1949～1978）》（上海财经大学博士论文，2018）。上述学位论文为本书的写作提供了先期基础和启发，随后上海财经大学高等研究院助理研究员陈旭东博士、上海社科院经济研究所助理研究员张申博士加入项目研究，为本书的完善做出了积极贡献。

在推进国家社科基金项目研究和书稿写作的过程中，程霖教授对本研究的分析视角、研究主线、结构框架做了新的探索和设计。在研究过程中，我们首先对以新中国经济增长为研究对象的文献资料进行了系统的梳理，进而一方面借助于统计和计量的方法对文献进行量化整理和分析，另一方面对于代表性人物的经济论述和一些重点文献著述进行了详细的阅读梳理。在此基础上，对新中国经济增长思想的发展变迁进行了历史分期，分别进行背景分析、特征提炼、内容考察和绩效评价，通过深入细致的剖析概括，最终形成了本研究成果。

我们在本书的撰写过程中，参考和援引了学界同行的大量前期研究成果，在此我们深表敬意。当然，本书也尚存不足，主要有两方面。一是在史料处理方面，改革开放后，研究中国经济增长的文献非常之多，仅论文就超过 10 万篇，十分芜杂，良莠不齐。本书收集了一些相对来说被引用比较多的论文，以及一些比较有影响的学者的论文，当然也包括一些有较大学术影响的著作。这样处理，可能存在一些遗漏，但面对浩如烟海的文献，由于时间与精力的有限，只能暂作此处理。二是在理论分析方面，经济增长本身是一个偏宏观的问题，国内学者在研究这个问题时，经常会涉及体制变革、技术进步、企业改革以及政府改革等诸多议题，过多的因素都被纳入其中，而且新中国 70 年的经济增长思想研究也是一个十分宏大的课题，但由于精力与学识的限制，本书在一些问题上未作过多的展开与探讨，可能存在广度与深度有待加强的问题。当然，这也为本课题的后续再研究提供了理论挖掘的空间。

此外，本书也得到了“十三五”国家重点出版物出版规划项目、国家社会科学基金一般项目，2017 年上海市哲学社会科学话语体系建设办公室、上海市哲学社会科学规划办公室“新中国成立 70 周年”研究项目“复兴之路：新中国经济思想研究”“理论经济学上海Ⅱ类高峰学科建设计划项目”、上海财经大学“中央高校建设世界一流大学学科和特色发展引导专项资金”和“中央高校基本科研业务费”等的资助。在此一并致谢！

新中国经济增长思想研究 1949 ~ 2019 课题组

（负责人：程霖；成员：陈国权、岳翔宇、李亚婧、陈旭东、张申）